반려인을 위한 반려동물 번식생리 입문서

반려동물번식생리학

반려인을 위한 반려동물 번식생리 입문서

반려동물 번식생리학

최영복 · 김옥진 공저

동문사

머리말

반려동물을 사랑하며 함께 살아가는 모든 반려인 여러분께 깊은 인사를 드립니다.

사랑스러운 반려동물이 건강하고 행복하게 살아가기 위해서는 단순한 보살핌을 넘어, 그들의 생애 주기와 생리적 특성을 이해하는 것이 무엇보다 중요합니다. 특히 번식과 관련된 생리학적 지식은 반려동물의 건강 관리뿐만 아니라 올바른 반려 문화를 조성하는 데 핵심적인 토대가 됩니다.

이에 본 교재 『반려동물 번식생리학』은 반려인의 눈높이에 맞춘 입문서로서, 반려동물의 번식 구조와 생리적 주기, 번식 관리의 기초를 쉽게 이해할 수 있도록 편찬되었습니다. 본서는 학문적 기초를 충실히 다지는 동시에, 실제 반려 생활과 임상 현장에서 활용할 수 있는 실무적 지식을 균형 있게 담아 초보 반려인부터 관련 전공자까지 폭넓게 활용할 수 있도록 구성하였습니다.

또한 이 책은 그림과 도표를 풍부하게 수록하여 복잡한 생리적 과정을 시각적으로 이해할 수 있도록 하였으며, 실제 반려 생활 속에서 활용할 수 있는 기초 지식과 실무적인 내용을 함께 담았습니다. 이를 통해 여러분은 반려동물의 생애 주기를 보다 과학적이고 체계적으로 이해하고, 이를 통해 반려동물의 건강과 복지를 증진하며, 인간과 반려동물이 조화롭게 공존하는 문화 형성에 기여할 수 있을 것입니다.

아울러, 본서를 집필하며 많은 선행 연구와 자료를 참고하였습니다. 특히 **『애완동물 번식』을 집필하신 이장희 박사님, 『포유동물생식생리학』을 집필하신 이규**

승 박사님 외 많은 분들께 깊은 감사의 말씀을 드립니다. 선구적 연구와 저술은 본 교재를 기획하고 집필하는 데 귀중한 지침과 영감을 주었습니다.

또한, 본 교재에 수록된 사진 자료를 아낌없이 제공해 주신 **마한애견훈련학교 마영남 소장님**께도 깊은 감사를 드립니다. 소장님의 협조와 지원 덕분에 본 교재가 보다 생동감 있고 실용적인 자료로 완성될 수 있었습니다.

끝으로, 본 교재가 반려동물 번식생리에 대한 신뢰할 만한 길잡이로서 역할을 하며, 학문적 연구와 더불어 건강한 반려 문화의 확산에 작은 밑거름이 되기를 진심으로 소망합니다.

본서가 나올 수 있도록 물심양면으로 도움을 주신 이중수 대표님과 편집부 직원 여러분의 노고에 심심한 고마움을 표합니다.

편집 · 공저자 최 영 복

차 례

CHAPTER

04 성성숙과 성주기

CHAPTER

05 반려동물 교배와 인공수정

CHAPTER

06 반려동물 수정 및 착상

CHAPTER

07 반려동물 임신과 분만

CHAPTER

10 번식장해와 질병

CHAPTER

11 기타 주요 반려동물의 번식

Chapter

01

생식기관

동물 생식 시스템은 복잡하고 정교한 메커니즘을 가지고 있다. 동물의 생식기관은 성적으로 미분화된 상태에서의 생식소로부터 생식세포를 생산하는 생식선과 생식에 필요한 분비기관인 내부 생식기 및 교미기인 외부 생식기관으로 구성되어 있다. 그 외 유즙을 분비하는 비유 기관 등이 있다.

생식기관은 개체가 번식하여 종을 유지하는 데 중요한 역할을 하며, 수컷과 암컷의 생식기관은 각각 정자와 난자를 생성하고 수정, 임신, 출산 등의 과정을 담당한다.

개의 생식기관은 종족의 번식과 유지를 담당하는 중요한 기관이다. 수컷은 고환, 부고환, 정관, 음경 등의 구조로 정자를 생성 · 운반하며, 암컷은 난소, 자궁, 질 등을 통해 난자를 생성하고 임신 및 출산이 이루어진다. 수컷과 암컷의 생식 구조는 각각의 기능에 맞게 특화되어 있으며, 번식 과정에서 상호 보완적으로 작용하여 새로운 생명을 잉태하게 된다.

1. 수컷(웅성, 雄性)의 생식기관

수컷의 생식기관은 정소(Testes: 고환), 정소상체(부고환), 정관, 전립샘, 음경 등으로 구성되어 있으며, 생식 시스템의 핵심 기관인 정소는 정자 생성과 호르몬 분비의 중요한 역할을 담당한다. 정자를 생산하고 이를 암컷의 생식기관으로 전달하는 역할을 한다. 수컷(웅성, 雄性) 생식기관은 크게 정소와 부생식기로 구성되어 있다. 정소(고환)는 수컷동물의 생식선으로 정자 및 번식에 필요한 호르몬을 생산한다. 성숙한 포유동물에서는 한 쌍의 정소(고환)가 음낭 내에 하강해 있다.

부생식기로써는 정소상체, 정관, 부생식선 및 음경이 있다. 정소상체(부고환)는 정소에 부착해서 음낭 내에 존재하고, 정소에서 생산된 정자는 여기에서 성숙해 사정의 기회를 기다린다. 사정 시 정소상체를 떠난 정자는 정관을 통해 이동하며, 각종 부생식선액과 혼합되어 교미 시에는 음경에서 정액으로 방출되어 암컷의 생식기로 전달된다. 수컷 개의 음경은 교미 중 팽대부가 부풀어 암컷과의 교미 잠금을 유도하여 정자의 효율적인 전달을 돕는다. 부생식선에는 정낭선, 전립선, 요도구선 등이 있고, 동물 종류에 따라 양 및 질에 특징 있는 분비액이 방출된다. 정소에서 생산된 정자는 사정 시뿐만 아니라 과도하게 생산된 정자는 오줌으로도 섞여서 방출된다.

1) 수컷의 생식기관의 발생

(1) 생식선

수컷의 생식선은 정소로 성 호르몬을 분비하고 생식세포를 생성하는 기관으로 생식 기능을 유지하는 역할은 한다. 생식기의 원기는 중배엽성 생식융기로, 수컷(웅성)동물의 생식선은 원시생식세포가 이곳에 이동한 후 분화를 시작한다(그림 1-1). 원시생식세포는 생식융기를 덮고 있는 생식상피에 포함된다. 생식상피는 내부로 빠져 들어가면서 1차 성색을 형성하고 간충조직에서 유래한 성색망과 합하여 생식선으로 발달한다. 제1차 성색과 성색망은 각각 세정관, 정소망으로 된다. 주요 동물의 정소망은 정소의 중앙에만 있고 사람과 달리 끝 부분에는 없다.

정소망과 연결되는 중신관은 정소상체 두부에 위치한 정소 수출세관을 만든다. 정소상체의 남은 부분은 중신관의 첫 부분으로부터 형성되고, 말단 부분이 팽창해서 정낭선으로 발달된다. **그림 1-1**에서 보는 바와 같이 수컷은 볼프관이 발달하여 남게 되고 암컷은 뮐러관이 발달하게 된다.

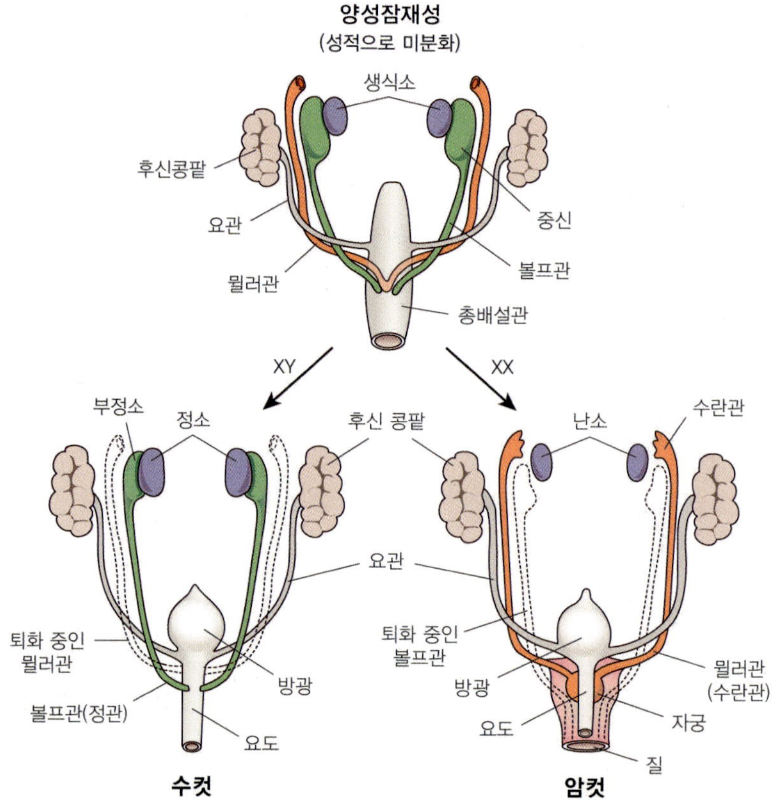

생식소 생식소 유형 생식세포의 위치	정소 정소끈 내부(정소의 수질)	난소 난소 피질의 난포 내부
생식관 남는 관 생식관의 분화	볼프관 정관, 부정소, 정낭	뮐러관 수란관, 자궁, 경부, 질의 위쪽 부위
비뇨생식굴	전립샘	스킨샘
음낭음순주름	음낭	대음순
생식결절	음경	음핵

그림 1-1 포유류 생식소와 생식기관의 발달

(2) 생식도관

동물의 생식도관은 번식력과 건강한 혈통을 유지하는 데 중요한 요소이다. 생식도관은 정자나 난자가 이동하는 통로로, 각 기관이 정교하게 조율되어 있어야 성공적인 번식이 가능하다.

개체가 수컷으로 발달한 경우 볼프관(Wolffian Duct, Mesonephric Duct)이 발달하였다가 점차로 수컷의 관계가 새로운 역할을 할 수 있도록 전환한다. 태아의 정소에서 생산되는 태아 수컷(웅성) 호르몬과 뮐러관 억제물질이 관계의 분화와 발달에 주요한 역할을 담당한다. 수컷에서는 뮐러관이 퇴화하게 되는 것이 원칙이나 퇴화하지 아니하고 성체까지 오랜 기간 남아있는 경우에는 방정소와 수컷자궁으로 된다.

태아 초기의 요생식동은 중신관 내에서 장의 밑부분으로부터 분리되고 요생식동에서 수컷의 요도, 전립선, 요도구선이 형성되고 전단부가 음경으로 발달한다. 음낭은 생식융기가 정중선에서 유착한 것이기 때문에 암컷의 음순에 해당한다.

정소가 음낭 내로 하강되는 시기는 동물의 종류 및 시기 등에 따라 다르나, 정소의 하강은 복강으로부터 내서경륜과 서경관을 거쳐 음낭까지 도달하는 과정이다. 정소가 하강하지 못한 상태를 잠복 정소라 하며, 그 일부만 잠복되는 정소를 부분 잠복 정소라고 한다. 그러나 내분비 기능의 거의 손상이 없어 호르몬은 생산된다고 할지라도 정상적인 정자형성은 불가능하다. 또 복강내장이 초상돌기를 통하여 음낭 내로 하강할 경우는 음낭 헤르니아가 된다.

2) 수컷의 생식기관의 구조와 기능

동물별 수컷 생식기관의 구조는 **그림 1-2**와 같다.

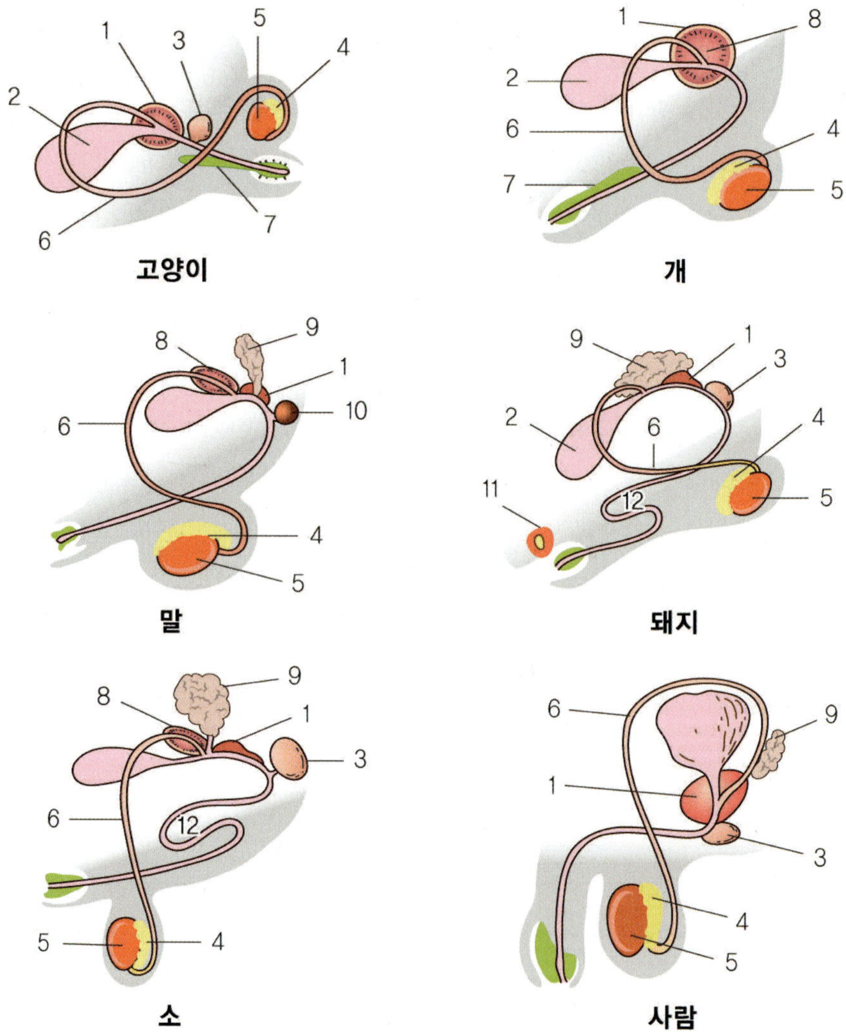

1-전립선 2-방광 3, 10-카우퍼선(요도구선) 4-정소상체 5-정소 6-정관
7-음경골 8-팽대부 9-정낭선 11-포피선(포피게실) 12-S형 만곡부

그림 1-2 동물별 수컷 생식기관

개와 고양이의 생식기관의 구조는 **그림 1-3**과 같다. 개의 음경은 사람과 비슷한 발기 기전을 갖고 있으며, bulbus glandis(음경 기저부의 팽대부)가 발달해 있어서, 교미 시 이 부분이 부풀며 잠김(tie) 현상이 일어나 정액 전달 시간을 확보한다. 소와 돼지는 음경 기저부가 S자 만곡부로 이루어져 있어서 발기 시에는 이 부분이 펴짐으로써 발기된다.

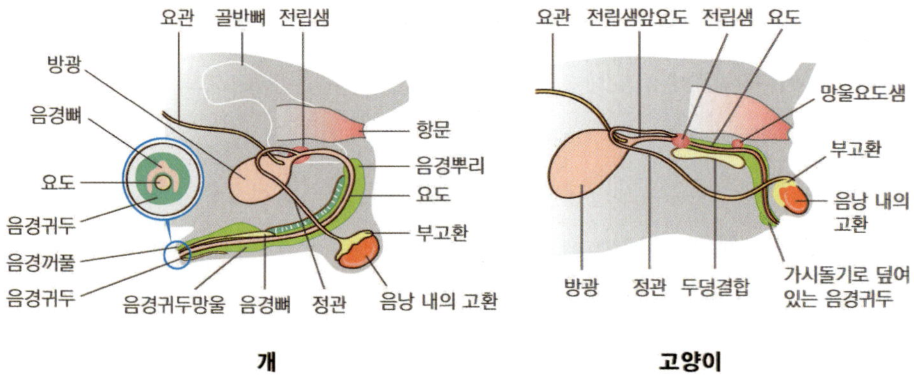

그림 1-3 개와 고양이의 수컷 생식기관

(1) 정소(精巢: 고환, Testis)

정소(고환, Testes, Testicles)는 정자를 생산하는 기관이지만, 생식도관의 출발점으로 세정관(Seminiferous Tubules)에서 정자가 만들어져 부고환으로 이동하는데 정소의 크기와 형태는 동물의 종류에 따라 다르나 대체로 타원형으로 된 한 쌍의 기관으로서 선체가 백막에 쌓여 있으며 정자를 생산하는 생식기능과 수컷 호르몬을 분비하는 역할을 하는데, 이러한 작용은 뇌하수체 생식선자극호르몬의 지배를 받는다.

① 정소(고환)의 위치와 구조

정소는 한 쌍의 타원형으로 된 선체로 두터운 백막에 싸인 생식선으로 정소상체의 장축인 초상돌기의 벽에 부착되어 정소상체와 연결된다. 태아일 때는 복강 내 있으나 태아가 성장함에 따라 체내 압박을 벗어나 서경관을 통하여 정소, 정소상체, 정계, 근육 등의 복강 밖인 음낭 내 하강되고 섬유성 근에 의하여 온도충격, 외부자극 등 생리적인 변화가 있을 때는 상하로 움직일 수 있게 되어 있다. 백막은 정소상체의 부착 부분에서 정소의 결합조직과 유사한 정소 종격에 연결되어 있고, 섬유성의 정소 중격이 생겨 세정관 사이로 뻗어나가 원추형의 소엽으로 나누어짐에 따라 정소 조직은 분엽화된 것처럼 보인다. 정소 중격과 정소 종격에는 실질로 통하는 신경, 맥관 및 실질에서 생산된 정자를 정소상체로 옮기는 도관이 있으며 그 주변 사이는 간질 조직이 있고 세정관 내에는 정자 형성에 직접 관여되는 생식세포군과 이것을 지지하는 세르토리세포로 되어있고, 그사이에는 수컷 호르몬의 생산에 관여하는 간질세가 존재한다.

정소 내 곡세정관에서 생산된 정자는 직세정관을 거쳐 정소망에 모여 수출관을 통하여 정소상체에 운반된다. 세정관의 직경은 0.1~0.3mm이고, 길이는 50~100cm 정도로 서로 연결되어 있다.

동물별 정소의 구조는 **그림 1-4**와 같다.

② 정소(고환)의 기능

개의 정소는 수컷 생식기관 중 가장 핵심적인 기관으로, 정자 생산과 남성호르몬 분비라는 두 가지 주요 기능이 있다. 생산하는 부위 및 생산에 관여하는 세포는 각각 다르다. 정자는 정조세포(정자 발생의 기원이 되는 세포)에서 일정한 과정을 거쳐 만들어지며, 이 과정은 뇌하수체 전엽에서 분비되는 생식선자극호르몬(GnRH, FSH, LH)과 정소 내 간질세포에서 분비되는 테스토스테론(testosterone)의 조절을 받는다. 이 호르몬들은 정자 형성을 자극하고 유지하는 데 필수적 정소의 조정(造精) 능력은 계절, 온도, 연령, 영양상태, 종류 및 체질적 요인에 따라 차이가 있으나, 하루에 정소 1g당 24~31 × 10^6개의 정자세포가 생성된다. 이는 다른 동물과 비교했을 때도 높은 수준으로, 개체의 생식 능력을 평가하는 중요한 지표로 사용된다. 수캐는 생후 3년까지 정자 생산 능력이 점차 증가하며, 이후 노화에 따라 점차 감소하는 경향을 보인다. 이는 번식 계획 시 수컷의 연령을 고려해야 하는 중요한 이유이다.

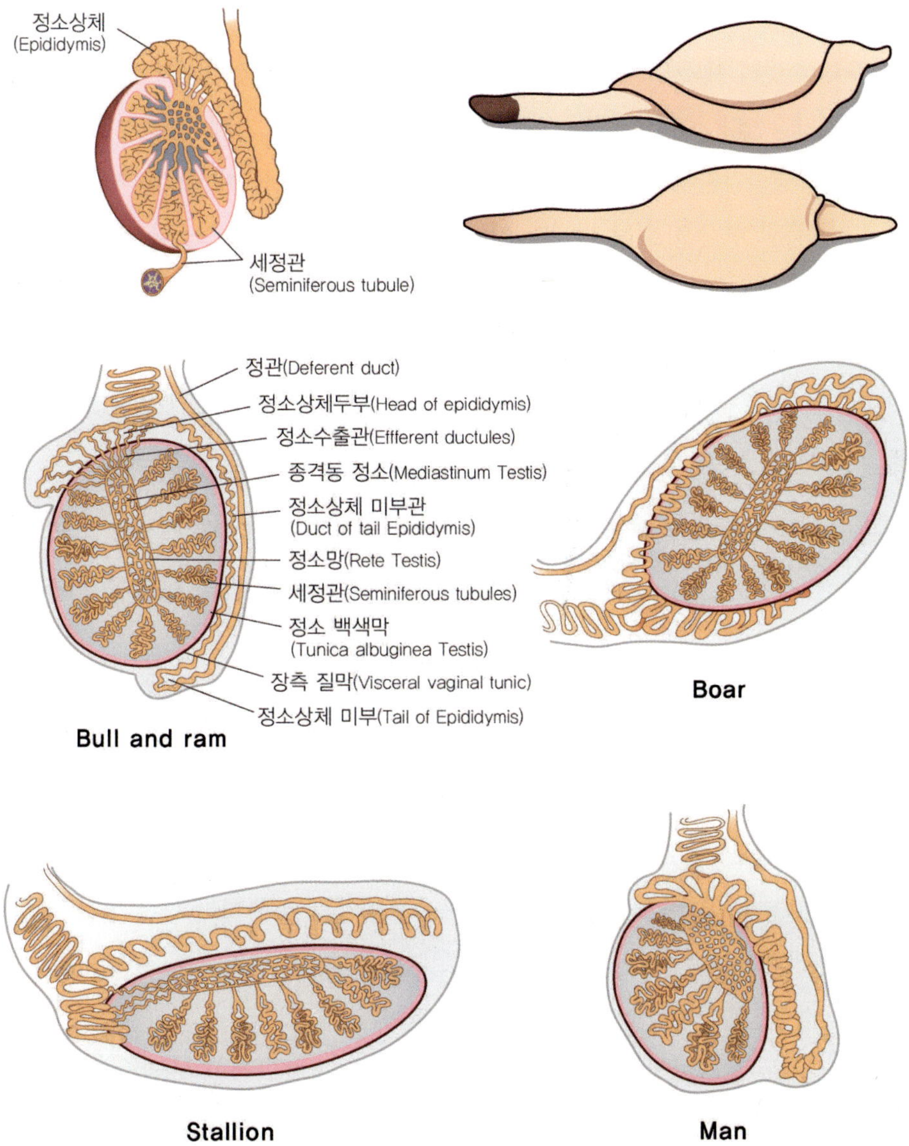

그림 1-4 정소(고환)의 구조

정소의 간질세포(interstitial cell)는 테스토스테론을 분비하여 정자형성을 촉진할 뿐 아니라, 수컷의 제2차 성징(근육량 증가, 체취, 행동 변화 등)과 생식기관의 성장 및 기능 유지를 담당한다. 이러한 작용을 이용해 미성숙 개체를 거세하면, 성적 발달이 억제되고 생식기관이 퇴화하며 공격성이 줄어들어 다두사육에 유리하게 되며, 또한 고기 품질 향상을 위해 거세가 이루어지는 경우도 많다. 그러나 최근 연구에 따르면, 테스토스테론은 단백질 동화 작용(anabolic effect)을 촉진하여 조직 내 단백질 축적과 근육 발달에도 영향을 미치는 것으로 밝혀졌다. 이로 인해 단순히 육질 개선만을 목적으로 한 거세는 신중히 고려되어야 하며, 동물복지와 개체의 생리적 균형을 함께 고려하는 번식 전략이 필요하다.

(2) 정소상체(부고환, Epididymis)

정소상체(부고환, Epididymis)는 생식선인 정소의 수출관에 의하여 연결되어 있으며, 정자의 수송, 농축, 성숙, 저장 등과 같은 중요한 기능을 수행한다.

① 정소상체의 구조

정소상체(부고환)는 정소의 뒤쪽에 붙어 있는 관 모양의 기관인 부생식기로 두부(머리), 체부(몸통), 미부(꼬리)로 구분되나, 포유동물의 종류에 따라 구분이 불확실하다. 정소상체 내부는 정자의 영양과 통로 역할을 하며, 정소 상체관벽은 뚜렷한 윤상근 섬유층과 위중층 원주상피세포로 되어 있다.

정소상체는 조직학적으로 3부로 구분할 수 있으나 육안적인 구분은 부위에 따라 차이가 있다. 상피의 형태로 보아 두부(머리), 체부(몸통), 미부(꼬리)로 나뉘며, 각 부위는 정자의 이동 경로에 따라 구조와 기능이 다르게 구성된다. 두부(머리) 부분은 정소에서 막 생성된 정자가 처음 들어오는 부위로, 내강이 좁고 긴 부동모(섬모)가 있는 상피세포가 존재하여 흡수 기능이 활발히 이루어지고, 체부(몸통) 부분은 정자가 성숙하는 구간으로, 관이 비교적 넓고 꼬불꼬불한 구조를 가지고 있으며, 미부(꼬리) 부분는 성숙한 정자가 저장되는 부위로, 관강이 넓고 부동모는 짧아진다. 이 부위의 정자는 수정 능력과 운동성을 갖추게 된다.

② 정소상체의 기능

정소상체는 정소에서 수송되어 온 정자를 성숙, 저장, 농축, 운반, 노화된 정자의 정화 등과 같은 중요한 기능을 맡고 있다. 또 흡수능과 합성능을 동시에 작용하며, 수컷호르몬의 지배를 받게 된다. 정소상체의 수분 흡수는 주로 정소상체 두부에서 행해진다. 양의 경우 정소상체에 들어오는 정액량은 1일 40ml인데 비하여 정소상체 미부에서 정관으로 나가는 정액량은 약 0.4ml로 감소된다. 따라서 정자농도에 있어서도 정소액 중 정자농도가 100,000,000/ml로 50배 이상으로 농축된다.

정소상체의 흡수능은 선택적으로 이온농도로 비교하면 정소상체액은 정소액에 비해 K는 높고, Na는 낮게 된다. 특히 미부액은 고농도의 정자를 함유하는 것 이외에 정소액에서는 거의 찾아볼 수 없는 유기물질을 함유하고 있다. 그것은 glyceryl phosphoryl choline(GPC), carotine, 구연산 등이 있다. 정자가 정소상체를 통과하는 데 필요한 평균 일수는 소 10일, 양 13~15일, 말 8~11일, 개 9~12일, 토끼 9일 정도 걸리며, 정소상체(부고환)를 통과하면서 정자가 성숙하며, 운동성과 수정 능력을 갖추게 된다.

생식선자극호르몬의 지배로 사출할 수 있는 기회를 가진 정자는 정소상체에 저장되는데, 때에 따라서는 6~7주간 수정능력을 보유할 수 있다. 정소상체의 무게는 소 25~80g, 말 30~50g, 개 80~100g 정도이다.

정소상체는 생식선자극호르몬(FSH, LH)과 테스토스테론의 영향을 받아 그 기능이 유지되며, 호르몬의 불균형이나 고환 기능 이상은 정소상체의 역할에 큰 영향을 줄 수 있다.

이처럼 정소상체는 단순한 정자 통로를 넘어서, 정자의 품질을 결정짓는 핵심 기관으로서, 번식학적 관점에서 매우 중요한 의미를 갖는다.

(3) 음낭

① 음낭의 위치와 구조

음낭은 개의 수컷 생식기관 중 외부에 위치한 중요한 기관으로, 정소와 정소상체(부고환)를 보호하고 정자의 생성과 생존을 위한 적절한 온도 유지를 담당한다. 이는 번식 능력에 직결되는 생리적 요인으로, 음낭은 단순한 보호막이 아니라 능동적인 온도 조절 장치 역할을 수행한다.

음낭은 바깥에서 보면 주름이 많은 주머니 형태로 되어 있으며, 표면은 섬세한 털로 덮여 있고, 피하지방이 거의 없는 신축성 있는 피부층으로 구성되어 있다. 피부 아래에는 육양막(Dartos muscle)이라는 평활근과 탄성섬유로 이루어진 얇은 근육층이 위치하여 음낭의 수축과 이완을 가능하게 한다. 육양막은 음낭의 정중선 하부에서 위로 뻗어 올라가며 내강을 형성, 좌우의 음낭 공간을 분리하는 음낭중격(Scrotal septum)을 형성한다. 이 구조는 좌우 각각 하나의 정소를 수용할 수 있는 공간을 제공하며, 외부 충격 시 한쪽 정소만 손상되는 것을 방지하는 데에도 기여한다. 이 음낭중격의 외부 표식이 음낭봉선(Raphe)으로 나타난다.

정소는 복강 내에서 발생하여 발달 후 음낭으로 하강하게 되는데, 이때 복막의 일부가 함께 내려와 형성된 막이 총초막(질막, Tunica vaginalis)이다. 총초막은 장막 구조로 정소와 정소상체를 감싸며, 내부에는 고환초막(백색막, Tunica albuginea)이 함께 존재하여 정소를 외부로부터 안정적으로 지지한다.

② 음낭의 기능

음낭은 정소의 온도를 조절하고 외부로부터 충격과 감염으로부터 정소를 보호하는 작용을 한다.

정자의 정상적인 생성(조정, spermatogenesis)을 위해 정소는 체온보다 약 2~4℃ 낮은 온도를 유지해야 한다. 음낭은 다음과 같은 기전을 통해 이를 실현한다.

- **피부층의 땀샘 발달**: 피지선보다 땀샘이 잘 발달하여 체온 상승 시 열을 효율적으로 방출한다.

- **육양막의 수축/이완**: 저온일 경우 음낭이 수축되어 정소를 몸쪽으로 끌어당기고, 고온일 경우 이완되어 정소를 외부로 내보낸다.
- **혈관계의 열교환 시스템**: 정소로 혈액을 공급하는 정소동맥은 하강하면서, 나선형의 정소정맥총(Pampiniform plexus)에 의해 둘러싸인다. 이를 통해 동맥혈이 정소에 도달하기 전에 정맥혈에 의해 냉각되며, 열교환이 이루어진다.

이와 같은 정밀한 조절이 없으면 고온에 의해 정자 생성이 억제되거나 품질이 저하될 수 있다.

음낭은 외부 충격이나 감염으로부터 정소와 정소상체를 물리적으로 보호한다. 주름진 피부와 육양막의 탄력성은 외부 압력의 충격을 흡수하고 분산시키는 역할을 하며, 좌우로 나뉜 공간은 손상 시 피해를 최소화한다.

음낭의 표면은 털과 땀샘, 피지선 등의 방어선으로 구성되어 있으며, 외부 세균의 침입을 억제한다. 또한 정소는 면역 특권기관으로 기능하며, 음낭은 이러한 특성을 간접적으로 보호한다.

(4) 정관

정관은 수컷 생식기관의 핵심 수송로로, 정소에서 생성되어 정소상체(부고환)에 저장된 정자를 요도(Urethra)까지 운반하는 긴 근육성 관이다. 교배 시 정자의 사정(Ejaculation)을 직접적으로 담당하는 주요 기관으로, 호르몬 및 신경계의 정밀한 조절하에 움직이는 능동적 구조이다.

① 정관의 위치와 구조

정관은 부고환 꼬리부(Tail of Epididymis)에서 시작하여 요도에 이르는 관 형태의 구조물로, 처음에는 정소상체를 따라 위쪽으로 향하고, 이후 복강 내부로 들어가게 된다. 이때 정관은 혈관, 림프관, 신경들과 함께 정계(Spermatic cord)를 이루며, 서혜륜(Inguinal ring)을 통해 복강에서 골반강으로 들어간다.

정관은 방광의 경부 근처에 이르면 정낭선(seminal vesicle)과 만난다. 정관의 말단부는 두꺼워지고 팽대진 구조를 가지는데, 이를 정관팽대부(Ampulla of ductus deferens)라고 한다. 이 부위는 특히 소와 양에서 발달되어 있으며, 교미 시 자극을 받으면 팽대부의 평활근과 분비선이 수축하여 정액을 요도로 효율적으로 이동시키는 역할을 한다.

정관 벽은 평활근(smooth muscle)으로 구성되어 있으며, 강한 연동운동(peristalsis)을 통해 정자를 요도 방향으로 밀어낸다. 내강은 비교적 좁지만, 근육층이 잘 발달되어 있어 단시간 내 빠른 정자 수송이 가능하다.

② 정관의 기능

정관의 주된 기능은 다음과 같다.

- **정자 수송**

  정관은 정소상체에서 나온 정자를 요도로 전달하는 수송 통로이다. 수송은 정관 벽의 평활근 수축에 의해 이루어지며, 이는 옥시토신(Oxytocin)과 교감신경계의 지배를 받는다. 평상시에는 정자가 정소상체에 주로 저장되지만, 교배 시에는 교감 신경이 활성화되어 정관의 근육층이 연속적으로 수축하며 정자를 이동시킨다.

- **사정 과정에서의 역할**

  정관은 사정 시 핵심 경로로 작용하며, 다음과 같은 경로로 정자가 이동한다. [정소상체 → 정관 → 정관팽대부 → 요도]

  이 경로를 따라 이동하면서 정자는 전립선액, 정낭액 등과 혼합되어 정액을 형성하게 되고, 정관은 이 혼합된 정액이 빠르게 요도로 이동하도록 운반 역할을 수행한다.

- **일시적 저장소 역할**

  정소상체뿐 아니라 정관 일부 구간에서도 정자가 일시적으로 저장될 수 있다. 하지만 저장 능력보다는 급속한 수송 기능이 중심 역할을 한다.

(5) 부생식선

수컷의 부생식선은 정자의 생존과 기능 유지, 그리고 정액 형성에 핵심적인 역할을 수행하는 보조 생식기관이다. 이들은 정자를 직접 생성하지는 않지만, 정자가 생식도관을 통과할 때 필요한 영양분, 보호 성분, 매질(교질액) 등을 공급하여 정자의 수정능력을 높이는 역할을 한다.

수컷 포유동물의 부생식선은 일반적으로 정낭선, 전립선, 요도구선으로 구성되며, 그 존재 여부와 발달 정도는 동물 종에 따라 상이하다(그림 1-5).

개의 경우, 정낭선과 요도구선은 존재하지 않고, 전립선만 발달되어 있는 것이 특징이다.

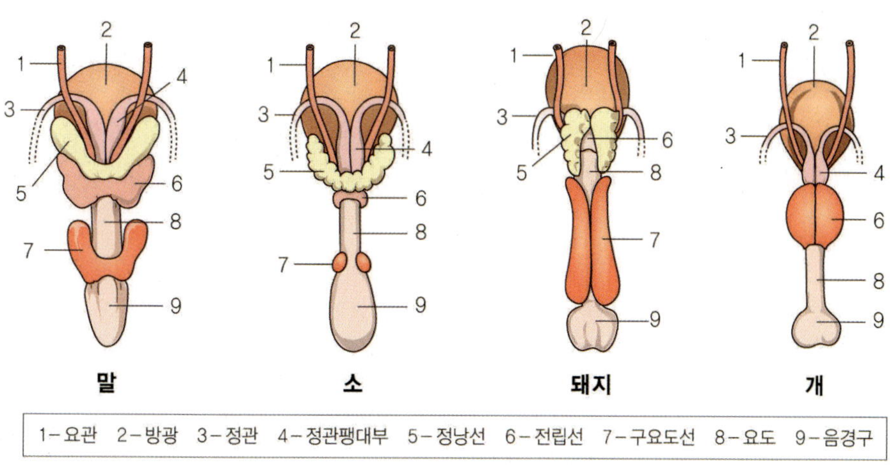

그림 1-5 부생식선의 배치 형태

① 정낭선의 위치와 구조

정낭선은 대부분의 초식동물(소, 말, 돼지 등)에서 발달한 한 쌍의 기관으로, 정관팽대부 외측에 위치한다. 이 선은 다수의 소엽 분비관이 모여 주 배출관을 형성하며, 일반적으로 정관과 함께 사정관을 통해 요도에 연결된다. 정낭선의 분비액은 pH 5.0~6.2의 점성 있는 교질물로, 과당, 구연산, 칼슘, 단백질 등을 포함하며, 정자의 에너지원과 안정화 역할을 한다.

그러나 개와 고양이 등 육식동물은 정낭선이 존재하지 않으며, 이에 따라 정액의 성상도 다른 종과 차이를 보인다.

② 전립선의 구조와 기능

전립선은 개에서 유일하게 존재하는 부생식선으로, 정액의 대부분을 구성하는 분비물을 제공한다. 구조적으로는 체부(body)와 전파부(disseminate part)로 나뉘며, 체부는 요도 두부에 위치하여 육안으로 관찰되기도 한다. 전파부는 요도골반부를 따라 퍼져 있으며, 요도근에 싸여 있어 외부에서는 식별이 어렵다.

전립선의 분비액은 약한 산성(pH 5.7~6.2)의 유백색 액체로, 정자의 활동성을 보조하고 요도를 윤활하며, 정액의 액체 성분을 형성한다. 분비액은 수많은 작은 배출관을 통해 요도로 분비되며, 이 분비는 수컷호르몬(테스토스테론)의 영향을 받는다. 나이가 들수록 전립선은 비대해지거나 석회화되는 경향이 있으며, 거세 시에는 위축된다.

③ 요도구선의 구조와 기능

요도구선은 좌골부 요도골반부의 미부에 해당하는 부위에, 일부 또는 전체가 요도 해면체근에 싸여 존재하고 내부는 치밀하고, 분비선은 관상포상의 구조를 갖고 있어 전립선과 유사하다. 요도의 표면은 한 쌍의 구형으로 요도점막에 개구한다. 분비액은 개를 제외한 동물은 정낭선이나 전립선에 비해 소량이나, 개는 원통상의 큰 관으로 백색의 점성분비물을 분비하고 정액의 15~20%를 점유한다.

또 사람은 사정할 경우는 겔(gell) 상으로 사출된다. 분비액의 pH 7.5~8.2로 정액의 사출에 앞서 요도의 확장과 사정전에 요도를 세척하여 산성반응인 요도를 알칼리성 반응으로 변화시켜 정자의 요도 통과를 도우며 보호하는 작용을 한다. 육식동물은 요도구선이 적은 편이고 개는 요도구선이 존재하지 않으며, 이에 따라 해당 기능은 전립선이 일부 대행한다고 볼 수 있다.

(6) 음경과 포피

① 음경, 포피의 위치와 구조

음경은 수컷 동물의 교미기이자 배뇨기관으로, 정액 및 소변을 체외로 배출하는 구조이다(그림 1-6). 음경 내부에는 혈관이 많은 해면체 구조가 발달되어 있다. 또한 음경은 음경근, 음경체, 유리선단부와 음경의 끝인 음경귀두부로 되어 있다. 소와 돼지 등은 음경내부에 해면체가 거의 없고 S자형 만곡부의 펴짐으로 발기가 이루어진다. 개의 음경은 특히 발달된 혈관성 해면체 조직과 독특한 해부학적 구조를 가지며, 발기 및 교미 과정에서 핵심 역할을 수행한다.

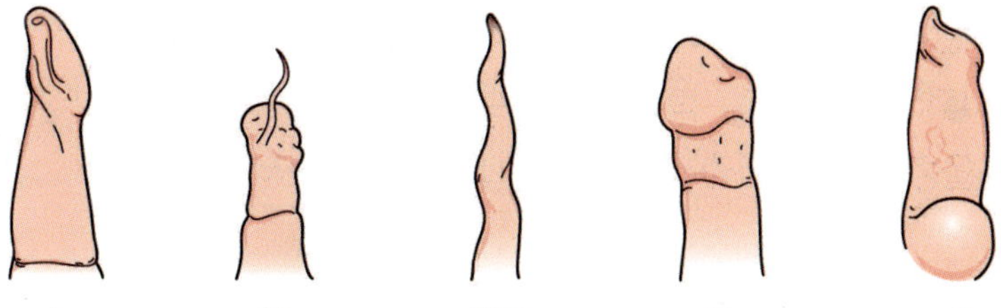

그림 1-6 동물별 음경의 구조

개의 발기는 사람과 마찬가지로 음경해면체의 확대로 이루어진다. 음경귀두부는 가장자리를 귀두관이라 하고 뒤쪽은 귀두경이라 하며, 소, 양 등의 귀두에는 요도돌기가 있는데. 양은 요도 외구에 돌기가 길게 있다가 발기되면 돌출된다. 개의 음경은 세 부분으로 구분된다(그림 1-7).

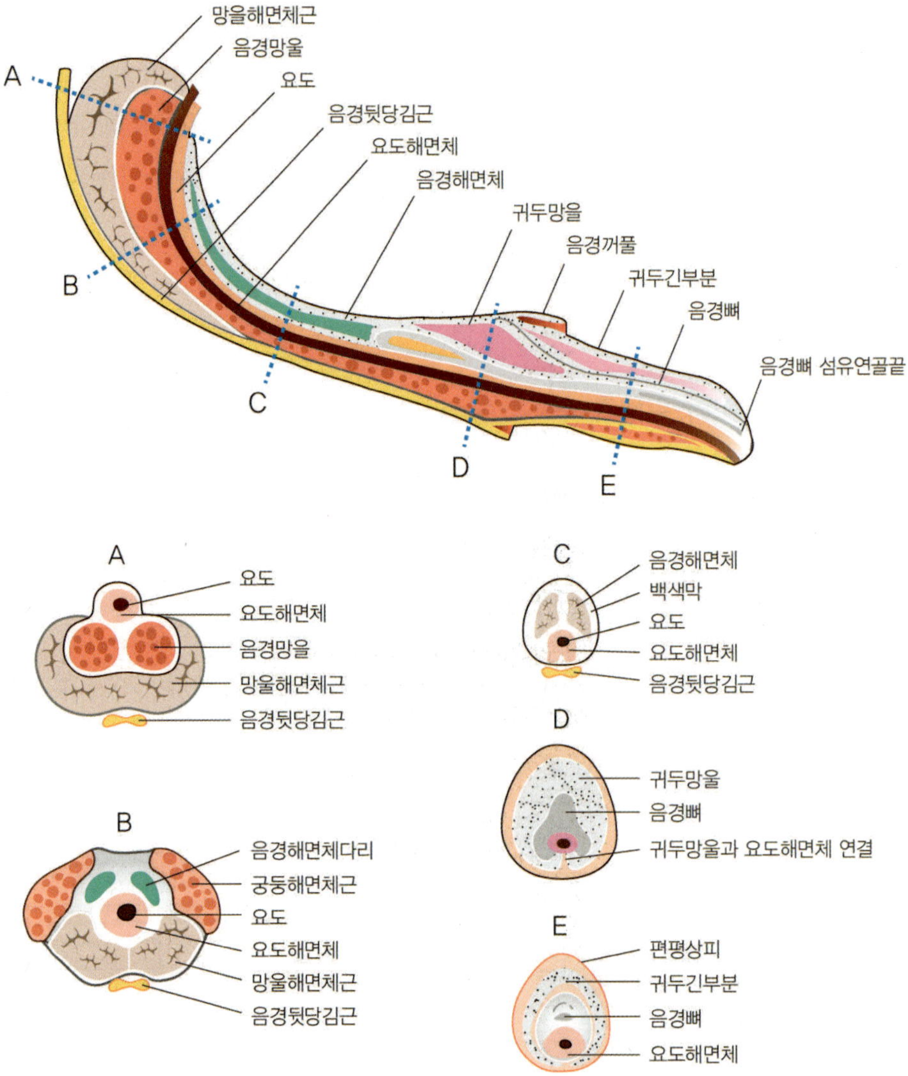

그림 1-7 수캐의 음경의 발기 기전

- **음경근**(crus penis): 좌우 2갈래로 갈라진 기저부로, 골반의 좌골궁에 부착된다.
- **음경체**(corpus penis): 음경의 중간부로서, 발기 시 확장되며 주요한 발기 기능을 수행한다. 상부에는 음경해면체(corpus cavernosum penis), 하부에는 요도해면체(corpus spongiosum penis)가 존재하며, 요도를 감싸는 구조이다.
- **유리선단부**(free part) **및 귀두부**(glans penis): 음경의 끝부분으로, 개의 경우 귀

두부(glans)의 발달이 특히 두드러지며, 귀두경(bulbus glandis)이라는 발기 조직이 존재한다. 이는 교미 후 암컷의 질 내부에서 팽창하여 교미 잠금(tie or lock) 현상을 일으켜 정자의 전달 확률을 높인다.

육식동물인 개는 음경골(os penis)을 가지며, 이 골성 조직은 음경 내에 위치하여 발기의 지지 구조로 작용한다. 이는 일부 영장류나 고양잇과 동물에서도 관찰된다.

② 발기의 생리 및 교미 특성

개의 발기는 사람과 유사하게 음경해면체의 혈류 유입으로 이루어진다. 성적 자극 시, 자율신경계를 통해 동맥혈이 대량으로 해면체에 유입되며 발기압이 상승한다. 휴식 시 음경해면체의 압력은 약 19mmHg이지만, 발기 시에는 7,000mmHg까지 상승할 수 있어 강한 발기력을 갖게 된다.

개의 독특한 교미 특성 중 하나는 교미 후 교미잠금(tie)이다. 이는 음경 귀두부의 귀두경이 암컷 질 내에서 급격히 팽창하여 음경이 일시적으로 분리되지 않도록 하는 현상으로, 정자의 자궁 내 전달 효율을 높이고 타 수컷의 교미 기회를 차단하는 역할을 한다.

③ 포피(Prepuce)의 구조와 역할

포피는 음경의 유리선단부를 싸고 있는 피부성 주머니 구조로, 외부 충격, 마찰, 오염으로부터 음경을 보호한다. 개의 포피는 배 밑부분에 위치하며, 외부는 거친 포피모로 덮여 있고, 내부는 점막과 유사한 구조를 갖는다.

포피에는 때때로 탈모 현상(포피탈증)이 발생할 수 있으며, 이는 위생적 문제, 염증, 외부 자극 등에 의해 유발된다. 심한 경우 교미 불능, 위축, 통증 유발 등으로 이어질 수 있어 번식 장애의 원인이 되기도 한다.

④ 요도와 음경의 기능적 연계

요도는 음경 내부를 지나는 정액과 소변의 공통 통로이다. 사정 시에는 방광경부가 닫히고, 정관에서 운반된 정자와 전립선 분비액이 요도를 통해 음경으로 사출된다. 교미 전 발기를 통해 음경이 암컷 질 내에 삽입되고, 정액은 귀두팽대부를 통해 전달되고 있다(그림 1-8).

수컷 개의 음경은 해면체 발기형 구조와 음경골, 그리고 귀두경의 발달로 교미에 최적화된 특성을 보인다. 이는 발기 → 삽입 → 사정 → 교미잠금이라는 교미 과정에서 정자의 효율적 전달을 보장한다. 음경은 요도와 함께 배뇨와 사정 기능을 동시에 수행하며, 포피는 이를 보호하는 역할을 한다.

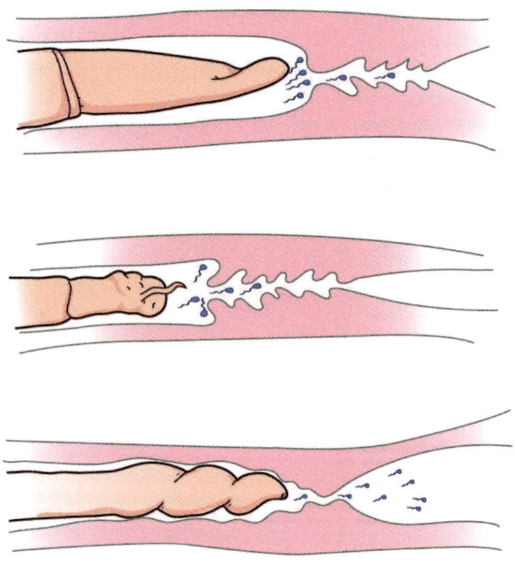

그림 1-8 음경의 기능과 동물별 특징(Sorensen, 1971)

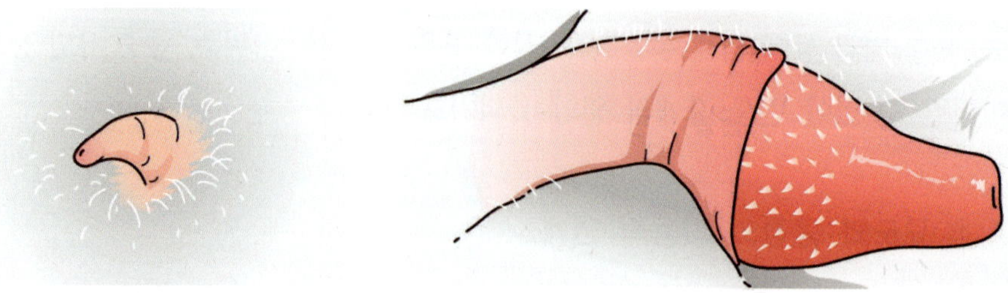

그림 1-9 고양이과 생식기

2. 암컷(자성, 雌性)의 생식기관

암컷의 생식선은 난소(Ovaries)로 성 호르몬을 분비하고 생식세포를 생성하는 기관으로 번식 주기를 조절하고, 생식 기능을 유지하는 역할은 한다.

암컷(자성) 생식기관은 신장 근처에 위치한 난소, 난관, 자궁, 자궁경, 질 및 외부 생식기 등으로 구성되어 있으며, 이들 기관은 광인대에 의하여 매달려 있고, 이 광인대는 난소를 지지하는 난소각막과 난관을 지지하는 자궁간막으로 되어 있다. 난소, 난관, 자궁은 주로 자율신경의 지배를 받으며 음부 신경은 질, 음부, 음핵 등에 분포된 지각 신경섬유와 부교감 신경섬유가 있다. **그림 1-10**은 암컷의 생식기관이다.

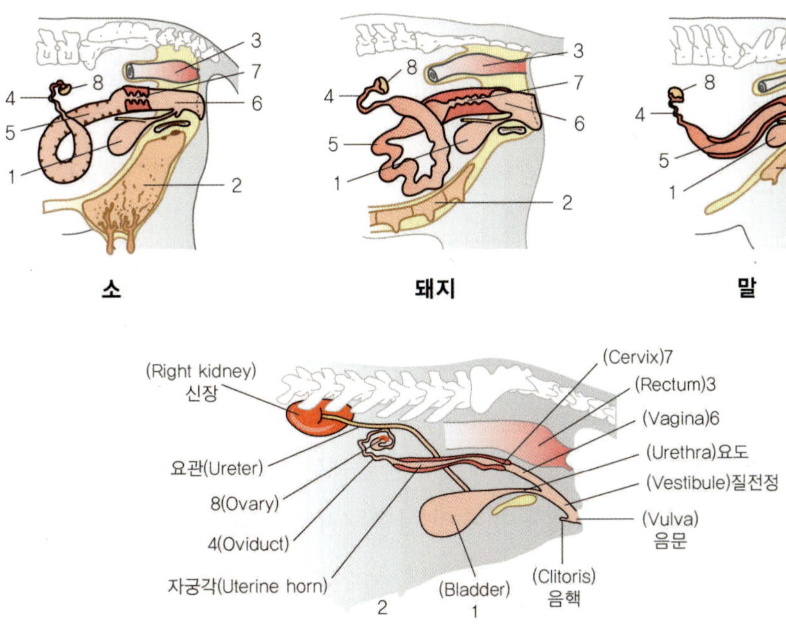

1-방광 2-유선 3-직장 4-난관 5-자궁 6-질 7-자궁경 8-난소

그림 1-10 암컷의 생식기관

1) 암컷의 생식기관의 발생

암컷 개의 생식기관은 배아 발생 과정 중 중간신장(Mesonephros)과 생식능선(Gonadal Ridge)에서 유래하며, 성분화 과정에서 뮐러관(Müllerian Duct)이 발달하여 난관, 자궁, 질의 상부를 형성한다.

개의 성결정 및 생식기관의 발생은 정교하게 조절되는 과정이며, 특정 유전적, 호르몬적 기전이 개입한다.

성의 미분화 시기인 초기 배아 단계에서 수컷(웅성)과 암컷(자성)의 생식기 원기(생식소)는 동일하게 시작된다. 2개의 미분화된 생식선, 각각의 쌍으로 된 볼프관과 뮐러관, 그리고 요생식동이 있다. 생식선이 수컷(웅성)과 암컷(자성), 즉 정소 또는 난소로 분화되기 이전에 이미 원시생식세포가 침입해 있다. 난소로 분화되는 경우에는 볼프관은 퇴행하고, 한 쌍의 뮐러관이 양측에서 서로 융합해 자궁체, 자궁경 및 질을 형성한다. 요생식동에서 질전정이 형성되며, 요생식동 양측의 주름에서 음순이 생긴다. 음핵은 수컷의 음경과 같은 기능이지만 성장하지 않는다.

(1) 생식선

개의 배아는 초기에는 양성 생식샘(Bipotential Gonad)을 가지고 있으며, XY 유전자를 가진 배아는 SRY(Sex-determining Region Y) 유전자의 영향을 받아 고환이 되고, XX 유전자를 가진 배아는 SRY 유전자의 부재로 인해 난소(Ovary)로 발달한다. 생식선은 생식선융기를 침입한 수많은 과립성 난황세포로 형성되고 암컷의 경우는 이러한 침입이 두 번 생기는데 첫 번째 침입은 발육부전, 두 번째 침입은 성색을 형성한다. 암컷 성색을 수질계라하며, 수컷 성색을 세정관이라 한다. 정소는 성적으로 분화한 생식선의 수질로부터 발달하지만, 난소는 주로 피질로부터 발달한다. SRY 유전자가 없는 경우, 뮐러관이 발달하여 이후 암컷 생식기관의 난소가 형성되고, 볼프관은 퇴화된다. 난소 내부에서 원시 난포(Primordial Follicles)가 형성되며, 이는 배아 발생 중 발생한 생식세포(Germ Cells)에서 유래한다.

(2) 생식도관

동물의 생식도관은 정자와 난자의 이동, 수정, 착상, 임신 유지, 분만 등 번식에 직접적으로 관여하는 해부학적 경로로, 건강한 번식력 유지와 혈통 보존에 핵심적인 역할을 한다. 암컷의 생식도관은 난관(Oviducts), 자궁(Uterus), 질(Vagina) 등을 포함하며, 특히 암컷의 생식도관은 수정과 임신이 실제로 일어나는 구조로, 정교한 조절과 통합 기능이 요구된다.

동물에 있어서 모든 포유류 배아는 성의 분화 이전, 볼프관(Wolffian duct)과 뮐러관(Müllerian duct)이라는 두 종류의 생식관 원기를 공존한 채 가진다. 배가 암컷으로 발달하면 뮐러관은 생식관계로 발육하고 볼프관은 퇴화하여 위축한다. 뮐러관(Müllerian Duct, Paramesonephric Duct)에서 발생하며, 난관(Oviduct), 자궁(Uterus), 질의 상부(Vagina Upper Part)를 형성하게 된다.

개의 생식도관은 다태동물 특성에 맞게 쌍각자궁(bicornuate uterus) 형태를 가진다. 이는 자궁이 중앙 자궁체와 양쪽으로 길게 뻗은 자궁각(uterine horns)으로 구성되어 다수의 태아를 동시에 수용할 수 있도록 설계되어 있다.

난관(Oviduct)은 난소 인근에서 깔때기(infundibulum)로 시작되어 난자를 포획하며, 수정이 일어나는 장소이다. 난관 점막은 섬모세포와 분비세포로 구성되어 정자와 난자의 이동을 돕는다.

자궁(Uterus)은 수정란이 착상하고, 태아가 자라며, 근육층은 분만 시 수축을 유도한다.

질(Vagina)은 자궁과 외부 생식기를 연결하는 통로로, 교미, 정자 수용, 분만의 기능을 수행한다.

배아의 외부 생식기는 성별에 따라 다르게 분화되는데, 생식기결절(Genital tubercle)은 암컷에서 퇴화되어 음핵(clitoris)으로 발달한다.

생식기팽대부(Genital swelling)는 대음순(labia majora)이 되며, 생식기벽(Genital fold)은 소음순(labia minora) 및 질 전정(vaginal vestibule)으로 형성되어 진다.

개에서는 이 구조들이 배 밑의 외부 생식기로 발달하며, 질 전정은 요도 개구부와 함께 구성되어 있다.

생식도관은 난자와 정자의 만남, 수정, 착상, 태아 발달 및 출산까지 전 과정을 담당하며, 발생학적 기원, 해부학적 구조, 생리적 조절이 유기적으로 작동해야 성공적인 번식이 이루어질 수 있다.

2) 암컷의 생식기관의 구조와 기능

암컷 생식기관의 구조는 **그림 1-11**과 같다.

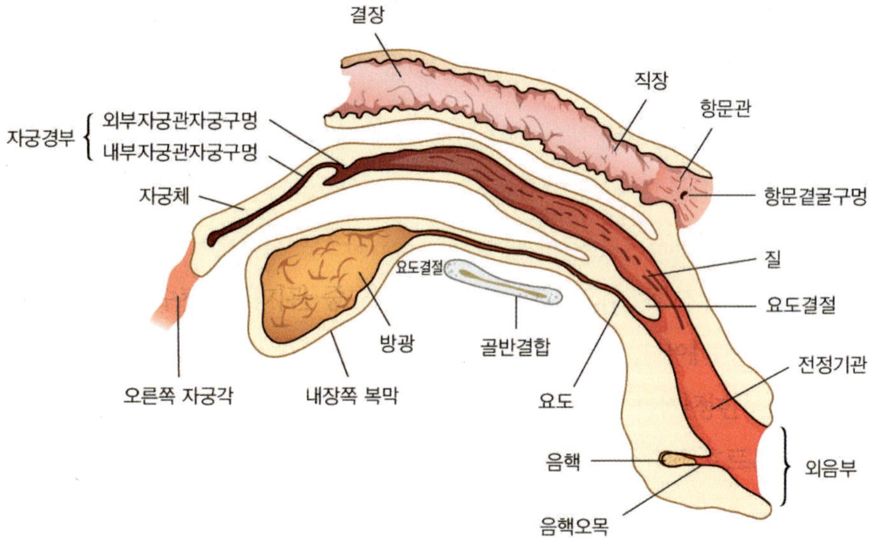

그림 1-11 암캐의 생식기관

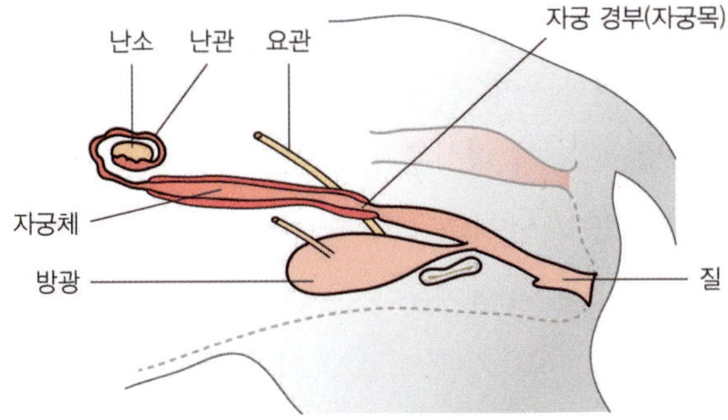

그림 1-12 암캐의 비뇨기 및 생식기(옆에서 바라본 것)

(1) 난소(Ovary)

난소는 암컷의 생식선(gonads)으로, 난자의 생성(난포발달, 배란)과 성호르몬(에스트로겐, 프로게스테론) 분비를 담당하는 기관이다. 위치는 복강 내, 신장 근처에 있으며, 좌우 한 쌍으로 존재한다. 난소는 발정주기와 임신, 나아가 종족 번식의 유지에 있어 중심적인 역할을 수행한다.

난소는 배아 발생 초기, 약 20~30일령에 비특이적 생식선(bipotential gonad)에서 발생하며, 생식능선(Gonadal ridge)에서 기원한다. 이 시기에는 모든 배아가 볼프관(Wolffian duct)과 뮐러관(Müllerian duct)을 동시에 보유하며, 성결정 유전자(SRY)가 없는 XX 배아에서는 볼프관이 퇴화하고 뮐러관이 발달하여 난소 및 생식도관이 형성된다.

25~30일령에는 생식세포(원시 난모세포, Oogonia)가 증식하여 원시 난포를 형성하고, 45~60일경에는 1차 감수분열에서 정지된 상태로 출생한다.

① 난소의 구조

난소는 표면상 매끄럽고, 성숙한 난포와 황체 등 다양한 구조물이 시기에 따라 관찰된다. 난소는 신장의 후방에 위치하며 난소인대와 난소를 싸고 있는 난소간막에 부착되어 있다. 난소간막은 난소에 대한 혈관 신경계 근조직 결합조직과 함께 난소인대에 의하여 난소에 연결되어 있으며, 또한 고유 난소인대와 자궁광인대에 의하여 자궁에 연결된 평타 원형 선체이다. 난소는 생식능선(Gonadal Ridge)에서 유래하며, 내부에 난포(Follicles)가 형성된다. 발생 초기(Embryonic Day[배아] 25~30일)는 난소 내부에서 생식세포(원시 난모세포, Oogonia)가 증식하며, 원시 난포를 형성하고, 출생 전(Embryonic Day[배아] 45~60일)에는 모든 난자가 1차 감수분열(Meiosis I) 중기에서 정지한 상태로 남는다. 성숙기에 이르게 되면 난소는 원시난포에서 제2차 난포, 제3차 난포로 거쳐 그라아프 난포로 성숙하여 배란, 황체 형성의 과정을 거친다(그림 1-13).

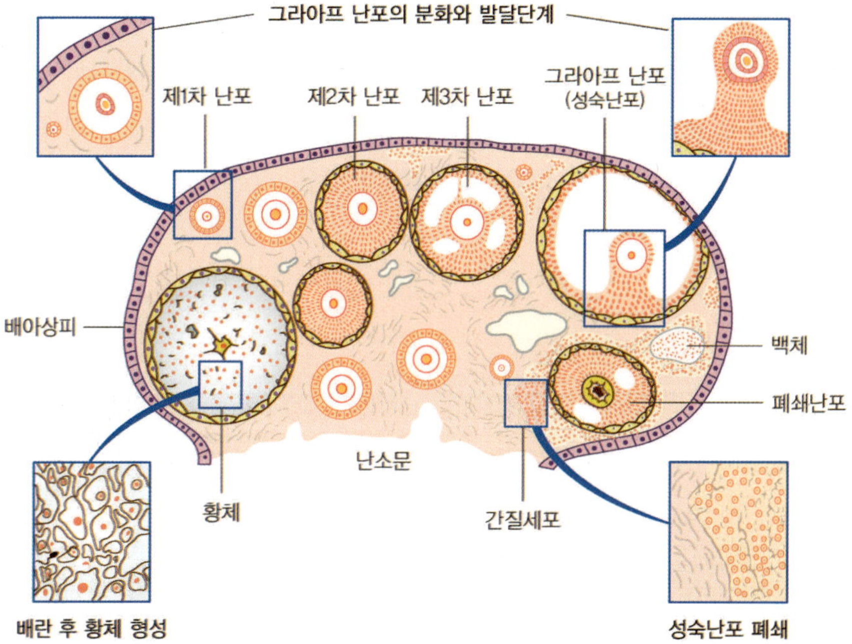

그림 1-13 포유동물 난소의 복합모식도(Turner, 2000)

원시난포의 상피세포는 초기에 단층이지만 차차 성숙하여 다층 세포로 증식하고 제 3차 난포는 난포 내의 강소가 생기고, 이곳에 난포액이 고이게 된다. 성숙한 소의 그라아프 난포로 되면 난포강에 난포액이 더욱 충만하게 된다. 배란이 가까이 오면 내외 협막세포는 효소작용을 받아 중앙의 정점의 부근에서 구조가 허물어지고 또한 성상도 변화되어 가장 약한 부분이 세포 내 압력으로 파열되어 배란과정이 이루어진다. 배란 시에 난구에 묻어있는 난자는 난포세포에 싸여 난포액과 같이 배출된다. 배란된 곳에 혈액이 충만하게 되어 적체로 되고 남아있는 과립막세포에서 대형의 황색 색소를 함유한 황체 세포가 증식해서 내강을 메우고 난소 표면에 나타나게 된다. 직경이 2~3cm가량 되는 황체가 되고 그 형태는 동물의 종류에 따라 다르다.

발정기에 따라 난소 변화 및 황체 세포에 대한 변화를 표현한 것으로 많은 수의 종자세포와 발육난포를 포함하고 있다. 개의 난소는 자궁각이 끝나는 지점에서 매우 가깝게 위치하고 있다(난관이 매우 짧음).

난포는 난소 피질의 기능단위로서 발정주기에 따라 커지고 작아지며, 소멸하고, 새롭게 발생하기도 하며, 각종 호르몬, 특히 발정호르몬(estroges)을 분비하고, 난자를 생산한다(그림 1-14).

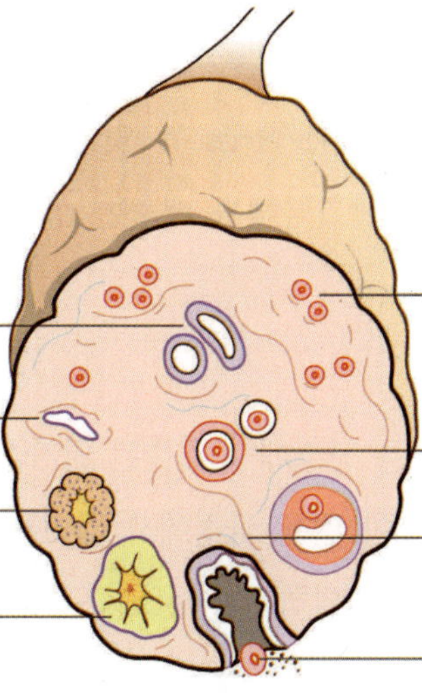

그림 1-14 난소의 세로면(난소의 활동도 볼 수 있음)

난포의 파열로부터 배란에 의하여 수정 임신 과정을 이루게 되면 황체는 임신 황체로 발달하고 수정이 되지 못하면 10일 전후를 절정으로 14~17일경에 자동적으로 퇴행하는데 이때 생긴 황체를 발정 황체라 한다. 또한 성숙 중인 난포가 배란에 이르지 못하고 발육 중에 퇴행하는 것을 퇴행 난포 또는 폐쇄 난포라 한다. 개(또는 돼지)는 한번 배란할 경우 난소에서 10~25개의 난자가 배란되며, 소는 1~2개를 배란한다.

② 난소의 기능

난소는 발정호르몬, 황체호르몬, relaxin 등 중요한 생식선호르몬을 분비하는 역할과 난자의 생산, 배란 등의 두 가지 기능을 갖고 있다. 생식선이 난소로 성숙 분화되기 전의 문제이지만 포유동물의 원시생식세포는 생식융기가 형성되기 전에 생식선이 없는 난황 낭벽에 발생한다. 감수분열 전기에 들어온 뒤 오랫동안 휴지기에 들어간다. 성 성숙기에 달하면 원시세포 중의 난모세포는 난포세포로부터 영양공급을 받아 난황을 축적하며 난포로 성숙되어 표면에 나타난다. 이때 난핵포기로부터 난핵포 붕괴(CVBD: germinal vesicle break down), 이동기, 제 1감수분열 중기(metaphase I), 후기(telophase I), 종기(anaphase I), 잇달아 제 2감수분열 중기(metaphase II)로 되며, 거의 포유동물은 제 1극체를 배출한 상태로 배란된다.

(2) 난관(Oviduct)

난관(Oviduct, Fallopian Tube)은 난소에서 배출된 난자를 수송하고, 수정이 이루어지는 주요 생식기관으로, 배아 발생 과정에서 뮐러관의 상부(Paramesonephric Duct Upper Part)에서 발생한 난관은 발달하면서 난소 근처에 개방된 깔때기(Infindibulum)를 형성한다. 성숙한 개에서는 난소와 자궁을 연결하는 가는 관 형태의 구조이며, 배아 발생 과정 중 난관의 끝부분이 섬모를 가진 세포로 덮이게 되어, 난자가 난소에서 배란될 때 이를 효과적으로 포획할 수 있도록 한다.

① 난관의 구조

난관은 난소 근처에 있는 난관채(깔때기), 난관팽대부, 난관협부와 자궁각과 연결되는 자궁난관 접속부에 의하여 자궁과 연결된다.

난관채(깔때기)는 아주 얇은 막으로 되어 있고 모세혈관이 풍부하며, 배란 시에는 난소 표면 전체에 걸쳐 있어 소나 개와 같이 어느 부분에서 배란이 일어나더라도 확실히 수용하도록 되어 있다. 난관팽대부는 굴곡되어 있지 않고 협부는 가늘고 복잡하게 굴곡되어 있다. 외부에서 손가락으로 잡아 보면 윤상근층이 두텁게 발달해 있는 딱딱한 감이 있는 부분이 협부이다.

난관벽은 점막, 근층, 장막의 3층으로 되어 있다. 점막에는 난관 특유의 복잡한 벽이 있고 특히 난관팽대부에서는 이 벽이 발달해 나뭇가지 모양으로 분지돌출해 있다. 점막상피에는 분비세포와 선모세포가 혼재해 있다. 점막의 벽은 난관팽대부에서 자궁 끝으로 향해서 점차로 낮아지고 단순해지며 고유의 관강이 나타나게 된다. 난관의 근층 두께는 자궁 끝으로 오면서 두꺼워진다. 근섬유는 난관벽 전체를 수축할 수 있도록 되어 있고, 근층으로부터 점막초벽의 결합조직까지 뻗어있다.

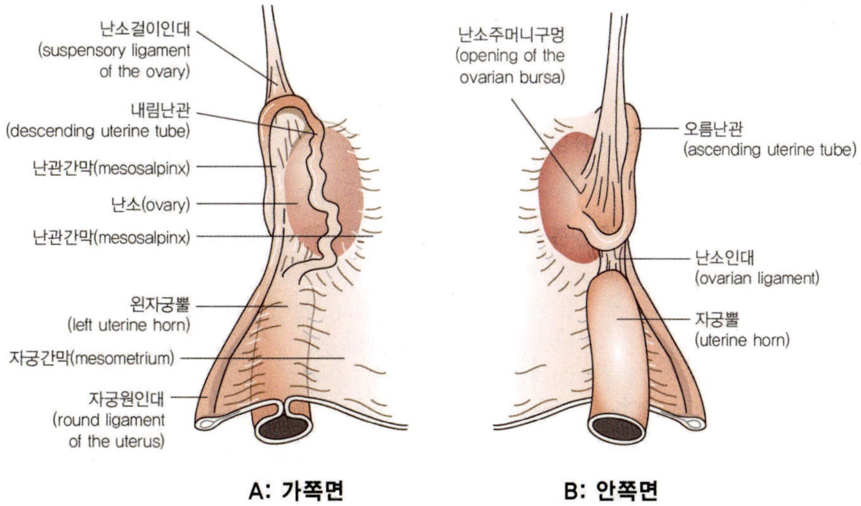

그림 1-15 암컷 개의 난소 주위 구조

② 난관의 기능

개의 난관은 난자의 이동과 수정이 원활하게 이루어질 수 있도록 정교한 생리적 기능을 수행한다. 배란 후 난소에서 방출된 난자는 깔때기(Infundibulum)의 섬모운동과 난관액(Oviductal Fluid)의 흐름에 의해 난관 내부로 유입된다. 난관 내부의 섬모운동과 연동운동(Peristalsis)이 난자의 이동을 촉진한다. 난관은 난자와 정자를 서로 반대방향으로 이동시키는 독특한 기능과 이들의 생존에 필요한 대사 환경을 제공한다. 난관의 팽대부(Ampulla)는 수정이 이루어지는 장소로, 정자와 난자가 만나 결합하는데 개의 경우, 수정 가능한 기간은 배란 후 2~5일 동안 지속되며, 이 기간 동안 정자와 난자가 접촉하여 수정이 이루어진다. 정자는 자궁과 난관을 통하는 사이에 수정 능력을 얻는 중요한 생리학적 및 기능적 변화를 거치게 된다. 배란된 난자는 난관채에 의하여 누두부로 이동되고 난관팽대부에서 수정이 이루어지며, 수정된 난자는 난관을 통과한다. 수정된 난자는 초기 세포 분열(Cleavage)을 난관 내에서 시작하며, 일정한 시간이 지나면 자궁으로 이동하여 착상이 진행된다. 난관에서 이동 속도가 조절되며, 너무 빠르게 자궁으로 이동하면 착상 실패의 원인이 될 수 있다. 이때 난의 분할이 일어나 8-16세포기에 달하며, 그 후 자궁으로 수송된다(그림 1-16).

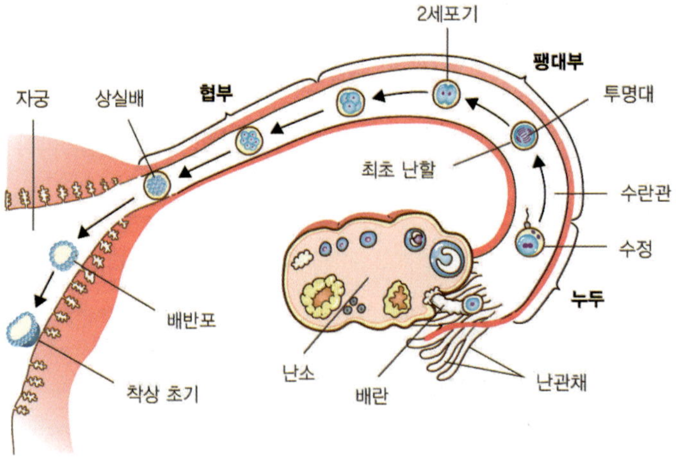

그림 1-16 사람의 난관 및 수정란의 이동 모식도

난관은 영양분과 호르몬이 포함된 난관액을 분비하여 난자 및 배아의 생존을 돕는 환경을 제공하는데 난관액은 정자의 활성도를 높이고, 수정란의 발달을 지원하는 역할을 한다. 이런 과정은 난포호르몬과 황체호르몬의 지배에 의하여 조절된다. 난관액의 흐르는 방향은 난소를 향하나 협부는 난관액이 자궁으로 흐름을 억제하며, 연동운동과 역연동 수축운동으로 수정란을 자궁으로 운반하는 데 공헌한다. 수정란이 자궁으로 도달하는 데 걸리는 시간은 약 7~9일이며, 이 과정 동안 난관은 배아의 영양을 공급하며 건강한 상태로 유지되도록 도운다. 개의 경우 수정란은 자궁각(Uterine Horn)에서 착상(Implantation)을 시작한다.

(3) 자궁

자궁은 일명 아기집이라 속칭한다. 자궁은 성 성숙에 이르면 생식선자극호르몬과 스테로이드 호르몬 등의 지배를 받아 발정기의 주기적 변화, 수정란의 착상, 발육, 임신유지 등의 생식과정을 담당하는 기관으로 자궁 간막에 의하여 복강 또는 골반강에 매달려 있으며, 자궁각, 자궁체 및 자궁정으로 구분된다. 자궁은 발생 도중 뮐러관이 변화하여 형성된다.

자궁은 동물의 종류에 따라 **그림 1-17**과 같이 중복자궁, 쌍각자궁, 분열자궁, 단자궁 등으로 구분한다.

① 자궁의 구조

자궁의 형태는 동물의 종류에 따라 다르나 2개의 자궁각, 한 개의 자궁체, 한 개의 자궁경으로 되어 있으나, 캥거루와 같이 2개의 자궁을 가진 동물도 있다. 실험동물 및 토끼와 같은 설치류는 자궁체가 없고 2개의 자궁각이 각각 질에 개구되어 있는 중복자궁에 속하고 소, 양, 말은 분열자궁 또는 양분자궁에 속하며, 소의 자궁은 외관상 자궁체가 현저히 발달되어 있지만, 절개해보면 내부에 격벽에 있어 자궁각이 길게 되어 있다.

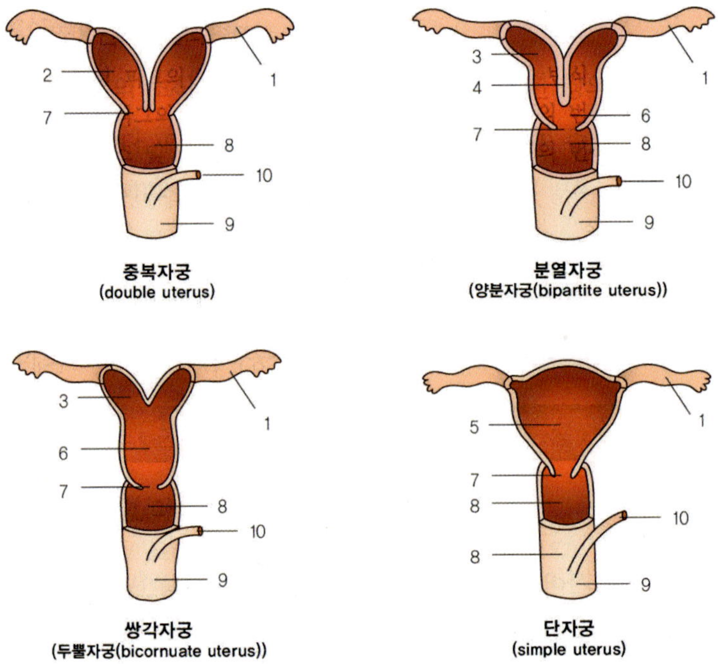

1－난관(uterine tube, oviduct) 2－중복자궁의 오른쪽자궁(right uterus of double uterus) 3－자궁뿔(자궁각, uterine horn) 4－자궁중격(septum of uterus) 5－자궁(uterus) 6－자궁몸통(자궁체, body of uterus, uterine body) 7－바깥자궁구멍(외자궁구, external orifice of uterus) 8－질(vagina) 9－질안뜰(질어귀, 질전정, vestibule of vagina) 10－요도(urethra)

그림 1-17 동물 자궁의 형태 분류

개, 고양이는 돼지와 마찬가지로 쌍각자궁(bicornuate uterus)을 가지고 있으며, 자궁체가 거의 없고 자궁각(Uterine horns)은 길다(그림 1-18). 개(Dog)는 자궁의 뿔(자궁각)이 길어, 한 번에 여러 마리의 새끼를 가질 수 있으며, 태반은 주렁주렁형(존재형, Zonary Placenta)으로, 태아를 감싸며 영양을 공급한다. 그에 비해 고양이(Cat)는 개와 유사하게 자궁의 뿔이 길고 태반은 개와 마찬가지로 주렁주렁형 태반을 가지나, 배란 유도형 번식을 하는 특성이 있다.

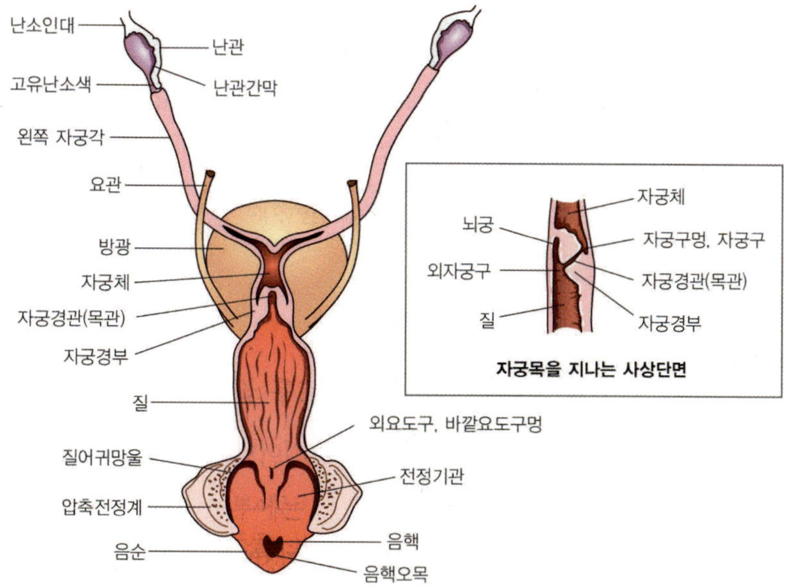

그림 1-18 암캐의 자궁

자궁의 내부구조는 자궁점막 상피, 자궁선이 발달한 선층과 근층으로 되어 있다. 소, 양의 자궁 내 표면에 궁부가 있으며 이 부분에는 자궁선은 없다. 개와 고양이는 궁부가 없고, 뚜렷하게 종으로 달리는 주름이 있다. 자궁내막에는 궁부 부분을 제외한 자궁각 전체에 자궁선이 분포하고 특히 경관에서 떨어진 자궁각 부분에서 현저하게 발달되어 있다.

자궁선의 분비액은 발정기에는 묽어졌다가 서서히 농후한 분비액이 분비되며 수정란의 착상 전까지 분비액은 배의 영양소 역할을 한다. 내막의 혈관계는 난포기에는 잘 발달하지만 자궁선의 발육은 황체기에 최고로 되며, 발정전기에는 내막의 두께는 감소한다. 자궁의 근층은 평활근이고, 내측은 윤상근층, 외측은 얇은 종층근층으로 임신이 진행됨에 따라 자궁의 증대할 때 근층의 근선섬유 세포 수가 증가함과 동시에 세포 자신도 크게 된다. 자궁정도 동물의 종류에 따라 구조는 상당히 다르다. 질 내부 후면에 돌출하는 괄약근과 같은 구조를 하고 있으나, 소,

양의 돌출돌기는 윤상환으로 횡형 또는 나선형으로 연결되어 있다. 개의 자궁경은 **그림 1-19**와 같이 질 쪽으로 입구가 돌출되어 있다. 개의 자궁은 **그림 1-20**과 같이 질 입구 쪽에서부터 45° 정도 상향으로 경사져 있으며, 요도개구부 쪽에서부터 수평으로 유지되고 있다.

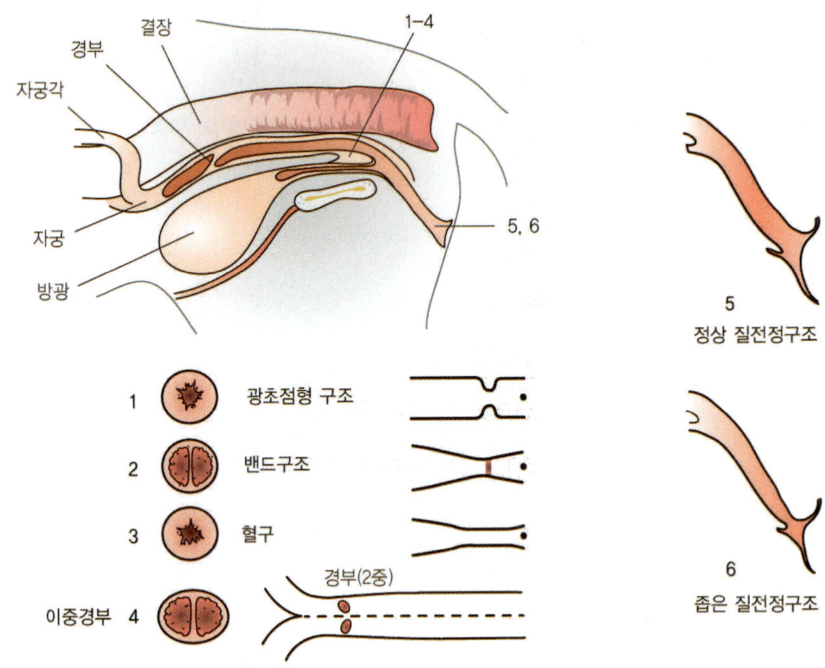

그림 1-19 개 자궁경부 주변 구조 분석

개는 윤상환으로 음경선단이 나선부로 되어 있어 수정에 적합하도록 되어 있고, 말은 질부에 길게 돌출되어 있다. 개의 자궁경은 아래쪽을 향하고 있으며 자궁경 입구가 대부분 돌출되어 있다. 자궁경은 점막 근층 장막이 있고 점막에는 다수의 분비세포가 있으며, 특히 발정 시에 점액을 분비한다. 자궁경이 열리는 시기는 발정기, 분만기, 그 외는 완전히 닫혀 있다. **그림 1-19**는 자궁경 주변 구조들에 대한 모식도이고, **그림 1-20**은 개의 자궁경에 대한 실제 사진과 단면도이다. **그림 1-21**은 사람을 포함 한 각 동물(가축)들의 자궁경에 대한 모식도이다. 자궁경은 점막 근층 장막이 있고 점막에는 다수의 분비 세포가 있으며, 특히 반추동물의 발정 시에는 다량의 점액을 분비한다. 자궁경이 열리는 시기는 발정기와 분만기이며, 그 외에는 완전히 닫혀 있다.

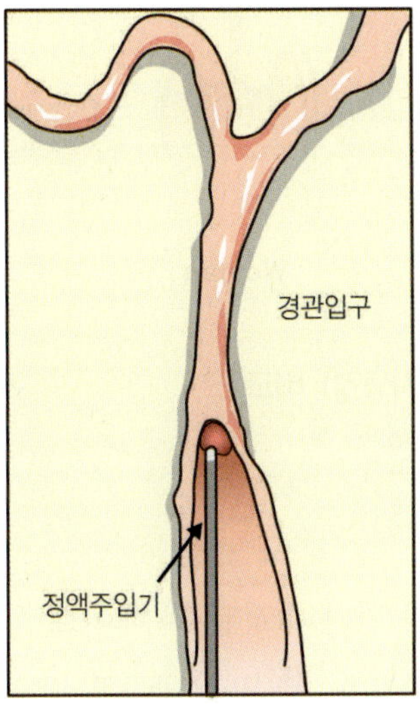

실제 자궁경 사진

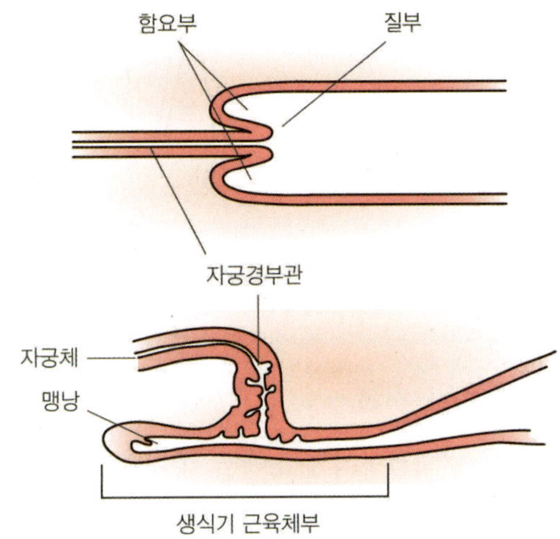

자궁경 모식도

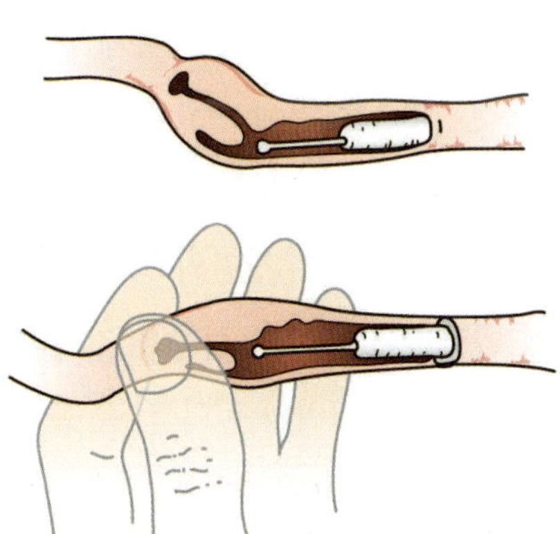

자궁경 단면

그림 1-20 개 자궁경부(자궁경) 실제 사진과 모식

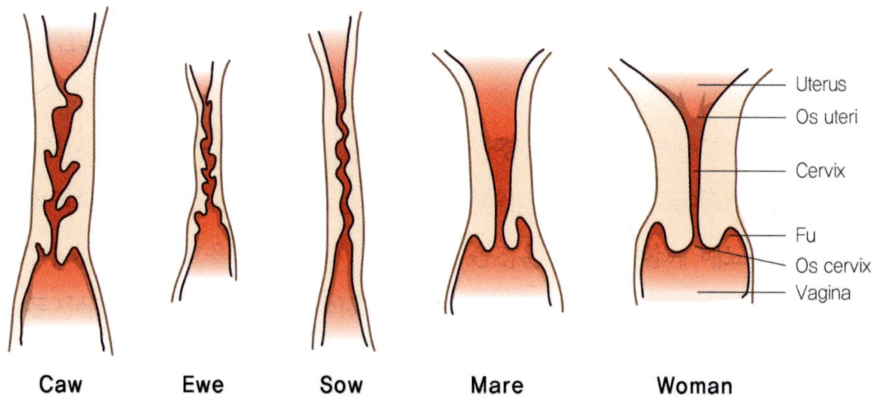

그림 1-21 사람과 동물의 자궁경부(자궁경) 비교

② 자궁의 기능

자궁은 번식과정의 난소에서 배출된 난자가 정자와 만나 수정된 후 태아로 성장하는 곳으로 배아의 착상과 발달, 임신유지 및 태아보호, 출산시 태아를 밖으로 밀어내는 역할 수행, 출산 후 자궁 내막 복구 및 감염 방지 등의 중요한 기능을 한다. 교미 시에는 수축운동으로 정자의 상행을 돕고 황체기능을 조절한다. 자궁선에서 분비되는 분비액은 정자의 수정능획득에 필요한 환경을 만들고 수정란의 착상까지 영양을 공급한다. 이때 분비되는 자궁액의 채취법이 개발되어 수정란의 체외배양 및 인공배양액으로 이용되고 있다. 수정란의 착상 후 자궁내막이 두꺼워지며, 영양 공급을 위한 혈관이 발달하여 태아의 성장을 지원하며 임신이 진행되는 동안 자궁의 구조, 크기, 위치에 따라 태위의 변화를 주며 임신을 지속 유지한다. 이때 프로게스테론(Progesterone)은 임신을 유지하는 역할과 자궁내막을 보호하고 태아가 안정적으로 성장할 수 있도록 도와주며, 에스트로겐(Estrogen)은 발정기 동안 자궁의 준비를 돕고, 수정을 촉진한다. 자궁에서의 옥시토신(Oxytocin) 분비는 분만 시 자궁 근육의 강한 수축을 유도하여 태아를 밀어내는 역할을 하며 분만을 순조롭게 하며 분만 후에는 자궁은 다시 원래 크기로 회복하는 작용도 있다. 동물의 신체 구조 중에서도 자궁만큼 크게 늘어났다 다시 원상회복에 가깝게 줄어드는 기관은 거의 없다.

(4) 질과 외부생식기

질과 외부생식기관은 암컷의 교미기관 및 말단 배뇨기관으로 질전정, 대음순, 소음순, 음핵 및 전정선 등으로 구성되어 있다.

① 질과 외부생식기의 구조

개와 고양이의 질은 근육층과 점막층으로 이루어져 있으며, 발정주기에 따라 점막의 두께와 분비물 상태가 변화하며, 신축성이 뛰어나 교배 및 출산 과정에서 손상을 방지하는 역할을 한다. 또한, 질 내부의 점액은 감염을 예방하고, 정자가 이동하기에 적절한 환경을 조성한다.

개의 질 길이가 상대적으로 길며, 정자가 자궁에 도달하는 데 시간이 걸리고, 교배 후 사정된 정액이 질 내부에서 머무르는 시간이 길어, 수정 가능성을 높이고, 고양이의 질 길이는 상대적으로 짧고 좁으며, 교배 시 강한 자극을 받으며, 배란 유도형(Induced Ovulator)이므로, 교배 과정에서 충분한 자극이 있어야 배란이 촉진된다.

음순은 질 입구를 감싸는 피부 조직으로, 발정기에 크기와 색깔이 변화하여 수컷에게 신호를 보내는 곳이며, 음핵은 감각 신경이 풍부한 기관으로, 교배 시 자극을 받으며 성적 반응을 촉진한다.

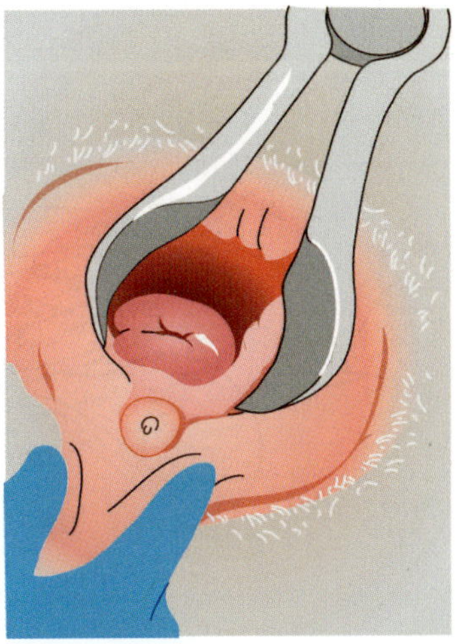
검경을 이용한 좁은 띠모양의 질 조직

그림 1-22 질경 및 육안 경부 검사

그림 1-22의 좌측은 질경을 통하여 자궁경을 관찰하는 사진이며, 우측 그림은 질경을 통하여 유착된 처녀막이 관찰된 경우이

다. 처녀막의 유착은 정상적인 교배에 지장을 줄 뿐만 아니라, 임신이 된 경우라도 분만시 태아 만출을 방해하여 난산을 일으키거나 방치할 경우 태아 만출이 불가능하여 자견을 모두 잃어버릴 수가 있다.

② 질과 외부생식기의 기능

질과 외부생식기는 암컷의 말단 생식기로 암컷의 생식 생산물의 배출과 분만시에 태아 태반을 만출시키는 통로 역할을 담당하며, 발정시에는 성적 충동으로 점액을 분비하여 교미작용을 돕고, 질을 보호하며 외부로부터 세균의 침입을 억제한다. 교배 시 자극을 통해 성적 흥분을 유도하며, 번식 성공률을 높이는 역할 수행하며, 고양이는 교배 시 수컷의 음경 가시(spines)로 인해 강한 자극을 받으며, 이로 인해 배란을 한다.

그림 1-23은 교미상태에 대한 모식도이다. 삽입된 음경과 암컷(雌性) 생식기 특히 질과의 결합에 대한 상태를 나타내고 있다.

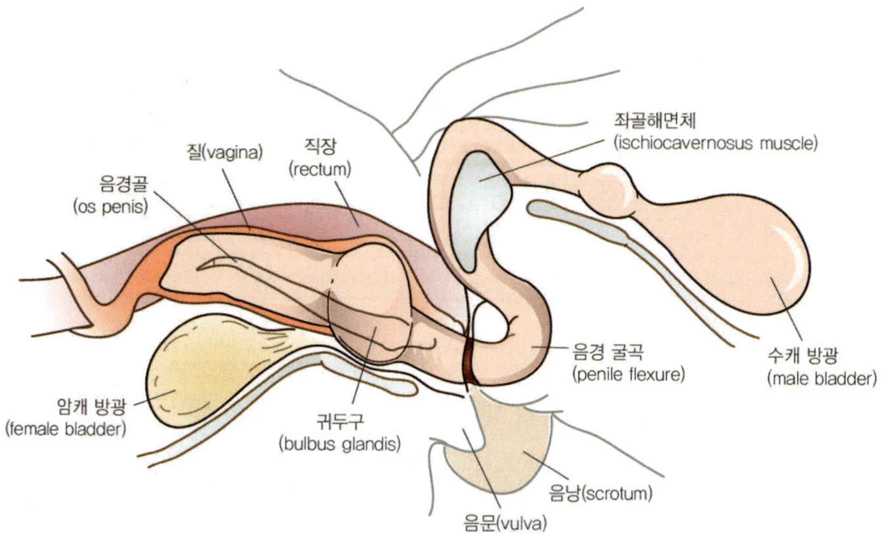

그림 1-23 암컷의 외부생식기 기능(교미. 분만)

캥거루의 지혜

오스트레일리아에 있는 주머니 달린 캥거루는

1. 갓 태어난 새끼에게 젖을 먹이는 동안에도 임신할 수 있는 놀라운 능력을 지녔으며(수유와 생산은 동시에 체온 상승을 유발하므로 에너지 절약에 일조).
2. 섭취 가능한 식사량에 따라 임신 기간의 조절이 가능하다(환경 적응력이 탁월).
3. 암 · 수 구분 없이 뛴다. (한 지점에서 다른 지점으로 이동하는 데에는 걷거나 달리기보다 뛰는 수단이 가장 유용하며 덜 피곤하다는 것)
4. 특히 유로 종(체) 캥거루는 다른 동물들이 자취를 감출 때도 모든 가뭄을 이겨내고 살아남은 동물로써 아무리 적은 량의 물이라도 알뜰하게 사용하는 방법을 알고 있는데, 그 하나로 배설물(똥)은 어찌나 물기가 없는지 배변 직후에도 그대로 불을 붙일 수 있을 정도이며, 소변은 다시 침으로 변화시키는 내부 기제가 작동한다고 한다.

* 나라, 대륙, 과학자, 그리고 캥거루 – 펙스트 퍼블리싱, 멜버른. 2004.
물의 미래 – 에릭 오르세나. 양영란 옮김. 김영사. 2009
가장 큰 캥거루과 동물의 생물학 – 사우스웨일스 대학교 출판부. 테리 도슨. 시드니. 1995.

(에릭 오르세나. 양영란 옮김(2009). 물의 미래에서. 김영사)

개가 사람에게 충성을 다하면 사람에겐 의무감이 자라는 법이다.
항상 상대방보다 더 많이 사랑하라. 사랑하는 데에는 결코 상대방보다 뒤떨어진 이인자가 되지 않으리라는 다짐이야말로 너의 명예욕이 되기를. – 니체
내가 사랑하는 것보다 개가 나를 더 사랑한다는 것은 부인할 수 없는 명백한 사실이다. – 콘라트 로렌

Chapter

02

반려동물 생식세포

생식세포(germ cell)는 반려동물의 번식과 유전 정보 전달에 핵심적인 역할을 수행한다. 생식세포는 개체의 체세포(somatic cell)와 달리, 다음 세대를 형성하는 데 특화된 세포로, 수컷에서는 정자(sperm), 암컷에서는 난자(ovum)로 분화한다. 이러한 세포의 발달, 이동, 성숙 과정은 정상적인 번식과 종 보존에 필수적이다. 따라서 생식세포의 발생 · 이동 · 성숙 과정을 이해하는 것은 반려동물 생명과학 연구에서 핵심적인 지식 기반이 된다.

1. 정자(精子, spermatozoon)

정자는 수컷의 배우자로서 운동성과 수정능을 지니며, 정소에서 형성되어 정소상체에서 성숙된다. 자연교배 또는 인공수정 후 암컷의 생식기로 들어가 난관 내 수정 부위로 운반되어 난자와 만나 수정에 이른다. 그러나 대부분의 정자는 수정에 도달하기 전 그 단계에 이르기까지 수컷(웅성)생식기도 및 암컷(자성)생식기도 내에서 분해, 흡수되기도 하고 배설에 의해 수정의 기회를 얻지 못하고 소실되기도 한다.

1) 정자의 형성

정소의 발생에서 서술한 바와 같이 수컷에서는 미분화된 생식선의 배아상피에서 성색이 뻗어 나오고, 이것이 차차로 발달되어 세정관이 된다. 태아 발생의 초기에 원시생식세포라 불리는 특이한 세포들이 세정관 내부로 들어와서 정조세포로 분화하며 세정관 벽에 한 층을 이루게 된다.

정조세포는 출생에서 신체의 성장시기에는 활동을 하지 않지만 성 성숙기에 가까워지면 급격하게 분열을 개시해 수를 증가함과 동시에 정모세포, 정낭세포를 거쳐 정자세포로 분화하는 것까지를 정자발생과정이라고 한다.

이 정모세포에서 정낭세포로 분열할 때에 염색체는 반감한다. 잇달아 정자세포는 세르톨리세포에 접촉해 긴 꼬리를 가진 정자로 변태하며, 이 과정을 정자 완성과정이라고 한다. 정조세포는 단계적으로 정모세포 → 정낭세포 → 정자세포로 분화하는 정자발생과정까지 포함해 정자형성(Spermiogenesis)이라고 한다.

포유동물의 정자형성과정은 **그림 2-1**에서 보는 바와 같이 한 개의 A형 정조세포에서 64개의 정자가 생산된다. A형 정조세포는 A_2형을 거쳐 정자로 변태하는 것과 그대로 잠시 세포분열을 휴지하는 것으로 나누어진다. B형까지의 정조세포는 DNA 합성이 왕성한 세포로써 그 이후는 DNA 합성은 중지된다. 한 개의 형에서 8개의 B형 정조세포 → 16개의 정모세포 → 32개의 정낭세포 → 64개의 정자세포로 분열을 계속해서 정자형성의 분열은 끝난다.

이 정자형성에 소요되는 기간은 **표 2-1**에서 보는 바와 같이 동물에 있어서 소는 60일로 가장 길며, 돼지는 34.4일로 가장 짧다. 종에 따라 정자 생성 주기가 다르다.

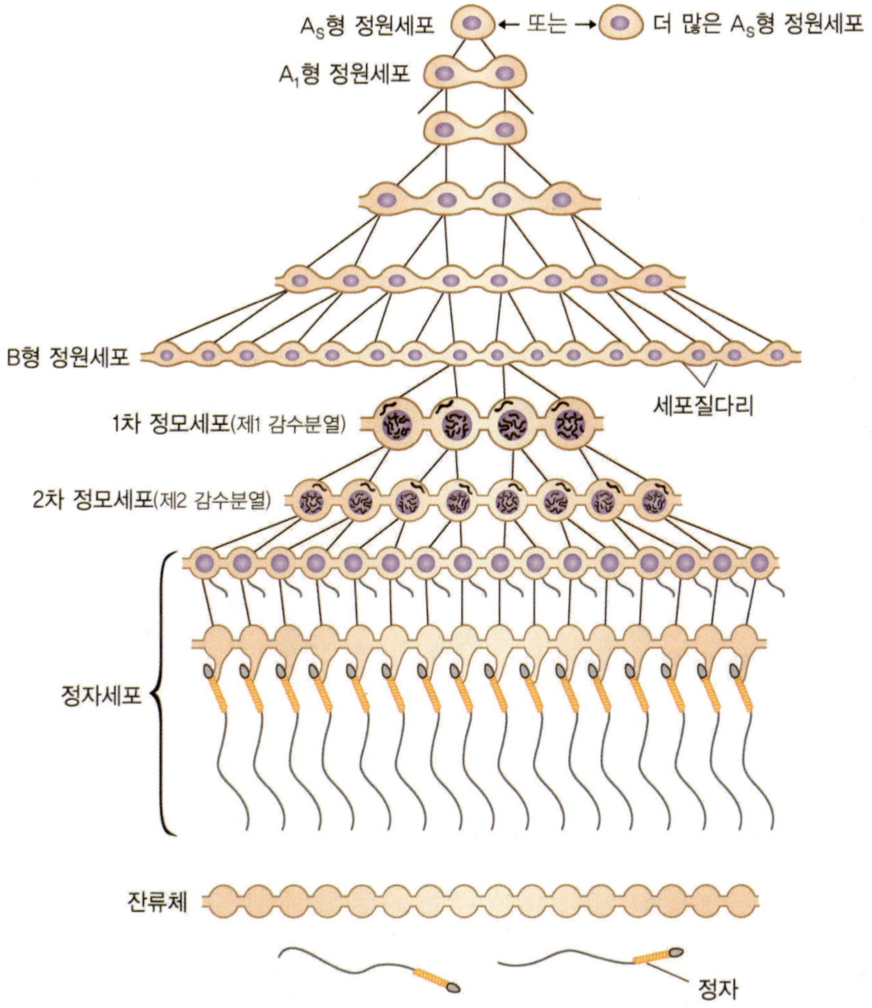

그림 2-1 포유동물의 정자세포 형성과정 모식도

정자세포에서 정자로의 변태는 보통 골지기, 두모기. 첨체기, 성숙기로 나누어 진다.

그 모양은 **그림 2-2**에서 보는 바와 같이 새로 형성된 정자세포에서는 핵에 인접해 PAS 양성의 골지체가 인정되지만, 그 중에 2~3개의 전첨체 과립을 만든다. 이윽고 이들은 융합해서 1개의 첨체과립과 첨체포로 되고 핵의 전단에 위치한다. 다시 2개의 중심소체가 핵의 후방에 전후로 나열된다. 즉 근위중심소체는 핵막에 평행으로 위치하고, 이에 직각으로 교차한 원위중심소체가 접근한다. 이원위중심소체에서 축사가 생긴다(골지기 또는 첨체과립기). 잇달아 첨체포는 점차로 편평하게 되고, 핵의 전반을 덮는 두모를 형성한다. 또한 골지체는 점차로 핵의 후방으로 이동하고 축사는 다시금 신장한다(두모기). 첨체기에 들어가면 핵은 회전해서 세르톨리 세포에 붙어서 길어지고 편평하게 되며, 이와 더불어 첨체과립이 농축되어 반월 형태의 첨체로 된다. 세포질 내 산재해 있는 미토콘드리아는 축사의 아래쪽을 나선상으로 돌아서 중편부의 미토콘드리아초를 만든다. 또한 이 시기에 세포질성 미소관이 집합해서 축사를 감싸고 뒤쪽으로 내려가 미초를 형성한다. 성숙기에 세포질은 외층을 둘러싸서 피막을 형성하고 여분의 세포질은 후방으로 이동하여. 일부를 세포질적으로 되어 경부에 잔류해 있다가 떨어진다.

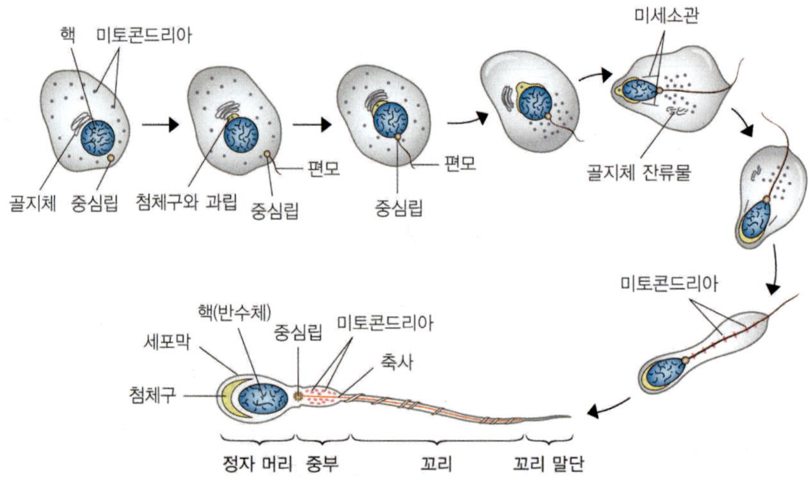

그림 2-2 정자의 변태 과정 모식도

이와 같이 해서 변태를 마친 정자는 지금까지 부착해 있던 세르톨리세포에서 정자 모양이 완성되어(그림 2-3), 세정관 강에 유리해 직세정관, 정소망, 정소수출관을 지나게 된다(그림 2-4).

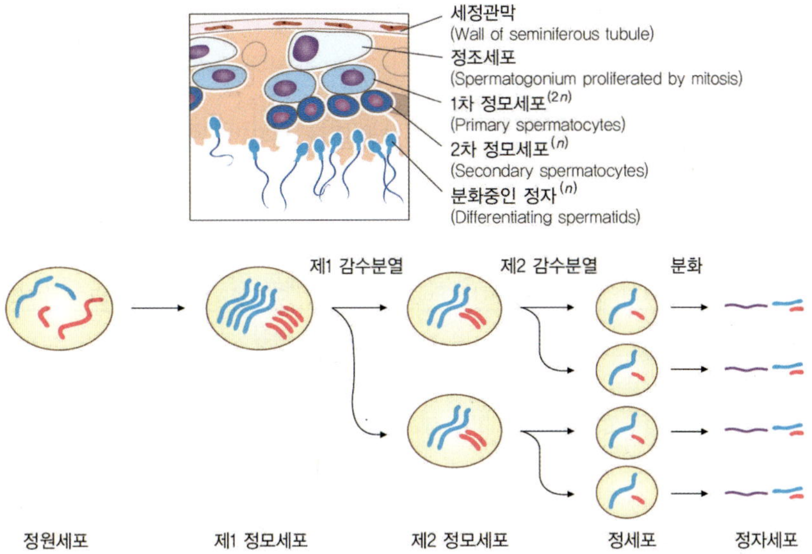

그림 2-3 정자세포의 분화 모식도

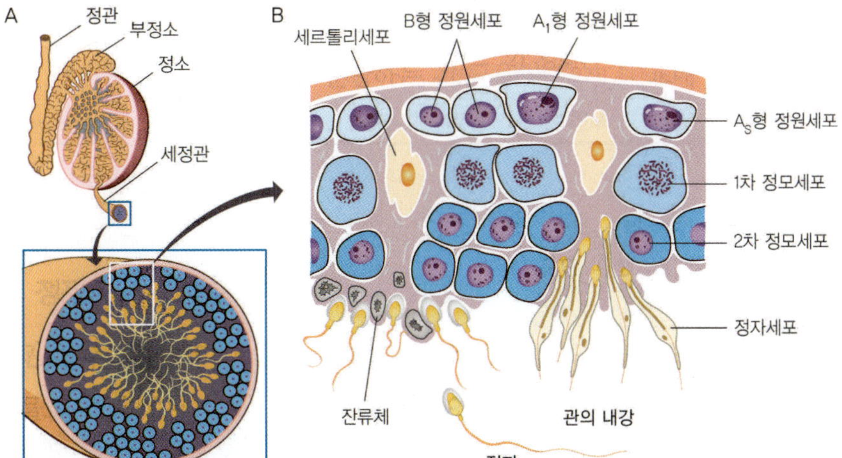

A. 세정관의 단면, 정원세포는 파란색, 정모세포는 보라색 그리고 성숙한 정자는 노란색으로 표시하였다.
B. 세정관 단면의 모식도, 이는 정원세포, 정모세포 및 정자 사이의 관계를 보 이들 정자세포는 성숙함에 따라 점점 더 세정관의 내강 쪽으로 이동한다.

그림 2-4 정소 내에서 정자세포의 형성과정

이렇게 유리된 정자들은 며칠 후에 정소상체미부에 도달하고 여기에서 사정의 기회를 기다리게 된다. 정자는 이 하강 중에도 성숙을 계속해 경부에 있던 세포질적은 미부 말단까지 이동한 후 떨어지고, 이곳에서 정자는 형태적으로 완성되는 동시에 운동성을 획득한다. 하지만 실제로 수컷생식기도 내에서는 정자의 운동이 최대한 억제되지만 정자의 운동성은 사정 직후에 최대가 되며, 수정능은 암컷의 생식기도 내에서 일정 시간을 경과한 후 활성화되어 획득되는 추가 변화가 필요한 것이다.

표 2-1 정자의 형성 관련 주요 세포 및 구조

구분	기능 및 특징
정조세포	발생 초기의 생식세포, 유사분열을 반복해 수를 늘림
정모세포	감수 1분열을 준비하는 세포, 감수분열 전단계, DNA합성 활발
정낭세포	감수 1분열을 마친 세포, 염색체수가 반으로 줄어듦
정자세포	감수 2분열 결과 생성된 세포로, 더 이상 분열하지 않음. 형태 변화 직전 단계
정자	성숙한 생식세포, 운동성과 수정능
세르톨리세포	지지세포로, 정자 발달을 보조하고 영양 공급
골지체	첨체 형성에 관여
중심소체	축사 형성 기초 구조
미토콘드리아초	에너지 공급, 중편부 구성
첨체	난자의 투명대를 뚫기 위한 구조물

■ 알아두면 희망이 보이는 것

〈개구리의 변태 이야기〉

정자와 올챙이는 모양새가 비슷하다. 올챙이가 변태하여 개구리가 된다. 정자도 난자를 만나면 새로운 생명체가 된다. 올챙이가 개구리로 되는 과정을 변태라고 한다. 특히 양서류는 대표적인 변태동물이다. 그러나 멕시코산초어인 도룡뇽은 올챙이 시절의 아가미를 보유하면서 변태하지 못하고 그대로 성장한다. 변태하지 못한 초어인 도룡뇽은 화석동물같이 진화하지 못한 경우이다. 제대로 변화하지 못한 사람을 뒤떨어진 사람이라고 한다. 변화를 기회로 여긴 빌게이츠는 change의 g를 c로 바꾸어 chance로 여겨 변화되는 시기마다 기회로 생각하여 인생이 달라졌다고 한다. 징그러운 남녀를 간혹 '변태'라고 칭하기도 한다. 어이~ 변태 같은 사람아. 그러나 변태될 때는 반드시 위험이 뒤따른다. 올챙이에서 개구리로 되면 아가미 호흡에서 폐호흡으로 바뀌게 되는데 이때 폐호흡으로 전환되면 아가미로는 먹이를 섭취하지 못하고 반드시 입안의 혀로만 먹이를 섭취해야 한다. 그래서 이 시기에 가장 많이 굶어서 죽거나 물에 빠져 죽는다. 개구리도 물 위에 언제까지나 떠 있을 수는 없다. 변화의 시기에는 비참한 각오가 필요하다. 변화의 시기를 절호의 찬스(기회)로 생각하자.

* 본래의 변태는 곤충에서 주로 발생되는 생활사에서 일컬어졌다.

유형진화(paedomorphosis)

조상들의 유생 또는 미숙한 때의 특징들이 후손 성체들의 특징이 되는 현상, 멕시코산초어인 도룡뇽은 올챙이의 특징인 아가미를 보유하면서 성장하여 번식한다. 이것은 발생을 조절하는 유전자의 변화가 매우 다른 개체를 생산할 수 있는 방법을 제시하는 예이다.

(A)

개구리의 변태

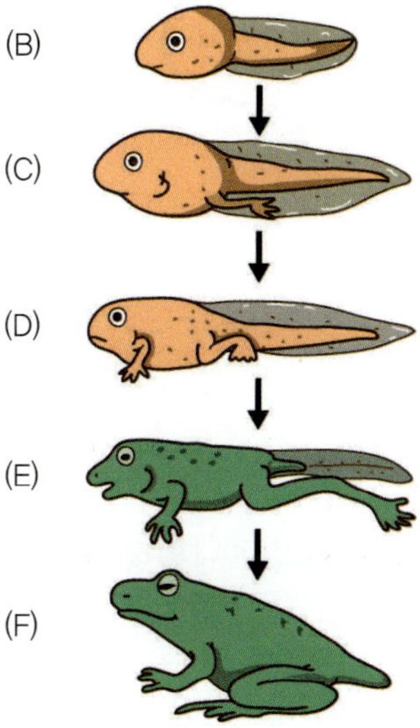

(A) 황소개구리와 올챙이의 비교에서 엄청난 변화가 분명하다. 특히 턱의 구조와 손발에서 많은 변화가 일어난다.
(B) 변태초기의 올챙이
(C) 변태중기의 올챙이로 뒷다리의 성장
(D) 변 태절정기의 올챙이로 앞다리가 나옴
(E, F) 최종단계

출처: Gilbert, 강해목 옮김(2007). 길버트 발생생물학. 라이프사이언스.

2) 정자의 형태와 구조

모든 동물과 척추동물에서 정자의 기본 구조는 유사하며, 형태적 차이는 종에 따라 다소 있을 뿐이다.

정자는 부계의 유전정보를 담고 있는 수컷 생식세포이며, 유전물질을 내포하고 있는 두부와 에너지를 생산하는 경부, 운동기관인 미부로 되어 있다.

개의 정자는 일반적인 포유류 정자의 구조와 유사하나, 세부적인 길이, 첨체의 비율, 미토콘드리아 분포 등에서 종 특이적인 차이를 가질 수 있다.

사출된 개 정자의 모식도는 **그림 2-5**와 같다.

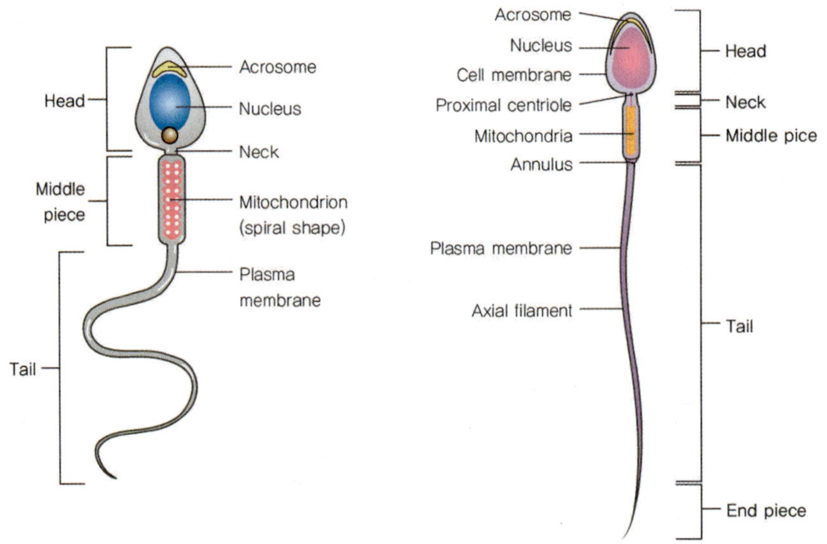

그림 2-5 정자의 단면도(동물 종에 따른 정자의 형태)

(1) 두부

두부는 편평한 난원형 도는 약간 뾰족한 형태로 고도로 농축된 염색질을 함유하고 있다. 무공막에 의하여 보호되고 있는 농축된 염색질은 디옥시리보핵산과 특순 핵단백질인 히스톤으로 되어 있다. 정자의 염색체의 수와 DNA 함량은 체세포의 반분이라는 점은 이미 기술한 바와 같다. **그림 2-6**에서 보는 바와 같이 두부핵의 전반부는 엷은 2중 막인 첨체에 의하여 덮여 있다. 두모와 같은 이 구조물은 아크로신, 히알루로니다아제 및 방사관투과효소를 함유하고 있으며, 수정과정에 관여한다. 즉 수정이 이루어질 때는 첨체반응이 일어나는데, 이때 원형질막과 외측첨체막이 융합함으로써 발생하는 개구부를 통하여 첨체 내에 함유된 각종 효소가 방출된다. 방출된 hyaluronidase는 배란 직후의 난자를 둘러싸고 있는 난구세포를 분산시키고, 방사관 투과효소는 정자가 난자의 방사관을 통과할 수 있는 통로를 형성한다. 그러나 이들 효소와 수정과의 구체적인 관계에 관해서는 불분명한 점이 많다. 적도부의 기능은 분명하지 않다. 첨체반응이 일어날 때에도 이 부위의 내용물은 방출되지 않기 때문이다. 그러나 수정과정 중 난막과 최초의 융합이 일어나는 곳이 바로 이곳이라는 사실로 보아 수정에 대하여 중요한 역할을 하고 있는 것만은 분명하다.

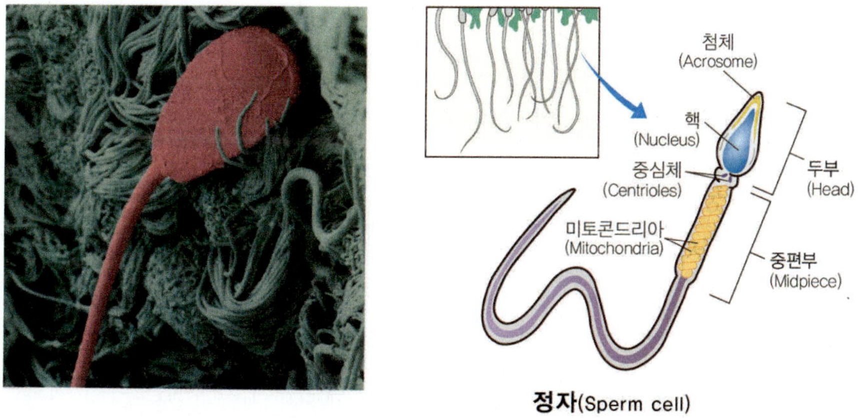

그림 2-6 정자 두부(소)의 전자현미경 사진) (길버트, 2007)

(2) 경부(중간부)

경부(중간부)는 두부에 접속되어 있는 짤막한 부분이며, 포유류에 있어서는 가늘어서 가장 끊어지기 쉬운 곳이다. 산 채로 관찰하면 그 구조가 뚜렷하지 않고 그저 투명하게 보이지만 특수한 염색을 하면 내부에 3개로 된 착상판이 보이며, 중심부의 것은 전중심소체이고 그 양측에 있는 것은 무늬줄로 되어 있으며, 착상판에서 내외 2층의 중심섬유가 중편부를 지나 미부까지 뻗쳐 있다. 이러한 구조로 미루어 보아 경부는 미부와 두부와의 연결부가 되어 있을 뿐만 아니라, 미부의 운동의 출발점이라고도 생각된다.

(3) 미부

정자의 미부는 **그림 2-7**에서 보는 바와 같이 중편부, 주부 및 종부로 구성되어 있다.

① 중편부

중편부는 정자의 경부(neck)와 종륜(annulus) 사이에 위치한 부위로, 정자의 운동에 필요한 에너지를 생성하고 전달하는 핵심 부위로 중심은 축사(axoneme)로 되어 있다. 축사는 2본의 중심섬유 주변에 방사상 배열된 9쌍의 섬유로 구성되어 있는 9+2 구조로 알려진 미세소관 배열이다. 이들 섬유의 주변을 다시 9본의 외측 조대섬유가 둘러싸고 있다. 이 외측 조대섬유는 탄력성과 수축성이 뛰어나서 탄성 있고 유연하게 움직이도록 도와준다. 이 외측 조대섬유의 외측에는 다시 미토콘드리아 초가 나선상으로 둘러싸고 있으며, 이곳에서 정자의 운동에 필요한 에너지가 합성된다.

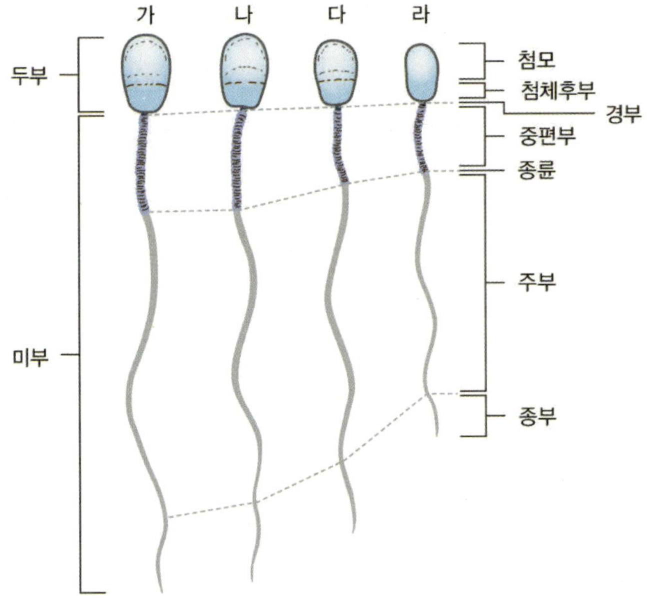

그림 2-7 정자의 미부 구조

② 주부

주부는 종륜과 종부 사이에 위치한 정자의 가장 긴 부위로 축사, 외측 조대섬유, 섬유초 등으로 구성되어 있다. 정자의 꼬리 부분 중 대부분을 차지하며, 운동성을 실제로 구현하는 핵심 구조이다. 축사의 구조는 중편부와 같으나, 외측 조대섬유는 3번과 8번이 종륜 부근에서 끝나기 때문에 주부에서는 7개만 남게 된다. 그리고 이것들도 점차 가늘어져 소실된다. 중편부의 미토콘드리아 초 대신에 주부의 축사와 외측 조대섬유를 둘러싸고 있는 섬유성 구조를 섬유초(Fibrous Sheath)라 한다. 이 섬유초는 특이한 구조로써 주부의 형태 안정성 유지 및 수축 운동의 조절에 관여한다. 3번과 8번 조대섬유가 소실된 자리를 대신하여, 이종 주지주(accessory columns)라는 구조가 형성되며, 이 구조는 각각의 위치에서 수많은 늑골부와 연결되어 꼬리의 안정성과 구조적 지지에 기여한다.

③ 종부

종부(End Piece)는 섬유초가 끝나는 지점 이후의 꼬리 끝부분인데 정자 꼬리의 가장 말단부로, 가늘고 긴 형태를 가진다. 이 종부는 세포막에 쌓인 축사만으로 되어있다. 종부의 생리적 기능은 아직 밝혀지지 않았으나 정자의 운동 방향 조절 또는 끝단의 유연성 유지에 기여할 수도 있다.

3) 정자의 생리

(1) 정자의 운동성

정자는 수컷의 생식기 내에서는 운동을 정지하고 있지만, 사출 후는 체온 정도의 온도에서 대부분의 정자는 정장 중에서 활발히 운동을 한다.

① 운동의 양식

사출 직후 정액에서 정자의 운동은 대단히 왕성하기 때문에 전체적으로 소용돌이와 같은 흐름이 인정되나 개개의 정자운동을 상세히 관찰하면, 긴 꼬리를 세차게 파상으로 움직여, 정자의 머리 회전 방향은 머리에서 꼬리 쪽으로 볼 때 반시계 방향이며, 머리의 세밀한 움직임이 정자를 앞으로 나아가게 한다. 꼬리의 파동은 1초간에 최저 15~20회라 말하고 있다. 처음에는 운동성이 왕성한 전진운동 또는 선회운동하다가 그 후 꼬리를 좌우로 흔들 뿐이고 전진하지 않는 진자운동으로 되고 마침내 미동을 정지한다.

② 운동 속도

정자는 꼬리(미부)의 운동을 통해 자발적으로 이동하며, 이 운동성은 수정에 도달하기 위한 필수적 조건이다. 운동 속도는 종(species)마다 다르며, 온도, pH, 삼투압 등 주변 조건에 따라 크게 달라질 수 있다.

정자의 운동 속도는 동물의 종류, 주변 환경 요인에 따라 현저히 다르나, 실험적으로 인정되고 있는 체외에 있어서 운동속도는 소 94~123㎛/sec, 말 90㎛/sec, 면양 50~60㎛/sec, 개 45㎛/sec, 사람 30~50㎛/sec 정도이다.

③ 주성

정자의 운동에는 다음의 주성이 있다.

㉮ 주류성

정자는 일반적으로 정액 내에서 무작위 방향으로 움직이지만, 외부에서 일정한 방향으로 흐름(flow)이 주어지면 그 흐름을 거슬러 올라가는 성질을 보인다. 이러한 반응을 주류성(主流性, Rheotaxis)이라고 하며, 이는 정자가 난자를 향해 이동하는 방향성과 내비게이션 메커니즘 중 하나로 중요하다. 흐름을 거슬러 이동하는 운동은 수동적인 흐름에 끌려가는 것이 아니라 능동적 이동이다. 정자의 꼬리(미부)의 움직임이 유속의 자극에 반응하여 조절된다. 난관에서의 점액 흐름과 같이, 실제 암컷 생식기 내 환경에서도 이 현상은 수정 가능성을 높이는 데 중요한 역할을 한다. 실제 암컷의 생식기 내 점액 흐름은 주류성 반응을 유도하여 우수한 정자만 난자에 도달하도록 유도한다. 따라서 주류성은 자연 선택과 생식 성공률 향상에 기여하는 생리적 메커니즘으로 간주된다.

㉯ 주촉성(Contact Taxis 또는 Thigmotaxis)

주촉성은 정자가 물속에서 전진하다가 물체에 닿으면 반응하여 그 표면에 부착하는 성질이다. 이는 외부 자극에 대한 반응 운동성의 일종으로, 정자의 두부가 고체의 표면, 기포, 세포, 먼지 등의 이물 등에 접촉하면 부착되는 행동을 말한다. 정자가 난자 주변의 구조물(예: 투명대, 방사관)에 부착하고 첨체반응을 유도하는 데 중요한 선행 반응이다. 물속 환경에서 정자는 전진하다가 접촉 물체에 머리를 고정한 채 움직임을 멈추거나 꼬리만 진동시키는 모습도 보인다. 수정 환경에서는 무작위 운동 → 접촉 → 부착 → 침투 시도의 순서로 진행되며, 이는 수정의 전 단계에서 선택적 반응을 유도하는 데 기여한다.

㉰ 주화성(Chemotaxis)

정자가 화학물질의 농도 차(화학적 유인)에 반응하여 특정 방향으로 이동하는 운동 성질이다. 정자에게 주화성은 암컷 생식기 내에서 난자를 찾아가는 중요한 생리적 반응으로 간주된다. 이러한 반응은 정자가 암컷 생식기 내의 분비물이나 체액(질점액, 자궁점액, 난포액 등)에 포함된 화학 성분에 유도되어 움직임이 달라진다.

실험에서 정자의 부유액에 모세유리관을 꽂고, 생리식염수에는 정자는 거의 진입하지 않고, 질점액에는 자궁점액보다 적게 진입하며, 자궁점액에는 진입 수가 증가하는 것을 관찰할 수 있으며, 난포액에 가장 많은 정자가 진입하는 것을 관찰할 수 있었다. 이는 정자가 단순한 수동적 이동이 아닌, 특정 화학물질에 대한 선택적 반응을 보임을 의미한다.

이상과 같이 정자의 주성은 정자가 암컷의 생식기도 내 점액의 흐름에 역행하여 자궁, 난관에도 상행하여 난자에 접근하는 기구와 관련된 것으로 생각되고 있으나, 실제로 정자가 자궁, 난관으로 상행(위로 이동)하는 주된 동력은 자궁과 난관의 수축운동(연동운동, Peristalsis)에 의해 이루어진다.

주화성(화학적 유인)은 보조적 요인일 뿐, 상행 이동의 주된 원인이 아니라는 점에 주의해야 한다.

(2) 정자의 생존성

① 수컷의 생식기 내에 있어서의 정자의 생존

정자는 정소에서 생성된 후, 정소상체(Epididymis)를 통과하며 점진적으로 성숙하고 운동성을 획득한다. 정소상체 통과 소요 시간은 일반적으로 5~10일, 동물의 종류 및 사정 빈도에 따라 차이가 있다. 수컷의 생식기 내에 있어서 정자의 총 생존 가능 기간은 약 30~60일로 알려져 있다. 이와 같이 장시간 생존할 수 있는 것은 정소상체, 기타 부생식선의 분비액이 정자의 생존에 대해 유리하게 작용하고, 또한 정자의 운동이 억제되어 에너지의 소모가 적기 때문이다.

② 사출정자의 생존

체외에 사출된 정자의 생존성은 그것이 처해 있는 환경에 따라 현저하게 다르고, 사출 직후의 정자에 대해서는 일반적으로 활력이 높은 정자일수록 그 생존성도 높고, 또한 정자의 대사작용이 왕성한 것일수록 생존성, 수정능력이 높은 것으로 생각되고 있다. 그러나 정자를 장기간 보존하기 위해서는 이 관계는 반대로 된다. 즉 정자가 활발한 운동 대사를 하면 에너지의 소모가 크고, 정자의 사멸을 촉진하는 것이 된다. 따라서 정자의 생존성을 연장하기 위해서는 정자의 생존에 불리한 조건이나 환경을 제거함과 동시에 정자의 운동과 대사를 억제하여 에너지의 소모를 방지하는 것이 필요하다.

③ 암컷의 생식기 내에 있어서 정자의 생존

일반적으로 암컷의 생식기 내에 있어서 정자의 생존시간은 수컷의 생식기 내에서는 물론 체외에서의 생존시간에 비해 현저하게 짧다. 그러나, 말과 개는 예외로 암말에서는 교미 후 5~6일 정도로 비교적 장시간 생존하며, 암캐의 경우 10~11일이나 생식기 내에서 운동성 있는 정자가 관찰된다. 가금류의 경우 정자는 암컷 생식기 내 저장되어 교미 후 약 21일까지 수정란을 생산하는 것으로 알려져 있다. 이것은 가금류의 난관누두부와 자궁-난관 이행부에 정자를 저장하는 특이한 난관 저장선 조직이 있기 때문이다.

성주기의 시기에 따라서도 달라, 발정기에는 생존 시간이 연장되고, 휴지기에는 단축된다. 정자는 자궁경관에서 질 내에 있을 때보다도 장시간 생존한다. 난관 상부는 정자와 난자와의 회합 수정하는 부위로, 난관 내에 있는 정자는 다른 부위의 정자보다도 오랫동안 생존하며, 수정능력을 유지한다. 암컷의 생식기 내의 정자의 수정능의 보유기간은 난자의 수정능과 함께 교배적기를 결정할 때 중요한 사항으로 그 주요한 것을 일괄하면 **표 2-2, 2-3**과 같다.

표 2-2 정자의 생존 시간

조건	생존 시간	특징
수컷 생식기 내	30~60일	운동 억제, 분비액 보호
체외 사출 후	수분~수시간 (조건 의존)	대사 억제 시 생존 연장 가능
암컷 생식기 내	최소 24시간, 말 5~6일 개 10~11일, 가금 ~21일	발정기에는 연장됨

표 2-3 종별 교배적기

동물	배란 시점	적정 교배 시기	비고
개	발정기 후반~ 종료 직후	발정 시작 후 2~4일 사이	정자 생존 기간 길어 여유 있음
말	발정기 중반~후반	발정기 2~5일 차 또는 배란 전 24~48시간	정액 냉장 보존 시 조절 가능
소	발정 후 10~14시간	발정 감지 후 12시간 이내 인공수정	짧은 교배 적기 주의

(3) 정자의 운동성과 생존성에 영향을 미치는 요인

① 온도

정자의 운동성 및 생존성은 온도와 대단히 밀접한 관계가 있고, 온도에 대해 대단히 민감하다. 정자는 보통 37~38℃에서 정상적인 운동성과 활발한 전진운동을 보인다. 이보다 고온에서는 그 운동은 점차 격렬해지고, 54~56℃에서는 거의 순간적으로 사멸한다. 이에 반해서 저온에서는 운동은 완만하게 되고, 일반적으로 4℃ 이하로 낮아지면 운동이 정지하고 가역적 가사상태가 된다. 그러나 이 상태는 가역적으로 온도를 상승시키면 정자는 다시 운동성을 회복한다. 온도의 급격한 변화가 정자의 운동성, 생존성 및 수정능에 불가역적인 악영향을 준다. 이것은 온도충격 또는 저온충격으로 알려져 있으나, 온도를 올릴 때는 거의 악영향을 주지 않지만, 내릴 때는 손상이 현저하다. 저온충격에서는 정자의 세포막이 손상되어 정자 내에 있는 ATP, 사이토크롬, K 등의 주요 성분이 유출되어 불가역적인 손상을 입게 되어 생존성이나 운동성이 저해된다고 생각된다. 저온충격에 대해서는 체온 수준인 20~30℃로 하강할 때는 영향이 적으나, 15~16℃로 급하강하면 손상이 현저하게 나타난다. 이 같은 저온충격을 피하기 위해서는 1~2시간에 걸쳐서 온도를 서서히 내릴 필요가 있다.

종래, 액상 정액의 경우 정자의 생존에는 0~2℃가 좋다고 하고, 수정능의 유지에는 약간 높은 편이 좋고, 4~5℃가 적온으로 되어 있다. 단, 개 정자는 15℃, 닭은 10℃가 적온으로 되어 있다. 또 정자 생존의 한계는 일반적으로 -15℃로 생각되어 왔으나, 정액 희석액으로 글리세린을 첨가하여 정자를 보호하면, 드라이아이스를 사용하여 -79℃로, 또 액체질소에 의해 -196℃로 동결 보존하는 것이 가능하게 되어, 실제로 인공수정에 응용되기에 이르렀다.

② 수소이온농도 및 삼투압

수소이온농도 및 삼투압은 정자의 운동, 대사, 생존성과 중요한 관계가 있다. 정자의 생존성에는 원칙적으로 중성 또는 약알칼리성이 좋고, 일반적으로 pH가 산성으로 되면 운동성과 대사율이 감소되나 생존성은 다소 증가되며, 이에 반해 알칼리성 환경에서는 운동성은 증가되지만, 대사기질을 빨리 소모해 생존성이 떨어진다. 정자를 보존하는 때의 적당한 pH는 동물의 종류에 따라, 보존액의 조성에 따라 일정하지 않으나, 대체로 신선한 정액의 pH는 중성에 가깝고, 알칼리성 쪽으로 기울면 생존성은 단축되고, 반대로 산성 쪽에서는 극단이 아닌 한 오랜 생존성을 유지한다.

정자가 운동할 수 있는 pH의 한계는 약 5.0~10.0으로 생각되고 있다. 예를 들면 면양, 산양의 정액의 pH는 보통 6.4~7.2로 이 범위에서 정자는 활발히 운동하나, 이 범위를 벗어남에 따라 운동은 억제되고, pH가 5.5~5.3으로 되면 운동은 정지하고, 또 9.0~10.0으로 되면 운동은 완만하게 된다.

정자의 활력 및 생존성은 삼투압에 의해서도 많은 영향을 받지만 일반적으로 정자를 보존할 때에 최적의 삼투압은 신선한 정액의 삼투압과 같다는 것이 인정되었다. 삼투압의 이상은 정자의 활력, 생존성을 저해한다. 특히 저장액에서는 현저하고, 저하와 동시 처음 일시적으로 활력이 증가하나, 이어서 이상운동으로 변하여 정지한다.

한편 고장액에서는 운동은 서서히 완만하게 되며 정지한다. 말 정액 희석용 포도당의 최적 농도는 5.0~6.0%로 정액의 그것과 등압이다. 식염액은 예외로 등압의 1.1%보다 약간 낮은 0.8%의 생리식염액이 더욱 좋다.

③ 빛, 자외선, 방사성

빛이 정자의 활력을 일시적으로는 증가시키지만 곧이어 유해하게 작용해서 그 운동을 멈추게 하므로, 정액을 착색병에 넣도록 강조하고 있다.

실제 모든 빛을 받지 않도록 조제된 토끼, 닭, 사람 등의 정액을 1분 미만 빛에 쬐면 그 산소 소비가 높아진다는 것이 보고되어 있다. 한편 소의 정자를 조도 1,400피트 촉광의 빛에 노출하면 24~72시간에 운동성을 잃지만, 그동안 어두운 곳에 둔 대조 정자는 아직 충분한 운동성을 유지하고 있다. 다시 조도를 8,500피트, 촉광으로 높이면 운동성을 잃을 때까지의 시간은 4.5시간으로 단축된다. 빛에 의한 불활성화의 원인은 광산화에 의해서 정액 중에 생기는 과산화수소 등의 과산화물이라고 생각된다. 사실, 카탈라아제 또는 시스틴을 가하거나 질소를 첨가함으로써 빛에 의한 불활성화를 어느 정도 억제할 수 있다.

또한, 정자의 빛에 대한 감수성에도 온도에 대하는 것과 마찬가지로 동물의 종류에 의한 차이가 보이며, 닭 정자는 소 정자보다 감수성이 낮다. 또한 여러 가지 색소가 정자의 빛에 대한 감수성을 높인다는 것도 알려져 있다.

자외선이나 χ선, δ선 등으로 정자를 조사하면 비록 정자의 운동성에 변화가 없고 또한 수정을 완료해도 이 같은 정자를 받은 배가 이상 발생을 보인다는 것은 성게 또는 개구리에서 오래전부터 알려져 있다. 또 방사선이 정소에서의 정자 형성과정에 현저한 영향을 미쳐서 불임을 일으킨다는 것도 널리 알려진 사실이다.

④ 희석

정자는 수컷의 생식관 내에서는 정지하고 있으나. 체외에 사출되면 활발한 운동을 시작한다. 또 농후한 정액을 적당한 용액으로 희석하면 운동성은 다시 높아진다. 그 원인으로는 부생식선의 분비물에 의한 에너지원의 공급, 충분한 산소 공급, 억제 물질의 제거, 점도의 저하 및 운동공간의 확대 등 여러 가지로 생각된다. 특히 성게의 정자에서는 바닷물에 의한 희석으로 운동성과 더불어 호흡도 높아진다는 것이 오래전부터 알려져 있으며, 이를 희석 효과라고 한다. 그러나 희석은 한편으로 이것 또한 여러 가지 원인으로 정자의 수명을 줄이는 결과를 초래하게 된다. 또한 과도한 희석은 정자의 생존성과 운동성을 모두 저하시킨다.

⑤ 산소, 탄산가스

산소의 존재는 정자의 호흡과 활력을 높이지만 과잉의 산소가 첨가되면 정자의 노화를 촉진해 생존시간을 단축시키기 때문에 일반적으로 정액을 보존할 때에는 공기를 차단한다.

한편 탄산가스는 2~5%의 낮은 비율하에서는 정자의 대사를 촉진하지만, 높은 비율의 이산화탄소는 정자의 대사, 운동성을 가역적으로 억제한다. 최근 소 정액의 보존에 이산화탄소(CO_2) 포화 희석액을 사용해 실온에 두더라도 상당히 오랫동안 수정능이 보존된다는 것이 인정되었다. 이는 이산화탄소에 의한 대사억제를 이용해서 정자의 수명 연장을 도모한 것이다.

⑥ 각종 이온

정액 중에 함유된 각종 이온은 정자의 운동이나 생존성에 여러 영향을 미친다. K는 정자의 호흡, 해당 및 활력 유지에 큰 역할을 하지만, 고농도로 되면 정자의 운동, 대사 가역적으로 억제한다. 또한 Mg는 정자의 운동성, 생존성에 보호적으로 활동하고, Ca은 정자의 대사, 활력, 생존율에 대해서 유해하다고 알려져 있지만, 동물 종에 따라서는 반드시 저해작용만이 인정되는 것은 아니다. Fe, Cu, Cd

등의 중금속 이온은 정자의 운동성, 생존성을 저해하는 것이 많다. 한편 음이온 중에서는 Cl^-는 널리 동물의 정액 중에 함유되어 있고 Na^+와 함께 삼투압의 유지에 역할을 한다고 생각되지만 비전해질로 치환한 쪽이 정자의 생존성을 연장시킨다고 한다. PO_4^{3-}도 옛날부터 인산 완충액으로써 정자의 보존에 효과를 나타내지만, 정자의 호흡, 운동을 억제하고 동시에 해당을 촉진하는 것으로 알려져 있다.

(4) 정자의 대사

활발한 운동을 하는 정자는 그 에너지를 어디서 얻는가 하는 것은 흥미로운 문제이다. 산소가 있으면 그 산소를 산화적으로 사용하여 에너지를 얻고 산소가 없는 곳에서는 당만 있으면 그것을 분해하여 에너지를 얻어서 운동하는데, 앞의 것을 호흡이라 하고, 뒤의 것을 해당작용이라고 한다.

① 해당작용

신선한 정액을 보존해 두면 시간의 경과와 더불어 pH가 저하하여 산성으로 기울어짐과 동시에 정자의 운동성도 저하된다. 산소가 없어도 가능한 에너지 생성 경로로 정자 내 저장된 또는 외부에서 공급된 당류(포도당, 과당 등)를 분해하여 젖산(Lactic acid)을 생성하는 것으로 이 과정은 ATP를 만들어 정자의 운동성 유지에 기여한다.

이 해당작용은 혐기적 조건하에서는 해당이 유일한 에너지 공급원이기 때문에, 정자를 씻어서 당을 함유하지 않은 생리식염액이나 Ringer액에 부유시켜 두면 정자의 운동은 곧 정지하고 만다. 그러나, 포도당이나 과당을 가하면, 정자는 운동성을 나타낸다. 이와 같이 정자의 운동도 해당작용과는 밀접한 관계에 있다.

소, 면양, 산양, 개의 정자는 포도당, 과당, 만노스를 거의 같은 양의 비율로 이용한다. 단, 이들이 동시에 존재할 때는 포도당, 만노스를 과당보다도 우선적으로 이용한다. 정자가 당을 분해하는 경로는 근육 내의 해당의 경우와 같이 엠덴마이에르호프 경로를 통해 피루브산을 거쳐 젖산을 만든다.

정자의 과당 분해능력과 정자의 농도 및 활력은 정의 상관관계를 갖고 있다. 이것을 이용한 인공수정에 의한 수태율과의 사이에도 정의 상관관계가 인정되고 있고 정액질의 판정기준으로써 과당 분해지수나 과당 분해계수 등이 사용된다.

② 호흡작용

정자는 산소가 존재할 경우 정자는 산소를 흡수하여 산화적 대사(호흡)를 통해 에너지를 생성하고, 탄수화물이 완전 연소되어 이산화탄소와 물이 생성되고 ATP 생산이 극대화된다. 호흡작용도 정자의 운동에 대해 중요한 에너지 공급계이다. 정자 1억당 1시간의 산소 소비량은 이산화탄소로써 나타내나, 일반적으로 활력이 왕성한 정자의 이산화탄소는 높고, 활력이 약한 정자에서는 이산화탄소가 낮다. 또 정자의 호흡작용은 온도와 정의 상관관계에 있어, 온도가 높으면 산소의 소비량도 많다.

정자의 호흡 경로는 동물체의 일반세포와 같이 TCA cycle을 통하고, 이것과 병행해서 산화적 인산계가 존재하는 것이 알려져 있다. 해당계에서 생긴 pyruvic acid는 acetly coenzyme A를 거쳐 TCA회로에 들어가며 대사과정에서 유리된 수소원자는 flavin 효소, cytochrome oxidase 등의 순으로 전달되어 결국 물이 생산되지만 그 사이에 ATP가 다시 생긴다.

2. 난자(卵子, ovum)

난자(卵子, Ovum)는 정자와 결합하여 수정 후 분열 및 발달을 거쳐 수정란(배)을 형성하는 현저히 분화된 생식 세포이다. 조류의 난자(알)는 배 발육의 거의 전 과정을 책임지므로 난자 자체가 부화까지 발육에 필요한 다량의 영양을 함유하고 있다. 그러나 동물을 비롯하여 대부분의 포유류는 자궁 내에서 태반을 통해 영양분 교환이 능률적으로 이루어지기 때문에 난자의 크기가 작다. 포유류의 난자는 1672년에 *De Graaf*가 처음으로 발견하였고, 그 후 1797년에 *Cruick Shank*가 세부적 구조 분석에 기여하였고, 1827년 *Von Baer*에 의하여 난관 내 난자 존재를 증명함으로써 생식생리학의 획기적인 발전을 유도하였다. 그 후 난자에 대하여 많은 연구가 진행되어 오늘날에는 난자의 형성 과정, 세포 구조(세포막, 난황, 세포소기관), 생리 기능(호르몬 반응, 수정 준비) 등 난자에 관한 광범위하고 방대한 지식이 축적되기에 이르렀다.

1) 난자의 형성과 난포의 발육

난자형성은 암컷의 성세포(난자 전구세포)가 분화 및 성숙해 가는 과정이다. 이 과정은 태아기부터 시작되며, 일생에 걸쳐 일정 시점까지 계속된다. 먼저 난소 피질(Cortex) 내에 난조세포(Oogonia)가 생기며, 단층의 난포상피세포에 둘러싸여 원시난포(Primordial follicle)로 되어 백막상에 배열한다. 이들 원시난포는 태아기에서 출생 시기에 걸쳐 분열 및 증식하지만, 곧 감수분열 전기(I기) 상태에서 정지한 채 긴 휴지기에 들어간다.

성 성숙기(사춘기)에 도달하면, 일부 휴지기 상태의 원시난포가 성장을 시작하여 난모세포는 주변 난포상피세포(과립막세포)의 영향으로 난황을 축적해서 크기가 증가한다. 성장한 난모세포는 지름이 약 70~140㎛로 되고, 성숙해가는 난모세포는 수층의 난포상피세포, 즉 난포세포 혹은 과립막세포에 둘러싸이며, 난모세포와 난포상피세로 사이에 투명대가 형성된다. 앞에서 말한 바와 같이 과립막세포의 외층은 결합조직에서 유래한 두 층의 난포막 내층(혈관 분포, 호르몬 생성) 및 난포막 외층(섬유성 지지층)으로 둘러싸여 있다. 그 후 난모세포의 크기는 증가하지 않지만 과립막세포는 증식을 계속해 드디어 그 일부에 공간(강소)가 생기고 난포액이 축적된다. 난포는 난포액의 양이 증가함에 따라 난소 표면에 돌출하게 된다. 이와 같이 충분히 성장한 난포는 발견자의 이름을 따서 그라아프 난포(Graafian follicle)라고 부른다.

난자는 난포 내부에서 배란 예정 부위의 반대쪽 난포벽에 위치하고 난자 주변 과립막층의 일부가 융기해서 만들어진 난구(Cumulus oophorus)에 둘러싸여 있지만, 난자에 접해 있는 부분은 난포세포의 배열이 방사상으로 되어 있기 때문에 방사관(Corona radiata)이라고 한다.

그 사이에 난포 내 난모세포에 성숙적 변화가 일어난다. 즉 배란기에 가까이 오면 핵인과 핵막은 소실해서 농축된 염색체, 중심소체, 방추사가 출현해 감수분열을 포함한 2회의 성숙분열이 시작된다(그림 2-8).

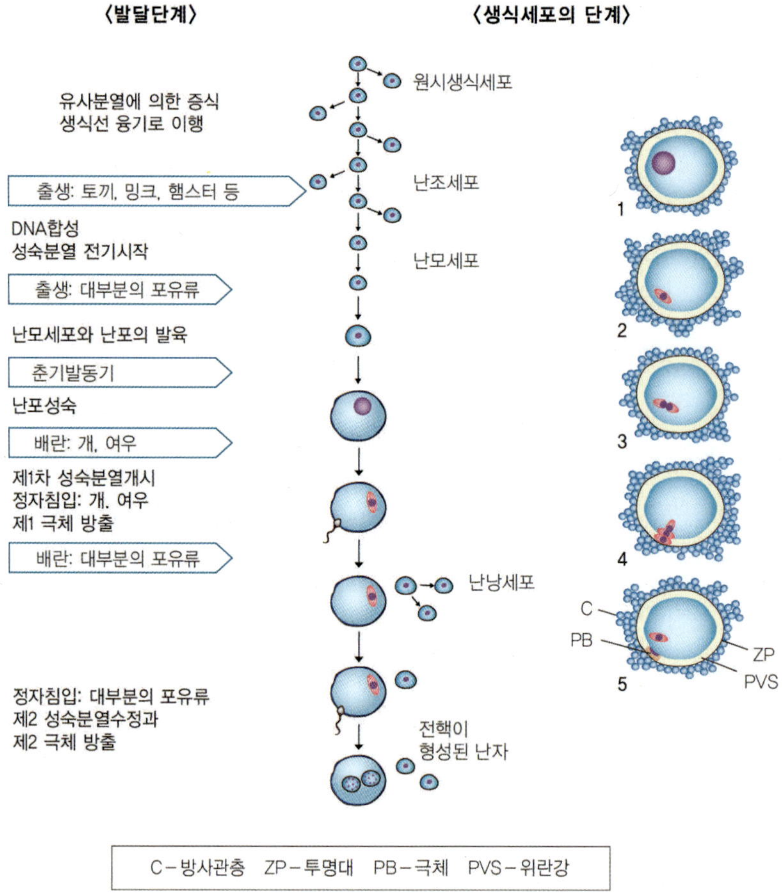

그림 2-8 난자의 발달단계를 나타내는 모식도(Hefez, 1993)

제1회는 감수분열로써 이것에 의해 염색체는 반감한다. 난모세포는 2개의 세포로 되고 한쪽의 세포는 장래 난자의 발육에 대비해 세포 내 전체 저장영양물질을 받아 난낭세포로 되지만, 다른 한쪽은 제1극체라고 부르는 세포질을 전혀 갖지 않는 것으로 수정에 관계하지 않고 난황주위강 중에 방출되어 나중에 소실된다.

잇달아 난낭세포는 제2극체를 방출하기 위한 제2성숙분열을 시작하지만, 분열을 완료하지 않은 분열중기에 난포는 발육의 한계에 달해서 배란이 일어난다. 방사관에 싸여진 대로 방출된 난낭세포는 난관 내를 하강하는 동안에 분열이 진행하지만, 제2극체의 방출은 난관 상부에서 정자와 만나 정자의 침입을 받기 시작할 때 일어나기 때문에 수정이 일어나지 않는 한 제2극체의 방출은 없고, 난자는 퇴행의 운명을 맡게 된다. 한편 개와 여우에서 난자는 난모세포상태로 배란되어 배란 후 난관 내에서 제1극체를 방출한다.

한 발정기에 배란되는 난포의 수는 동물 종에 따라 거의 일정하며, 소, 말 등의 단태동물은 원칙적으로 1개이며, 면·산양은 1~3개, 돼지는 10~20개, 개는 2~12개이다. 암컷의 생애를 통해서 배란되는 수는 의외로 적다. 예를 들면 1마리의 암소가 2세에서 15세까지 14년간 쉬지 않고 3주마다 배란을 반복한다고 해도 총배란수는 240개에 지나지 않는다.

실제로는 이 사이에 임신기 및 분만 후 생리적인 난소정지 기간이 들어 있기 때문에 매년 새끼를 생산한다고 하면 생애를 통해서 배란수는 50개 이내로 생각된다. 한편 난소 내 원시난포의 수는 태아기~출생기가 가장 많고, 출생 후 급격하게 감소하는 것으로 알려져 있다. 소에서는 출생 시에 약 75,000개 존재한 것이 12~14세에 2,500개로 감소한다고 한다. 사람의 경우에도 평생 약 480개의 난자를 배란한다. 초경 연월과 총 임신기간을 고려하면 폐경 도달 연도도 추정 가능하다.

배란되지 않은 난자는 난소 내에 퇴행해 소멸되지만, 이 과정을 폐쇄라고 한다. 난자의 퇴행에 따라 이것을 갖고 있는 난포도 발육을 중지해 퇴행한다. 이와 같은 난포를 폐쇄난포라고 한다. **그림 2-9**는 난포의 발달과정과 난자의 성숙과정에 대한 모식도이다.

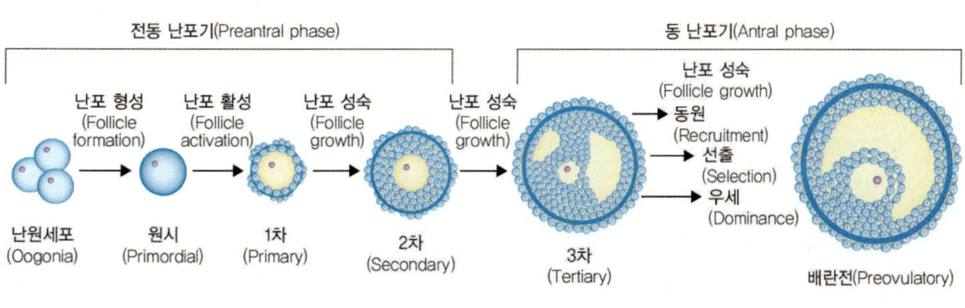

그림 2-9 난포의 발달과 난자의 성숙

그림 2-10은 동물별 난소 및 관련 기관의 모식도이다. 돼지의 난소는 포도송이처럼 생겼으며 난관채에 완전히 싸여 있다.

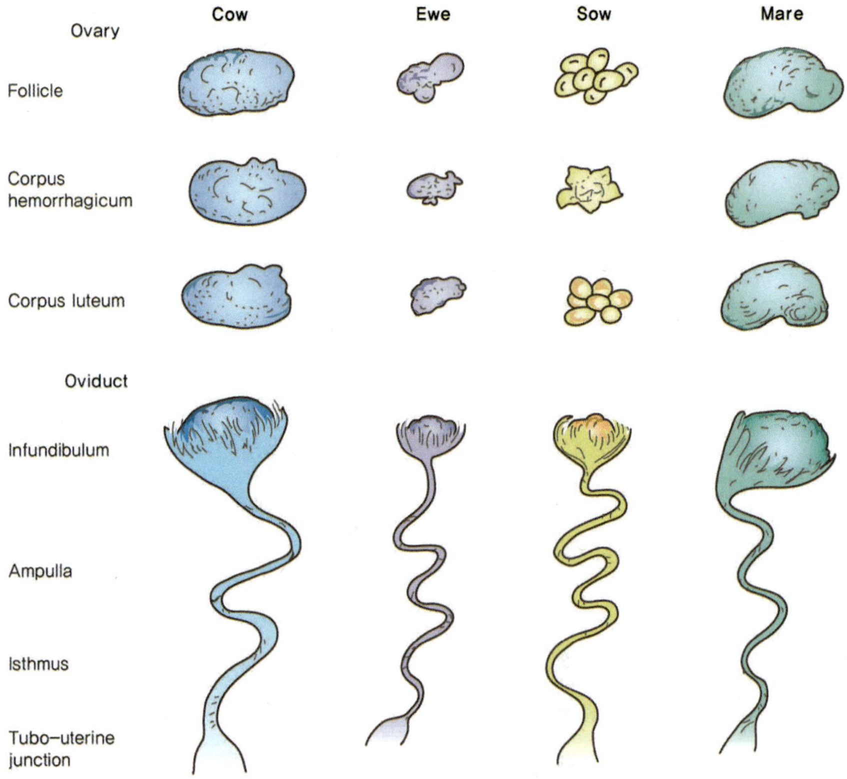

그림 2-10 동물별 난소 난포 난관 및 난관팽대부 모식도

2) 난포액의 성분과 기능

난포액은 혈청에서 유래한 삼출물로, 난포벽 세포(과립막세포 및 난포막세포)의 대사 활동을 통해 형성되는 체액이다. 혈청, 난포액, 난관분비물 사이에는 대사산물 농도 평형이 존재하는데, 난포액은 난포벽 세포에 의해서 완성된 Steroid와 Glycoprotein과 같은 특이한 성분을 갖고 있다. 난포발달 중에 혈청과 난포액 사이에는 평형을 이루고 있는데, 이들 대사산물의 농도는 비슷하다. 이들의 농도

는 난관분비물에 있는 대사산물의 농도의 비슷하다. 이와 같은 용액에는 중요한 생리적 물질이 여러 종류가 포함되어 있는데, 대부분은 혈청과 비슷한 농도로 되어 있다.

난포강이 형성된 성숙한 난포에서는 estradiol-17β가 풍부하게 존재하며, 이는 난포 발달과 배란 준비를 유도하는 주요 에스트로겐 호르몬이다. 배란이 임박하면 progesterone 농도가 증가하며, 이는 배란과 자궁 내막의 수용성 증가에 기여한다.

개(犬)의 난포액에 포함된 지질의 양은 혈청보다는 낮고, 난관분비액보다는 높다. 이는 난포 발달 말기에 난포 내 지질 수준이 감소하기 때문이며, 난자 성숙 및 배란 준비와 관련된 대사 변화로 해석된다. 활력이 있는 난소의 난포액 중에는 estradiol과 progesterone 같은 스테로이드 호르몬과 난모세포성숙 억제인자와 황체 억제인자, 조직이완 및 생식기 조절과 관련된 작용을 하는 relaxin 등이 들어 있다.

난포액은 난모세포의 핵과 세포질의 성숙, 파열된 난포로부터 난자의 방출과 수정에 관해서 생리 생화학적인 관점과 대사활동에서 중요한 역할을 수행한다. 난포액은 발정주기 중에 현저한 변화를 나타내며, 다음과 같은 여러 가지 기능을 수행한다.

① 과립세포, 난포발달의 개시와 스테로이드 호르몬 생성의 기능조절
② 난모세포의 성숙, 배란과 난자의 난관 내 수송
③ 뒤따르는 항체형성을 위한 난포의 준비
④ 난포액 내의 촉진인자와 억제인자가 난포주기를 조절한다.
⑤ 배란 시 방출되는 난포액의 용량도 중요하다. 왜냐하면 그것은 난관분비물과 함께 정자 대사, 수정능 획득과 초기배 발달이 일어나는 생체 내 환경을 만드는 데 중요한 성분이 있기 때문이다.

3) 난자의 구조

난자는 수정 이전 단계에서 풍부한 세포질과 난황을 포함하고 있으며, 이로 인해 정자에 비해 매우 큰 세포이다. 수정 전 대부분의 난자는 방사관층에 의해 둘러싸여 있다.

(1) 크기

조류의 난자는 배아가 전 발생과정을 통하여 난황에서 영양을 섭취하므로 난황의 양이 매우 많고 그에 따라 난자의 크기도 매우 크다. 어떤 것은 지름이 80mm(타조알)에 달하는 것도 있다. 동물(포유류)에 있어서는 배 발생의 중기 이후에는 모체로부터 직접 영양을 공급받기 때문에 난황이 적고, 난자 크기도 상대적으로 작다. 포유류의 대부분 난자는 지름이 약 80~120㎛이며, 일반적으로 185㎛를 넘지 않는다.

(2) 방사관

배란 전의 난자는 난포 내에서 난구(cumulus)라 불리는 세포 집단에 둘러싸여 있다. 이들은 과립세포(granulosa cell)층과 난포액에 의해 둘러싸인 방사관층을 형성한다.

방사관세포에서는 원형질 돌기(microvilli)가 투명대(zona pellucida)를 통과해, 난모세포(난자)에서 나오는 돌기와 연결된다. 이는 영양과 신호물질을 전달하는 통로로 작용한다.

배란이 일어나면 난자를 둘러싼 세포들이 점차 떨어져 나가 난자는 나화(裸化, naked)되고, 이 과정은 동물마다 속도 차가 있으며, 개는 소, 면양, 말보다 느린 편이다.

배란 이후 난관액 내 섬유분해효소의 작용으로 이 돌기들은 변성되어 퇴화된다.

난자가 방사관층과 투명대를 잃으면, 수정이 가능한 상태로 이동하고, 난자의 나화는 배란 직후 수 시간 내에 일어나며, 이는 종마다 상이하다.

이상과 같이 배란이 일어나면 난자를 싸고 있던 세포는 제거되고 난자는 나화(裸化, naked)하게 된다(그림 2-11).

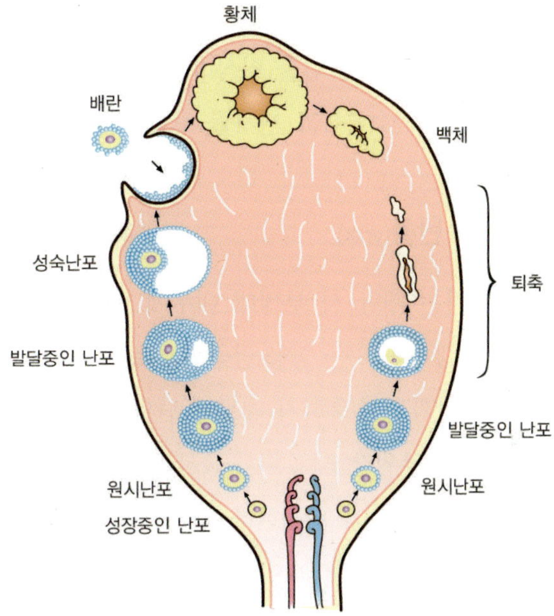

그림 2-11 난포발달 후 난자의 배란 모식도

(3) 난막

난자는 생식세포 중에서 구조적으로 가장 복잡한 세포 중 하나이며, 그 외부는 두 개의 주요한 막으로 싸여 있다. 난황막과 투명대, 이 두 층은 각각 난자의 생존, 발달, 수정과정에서 중요한 역할을 한다.

① 난황막

난황막은 난모세포의 표층이 분화된 것으로 이 난황막은 물질의 확산(diffusion)과 능동 수송(active transport) 기능을 수행하는데, 이러한 특성은 체세포의 원형질막(plasma membrane)과 유사하며, 난자가 주변 환경으로부터 필요한 물질을 선택적으로 흡수하고, 노폐물을 배출하는 통로가 된다.

② 투명대

투명대는 균질한 반투막으로, 복합 단백질(glycoprotein)로 구성되어 있기 때문에 단백질 분해효소인 trypsin이나 chymotrypsin에 의해 용해될 수 있는 구조적 특성을 가지고 있다. 토끼의 난자는 투명대의 둘레에 또 한층의 점액층을 가지고 있다. 이것은 난관상피에서 분비된 점액에 의하여 형성된 것이나 소, 면양 및 개의 난자에는 점액층이 존재하지 않는다. 난막은 전해질이나 대사물질을 선택적으로 흡수하고 정자 결합을 인식하고 선택하며, 다정자수정(polyspermy) 방지 기전의 일부 역할을 수행하고 난자를 보호하는 역할을 한다.

(4) 난황(yolk)

난자는 배란 시 투명대 내부에 난황(yolk)이 충만되어 있는 상태로, 이 난황은 배 발생에 필요한 영양 공급원으로서 중요한 역할을 한다. 그러나 수정이 이루어지면 난황은 수축하기 때문에 난황막(vitelline membrane)과 투명대(zona pellucida) 사이에 난황 주위강(perivitelline space) 또는 위난강이라는 공간이 생기는데, 이 공간에는 극체(polar body)가 위치한다. 이는 난자의 성숙 분열을 나타내는 지표가 된다. 난자의 난황은 난황량과 지방소적량의 다소에 의하여 종속 간에 차이가 있다. 산양과 토기의 난황과립은 미세하고 균일하게 분포되어 있기 때문에 성숙분열이나 수정 현상은 관찰하기가 용이하다. 그러나 말과 소의 난자는 빛에 대한 굴절성이 높은 지방소적을 다량으로 함유하고 있기 때문에 난황은 검게 보이고 핵도 선명하지 않다. 포유동물의 난황 구성물의 미세한 구조는 제대로 규명되어 있지 않다. 그러나 일반적으로 구성물의 외관이나 분포는 동물 종과 발생의 시기에 따라 다르다. Yamada에 의하면 mitochondria는 과립상 또는 봉상으로써 형태로, 주로 골지 장치의 주변에 분포한다. 난자의 커다란 핵은 중심부에서 약간 떨어진 곳에 위치하고 있으며, 호색소성의 인(nucleolus)을 1개 이상 내포하고 있다. 핵막은 뚜렷하며, 함유물이 없는 세포질이 그 주변을 둘러싸고 있다. 난황의 주변부에서 관찰되는 과립은 직경 150~350㎛의 구상체(yolk spheres) 형태로 존재하며 난황막 부근에 집중되어 있다.

(5) 구조상의 이상

난자의 구조상의 이상으로는 왜소, 거대, 난형, 또는 편평형, 투명대 파열, 거대 극체 및 난황의 공포화 등이 있다. 이러한 이상은 난모세포의 성숙상의 실패나 불충분, 유전적 요인 및 환경적(영양 부족, 온도 등) 스트레스 등에 의하여 유기된다. 난자의 성숙이 충분하지 못할 때에는 극체가 방출되지 않기 때문에 여러 쌍의 염색체를 갖는 배수체(polyploidy)가 형성되어 수정 후 발생 실패로 이어질 수 있다. Branden에 의하면 이상란의 발생은 암컷의 노화에 의하여 증가되며, 또 품종과 계통에 따라 다르다.

4) 난자의 생리

(1) 난관에서의 난자행동

난자는 정자와 달리 자발적인 운동 능력을 가지지 않으며, 난자의 이동은 모두 주위 구조의 생리적 작용에 의존한다. 난자는 배란 전에는 그라아프 난포에서 방사관세포로 싸여 있다가 난포가 파열되면 난포액과 함께 분리되어 난관누두부의 난관채에 있는 섬모의 운동에 의하여 난관으로 이끌려 들어간다. 난자의 수송은 난관 내의 섬모운동, 난관벽의 근육작용 및 난관팽대부 협부의 연결부와 자궁난관 연결부의 여러 기능에 의하여 이루어지는 것으로 보인다. 이러한 생리적 작용의 상호관계는 배란 후의 난소호르몬의 균형에 의하여 조절되며, 따라서 난소를 제거하거나 각종 스테로이드 호르몬을 투여하면 크게 변화될 수 있다. 난관 내에 흡입된 난자는 관내의 섬모상피 자궁으로 향하는 파동운동에 의하여 자궁으로 이행된다. 이 섬모의 운동은 배란 후의 난소호르몬의 평형에 의해 지배되며, 발정기에는 활발하여 토끼의 경우 섬모운동은 매우 활발하여 1초 동안 1,500회나 움직인다. 소, 면양, 개의 난자가 난관을 통과하는 데 소요되는 시간은 72~90시간 정도이다(Hafez, 1980).

(2) 배란 난자의 수정능력 보유시간

난자가 수정하여 정상적인 배 발육을 할 수 있는 수정능력 보유시간은 암컷생식기도관 내에서의 정자 수정능력 보유시간 보다 아주 짧다. 대개의 경우 배란 후

12~24시간은 수정능력을 유지하는데, 난자가 사멸하기 이전에 수정능력이 상실되는 것이 보통이다. 인공수정 또는 교배 시간이 늦을 경우 난자는 그 수정능력 보유시간의 말기에 수정된다. 이러한 수정란은 착상되지 못할 수도 있으며, 이상 임신이나 산자수의 감소 등이 일어난다. 개에서는 이러한 노화난자(aged eggs)에 의하여 다정자 침입이 일어나기도 하며, 이상배 발생의 원인이 될 수 있다. 단태동물에서는 난자가 노화되면 유산, 배아 흡수 및 이상발생 등이 일어나기도 한다. 정자가 노화되어도 이와 같은 현상이 있을 수 있다. 정자의 노화는 배란 전에 정자가 먼저 난관팽대부에 도달돼서 수명이 다해갈 때쯤 배란된 난자와 만나는 경우이다. 이와 같이 노화된 배우자 때문에 동물에 따라서는 수태율이 저하되기도 한다. 닭이나 개에서 노화된 정자로 수정하면 확실히 배아 폐사율이 높아진다. 노화 배우자 때문에 생후에 유전적 기형이 생길 수도 있다.

난자가 수정되지 못하면 크기가 서로 다른 몇 개의 세포질편으로 분해된다. 어떤 경우에는 수정란과 꼭 닮는 수도 있다. 그러나 어떤 미수정란도 결국에는 완전히 분해되거나 식균작용 등으로 자궁에서 소실된다.

개와 죄수

1982년부터 미국 워싱턴의 퍼디형무소에서는 죄수들에게 도우미개를 훈련시키는 임무를 주었습니다. 개가 형무소에 들어오면서부터 죄수들의 인생에 변화가 일어났습니다. 과격한 성격을 고친 죄수도 있고, 어두웠던 성격이 밝아진 좌수도 있습니다. 많은 죄수들 자기가 아직도 누군가를 사랑할 수 있고 좋은 일을 수도 있다는 것을 깨닫게 되었지요. 미국에서는 많은 형무소들이 줄줄이 퍼디형무소의 뒤를 따르게 되었습니다.

(애견 대백과, 세르주 시몬과 도미니크 시몬, 삼성출판사 2003)

Chapter

03

생식 내분비

생식내분비(Reproductive Endocrinology)는 생식기관과 생식기능에 관여하는 내분비계의 역할을 연구하고 이해하는 학문 분야이다.

이 장에서는 생식샘(고환과 난소)과 관련된 호르몬 분비와 그 작용을 중심으로 하며, 생식 과정, 성 발달, 생식 능력, 그리고 생식 관련 질환에 대한 조절 메커니즘을 포함한 부분을 다루고자 한다.

1. 내분비와 호르몬

생식내분비(Reproductive Endocrinology)는 생식 기능 및 기관에 작용하는 호르몬과 내분비계의 역할을 연구하는 분야로, 생식샘(고환과 난소), 뇌하수체, 시상하부 등에서 분비되는 호르몬 간의 상호작용을 통해 성 발달, 생식세포 생성, 생식 주기 조절, 임신 등 다양한 생식 관련 기능을 조절한다.

내분비계(Endocrine System)는 호르몬이라는 화학 물질을 분비하여 체내 기관과 세포의 기능을 조절하는 시스템으로, 신경계와 함께 체내 항상성을 유지하고, 성장, 대사, 스트레스 반응 등 다양한 생리적 기능에 관여한다. 내분비선은 혈관을 통해 호르몬을 직접 혈액으로 분비하며, 이는 특정 표적 기관에 도달해 신호를 전달하고 생리적 반응을 유도한다. 주요 내분비기관으로는 뇌하수체, 시상하부, 갑상선, 부갑상선, 부신, 췌장, 생식샘, 송과선 등이 있다.

동물의 체내에는 내분비선이라는 특별한 기관은 호르몬이라는 화학 물질을 만드는 내분비계로서 다양한 생리적 조절과 항상성을 유지하는 데 있어 중요한 역할을 하는 마치 작은 화학 공장과도 같다. 호르몬(Hormone)은 '불러 깨우다, 자극하다'라는 뜻의 그리스어 'Hormao(호르마오)'에서 유래된 용어이다. 호르몬은 체내의 여러 내분비계에서 생성되어 혈액을 타고 이동하는 일종의 화학물질이다. 이들은 특정 표적 세포나 기관에 신호를 전달한 호르몬은 세포 외부 또는 내부의 수용체와 결합해 여러 가지 작용을 하는 화학적 메신저이다. 호르몬은 매우 낮은 농도로 작용하지만, 그 효과는 크고 광범위하다. 각각의 호르몬은 특정한 표적 세포에만 작용하며, 이는 표적 세포가 해당 호르몬을 인식할 수 있는 수용체(Receptor)를 가지고 있기 때문이다.

내분비계는 우리 몸의 신경계와 밀접하게 연결되어 있으며, 두 시스템은 함께 작동하여 체내 균형을 유지한다.

특히 시상하부-뇌하수체 축(Hypothalamic-Pituitary Axis)은 내분비계의 중심 조절 축으로, 시상하부에서 분비되는 GnRH, TRH 등의 신경호르몬은 뇌하수체를 자극하여 FSH, LH, TSH 등의 호르몬을 분비한다. 이 호르몬들은 다시 생식샘 등 다른 내분비기관을 자극하여 2차 호르몬을 생성하게 하고, 최종적으로 표적 기관에 생리적 반응을 유도한다. 내분비와 호르몬은 서로 긴밀히 연결되어 있으며, 몸 전체의 균형을 유지하고 생명 활동을 조절하는 데 필수적인 역할을 한다. 이러한 조화로운 시스템이 손상되거나 균형이 깨지면 생식 장애를 포함한 다양한 질병이 발생할 수 있다.

1) 내분비계(Endocrine System)

내분비계는 체내 여러 내분비샘에서 생성된 호르몬을 혈액을 통해 신체 각 기관에 전달함으로써 생리적 기능을 조절하는 시스템이다. 내분비는 라틴어 'endo(내부)'와 'crine(분비하다)'에서 유래된 단어로, 외부가 아닌 체내로 직접 분비된다는 특징을 갖는다. 내분비계는 특정 화학 물질인 호르몬을 생성하여 분비하는 기관과 세포들로 이루어진 시스템이다. 내분비계에 속하는 기관에는 뇌하수체, 갑상선, 부신, 췌장, 생식선(난소와 고환) 등이 포함된다. 이 기관들은 관을 통해 물질을 외부로 분비하는 대신, 혈액을 통해 호르몬을 전신으로 보내는 방식으로 작동한다.

(1) 내분비의 의미

내분비란 외분비와 상반되는 개념으로, 분비물을 직접 세포 외액으로 방출하여 혈액을 통해 몸 전체로 전달하는 시스템을 말한다. 내분비는 호르몬이라는 화학물질을 생성하여 혈액으로 분비하고, 이를 통해 특정 표적 세포나 기관에 신호를 전달함으로써 체내 다양한 생리적 과정을 조절한다. 내분비는 내분비계라는 기관들로 구성되어 있으며, 이 시스템은 체내 항상성 유지, 성장, 대사, 생식, 스트레스 반응 등을 조절하는 중요한 역할을 한다. 내분비계는 특정 화학물질인 호르몬을 생성하여 분비하는 기관과 세포들로 이루어진 시스템이다. 주요 내분비선으로 뇌의 중심에 위치하며 신경계와 내분비계를 연결하는 중요한 조절하는 중추의 시상하부(Hypothalamus), '마스터 내분비샘'이라 불리며, 시상하부의 신호를 받아 다양한 조절 호르몬(FSH, LH, TSH 등)을 분비하는 뇌하수체(Pituitary gland), 대사와 칼슘 농도 조절에 관여하는 갑상선(Thyroid) 및 부갑상선(Parathyroid), 스트레스 반응과 동물체 항상성을 조절하는 부신, 혈당 조절에 관여하는 인슐린과 글루카곤을 분비하는 췌장, 성호르몬(테스토스테론, 에스트로겐, 프로게스테론 등)을 분비하여 생식기능과 이차 성징을 조절하는 생식샘(Gonads: 고환과 난소), 생체 리듬과 관련된 멜라토닌을 분비하는 송과선(Pineal Gland) 등이 있다. 이 기관들은 관을 통해 물질을 외부로 분비하는 대신, 혈액을 통해 호르몬을 전신으로 보내는 방식으로 작동한다.

내분비는 관을 통해 물질을 분비하지 않으며, 호르몬을 혈액으로 직접 방출한다. 이는 외분비(exocrine)와 구별되는 점이다.

표 3-1 내분비와 외분비의 차이

구분	내분비	외분비
분비 방식	혈액으로 호르몬 분비	관을 통해 외부로 물질 배출
분비물	호르몬	땀, 침, 소화액, 모유 등
예시	뇌하수체, 갑상샘, 부신	침샘, 땀샘, 소화샘
작용 범위	전신 작용(혈류를 통해 다양한 표적 기관에 작용)	국소적 작용(분비되는 곳 근처에서 작용)

내분비는 호르몬을 통해 생리적 균형을 유지하고, 동물체에서 전체의 다양한 기능을 조절하는 데 핵심적인 역할을 한다. 내분비계는 체내 항상성 유지, 성장과 발달, 대사, 생식, 스트레스 반응 등 생명 유지에 필수적인 기능을 담당하며, 주요 내분비기관들은 서로 조화롭게 작용하여 동물체의 건강을 유지한다.

(2) 내분비선(내분비샘, Endocrine Glands)

내분비선은 체내에서 호르몬이라는 화학물질을 생성하여 혈액으로 직접 분비하는 특별한 기관 또는 조직을 말한다. 내분비선은 관(duct)이 없으며, 혈관을 통해 호르몬을 체내의 특정 표적 세포나 기관으로 전달하여 다양한 생리적 기능을 조절한다.

내분비선의 주요 특징은 아래와 같다.

① 호르몬의 분비

내분비선은 신경 신호 또는 다른 자극에 반응하여 호르몬을 분비한다. 분비된 호르몬은 혈액을 통해 표적 기관으로 이동하여 작용한다.

② 관(dustless gland)이 없음

외분비선(예: 땀샘, 침샘)과 달리, 내분비선은 관을 통해 분비물을 배출하지 않고, 혈관으로 직접 호르몬을 방출한다.

③ 표적 세포와의 상호작용

내분비선에서 분비된 호르몬은 특정 수용체를 가진 세포와 결합하여 특정 기능을 활성화하거나 억제한다.

④ 체내 항상성 유지

내분비선은 호르몬을 통해 대사, 성장, 생식, 스트레스 반응 등을 조절하며 동물체 균형을 유지한다.

표 3-2 내분비계의 주요 기능

기능	주요 내용
성장 및 발달 조절	성장호르몬 및 갑상샘 호르몬은 동물체와 뇌 발달에 중요한 역할
대사 조절	갑상샘 호르몬은 대사 속도를 조절하며, 인슐린과 글루카곤은 혈당을 조절
스트레스 반응	부신에서 분비되는 코르티솔, 아드레날린은 스트레스 상황에서 동물 체내 스트레스 반응을 조절
생식 및 성적 기능	성샘 호르몬은 생식기 발달, 월경 주기, 임신 등을 조절
항상성 유지	체내의 수분, 염분, 칼슘, 포도당 등의 균형을 유지

표 3-3 주요 내분비선(샘)과 역할

내분비선	위치	분비 호르몬	기능
뇌하수체(Pituitary Gland)	뇌의 밑부분	성장호르몬(GH), 갑상샘자극호르몬(TSH), 부신피질자극호르몬(ACTH), 항이뇨호르몬(ADH) 등	다른 내분비선 조절, 성장, 부신 조절, 수분 균형 유지
갑상샘(Thyroid Gland)	목 앞부분	티록신(T4), 삼요오드티로닌(T3), 칼시토닌	대사 조절, 체온 유지, 혈중 칼슘 농도 조절
부갑상샘(Parathyroid Glands)	갑상샘 뒤쪽	부갑상샘호르몬(PTH)	혈중 칼슘 및 인 균형 조절
부신(Adrenal Glands)	신장 위	코르티솔, 알도스테론, 아드레날린	스트레스 반응, 혈당조절 대사 및 전해질 균형 조절
췌장(Pancreas)	복부	인슐린, 글루카곤	혈당 감소 혈당 증가
성샘(Gonads)	고환(수컷), 난소(암컷)	테스토스테론(수컷), 에스트로겐 및 프로게스테론(암컷)	생식기 발달, 생식 및 성적 기능 조절
송과샘(Pineal Gland)	뇌 중심부	멜라토닌	수면-각성 주기 조절

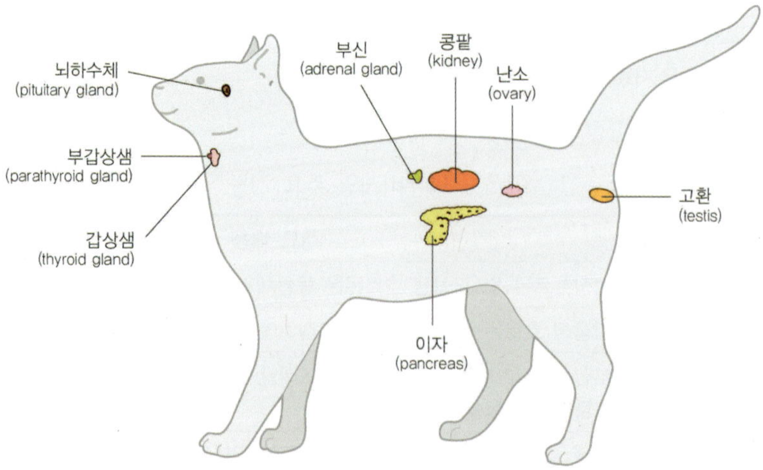

그림 3-1 고양이에서 내분비선(샘) 위치

2) 호르몬(Hormones)

호르몬은 동물의 내분비샘에서 분비되는 화학적 신호 물질로, 혈액을 통해 특정 표적 세포나 기관에 도달하여 생리적 반응을 유도하는 역할을 한다. 매우 낮은 농도에서도 강력한 효과를 발휘하며, 성장, 대사, 생식, 스트레스 반응, 체온 조절 등 다양한 생리 기능을 통합적으로 조절한다. 이러한 작용을 통해 호르몬은 체내 항상성(homeostasis) 유지에 핵심적인 역할을 한다.

(1) 호르몬(Hormsones)의 작용 원리

호르몬은 표적 세포의 수용체(Receptor)와 결합함으로써 작용을 시작한다. 수용체는 세포막 표면 또는 세포 내부에 위치하며, 특정 호르몬만 인식하고 결합하는 특이성을 갖고 있다. 이 결합은 세포 내에서 2차 신호 전달 체계(second messenger system)를 활성화시켜, 유전자 발현 조절, 효소작용 변화, 세포 기능 활성화 등 다양한 생리적 반응을 유도한다.

예를 들어, 인슐린이 간세포의 수용체에 결합하면 세포 내 신호 경로가 활성화되어 포도당 흡수가 증가하고 혈당이 조절된다.

(2) 호르몬의 특성

호르몬은 주로 세 가지 화학적 형태로 존재한다. 단백질/펩타이드 호르몬으로 인슐린, 글루카곤, 부갑상선 호르몬 등이 있으며, 수용체는 세포막에 위치하여 주로 2차 신호 전달 체계를 통해 작용한다. 스테로이드 호르몬으로 코르티솔, 에스트로겐, 테스토스테론 등이 있으며, 지용성으로 세포막을 통과하여 세포 내 수용체와 결합 후 유전자 발현 조절에 관여한다. 아민계 호르몬으로 에피네프린(아드레날린), 티록신 등이 있으며, 티로신에서 유래하며, 단백질성 또는 스테로이드성 특성을 가지고 있다.

표 3-4 화학적 구조에 근거한 호르몬의 분류

화학적 구조	호르몬
폴리펩티드	GnRH, TRH, SST, GH, PPL, ACTH, OT, VP, Relaxin, Insulin, 성장인자 등
당단단백	LH, FSH, TSH, hCG, eCG(PMSG) 등
스테로이드	Estrogen, Progesterone, Cortisol, Aldosterone 등
아민	Epinephrine, Norepinephrine, Thyroxine, Triiodothyronine, Dopamine, Melatonin 등

출처: 이규승(2022). 포유동물생식생리학.

(3) 호르몬 작용의 특성

① **고선택성**(표적 특이성): 각 호르몬은 수용체가 존재하는 특정 표적 세포에만 작용한다.

② **저농도 고효율**: 혈중 농도가 극히 낮아도 작용 반응이 크고 지속적이다.

③ **혈액을 통한 전신 전달**: 혈류를 통해 몸 전체로 운반되어 신속한 신호 전달이 가능하다.

④ **음성 피드백 조절**: 일정 수준 이상 분비된 호르몬은 자신의 분비를 억제하여 균형을 유지한다.

(4) 호르몬의 기능

① **체내 항상성 유지**: 호르몬은 혈당, 체온, 체액의 균형을 유지하여 동물체의 내부 환경을 안정적으로 관리한다. 예로 들면, 인슐린과 글루카곤은 혈당 농도를 조절한다.

② **성장과 발달**: 성장호르몬(Growth Hormone, GH)은 동물체 조직의 성장과 복구를 촉진한다. 예로 들면, 갑상샘 호르몬은 뇌와 동물체 발달에 중요한 역할을 한다.

③ **대사 조절**: 호르몬은 에너지의 생성, 사용, 저장 과정을 조절한다. 예로 들면, 티록신은 신진대사를 촉진하며, 코르티솔은 에너지 이용을 조절한다.

④ **생식과 성호르몬 조절**: 생식샘에서 분비되는 호르몬은 생식세포의 생성과 생식 기관의 기능을 조절한다. 예로 들면, 암컷의 에스트로겐, 수컷의 테스토스테론의 분비에 관여한다.

⑤ **스트레스 반응**: 스트레스 상황에서 부신에서 분비되는 에피네프린과 코르티솔은 동물체를 긴급 상황에 대비시킨다. 예로 들면, 혈압 상승, 심박수 증가, 에너지 동원 등을 유도한다.

⑥ **감정과 행동 조절**: 세로토닌, 도파민, 옥시토신 등은 감정과 행동에 영향을 미친다. 예로 들면, 옥시토신은 사회적 유대와 신뢰 형성에 기여한다.

호르몬은 동물체의 복잡한 생리적 과정을 통합적으로 조절하며, 건강과 생존에 필수적인 역할을 한다. 이러한 화학적 신호 물질은 항상성을 유지하고, 환경 변화에 적응하며, 정상적인 생리적 활동을 가능하게 한다. 호르몬 기능의 이상은 심각한 건강 문제를 야기할 수 있으므로, 내분비계의 균형을 유지하는 것이 중요하다.

번식과 관련된 호르몬은 생식 기능의 조절과 관련된 역할을 수행하며, 인간을 포함한 동물의 번식 과정을 조절하는 데 중요한 역할을 한다. 아래는 주요 번식 관련 호르몬과 그 기능을 자세히 설명한다.

표 3-5 주요 호르몬의 분류 및 기능

호르몬	위치	기능
인슐린	췌장	혈당 감소
글루카곤	췌장	혈당 증가
티록신(T4)	갑상샘	대사율 증가
코르티솔	부신피질	스트레스 반응, 혈압 조절
에스트로겐	난소	암컷의 생식 및 2차 성징 조절
테스토스테론	고환	수컷의 생식 및 2차 성징 조절
성장호르몬(GH)	뇌하수체 전엽	성장과 세포 복구 촉진
항이뇨호르몬(ADH)	뇌하수체 후엽	신장에서 수분 재흡수 증가
멜라토닌	송과샘	수면-각성 주기 조절

3) 시상하부 호르몬

시상하부(hypothalamus)는 뇌의 기저부에 위치한 작은 구조물로, 신경계와 내분비계를 연결하는 중심적 역할을 한다. 이 구조는 동물의 체내 항상성(homeostasis)을 유지하고, 호르몬 분비를 조절하여 생리적 안정성과 균형을 유지하게 한다. 번식, 체온, 식욕, 감정, 수면 등 다양한 생리 현상에 관여하는 중추이다.

(1) 시상하부 구조와 역할

시상하부의 위치는 앞쪽은 시신경교차(optic chiasma)와 인접하여 시각 정보를 처리하는 경로와 가까운 위치에 있다. 뒤쪽은 누두상체(mamillary body)와 연결되어 기억과 학습에 관련된 신경 구조이다. 뇌하수체와의 연결은 매우 중요하며, 두 가지 방식으로 나뉜다.

시상하부는 시상하부-뇌하수체문맥(Hypothalamic-Pituitary Portal System)을 통해 뇌하수체 전엽과 직접 연결된다. 시상하부-뇌하수체문맥 시상하부에서 생성된 신경분비물은 이 문맥을 통해 뇌하수체 전엽으로 전달된다. 이를 통해 뇌하수체 전엽 호르몬(예: FSH, LH, TSH, ACTH 등)의 분비를 조절한다. 뇌하수체 후엽과의 연결은 시상하부의 신경세포가 직접 뇌하수체 후엽과 신경 연결을 통해 옥시토신(Oxytocin)과 항이뇨호르몬(ADH)을 시상하부에서 만들어진 후 후엽에서 직접 분비한다. 시상하부는 뇌와 내분비계를 연결하는 중추적인 역할을 하며, 동물체의 항상성을 유지하고 여러 생리적 기능을 조절한다. 시상하부-뇌하수체문맥과 같은 구조를 통해 뇌하수체 전엽의 호르몬 분비를 조율함으로써, 동물체 전반에 걸친 조화로운 작용을 가능하게 한다.

(2) 시상하부의 기능

① 내분비 조절

시상하부는 생식, 성장, 대사, 스트레스 반응 등을 위한 호르몬의 생성 또는 방출 조절을 담당한다. 예를 들어, GnRH는 뇌하수체 전엽에서 FSH와 LH의 분비를 자극하여 생식샘 기능을 조절한다.

② 항상성 유지

체온, 갈증, 배고픔, 심장 박동, 혈압 등 기본적인 생리 기능을 자동적으로 조절하여 체내 환경을 일정하게 유지한다.

③ 행동 및 감정 조절

식욕, 성욕, 스트레스 반응, 감정 표현(공포, 분노 등)과 같은 본능적 행동과 감정을 통합적으로 조율한다.

④ 신경계와 내분비계의 연결

시상하부는 외부 자극에 대한 신경 신호를 호르몬 신호로 전환함으로써, 동물이 환경 변화에 빠르게 적응할 수 있도록 돕는다.

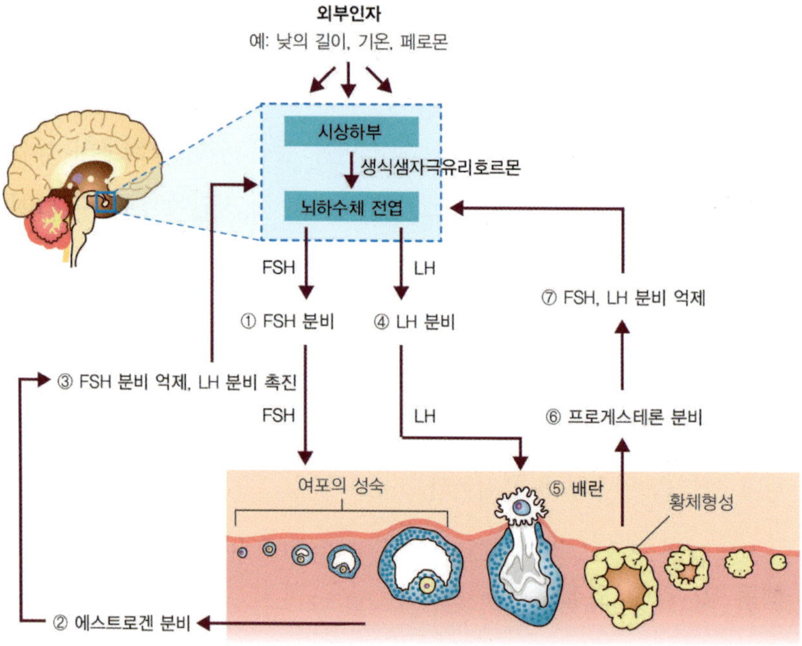

그림 3-2 고양이에서 내분비선(샘) 위치

(3) 시상하부 호르몬

① GnRH(Gonadotropin-Releasing Hormone, 생식샘 자극호르몬 방출호르몬)

생식샘 자극호르몬 방출호르몬(GnRH)은 시상하부에서 분비되는 주요 호르몬으로, 생식 기능을 조절하는 데 핵심적인 역할을 한다. GnRH는 뇌하수체 전엽을 자극하여 난포자극호르몬(FSH)과 황체형성호르몬(LH)의 분비를 유도한다. 생성된 GnRH는 시상하부-뇌하수체문맥을 통해 뇌하수체 전엽으로 전달된다. GnRH는 뇌하수체 전엽의 생식샘 자극호르몬 분비세포와 결합하여 FSH와 LH의 분비를 촉진한다. 이 과정은 생식샘(난소와 고환)의 기능을 활성화한다. GnRH의 분비는 주기적이고 맥동성으로 이루어진다. 이 주기적인 분비가 FSH와 LH의 균형을 조절하고, 생식 과정이 정상적으로 진행되도록 한다.

시상하부에서 특정 자극(예: 생식 관련 신경 신호)에 의해 GnRH 분비가 증가한다. 에스트로겐의 급격한 증가(배란 전 단계)는 GnRH 분비를 일시적으로 촉진한다. 프로게스테론과 테스토스테론은 GnRH 분비를 억제하여 음성 피드백을 형성한다. 스트레스, 극심한 운동, 체중 부족 등은 GnRH 분비를 저해할 수 있다. GnRH는 생식 기능을 조율하는 핵심적인 호르몬으로, 내분비계와 생식계 간의 상호작용에서 필수적인 역할을 담당한다.

② TRH(Thyrotropin-Releasing Hormone, 갑상선 자극호르몬 방출호르몬)

TRH(Thyrotropin-Releasing Hormone)는 시상하부(Hypothalamus)에서 분비되는 호르몬으로, 뇌하수체 전엽(Pituitary Gland)의 갑상선 자극호르몬(TSH) 분비를 촉진하는 역할을 한다. TSH는 갑상선(Thyroid Gland)을 자극하여 갑상선호르몬(T3, T4)의 생산과 분비를 활성화한다. 이를 통해 TRH는 대사율, 체온 조절, 심박수 등의 생리적 과정을 간접적으로 조절한다. TRH는 시상하부의 궁상핵(arcuate nucleus)과 파라벤트리큘러 핵(paraventricular nucleus)에서 생성된다. 동물체 내부 환경의 변화(예: 갑상선 호르몬 농도의 감소)나 외부 자극에 따라 분비된다.

TRH는 시상하부-뇌하수체문맥을 통해 뇌하수체 전엽으로 이동한다. 뇌하수체 전엽에 있는 TSH 분비 세포의 수용체와 결합하여 갑상선 자극호르몬(TSH)의 분비를 유도한다.

TSH는 갑상선에 작용하여 갑상선호르몬(T3, T4)의 합성과 분비를 촉진한다. T3(삼요오드티로닌)과 T4(티록신)는 전신 세포에 영향을 미쳐 대사 활성화, 열 생산 증가, 심박수 조절 등을 수행한다. 혈중 T3와 T4 농도가 증가하면, 시상하부와 뇌하수체 전엽에서 TRH와 TSH 분비를 억제하여 갑상선호르몬 농도를 일정하게 유지한다. 이를 음성 피드백 메커니즘이라 한다. TRH 자극 테스트는 시상하부나 뇌하수체의 기능을 평가하기 위해 사용되며, TRH를 주사한 후 TSH와 갑상선호르몬의 변화를 관찰함으로써 내분비 장애의 원인을 파악할 수 있다. TRH는 시상하부에서 분비되어 뇌하수체와 갑상선의 상호작용을 조율하는 중요한 호르몬이다. TRH를 통해 갑상선호르몬의 생산과 분비가 조절되며, 이를 통해 동물체의 대사, 체온, 심혈관 기능 등이 유지된다. TRH의 이상은 갑상선 관련 질환으로 이어질 수 있으므로, TRH와 관련된 조절 메커니즘을 이해하는 것은 내분비 질환의 진단과 치료에 중요한 기초가 된다.

③ CRH(Corticotropin-Releasing Hormone, 부신피질자극호르몬 방출호르몬)

CRH(부신피질자극호르몬 방출호르몬)는 시상하부(Hypothalamus)에서 분비되는 주요 호르몬으로, 뇌하수체 전엽(Pituitary Gland)에서 부신피질자극호르몬(Adrenocorticotropic Hormone, ACTH)의 분비를 촉진한다. ACTH는 부신피질을 자극하여 스트레스 상황에서 필수적인 코르티솔(Cortisol)을 분비하도록 유도한다. CRH는 스트레스 반응 조절의 핵심 역할을 하며, 체내 항상성을 유지하는 데 중요한 호르몬이다. CRH는 시상하부의 파라벤트리큘러 핵(paraventricular nucleus, PVN)에서 생성된다. 동물체가 스트레스에 노출되거나 생리적 불균형(저혈당, 감염 등)을 경험하면, 시상하부는 CRH를 분비한다. CRH는 시상하부-뇌하수체문맥을 통해 뇌하수체 전엽으로 전달되며, 뇌하수체 전엽의 ACTH 분비 세포에 작용하여 ACTH의 분비를 자극한다.

ACTH는 부신피질을 자극하여 코르티솔의 분비를 촉진하며, 코르티솔은 스트레스 상황에 대처하기 위해 에너지 동원을 증가시키고 염증 반응을 억제하는 등의 생리적 변화를 유도한다. 코르티솔 농도가 일정 수준 이상으로 증가하면, 시상하부와 뇌하수체에 음성 피드백을 전달하여 CRH와 ACTH의 분비를 억제하고, 이를 통해 코르티솔의 과잉 분비를 방지한다.

동물체가 물리적 또는 심리적 스트레스에 노출되었을 때, CRH는 빠르게 분비되어 스트레스 대처를 위한 코르티솔 분비를 유도하고, 에너지 동원 CRH가 촉진하는 코르티솔은 간에서 글리코겐 분해를 촉진하여 혈당을 상승시키고, 스트레스 상황에서 필요한 에너지를 제공한다.

CRH로 인해 분비된 코르티솔은 염증 반응과 면역 반응을 억제하여 동물체가 과도한 염증으로 손상받지 않도록 보호할 뿐만 아니라 동물체의 혈압, 혈당, 전해질 균형 등을 조절하여 안정적인 상태를 유지한다. 시상하부, 뇌하수체, 부신 기능을 평가하기 위해 사용되는데, 인공 CRH를 주사한 후 ACTH와 코르티솔 반응을 측정하여 내분비 이상을 진단할 수 있다. CRH 관련 약물로 CRH 작용제는 내분비 기능 강화하고, CRH 억제제는 과도한 CRH 분비와 관련된 질환을 치료하는 데 사용하고 있다.

CRH는 시상하부에서 분비되어 뇌하수체 전엽과 부신피질의 기능을 조절하며, 스트레스 상황에서 필수적인 생리적 조절을 수행한다. 스트레스 반응과 동물체 항상성 유지에서 핵심적인 역할을 하며, CRH의 이상은 다양한 내분비 질환과 관련될 수 있다. 따라서 CRH는 내분비계의 균형 유지와 스트레스 관리에 있어 중요한 호르몬으로 간주된다.

④ GHRH(Growth Hormone-Releasing Hormone, 성장호르몬 방출호르몬)

GHRH(성장호르몬 방출호르몬)은 시상하부(Hypothalamus)에서 분비되는 호르몬으로, 뇌하수체 전엽(Pituitary Gland)을 자극하여 성장호르몬(GH, Growth Hormone)의 분비를 유도한다. 성장호르몬은 동물체의 성장, 대사, 세포 복구, 근육 형성 등에 중요한 역할을 한다. GHRH는 특히 성장과 대사 조절에서 핵심적인 역할을 하며, 어린 시기의 동물체 성장과 성체의 대사 균형을 유지하는 데 기여한다. GHRH는 시상하부의 궁상핵(Arcuate Nucleus)에서 생성된다. GHRH의 분비는 주기적이고 맥동성으로 이루어지며, 이는 성장호르몬의 분비 패턴을 결정한다.

GHRH는 시상하부-뇌하수체문맥(Hypothalamic-Pituitary Portal System)을 통해 뇌하수체 전엽으로 이동하며, 뇌하수체 전엽의 성장호르몬 분비세포(Somatotrophs)에 있는 GHRH 수용체와 결합하여 성장호르몬(GH)의 합성과 분비를 촉진한다.

성장호르몬은 간과 다른 조직에서 인슐린유사성장인자-1(IGF-1)의 분비를 촉진하며, 이는 조직의 성장과 대사 과정에 직접적인 영향을 미친다. 성장호르몬은 세포 분열과 단백질 합성을 증가시키고, 지방 분해를 촉진하며, 혈당을 상승시켜 에너지 대사를 활성화한다.

혈중 IGF-1 수치가 증가하면, 시상하부는 GHRH 분비를 억제하고, 대신 소마토스타틴(Somatostatin)을 분비하여 성장호르몬의 분비를 억제한다. 이를 통해 균형을 유지한다.

GHRH는 뼈, 연골, 근육, 조직의 성장을 자극하여 동물체 발달을 돕는 것으로, 어린 시기에 특히 중요하다. 단백질 합성 증가로 근육 형성과 조직 복구를 촉진하고, 지방 분해 촉진을 통해 에너지원으로 지방을 사용하도록 유도할 뿐만 아니라 간에서 포도당 생성을 촉진하여 혈당을 조절 유지하는 데 있다.

GHRH는 손상된 세포와 조직의 복구를 촉진하며, 노화 방지와 연관된다. 성장호르몬 분비를 통해 동물체의 에너지 대사를 효율적으로 유지하도록 돕는다. GHRH의 부족은 성장호르몬 분비 저하를 초래하며, 소아에서의 성장장애는 저신장, 발달 지연으로 연결되고, 성체기에서의 성장호르몬 결핍은 근육 감소, 피로, 대사 장애를 유발할 수 있다. GHRH의 과다 분비는 성장호르몬 과잉을 초래 유발할 수 있다. 성체기에서 뼈와 연조직이 비정상적으로 성장하여 말단비대증(Acromegaly)을 유발할 수 있으며, 어린 시기에서 과도한 동물체 성장은 거인증(Gigantism)을 유발할 수 있다.

⑤ **도파민**(Dopamine)

도파민(Dopamine)은 신경전달물질이자 호르몬으로, 뇌에서 여러 생리적 과정과 행동을 조절하는 데 중요한 역할을 한다. 내분비계에서 도파민은 특히 프로락틴(Prolactin)의 분비를 억제하는 주요 조절자로 작용한다. 도파민은 시상하부(Hypothalamus)에서 생성되어 뇌하수체 전엽(Pituitary Gland)의 프로락틴 분비를 조절한다. 도파민은 시상하부의 궁상핵(Arcuate Nucleus)과 흑질(Substantia Nigra)에서 생성된다.

도파민은 시상하부–뇌하수체문맥(Hypothalamic–Pituitary Portal System)을 통해 뇌하수체 전엽으로 전달되며, 도파민은 뇌하수체 전엽의 프로락틴 분비세포(Lactotrophs)에 있는 D2 도파민 수용체(Dopamine Receptor D2)와 결합한다. 도파민이 수용체에 결합하면 프로락틴의 합성 및 분비가 억제된다. 아울러, 도파민이 지속적으로 분비되어 프로락틴의 기본 농도를 억제한다. 특정 자극(예: 임신, 수유 등)에 의해 도파민의 억제 작용이 감소하면 프로락틴 분비가 증가한다. 프로락틴은 주로 모유 생성과 관련된 호르몬으로, 유선 발달과 젖 생산을 촉진하기도 하고, 또한 면역계 조절, 생식 기능 조절 등 다양한 역할을 한다. 또한, 도파민은 프로락틴 분비를 억제하여 프로락틴 농도를 적정 수준으로 유지한다. 수유 중에는 도파민의 억제 작용이 감소하여 프로락틴 분비가 증가한다. 프로락틴이 과도하게 분비되면 시상하부에서 도파민 분비를 증가시켜 프로락틴 분비를 억제하는 음성 피드백 시스템이 작동하여, 모유 생성 부족이나 생식 기능 저하를 유발할 수도 있다. 도파민은 프로락틴의 기본 분비를 억제하여 생식 기능과 동물체의 내분비 균형을 유지하고, 프로락틴이 과도하게 증가하면 도파민이 이를 조절하며, 특정 생리적 상황(수유, 임신 등)에서는 도파민의 억제 작용이 일시적으로 완화한다. 즉, 도파민은 시상하부에서 분비되어 뇌하수체 전엽에서 프로락틴 분비를 억제하는 중요한 조절자로 작용한다. 도파민과 프로락틴의 균형은 생식 건강, 모유 생성, 내분비 조절에 필수적이다. 도파민 분비 이상은 고프로락틴혈증이나 생식 장애를 유발할 수 있으므로, 도파민–프로락틴 상호작용의 이해는 관련 질환의 진단과 치료에 있어 중요하다.

시상하부는 뇌와 내분비계를 연결하는 중추적인 역할을 하며, 동물체의 항상성을 유지하고 여러 생리적 기능을 조절한다. 시상하부–뇌하수체문맥과 같은 구조를 통해 뇌하수체 전엽의 호르몬 분비를 조율함으로써, 동물체 전반에 걸친 조화로운 작용을 가능하게 한다.

4) 뇌하수체 호르몬

뇌하수체 호르몬은 서로 조화를 이루며 작용한다. 예를 들어, 에스트로겐이 증가하면 GnRH와 LH의 분비가 자극되어 배란이 유도된다. 배란 후 프로게스테론이 증가하면 자궁 내막을 준비한다. 임신이 되지 않으면 호르몬 수치가 감소하게 된다. 뇌하수체 관련된 호르몬은 생식 기능의 조절과 관련된 역할을 수행하며, 인간을 포함한 동물의 번식 과정을 조절하는 데 중요한 역할을 한다. 아래는 주요 뇌하수체 호르몬과 그 기능을 자세히 설명한다.

(1) 난포자극호르몬(FSH, Follicle-Stimulating Hormone)

난포자극호르몬(FSH)은 뇌하수체 전엽에서 분비되는 당단백질 호르몬으로, 암컷에서는 난소의 난포 발달, 수컷에서는 고환에서의 정자 생성에 중요한 역할을 한다. 분비는 시상하부의 GnRH(Gonadotropin-Releasing Hormone)에 의해 자극되며, 성호르몬(에스트로겐, 테스토스테론)의 음성 피드백에 의해 조절된다.

암컷에서는 에스트로겐 분비를 촉진하며, 수컷에서는 세정관에서 정자 형성을 돕는다. 난포자극 호르몬은 뇌하수체 전엽에서 분비되는 당단백질인 성선자극호르몬의 하나로 분자량은 약 32,000이다. 암컷에 대해 FSH는 난소에서 난포의 발육과 그라아프 난포(Graafian follicle)의 성숙을 촉진하며 LH의 존재 하에서 에스트로젠(estrogen)의 분비를 유기한다. 한편, 수컷에 대해서는 정소의 간질세포(Leydig cell)을 자극하여 주로 테스토스테론(testostrone)의 분비를 자극하므로 간질세포자극호르몬이라고도 불리며 정자형성을 촉진한다. 또한 FSH는 체외수정, 수정란 이식 등에 필요한 과배란의 유기에 이용된다.

(2) 황체형성호르몬(LH, Luteinizing Hormone)

황체형성호르몬(LH)은 뇌하수체 전엽에서 분비되는 당단백질 호르몬으로, 생식샘(난소 및 고환)에 작용하여 배란, 황체 형성, 성호르몬 분비 등을 유도한다. 시상하부의 GnRH(Gonadotropin-Releasing Hormone) 자극에 반응하여 FSH(난포자극호르몬)와 함께 분비된다.

암컷에서의 주요 기능으로 발정기에는 혈중 LH 농도가 급격히 상승하는 LH Surge 현상이 발생하여 배란(ovulation)을 유도하고, 난포 세포를 황체(luteum)로 전환시키고, 황체에서 프로게스테론을 분비를 촉진한다. 이는 임신 유지에 필수적이며, 임신 유지를 위해 황체가 계속해서 프로게스테론을 분비하게 하여 자궁 내막 안정 및 태아 착상 유지를 돕는다.

수컷에서의 주요 기능으로 고환의 라이디히 세포(Leydig cells)에서 LH자극으로 테스토스테론이 생성되며 분비가 촉진되고, 이는 정자 생성, 성적 행동, 2차 성징을 유도한다.

(3) 성장호르몬(GH, Growth Hormone)

성장호르몬(GH)은 뇌하수체 전엽(anterior pituitary)에서 분비되는 단백질성 호르몬으로, 신체 성장과 대사 조절에 중요한 역할을 한다. 시상하부의 성장호르몬 방출호르몬(GHRH)에 의해 분비가 자극되며, 소마토스타틴에 의해 억제된다.

연골과 뼈의 성장을 촉진하여 체격의 증가를 유도하는데, 특히 어린 동물의 성장기에 중요하다. 근육세포에서 단백질 생합성을 촉진하여 근육량을 증가시키고 조직 재생을 돕는다. 체지방을 분해하여 에너지원으로 사용되도록 유도한다. 포도당의 세포 내 흡수를 억제하여 혈당 유지 및 상승 효과가 있다. 간과 기타 조직에서 IGF-1(Insulin-like Growth Factor-1) 생성을 촉진하여 GH의 작용을 매개한다.

GH는 혈액을 통해 표적기관(특히 간)에 도달하여 IGF-1의 분비를 유도하고, IGF-1은 체세포 성장과 분열을 촉진하며, 뼈, 연골, 근육 성장에 결정적인 영향을 미친다. GH는 직접적으로 대사 작용(지방 분해, 혈당 조절)에도 영향을 준다.

(4) 부신피질자극호르몬(ACTH, Adrenocorticotropic Hormone)

ACTH는 뇌하수체 전엽에서 분비되는 펩타이드 호르몬으로, 부신피질(adrenal cortex)을 자극하여 글루코코르티코이드(대표적으로 코르티솔)의 분비를 유도한다. 이 호르몬의 분비는 시상하부에서 생성되는 CRH(Corticotropin Releasing Hormone)에 의해 조절된다.

ACTH는 부신의 속질이 아닌 '피질' 부분에 작용하여 코르티솔(cortisol), 알도스테론, 성호르몬 일부의 분비를 촉진한다. 코르티솔은 스트레스 대응 호르몬으로, 혈당 증가, 면역 억제, 단백질 분해 촉진, 지방 대사 활성화 등에 관여한다. 신체가 외부 자극(스트레스, 감염 등)에 노출되었을 때, 빠르게 항스트레스 반응을 유도한다. 코르티솔은 면역 반응을 억제하고 염증을 감소시켜, 자가면역 또는 과도한 면역 반응으로부터 신체를 보호한다.

스트레스나 생리적 자극 발생 시, 시상하부는 CRH를 분비하고, CRH는 뇌하수체 전엽을 자극하여 ACTH 분비를 유도하고, ACTH는 부신피질을 자극하여 코르티솔을 분비하게 된다. 혈중 코르티솔 농도가 증가하면, 시상하부와 뇌하수체에 음성 피드백(negative feedback)을 주어 ACTH 및 CRH 분비를 억제하게 된다.

(5) 프로락틴(Prolactin)

프로락틴(PRL)은 뇌하수체 전엽에서 분비되는 단백질성 호르몬으로, 주로 유즙 분비 조절과 모성 행동 유지에 관여한다. 이름 그대로 "pro-lactin", 즉 "젖을 위한 호르몬"이라는 의미를 지니며, 포유류의 번식과 수유 과정에서 매우 중요한 역할을 한다.

분비 조절은 시상하부에서 생성되는 도파민(dopamine)에 의해 억제되며, 이는 다른 대부분의 뇌하수체 전엽 호르몬들과는 반대되는 조절 방식이다.

임신 후반 및 출산 이후 유선의 발달과 젖 생성을 유도하고, 옥시토신이 유즙 배출을 조절한다면, 프로락틴은 유즙 생산 그 자체를 촉진한다. 새끼 돌보기, 수유 반응, 보호 행동 등 모성 본능을 유지하는 데 관여하는데 일부 종에서는 부성

행동에도 연관이 있다고 한다. 고농도 PRL은 GnRH(성선자극호르몬 방출호르몬)의 분비를 억제하여 FSH/LH 억제가 배란 억제로 이어질 수 있다. 이는 수유기 동안 발정이 일시적으로 억제되는 생리적 이유가 된다. 면역 조절, 체온 조절, 체중 조절 등에도 일부 관여하는 것으로 보고되며, 다양한 종에서 그 기능이 복합적이다.

(6) 옥시토신(Oxytocin)

옥시토신은 시상하부의 뇌실주변핵(paraventricular nucleus)과 시교차상핵(supraoptic nucleus)에서 합성된 후, 신경세포의 축삭(axon)을 따라 뇌하수체 후엽(posterior pituitary)으로 이동하여 저장된다. 이후 신체의 생리적 필요에 따라 자극을 받으면 혈액으로 방출된다.

옥시토신은 8개의 아미노산으로 이루어진 펩타이드 호르몬으로, 분자량은 작지만 강력한 생리적 효과를 유발한다. 주로 자궁, 유선, 난관 등 생식 및 번식 관련 기관에 작용한다.

옥시토신은 자궁 평활근의 수축을 유도하여 분만을 촉진한다. 특히 출산 시 자궁 근육의 리드미컬한 수축을 유발함으로써 태아와 태반의 만출(presentation)을 돕는다. 수유 중인 암컷에서 새끼의 젖 빠는 자극은 유두를 통해 감각 신호로 전달되며, 이는 시상하부를 자극하여 옥시토신 분비를 유도한다. 옥시토신은 유선의 근육세포(근상피세포)를 수축시켜 젖샘에서 유즙이 배출되도록 한다.

옥시토신은 난관의 수축 빈도를 증가시켜 난자와 정자의 이송을 돕는 것으로 추정된다. 이는 수정이 일어날 수 있도록 정자와 난자가 효과적으로 만나게 하는 데 기여할 수 있다. 그러나 이 작용의 정확한 기전은 아직 완전히 밝혀지지 않았다.

옥시토신은 사회적 접촉, 애착, 신뢰 형성, 모성 행동과 같은 감정적 유대 형성에도 중요한 역할을 한다. 사람뿐 아니라 개, 고양이 등 반려동물에서도 보호자와의 사회적 유대감 형성에 관여하는 호르몬으로 주목받고 있다.

(7) 키스펩틴(Kisspeptin)

키스펩틴은 시상하부에서 생성되는 펩타이드 신호물질로, 생식 내분비계의 상위 조절자인 GnRH(성선자극호르몬 방출호르몬) 분비를 직접 조절하는 물질이다. 처음에는 암 억제 유전자(KISS1 gene)의 생성물로 발견되었지만, 이후 생식 기능 개시 및 조절에 중요한 역할을 하는 것으로 밝혀졌다. 키스펩틴은 시상하부의 키스펩틴 뉴런에서 분비되어 GnRH 신경세포의 수용체(KISS1R)에 결합, GnRH 방출을 자극한다. 키스펩틴 활성화는 사춘기의 시작을 유도하는 핵심 요소이다. 키스펩틴이 결핍되면 사춘기 지연 또는 불발현이 나타난다. 성체에서도 주기적인 GnRH 방출 조절을 통해 FSH, LH의 정상적인 분비와 발정주기 유지에 관여한다. 키스펩틴 뉴런은 혈중 성호르몬(특히 에스트로겐) 농도의 변화를 감지하고, 이에 따라 GnRH 분비를 조절한다. 이는 양성 · 음성 피드백 기전의 중심 요소이다.

(8) 생식주기 조절의 피드백 메커니즘

시상하부-뇌하수체-성선 축(Hypothalamic-Pituitary-Gonadal Axis)은 GnRH, FSH, LH, 성호르몬의 상호작용을 통해 생식 호르몬 균형을 유지하며, 번식 과정 전반을 조절한다.

이러한 호르몬들은 상호작용하여 생식기관의 발달, 번식주기의 조절, 임신과 출산 과정에 중요한 역할을 한다.

5) 생식선호르몬

생식선에서는 안드로젠(androgen), 에스트로젠(estrogen), 프로게스테론(progesteron) 등의 성스테로이드호르몬(sex steroid hormone)이 주로 분비되나, 이 외에도 릴랙신(relaxin)과 인히빈(inhibin)이 분비된다.

성스테로이드호르몬도 다른 스테로이드호르몬과 마찬가지로 콜레스테롤(cholesterol)로부터 프리그네놀론(pregnenolone)을 거쳐 합성된다.

(1) 에스트로겐(Estrogen)

주로 암컷 동물의 난포 세포에서 생성되며, 난자의 성숙과 배란 유도, 발정 행동 유도, 자궁 내막의 증식 등 다양한 생식 관련 기능을 담당한다. 발정기에 혈중 농도가 급격히 증가하여 교미 수용 행동을 유도한다. 암컷의 난소에서 분비되며, 자궁 내막을 두껍게 하여 임신을 준비하고, 사춘기 동안 암컷의 2차 성징을 발달시킨다. 수컷에서는 소량의 에스트로겐이 고환과 부신에서 생성된다.

에스트로겐은 발정호르몬 또는 난포호르몬으로 불리며 주로 난소의 난포(follicle)에서 분비되는 호르몬으로 스테로이드호르몬 중 발정 주기, 생식기관 발달, 교미 수용 행동, 임신 준비 등 가장 다양한 기능을 담당한다.

질, 자궁, 자궁경부, 유선 등의 성숙을 유도하고, 자궁 내막을 증식시켜 임신 가능성을 증가시킨다. 발정기(estrus) 동안 혈중 에스트로겐 농도가 급격히 증가하며, 개, 고양이 등에서는 교미 수용 자세(lordosis posture)를 보이게 하고, 개에서는 질이 팽창하고 혈성 분비물이 나타나며, 수컷을 유인하는 행동이 활발해진다. 시상하부와 뇌하수체에 작용하여 LH 및 FSH 분비를 조절하며, 양성 피드백 기전을 통해 배란을 유도한다. 칼슘 대사를 조절하고, 피부 및 털 건강 유지에도 영향을 준다. 합성 에스트로겐 제제를 사용해 발정을 유도하거나 조절할 수 있으나 에스트로겐의 과도한 투여는 자궁축농증(pyometra), 유선종양, 골수억제 등의 부작용을 유발할 수 있으므로 신중한 사용이 필요하다.

(2) 프로게스테론(Progesterone)

프로게스테론은 암컷 반려동물의 임신 유지에 중심적인 역할을 하는 스테로이드 호르몬으로, 주로 난소의 황체(corpus luteum)에서 생성된다. '임신을 준비하고 유지하는 호르몬'이라 불릴 만큼 생식 생리 전반에 걸쳐 핵심적인 작용을 한다. 또한 배란 후 자궁 환경을 준비하고 임신을 지원한다. 프로게스테론(에스트로겐+프로게스틴)은 난소의 황체세포로부터 주로 분비되므로 황체호르몬(luteal hormone)이라고 불리며 태반과 부신으로부터 소량 분비된다.

가축에서는 주로 LH의 자극에 의해 이 호르몬이 분비된다. 프로게스테론은 자궁내막 분비선의 발육을 촉진하여 착상을 성공적으로 이루어지도록 하고 임신을 유지시키는 역할을 한다. 프로게스테론 농도가 높을수록 발정 행동(짝짓기 수용 자세 등)이 억제되고, 이는 짝짓기 이후 교미가 반복되지 않도록 하는 자연적인 조절 기전을 일으킨다. 임신 후반기에는 유선조직의 발달을 촉진해 수유 준비에도 관여한다.

(3) 테스토스테론(Testosterone)

테스토스테론은 수컷 반려동물에서 생식기능과 수컷다운 특성을 유지하는 데 핵심적인 역할을 하는 스테로이드 호르몬이다. 고환(정소)의 라이디히 세포(Leydig cells)에서 주로 생성되며, 정자 형성, 성행동, 이차 성징 발달 등 번식과 관련된 여러 생리적 과정에 관여한다.

스테로이드 호르몬의 한 종류로, 주로 수컷의 고환에서 생성되며, 정자 생성을 자극하고 수컷의 2차 성징을 발달시킨다. 암컷의 난소와 부신에서도 소량 생성 분비되어 성욕과 골밀도 유지에 영향을 미친다. 골밀도를 증가시켜 뼈를 튼튼하게 유지한다. 이는 칼슘 흡수와 골 형성을 촉진하는 에스트로겐 전환작용을 통해 간접적으로도 이루며, 근육 세포의 단백질 합성을 촉진하여 근육량과 근력을 증가시킨다. 지방 분해를 촉진하고 지방 저장을 억제하여 체지방 감소에도 영향을 준다. 테스토스테론은 콜레스테롤을 기본 물질로 하여, 프리그네놀론(pregnenolone), 프로게스테론 등의 중간 단계 호르몬을 거쳐 합성된다. 이 과정은 고환 내 라이디히 세포에서 일어나며, 뇌하수체에서 분비되는 황체형성호르몬(LH)의 자극을 받아 활성이 증가한다.

이 호르몬은 고환의 세정관(seminiferous tubules) 내 세르톨리 세포(Sertoli cells)를 자극해 정자 생성을 촉진하고 정자 형성과 기능 유지에 필수적이다. 수컷다운 외형(예: 목소리, 체모, 근육량 증가 등)을 발달시키며, 반려동물에서는 수컷 고유의 외모나

행동(마킹, 경쟁 행동 등)을 유도한다. 발정기 암컷에 대한 관심, 교미 시도, 영역 표시, 공격성 등 성행동을 유도하고, 수컷 간 경쟁 행동도 테스토스테론 농도와 밀접한 관련이 있다. 근육 단백질 합성을 촉진하고 뼈 성장에 기여하고, 젊은 개체의 성장기 동안 뚜렷한 신체 변화 유도한다.

테스토스테론은 일정 수준 이상 분비되면 시상하부와 뇌하수체에 음성 피드백을 걸어 GnRH와 LH 분비를 억제하며, 이를 통해 호르몬 농도의 항상성을 유지하고 과도한 생성이나 기능 이상을 방지한다.

테스토스테론 수치의 균형이 유지되지 않으면 다양한 건강 문제(성기능 저하, 근감소증, 골다공증 등)가 발생할 수 있다.

(4) 안드로젠(androgen)

안드로젠은 LH(ICSH)의 자극을 받아 정소의 간질세포에서 분비되는 수컷 생식 호르몬으로 생리적 활성이 가장 높은 것이 테스토스테론이다. 안드로젠은 곡세정관(seminiferous tuble)에서의 정자형성을 촉진하고, 부생식선의 성장과 발달을 지배한다. 또한 체모, 골격, 근육, 성기 발달 등 수컷다운 신체 형성과 같은 수컷의 2차 성징(secondary sexual characteristic)이 발달하고, 짝짓기 행동, 영역 표시, 수컷 간 공격성이 증가하는 성행동과 성욕(libido)은 물론 태아의 수컷 생식기관 발달이 안드로젠에 의하여 조절된다.

(5) 인히빈(Inhibin)

수컷과 암컷 모두의 생식샘에서 분비되며, 뇌하수체 전엽의 FSH(난포자극호르몬) 분비를 한다. 이는 정자 생성 속도나 난포 성숙을 조절하는 음성 피드백 기전에 해당한다. 인히빈은 수컷 정소의 세르톨리 세포(Sertoli cells)와 암컷 난소의 과립막세포(granulosa cell)에서 생성된다. 인히빈은 뇌하수체에 작용해 FSH 분비를 감소시켜 난포 성숙 속도나 정자 형성 속도를 조절하고, 과도한 생식세포 생산을 방지하고, 항상성을 유지한다.

(6) 릴랙신(Relaxin)

릴랙신은 임신 중반 이후의 암컷에서 주로 분비되는 호르몬으로, 분만을 준비하고 출산을 용이하게 하는 역할을 수행한다. 일부 동물에서는 임신 진단에 활용되기도 한다. 릴랙신의 난소에서 분비되지만 스테로이드호르몬이 아니고 분자량이 5,700인 폴리펩타이드로 인슐린과 구조가 비슷하나 기능은 다르다. 릴랙신은 임신 기간 중 주로 황체에서 분비되나 어떤 종에서는 태반이나 자궁에서도 분비된다. 분만 시 태아가 원활하게 나올 수 있도록 경부를 부드럽게 만들고, 골반 구조를 유연하게 하여 분만 시 산도를 넓혀 출산을 돕는다. 유선 발달을 보조하기도 한다. 태아의 성장을 돕기 위해 자궁 내 혈류량을 증가시킨다.

개, 고양이에서는 릴랙신이 주로 태반에서 생성되며, 이는 임신 진단의 바이오마커로 사용되기도 한다.

6) 태반호르몬(Placental Hormones)

태반(placenta)은 단순히 태아에게 영양과 산소를 공급하는 장기일 뿐 아니라, 여러 호르몬을 분비하여 임신 유지와 태아의 발달, 분만 준비에 중요한 생리적 조절 기능을 수행한다. 이러한 호르몬들은 모체와 태아 간 상호작용을 매개하며, 종에 따라 생성 종류와 양이 다를 수 있다. 주로 반추류(소, 양)에서 관찰되며, 반려동물에서는 뚜렷한 확인은 제한적이다.

임신한 포유동물의 태반(placenta)과 자궁내막(endometrium)에서는 임마혈청성 성선자극호르몬(pregnant mare's serum gonadotropin: PMSG), 임부융모성 성선자극호르몬(human chorionic gonadotropin: HCG)와 태반성락토젠(placental lactogen: PL) 등이 분비된다.

(1) 임마혈청성 성선자극호르몬(pregnant mare's serum gonadotropin: PMSG)

임마혈청성 성선자극호르몬(PMSG)은 분자량이 28,000으로서 FSH와 LH같이 당단백질이나 탄수화물의 함량이 매우 높아서 거의 50%를 차지한다. 이 호르몬은 임신한 말의 혈청에서 검출되는데, 임신 60일에 최고 수준에 이르며, 그 후 급격히 감소되어 임신 120일경에는 거의 검출되지 않는다. PMSG의 기능은 FSH와 LH의 생리작용을 겸하고 있으나 FSH의 기능이 훨씬 강하다. 그리고 임신한 말의 혈청으로부터 분리, 정제가 쉽게 되어 소, 돼지, 면양 등의 수정란 이식을 위한 과배란의 유기 시 난포발달을 촉진시키는 데 이용된다.

(2) 임부융모성 성선자극호르몬(human chorionic gonadotropin: HCG)

임부융모성 성선자극호르몬(HCG)의 화학적 본태도 PMSG와 같이 당단백질로서 분자량은 40,000이다. 임신 8일부터 뇨(尿) 중에서 검출이 가능하며, 최종 월경일로부터 62일에 최고 수준에 이른다. HCG도 FSH와 LH의 생리기능을 갖고 있으나 LH의 기능이 훨씬 강하다. 젖소에서는 난포낭종의 치료에 사용되며, 과배란 유기 시 배란촉진제로 이용된다.

(3) 태반성 락토젠(placental lactogen: PL)

태반성 락토젠(PL)은 임신 기간 중 태반에서 분비되는 단백질 호르몬으로, 태아의 성장과 모체의 대사 조절에 깊이 관여한다. 구조와 기능 면에서 성장호르몬(GH)과 프로락틴(PRL)과 유사하며, 특히 일부 종에서는 임신 중 유선 발달과 영양 조절에 중요한 역할을 한다. 융모막 융모 세포(chorionic trophoblast cells)에서 생성되며, 주로 반추류(소, 양, 염소)에서 잘 발달되어 있으며, 이들 동물에서는 PL의 활성이 매우 높다.

개와 고양이 등 반려동물에서는 아직 명확히 규명되지는 않았지만, 유사한 기능의 호르몬이 존재할 가능성이 제기되고 있다. 임신 중기부터 후기까지 지속적으로 분비되며, 임신 후반기에 최고조에 달한다.

PL은 모체의 대사를 조절해 태아에 충분한 영양을 공급하고, 유선 발달과 태아 성장 촉진에도 기여함으로써, 임신 전 과정을 뒷받침한다.

PL은 임신 중 모체의 에너지 대사 환경을 변화시켜, 포도당과 아미노산 등 주요 영양소를 태아에게 우선 공급할 수 있도록 조절한다. 모체의 인슐린 감수성을 감소시켜 혈당 농도를 높이고, 이로 인해 태반을 통해 태아에게 더 많은 포도당이 전달되며, 결과적으로 태아의 성장을 촉진한다. PL은 프로락틴과 유사한 작용을 하여, 임신 후기 유선(젖샘)의 분화와 발달을 촉진한다. 이는 수유 준비 단계에 해당하며, 출산 직후 모유 생산이 원활히 이루어질 수 있도록 기반을 마련한다.

유선의 세포 분열 증가, 유즙 생성 유전자 발현 증가, 모유의 생성 능력이 향상된다. PL은 직접 유즙을 생성하지는 않지만, 수유기반 형성에 핵심적인 호르몬이다.

PL은 태아 성장호르몬(GH-like activity)처럼 작용하여 태아 세포의 증식, 분화, 단백질 합성을 촉진하여 체중 증가, 근육과 장기 조직의 발달을 가속화시킨다.

7) 프로스타그랜딘(prostaglandins, PGs)

프로스타그랜딘(Prostaglandin, PG)은 체내 여러 조직에서 생성되는 지방산 유래의 생리활성물질로, 번식생리에서 매우 중요한 역할을 한다. 특히 자궁, 황체, 정관 등 생식기관에서 활발히 작용하며, 발정주기 조절, 황체 퇴화, 분만 유도 등에 관여한다.

프로스타그랜딘(prostaglandins, PGs)은 어떤 특정 조직에서 분비되는 것이 아니고 동물체의 여러 국소조직에서 생성되고 작용범위도 다른 호르몬들에 비하여 생성 조직을 중심으로 좁기 때문에 조직호르몬(tissue hormones)이라고도 불린다. PGs는 사이클로펜탄환(cyclopentane ring)을 갖고 있고 탄소수 20개의 불포화 지방산의 형태이며 필수지방산인 아라키도닉 산이 PGs의 전구물질이다. 여러 가지 종류의 PGs 중 번식과 관련이 밀접한 것은 프로스타그랜딘 F2α(PGF2α)와 프로스타그랜딘 E2(PGE2)이다. 그리고 PGF2α는 소와 면·산양에서 발정주기 동기화(synchronization of estrus) 또는 유산유기에 사용된다.

Chapter

04

성성숙과 성주기

개와 고양이를 포함한 다양한 동물들의 발정주기를 이해하고 관리하는 것은 생식 효율을 높이고, 건강한 새끼를 얻는 데 필수적이다. 발정주기와 관련된 호르몬, 생식기의 변화, 관리 방법 등을 이해하고, 발정주기에 따른 생식기의 변화는 동물의 번식 생리에서 매우 중요한 역할을 한다. 난소, 난관, 자궁, 자궁경관의 주기적 변화를 이해함으로써 효과적인 번식 관리가 가능해질 것이다.

1. 성성숙

1) 성성숙의 개념

동물이 생식 가능한 상태로 발달하는 과정을 개를 중심으로 성 성숙의 정의, 과정, 영향 요인 등을 살펴보고자 한다. 반려동물의 성장과 발달에 관심 있는 모든 이에게 유익한 정보를 제공하고자 한다. 단위동물(개, 고양이 등), 조류는 암수 모두 생후 어떤 연령에 이르면 생식 가능한 상태가 된다. 즉, 암컷은 수컷과 교배해서 임신이 되고, 수컷은 암컷과 교배해서 임신시킬 수 있는 상태이다. 이 상태를 성성숙(性成熟)에 이르렀다고 한다. 이 과정은 동물이 생식 가능한 상태에 도달하는 중요한 단계이다.

이와 같이 모든 동물은 생애 초기에는 생식 기능이 없는 상태에서 시작하여, 일정한 성장과 발달을 거친 후 번식이 가능한 상태로 변화한다. 이러한 과정을 '성 성숙(性 成熟)'이라 부르는데 성 성숙이란 동물이 생식세포를 만들고, 교미 · 임신 · 출산 · 육아 등의 생식 관련 기능을 수행할 수 있는 완전한 생식 능력을 갖추는 시점을 말한다. 성 성숙은 짧은 시간에 이뤄지는 것이 아니라 상당한 시간의 경과를 필요로 하는 생물학적 과정이다. 이 과정을 통틀어 '성 성숙 과정'이라 하며, 이 과정은 다시 두 시기로 나뉜다.

춘기발동(春機発動) 또는 사춘기(思春期)는 성 성숙 과정의 시작으로, 생식 기관이 급격히 발달하기 시작하고 호르몬의 변화가 두드러지는 시기이다.

협의의 성성숙으로 보면 생식세포 생성이 가능하고 실제로 교배 · 수정 · 임신 등이 가능한 상태, 즉 완전히 생식 가능한 성체로 완성된 시점을 의미한다.

현장에서는 이 두 개념이 종종 혼용되어 사용되지만, 정확한 생리적 정의를 구별해 이해하는 것이 중요하다.

개는 매우 많은 품종과 다양한 외모기 있기 때문에 성 성숙 일령이나 체중에 있어 매우 많은 범위를 보인다.

개의 수컷에서는 정소의 급격한 발육과 세정관 내에 정자의 출현으로 춘기발동이 시작되고, 고환 내 정자 생산 능력이 완성되고, 정자가 사출되어 실제로 수정이 가능한 상태, 즉 사정 기능이 완전하게 확립된 상태를 성 성숙이 되었다고 할 수 있다. 수컷은 보통 생후 6~12개월 사이에 이런 변화가 관찰되며, 대형견일수록 다소 늦게 성숙하는 경향이 있다.

개의 암컷에서는 난소의 급격한 발육과 배란 가능한 큰 크기의 난포(성숙된 난자의 주머니 구조)가 발달하는 시기를 춘기발동(春機発動)이라 의미하고, 수정, 임신, 분만 및 포유의 모든 생식 과정이 가능한 상태의 배란이 일어날 때를 성 성숙이라고 할 수 있다. 그러나 실제로는 2차 성징의 발현, 초발정의 외부 징후를 성 성숙의 지표로 삼고 있다.

2) 성성숙이 일어나는 기전

동물의 성 성숙은 일정한 연령에 이르면 갑자기 시작되는 듯 보이지만, 실제로는 어린 시절부터 존재하던 시상하부-뇌하수체-생식선(H-P-G) 축의 복잡한 상호작용이 점진적으로 변화한 결과이다. 이 축은 다음과 같은 경로로 구성되어 있다.

- **시상하부**: 생식선자극호르몬 방출호르몬(GnRH, Gonadotropin-releasing hormone)을 분비
- **뇌하수체 전엽**: GnRH에 반응해 FSH(난포자극호르몬), LH(황체형성호르몬)를 분비
- **생식선**(정소 또는 난소): FSH, LH에 의해 스테로이드 호르몬(테스토스테론, 에스트로겐 등)을 분비

이 세 기관은 단방향이 아닌 양방향 피드백 메커니즘으로 연결되어, 기능의 항상성을 유지한다. 즉, 상위 기관이 하위 기관을 조절함과 동시에, 하위 기관에서 생성된 호르몬들이 상위 기관에 정보를 되돌려 주는 구조이다.

어릴 때부터 존재하는 이 상호작용은 점진적으로 변화하여 성성숙에 이르게 된

다. 춘기발동 이전의 어린 동률의 생식기관이 생식선자극호르몬에 반응해 스테로이드 호르몬을 분비할 수 있다. 어린 동물의 뇌히수체를 뇌하수체가 제거된 성숙한 동물의 시상하부에 이식하면 그 동물의 발정주기를 유지할 수 있다. 더구나 거세한 성숙 동물의 뇌하수체에 나타나는 거세반응(조직학적으로는 공포한 거대세포의 존재, 생리적으로는 혈중 생식선자극호르몬수치의 상승)은 춘기발동 전의 동물에서도 나타난다. 이 사실들은 어린 동물의 시상하부가 춘기발동을 억제하고 있다는 것을 나타내는 것으로 생각된다. 확실히 시상하부는 생식선의 기능을 통제하는 번식기능계에 있어서 뇌하수체–생식선의 상위에 위치한다. 한편 이 시상하부 –뇌하수체–생식선계는 상위에서 하위로의 정보전달과 함께 하위로부터 상위로의 정보전달에 의해 전체로서 기능의 항상성을 보유하고 있다. 따라서 춘기발동(春機発動)의 기전은 단순히 시상하부에 의한 뇌하수체 기능 억제의 해제만은 아니고, 어릴 때에 전반적으로 존재하는 피드백 기구도 생각하지 않으면 안 된다. 즉 어느 날 갑자기 시상하부에 의한 억제가 해제되어 생식선자극호르몬의 분비가 시작되는 것은 아니다. 생식선과 시상하부–뇌하수체계의 상호작용이 존재하기 때문이다.

암캐의 경우, 난소는 춘기발동 이전에도 미량의 에스트로겐(estrogen)을 분비한다. 이 양은 생식기계(부생식기)의 눈에 띄는 변화는 유도하지 못하지만, 시상하부에 피드백을 보내 GnRH 분비를 억제하는 역할을 한다.

그러나 춘기발동가 가깝게 되면 estrogen에 대한 시상하부의 역치가 상승하고, 유년기의 estrogen 수준에서는 억제시킬 수 없게 된 생식선자극호르몬 방출호르몬의 분비가 시작되며 FSH와 LH의 분비 → 난포 성숙 및 배란 → 초발정이라는 외적 징후로 이어져 춘기발동(春機発動)에 이른다고 설명할 수 있다.

수캐에 있어서도 성 성숙의 도래는 성중추에 대한 억제, 해제에 의한 것이라고 생각되지만, 수컷은 출생 전후 이미 체내에 미량의 안드로겐을 가지고 있으며, 이는 뇌의 성중추(sexual center)에 영향을 주어 수컷으로 되고, 그 결과, 수컷의 생식 행동은 암컷처럼 주기성을 띠지 않고, 비교적 지속적이며 안정된 패턴을 유지한다. 따라서 수컷의 성 성숙은 '발정주기'라는 명확한 표기 없이, 정자의 출현 및 사정 능력 확립으로 판단하게 된다.

3) 성성숙에 영향을 미치는 기전

성 성숙이란 동물이 생식 가능한 상태로 발달하는 생리적 과정을 말한다. 개는 품종이나 환경에 따라 성 성숙 시점이 다양하게 나타나며, 이 과정은 단순히 생물학적 시간의 흐름만으로 결정되지 않고, 유전적 · 환경적 요인의 복합적인 작용에 의해 조절된다.

(1) 유전적 요인

개의 성 성숙은 일반적으로 소형견일수록 성 성숙이 빠른 경향이다. 예를 들어, 푸들, 치와와, 말티즈와 같은 소형견은 생후 6~9개월이면 첫 발정을 겪는 반면, 바셋 하운드, 보더 콜리, 불테리어 등 중형견은 8~12개월령에, 골든리트리버, 저먼세퍼드, 허스키 등 대형견은 12~15개월령에, 세인트버나드, 마스티프, 그레이트데인 등 초대형견은 15~24개월령 이상이 걸리기도 한다. 같은 종 내에서도 계통이나 개체 간 차이가 존재한다. 이는 유전적 다양성이 성 성숙 시점에 직접적인 영향을 미침을 의미한다.

품종 간 교잡에 의해서 생긴 교잡종은 순종보다 성 성숙이 빠른 경향이 있다. 반면 근친교배(혈연 간 교배)에 의해서 생긴 새끼는 성장과 성 성숙이 지연되는 경향이 뚜렷하다. 이는 유전적 다양성 결핍으로 인한 생리적 부적합 때문이다. 같은 종이라도 품종에 따라 성숙 시기가 확연히 다름을 보여주기도 한다.

이와 같이 동물종이나 품종에 따라 더욱이 동일 품종에 있어서도 계통에 따라 조숙, 만숙의 차이가 보이는 것은 유전적 요인이 성 성숙 도래에 큰 영향을 미친다는 것을 알 수 있다.

(2) 환경적 요인

① 영양 상태

영양 결핍은 내분비계 호르몬의 생성 · 분비에 영향을 미쳐 생식기 발달을 지연시키고, 성 성숙 또한 늦어지게 한다. 특히 개에서는 단백질 공급보다는 에너지 섭취량이 더 큰 영향을 미치며, 영양 부족 상태가 장기화되면 향후 영양 상태가 회복되더라도 성 기능이 정상으로 돌아오지 않을 수 있다.

소와 양에서는 단백질뿐 아니라 비타민 A 및 아연의 결핍이 성 성숙에 지연의 주요 요인이 된다.

② 계절적 요인

개의 출생계절에 따라 성 성숙 시기가 크게 달라질 수 있다. 이러한 영향은 계절번식 동물에서 더욱 뚜렷하다. 계절의 영향 중에는 온도의 영향도 일부 포함되겠지만 대부분이 광주성, 즉 일조시간과 관련이 있다. 늦여름부터 초가을에 발정이 오는 면양과 산양의 경우, 이른 봄에 태어난 자양은 6~8개월 때인 그 해에 이미 상당한 체중에까지 도달되기 때문에 발정이 출생 당년에 올 수 있으며, 늦봄에 출생한 자양보다 성 성숙이 빠르다. 그러나 여름과 가을에 출생된 자양은 그 이듬해의 번식계절, 즉 이듬해 가을이 오기까지는 발정이 오지 않는다. 개는 계절 번식 동물은 아니지만, 가을에 태어난 개체가 봄에 태어난 개체보다 더 일찍 성 성숙에 도달했다는 연구도 있다. 이는 광주기(일조시간)의 차이와 환경온도가 생리적 성장에 미치는 영향을 의미한다.

③ 온도

대부분의 동물은 지나치게 높은 온도 또는 낮은 온도에서는 성 성숙이 지연되는데, 이는 고온 환경하에서 FSH와 LH의 분비 억제로 이어지기 때문이다.

소를 대상으로 한 연구에서 10℃와 27℃에서 자란 송아지들을 비교했을 때, 27℃에서는 성장 자체는 좋았지만, 성 성숙은 더 늦게 나타났다고 한다. 이는 고온이 생식축 기능을 억제할 수 있음을 시사하고 있다.

늦봄에 분만된 미경산돈은 여름 더위로 발육이 늦어짐에 따라 다른 계절에 분만된 것보다 성 성숙이 늦어질 수 있다.

④ 기타 요인

스트레스, 건강상태, 질병, 불량한 위생 상태 및 사육시설은 모두 성장을 저해하고 성 성숙을 늦춘다. 흥미롭게도 사회적 자극, 즉 다른 개체(특히 수컷)의 존재나 사육 집단 구성이 성 성숙에 영향을 줄 수 있다.

돼지에서는 한 마리씩 사육할 때보다 군사(집단 사육)할 경우 성 성숙이 앞당겨진다는 연구 결과가 있다. 수컷과 함께 두면 페로몬이나 사회적 상호작용으로 인해 GnRH 분비가 촉진되고 여러 암컷이 함께 있을 때 발정주기가 동기화(synchronization)되는 현상도 관찰된다. 페로몬이나 사회적 상호작용을 통해 호르몬 분비가 조절되는 것으로 추정된다. 이 동기화 현상은 개뿐 아니라 쥐, 돼지, 심지어 사람의 생리주기에도 영향을 주는 것으로 알려져 있다.

표 4-1 개의 성 성숙에 영향을 미치는 주요 요인

구분	영향 요인	영향 방향
유전적	품종 (소형 vs 대형), 교잡 vs 근친	소형/교잡종 → 빠름 대형/근친교배 → 늦음
영양	단백질, 에너지, 비타민 A, 아연	결핍 → 지연, 양호 → 촉진
계절	출생 계절, 광주기	봄 출생 → 빠름, 여름 출생 → 늦음
온도	고온 또는 저온 환경	극단적 온도 → FSH · LH 억제 → 지연
사회적 요인	집단 사육, 수컷 접촉, 환경 변화	군사 · 수컷 접촉 → 촉진 스트레스 · 질병 → 지연

2. 생식주기

동물의 생식활동에는 주기적으로 변동하는 여러 현상이 나타난다. 이러한 생식활동의 주기적 현상을 총칭하여 생식주기라고 한다. 개와 고양이를 포함하는 모든 동물의 생식활동에는 주기적으로 변동하는 몇 개의 현상이 나타나며 이들은 생리적인 의의나 주기의 길이 등에 따라 여러 개의 주기로 구별된다.

개와 고양이를 중심으로 다양한 동물의 생식주기에는 ① 번식생활사, ② 계절주기, ③ 완전생식주기, ④ 불임생식주기로 나눌 수 있다.

1) 번식생활사(繁植生活史: Life cycle in reproduction)

개와 고양이에 있어서도 다른 동물과 마찬가지로 생식활동이 주기적 현상으로 나타나지만 생애를 통해서 볼 수 있는 것은 아니며, 춘기발동을 시초로 성 성숙 과정을 거쳐 생식활동기(生植活動期)에 들어간다. 이윽고 나이가 들면 생식기능 쇠퇴기를 거쳐서 생식선 노화에 들어간다. 이것은 세대를 걸쳐서 보면 주기적인 현상이 있어 이것을 번식에 있어서 생활사라고 한다.

2) 계절 주기(季節 週期: Seasonal cycle in reproduction)

동물에 있어서 연간 어떤 일정의 계절에 한해서 번식활동이 나타나 생식기관의 형태와 기능이 계절에 따라 변하는 주기를 계절주기라고 한다. 일반적으로 야생동물의 번식활동은 1년 중 기온과 먹이를 얻는 조건이 가장 좋은 계절에 새끼를 낳는다. 이것이 계절주기의 기초로 되어 있다. 따라서 열대지방에 살고 있는 동물은 온대지방에 살고 있는 동물에 비해 또한 가축화된 동물은 야생동물에 비해 계절주기가 명확하지 않는 경향이 있다. 또한 일반적으로 수컷은 암컷에 비해 계절주기를 표시하지 않는 것이 많다. 계절주기를 나타내는 동물을 계절번식동물(季節繁植季節: seasonal breeder)이라고 한다. 번식활동을 나타내는 계절을 번식계절(繁植季節: breeding season), 휴지하고 있는 계절을 비번식계절(非繁植季節: non-breeding season)이라고 한다. 이것에 대해 계절주기를 표시하지 않는 동물을 주년번식동물(周年繁植季節: non-seasonal continuous breeder)이라고 한다. 전자에 속하는 것은 말, 면양, 산양, 밍크, 여우, 개, 고양이, 사슴, 곰 등으로써 온대에 살고 있는 야생의 포유류 및 조류가 많다. 후자에 속하는 것은 가축화된 동물로써 소, 돼지, 염소, 토끼, 모르모트, 쥐, 반려견, 반려묘 등이 포함되어 있다. 야생의 계절번식동물에는 비번식계절 중에 생식선기능(生植線機能)이 저하해서 정자 형성이나 수컷호르몬의 분비가 정지하는 것이 있다(사슴, 여우, 밍크 등). 이들의 야생동물에서는 번식계절 중에 수컷은 행동상에 큰 변화를 나타낸다. 즉 흉폭해지거나 투쟁적으로 된다.

계절주기의 발현에는 일조시간, 온도, 영양, 이성의 존재 및 기타의 환경요인이 관여하고 있다.

(1) 광선의 영향

계절번식동물에는 단일성 번식동물(short day breeder: 면양, 산양, 사슴, 순록, 야생견)과 장일성 번식동물(long day breeder: 말, 곰, 여우, 밍크, 야조)이 있다고 알려져 있다.

북반구에 있어서 면양, 산양은 9~11월이 번식계절이지만, 남반구에서는 4~6월이 번식계절이 된다. Yeates(1949)는 면양에서, 吉間 등(1951)은 산양에서 각각 일정 시간 암실에 넣어 단일처리를 해서 번식계절을 앞당길 수가 있었으며, 한편 말에서는 4~7월이 번식계절이지만 Burk'hardt(1947)은 영국에서 Pony에 대해 12월에 난소가 휴지상태에 있는 것을 확인하고서 야간에 일정시간 점등(點燈)을 행한 경우 2월에 발정이 나타났으며 교배해서 임신도 가능하다고 했다. 이 실험에서 눈으로 들어오는 광선의 영향을 차단하기 위해서 안대를 한 말에서는 번식계절의 시작이 무처치의 대조구의 말과 똑같다는 것은 주목된다.

이것에서 아는 바와 같이 계절주기에 미치는 광선의 영향은 망막에서 시신경을 거쳐 중추에 이르러 시상하부에 전달되어 Gn-RH의 분비를 촉진하고, 전엽으로부터의 GTH의 분비를 촉진하는 것으로 알려져 있다. 면양에 있어서 전엽의 LH와 FSH의 함량이 장일 계절보다도 단일 계절에 있어서 높다는 것이 증명되었다.

(2) 온도의 영향

개와 고양이 등 포유류에 있어서 계절주기에 미치는 온도의 영향은 광선의 영향보다 뚜렷하지 않지만, 하등척추동물 특히 파충류에서는 계절에 의한 온도변화는 번식활동의 조절에 있어서 주역을 맡고 있다(그림 4-1).

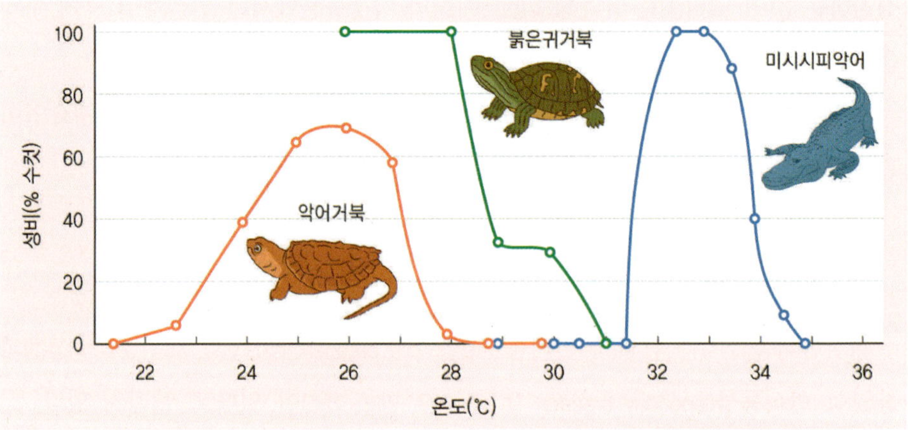

그림 4-1 파충류에 있어서 부화 온도에 따른 성비의 출현

면양에서 여름철에 더위를 막는 장치를 하면 번식계절의 개시가 빨라 이루어지는 것을 알 수 있다. 소와 개 같은 연중 번식동물에서는 여름에 둔성발정이 간혹 일어나지만, 이것은 환경온도와의 관계가 깊은 갑상선 기능의 저하도 관계하고 있다고 추찰(推察)된다. 이것은 암소에서 갑상선을 떼어내면 둔성발성이 많다는 것으로 생각할 수 있다.

(3) 사료 급여 및 영양수준의 영향

개의 사육에서도 일반 동물과 마찬가지로 먹이의 양이 증가하면 활력이 증진하는 것으로 알려져 있다. 이 현상은 봄에 초지의 성장기에 초식동물에서 현저하게 나타난다. 이 시기의 난소에서는 다른 시기보다도 활발한 난포의 발육이 나타난다. 동물을 번식에 공용하기 전에 몇 주간에 걸쳐서 사료의 양과 질을 증가하는 수단을 flushing이라고 부르지만, 면양에 있어서 번식 계절이 시작하는 몇 주일 전부터 번식계절에 걸쳐서 flushing을 하면 쌍자율이 높고 세 마리의 새끼도 간혹 얻어진다. flushing은 다른 동물에서도 많이 행해져 개에서는 산자수의 증가, 소와 말에서도 수태증진의 수단으로 사용된다. 한꺼번에 많은 새끼를 분만하는 다태동물인 개의 영양관리는 매우 중요하다고 생각된다. 특히 분만한 개는 사료의 급여량을 증가시키는 것이 필요하다.

3) 완전 생식 주기

동물에 있어 암컷이 교배해서 임신이 성립한 때에 나타나는 완전한 형태의 생식주기를 완전생식주기라고 한다. 난포발육, 배란, 수정, 착상, 임신, 분만, 포유에 이르는 일련의 과정이 포함되며, 이것이 반복된다. 항상 암컷과 수컷이 같은 공간에서 생활하는 경우에 이 주기가 나타나지만, 완전 주기만이 반복하지 않고 사이에 불완전(불임: 不姙) 생식주기가 들어간다.

일부 동물 중에서는 완전생식주기 중에 착상지연이라고 불리는 현상이 나타난다. 이것은 일반의 동물에 있는 것과 같이 수정란(embryo)이 자궁에 들어가서 곧바로 자궁내막에 착상하는 것이 아니고 부유 상태를 계속해서 어떤 조건이 정비된 때에 비로소 착상하는 것을 가리킨다. 이 경우 외견상으로는 임신기간이 연장된다. 이것에는 보통 완전생식주기 중에 착상지연이 들어가는 형과 비유 중에 수정이 일어난 경우에 한해 착상지연이 나타나는 형이 있다. 전자에 속하는 동물은 밍크, 오소리, 바다표범 등이 이 형에 속하고 후자의 예에는 캥거루, 쥐 등에 나타나기 때문에 비유 중에 배(배)는 부유(부유)한 채 생존해 있다가 비유가 끝나면 착상해서 정상의 임신기에 들어간다.

4) 불완전(불임) 생식 주기

성숙한 암컷이 수컷과 떨어져 교배가 행해지지 않는 경우 혹은 교미가 행해져도 수정 또는 착상이 성립되지 않는 경우 암컷은 완전 생식주기에 들어가지 못하며, 동물 종에 따라 각각 거의 일정한 일수를 갖고서 각기 고유의 주기를 반복한다. 이것을 불임 생식주기 또는 불완전 생식주기라고 한다. 일반적으로 성주기라고 불리는 것은 이 불완전 생식주기를 지칭한다.

성숙 암컷에서는 비임신 시의 난소에서 난포발육, 배란, 황체형성 및 황체퇴행이 반복되며, 이것을 난소주기라고 한다. 난포가 발육하는 시기를 난포기, 황체가 활동하고 있는 시기를 황체기(黃體期)라고 한다. 난포기에는 난포에서 estrogen이, 황체기에는 황체에서 progesterone이 각각 분비되어 이들의 호르몬에 의해서 자궁 및 질에 각각 특징적인 난포상 및 황체상을 나타낸다.

일반적으로 동물에서는 난포기에만 수컷을 허용하여 발정을 나타내기 때문에 이 현상을 지표로 해서 발정부터 다음 발정까지를 발정주기(발정주기)라고 부르고, 사람과 원숭이에서는 월경(月經: menstruation)을 지표로 해서 월경주기(月經週期)라고 부른다. 이 발정주기의 발현은 시상하부-뇌하수체전엽-생식선을 축으로 상호 조절기구에 의해서 지배되지만, 시상하부의 움직임에 자웅의 차가 있기 때문에 수컷에서는 암컷에서와 같은 발정주기를 나타내지 않는다.

(1) 소(牛)형 성주기(완전 발정)

소를 포함한 대 · 중 동물, 모르모트 등에서 나타나는 형으로써 난포기, 자연배란, 기능적인 황체의 형성에 의한 황체기가 존재하고 비임신의 경우는 교미 유무에 관계없이 이 주기를 반복하기 때문에 이와 같은 동료을 다발정 동물이라고 한다.

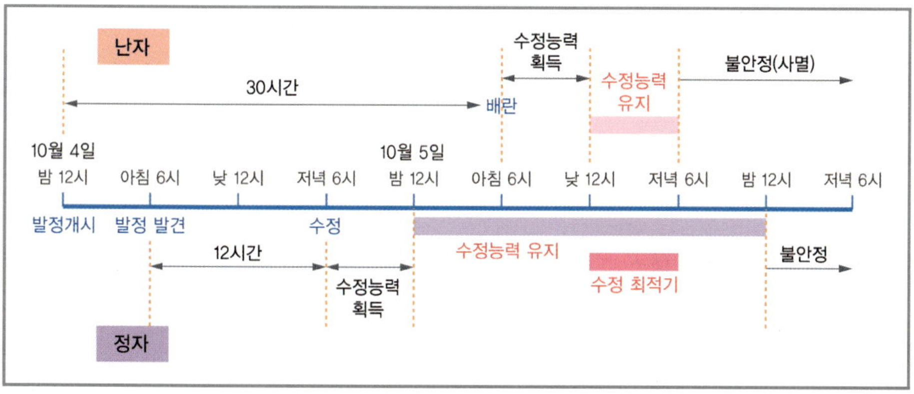

그림 4-2 소의 교배 적기

(2) 사람형 성주기

사람을 포함한 영장류에 나타나는 형으로써 본질적으로는 소형과 같지만, 황체 퇴행기에 자궁내막으로부터 출혈이 나타나는 것이 특징이다. 다발정형에 속한다.

(3) 개(犬)형 성주기(불완전 발정)

개에서는 자연배란으로써 배란 후 형성된 황체가 불임인 경우에도 임신기에 필적할 정도로 기능을 발휘하고 자궁 및 유선은 임신기와 비슷한 발육을 표시한다. 이것을 위임신이라고 부른다. 이 위임신이 끝날 때는 번식기에 해당하고 다음 번식기까지 난소는 휴지 상태를 계속한다. 따라서 개에서는 한 번식기에 1회의 발정만 표시하며, 이와 같은 동물을 단발정 동물이라고 한다.

(4) 토끼(兎)형 성주기(지속성 발정주기)

토끼는 교미배란동물로써 교미자극이 없으면 배란이 일어나지 않고 난포는 잠시 존재하다 퇴행하고 새로운 난포가 잇달아 발육해 난소에는 항상 발육난포가 몇 개 존재해서 난포기가 계속하고 지속성 발정을 나타낸다. 비임신 교미(자극)에 의해 배란이 일어나고 기능항체가 형성되어 위임신으로 된다. 이것도 다발정형이다. 생쥐, 흰쥐, 햄스터 등이 이에 속한다.

(5) 고양이(貓)형 성주기

고양이는 교미배란이라는 점에서 본질적으로 토끼와 같지만 교미 자극이 없으면 난포는 배란되지 않고 존속하지만 이윽고 퇴행해서 난포기는 끝나며 토끼와 같이 발정은 지속되지 않는다. 따라서 새로운 난포가 발육해서 다시 난포기에 들어가 발정을 회귀한다. 즉, 교미자극이 없으면 불완전 성주기가 반복되는 다발정형으로써 비임신 교미(자극)에 의해 배란은 일어나지만 위임신으로 된다.

3. 발정주기와 호르몬

동물의 발정주기와 호르몬은 생식 과정에서 중요한 역할을 한다. 여기에서는 다양한 동물의 발정주기, 호르몬 변화, 그리고 배란 과정에 대해 알아볼 것이다. 소, 개, 고양이 등 여러 동물의 특징적인 생식 메커니즘을 탐구하며, 이를 통해 동물 생식의 복잡성과 아름다운 세계를 이해하게 될 것이다.

1) 발정주기의 호르몬 지배

소, 면양, 산양 등의 동물의 발정주기는 짧은 난포기와 2~3주간의 긴 황체기로 구성되어 있다. 단, 말은 예외로 약 1주간 비교적 긴 난포기를 갖고 있다.

개의 생식 주기는 **표 4-2**와 같이 연 2회 단발정 형태를 갖는다.

표 4-2 개의 생식 주기

번식 계절	발정주기(형)	발정기	배란			임신 기간	산자수	위 임신
			성질	수	시기			
연 2회	단발정	8~14일	자연	4~8	발정 개시 후 48~60시간	63	2~8	약 60

출처: 고대환 등(2003).

시상하부의 주기적 흥분은 먼저 FSH-RH의 분비를 촉진하고 이것에 의해 뇌하수체 전엽에서 분비되는 FSH는 난소에 포상 난포를 발육시켜 소량의 estrogen의 분비를 촉진한다.

이 estrogen의 정의 피드백에 의해서 LH-RH 의 분비가 촉진되어 LH의 방출이 일어나고, FSH 와 LH의 협력에 의해 난포는 성숙하고 estrogen의 본격적인 분비가 일어나며, 동시에 progestrogen의 분비도 높아져 estrogen의 발정 작용에 협력해서 발정징후를 나타낸다. 한편 estrogen의 혈중 수준의 상승은 시상하부에 feedback해서 FSH-RH의 분비억제, LH-RH의 분비촉진을 일으키고 LH의 급격한 방출을 일으켜 이 LH의 작용에 의해서 배란이 일어난다(그림 4-3).

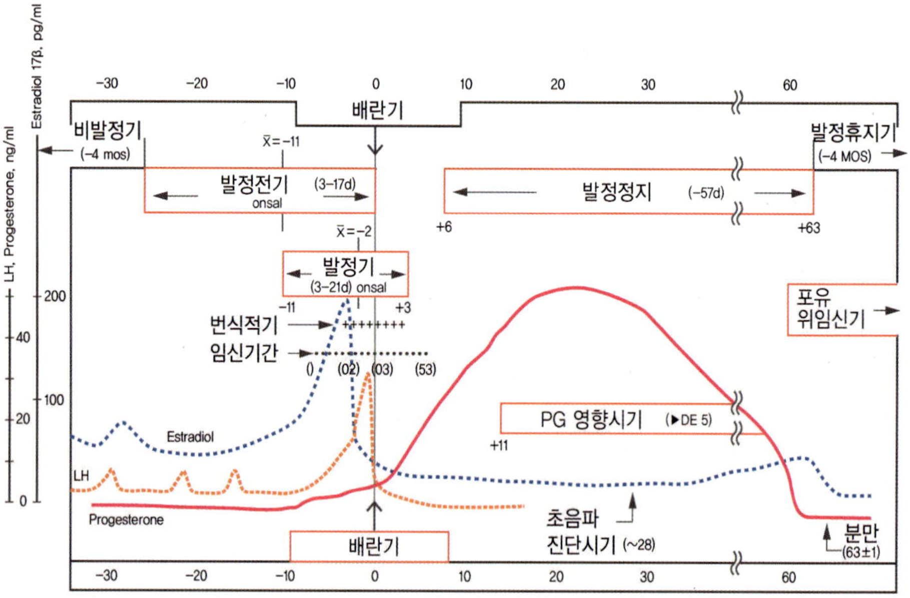

그림 4-3 개 발정개기부터 분만, 포유까지의 내분비 변화 도식도

출처: 정덕수 등(2004).

개, 소, 면양에서는 발정기의 시작과 LH 급증이 개시시기가 거의 일치하는 것이 입증되었다. 발정주기에 있어서 progestrogen의 혈중 수준은 발정기에 최저치를 나타내고 황체의 발달에 따라 차차로 증가해 배란 후 1~2주간에 최고치에 달한다(그림 4-4).

혈중 LH는 황체기를 통해서 거의 일정한 낮은 값을 유지하며, 황체로부터 Progesterone의 분비는 이 낮은 수준의 LH에 의해서 유지되고, 한편 progesterone은 시상하부-뇌하수체계에 피드백해서 LH의 급격한 방출을 억제한다. 소에 있어서 황체기에 황체를 제거하면 난포가 급속하게 발육해서 발정, 배란이 일어나는 것은 잘 알려져 있다.

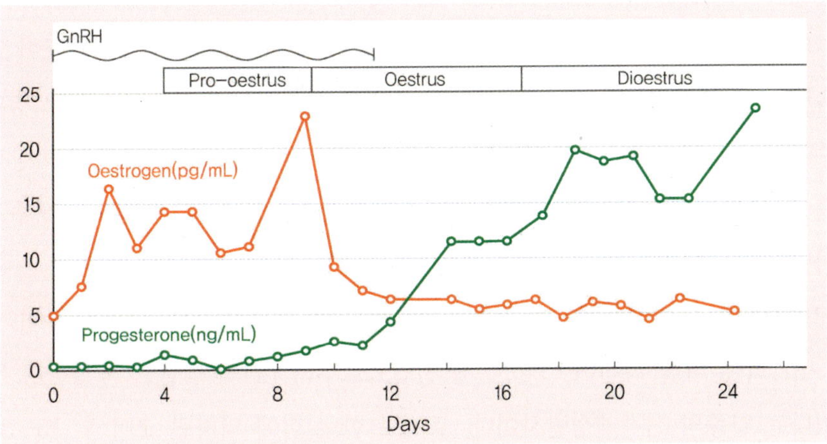

그림 4-4 발정기 전·후의 호르몬 변화

출처: Concannon 등(1989).

발정기에 교배가 이루어지지 않든가 또는 교배하더라도 불임으로 끝난 경우 황체조직은 즉시 LH에 대한 감수성을 잃고 progesterone의 분비는 급속하게 쇠퇴한다. 소, 말, 면양, 개, 모르모트 등은 이 황체의 퇴행에는 자궁의 존재가 필요해서, 만약 황체기에 자궁을 적출하면 황체의 퇴행은 억제되어 황체기가 임신 기간에 필적할 정도로 현저하게 연장되는 것을 알 수 있다. 또한 이 자궁 적출 시 자궁의 일부를 남겨두면 잔존 자궁조직의 양은 황체존속기간에 역비례한다. 이 사실로 보아 이들 동물에서는 자궁유래 황체퇴행인자의 존재가 인정되며, 이 본체는 PGF2α인 것으로 추정된다.

2) 교미배란

개와 달리 토끼, 고양이, 흰 담비, 밍크 등은 교미자극이 없으면 배란하지 않기 때문에 교미배란동물이라고 부른다. 배란 시기는 교미 후 토끼는 10시간, 고양이 24~36시간, 흰담비 30시간, 밍크 40~50시간이다. 토끼에서는 교미자극이 없으면 난소에는 평상 시 발육 난포가 수 개 존재해서 지속성 발정을 표시하고 명확한 성주기는 인정되지 않는다. 고양이에서는 교미자극이 없으면 난포군의 피상적인 발육이 약 10일간 지속한 후 퇴행하고 난포기에서 볼 수 있는 불완전 성주기가 나타난다.

교미배란은 교미에 의한 자극이 신경제를 거쳐 시상하부의 흥분을 유기하고, Gn-RH의 분비를 촉진해, 뇌하수체 전엽으로부터 LH의 방출을 재촉하기 위해 일어나는 일종의 신경액성반사이다. 토끼로 한 실험에 의하면 교미 후 15~30초 이내에 마취를 시키더라도 배란을 억제시킬 수 없는 것으로 보아 이 신경전도는 순간적으로 일어나는 것을 알 수 있다. 또한 Gn-RH가 뇌하수체 문맥계를 거처 뇌하수체 전엽에 이르러 LH의 방출을 일으키기에 충분한 양이 보내어지는 데는 25~30분이 걸리며 뇌하수체 전엽에서 배란에 필요한 충분한 양의 LH의 방출에는 1~2시간 필요한 것으로 알려져 있다.

교미배란동물에 있어서 LH 급증을 초래하는 요인으로서 교미자극 이외에 자궁경부에 유리봉에 의한 기계적 자극이나 전기자극에 의해서도, 직접 중추를 자극하는 약물의 투여에 의해서도 배란이 유기된다. 역시 LH 또는 hCG의 투여에 의해서도 배란은 유기된다.

3) 배란의 기전

개와 같은 동물에서는 배란에 가까이 온 난포에서는 난포벽 내 모세혈관의 투과성이 높아지고, 혈장 성분이 난포강으로 유출해서 난포액량이 증가한다. 이것에 의해 난포막 외층의 Collagen 섬유가 분해해서 난포벽은 유연해지고 신장성이 풍부해진다. 이 난포벽 구조의 변화는 progesterone과 prostaglandin이 관여하는 것으로 알려져 있다.

난포액의 증량과 함께 난포는 용적이 증가되어 난소 표면에 돌출하게 된다. 이것을 난포의 배란 직전 팽창이라고 한다. 그동안 난포내압은 거의 일정 수준으로 유지된다. 동물에 있어서 난소의 표면에 돌출해 있는 난포의 정점을 중심으로 투명한 배란반이 보인다. 이윽고 돌출한 난포 표면의 소부분이 국소적인 난포벽의 수축에 의한 내압의 미소한 변화에 의해서 파열되어, 난포액과 함께 과립막 세포에 둘러싸인 난자가 방출된다. 이에 대한 참고 내용은 **그림 4-5**에서 볼 수가 있다.

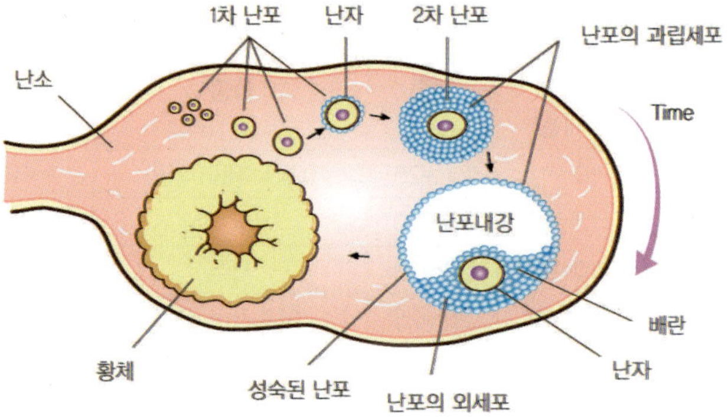

그림 4-5 배란 모식도

발정주기와 호르몬 조절은 동물 생식의 핵심 요소이다. 각 종마다 고유한 특성을 가지고 있으며, 이를 이해하는 것은 동물 번식 관리와 연구에 필수적이다. 호르몬의 정교한 상호작용, 교미배란의 특수성, 그리고 배란 과정의 복잡성은 자연의 놀라운 설계를 보여준다. 이러한 지식은 동물 번식 효율 향상, 멸종 위기 종 보존, 그리고 동물복지 증진에 크게 기여할 수 있다. 앞으로도 계속되는 연구를 통해 동물 생식의 신비로운 세계에 대한 우리의 이해가 더욱 깊어질 것이다.

4. 개의 발정주기

1) 번식 계절

개는 엄밀히 말하여 번식계절이 구분되어 있지 않지만 대개 1년에 2회 발정이 오며 우리나라의 경우에는 3~5월, 9~11월에 1회씩 발정이 나타나는 단발정 동물이다. 그러나 소형개는 1년에 3~4회, 대형개는 1회 발정이 나타나는 경우도 있다.

표 4-3 개의 품종별 성 성숙 시기 및 체중

품종	성성숙 시기 (개월)	성성숙 체중 (kg)	품종	성성숙 시기 (개월)	성성숙 체중 (kg)
골든 리트리버	10~14	21~26	슈나우저(미디엄)	7~10	9~12
그레이트 데인	12~20	35~50	시바 이누	6~10	6~9
도베르만	10~14	20~28	시추	6~9	4~7
래브라도 리트리버	10~14	20~25	아프간하운드	10~14	23~27
말티즈	6~9	2.5~4	알래스칸 말라뮤트	12~18	25~35
미니어처 닥스훈트	6~9	4~6	에어데일 테리어	8~12	18~25
미니어처 푸들	6~9	4.5~6	요크셔테리어	5~8	1.2~2
바셋하운드	8~11	18~27	웰시 코기	6~10	9~13
버니즈 마운틴 독	10~15	25~35	이탈리안 그레이하운드	6~9	3.5~5
보더 콜리	8~12	10~14	저먼 셰퍼드	9~12	22~27
보르조이	12~18	35~48	차우차우	9~13	20~30
불테리어	8~12	20~25	치와와	5~8	1~1.5
비글	6~9	7~10	코카스파니엘	7~10	6~9kg
비숑 프리제	6~9	3.5~6	토이 푸들	6~9	2.5~3.5
비어디드 콜리	9~13	18~27	페키니즈	6~9	3.5~5.5
사모예드	9~13	18~25	포메라니안	5~8	1.2~2
세인트버나드	12~20	40~60	포인터	9~12	18~28
셰틀랜드 쉽독	8~12	8~12	피레니안 마운틴 독	12~18	40~55

• 실제 번식의 경우 영양 조건, 환경 조건 등에 따라 다를 수도 있음.

암캐의 성 성숙기는 품종, 사육환경에 따라 차가 있으며, 일반적으로 소형개가 빠르고 대형개가 늦은 것으로 알려져 있으며, 대개 생후 6~14개월이다. 또한 일반적으로 사육하는 개의 성 성숙 도래는 들개보다도 늦은 경향이 있다.

표 4-3은 품종별 개의 성 성숙 시 체중과 성 성숙 시기를 나타낸 표이다.

개는 계절번식동물로 봄과 가을로 연 2회의 번식계절이 있다고 알려져 있지만, 최근에는 개의 번식에 미치는 계절의 영향은 그다지 없는 것으로 인식되게 되었다. 고대환 등(2003)은 잡종 비글 종 176마리의 연 237회 발정발현과 계절과의 연관을 조사한 결과 계절에 의한 영향은 전혀 인정되지 않았다. 암캐의 발정 발현에 관해서는 이와 같은 계절의 영향은 부정되고, 일반적으로 소형개 종에서는 5~7개월의 간격으로 연 2회, 또한 대형개 종에서는 8~12개월의 간격으로 발정을 발현한다는 것이 인정되었다.

개는 한 번식기에 1회만 발정을 나타낸다는 특성을 갖고 있는 단발정동물이다(그림 4-6). 발정기에 교배가 행해지지 않든지 교배해도 임신되지 않는 경우에 난소의 황체는 배란 후 약 1개월 내에 그 기능을 상실한다. 때로는 황체가 임신기에 필적하는 기간 동안 기능을 발휘해 위임신이 일어나지만, 그 후 난소는 휴지상태로 되어 다음 발정기에 들어가기까지 비발정기 또는 무발정기가 계속된다.

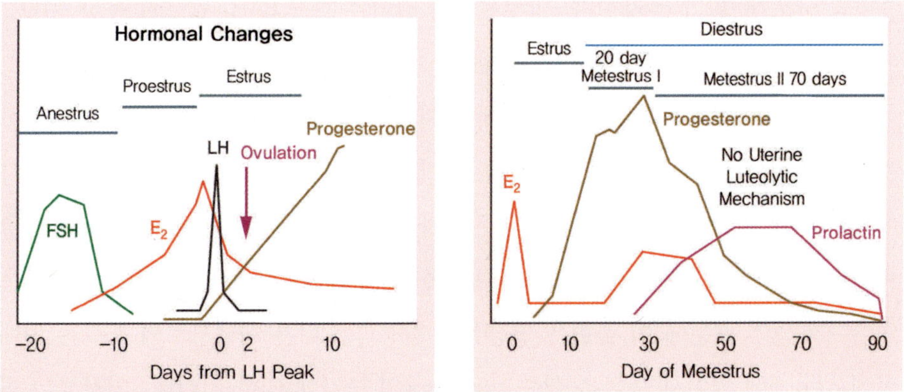

그림 4-6 암컷 개의 발정과 임신기 동안의 호르몬 변화

2) 발정 주기

개의 발정주기는 발정징후, 수컷에 대한 반응 및 허용상태에 따라 다음과 같이 4기로 구분된다.

- **발정 전기**: 1~10일간 지속되고 음부가 붓고 충혈되며, 발정 출혈이 나타나는 시기이다.
- **발정기**: 10~14일간 지속되고 수컷을 허용하는 시기이며, 발정출혈의 양이 줄어들고 색깔도 수양성인 핑크색 분비물로 변한다. 반려견의 경우는 스스로 분비물을 핥아 흔적을 숨기기도 한다.
- **발정 후기**: 발정 출혈이 중지되고 수컷도 허용하지 않는다.
- **무발정**: 발정 후기에서부터 약 4~8개월간 지속되며, 발정전기까지의 기간이다.

(1) 발정 전기

개의 발정전기는 **표 4-5**에 나타낸 바와 같이 비발정기에서 발정기로 이행하는 시기로써 외음부가 종대, 충혈하고, 음부에서 혈액성 점액의 누출(발정발현)이 보이며, 행동은 안정을 잃고 명령에 따르지 않고, 물을 많이 먹으며 자주 오줌을 눈다(정덕수 등, 2004).

이 시기에는 수캐를 맡기더라도 교미는 허용하지 않는다. 이 시기의 난소에는 중형의 난포가 몇 개 존재한다. 발정전기의 길이는 보통 6~10일로써 통정 등(1973)에 의하면 평균 8.1±2.8일이다(고대환 등, 2022).

발정 출혈은 발정전기부터 발정기에 걸쳐서 나타나며, 영장류의 월경과 비슷하지만 생리적으로는 이질인 것이다. 즉, 암캐의 생식기도는 혈중 estrogen의 증가에 예민하게 반응해서 자궁내막의 혈관계가 현저하게 증식 발달해서 혈액의 삼출이 일어나 이것이 질을 거쳐 음부로 누출한다. 그러나 자궁내막의 박리, 탈락은 일어나지 않기 때문에 이 출혈은 영장류의 월경과는 다른 까닭으로써 호르몬 지배상에서는 개에 있어서 출현은 혈중 estrogen의 증가에 의한 것이며, 영장류는 혈중 estrogen의 감소에 의한 것이다.

표 4-4 개의 발정기간 중의 임상적, 생리적 변화

정의 방법 (평균기간)	발정전기(9일) (0~27일간)	발정기(9일) (4~24일간)	발정휴지기 (2개월)	무발정기 (4개월)
행동학적	암캐가 수캐에 흥미를 갖는다. 교미를 받아들이지 않음	암캐가 교미를 수용	암캐가 교미를 수용하지 않음	암캐가 교미를 수용하지 않음
임상적	음문이 팽창되고 부어오름: 음문으로부터 장액혈 액상 출혈	음문이 부드러워지지만 여전히 확장. 음문으로부터 출혈 색이 붉어짐	음문의 크기가 감소, 처음 며칠 동안 음문의 출혈이 다양하게 일어남(맑거나, 젊거나 또는 출혈성) 유방의 발달에 있어서는 말기에 젖 분비가 일어남	음문의 크기가 더욱 감소
호르몬적 (혈청학적)	E2 최대: P4는 후기 발정전기 또는 초기 발정기까지 감소 LH pulse: FSH 감소	E2는 최저 농도까지 감소: P4는 빠르게 증가: LH 극치: LH와 함께 FSH 극치가 나타남	E2 감소: P4는 발 정휴지기 개시 후 3~4주 동안 최대 농도(15~90 ng/ml)로 증가한 후, 말기까지 최저농도(<1 ng/ml)로 감소: LH pulse 는 후기까지 증가. FSH 감소	E2는 처음 이것이 증가하기 시작하는 때인 후기 무발정기까지 감소: P4 감소: LH pulse는 후기 무발정기에 증가: FSH pulse는 후기 무발정기에 증가
생리학적	그라피안 난포 발달	제1난모세포가 배란: 제2난모세포에서 감수분열이 일어남: 황체 발달	임신여부에 관계없이 황체가 존재: 임신한 경우 상실배가 자궁에 들어감	다양한 발달 단계에 있는 난포강과 폐쇄: 퇴행의 여러 단계에 있는 황체: 후기에 백체 형성
세포학적 (질도말)	상피세포가 섞여 나옴: 세균이 존재, 적혈구: 초기에서 중기까지 백혈구가 존재	90% 이상이 각질화 세포: 세균이 많이 존재 적혈구가 발정 전기보다는 적게 존재: 백혈구는 거의 존재하지 않음	첫째 날에 50% 이상 이방기저세포 및 중간세포: 초기에 많은 백혈구가 존재(여러 가지 이유로): 적혈구가 발정전기에 비해 적게 존재	90% 이상이 방기저세포와 중간세포: 소수의 백혈구: 소수의 세균

E2 = estradiol-17β: P4 = progesterone: LH = luteinizing hormone: FSH = folliclestimulating hormone: RBC = red blood cell: WBC = white blood cell.

출처: 정덕수 등(2004).

개의 발정출혈의 개시 시 혈액성 점액은 암적색 또는 적갈색으로써 약간 점조성이지만 그 후 점차로 양이 증가되어 발정전기 후반에서 발정기의 전반에 걸쳐서 핑크색 물과 같은 상태로 되며 양은 감소하고 발정기의 후반부터 발정 종료 후 2~3일에 출혈은 나타나지 않는다(그림 4-7).

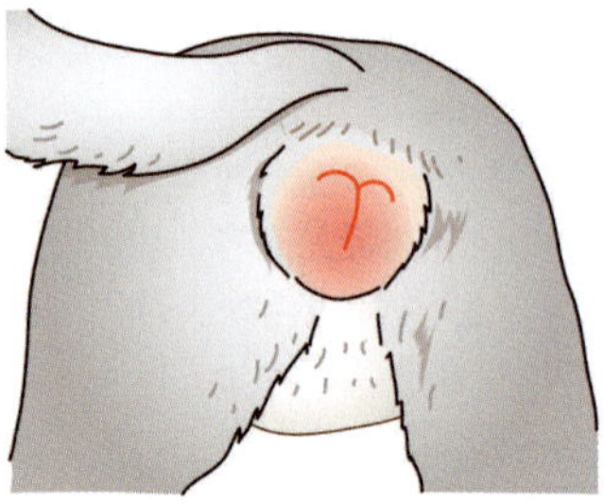

발정 온 개의 외음부(발정전기)

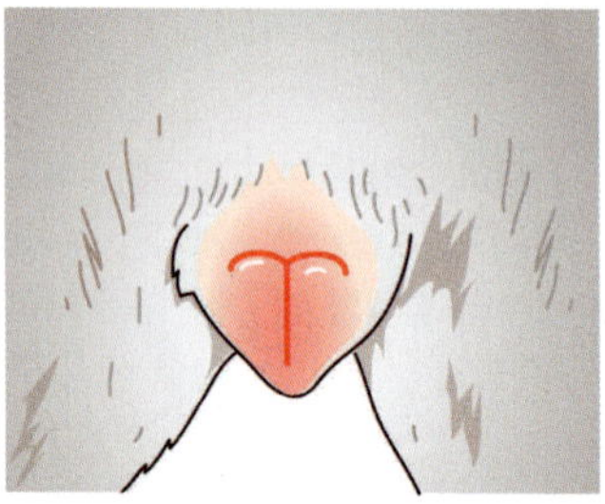

발정 온 개의 외음부(발정기)

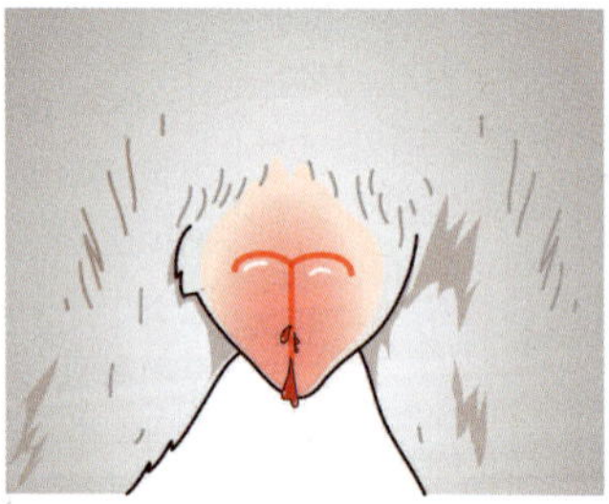

그림 4-7 개의 발정기 중의 출혈

(2) 발정기

개의 발정기는 수캐를 허용하고 교미가 행해지는 시기로써 보통 8~14일로 다른 동물에 비해서 길고, 잡종견의 평균 발정 기간은 10.9±3.2일이다. 외음부의 증대는 **그림 4-8**과 같이 발정전기 후반부터 커지기 시작하여 발정 개시기에 최고에 달해 발정기의 전반까지 지속하지만 발정기의 중간을 지나면서 서서히 퇴행한다. 또한 촉진에 의한 외음부의 상태는 발정전기에 딱딱하지만 발정기에 들면 서서히 연해지며, 발정중기에는 현저하게 연해진다.

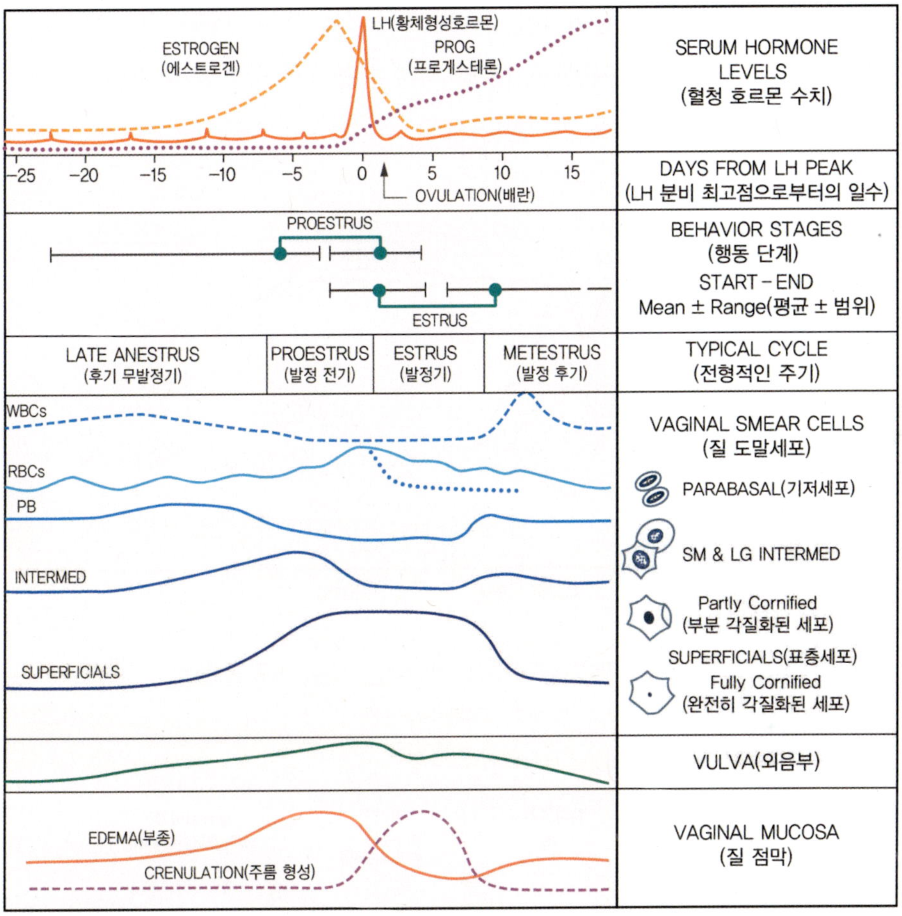

- WBCs (White Blood Cells) - 백혈구
- RBCs (Red Blood Cells) - 적혈구
- PB (Parabasal Cells) - 기저세포
- INTERMED (Intermediate Cells) - 중간세포
- SUPERFICIALS (Superficial Cells) - 표층세포

그림 4-8 개의 발정기 중의 혈중 호르몬 수준과 질 상피세포의 변화

출처: Johnston 등(2001).

개의 질구 중 세포성분이 성주기에 따라 상당히 규칙적으로 변화하는 것이 오래 전부터 알려져 있다(정덕수 등, 2004). **그림 4-9**와 **그림 4-10**은 발정 전후의 개의 질구 중 각종 세포의 출현율을 표시한 것이다. 발정전기부터 발정기까지는 각화세포가 많은 상태로 지속되며, 발정기 중에는 유핵 질상피세포가 현저히 줄어드는 것을 보여준다. 즉, 유핵 질상피세포는 발정출혈이 시작하기 전은 약 90%의 개에 출현하지만, 발정전기에 들어가면 감소하고 중기에 70~60%로 되며, 발정기의 초기에 약 20%로 저하하지만 중기부터 서서히 증가해 발정 종료시에는 90%로 회복하고, 그 후 그 수치를 유지한다.

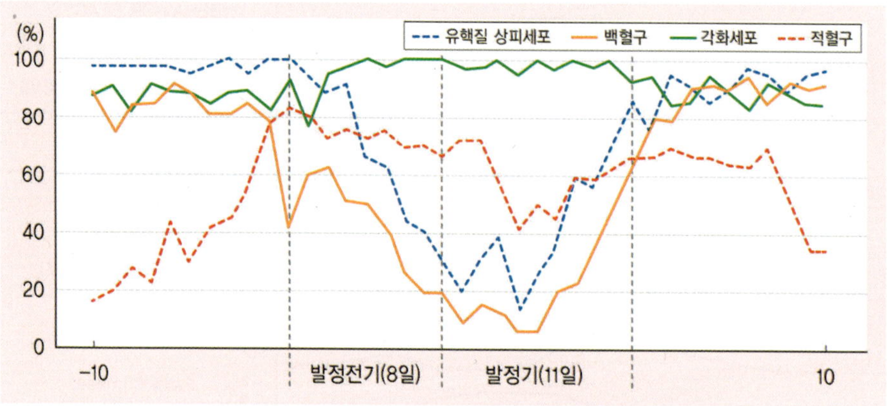

그림 4-9 개의 질구 중에 나타나는 각종 세포 출현율

출처: 고대환 등(2022).

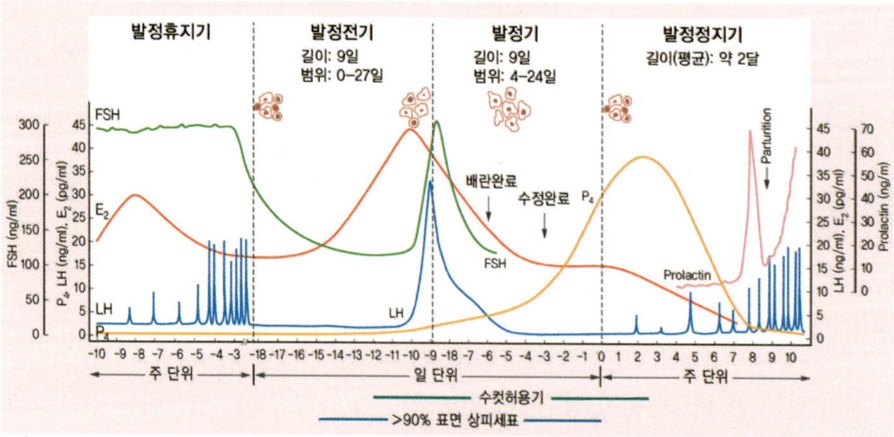

그림 4-10 개의 발정주기 중 수컷 허용시기와 질 내 상피세포의 변화

출처: 정덕수 등(2004).

각화세포는 항상 85~100%로 개에서 출현한다. 백혈구는 발정전기에 들면 감소하고 중기에 50% 최종일에는 19%로 저하해 발정기의 중기까지 이와 같이 낮은 값을 유지하며 그 후 급증한다. 적혈구는 발정출혈이 시작하는 10일 전에 16%로 출현하며, 그 후 급증해서 발정전기의 제1일에 약 80%로 달하고, 그 후 점차 감소해서 발정기의 중기에 50~40%로 저하하고, 후반부터 다시 증가해서 발정종료 후 7일까지 약 65%로 출현해 그 후 감소한다. 이상의 세포성분의 출현시기와 길이는 관찰한 개의 대부분의 것에 거의 공통한 것이기 때문에 개에서는 질구검사에 의해서 발정전기~발정기 및 그 길이를 아는 것이 가능하다.

표 4-5는 승가 허용 후 시간경과에 따른 배란을 나타내는 개체수를 조사한 것으로 승가 허용 후 60시간 때에는 81%의 배란율을 나타냈으며, 72시간 이후부터 96시간까지는 100%의 개체가 배란 된 것으로 나타났다.

표 4-5 승가허용 후 시간별 개의 배란율

허용개시 후 시간	배란전(例數)	배란전(예수)	배란종료(예수)	배란예수/관찰예수(%)
36	4	0	0	0
48	15	8	6	49
60	17	34	40	81
72	0	0	4	100
84	0	0	3	100
96	0	0	2	100

출처: 고대환 등(2022).

(3) 발정 휴지기

개와 달리 다른 동물에서는 발정기 바로 뒤에 배란 후 황체가 발육하기까지의 기간에 해당하는 2~3일의 발정 후기가 계속되고, 잇달아 발정 휴지기로 이행하지만, 개에서는 배란이 발정기의 초기에 일어나기 때문에 발정 후기는 실질적으로 발정기 중에 포함되어 있으며, 발정 후기를 나타낼 수가 없다. 따라서 발정기의 후에 발정휴지기로 들어간다.

이 시기는 발정출혈이 멈추어 수컷을 허용하지 않고 나서부터 약 2개월의 기간을 가리킨다. 난소에서는 배란한 자리에 황체가 형성되어 약 1개월간의 기능을 발휘한 후 서서히 퇴행한다. 외음부의 종대, 충혈은 보이지 않는다. 질구 중에는 유핵 질상피세포와 백혈구가 다수 인정된다.

(4) 비발정기 또는 무발정기

개는 발정 종료 후 약 2개월부터 다음 발정기까지의 기간으로써 대개 4~8개월간이다. 난소에는 기능적인 황체도 난포도 존재하지 않는다. 개는 단발정 동물로써 긴 비발정기를 갖고 있기 때문에 다발정 동물과 같은 성주기의 길이를 표시할 수는 없지만, 발정의 발현 간격을 성주기의 길이로 한다면 대개 6~10개월이다. 이 기간은 일반적으로 소형개 종에서는 짧고, 대형개 종에서는 길다. 그 장단은 이 비발정기의 길이에 따라 결정된다.

3) 배란과 교배

개의 난소의 주기적 변화를 도식적으로 표시하면 **그림 4-11**과 같다. 연중 2회의 발정기 중에 난포 및 황체의 변화에 대한 모식도를 나타내고 있다. 배란은 일반적으로 발정 초기, 즉 발정의 제1~3일째에 일어나는 것으로 알려져 있다. 배란 직전 성숙난포의 직경은 약 6mm이다.

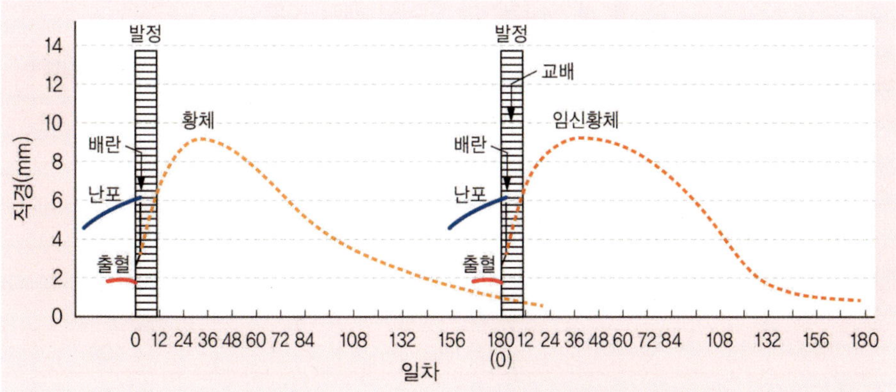

그림 4-11 개의 연중(2회) 발정주기 모식도

출처: 고대환 등(2022).

발정 개의 임신유지 호르몬의 농도는 중요하다. 개의 한 발정기에 있어서 배란 수는 일반적으로 수 개~십 수개로 알려져 있으며, 소형개는 적고, 대형개는 많다. 이는 출산시 새끼 수에도 영향을 미친다. 개의 배란은 프로게스테론 농도 4~5 ng/mL 전후에서 일어나며, 난자가 배란된 후 1~2일이 지나서 성숙되기 때문에, 수정적기 시점은 배란 이후 약 48시간으로 수정 시기를 정확히 맞추기 위해 혈중 프로게스테론 농도 측정이 매우 중요하며, 번식견에서는 이 수치를 기준으로 인공 수정(AI) 시기 결정에 사용된다(표 4-6).

표 4-6 발정 개의 임신유지 호르몬(Progesterone) 농도

P4 농도 (ng/ml)	배란일 추정	수정 최적기*	배란일부터 분만일 추정
1.0~1.9	+2days	+4days(3~6)	+63(62~64) days
2.0~3.9	+1days	+3days(2~5)	+63(62~64) days
4.0~10.0	0days	+1days(1~4)	+63(62~64) days

* 1회 수정 추천; 최적 수정일에 수정이 만약 불편하다면 다른 날을 맞추면 됨.

출처: Johnson(1995). Theriogenology. 195-203.

표 4-7 실험견에 있어서 배란 상황

허용개시 후 시간	배란전(例數)	배란중(例數)	배란종료(例數)	배란예수/관찰예수 (%)
36	4	0	0	0
48	15	8	6	49
60	17	34	40	81
72	0	0	4	100
84	0	0	3	100
96	0	0	2	100

출처: 筒井 등(2000).

또한 **표 4-7**에서는 실험견을 배란 직전에 교배시킨 뒤에 배란 후 24시간 간격으로 난관 내의 난자를 조사한 결과 개의 난자는 난모세포로 배란되어 그 후 48~72시간 지나 난관하부에서 제 1극체를 방출하고 난낭세포(제2난모세포)로 되어 성숙해 수정능을 획득한다.

더욱이 실험견 64례를 배란 전과 후 132시간 사이에 12시간 간격으로 구분해서 어느 한 곳에 1회만 교배시켜 수태의 유무를 조사한 결과 수태 가능한 교배기간은 배란 전 54시간(허용개시)부터 배란 후 108시간까지 약 7일간으로 다소 긴 것으로 판명되었다(그림 4-12).

	-60	-36		-12		배란	12		36		60		84		108		132 시간
교미例數		5	4	2	7	6	6	8	1	2		5	3	3	6	4	2
수태例數		4	4	2	7	6	5	7	1	2		5	2	2	6	1	0

(배란 후 경과시간)

그림 4-12 개에 있어서 교미시간과 수태율과의 관계

출처: 筒井 등(2000).

그림 4-13은 발정시 자궁경의 변화에 대한 그림이다. 발정이 오면 자궁경도 열리게 된다.

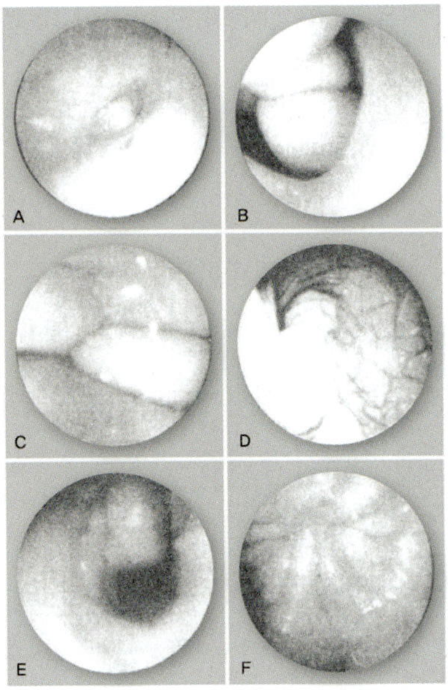

그림 4-13 수정적기에 따른 자궁경의 변화(Johnston 등, 2001)

4) 위임신

개의 위임신(pseudopregnancy, false pregnancy)은 실제로 수정이나 임신이 이루어지지 않았음에도 불구하고, 신체적으로나 행동적으로 임신을 했을 때와 유사한 증상들이 나타나는 현상을 말한다. 특히 발정 후 luteal phase(황체기)에 발생하며, 임신견처럼 유선이 발달하고 유즙을 분비하거나 분만행동을 모방하는 특징을 보인다.

개는 고유하게 배란 후 황체가 퇴화하지 않고 비교적 긴 기간(약 60~70일간) 유지되는 종이다. 이는 실제 임신 여부와 관계없이 황체 호르몬(주로 프로게스테론)의 분비가 일정 기간 지속된다는 것을 의미한다.

- **정상적인 비임신 황체기의 특징**: 배란 후 황체에서 프로게스테론이 분비되어 자궁 환경을 임신에 대비한 상태로 유지하고, 약 2개월 후 황체가 자연 퇴화하며 프로게스테론 수치 감소하며, 이어서 프로락틴(prolactin) 수치가 상승하는 이 시점에서 위임신 증상이 유발된다.

- **위임신 발생 기전**: 개는 임신 여부와 관계없이 발정기 후 황체가 일정 기간 유지되며, 프로게스테론(Progesterone)이라는 임신 유지 호르몬을 분비하는데, 이 호르몬은 임신이 되었을 때는 자궁 내 착상과 임신 유지를 위해 꼭 필요하지만, 임신하지 않아도 약 60일 이상 유지되기도 한다.

일정 시간이 지나면 황체가 자연 퇴화하며, 혈중 프로게스테론 농도가 급격히 감소하는데, 이 변화는 임신 종료나 분만과 유사한 내분비 환경을 유도하게 된다. 프로게스테론이 낮아지면, 뇌하수체에서 분비되는 프로락틴(Prolactin)의 상대적 농도가 증가되면서 유선(젖샘)을 자극하여 유즙 생성을 유도하며, 동시에 모성 행동을 유발하는 것이다.

대부분의 위임신은 보통 몇 주 후 자연적으로 호르몬 균형이 회복되어 증상이 사라지지만, 증상이 심할 경우 수의학적 조치가 필요할 수 있다. 반복적 위임신이 개의 스트레스를 유발하거나 모성 행동이 병적으로 강화될 경우 불임 수술(중성화, ovariohysterectomy)은 반복적인 위임신 발생을 방지하는 가장 확실한 방법으로 추천된다.

5. 발정주기에 따른 생식기의 변화

1) 난소의 주기적 변화

난소는 생식 세포인 난자(Ovum)를 생산하고, 암컷 호르몬(에스트로겐과 프로게스테론)을 분비하여 생식 주기를 조절한다. 소, 말 등의 대동물에서는 직장검사에 의해 난소를 촉진하는 것이 가능하므로 난포의 발육, 배란 및 황체수명 등 난소의 주기적 변화를 추적할 수가 있다. 동물에 있어서 성숙 난포의 배란 모식도는 **그림 4-14**와 같다.

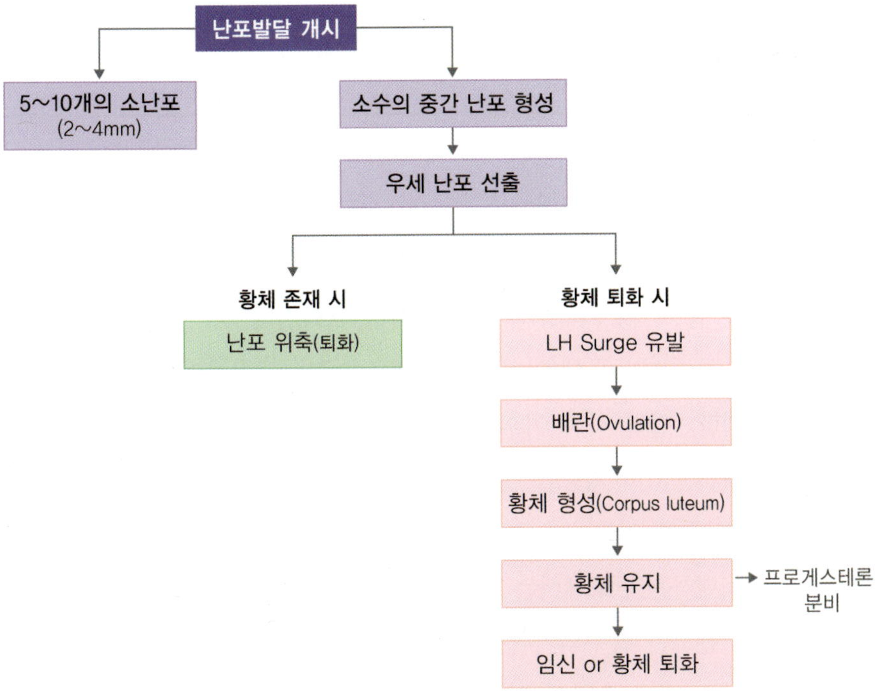

그림 4-14 성숙 난포의 배란 과정

일반 동물들의 발정기에 발육, 성숙한 난포의 수 및 배란 직전의 성숙난포의 직경은 다음 **표 4-8**과 같다.

표 4-8 동물의 난포수 및 성숙난포의 직경

동물종	난포 발육 수 (성숙기)	배란 난포 수	성숙 난포 직경 (배란 직전)	발정주기
소 (Cattle)	10~20개 중 1개가 우세	1개 (단배란)	약 15~20mm	약 21일
말 (Mare)	수 개의 난포 → 1개 우세	1개 (단배란)	약 35~50mm	약 21일
돼지 (Sow)	수십 개 발달	10~20개 이상 (다배란)	약 6~10mm	약 21일
개 (Dog)	다수 발달 → 5~15개 배란	5~15개 이상 (중형견 기준)	약 4~8mm	6개월~1년
고양이 (Cat)	다수 난포 발달 가능	3~7개 이상	약 2~5mm	계절성 다발정

개, 돼지 등 다태동물은 발정기에 수 개~수십 개의 난포가 동시에 성숙하며 여러 개의 난포가 동시에 배란된다. 개의 경우 평균적으로 5~15개 정도의 난자가 배란되고, 이는 품종, 체구, 영양 상태에 따라 달라진다.

소, 말, 면양 등 단태동물에 있어서도 발정초기에는 2~3개의 난포가 발육하는 것이 간혹 있지만, 일정 시점 이후 1개의 우세 난포만 성장하여 배란에 이르고 다른 것은 폐쇄(퇴행)되며 기능을 상실한다. 난포의 퇴행은 과립막세포의 위축과 난포액의 흡수를 통해 일어난다. 과립막세포는 본래 에스트로겐을 분비하는 역할을 담당하나, 퇴행하는 난포에서는 호르몬 생산이 중단되며 세포가 위축되고 결과적으로 퇴화한 난포는 흡수되거나 섬유조직으로 대체된다.

배란 직후 난포 내에 출혈이 일어난다. 이것을 출혈체라고 부르며, 소, 면양 등은 비교적 작지만, 말, 돼지 등은 상당히 크다. 따라서 난포벽의 세포는 그 세포질에 황색색소 lutein을 함유한 지질과립을 가진 대형의 황체세포로 변화하며, 이것이 급속하게 강의 중심으로 향해서 종식하고, 혈관이 새로 생기고 잇달아 난포강 내를 충전시켜 구형~난원형의 황체를 형성한다.

황체세포의 형성은 배란 후 2시간경부터 시작된다고 알려져 있다. 황체세포의 기원에 관해서는 난포벽의 과립막세포에 유래한다는 설, 난포막 내층세포라고 하는 설 및 이 양자에서 발생한다는 설이 있지만, 난포막 내층세포라고 하는 설이 유력하다. 황체는 보통 소, 면양에서 배란 후 7~8일, 말에서 12일, 돼지에서 12~13일에 완성해 최대의 크기에 이르러 progesterone 분비활동을 계속한다. 이 황체의 활동기간을 황체 개화기라고 하고, 이 기능적 황체를 개화기 황체라고 한다.

임신하면 황체가 유지되어 지속적인 프로게스테론 분비되고, 임신 실패 시 황체는 일정 시점 이후 퇴행을 시작한다.

이 황체의 퇴행은 보통 소에서는 배란 후 14~15, 개 14~15일, 말 14일, 면양 12~14일로 그 후는 급속하게 퇴화해서 기능을 상실하게 한다.

퇴행기의 황체에서는 황체세포의 세포질에 공포한 부분이 생기고 핵은 농축하며, 황체세포 사이에 결합조직이 들어가 증식하며, 황체세포는 위축함과 동시에 수도 현저하게 감소하고 이와 더불어 황체는 축소된다. 황체는 퇴행과 더불어 본래 황체의 색감을 상실하고 회백색의 적은 백체로 되어 남았다가 서서히 소멸되는 과정을 보인다.

2) 부생식기의 주기적 변화

(1) 난관(Oviduct 또는 Fallopian Tube)

난관은 배란된 난자를 흡입하여 수정이 일어나고, 초기 배(배아)가 자궁으로 이동하기까지의 매우 중요한 통로이다. 난관점막의 상피세포는 발정기에 상당히 높아지고, 황체기에는 낮아진다. 또한 발정기에는 점막으로부터 분비액이 증가하고 황체기에는 감소한다. 난관의 운동은 발정기에는 난소에서 분비된 에스트로겐의 작용으로 난관 평활근의 수축이 활발하게 되고, 배란된 난자가 난관 팽대부로 흡입되어 이동하며, 난관 내 난자-정자 접촉과 수정이 이루어지기 위한 운동 조율이 활성화된다. 황체기가 되면 progesterone의 영향으로 난관 운동성 감소되고 수정란의 자궁 진입을 조절하기 위한 준비 상태가 된다.

난관과 자궁의 이행부, 즉 자궁난관 접속부(Utero-tubal junction)는 발정기인 estrogen이 우세한 시기에는 견고하게 폐쇄되어 수정란을 함유한 난관액의 자궁 내 진입이 저지된다. 배란 후 황체가 형성되어 부생식기가 estrogen의 지배로부터 progesterone의 지배로 옮기면 이 폐쇄가 해제되어 수정란 또는 배의 자궁 내 진입이 가능해진다.

(2) 자궁

자궁내막의 상피세포는 난포기에는 낮은 단층의 원주상을 이루지만, 황체기에는 높은 원주상을 이루고 증식해서 여러 층으로 된다. 황체기에는 자궁내막 자체도 비후해서 두께가 증가한다. 자궁선은 난포기에는 직선적으로 달리고 있지만 배란 후는 나선상을 이루고 황체기에는 복잡하게 분지해서 합쳐진 구조로 되고 점액의 분비를 활발하게 한다. 자궁액은 경관, 질점액처럼 다량은 아니지만 발정전기부터 발정기에 증량해 물모양으로 된다. 황체기에는 점액성이 증가되고 농후해진다. 자궁액은 정자의 수정능 획득과 배의 착상까지의 영양에 대해 중요한 역할을 갖고 있다. 자궁근은 발정기에는 estrogen의 작용에 의해서 긴장하고 연동운동이 항진한다. 대동물에서는 직장검사에 의해서 자궁을 촉진하면 발정기에는 강한 수축이 일어나서 탄력 있는 원주상으로 되어 있는 것을 알 수 있다. 또한 교미 때에 성적자극에 의해서 자궁의 운동이 항진하고 이것이 정자의 상행을 돕는 것으로 알려져 있다.

소에서는 발정종료 후에 점액에 혼입되어 외음부로부터 출혈이 보이며, 이를 소위 "소의 월경"이라고 부르며, 그 출혈률은 미경산우가 높고 경산우에서는 낮다. 이 출혈은 자궁내막에서 일어나기 때문에 발정기에 estrogen의 작용에 의해서 충혈 확장해 있던 자궁소구 부분의 모세혈관으로부터 혈액이 흘러나오고, 더욱

이 자궁소구 사이의 점막에서는 모세혈관이 파열되어 출혈이 일어나고 이것이 분비액과 함께 경관을 통해서 유출한 것이다. 자궁내막에서 이런 종류의 출혈은 개(발정전기)에서도 나타나지만 사람과 원숭이에서 보이는 황체퇴행기에 일어나는 내막탈락에 따른 출혈인 월경과는 본질적으로 다른 것이다(그림 4-15).

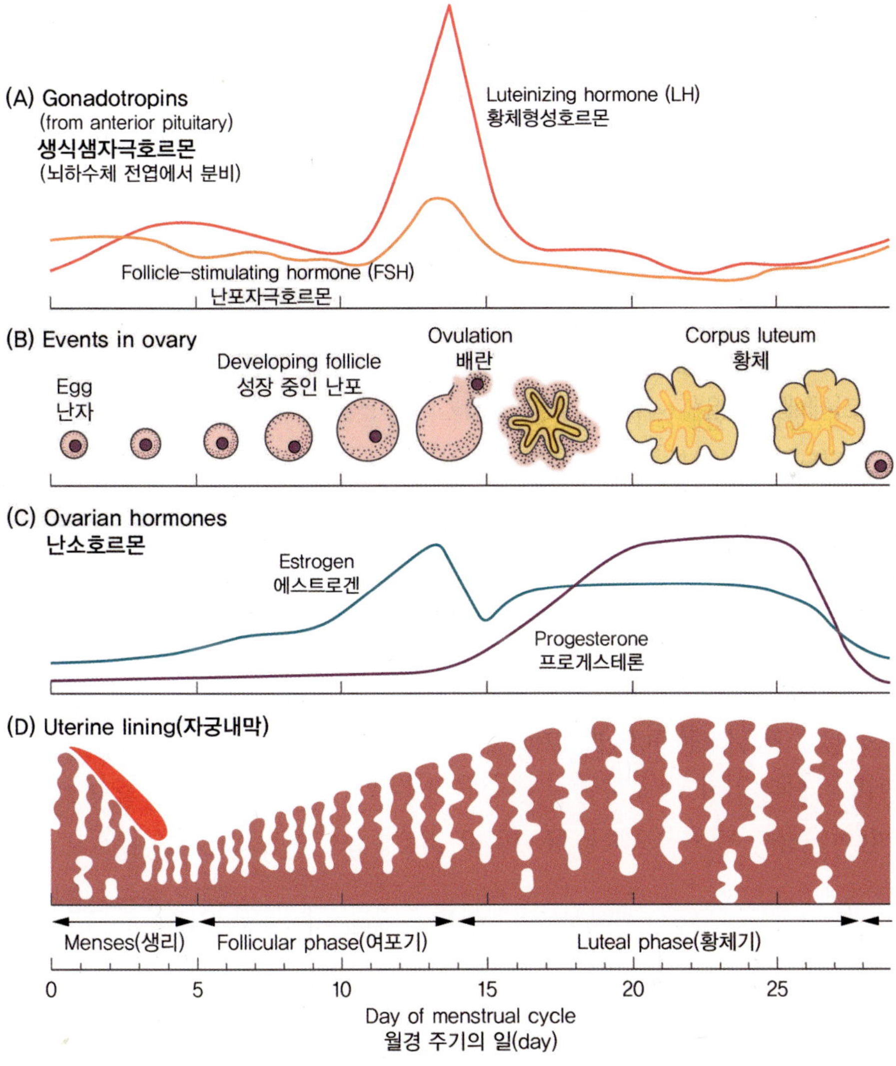

그림 4-15 성주기에 따른 호르몬 변화(A), 난소 변화(B), 난소 호르몬 변화(C), 자궁벽의 변화(D)

출처: 김옥진(2024).

3) 자궁경관

개의 자궁경관은 발정 전기부터 충혈이 나타나 이완이 시작된다. 발정기에 들어가면 충혈, 종창, 이완이 확실하게 되고, 경관은 확대해 자궁외구는 개구한다. 발정기에는 경관점막으로부터 다량의 점액을 분비하지만, 그 주성분은 뮤코성 당단백질이다. 소, 말, 면양, 산양 등의 발정기의 경관점액을 slide grass에 도말해서 건조하면 특유의 양치상 또는 우모상의 결정이 형성되어 있다. 발정주기 중 경관의 변화는 아래 그림을 참고 할 수 있다(그림 4-16).

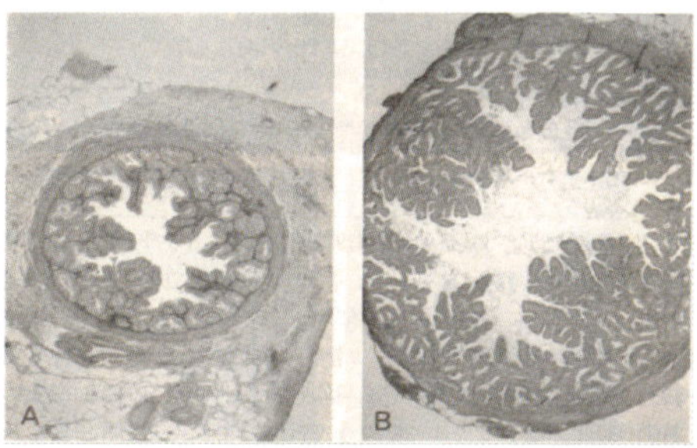

A: 발정 전기 3일째에 절제된 난소에서 상피세포의 비대를 가진 난관
B: 발정기 3일째에 절제된 난소에 점막주림이 증가된 수를 가진 난관

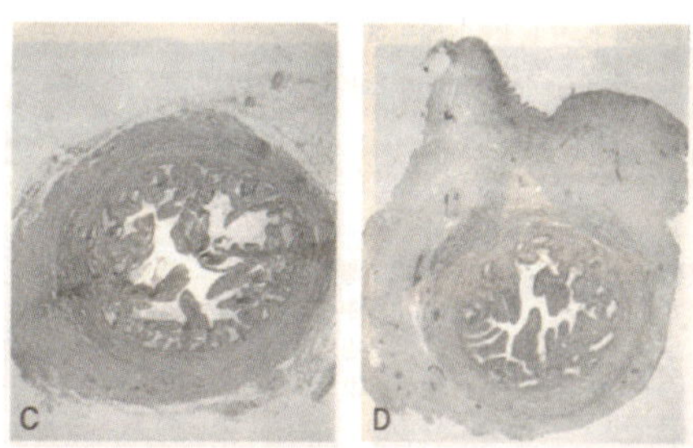

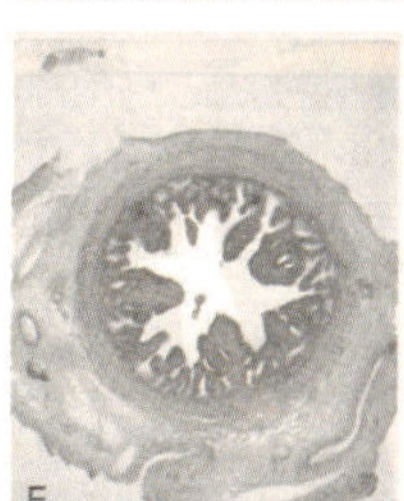

C: 발정기 개시 후 12일째에 절제된 난소에서 많은 점막주름을 가진 난관
D: 발정기 개시 후 28일째에 절제된 난소에서 위축되고 다소 점막주름이 줄어든 것을 가진 난소
E: 무발정기 동안 절제된 난소에서 최소한의 점막주름을 가진 난관

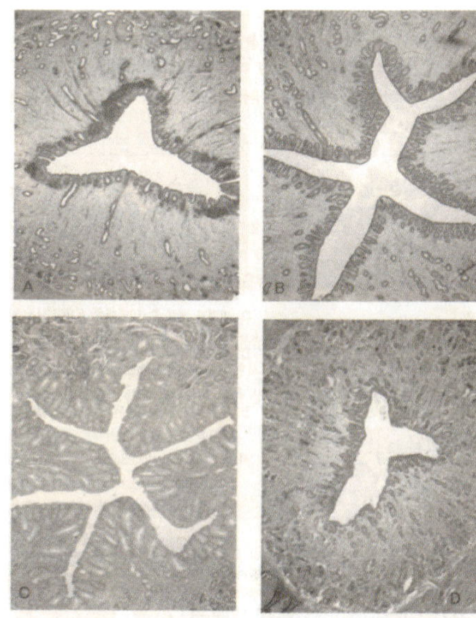

A: 발정 전기 3일째에 난소가 절제된 암캐에서 상피세포의 비대를 가진 난관
B: 발정기 3일째에 난소가 절제된 암캐에서 이전 단계에 비해 점막주름의 증가된 수를 가진 난관
C: 발정기 개시 후 12일째에 난소가 절제된 암캐에서 많은 점막주름을 가진 난관
D: 발정기 개시 후 28일째에 난소가 절제된 암캐에서 위축되고 다소 점막주름이 줄어든 것을 가진 난관

자료: Johnston, S. D(1981). Steroid regulation of the canine uterus PhD. thesis, university of Minnesota.

그림 4-16 발정기 동안 암컷 난관의 조직적 변화(Johnston 등, 2001)

이것은 점액 중의 NaCl이 발정기에 특유의 고점성 물질과의 양적 관계부터 결정화된 것으로써 이 결정의 검출은 특히 소에 있어서 발정기 판정의 보조 수단으로 이용된다. 황체기에 들면 경관의 충혈, 종창은 없어지고 약간 닫힌 상태로 되고 관강은 전조 농후한 점액으로 봉쇄되고 자궁외구부는 긴축된다.

그림 4-17 암컷의 발정신호

Chapter

05

반려동물 교배와 인공수정

반려동물의 번식 관리에서 교배(natural mating)와 인공수정(artificial insemination, AI)은 중요한 역할을 한다. 교배는 자연적인 생식 행위를 통해 수정이 이루어지는 방식이며, 인공수정은 수컷의 정액을 채취하여 인위적으로 암컷의 생식기에 주입하여 수정시키는 방법이다. 이 두 방법은 품종 보존, 번식 효율 향상, 유전 질환 관리, 질병 예방 측면에서 매우 중요한 기술이다.

1. 종견의 선발과 관리

지구상에는 약 500여 종의 개 품종이 존재하며, 이는 오랜 세월 동안 인간의 필요에 의해 다양한 환경과 목적에 맞춰 선택적으로 개량된 결과이다. 이러한 품종들은 크기, 체형, 모색, 털의 길이, 성격, 지능, 용도(사냥, 경비, 반려 등) 등에서 매우 다양한 특징을 보인다.

세계 최초의 켄넬클럽으로, 전 세계 다른 켄넬클럽의 모델이 된 영국 켄넬클럽(KC: Kennel Club)과 미국애견협회(AKC: American Kennel Club) 세계적으로 영향력 있는 반려견 단체로, 현재까지 각각 200여 종 이상의 품종을 공인하고 있다. 이 협회에서는 품종별 표준(standard)을 정의하며, 혈통, 외형, 행동 특성 등에 따라 견종을 분류하고 등록하고 있다. 국제애견연맹(FCI: Fédération Cynologique Internationale)는 전 세계 애견 단체들의 연합기구로 약 100여 개국 이상의 국가 켄넬클럽이 가입되어 있으며, 각국의 공식 견종 표준을 인정하고, 국제적인 혈통 인정을 가능하게 하며, 회원국의 품종 표준을 공식적으로 채택하며, 도그쇼 우승 기록을 국제적으로 인정하고 있다. 우리나라는 FCI 공인 도그쇼를 한국에서 주관 가능하며, 혈통서도 FCI 국제 인증으로 통용되는 한국애견연맹(KKC: Korea Kennel Club)과 국내 자체 기준에 따라 활동하는 한국애견협회(KA: Korea Association of Pet Dogs)가 있다. 반려견용으로 사육되는 견종은 50여 종에 이르며 그 중 반려견 가정에서 키우는 개의 종류는 대략 20여 종이다. 개의 수명은 품종, 생활환경, 유전적 요인 등에 따라 달라지지만, 일반적으로 12~20년이다. 소형견이 대형견보다 수명이 긴 경향을 보이며, 규칙적인 운동과 건강한 식습관, 정기적인 백신 접종과 구충이 장수에 중요한 영향을 미친다. 개의 체세포 염색체 수로 2n=78이며, 그 중 38쌍은 상염색체(autosome), 1쌍은 성염색체(sex chromosome)이다. 개는 육식동물의 특성을 반영하여 예리한 송곳니와 발달된 앞어금니를 가지고 있는데, 영구치 치식은 상악(윗턱)은 3(절치)+1(송곳니)+4(앞어금니)+2(어금니)이고 하악(아랫턱)은 3(절치)+1(송곳니)+4(앞어금니)+3(어금니)으로 총 42개의 치아를 가지고 있다. 이 치식 구조는 먹이를 자르고 찢는 데 최적화되어 있으며, 건강한 치아는 영양 섭취와도 직결되므로 반려견 관리에서 중요한 요소이다. 발가락은 보통 앞발이 5개, 뒷발이 4개이다. 앞발의 다섯 번째 발가락은 보통 땅에 닿지 않으며, 이를 '이슬 발톱(dewclaw)'이라 부른다. 일부 견종에서는 뒷발에도 이슬 발톱이 존재하며, 특히 초대형견이나 목양견 품종에서는 양쪽 뒷다리에 2개씩 이슬 발톱이 있는 경우도 있다. 그러나 이 이슬 발톱은 퇴화되었거나 사용 빈도가 낮아, 외상 위험 예방 차원에서 제거 수술을 하기도 한다.

1) 개의 기원과 조상

오늘날 인간과 함께 살아가며 반려동물로 사육되는 개(Canis lupus familiaris)는 식육목(Carnivora) 개과(Canidae)에 속하는 동물이다. 이들은 자연계에서 함께 분류되는 늑대(wolf), 재갈(jackal), 여우(fox) 등과 공통 조상을 가진 종으로 알려져 있으며, 분류학적으로는 다음과 같은 계통을 형성한다.

동물계(Animalia) → 척삭동물문(Chordata) → 포유강(Mammalia) → 식육목(Carnivora) → 개과(Canidae) → 개속(Canis) → 회색늑대(Canis lupus) 종으로 알려져 있으며, 아종으로 집개(Canis lupus familiaris)를 형성한다(그림 5-1).

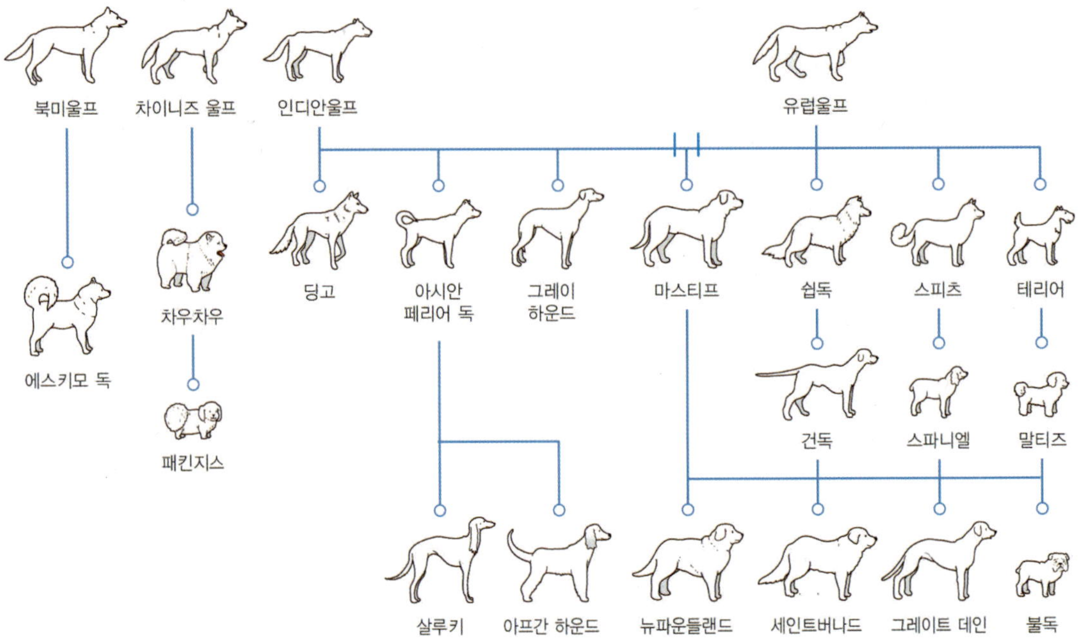

그림 5-1 개의 조상 및 기원

개과에 속하는 동물들은 사냥에 적합한 체형, 먹이를 물기에 적당한 치아, 강력한 턱, 예민한 후각 및 청각을 갖고 있다.

개(Canis lupus familiaris)는 오늘날 인간과 가장 가까운 관계를 유지하는 반려동물이지만, 그 기원에 대해서는 아직까지 명확한 단일 증거는 존재하지 않는다. 그러나 고고학적 발굴 자료와 유전자 분석을 종합하면, 최초의 개는 약 1만 2천 년~1만 4천 년 전 유라시아에서 축화되었을 가능성이 높다는 것이 일반적인 학계의 견해이다.

244 DOMESTIC DOG BREEDS

CZECH WOLFDOG

Thin, short, erect, triangular ears are very mobile

Thick undercoat develops in winter under straight, close topcoat

Eskimo Dogs have benefited from periodic, unplanned introductions of Carpathian Timber Wolf blood, and with that in mind, Czech breeders produced this compact, wolf-like breed. The experiment has not been entirely successful – the Czech Wolfdog needs an extremely firm, patient hand in training. It bonds well to its handler, but not to others, and is not suitable for police work. Some individuals are afraid of strangers. However, the Wolfdog is a lively breed, with a rather pleasant howl (and a less pleasant whine).

Chest is well muscled, roomy, and pear shaped

Belly is taut and tucked up

BREED HISTORY Breeders have always been fascinated by the relationship between the dog and the wolf. In 1955, crossbreeding between the German Shepherd Dog and the Carpathian Timber Wolf began, with the intention of improving the German Shepherd's working ability. This resulted in the Czech Wolfdog, which received recognition in 1982.

KEY FACTS

COUNTRY OF ORIGIN Czech and Slovak Republics
FIRST USE Improving dog stock
USE TODAY Companion
LIFE EXPECTANCY 10–12 years

WEIGHT RANGE
44–77 lb (20–35 kg)
HEIGHT RANGE
24–29.5 in (60–75 cm)

SAARLOOS WOLFHOUND

Head is slightly arched between ears

This uncommon Dutch breed is easier to train, more amenable to urban life, and more responsive than the Czech Wolfdog. This is probably due, in part, to its longer history of selective breeding, but also because the pack-oriented Canadian Timber Wolf, rather than the lone-hunting Carpathian Wolf, has been included in its genetic background. However, this breed manifests a wolf-like wariness and, like its Czech counterpart, can be shy.

Broad, powerful neck

BREED HISTORY In 1921, a Dutch breeder, Leendert Saarloos, began a lifelong experiment to improve trainability in the German Shepherd Dog by introducing wolf blood. Although trainability was not improved, this breed was recognized in 1975.

Densely feathered, sable-colored tail is set low

Coat is harsh and not too long, with dense undercoat

Long legs, with feet turning slightly outward

KEY FACTS

COUNTRY OF ORIGIN The Netherlands
DATE OF ORIGIN 1920s
USE TODAY Companion
LIFE EXPECTANCY 10–12 years

WEIGHT RANGE
79–90 lb (36–41 kg)
HEIGHT RANGE
24–29.5 in (60–75 cm)

그림 5-2 개의 조상인 늑대와 가장 유사한 늑대개 (Bruce Fogle. 1995)

개는 현생 인류(Homo sapiens)의 이동 경로를 따라 유라시아 전역, 아프리카, 북미 등으로 함께 퍼져 나갔다. 이는 단순한 가축화(domestication)를 넘어서 인간과의 상호의존적 진화(co-evolution) 과정을 의미한다. 인간은 개에게 먹이와 보호를 제공하고, 개는 인간에게 감시, 사냥 보조, 경비, 따뜻함 제공 등 다양한 실용적 이익을 안겨주며 상호 유익한 관계를 유지해 왔다.

2) 종견의 품종 및 특성

(1) 크기에 따른 분류

개는 일반적으로 체중과 어깨높이(체고, withers height)를 기준으로 소형견(Small), 중형견(Medium), 대형견(Large), 초대형견(Giant)으로 분류한다(표 5-1).

표 5-1 크기에 따른 개의 분류

분류	체중 기준	체고 기준	대표 품종
소형견	~10kg 이하	~30cm 이하	말티즈, 치와와, 요크셔테리어, 포메라니안, 시추, 토이 푸들
중형견	약 10~25kg	약 30~50cm	코커스패니얼, 비글, 보더콜리, 셰틀랜드쉽독, 미니츄어 푸들
대형견	약 25~40kg	약 50~70cm	골든리트리버, 래브라도리트리버, 도베르만, 시베리안 허스키, 스탠다드 푸들
초대형견	40kg 이상	70cm 이상	세인트버나드, 마스티프, 그레이트데인, 뉴펀들랜드

(2) 주요 품종

품종의 분류는 국가마다 조금씩 차이가 있지만 AKC(American Kennel Club)는 2025년 기준으로 약 200여 개의 공인 견종을 다음과 같은 7개 그룹(그룹 7 + Foundation Stock Service)으로 분류하였는데, 각 그룹은 용도, 역사, 성향, 외형적 특징 등을 기반으로 나누어진다.

① **스포팅 그룹**(Sporting Group)

- **기능**: 사냥 시 조류 탐지 및 회수, 물속 작업에 강함
- **대표 품종**: 골든 리트리버, 래브라도 리트리버, 코커 스패니얼, 비즐라
- **특징**: 친화력 강하고 훈련이 잘 됨, 에너지 수준 높음

② **하운드 그룹**(Hound Group)

- **기능**: 후각이나 시각으로 추적, 사냥 보조

- **대표 품종**: 바셋 하운드, 비글, 아프간하운드, 블러드하운드
- **특징**: 탐색 본능 강하고 독립심이 있음

③ **워킹 그룹**(Working Group)

- **기능**: 경비, 썰매 끌기, 구조 작업 등
- **대표 품종**: 시베리안허스키, 복서, 도베르만, 마스티프, 세인트버나드
- **특징**: 체격 크고 강인함, 보호본능 강함

④ **테리어 그룹**(Terrier Group)

- **기능**: 설치류 사냥, 굴 파기 작업
- **대표 품종**: 불테리어, 웨스트하일랜드 화이트 테리어, 에어데일 테리어
- **특징**: 용맹하고 독립심 강하며 고집이 센 편

⑤ **토이 그룹**(Toy Group)

- **기능**: 반려 목적
- **대표 품종**: 치와와, 말티즈, 포메라니안, 요크셔테리어, 퍼그
- **특징**: 작고 귀엽고 실내용 반려에 적합, 사회성 좋음

⑥ **논스포팅 그룹**(Non-Sporting Group)

- **기능**: 명확한 실용 기능은 없으나 다양한 외형과 성향
- **대표 품종**: 푸들, 불도그, 비숑 프리제, 샤페이, 달마시안
- **특징**: 다양성이 극대화된 그룹(크기 · 털 · 성격 모두 상이)

⑦ **허딩 그룹**(Herding Group)

- **기능**: 가축 몰이, 목양 보조
- **대표 품종**: 보더 콜리, 저먼 셰퍼드, 웰시 코기, 셰틀랜드 쉽독
- **특징**: 지능 높고 훈련 수용력 뛰어남, 활동량 많음

⑧ **보충: FSS**(Foundation Stock Service)

- **정식 그룹** 편입 전 단계의 등록 품종
- **목적**: 혈통 기록 유지, 추후 공인 품종으로의 승격 준비
- **예시 품종**: 아자와크(Azawakh), 러시안 토이, 카타후라 레오파드 도그 등

3) 종견(종모견/종빈견) 심사와 준비

(1) 유전적 요인 분석

① 종견(종모견/종빈견) 및 선대의 파악

우수한 자견을 번식시키는 데 가장 중요한 것은 종견(종모견/종빈견)의 선택이다. 종견(종모견/종빈견)의 선택이란, 당대의 우수성과 아울러 2~3대에 걸친 선대의 유전 정보를 통해 우수성을 파악하여야 한다.

이처럼 선대의 혈통을 파악하는 것은 혈통의 우수성이 단기적으로 형성되는 것이 아니라는 것을 뜻한다.

선대의 혈통이 불명확한 것은 당대가 아무리 우수하다고 할지라도 우수한 자견을 번식하는 데 있어서 확률상 높은 기대치를 가질 수 없으며, 아울러 예상치 못하게 결과가 나쁘게 나올 수 있으므로 신중을 기하여 선정하여야 한다. 그러므로, 혈통의 유전력은 결코 무시할 수 없으며, 설사 우수한 혈통을 가졌음에도 불구하고 당대가 부족한 점이 있다고 할지라도, 후손에는 좋은 결과가 나오는 것을 볼 때 안정된 혈통의 중요성은 재차 강조하여도 무리가 없을 것이다.

② 성품적인 요인

우수한 목적견을 양성하는 데는 무엇보다 중요시되는 것 중의 하나가, 우수한 성품을 지닌 것을 선발하여야 한다. 성품이란 “개가 본능적으로 지닌 고유의 성격을 말하는 것으로서, 선천적인 면과 후천적인 면으로 구분된다.”

일반적으로 선천적인 대담성과 활동성을 지닌 자견을 선발하기 위하여 종견의 상태를 파악하는 것이다. 후천적인 교육도 매우 중요하지만, 선천적으로 성품이 예민하거나, 이해력이 떨어지는 경우는 후천적으로 어느 정도는 보완은 가능하지만, 선천적으로 우수한 성품을 가진 자견에 비해 시간이 많이 소요될 수밖에 없는 것이다.

그러므로 종견(종모견/종빈견) 선정과정에서 성품적인 요인을 고려하여, 특별한 습관이나 편협적인 증상을 나타내는 것은 제외시키는 것이 바람직하다. 그리고, 아무리 선천적으로 성품이 우수하다고 할지라도 사회화 훈련을 하지 않고 낯선 환경에 처해진 경우에는 평상시와 다른 예민한 반응을 나타내게 된다. 이처럼 선천적인 면과 후천적인 면을 동시에 고려하여 다양한 환경에서 지속적인 훈련을 실시하는 것이 바람직하다. 아울러 사회화 적응 훈련은 어린 자견 시절부터 생후 1년 이내의 기간 안에 실시하는 것이 효율적이다. 이것은 생후 1년 이내에 개의 습성이 완성이 되어 평생 고정화되는 기간이기 때문이다. 사람의 경우도 어린 시절의 습관이 성인이 되어서도 쉽게 바뀌지 않으며, 특히 올바르지 않은 습관은 교정하기가 쉽지 않다. 그러므로 성품적으로 강하고, 자신감 있는 자견을 선발하기 위하여는 종견(종모견/종빈견)의 사회화가 원만하게 이루어진 것을 선발한다. 성격상 활발하며, 다른 환경에서도 거부반응이 없는 명랑한 성격을 지닌 자견을 선택하는 것이 중요하다. 그리고 일반적으로 동료 개체들이나, 다른 개체들 사이에서 리더가 될 수 있는 것이 대담성에서 우수하다고 판단된다.

③ 신체적 기준

신체적으로 가장 중요한 요인 중에서 해부학적인 면을 고려하지 않을 수 없다. 종견(번식개)을 선정하기 전에 고관절 검사를 실시하여 좌, 우 고관절 이형성이 있는지를 파악하여야 한다. 선천적인 고관절의 상태가 좋지 않은 경우에는 유전력이 강하므로 번식을 하지 않는 것이 원칙이다. 그리고 생후 1년 이내의 고관절 검사는 X-ray상 관절의 조임 상태가 정확히 나타나지 않으므로 1년 이후에 검사를 실시하고, 생후 2년이 된 시점에서 2차 검사를 실시하여 정확하게 판단하여야 한다. 아울러 주관절의 상태를 함께 파악하여 해부학적으로 아무런 이상이 없는 것을 선택하여야 한다.

④ 건강상 특이사항 고려

종견의 성품과 외적인 건강상태 외에도 중요한 질병적인 요인들을 검사하여 번식을 하는 데 있어 성공률을 높이는 것이 중요하다.

중요 질병 검사항목으로는 브루셀라증(Brucellosis), 정액검사(정자 수, 활동성[motility], 기형률 확인 등), 수장의 기능검사(생식선 기능 평가), 안과 질환(백내장, 위축[PRA], 눈꺼풀 기형 등), 면역 질환(자가면역 문제, 알레르기 질환 등) 등이 있으며, 종견으로 선정하기 전에 질병적인 결함이 있는지를 파악하여야 한다. 유전적인 질병의 요인이 있는 것은 별도로 수의사와 전문적인 상담을 실시하는 것이 좋은 방법이다.

(2) 종견(종모견/종빈견) 선발 기준

종견을 선발하는 경우에는 물론 개체의 선발이나 취급 시에 개 몸체 각 부위의 명칭을 알아둘 필요가 있다.

표 5-2 개의 각 신체 부위에 대한 정의

조사 항목	측정 부위
체장	양쪽 귀 사이의 중앙에서 체장선을 따라 미근부까지 거리
체고	어깨 상단에서 땅까지의 직선거리
흉위	앞다리 꿈치 바로 뒤의 몸 둘레의 길이(가슴둘레)
흉심	앞다리 꿈치 바로 뒤 부분의 가슴의 깊이를 측정
흉폭	앞다리 꿈치 바로 뒤 부분의 가슴의 폭을 측정
흉위	뒷몸의 제일 넓은 부위의 폭을 측정
전관위	앞다리의 관(管)의 제일 가는 부분에 둘레를 측정
후관위	뒷다리의 관(管)의 제일 가는 부분에 둘레를 측정

이는 심사기준의 이해와 심사에 많은 도움이 된다. 개의 몸 각 부위의 명칭과 정의는 **표 5-2**와 **그림 5-3**과 같다.

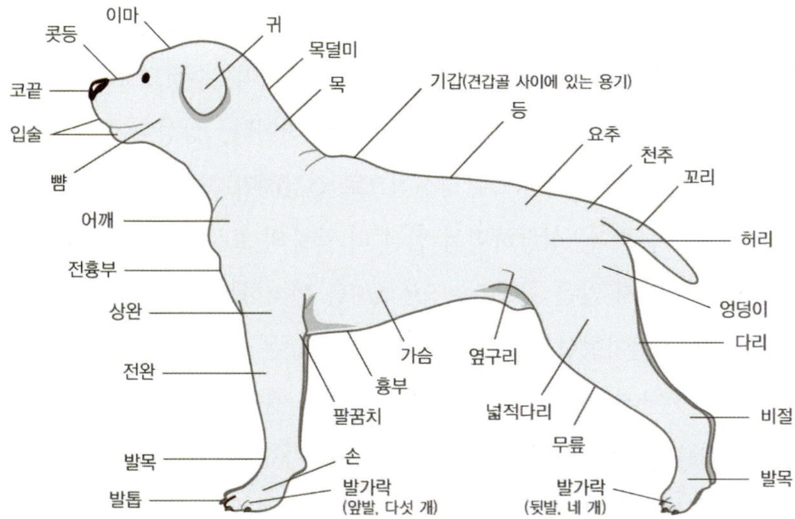

그림 5-3 개의 각 부위 명칭

① 번식용 암컷(종빈견) 선발 기준

훌륭한 자견을 얻으려 할 때 가장 중요한 것은 훌륭한 번식용 암캐이다. 정신적 · 육체적으로 건강한 강아지를 번식하는 것이 목적이고 번식이란 외모가 예쁜 강아지를 낳는 것 이상의 의미가 있다. 그러므로 번식용 암캐도 상기 내용을 참고하여 선정하며, 기본적으로 2회차 발정 이후에 임신을 하는 것이 건강상 무리가 없다. 최소 생후 6개월 이상이 지난 이후에 번식을 하는 것이 바람직하다. 조기 번식을 실시하는 경우, 정신적이나 육체적으로 암컷의 역할을 제대로 할 수 없거나, 강아지의 발육상태에도 좋지 않은 영향을 미치는 경우가 많다.

산자수(출산한 강아지의 숫자)를 고려하여 일반적인 사이즈보다 큰 것을 선호하며, 산자수가 많은 모견에서 출산한 암컷을 선택하는 것이 유리하다.

② 번식용 수컷(종모견) 선발 기준

번식용 암캐(종빈견)와 마찬가지로, 번식용 수캐(종모견) 또한 어떠한 품종, 질, 혈통이든지 다음 세대에 유전자를 물려주기 이전에 기본적인 기준을 만족시켜야 한다. 종모견(번식용 수캐)은 각 신체 부위의 내용을 파악하고 난 후에 정액량, 활동성, 생존율, 기형율을 검사하여 수의사와 상의하여 결정한다. 수컷으로의 활동하는 연령은 생후 2년이 경과한 시점부터 하는 것이 원칙이다. 성성숙이 되어야 하고, 중성화가 되지 않았고, 신체적으로 정신적으로 건강해야 하고, 이상적으로 성장과 발달이 성숙되어야 한다. 성장하면서 점점 더 품종의 표준과 멀어질 수도 있으므로, 성장이 다 끝나지 않은 종모견(번식용 수캐)을 번식하는 것은 바람직하지 않다. 예를 들면, 대퇴관절이형성, 진행성망막위축증과 같은 유전적인 질환은 중년 또는 노령견이 되기 전까지 나타나지 않는 경우도 있다. 종모견이 나이가 들고 더 많은 종빈견과 교배를 했더라도 아직까지 그런 문제를 가진 자견을 생산한 전력이 없다면 앞으로도 확률은 적어진다. 종모견(번식용 수캐)의 선택을 철저한 연구를 통해서 이루어져야 하고, 브리더는 모든 모견에게 맞춰진 완벽한 부견이란 없다는 것을 알아야 한다.

(3) 선발(심사)의 실제

① 감각에 의한 방법

개를 심사할 때는 눈으로 보는 심사가 가장 많이 사용되고 중요하므로 이와 관련 숙련을 하여야 한다. 심사에 능숙하려면 신체의 전체 혹은 각 부위를 정확히 관찰하고 사생도를 그려보며 혹은 체중, 체척 등을 실측치와 목측치로 비교해 보면서, 또 이러한 관찰, 그리기, 목록 등을 자주 반복한다.

② 심사는 반드시 현상(現狀) 심사일 것

개는 연령, 영양, 건강상태, 생리적 조건 등에 따라 체형상에 차이가 많으므로 심사할 때 나타나는 현상을 보고 심사해야 한다(표 5-3).

표 5-3 개의 자질 평가 기준

부위	등급	자질평가기준
일반 외모	A+	• 매우 잘 개량된 체장, 체폭, 체고
	A	• 잘 개량된 체장, 체폭, 체고
	B	• 잘 개량된 것
	C	• 보통 개량된 것
	D	• 조금 개량된 것
	E	• 매우 작은 개
머리와 목	A+	• 매우 길고 가늘며 충실한 것(머리에서 어깨까지 매우 매끈한 이행)
	A	• 어느 정도 길고 가늘며 충실한 것(머리에서 어깨까지 매끈한 이행)
	B	• 길고 가늘며 충실한 것(머리에서 어깨까지 좋은 이행)
	C	• 길고 충분히 가늘지만 좀 좋지 않음 충분히 가늘지만 너무 짧지는 않은 것. 충분히 길지만 너무 충만하지는 않은 것
	D	• 어느 정도 짧고 가늘지 않은 것
	E	• 짧고 충만한 것
몸의 구성 (흉위)	A+	• 매우 깊지 않고 아주 넓은 것
	A	• 깊지 않고 아주 넓은 것
	B	• 깊지 않고 넓은 것
	C	• 깊지 않고 충분히 넓은 가
	D	• 깊고 좁은 것
	E	• 너무 깊고 좁은 것
몸의 구성 (어깨)	A+	• 매우 잘 개량되고 충실하며 폐쇄되고 목, 가슴 등으로의 이행이 아주 좋고 매끄러운 것
	A	• 잘 개량되고 충실하며 폐쇄되고 목, 가슴 등으로의 이행이 아주 좋고 매끄러운 것
	B	• 잘 개량되고 충실하며 폐쇄되고 목 가슴 등으로의 이행이 좋고 매끄러운 것
	C	• 보통으로 개량되고 매끄럽지 않은 것
	D	• 느슨한 어깨, 견고하거나 충실하지 않은 것
	E	• 너무 연속적이지 못하고 견고하거나 충실하지 않은 것
몸의 구성 (등과 배장근)	A+	• 길고 넓고 강하며 둔부와 어깨로의 이행이 매끄러운 것
	A	• 좁은 이행과 함께 길고 넓고 강한 것
	B	• 길고 넓고 강한 것
	C	• 보통 체장, 보통 체목, 보통 강도, 그러나 다소 좁거나 넓은 데 반해 빈약한 것
	D	• 불규칙적이고 빈약하거나 좁은 것
	E	• 너무 좁거나 너무 빈약한 것
몸의 구성 (엉덩이)	A+	• 매우 길고 폭은 넓고 평평한 것
	A	• 길고 폭은 넓고 평평한 것
	B	• 폭은 넓고 평평하고 충분히 긴 것
	C	• 길고 폭은 넓고 평평하지만 이러한 형질 중의 하나가 표현이 부족한 것 (예: 길고 폭은 넓지만 굴곡이 있는 것)
	D	• 짧고 굴곡은 있으나 충분히 폭은 넓은 것 (세 형질 중 하나가 적합한 것: 짧고 좁지만 평평한 것)
	E	• 매우 좁거나 굴곡이 있고 궁형인 것

부위	등급	자질평가기준
지체	A+	• 강하고 마름: 강하고 짧은 발급 그리고 좋은 자세와 경쾌한 보행
	A	• 강하고 마름: 강한 발굽: 좋은 보행
	B	• 강하고 마름: 좋은 움직임
	C	• 마르지만 조악한 것, 어느 정도 최소한의 형질은 갖춘 것
	D	• 비교적 강한 것, 균형이 나쁜 상태
	E	• 약한 지제, 좋지 않은 움직임
유두	A+ A B C D E	• 12개의 잘 개량된 유두(좌우 6개씩) • 12개의 잘 개량된 유두 그러나 간격이 일정치 않음 • 12개의 잘 개량된 유두(좌우5–6) • 10개의 잘 개량된 유두(좌우7~7) • 9개의 잘 개량된 유두(좌우4~5). • 8개의 잘 개량된 유두(좌우4/4) • 7개의 잘 개량된 유두(좌우3–4)

③ 개체심사와 비교심사

애견품평회 시에 심사순서는 일반적으로 개체심사를 거친 후에 비교심사를 실시하여 그 우열 순위를 결정하는 것이 통상이나 등록심사 시에는 개체심사만으로 그 개의 등록가부를 판정 짓는 것으로 어느 쪽이든 개체심사 요령은 같다. 비교심사 시 심사대상 개체를 한곳에 여러 마리를 모아 놓으면 서로 소란을 피우고 다투게 되므로 한 심사장에 한 마리씩 넣고 심사장 개들과 비교하는 것이 심사에 정확성을 기할 수 있다.

표 5–3은 개의 심사기준을 제시한 것이다.

④ 심사용지

심사서식은 보통으로 심사번호, 품종, 성, 명호, 생년월일, 소유자(출품자)의 주소 성명 또는 번식자의 주소 성명 등을 기재하게 되어 있으며 심사부위마다의 배점과 감률 및 득점란이 있으며 심사개평, 심사년월일, 심사자, 체척측정치 기재란 등으로 되어 있다.

⑤ 채점 방법과 감률기준

채점의 방법은 심사표준의 각 항목에 배분되어 있는 배점으로부터 감률에 의하여 감점하여 가는 것으로 어느 정도의 감점을 하면 좋은가를 판단하는 데는 다음의 감률 기준에 나타난 상태의 구분에 따라 각 항목별로 판정한다.

(4) 부위별 자질 평가

① **자질평가 수준**(표 5-4)

표 5-4 자질 평가 수준

부위	바람직한 수준	바람직하지 않은 수준
목	길고 가능.	짧고 두터우며 약함.
가슴	폭은 넓고 깊지 않음.	좁고 깊음
목, 등, 어깨	폭은 폐쇄적임.	좁고 느슨하고 경사짐.
갈비(늑골)	둥글고(아치형) 짧음.	평평하고 길음.
등, 배장근	폭넓고 강함.	좁고 짧고 약함.
엉덩이	길고 폭은 넓고 평평함.	짧고 타원형으로 궁형임.
햄	넓고 건실하고 조밀함.	좁고 조밀하지 않으며 약함.
지제	건실하고(가늘고) 강하며 있는 자세가 좋은 것. 이동이 좋은 것. 쳐지고 약하며 경사가 있음.	발굽이 ×자 형태나 0자 형태로 휘어 약한 것. 이동이 나쁨.
유두	최소한 10개의 유두로 잘 배열되어 있는 것.	10개 이하로 배열이 불규칙적이고 함몰이나 맹유두가 있는 것.

② **자질 평가는 각 항목에 대하여 A+, B, C, D, E의 5단계로 하고 해당하는 란에 ○표를 한다**(표 5-5).

표 5-5 자질 평가 기준

점수	등급	내용
90 이상	A+	특히 우수한 것
85~89	B	우수한 것
80~84	C	가벼운 작은 결점이 있는 것
75~79	D	작은 결점이 눈에 보이는 것
74점 이하	E	결점이 눈에 보이는 것

③ 합격, 불합격의 판정은 다음과 같은 방법에 의한다.

각 항목에 대한 평가의 결과에서 D가 있는 것, 또는 C가 3개 이상 있는 것을 제외한 상위의 평가를 받은 것을 합격으로 한다.

④ 체형(體型)

종견의 체형별 후면도를 보면 **그림 5-4**와 같다.

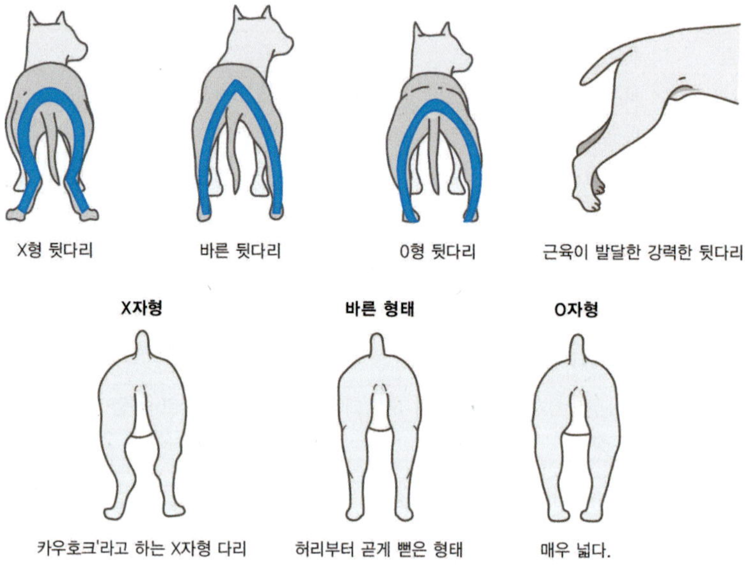

그림 5-4 개의 체형별 후구 모식도

체형 A는 근육이 잘 발달되고 등쪽 중앙이 갈매기형이며 등 부위가 잘 가다듬어져 있고 넓적다리 부위에 동체의 가장 넓은 부분이 위로 올라가 있고 다리 간격이 좁아 근육이 적음을 나타낸다. 체형 X는 체폭, 다리 간격이 좁아 근육과 지방이 모두 적음을 알려준다. 체형 O는 근육은 적으면서 지방이 붙은 형태로서 동체의 가장 넓은 부분이 등쪽에 위치하고 아래로 내려갈수록 점점 좁아지고 있다.

⑤ 개의 지제 및 머리 심사기준표(그림 5-5)

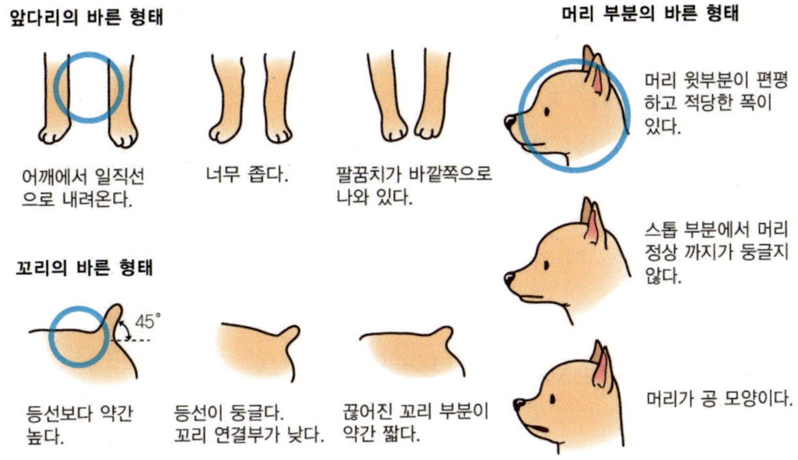

그림 5-5 개의 지제. 머리 및 꼬리의 심사 기준표

⑥ 유두, 생식기 심사기준표(표 5-6)

표 5-6 개의 유두 및 생식기 심사 기준표

◈ 유두 형태		
맹유두 1	부유두 2	정상 3
◈ 정상 유두 개수(좌우 5:5 기준)		
3:4 (2개 이상 부족) 1	4:5 (1개 부족) 2	5:5 이상 정상
◈ 외음부		
기형, 중성 1	소형 2	정상 3

(5) 종견의 일반 관리

일반적으로 종견의 사육 적온대는 18℃ 정도이며, 하절기에 시원하게 관리하여야 한다. 온도가 30℃ 이상이고 습도가 85% 이상이 되면 성욕이 감퇴하고 무정자증 등 번식기능에 장애를 초래한다. 적절한 운동을 통해 지제의 강건성을 유지시키고 신진대사를 촉진시켜 준다. 하루 12시간 이상 밝은 빛(최소 300룩스 이상)을 받도록 한다. 브러시를 이용한 피모 손질과 종견의 포피를 베타딘(포비돈) 10배액으로 1회/주정도 소독을 실시한다.

종견의 구충은 연 2회 실시하고, 피부병 소독은 1회/월 실시한다. 종견의 이동시에는 안전을 고려하여 반드시 개 목줄을 이용한다.

① 번식 일령

- 6~12개월 이상일 때 번식에 사용한다.
- 인공수정용 종견은 사용개시 후 1개월간은 1회/주, 그 후 2개월간은 1회/5일, 그 이후부터는 1회/3일 정도 사용한다.

② 승가 및 교배훈련

- 12개월령 이상이 되면 정액검사 후 승가훈련을 시킨다.
- 승가훈련은 후보 종견 방으로 발정 온 암캐를 합방하여 훈련시킨다.
- 승가훈련 초기에는 약간 적은 암컷을 이용하는 것이 좋으며 발정이 완전하게 와서, 종견의 허용 자세가 확실한 것을 이용한다.
- 첫 번째 교배경험이 일생을 좌우하게 되므로 처음 교배에는 암컷이 온순하여 종견에 대한 허용 자세가 확실하며 비공격적이어야 한다.
- 교배 훈련은 아침과 저녁 사료급여 전에 시키며, 기온이 높을 때를 피하며, 사료통을 계단식으로 설치하여 지제의 강건성을 키워준다.
- 승가 훈련은 최소 주 1회 이상 실시하고 1회의 승가훈련은 15~20분간 실시

- 교배 훈련 시는 교배 방 또는 한적한 야외에 이동하여 종견이 암캐의 얼굴과 코가 먼저 접촉할 수 있도록 하며 소리나 냄새에 의해 종견의 성욕을 자극시킨다(그림 5-6).
- 관리자는 훈련 시 과격한 행동은 금하고 개체별로 문제가 발생될 수 있는 요인을 세심하게 관찰하여야 한다.

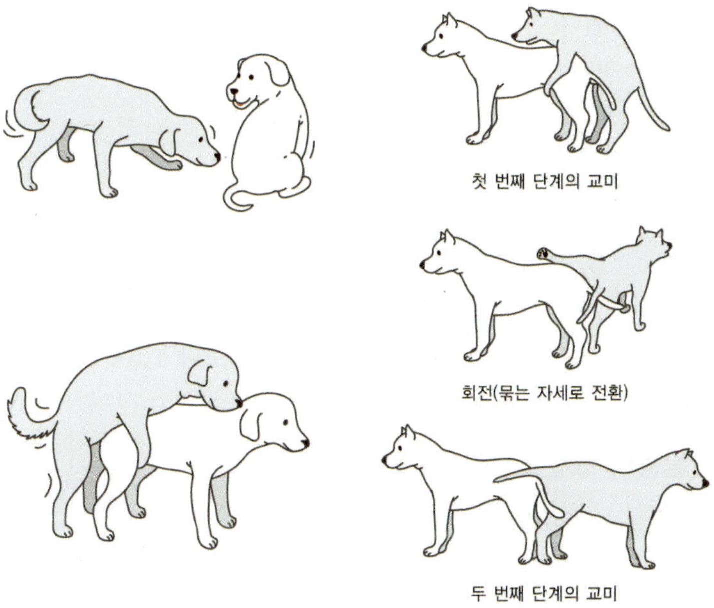

그림 5-6 교배 훈련

③ 교배간격

- 종견의 사용빈도가 지나치게 되면 수명을 단축시키고 수태율과 산자수의 저하를 가져온다(표 5-7).
- 인공수정의 경우에는 1주일에 2회(1회/3~4일) 이상 사용하지 않는다.

표 5-7 종견의 개월령별 교배 간격

종견개월령	7.5	8.5	9.5	10.5 이상	비고
횟수/주	1	2	3	4	

- 종견의 사용 간격이 너무 길면(10일 이상) 성욕이 떨어지며 정자의 활력과 기형 정자의 발생비율이 높아진다. 장기간 사정이 억제될 경우 정자는 오줌에 혼입되어 방출된다.
- 종견 사용 연한은 사용 후 3년간이 가장 경제적이다.

④ 교배장소 선택

- 지제의 부상을 방지할 수 있는 장소로서 바닥에 고무깔판 등을 깔아준다.
- 다른 개체와 격리된 장소로서 종견이 안정감을 가지게 한다.
- 교배 견방의 크기는 사방 암수 전장 길이의 합보다 1.5배 이상이 적당하다.

⑤ 승가불능의 요인과 개선 방법

승가불능의 주요인은 종견의 영양이 결핍되거나 과비는 행동이 민첩하지 않고 성욕이 감퇴되며, 외부 환경적인 요인으로 인한 정신적 스트레스와 극심한 체중감소, 의기소침, 허약 및 질병 등이 종견에 있어서 성욕 감퇴와 승가불능의 원인이 되며, 몇 가지 개선 방법은 아래와 같다.

- 암캐를 합방하여도 구석에 웅크리고 있을 때에는 질병의 감염 여부 혹은 개의 비만 정도를 관찰하여 질병치료와 적절한 사료조절을 통해 원인을 제거한다.
- 여러 마리가 있는 종견과 합사하거나 관리자의 가혹한 행동, 그리고 난폭한 다른 개체와 투쟁 등이 있었을 경우 종견이 피하는 경우가 발생하므로 관리자의 관리방법 개선 및 후보 종견이 투쟁하여 이길 수 있는 개체를 합방시킨다.

- 승가했을 때 크게 떨어진 경험이 있거나 완전하게 승가하지 않은 상태에서 관리자가 방해를 하였을 경우, 종견이 승가에 대한 공포심이 있을 수 있으므로 관리자는 종견이 음경을 질 내에 삽입하였을 때 받쳐주거나 암캐의 등을 눌러 주는 보조 역할을 하여 준다.

4) 종견의 혈통관리 및 등록

종견으로부터 자견을 생산하기 위해서는 교배 계획에 의하여 근친을 방지하고 특정 성질을 개량하기 위하여 순종교배에 의한 혈통등록 및 관리가 이루어져야 한다.

2. 반려견의 교배

반려견의 교배 전 사전 준비 사항은 먼저 상대 개체와 친화할 수 있는 시간을 가지는 것이 유리하므로, 교배 전에 몇 번 대면하거나 함께 운동을 실시하여 서로가 부담감이 없도록 하여 상대방에 대해 자연스럽게 교배를 할 수 있는 분위기를 조성하는 것이 매우 중요하다. 그리고 교배 12시간 이전에는 금식시키고, 신선한 물만 공급하는 정도로 조치를 취한다. 아울러 대소변을 사전에 충분히 볼 수 있도록 시간적인 여유를 주어야 한다. 이것은 훈련을 실시하기 전에 용변을 보는 것과 동일한 기준인 것이다. 반려견의 교배 시 준비해야 할 개인 장비로서는 견줄, 목줄, 마스크, 교배일지, 카메라 등을 준비하여 안전사고 및 정확한 기록을 통하여 번식에 관한 정보를 보관하여야 한다. 간혹 처음 교배를 실시하는 암컷의 경우 통증을 참지 못하거나, 수컷에 대한 두려움으로 인하여 상대 개체에게 상처를 입히거나, 제지하려는 관리자에게 상처를 가할 수 있는 것이다. 교배 시에 일어나는 반응, 시간, 행동적인 특이사항을 교배일지에 기록하여, 다음 교배 시에 기본적인 정보를 파악하는 것이 중요하다.

이때 발생하는 안전사고는 짧은 시간 내에 순식간에 발생하므로 일반인들이 대처하기란 쉽지 않으므로, 사고를 미연에 방지한다는 차원에서 마스크를 준비하여야 한다. 안전사고에 대비하지 않고 누군가가 상처를 당하는 경우에는 교배 목적을 이룬다고 할지라도, 목적달성이라는 성과보다는 더 큰 과실이 발생하므로, 항상 염두에 두도록 한다. 자연 교배는 정상적으로 하는 것이 좋으나, 경험의 유무에 따라서 관리자가 도와주어야 할 부분들이 발생한다.

처음으로 실시하는 암컷이나 성격이 사나운 개체는 반드시 마스크를 착용하여 실시하는 것을 기본으로 하여야 하며, 암컷을 견줄로 묶어두면서 손으로 자세를 유지하도록 보정하여 주어야 한다. 반려견의 수컷과 암컷이 체격의 차이가 심하게 날 때에는 암컷의 하복부를 브리더의 무릎으로 보정하여 교배 시 주저앉는 경우를 대비하도록 한다.

반려견의 교배를 실시하기 전이나 도중에도 수컷을 칭찬하여 자신감을 부여받아 적극적으로 실시하도록 유도한다. 수컷이 암컷과 위치를 정확하게 맞추기 어려운 상태가 발생하면 수컷의 성기를 터널형 형태로 만든 손으로 성기를 받치면서, 암컷의 음부 부분에 맞추어 주어 쉽게 삽입할 수 있도록 도와준다. 반려견의 교배 횟수는 1회를 실시하여도 임신을 못 하는 것은 아니나, 교배적기 기간 동안 2일 간격으로 2~3회를 실시하여 안전하게 임신이 될 수 있도록 한다(표 5-8).

교배 후에는 암컷의 배뇨로 인하여 수컷의 정액이 방출되지 않도록 암컷의 뒷다리를 5분 정도 살짝 들어주는 것이 좋다. 교배를 실시한 후에는 안전하고 조용한 장소에서 관리하고 충분한 휴식을 유도한다. 아울러 켄넬 박스에 넣어두어 활동을 억제하고 휴식을 취하는 것도 좋은 방법이다. 교배 후 3주간은 정상적인 자궁 내의 착상을 위하여 별도로 관리를 하며, 높은 곳을 뛰어다니거나, 계단을 오르거나, 장애물과 관련된 모든 운동을 삼가는 것이 중요하다.

표 5-8 교배 적기 시 암컷의 생리적 특징

	최고의 수정능력을 가진 개들에서 1회 이상의 교미를 위한 시기	1회의 자연교미나 인공수정, 또는 수정능력이 줄어든 개에의 교미를 위한 적기	분만이 예상되는 시기
LH극치	LH 극치 1일 전에서	LH 극치 후 4~6일	LH 극치 후 64~66일
배란	배란 3일 전에서 배란 4일 후까지	배란 후 2~4일	배란 후 62~64일
난자 성숙	난자 성숙 6일 전에서~1일 후까지	제2난모세포의 형성 시기에서 2일 후	난자 성숙 후 60~62일
세포학적 발정휴지기의 시작	세포학적 발정휴지기 시작 전 3~10일	세포학적 발정휴지기의 시작 전 2~5일	세포학적 발정휴지기의 시작 후 56~58일

1) 동물의 성행동

(1) 암컷의 성행동

반려견의 암컷은 난소에 난포가 성숙함에 따라 발정을 나타낸다. 발정(發情)이란 암컷의 성욕 발현을 가리키는 것으로써 반려견 수컷이 교미를 위해 승가(乘駕)하는 것을 허용하는 상태를 말한다. 주요 동물의 발정에 따른 성행동을 표시하면 **그림 5-7**, **표 5-9**와 같다.

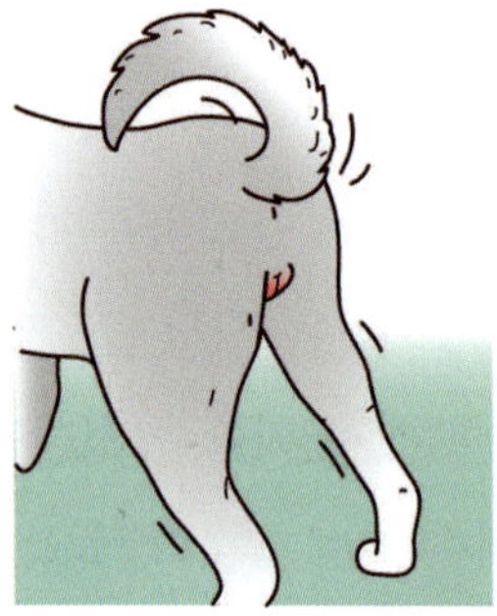

그림 5-7 암컷의 성 행동
(꼬리를 들어 올려 음경 삽입이 쉽도록 함.)

표 5-9 암컷의 성 행동

<table>
<tr><th>행동</th><th>소</th><th>면·산양</th><th>개</th><th>돼지</th><th>말</th></tr>
<tr><td>냄새 맡기</td><td colspan="5">수컷의 몸과 음부의 냄새를 맡는다.</td></tr>
<tr><td>배뇨</td><td colspan="5">수컷에 의한 사정 후 특히 빈번하게 배뇨한다. 빈번한 배뇨는 양과 돼지에서는 발정의 징후가 아니며, 말에서는 수컷 허용시의 특징이다.</td></tr>
<tr><td>발정</td><td colspan="3">평상시의 울음소리며 횟수가 증가한다.</td><td colspan="2">발정기 특유의 울음을 낸다.</td></tr>
<tr><td rowspan="2">운동</td><td colspan="3">일반적으로 운동은 활발, 수컷 음부의 냄새를 맡기 위해 수컷과 방향이 반대로 되고 회전운동 을 한다.</td><td colspan="2"></td></tr>
<tr><td>다른 암컷에 승가</td><td>꼬리를 흔든다. 승가는 하지 않음</td><td>수컷을 무서워하지 않고 접근한다.</td><td>머리와 머리를 맞대고 냄새 맡음</td><td>승가하지 않음.</td></tr>
<tr><td rowspan="2">자세</td><td colspan="5">수컷이 접근해 구애 중 잠시 정지한다. 승가하도록 뒤돌아선다.</td></tr>
<tr><td colspan="3">머리를 뒤로 향하고 꼬리를 감아올린다.</td><td>양귀를 아래로 내리고, 부동반응</td><td>음순을 개폐해서 음을 노출. 양 뒷다리를 벌리고 허리를 구부린다.</td></tr>
<tr><td>교미 후 반응</td><td>등을 활처럼 구부리고 꼬리를 높이 올린다. (lordosis)</td><td>등을 활처럼 구부리고 꼬리를 높이 올린다. (lordosis)</td><td>외음부를 핥음</td><td>없음</td><td>없음</td></tr>
</table>

* Lordosis: 척추전말. 척추가 구부러져 앞으로 튀어나온 상태로 수컷의 사정된 순간에 나타내는 암컷의 특이한 행동 (초식동물)

많은 동물 종에 공통적인 발정징후로써 수컷 허용 외에 암컷끼리 승가, 잘 울며, 거동 불안 등을 열거할 수 있다. 그 외에 외음부의 충혈(充血), 종창(腫脹) 및 출혈이 나타난다(그림 5-8).

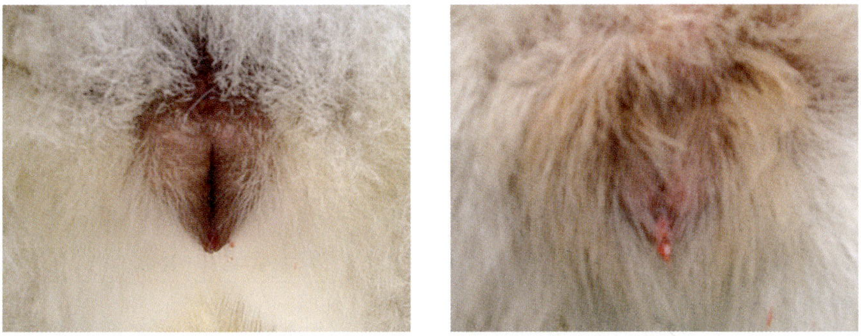

사진제공: 마한애견훈련학교 마영남 소장

그림 5-8 암캐의 발정 시 외음부 종창과 출혈

동물에서는 암컷이 발정하고 있는지 어떤지, 또는 발정의 정도가 양호한지 어떤지를 판정하기 위해서 암컷에 수컷을 접근시켜 이것에 대한 암컷의 반응을 조사하는 시정(試精: teasing)이 행해진다. 이것은 특히 발정 기간이 긴 말에 있어서 교배적기를 판정하기 위해 옛날부터 행해져 왔다. 이 목적으로 사용하는 수컷을 시정모(試精牡: teaser)라 한다.

방목 중의 암소나 면양의 무리 중에서 발정한 암컷을 발견하기 위해 면양에서는 가슴에 크레용을 도말한 시정수컷을 사용해 이것에 승가 당한 암컷의 허리 부근의 착색에 의해서 암양의 무리 중에서 발정한 암컷을 검출하는 방법이 옛날부터 행해져 왔다. 이러한 방법으로는 암컷의 허리 부분에 약액(藥液)이 들어있는 얇은 비닐관을 늘어뜨려 발정기에 다른 암컷 또는 수컷이 승가하면 이것이 압박에 의해 파괴되어, 그중의 약액이 공기에 접촉되어 적색을 나타내는 것에 의해 발정 온 암컷을 검출하는 방법이 있으며, 다른 방법으로는 정관을 결찰한 시정 수컷의 목(또는 복부)에 잉크가 들어있는 chin ball을 장착해 암컷의 무리에 방치해 두어 승가시 발정한 암컷의 허리 부분에 잉크로 착색되는 것에 의해 검출하는 방법이 있다.

(2) 수컷의 성행동

수컷의 성행동(性行動; sexual behavior)은 성적흥분, 구애, 음경의 발기와 돌출, 승가, 음경 삽입, 사정, 강가(降架, dismounting) 및 성적 무반응으로 나누어진다(표 5-10). 구애 및 교미 시간은 동물 종에 따라 다르며 소, 면 · 산양과 같은 초식동물은 짧고, 말, 돼지 및 개는 길다.

표 5-10 수컷 동물들의 성행동

행동	소	면 · 산양	개	돼지	말
냄새 맡기	암컷의 외음부 및 오줌의 냄새 맡기				
암컷의 오줌에 대한 반응	플레멘			없음	소, 면 · 산양과 같음
배뇨	변화 없음		흥분 중 앞다리에 젖은 배뇨	흥분 중 율동적인 오줌 배출	암말의 배뇨한 정소에 수말도 배뇨한다.
발성	없음	암컷과 접촉 중 짧은 구애소리를 빈번히 함		성적 흥분 중에 자주 욺	
암컷의 대한 접촉 자극	암컷의 외음부를 핥음.			암컷의 아래 배를 코로 찌름	새끼의 등과 몸을 깨뭄
구애 중 자세	암컷의 등에 머리를 얹음	암컷을 호위하듯이 접근하고, 머리를 옆으로 향하고 앞다리로 암컷을 가볍게 누름.			
교미 중 자세	머리로 암컷의 등을 누르고, 사정 시 도약함	사정시 머리를 급히 뒤로 젖힘.		사정 시 동작의 변화 없음. 음낭이 수축함.	암컷의 경부를 깨뭄. 사정 시 꼬리를 상하로 몇 회 회전함.
교미 시간	극히 짧음(1초 정도)		5~10분	5~10분	40초
사정부위	자궁경 부근			경관 및 자궁내	자궁 내
교미 후 반응	없음	머리와 목을 길게 뺌	음경을 핥음	없음	없음

출처: 이장희(2016). 반려동물 번식.

① **구애**(求愛, Courtship, sexual display)

수컷에서는 발정 암컷의 외음부 냄새를 맡는 것이 가장 많이 나타나는 구애의 양식이다. 소에서는 수컷이 암컷을 호위하듯이 옆으로 따라다니며 또한 앞발굽으로 흙을 파는 동작을 나타낸다. 반추류 및 말에서는 수컷이 발정한 암컷의 오줌 냄새를 맡은 후 목을 떼면서 위를 향하여 윗입술을 반전하는 플레멘(flehmaen)을 10~30초간 나타내고, 이 동작을 2~3회 반복한다. 수퇘지는 암퇘지의 옆구리를 코로 찌르고, 코끝을 사타구니 사이로 밀어 넣기도 하고 턱을 벌렸다 오므렸다 하며, 거품을 내고 오줌을 찔끔찔끔 눈다.

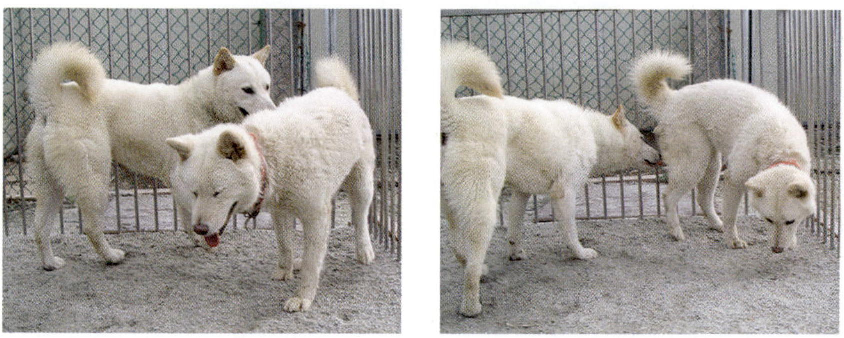

사진제공: 마한애견훈련학교 마영남 소장

그림 5-9 진돗개의 발정시의 행동

암컷은 출혈이 발생하며, 수컷은 암컷의 외음부를 핥고 쫓아다닌다.

② **승가**(乘駕, Mounting)

발정전기 또는 발정이 끝난 후의 암컷에 대해서 수컷은 간혹 승가를 시도해서 음경을 어느 정도 발기하여 포피강(包皮腔)에서 돌출시키지만 암컷이 수컷을 허용하지 않을 때에는 교미는 성공하지 못한다. 승가에 앞서 수컷 중 특히 수소는 카우퍼선(腺)에서 분비되는 유양액을 유출하고, 발기한 음경의 선단에서 적하(滴下) 또는 분출된다. 이 분비액은 사정시 정낭선에서 분비되는 정장액(情奬液)과는 다른 것이다(그림 5-10).

발정 암컷은 승가하면 정지해서 수컷을 허용한다. 수컷은 가슴을 암컷의 등에 놓고 앞다리로 암컷의 요각의 전방을 지지해 암컷을 감싸고 율동적인 허리의 돌진 운동(thrusting)을 시작한다. 말, 돼지에서는 교미하지까지에 몇 회 승가를 반복하지만 기타 동물에서는 일단 승가하면 곧바로 음경의 삽입을 시도한다.

사진제공: 마한애견훈련학교 마영남 소장

그림 5-10 개의 교미를 위한 승가

(3) 음경 삽입(Intromission)

수컷이 승가하면 복근 특히 직복근(直腹筋)이 급격하게 수축한다. 그 결과 수컷의 골반부는 암컷의 외음부에 직접 접촉하게 된다. 여기서 발기한 음경의 선단이 점액으로 습윤하게 된 질벽(膣壁)에 접촉되면 곧 바로 음경은 질 내에 완전히 삽입하게 된다. 이때 복근의 수축이 강렬한 경우에는 수컷의 뒷다리가 지면을 이탈해 도약한 것이 보이는 수가 있다. 돼지는 삽입이 시작되면서 전 음경이 포피에서 나와 완전히 삽입이 행해진다. 개는 발기된 음경의 귀경이 **그림 5-12**와 같이 질구에 걸려 빠져나오지 못한다.

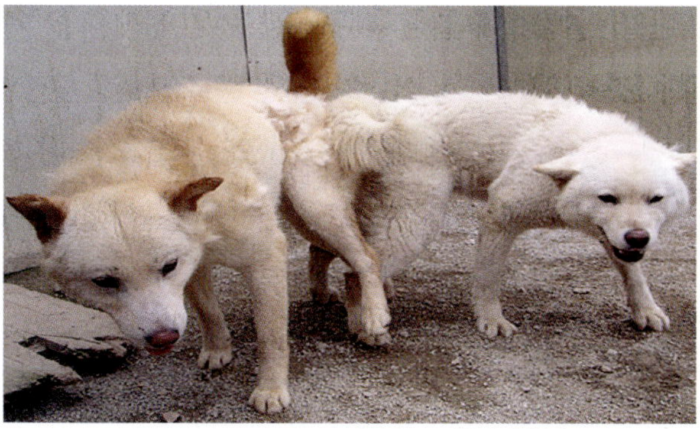

사진제공: 마한애견훈련학교 마영남 소장

그림 5-11 개의 완전 교미 성공 모습

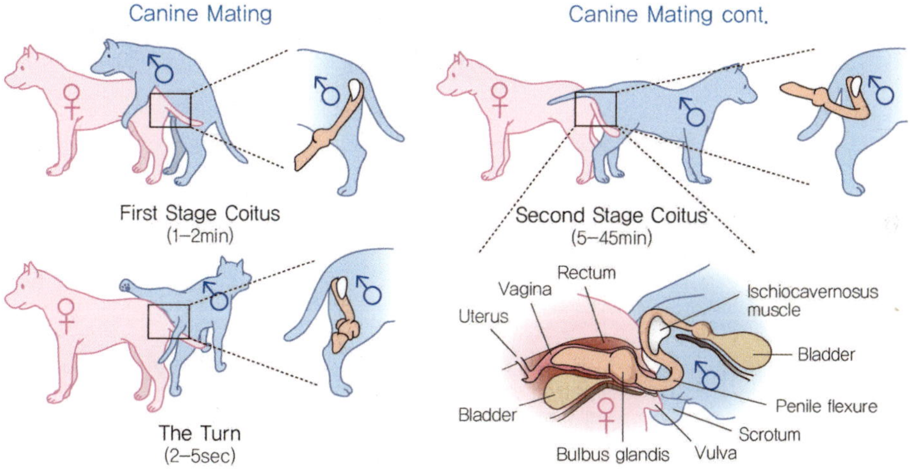

그림 5-12 개의 음경 삽입 모식도와 완전 교미 성공 및 생식 잠금 현상

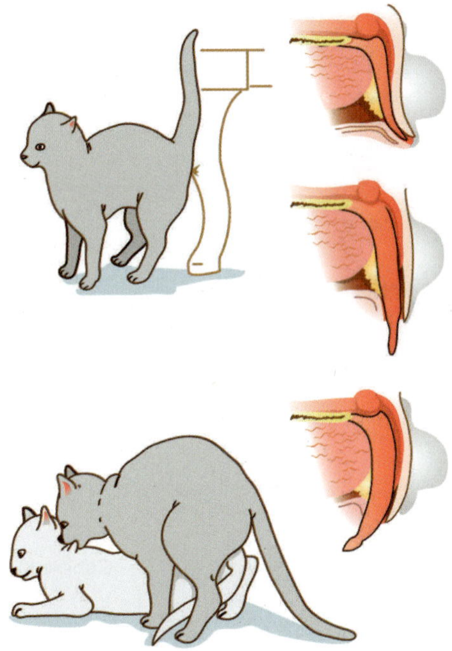

그림 5-13 고양이의 짝짓기 및 음경 삽입 모식도

(4) 사정(射精, Ejaculation)

음경은 오줌의 배출과 암컷 생식기 내로의 정액 주입, 즉 사정이라는 두 가지 기능을 갖고 있다. 사정이 일어나기 전에 음경은 발기하지 않으면 안 된다.

발기(勃起, erection)는 음경에 있는 발기기구, 즉 음경해면체(corpus cavernosa penis)와 요도해면체(corpus cavemnosal urethrae)의 팽대에 의해 일어난다. 즉 성적 흥분 시에 이들의 해면체 정맥총은 혈액으로 충만 확장하고, 이 혈액의 유출은 좌골해면체근(musculus ischiocavernosus)과 구해면체근(musculus bullbocaver nosus)의 수축에 의해 발기가 지속된다. 발기는 선골에 중추를 둔 자율신경의 반시에 의한 것으로 직접의 수입자극은 음경의 지각자극(知覺刺戟)이지만 성육, 성적 흥분 등의 고차원의 신경기구와의 관련이 깊다. 성적 흥분 시에 발달한 해면체 조직이 충혈해 용적이 증가해 음경이 발기하는 동물과 굴곡한 음경이 신장해서 발기한 동물이 있지만 전자는 교미시간이 길고, 후자는 짧다.

사정도 요선부에 중추를 반사에 의한 것인데, 직접적인 수입자극은 교미시 음경에 가한 지각자극(知覺刺戟)이다. 동물의 종류에 따라 자극의 성질이 다르다. 즉 소, 면양, 산양에서는 질의 온도가 사정에 가장 중요하고, 음경에 가해지는 압박이나 마찰은 그처럼 중요하지 않다. 말, 돼지 및 개에서는 음경에 가해지는 압박감이 온도보다 중요한 조건이다. 사람의 경우에는 마찰감과 충돌감이 중요한 조건이다.

사정의 과정은 정소수출관, 정소상체에 시작해 정관에서는 관벽에 분포한 근육의 수축에 의해 정자가 나오면, 동시에 부생식선의 벽도 수축해서 그 분비액을 방출하고 이들이 합해서 정액으로 되어 요도로 배출되며, 요도는 요도근, 해면체근의 율동적인 수축에 의해 사출한다.

(5) 교미빈도(交尾頻度)

교미빈도(交尾頻度)는 기후, 품종, 개체, 동거하는 발정암컷의 두수, 성적 흥분의 강도, 성적 휴지기간의 길이 등 여러 가지 요인에 의해 좌우된다. 소, 면양, 산양에서는 말, 돼지보다 많고, 소에서 성적으로 소모 또는 고갈할 때까지에 평균 21회 교미가 가능한 것으로 알려져 24시간에 80회, 6시간에 60회 교미한 예가 보고되고 있다. 수컷 면양이 긴 비번식계절의 후에 암컷의 무리에 들어가면 제1일에는 50회나 교미하지만, 그 후에는 차차 감소하는 것으로 보고되고 있다.

2) 교배 적기(交配 適期)

교배에 의한 번식 목적은 우수한 형질을 지닌 종모견과 종빈견의 정신적, 육체적인 능력을 계획적인 번식 프로그램에 의하여 인위적으로 번식시키는 것으로서 종모견을 선정하는 방법 및 모견 관리, 체계적인 이유기의 자견관리를 통하여 우수한 자견을 양성하는 것이다. 암컷과 수컷이 자유로이 교미할 수 있는 상태로 두는 경우는 발정기에 몇 회나 교미가 행해지지만, 자연교배를 인위적으로 행하든가 인공수정을 행하는 경우에는 발정 기간 중의 어느 시기에 행하면 가장 수태하기 쉬운가 하는 것은 중요한 문제이다. 가장 수태하기 쉬운 교배시기를 교배 적기(交配 適期; optimum time for mating)라고 한다.

표 5-11 교배 전·후의 번식생리 현상

	LH 극치	배란	난자 성숙	세포학적인 발정 휴지기의 시작
LH 극치		LH 극치 2~3일 후 배란이 일어남	LH 극치 4~6일 후 난자 성숙이 일어남	LH 극치 8~9일 후 발정 휴지기의 시작이 일어남
배란	LH 극치는 배란 2~3일 전에 일어남		배란 2~4일 후 난자 성숙이 일어남	배란 5~7일 후 발정 휴지기의 시작이 일어남
난자 성숙	난자 성숙 4~6일 전에 LH 극치가 일어남	난자 성숙 2~4일 전에 배란이 일어남		난자 성숙 2~5일 후 발정 휴지기 시작이 일어남
세포학적인 발정 휴지기의 시작	발정 휴지기 시작 8~5일 전에 LH 극치가 일어남	발정 휴지기 시작 5~7일 전에 배란이 일어남	발정 휴지기 시작 2~5일 전에 난자 성숙이 일어남	

출처: 정덕수 외(2004). 애견번식생리학.

일반적인 가축의 교배적기는 발정주기가 21일간에 걸쳐서 이루어지기 때문에, 발정기의 후기가 교배 적기라고 할 수 있으나, 개의 경우는 봄, 가을에 한 번씩 발정이 개시됨으로 발정이 개시되는 이 시기 중에서 발정 개시 후 12~16(또는 7~11)일 사이가 가장 임신율이 높은 시기로 교배적기라고 할 수 있다(표 5-11). 그러나, 모견의 발정주기가 모두 일정한 것이 아니므로 정확한 판정은 호르몬 검사나 질도말 검사를 실시하여 교배를 하는 것이 정확하다. 간혹 주기가 28일간이나 지속되는 경우도 있다. 교배 장소는 수컷(종견)이 주도적으로 리더할 수 있는 장소를 선택하는 것이 현명하기 때문에 반드시 평소 수컷(종견)의 견방에서 실시하거나, 익숙한 별도의 장소에서 실시하여야 한다. 간혹 사람이 보고 있으면, 자연교배를 하지 않는 경우도 있으므로 주위 환경에 방해가 되지 않는 조용한 장소를 선택하는 것도 좋은 방법이다. 교배를 하기 좋은 시간대는 시원한 오전 시간대(아침 사료 먹기 전)가 유리하며, 교배 전에는 음식을 금하여 공복을 유지하는 것이 효과적이다. 모든 동물들이 배가 부르고 포만감을 느끼면, 성욕이 떨어지기 때문이다.

수정(受精)은 정자와 난자가 만나는 것에 의해 성립하는 것이기 때문에 이 조건을 만족할 교배의 시기에 관한 요인을 생각하지 않으면 안 된다. 수정 전후 고려해야 할 주요한 번식현상은 다음과 같다.

- 난자의 배란시기와 난자의 수정능 보유시간
- 정자의 수정능획득에 필요한 시간
- 정자의 수정 부위에 도달에 필요한 시간
- 정자의 수정능 보유시간

이들의 요인을 생각하는 경우에 먼저 배란시기를 기준으로 해서 검토하지 않으면 안 된다. 배란시각의 예측은 시정 또는 발정징후의 검사에 의해서 발정의 경과를 판정하고 배란까지의 시간을 추정해서 행하지만 소, 말 및 대형 돼지에서는 직장검사(直腸檢査)에 의해서 난포의 상태를 촉진해서 판정할 수가 있다.

일반적으로 난자의 수정능력 보유시간은 정자의 수정능력 보유시간보다 짧기 때문에 위에서 말한 2와 3에 필요한 시간도 고려해서 교배적기는 배란 전 수 시간 내지 수십 시간이고, 배란 후 교배에서는 높은 수태율을 기대할 수가 없다. 또한 발정징후를 기준으로 하면 일반적으로 발정최고기의 끝나는 시작이 교배적기에 해당된다. 개의 경우에는 출혈이 말라지거나 적어지는 시기로 종창된 외음부가 커졌다가 작아지기 시작하는 시기이며, 이때는 자칫 수컷을 멀리하기도 하여 승가 거부가 일어나기도 한다.

표 5-12는 교배 후의 번식 현상을 나타낸 것으로 내 급증 전후의 시간별 생식기 변화를 설명해 주고 있다.

표 5-12 교배 후의 번식생리 현상

선별된 생식 현상	LH 극치의 전(−)과 후(+)의 날짜	배란의 전(−)과 후(+)의 날짜	세포학적 발정휴지기 시작의 전(−)과 후(+)의 날짜
발정전기의 시작	임상적 신호를 보이는 시기에 따라 변동적임 (즉, −25 to −3)	임상적 신호를 보이는 시기에 따라 변동적임	임상적 신호를 보이는 시기에 따라 변동적임
최대 질 각질화	−1 ~ +7	−4 ~ +4	−10 ~ −2
발정 행동의 시작	−4 ~ +5	−7 ~ +2	−13 ~ −4
Estradiol 극치	−3 ~ −1	−6 ~ −4	−10 ~ −12
프로게스테론 증가(1~2ng/ml)	−1 ~ 0	−4 ~ −3	−9 ~ −10
LH 극치	0	−2 ~ −3	−8 ~ −9
최대 수태율을 이루는 교미	−1 ~ +6	−3 ~ +4	−3 ~ −10
질 점막의 최초 난형	−1 ~ +1	−2 ~ −4	−8 ~ −10
질 점막의 최대 난형	+2 ~ +6	−1 ~ +3	−3 ~ −7
제1난모세포의 배란	+2 ~ +3	0	−5 ~ −7
수정 전핵 형성	+4 ~ +6	+2 ~ +4	−2 ~ −5
난관에 위치한 2−세포기 배	+6 ~ +10	+3 ~ +7	−3 ~ +1
세포학적 발정휴지기의 시작	+8 ~ +9	+5 ~ +7	0
행동학적 발정휴지기의 시작	+10 ~ +14	+7 ~ +11	+1 ~ +5
자궁에 난자 진입	+11 ~ +12	+8 ~ +9	+2 ~ +3
착상 부위에 정립되고 투명대가 벗겨짐	+16 ~ +18	+13 ~ +15	+7 ~ +9
양막강의 초음파 탐지 가능	+19 ~ +22	+16 ~ +19	+10 ~ +13
일부 암캐에서 복부 촉진에 의해 임신진단 가능	+20 ~ +25	+17 ~ +22	+11 ~ +16
태아 심장박동의 초음파 진단 가능	+22 ~ +25	+19 ~ +22	+13 ~ +16
임신 빈혈증의 시작	+25 ~ +30	+22 ~ +27	+16 ~ +21
태아 두정골의 방사선촬영 탐지 가능	+44 ~ +46	+41 ~ +43	+35 ~ +37
분만 전 황체 용해와 저체온증	+63 ~ +65	+60 ~ +62	+55 ~ +57
분만	+64 ~ +66	+62 ~ +64	+56 ~ +58

개들의 의사 전달

개들은 갖가지 자세나 표정으로 의사를 전달합니다.

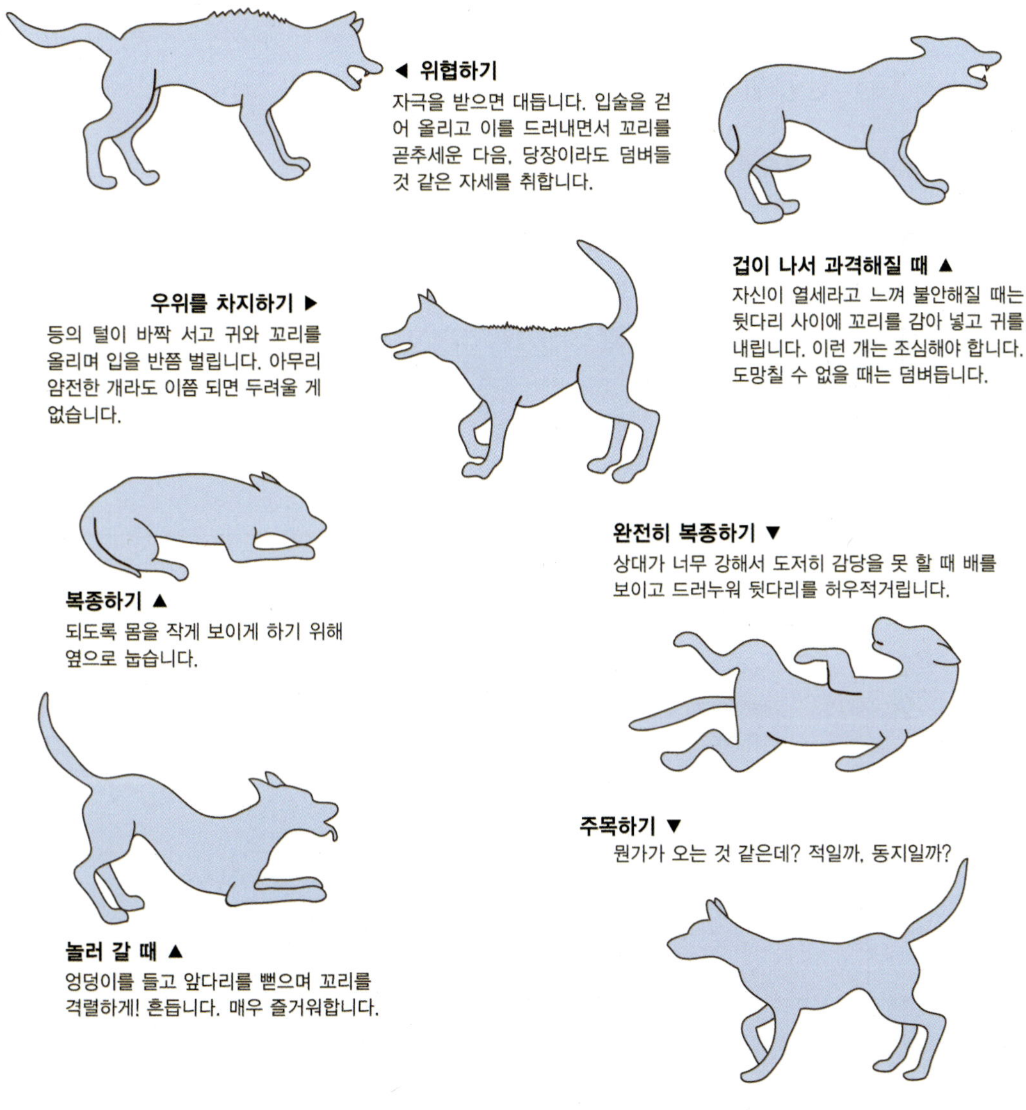

그림 5-14 개들의 의사전달

3. 인공수정

1) 인공수정의 의의와 역사

(1) 인공수정의 역사

Van Hammen(1677)이 처음으로 정자를 발견한 후 Spallanzani(1780)가 최초로 정액을 개에 인공수정시켜 강아지를 얻었다고 한다. 그 후에 Hoffman(1890)은 우유로 희석한 정액을 말에게 주입시켜 처음으로 희석 정액으로 가축 인공수정에 시도하였다.

표 5-13 인공수정의 역사

연도	연구사	내용
1780	Spallanzanil	개의 인공수정에 성공
1907	Amantea	각종 동물의 인공수정에 성공
1914	Ivanov	개로 인공질에 의한 최초의 정액 채취
1931	McKenzie	개의 인공질 개발
1939	Phillips와 Lardy	난황 완충액의 발견
1940	Salisbury	현대식 소 인공질 개발
1949	Polge el al.	Dry ice로 닭 정액의 동결보존
1952	Polge와 Rowson	소 정액의 동결보존법 발견
1955	이용빈	중앙축산기술원에서 처음 돼지에서 AI
1961	오대균. 임경순	농사원 축산부에서 한우, 돼지에 AI
1962	Nagase, 김선환	정제화(펠렛) 동결법 개발, 농협중앙회
1995	이장희	돼지 동결정액 AI(Maxi straw). 축산기술연구소

출처: 이장희(2016). 반려동물 번식.

오늘날과 같은 인공수정은 러시아의 Ivanov(1907)에 의하여 정액의 채취, 보존, 주입 등에 관한 귀중한 연구를 발표하고, 여러 동물의 인공수정에 성공하여 인공수정 운용의 진가를 실증하였다. 그러나 실제적인 인공수정은 1930년대 초에 정액 채취 방법의 발견에서 비롯되었다. 특히 정액 채취에 인공질을 이용하면서 정액을 위생적으로 다량 채취할 수 있게 되었다. 또한 다양한 종류의 희석액의 개발은 가축 인공수정의 보급을 더욱 확대시켰다. 아울러 정액의 저장 방법에서도 다양한 발전이 거듭되었다. 특히 Sorensen(1940)이 고안한 스트로는 정액의 주입이 간단하고 정액을 주입 단위로 포장하여 수송하기 용이하다는 이점 때문에 액상 정액은 물론 동결 정액의 주입 용기로 이용되고 있다. 정액의 저장 용기의 발달과 더불어 정액의 체외 보존 방법에 관한 연구가 진행되었다.

Polge와 Rowson(1952)은 글리세롤이 함유된 희석액으로 소의 정자를 효과적으로 동결 보존함으로써 인공수정의 새로운 시대를 열었다. 이후 정액의 동결 보존의 효율성을 높이기 위하여 정액의 희석 희석액, 충진 용기 및 동결 방법에 관하여 많은 연구가 집중되었다. 그 결과 정액을 폴리비닐 스트로에 충진하여 액체질소나 액체질소증기에서 효율적으로 동결하게 되었다. 동결 정액의 이용으로 인공 수정을 이용한 가축의 유전적 개량이 가속화되었으며, 인공수정 산업이 국제화 경향을 띠게 되었다.

개 정액의 동결보존에 관한 연구는 1969년 Seager에 의하여 수태결과를 최초로 발표할 정도로 부진한 상태로 아직 유용하게 활용되지 못하고 있는 실정이다. 이처럼 개의 인공수정 기술의 발달이 늦어진 이유로서 여러 가지 원인이 있겠으나, 개의 정자가 희석액에 대단히 민감하기 때문에 적당한 희석액의 개발이 어려웠고, 지금까지도 개의 인공수정 활용은 자연교배가 불가능한 경우에만 한정되었고, 개의 사육이 경제적 또는 산업적인 동물처럼 집단사육형태가 아니기 때문인 것으로 생각할 수 있다. 그러나, 근래 와서 여러 가지 사육목적에 알맞은 순수 우량견의 번식이 성행함과 아울러, 의학, 약학 등의 자연과학 분야에서 실험동물로서 개의 중요성이 증대되면서부터 번식생리와 품종개량 및 신품종에 대한 관심이 높아져 가고 있다. 따라서 장차 인공수정의 필요성도 과거보다 증대될 것으로 기대된다.

한편 우리나라 인공수정기술의 도입은 1937년 이용빈 박사께서 일본 유학시 동경대학의 좌등(佐藤) 및 도촌(島村) 박사로부터 연수받은 것으로부터 시작된다. 그 후 도입된 인공기술을 연구개발 및 보급하는 일이 1950년 중반부터 대학과 도종

축장에서 시작되었다(이용빈, 1981; 임경순 등, 1998). 우리나라에서의 본격적인 인공수정의 실시는 1962년 12월 7일에 김선환 박사가 농협중앙회에 인공수정소를 설치하면서 시작된다. 그 후 계속적인 발전으로 1966년 각 도에 지소를 설치하고 전국의 시군에 인공수정소를 설치하여 전국적인 조직망으로 확대되었다. 1976년을 기점으로 하여 액상정액 보급체제에서 동결정액 체제로 바뀜에 따라 우리나라의 인공수정 사업은 그 발전 속도가 가속되어 동물인공수정 실시 두수면에서나 동물인공수정소 및 개량사의 증가면에서 괄목할 만한 성장을 하였다. 돼지 인공수정도 1970년대 몇몇 선도농가에서 시범적으로 실시하였으나 위생적인 처리가 미흡하여 중단된 후 1995년경에 이장희 박사가 축산기술연구소에서 종돈개량을 위하여 농가에 무상보급을 실시함으로써 전국적으로 확산되었으며, 상업적으로도 확대되기 시작하였다(이장희 등, 1995).

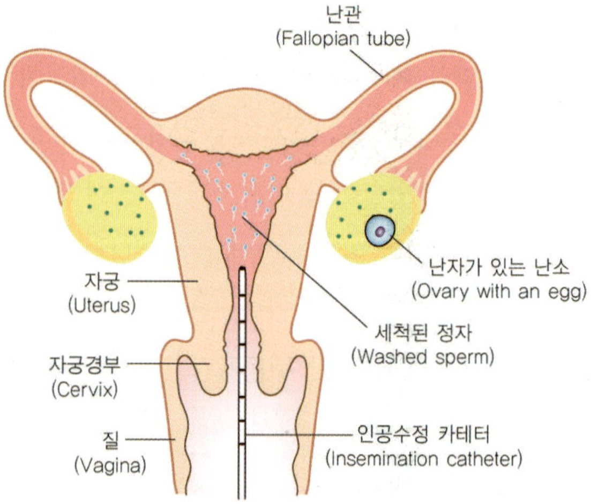

그림 5-15 인공수정 기본 모식도

(2) 인공수정의 의의

인공수정이라 함은 자연교배가 아니고 인공적으로 채취한 정액을 특수한 기구로써 암컷 생식기도 내에 주입하여 교배시키는 것이다. 즉 수정을 목적으로 수캐로부터 정액을 채취하여 암캐의 생식기에 인위적으로 정액을 주입하는 것으로 정액의 채취, 평가, 희석, 보존 및 주입 과정으로 구성된다.

인공수정은 많은 이점을 가지고 있는데, 동결정액을 활용하면 우수한 종견이 죽은 후에도 후손을 생산할 수 있으며, 또한 동시 발정을 유도한 다수의 암캐에게 동시에 인공수정시켜 계획번식에 이용할 수 있다.

개의 인공수정 기술이 가축에서와 같이 산업적인 규모로 이용된다면 여러 이점이 있다. 개 인공수정의 장점은 다음과 같다.

- 종견의 원거리 이동이 불필요하다. 가축처럼 집단사육이 아니고 1~2마리의 호별사육이 위주인 개에서는 정액만의 수송으로 쉽게 수정시킬 수 있다.
- 생리적, 심리적 또는 병적인 원인으로 자연교배가 불가능한 경우에 수정시킬 수 있다. 즉 상대견에 대한 공포감, 성욕의 결여 포경, 관절염, 급성전립선염 등에서 오는 통증, 과비, 너무 어리거나 늙었을 경우 또는 체구의 차이 등 여러 가지 원인에 의하여 자연교배가 불가능한 경우에 흔히 있다.
- 성병과 전염성 유산 및 기타 전염성 질환의 전파를 예방할 수 있다.
- 우수한 종모견의 활용도가 높아짐과 동시에 개량효과도 그만큼 커질 수 있다.
- 우수한 종견의 정액을 냉동, 보관하면 50년, 100년 후에도 해동하여 수정에 사용할 수 있다. (정액채취 → 정액냉동저장 → 수태시기판별 → 냉동정액 인공수정)
- 우수한 종견이 암컷이 있는 곳에서 멀리 떨어져 있을 때 교배를 위하여 이동할 때의 시간 및 경비의 지출 그리고 가장 중요한 암컷의 배란기를 맞추는 번거로움이 없다.
- 냉동정액으로 영구히 보존되므로 계통번식, 이계번식을 더 쉽게 진행시킬 수 있다.
- 우리의 우수한 진돗개는 외국으로 수출되어 애호가 및 농가의 높은 소득원이 될 수 있다.

2) 정액 채취

일반적으로 동물의 정액을 채취하기 위한 방법으로는 여러 가지가 고안되어 있으며 이들의 방법은 인공수정기술의 발달과 더불어 변천, 실용적으로 개선되어 왔다. 현재 정액의 채취방법은 인공질법, 전기자극법, 마사지법 및 정소상체정자 회수법 등으로 다양하게 이용되고 있다(표 5-14).

표 5-14 정액 채취 방법

동물명	채취방법	동물명	채취방법
소	인공질법, 전기자극법	면.산양	인공질법, 전기자극법
닭	복부 마사지법	토끼	인공질법, 전기자극법
말	인공질법	유인원	전기자극법, 인공질법, 마사지법
개	음경 마사지법, 인공질법		

이들 중 인공질법은 자연에 가장 가까운 상태로 정액을 채취할 수 있기 때문에 각종 동물 중에서도 사정시간이 짧은 초식동물에 보편적으로 이용되는 방법이며, 인공질의 원리는 동종 자성생식기가 갖는 자극적 요인을 인공적으로 그에 가깝도록 하고 음경의 접속부는 유연하고, 점활성이 있으며 압력과 온도의 조절에 의해서 음경에 분포되어 있는 말초신경을 자극, 흥분케 하는 것이다. 즉 인공질은 경질 고무나 금속 또는 플라스틱제의 외통과 부드러운 고무제의 내통으로 구성하여 내외통 사이에 온수 또는 보온성이 양호하고 전해질이 포함된 유성 물질(소금물 및 식용유 등의 혼합액: 전기적으로 가온시킬 경우) 및 공기를 넣어 온도와 압력을 조절하는 것이다. 인공질법은 주로 사정시간이 짧은 말, 소, 산, 면양 및 토끼 등의 초식동물에 많이 이용된다. 마사지법은 대상동물의 몸의 일부를 마사지함으로써 사정중추를 흥분시켜 인위적으로 사정하게 하는 정액 채취법이다. 전기자극법은 천골부위의 전기적 자극에 의해 사정중추를 흥분시켜 정액을 채취하는 방법으로 이때 전기자극의 크기와 통전시간의 길이는 개의 품종에 따라 다르다. 이 방법은 정상적인 개체에서도 인공질 및 마사지법으로도 정액 채취가 곤란한 경우에 강제적으

로 수행하는 방법이다. 주로 인공질법에 익숙하지 않은 야생동물(호랑이, 유인원류 등)에 적용하면 정액 채취가 용이하다. 최근에는 체외수정기술의 발달로 정소상체미부정자를 이용한 정자회수법도 간혹 이용되고 있다. 돼지의 경우에는 도살 후에 정소상체미부를 적출하여 정관과 미부관(epididymic cauda tubule)을 관류시켜 정자를 회수하는 데 주로 실험적 목적에 많이 이용되며 체외수정을 위한 빈번한 정자 사용 시에 이용된다. 아울러 최근에는 마취 후 수술에 의하여 정소상체미부에 카테터를 삽입하여 두고 필요시마다 정소의 압력으로 미부정자를 회수하는 방법도 알려진 바 있다. 마사지법에 의한 정액 채취 시에는 채취 후 음경을 세척(소독)해 주는 것이 포피염 또는 음경 질병을 줄일 수 있다(그림 5-16). 이때 세척 소독액으로는 적절한 항생제(페니실린, 항산스트랩토마이신 등)가 포함된 생리식염수 용액이 좋다.

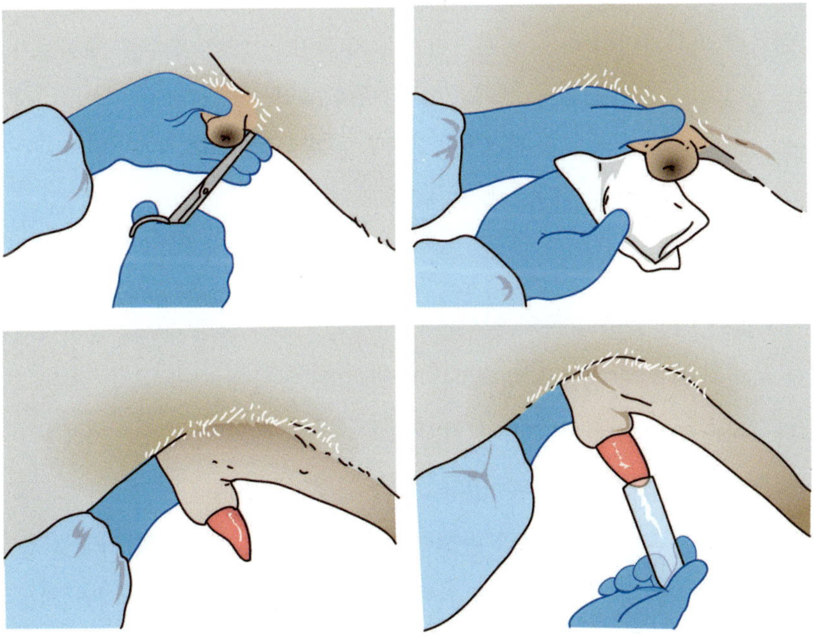

그림 5-16 개의 정액 채취 방법

(1) 정액 채취 방법

① 인공질법

인공질의 원리는 동종 암컷(자성) 생식기가 갖는 자극적 요인을 인공적으로 그에 가깝도록 하고 음경의 접촉부는 유연하고, 점활성이 있으며 압력과 온동의 조절에 의해서 음경에 분포되어 있는 말초신경을 자극, 흥분하게 하는 것이다. 즉 인공질은 경질 고무나 금속 또는 플라스틱제의 외통과 부드러운 고무제의 내통으로 구성하여 내외통 사이에 온수 또는 보온성이 양호하고 전해질이 포함된 유성 물질(소금물 및 식용유 등의 혼합액: 전기적으로 가온시킬 경우) 및 공기를 넣어 온도와 압력을 조절하는 것이다. 최근의 인공질법은 인공질 내에 공기펌프에 의해 음압을 발생시켜 인위적인 발기와 사정을 함께 유도하는 방법이 이용되고 있다. 인공질법은 주로 사정시간이 짧은 말, 소, 산양, 면양 및 토끼 등의 초식동물에 많이 이용되지만 개 또는 돼지의 마사지법이 다소 외경스럽거나 자주 또는 많은 두수를 채취하기 힘이 들 때는 인공질법으로 채취하는 것이 좀 더 수월하거나 위생적으로 처리되어 바람직하다.

② 마사지법

마사지법은 대상동물의 몸의 일부를 마사지함으로써 사정중추를 흥분시켜 인위적으로 사정하게 하여 정액을 채취하는 방법이다. 동물에 따라 마사지하는 부위가 다소 다르지만 개의 경우에는 음경 기저부(뿌리)에 손 또는 막대기로 기계적 마찰자극을 줌으로써 사정을 유도할 수 있다. 특히 귀경의 기저부가 포피 바깥으로 빠져나오도록 유도한 후 발기가 거의 완전히 이루어지면 서서히 한쪽 다리를 들어 후구 뒤쪽으로 향하도록 하여 발기가 완성되도록 한다. 발기가 완성되면 리듬 있게 귀경에 더욱 압박을 가하고 귀두 부위도 자극이 되도록 마사지하여 사정이 이루어지도록 한다(그림 5-17).

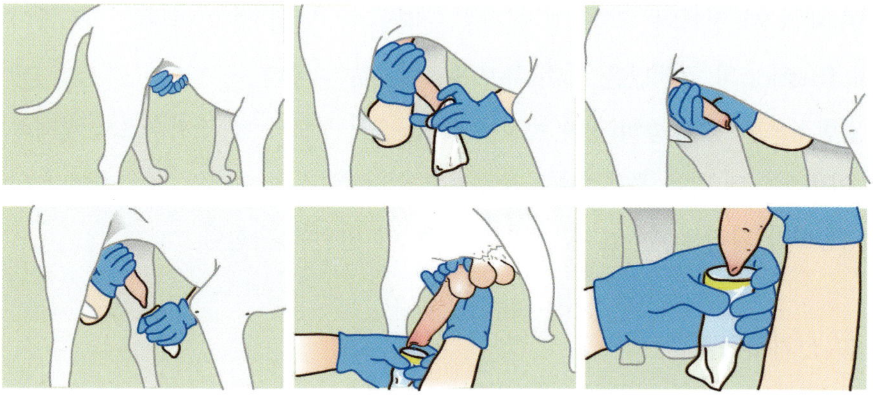

그림 5-17 마사지법에 의한 개의 정액 채취

개의 정액은 약간 익숙해지면 손가락 조작(digital manipulation)에 의하여 마사지법으로 쉽게 채취할 수 있다. 채취는 개가 서 있는 자세에서 이루어진다. 발정 온 암캐가 있으면 정액채취에 다소 도움이 되나 꼭 필요하지는 않다. 그러나 발정한 암캐가 있으면 정액 중에 정자수가 증가한다. 장갑 낀 손을 뒤로부터 뒷다리 사이로 넣어 구선(球腺, bulbusgland 또는 귀경)의 미부를 손가락으로 마사지한다. 어느 정도 발기했을 때 포피를 뒤쪽으로 밀어붙이면 구선이 노출되고 음경을 뒤로 구부려 개의 뒤에서 정액을 채취할 수 있게 된다. 음경의 귀두가 개의 털이나 먼지로 오염이 되지 않도록 주의해야 한다. 정액은 미리 가온한 눈금이 있는 주둥이가 넓고 끝이 뾰족한 유리 또는 플라스틱 용기에 받는다. 용기를 손으로 감싸 잡아 온도충격으로부터 정액을 보호한다. 음경을 밀어 넣는 동작이 끝난 후 정자가 많이 포함된 농후 정액이 사정되므로 이때 정액을 잘 받아야 한다. 충분한 양의 정액이 채취될 때까지 구선의 미부에 가하고 있는 압력을 늦추지 말아야 한다. 훈련되지 않은 종견에서 정액 채취할 경우에는 먼저 머리를 쓰다듬고 말을 걸어서 개를 안심시키는 것이 매우 중요하다. 개의 안심을 위해서는 개 주인이 목줄을 잡고 고개를 돌리지 못하도록 진정시켜 주는 것이 좋다.

개의 사정은 1 · 2 · 3차 fraction으로 사정을 하는데 1차 및 3차에는 정자의 농도가 거의 없으며 2차 fraction의 정액에서 농후한 정자를 얻을 수 있다. 그리하여 채취 시 정액의 색깔로서 이것을 구분할 수 있을 뿐만 아니라 되도록이면 2차 fraction의 정액만을 채취 튜브에 받는 것이 좋다.

일반적으로 정액 중의 정자 농도는 약 1~5억 정도의 총 정자수로서 경제적으로 이용하는 데 많은 문제점을 노출시키고 있다. 이것은 수캐의 개체 차이에 의한 정자농도가 달라질 수 있지만 일반적으로 이 범위에 속한다.

③ 전기자극법

전기자극법은 천골 부위의 전기적 자극에 의해 사정중추를 흥분시켜 정액을 채취하는 방법으로 이 매 전기자극의 크기와 통전 길이는 품종에 따라 다르다.

이 방법은 정상적인 동물에서도 인공질 및 마사지법으로도 정액 채취가 곤란한 경우에 강제적으로 수행하는 방법이다. 주로 인공질법에 익숙하지 않은 야생의 초식동물(산양, 면양, 사슴 등)에 적용하는 것이 좋으며 개의 경우에는 손을 심하게 타거나 사나운 개의 경우 강제적으로 채취할 경우에 사용한다.

전기자극정액재취기에 의한 개 정액의 채취방법은 먼저 개를 옆으로 누이고 직장 내에 있는 분변을 제거한 후 전기자극 probe에 윤활제를 바른 후 직장 내에 삽입하여 천골부위에 probe의 전극이 도달되도록 한다. 삽입된 probe를 꼬리와 함께 잡고 연결된 전기자극기의 전압을 조절 레버로 서서히 올린다. 전압이 올라가면 개는 뒷다리를 뒤로 쭉 뻗는데 이때 2~3초간 통전하고 2~3초간 절전으로 3~5회 반복하면 사정이 이루어진다.

④ 정소상체미부정자 회수법

최근 체외수정기술의 발달로 정소상체미부정자를 이용한 정자회수법이 자주 이용되고 있다. 이는 도살 후에 정소상체미부를 적출하여 정관과 미부관(epididymic cauda tubule)을 관류시키거나 실험동물의 경우에는 배양액 내에서 세절하여 정자를 회수하는 방법이다.

이 방법은 주로 실험 동물에서 많이 이용되나 체외수정을 위한 빈번한 정자 사용 시 도살 직후의 가축정자를 회수할 경우에도 자주 이용된다. 아울러 최근에는 소, 개에 있어서 마취 후 수술에 의하여 정소상체미부에 카테터를 삽입하여 두고 필요시마다 정소의 압력으로 미부정자를 회수하는 방법도 소개되고 있다.

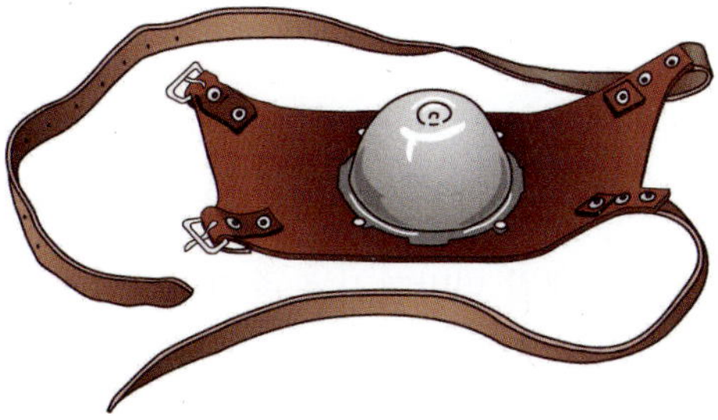

그림 5-18 발정 확인을 위한 친볼

(2) 정액 성상에 미치는 요인들

① 계절

㉮ 정액의 량은 보통 3~5월에 가장 많고 6~8월에 가장 적다.

㉯ 정액의 농도는 5~6월과 9~11월이 높고, 7~8월과 12~3월에 낮다.

② 영양

㉮ 영양의 결핍으로 체중의 감소가 20% 이상 발생하면 정자수가 현저히 감소하고 기형정자의 발현 비율이 높아지고 생존 기간이 단축된다.

㉯ 영양결핍으로 인한 가장 큰 피해는 성욕 감퇴이며, 어린 개일수록 영양결핍으로 인한 정액의 질 저하 현상이 심하다.

㉰ 에너지와 단백질의 섭취량이 정액의 성상과 양에 영향을 미친다.

③ 기온

㉮ 외기 온도가 5~28℃를 벗어나면 정액성상에 나쁜 영향을 미친다.

㉯ 29℃ 이상의 고온에서 오랫동안 방치하면 기형정자의 발현율이 높아진다.

㉰ 일교차가 100 이상이면 정액 생산량이 저하된다.

④ 연령

㉮ 정액의 양과 농도는 25~29개월까지는 지속적으로 증가한다.

㉯ 정자의 생존율과 활력은 생후 8개월 이후에 증가한다.

㉰ 20개월 미만까지는 종견의 일령이 증가할수록 분만율과 산자수가 증가한다.

⑤ 채취빈도

㉮ 정액량과 농도는 채취 빈도가 길수록 높다.

㉯ 생존율과 활력은 채취빈도에 따른 영향은 거의 없다.

㉰ 연속 채취시에는 정액량의 변화는 적으나 정자수의 감소는 심하다.

⑥ 품종

㉮ 정액의 양은 대형견이 많고 소형견이 적다. 동일 품종 내에서는 고환이 큰 개체가 정액량이 많다.

㉯ 생존율과 정자의 활력은 품종 간에 차이는 적다.

3) 정액 검사

정액검사의 목적은 채취정액이 인공수정에 사용할 수 있는 성상을 구비하고 있나 없나, 또 주입정자수를 고려해서 희석배율을 어느 정도로 할 것인가 등을 결정하기 위한 검사를 위함이다. 검사는 정액채취에서 희석까지에 필요한 항목에 대해 가급적 조속히 끝내는 것이 바람직하다. 즉 고가의 기구를 사용하고 시간이 많이 걸리면서 번잡한 조작에 대단히 면밀하게 정액성상을 판정하기보다는 단시간에 간편하게 할 수 있어야 한다.

정액 및 정자의 검사는 수컷의 번식능력 판정과 번식장애의 원인규명을 위하여 필요하다. 인공수정에 있어서는 정액의 사용 여부를 판정하고 보존, 수송, 희석배율을 결정하기 위하여 육안적 검사와 현미경적 검사로 대별한다.

(1) 육안적 검사

육안적 검사는 협의로 외관(색상), 농도(혼탁도), 양이나, 광의로 pH, 점조도, 비중, 삼투압 등을 말한다. 그러나 성상 판정의 보조적 수단으로는 색, 농도, 양, pH 등 4가지를 검사한다.

① 정액량

정액의 사정량은 각 동물에 따라 상당한 차이가 있으며, 수컷에서 채취한 정액이 과량일 경우에는 부생식선액 및 오줌이 과량 혼입된 것으로 생각되며, 과소일 경우에는 채취 방법의 과실이거나 수컷의 이상인 것이므로 주의가 필요하다. 개의 정액량은 **표 5-15**에서 제시해 주고 있다.

표 5-15 일반적인 개 정액의 성상

구분	분획 1	분획 1	분획 1	계(범위)
정액량(mℓ)	0.5~5.0	0.5~5.0	0.5~5.0	2.5~〉80.0
색상	투명	유백색	투명	유백색
농도(×10^6 cell/mℓ)	–	4~400	–	4~400
총정자수(×10^6/mℓ)	–	3~2,000	–	3~2,000
전진 운동 정자 수(%)	–	〉70.0	–	〉70.0
정상정자 비율(%)	–	〉80.0	–	〉80.0
pH	–	–	6.3~6.7	6.3~6.7

출처: Johnston 등(2001).

② 정액의 색깔

동물의 종류에 따라 다르나, 일반적으로 회색, 유백색, 우유색, 크림색 혹은 연녹색이다. 개는 요도구선에서 나오는 교질물의 약 20% 정도이고, 말은 정낭선에서 나오는 교질물이 약 40% 정도로서 백색을 나타낸다. 채취시 음경에 토사가 부착하여 정액에 혼입될 경우에는 시험관 아래에 흑색의 토사가 남게 된다. 오줌이 혼입되면 뇨취와 호박색으로 나타나고, 적색일 경우는 혈액이 혼입된 것이며, 농이 혼입되었을 때는 녹색을 표시한다.

③ 냄새

동물의 정액은 일반적으로 무취이나, 정액 고유한 냄새는 전립선에 함유된 단백질과 인지질의 작용에 의한 것으로 알려져 있다. 오줌, 등, 혈액이 혼입되면 그에 해당하는 냄새가 난다. 장기간 보존하여 부패되면 부패취가 난다. 동물의 정액을 채취한 후 악취가 발산되는 것은 이물의 혼입과 이상을 증명하는 것이기 때문에 특별히 현미경 검사를 실시하여야 한다.

④ 정액의 농도

정액의 농도는 정액성상을 판정하는 데 대단히 중요하며, 우선 육안적 검사로는 색, 투명도, 점조도 등을 보고 대략적인 농도를 알 수 있으며, 정확한 농도를 알기 위해서는 광전 비색계나 혈구 계산판에 의해 산정한다. 농도는 극농도, 농후, 중등도, 희박, 극희박 등의 5종으로 평가된다.

⑤ 점조도

동물 정액의 점조도는 동물의 종류에 따라 다르며, 단위용적 내의 정자 수에 비례한다. 개보다는 소가 높고, 소보다는 산양이 높다.

⑥ 수소이온농도(pH)

신선한 원정액의 pH는 동물의 종류, 개체, 채취방법에 따라 다르나, 일반적으로 약산성 내지는 약알칼리성이다. pH의 변동은 부생식선 분비액에 의하여 좌우된다. pH의 이상은 부생식선의 이상 또는 이물질이 혼입된 것으로 생각된다. 엄밀한 검사를 할 경우에는 pH meter에 의해 전기적으로 측정하지만, 보통은 BTB 사용에 의한 비색법이 사용된다.

(2) 현미경 검사

정자의 활력, 정자의 농도, 기형률 및 생존성을 현미경으로 평가하여 숫개의 수태율을 예견할 수 있다. 육안검사에 의해서 정액이 인공수정에 사용될 수 있는 것인가 아닌가를 대체적으로 짐작은 된다. 그러나 외관상으로는 정상이라고 생각된 정액이라도 정자가 거의 사멸되어 있거나, 이상 운동을 나타내는 것 또는 형태적으로 비정상적인 정자를 가지고 있는 정액이 있다. 이런 이상은 육안적 검사만으로는 발견할 수 없으므로 현미경을 사용하여 검사할 수밖에 없다. 채취 직후의 원정액에 대해서는 먼저 100배 정도의 배율에서 대체적인 정자농도와 생존율, 활력을 검사한 다음 필요하다면, 고배율인 400배로 확대해서 정자의 운동과 형태를 검사한다. 더욱 정밀한 검사는 1,000배 배율에서도 검사할 수 있다.

① 정자의 활력 평가

㉮ 정자의 활력

정자는 생식도관을 이동하면서 다양한 환경에 노출되어 활력(活力, motility)과 운동성(運動性)이 변한다. 정소상체 내에서 성숙하는 동안 정자는 전진운동능(progressive movement)을 획득하게 되고, 사출시 전립선액에 노출되면서 활력이 증진된다. 사출된 정자가 자궁경 점액을 통과하면서 전진운동능에는 거의 변화가 없으나 편모의 박동률과 두부의 회전율이 감소하는 경향이 있다. 자궁경관을 지나게 되면 정자는 자궁 내 환경과 접하게 되는데, 자궁액이 정자의 활력에 미치는 영향에 대해서는 거의 알려져있지 않다. 한편 정자가 난관액과 복강액에 노출되면 운동 속도가 증가한다. 또한 수정 시기와 수정 부위에 도달하는 시간과 관련하여 정자의 운동성이 변화하는데, 난관에서 추출한 정자는 비전진성 형태로 유영한다.

정자는 미부(편모)에 에너지를 공급해서 운동한다. 즉, 장축으로 배열된 필라멘트 미세소관 다발(filament microtubule bundles)과 주변의 수축단백질인 조섬유로 구성된 편모는 대사 과정에서 생산된 화학적 에너지(ATP)를 기계적 에너지로 전환하는 미세구조를 가지고 있다.

정자의 세포막 표면에는 특정 수용 부위가 있어서 주변 환경에 민감하게 반응하여, 동일 사출물 내에서도 개개의 정자는 형태와 활력에서 다양성을 보인다. 이러한 다양성은 정자의 발생(發生), 성숙(成熟) 및 수송(輸送) 중 일어나는 선발 과정에서 중요한 역할을 한다. 또한 정자의 활력은 정액의 주입 부위로부터 수정 부위까지 정자의 이동에 관여하지만, 주로 자궁경, 자궁난관접속부 또는 난자의 난구세포와 투명대를 통과할 때 결정적인 역할을 한다(Hawk, 1987). 정자의 활력이 선발과 수정에 있어서 필수적 요인이긴 하지만 정상 정자의 경우 활력이 없어지기 전에 정자의 수정 능력이 먼저 소실되기 때문에 수정능력의 절대적 지표는 아니다.

㉯ 활력의 평가

정액의 활력은 현미경하에서 운동의 형태와 정도에 따라서 직접적으로 평가하는 방법과 정자의 운동성을 기계적으로 해석하여 활력을 평가하는 방법이 있다. 정자의 활력 또는 생존율은 수정능력과 밀접한 관계가 있어 일정 한도 이하의 생존성을 나타내는 것은 인공수정에 사용할 수 없다. 검사법으로 가장 보편적으로 행하여지고 있는 것은 정자 생체염색에 의한 생사판별법이 있다.

㉠ 직접 평가

운동 정자의 비율과 운동의 질을 현미경하에서 직접 평가하는 것이 주관할 수 있으나, 운동 정자(運動 精子)의 백분율과 수정률 간에는 정의 상관관계가 있다. 정자 활력을 측정하기 위하여 37℃로 가온한 정액성상검사판(또는 슬라이드) 위에 정액을 한 방울 떨어뜨린다. 먼저 저배율(100배)에서 정자를 신속하게 관찰하여 생존 운동 정자의 백분율을 구하고 고배율(400배)에서 정자의 운동 속도와 형태 및 운동 정자의 비율을 자세히 관찰한다.

활력을 정확하게 등급화하기 위해서는 많은 경험이 필요한데, 운동정자의 백분율, 정자의 운동 속도, 정자의 운동 형태 및 전체 운동 형태 등을 고려하여야 한다. 즉, 운동 정자의 비율이 높고, 정자의 운동 속도가 빠르며, 정액 내 빠른 소용돌이 현상이 나타날 때 우수한 정액으로 판정할 수 있다. 한편 전진 운동 정자의 백분율을 평가하여 정자의 활력으로 이용할 수 있다. 그러나 활력을 평가하기 위해서는 어떠한 방법이라도 동일한 과정과 결과의 해석이 필요하다.

㉡ 간접 평가

정액의 활력은 분광광도계(分光光度計, spectrophotometer) 또는 사진술(photography)을 이용하여 간접적으로 측정할 수 있다. 분광광도계를 이용한 활력 평가는 정액을 투과하는 빛의 양을 측정하여 정자의 농도, 속도, 운동 형태 및 운동 정자의 비율을 간접적으로 측정하는 것이다. 또한 사진술은 정자의 운동 형태뿐만 아니라 정자의 이동 속도, 정자 두부의 곡선 속도, 평균 속도, 전진 등을 간접적으로 측정하는 것이다(Tessler와 Olds-Clarke, 1985).

분광광도계를 이용한 정액의 활력 평가에서는 일정 농도로 희석한 정액의 빛의 투과량을 측정하고 표준 곡선과 비교하여 농도를 간접적으로 측정한다. 최근에는 컴퓨터 기술을 이용하여 정자의 활력을 평가하고 있다(Massanyi & Trandzik, 1991). 이러한 방법은 정액 성상에 대한 정확한 정보를 얻을 수 있고, 측정치는 수정률과 높은 상관이 있지만, 과정이 복잡하고 기구가 비싸서 일반적으로 사용하지 않는다.

② 정자의 농도와 측정방법

㉮ 정자의 농도

정액의 단위 부피당 정자의 농도(sperm concentration)는 개체 간, 동일 개체 내 정액 간 및 채취 시기에 따라 다양하며, 한 번에 사출되는 정액량에 따라 다르다. 수소의 정액 ml당 정자의 수는 수천만에서 30억 마리의 범위에 있으며, 평균 ml당 약 10억 정도이다. 정액 간 변이가 심하기 때문에 정액의 ml당 정자수를 정확하게 측정하는 것은 매우 중요하며, 측정된 정자의 농도와 정액량을 곱하여 총 정자수(總 精子數)를 계산할 수 있다. 계산된 총 정자수는 인공 수정할 암소의 수를 결정하는 중요한 지표가 된다.

㉯ 농도의 측정방법

정자의 농도를 측정하기 위해 주로 혈구계산기(血球計算器, hematocyto-meter)를 이용하고 있으며(Zaneveld & Polakoski, 1977), 정자 농도를 계속 측정하는 인공 수정소에서는 신속하고 객관적인 평가를 광도계(photometer) 또는 투명도 검사기(opacity test equipment)를 이용하기도 한다. 주입 정자수 결정, 희석배율, 실험 연구 등에서 정확한 정자수가 요구되는 경우 혈구계산기나 분광광도계를 사용하여 정자농도를 측정한다. 무엇보다도 일상 업무에서도 정기적으로 1개월에 1회 정도 각각의 수컷에 정자농도를 산정하여 기록하는 것이 바람직하다. 특히 동결정액을 제조하는 데는 회복률이 나쁜 개체도 있어 주입정자수의 확인을 위해서도 정확한 정자농도의 산정이 필요하다.

㉠ 혈구계산기(판)을 이용한 직접 측정

원정액(원정액)의 정자 농도를 측정하기 위하여 먼저 정자의 사멸과 희석 과정을 거치게 된다. 채취한 정액을 정자사멸 용액으로 20배 희석하거나, 혈구희석용 피펫을 이용하여 정액을 희석한다. 이때 주로 사용되는 정자사멸 용액으로는 5% 클로라진(chlorazene)이 함유된 생리적 식염수 또는 5g $NaHCO_3$와 1ml의 35% 포름알데히드(formaldehvde)가 함유된 10m의 생리적 식염수가 이용된다. 희석한 정액을 혈구계산판(혈구계산판)에 한 방울 떨어뜨려 커버글라스를 덮거나, 또는 혈구희석용 피펫을 이용하여 정액을 희석한 경우 피펫의 유리구 내 희석 정액이 나올 때까지 몇 방울을 버린다. 그 후 커버글라스를 덮은 혈구계산판의 양단에 희석 정액을 떨어뜨려 스며들게 한 다음, 각각 일정 시간 정치하여 정자가 가라앉도록 하고 400배율 하면서 정자의 수를 측정한다.

혈구계산판 내 계산실은 한 변의 길이가 1mm인데, 2중선으로 5등분되어 2중선의 정사각형이 25개 있다. 2중선의 정사각형은 다시 16개의 단선의 정사각형을 가지고 있다. 정자를 셀 때는 25개의 정사각형을 전부 세지 않고 편의상 **그림 5-23**과 같이 구석 4개와 중앙 1개, 모두 5개 칸만을 세어 역산한다. 정자를 셀 때 사각형 내에 있거나 위쪽과 오른쪽 눈금에 걸쳐 있는 정자만을 계산에 포함시킨다.

예를 들어 100배로 희석한 정액의 경우 5칸의 정자의 총계가 80이라고 하면 정액 1ml 중의 정자수는 다음과 같이 계산한다.

80마리(5방안의 정자수) 〉 **5**(25방안으로 환산) 〈 10^4(0.1mml^3를 m로 환산 시) X **100**(희석배율)

$$= 400 \times 10^4 \times 100 = 4 \times 10^8 \text{ cells/ml}$$

※ 개를 처음 키우는 초보자에게 어떤 종류의 개를 구입해서는 안 되는지, 그리고 앞으로 한 식구가 될 개의 어떤 성격을 조심해야 하는지에 대해 주의를 주는 것이 다른 충고를 하는 것보다 훨씬 더 필요한 것 같다. 잠깐, 주의 사항들에 대해 좀 더 자세히 이야기하기 전에 독자들에게 부탁할 것은 그렇다고 이 주의사항 때문에 개 키우기를 꺼리지 않기를 바란다. 어떤 경우든지 간에 개를 키우는 것이 개를 키우지 않는 것보다 훨씬 낫다. (『인간, 개를 만나다』. 콘라트 로렌츠 저. 구연정 옮김. 사이언스북스. 1983)

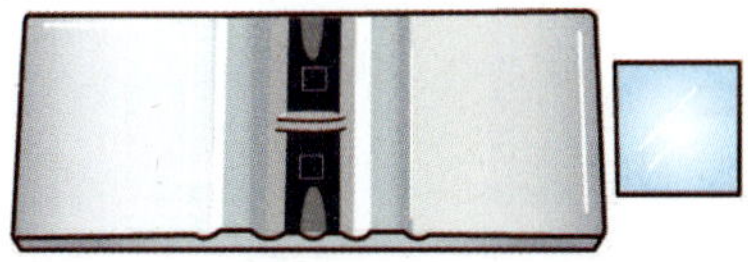

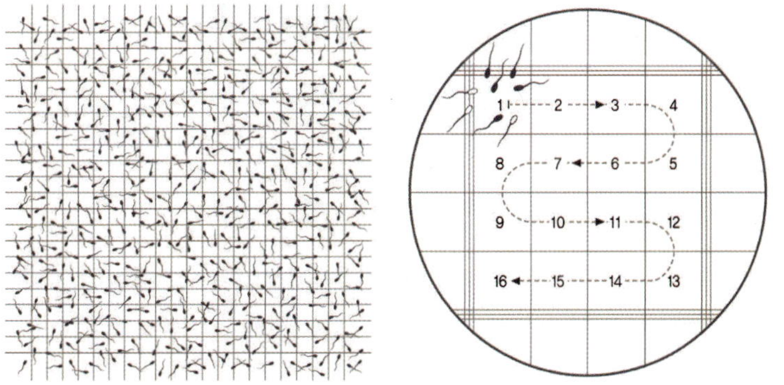

그림 5-19 혈구계산판에 의한 정액 검사 방법 및 결과

㉡ 마클러 계산판의 이용

마클러 계산판(markler counting chamber)으로 원정액의 정자수와 활력을 빠르고 정화하고 간편하게 평가할 수 있다. 계산판은 품체와 유리 덮개 두 부분으로 되어 있다(그림 5-26).

유리 덮개를 몸채에 놓았을 때 몸치 중앙 평면과 유리 덮개 사이의 깊이는 10um이며 이 사이에 정액이 놓이게 된다. 유리 덮개 중앙에는 한 변의 길이가 1mm인데 10등분(0.1mm)하여 정사각형이 100개 있다. 따라서 정사각형 10개의 부피는 0.001m이며 1ml의 100만분의 1이다. 계산만은 200배율하에서 관찰하는 것이 바람직하다. 초점을 맞출 때 유리 덮개가 깨질 염려가 있으므로 400배율 이상은 사용하지 않는 것이 좋다.

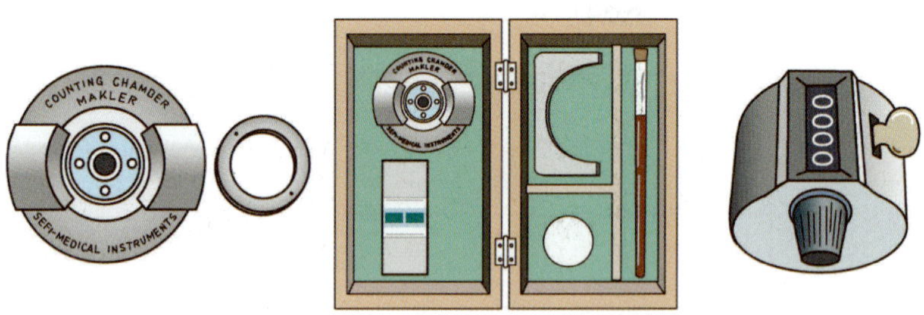

그림 5-20 Markler counting chamber

〈정자농도 조견표에 의한 정자수 계산 방법〉

표 5-16과 같이 조견표를 이용하면 정자수 계산이 가장 확실하고 빠르게 측정할 수 있다.

표 5-16 혈구계산판 및 조견표을 이용한 현미경의 육안적 정자수 계산표

Total No. of sperm in 1/25 Sq.	Total No. of sperm in 25 Sq.	Total sperm conc. (×10⁴/ml) (ml당 총정자수)								
		Dilution magnification(희석배율)								
		1X	2X	3X	4X	5X	10X	20X	100X	200X
1	25	25	50	75	100	125	250	500	2500	5000
2	50	50	100	150	200	250	500	1000	5000	10000
3	75	75	150	200	300	375	750	1500	7500	15000
4	100	100	200	250	400	500	1000	2000	10000	20000
5	125	125	250	300	500	625	1250	2500	12500	25000
6	150	150	300	350	600	750	1500	3000	15000	30000
7	175	175	350	400	700	875	1750	3500	17500	35000
8	200	200	400	450	800	1000	2000	4000	20000	40000
9	225	225	450	500	900	1125	2250	4500	22500	45000
10	250	250	500	550	1000	1250	2500	5000	25000	50000
12	300	300	600	900	1200	1500	3000	6000	30000	60000
15	375	375	750	1125	1500	1875	3750	7500	37500	75000
17	425	425	850	1275	1700	2125	4250	8500	42500	85000
19	475	475	950	1425	1900	2375	4750	9500	47500	95000
20	500	500	1000	1500	2000	2500	5000	10000	50000	100000
25	625	625	1250	1875	2500	3125	6250	12500	62500	125000
75	1875	1875	3750	5625	7500	9375	18750	37500	187500	375000

예) 표 5-16에서 정자농도를 빠르게 구하려면 먼저 혈구계산판 내에 구획되어 있는 25방안 중 1방안에는 16칸이 구획되어 있는데, 이 16칸 중에 1칸의 정자수를 개략적으로 빠르게 먼저 헤아려서 16을 곱하면 1방안의 정자수가 된다. 1방안의 정자수가 구해지면 우측 란의 25방안의 정자수 합이 표시되어 있고 다시 희석배율에 따라 1X, 10X, 100X 등의 배율을 선택한 교차점이 ml당 정자수가 된다. 예를 들어 1방안의 정자수가 25마리이면 25방안의 정자수 합은 625마리가 되고 희석배율이 100X(100배)인 경우에는 62,500×10^4마리, 즉 ml당 6.25×10^8마리(6억 2천 5백만 마리)가 된다.

출처: 이장희(2016). 애완동물 번식,

ⓒ 간접 측정

마비탁계(比濁計, nephelometer)나 광전자비색계(光電子比色計, photoelectric colorimeter) 또는 탁도 표준을 이용하여 정자의 농도를 간접 측정할 수 있다. 비탁계를 이용하여 표준 정액의 정자 농도와 탁도 간의 상관관계를 먼저 구하여 표준곡선(標準曲線)을 만든다. 그런 다음 조사하고자 하는 정액을 주의하여 희석한 다음 비탁계를 이용하여 탁도를 측정하고 구해진 탁도를 표준곡선에 대입하여 정자 농도를 간접적으로 측정된다(Glen Almond, 1994).

구연산나트륨 용액으로 표준 희석 정액을 만들고, 광전자비색계로 표준 희석 정액을 투과하는 빛의 양을 측정하여 표준곡선을 만든다. 이어서 조사하고자 하는

정액의 광투과성을 측정하고 표준곡선에 대입하여 정자 농도를 구한다.

시각적으로 빠르게 정자 농도를 측정하기 위하여 먼저 황산바륨(barium sulphate)을 이용하여 다양한 정자 농도의 탁도 표준을 만든다. 정액을 구연산나트륨 용액으로 10배 희석한 다음, 탁도 표준과 비교하여 정자의 농도를 간접적으로 평가할 수 있다.

최근에 정자의 DNA에 있는 아데닌-티민 염기쌍(adenine thymine base pairs)에 형광 염색액을 결합하여 발현시킴으로써 정자의 농도를 평가하는 DNA 염색법이 개발되어 반복적으로 정확하게 정액을 평가할 수 있게 되었다(Fenton 등, 1990). 또한 CASA 분석법으로 정지의 농도, 활력, 기형률, 정자의 속도 등이 컴퓨터로 자동 계산되기도 하는 장치가 개발되기도 하였다.

그림 5-20은 CASA로 개 정액을 분석한 결과의 예시이다. 다만 모든 간접적 평가 방법은 처리 속도(정액접시)를 빠르게 실시할 수 있으나 기준 설정이 대우 어렵고, 잘못 설정되었을 경우에는 믿을 만한 결과를 얻기가 쉽지 않다.

③ 기형 정자의 검사

기형 정자의 종류는 대단히 많으나, 그 중 미부기형 특히 만곡, 굴절의 출현율이 무엇보다 많고 미부, 중편부의 기형은 정상적인 정자형성 과정을 경과한 후 생식기 내 또는 사출 후의 나쁜 환경에 의해 발견되는 경우가 많다고 한다. 한편 정상적인 정액에서는 비교적 적다고 하는 두부, 경부의 기형은 주로 정자 형성 과정의 이상에 기인한다고 생각된다.

또 기형이 아닌 미성숙 정자가 보이는 수가 있으나, 정상 정자에서의 출현은 경우 2~3% 이하이다. 정상인 동물 정자에서의 기형률은 10~15%이며, 이것이 20% 넘을 경우에는 수태율의 저하를 일으킨다. 40% 이상이 되면 거의 불임 수준이라고 할 수 있다.

인공수정의 실무에서 문제가 되는 것은 기형정자이다. 보통 400~1,000배의 현미경하에서 정자의 형태를 검사하면 기형 정자율이 15~20%로 이상하게 높은 경우도 쉽게 관찰된다. **그림 5-21**은 정액에서 나타나는 기형 정자들에 대한 모식도이다.

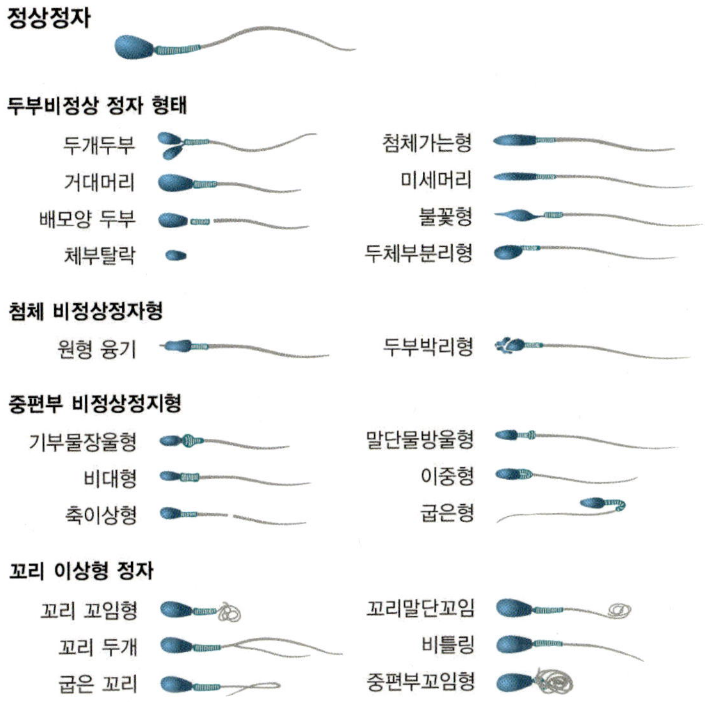

그림 5-21 정자의 다양한 비정상적인 형태

그림 5-22는 개 정액에서 실제 관찰되는 기형 정자의 실례이다. 기형 정자에는 미성숙 정자도 포함되기 때문에 잦은 사정에 의한 미성숙 정자의 증가는 수태율 저하의 원인이 되기도 한다. 성 성숙 후 젊은 시절의 개는 거의 매일 같이 교배하여도 수태에는 거의 지장이 없다. 왜냐하면 대부분의 동물들은 1회 사정 시 사출되는 총 정자수와 매일 같이 만들어지는 정자수가 거의 같은 수준이기 때문이다.

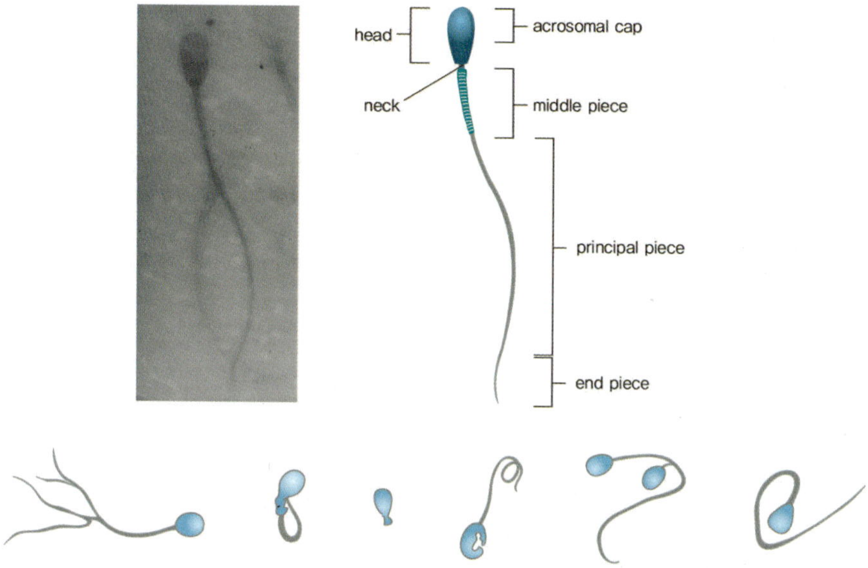

그림 5-22 개 정자의 정상적인 형태와 비정상적인 형태

4) 정액의 희석과 보존

정액 성상 검사가 끝난 것은 곧바로 희석 보존하게 된다. 희석액으로 널리 사용되고 있는 난황완충액을 비롯해 우유나 분유를 주성분으로 한 완충액 등이 있다. 희석의 목적은 정액을 증량하고, 정자 생존에 필요한 에너지원을 공급하고, 세균 억제제의 첨가에 의해 정액을 청정하게 보존하고 동시에 생존을 연장시키는 것이다. 또한 정자의 대사를 가능한 한 억제하기 위해 저온 보존되지만, 온도 하강시에 희석제가 저온충격의 방지에 미치는 역할도 크다. 인공수정 실시 초기에는 정액의 희석에 생리식염수, 포도당 등이 사용되었지만, 연구 진행에 따라 각 동물의 정액에 적절한 희석액이 국내외에서 개발되어 실용화되었고, 주요한 것은 난황계 희석과 우유계 희석이다.

(1) 정액의 희석 목적

채취된 정액을 보존액을 이용하여 희석하는 목적은 첫째, 정액의 양을 증가시켜 우수한 수컷의 정액을 여러 마리의 암컷에 수정할 수 있으며, 둘째, 체외에 사출된 정자의 불리한 환경을 개선해주어 정자의 생존성과 활력을 보존시켜 줌으로써 정액 사용시간을 연장시켜주는 데 그 목적이 있다. 그러므로 채취된 정액은 적절한 방법으로 가능한 한 최대한 빨리 희석하여 정자의 소실(에너지대사에 의한 수명단축 등)을 방지하여야 한다.

(2) 정액의 보존온도

채취한 정액을 실온에서 보존할 때는 적절한 보존액을 희석하여 15~20℃의 실온에서 약 2~3일간 양호한 정자의 생존성과 운동성을 유지할 수 있으며, 가정용 냉장고에 보관할 수 있는 4~5℃ 저온 보관시는 보존기간이 다소 길어진다.

(3) 보존액

개인이 직접 정액을 채취하여 인공수정 할 경우 분말 형태로 만들어진 보존액을 구입하거나 액상 농축희석액을 이용하면 제조단가(인건비)를 절감하면서도 손쉽게 운용할 수 있다. 최근에는 1주일 정도 정액을 보관할 수 있는 MR-A보존액과 10일 이상 보관할 수 있는 Androhep보존액 등이 개발되어 있다.

〈보존액의 구비조건〉

① 수소이온농도(pH)

수소이온농도의 높고 낮음은 정자의 운동성과 생존성에 크게 영향을 미친다. 대부분의 효소 및 세포가 적절한 범위의 pH를 요구하는 것과 마찬가지로 정자의 운동성과 생존성을 유지하기 위해서는 적절한 범위의 pH를 요구한다. 따라서 정액보존액의 pH는 원정액과 같거나 그 전후여야 한다. 이러한 완충효과를 증가시키고 pH를 조절하기 위한 시약으로는 주로 구연산염(sodium citrare), 인산염(sodium phosphate), 중탄산염 (sodium bicarbonate) 및 주석산염(sodium tartrate) 등과 같은 염류와 트리스아미노메탄(trihydroxymethyl amino-methane), 구연산(citric acid) 및 아미노산(amino acid) 등과 같은 비전해질이 사용되며 이들은 보존액의 주성분이 되는 난황을 융해하는 데도 중요한 역할을 한다.

② 삼투압

정액 보존액의 삼투압은 원정액과 같아야 한다. 보존액의 삼투압이 원정액보다 지나치게 낮거나 높으면 희석 충격을 받아 기형 정자가 많이 발생한다.

③ 전해질과 비전해질

보존액을 만들 때 사용하는 전해질과 비전해질로 정자생존에 유해한 것은 사용할 수가 없다. 전해질을 조정하기 위한 시약으로는 Na, K, Mg 및 Ca의 양이온이 사용되며, 비전해질로는 포도당(glucose), 과당(fructose) 및 젖당(lactose) 등의 당류가 첨가된다.

④ 정자의 보호물질과 영양물질(에너지원)

원정액은 외부로부터의 충격을 방지하거나 보호하는 물질이 거의 없거나 적어서 37℃의 적온에서도 오래 살지 못한다. 따라서 보존액에는 보호물질과 영양물질을 첨가할 필요가 있다. 보호물질로는 난황, 우유, 탈지분유, 혈청, 난포액 및 orvus es paste 등이 있으며, 이러한 물질들은 저온충격 및 급냉으로부터 정자를 보호한다. 영양 물질로는 당류를 첨가하는데 동결 보존액에 첨가되는 당류로는 glucose, fructose, lactose, trehalose 및 raffinose 등이 있으며 이들 영양 및 보호 물질들은 에너지원의 공급과 동해보호제 역할도 한다.

⑤ 동해보호제

보존액에 첨가되는 동해방지제는 글리세롤(glycerol), DMSO(dimethyl sulphoxide), ethylene glycol, propylene glycol, acetamide 및 각종 알코올 등의 침투성 동해방지제와 sucrose, glucose, lactose, trehalose, raffinose 등의 당류, polyvinylpyrolidone, polyethylene glycol 및 고분자단백물질 등의 비침투성동해방지제가 있다.

⑥ 세균억제제

정액 중에 상당수의 세균이 정액 채취 과정이나 희석 및 제조 과정에서 들어간다. 세균의 종류나 수는 동물 종에 따라 다소 차이가 있다. 이들 세균은 생존과 증식을 위해서 대사기질을 사용한 후에 대사산물을 축적하여(산소 이용에 따른 pH 변화) 정자의 생존기간을 단축할 뿐만 아니라 인공수정을 통하여 자궁 내에 들어가 생식 기질병을 유발시킬 수 있다. 이들 세균의 증식을 억제하거나 없애기 위해서 1950년대까지는 설파제가 사용되었으며 1990년대까지는 페니실린 및 스트렙토마이신이 주로 사용되었으나 항생제 내성에 따른 문제점 때문에 최근에는 내성이 생기지 않았던 새로운 종류의 다양한 항생제가 이용되고 있다. 정액에서 주로 발견되는 세균틀로는 Staphyloccus spp., Pseudo monas spp., Escherichia 8pp., Klebsiella spp., Citrobacter spp., Micrococcus spp., Eubacteriu m 및 Eubacterlum suit 등이 있으며 이들 병원체에 대한 항생제로는 Gentamicin, Linc omycin, Neomycin, Polymixin B, Spectinomycin Kanamycin 등이 주로 사용되고 있으나 최근에는 Amikacin, Bacitracin, Colistin, Dibekacin, Erthromycin, Tylosin 및 Sulfadiazine 등도 사용되고 있다.

⑦ 정자의 수정능획득 유기물질

최근에 체외수정기술의 발달로 정자의 수정률 또는 수태율을 향상시키기 위하여 여러 가지 화학제 또는 생체 활성 물질들이 이용되고 있다. 이들 정자의 수정능

획득 유기물질로는 heparin, caffeine, calcium ionophore 및 이들의 병용 처리와 PAF(platelet activating factor), BSA(bovine serum albumin), 난포액, OEP(orvus es paste: 합정청정제, NOVA chemical sales, Inc, USA) 등의 생체 활성 물질들도 이용되고 있다.

(4) 보존액 희석방법 및 배율

채취된 정액의 온도는 32~35℃ 정도가 되며 채취 즉시 정액과 같은 온도로 준비된 보존액을 채취된 정액량과 1:1 비율로 1차 희석한 후 상온(약 20℃)에 방치한 상태에서 정액검사를 하고 정자농도에 따라서 보존액을 추가로 희석한다. 보존액 희석배율은 채취된 총생존 정자수에 따라 결정해야 하지만 농후 정액만을 분리 채취했을 때는 약 10~20배(정액 1: 보존액 10~20) 정도로 희석하는데, 최종 정자의 농도는 10m당 20억 이상이 되도록 해야 한다.

보존액의 희석배율을 예로 들어 보면 다음과 같다.

예)
- 원 정액량: 20ml
- ml당 정자수: 3억
- 총 정자수: 60억
- 생존율: 80%
- 생존 총정자수: 48억 (60억×80%)

위의 정액을 이용하여 1회 주입분을 10ml로 하고 생존정자수 dose 당 5억 마리로 할 때 9doses의 정액을 만들 수 있으며, 두당 1회 수정 시에는 9마리를 수정시킬 수 있다.

- 희석된 정액의 최종량은 90ml가 되어야 하며 원정액량이 20ml이므로 희석액량은 70ml가 필요하게 된다. (최종량: 9doses × 10ml = 90ml, 90ml – 원정액 20ml =70ml)

- 희석액 70ml는 원정액의 3.5배에 해당되며, 정액의 희석배율은 1: 3.5이므로 3.5배가 된다.
- 보존액은 한꺼번에 희석하지 말고 2~3회에 나누어 서서히 희석하되 빠른 시간에 17~18℃의 온도로 낮춰준다.

① 정액의 액상보존

정액의 보존은 정자의 대사, 운동을 억제해 에너지 소모를 방지하기 위해 저온하에 두지만, 액상정액의 보존 시 각 동물별 보존온도 및 실용상 보존 가능 시간은 **표 5-17**과 같다.

표 5-17 각 동물별 정액 보존 적온 및 실용상 보존 가능 기간

동물명	보존적온(℃)	실용상 보존 가능 기간	동물명	보존적온(℃)	실용상 보존 가능 기간
소	4~5	4~5일	소	4~5	4~5일
말	4~5	6~12시간	말	15(5~7*)	2~3일(5일*)
면양	4~5	4~5일	면양	15(5~7*)	2~3일(5일*)

* 저온 보존의 경우

출처: 이장희(2016). 반려동물 번식.

정액은 희석액으로 희석된 후 소정의 온도까지 하강시키지만, 이 경우 정자의 저온충격을 방지하기 위해 다음과 같은 방법이 사용된다. 소, 말, 면·산양의 정액에서는 28~30℃의 미온탕 중에 희석정액이 들어 있는 정액관을 넣은 그대로 4~5℃로 조절된 냉장고 또는 항온실 내에 60~90분간 정치해 온도를 서서히 하강시킨다. 개 정액은 일반적으로 15℃에서 보존이 행해지지만 다른 동물에 비해 정액량이 많고 보존온도도 비교적 높기 때문에 28~30℃의 등온에서 희석한 후 15C의 항온실 내에 바로 두고 60~90분에 걸쳐서 온도를 하강시킨다.

개 정액의 액상보존용 희석액은 다음과 같다.

■ 액상보존액

〈Tris 완충액〉

Tris(hydroxymethyl aminomethane)	3.028g	Glycine	0.468g
Citric acid	1.780g	Catalase	0.020g
Glucose	0.30g	Fresh egg yolk	20%(v/v)
Fructose	0.30g		

이상의 시약을 80ml의 증류수에 혼합한다.

〈T3〉

Sodium citrate	1.59g	Potassium sodium tartrate	0.4g
Potassium citrate	0.3g	Glucose	1.0g
Sodium sulfate	0.3g		

위의 시약에 증류수를 가하여 100ml가 되도록 만든 다음 75ml만을 취하야 난황을 25ml를 가하여 100ml가 되도록 만든다.

이상과 같은 희석액을 제조할 때에는 시약을 정확히 달아서 충분히 교반, 혼합하여 냉장고에 보존한 후 상층액만 사용한다. 희석액은 제조 즉시 사용하는 것보다 10~20시간(하루 전)에 만들어 사용하는 것이 정자에 유리하다. 왜냐하면 제조된 희석액의 pH는 제조 후 12시간 경과 후에야 이온상수와 함께 평형이 이루어지기 때문이다. 제조 후 2~8시간까지는 pH가 지속적으로 상승하여 거의 pH 8.0 수준까지 상승한다. 높은 pH에서는 정자가 격렬해진 다음 빠르게 사멸하기 때문이다. 자주 사용되는 희석액은 10배 또는 20배 농축액으로 운용하는 것이 바람직하다. 농축보존액은 변질의 우려가 적어서 보관에 유리하며 적은 량의 사용으로도 매우 편리하기 때문이다. 농축 보존액를 희석배율로 혼합한 보존액은 가능한 1~2주일 이내에 사용하여야 한다.

■ 개의 액상보존액-개량 T22

〈A액〉

Glucose	5.0g	Penicillin	10IU
Egg yolk	3ml	EDTA(No. 4)	0.15g
Citric acid	0.025g	streptomycin	100mg

위의 시약에 증류수를 가하여 100ml가 되도록 만든다.

〈B액〉

Citric acid	0.0259g	Egg yolk	3ml
Potassium sodium tarate	3.40g	Penicillin	10IU
EDTA(No.)	0.15g	streptomycin	100mg

위의 시약에 증류수를 가하여 100ml가 되도록 만든다. 이 희석액의 제조는 사용 10~20시간 전에 만들어 A액과 B액을 7:3의 비율로 사용 직전에 혼합하여야 한다.

② 정액의 동결보존

1952년 Polge와 Rowson이 글리세린을 난황구연산액에서 희석한 소 정액을 dry ice와 알코올에 의해 −79℃로 2~8일간 동결보존한 후 38마리의 암소에 수정시켜 79%의 수태율을 얻었다. 그 후 많은 연구자에 의해 정액의 동결보존에 관한 기초 및 실용적 연구가 행해졌으며, 더욱이 액체질소를 사용해서 −196℃의 초저온으로 반영구적인 보존이 가능하게 되었다.

정액을 원정액 그대로 동결시키면 정자는 사멸한다고 알려져 있다. 정자에 대한 동해로는 첫째, 정자세포 내 수분의 동결로 원형질의 colloid 상태가 파괴되어 치명적으로 된다. 이것은 특히 동결속도가 빠른 경우에 일어나기 쉽다. 둘째, 정자세포 주위의 용액으로부터 동결하기 시작하면 용질이 농축하기 때문에 이에 따라 삼투압의 상승, 용액의 pH 변화 및 세포의 탈수 등이 일어난다. 이에 대해 glycerin, DMSO, 당류, 아미아드 등의 동해보호제가 알려져 있지만, 그중 정자에 대해 가장 유효한 것은 glycerin이다.

㉮ 동결보존액

정액을 동결하여 보존할 목적으로 여러 가지 보존액이 동물별로 개발되어 있다. 그 중에서도 최근에 많이 사용되고 있는 보존액은 다음과 같다.

㉠ 소 동결 정액용 보존액

- **Tris yolk 보존액**

〈제1차 희석액〉

Tris(hydroxy methylaminomethane)	3.028g	Catalase	0.020g
Citric acid	1.780g	Egg yolk	120%(v/v)
Glucose	0.300g	물	100ml
Glycine	0.468g		

〈제2차 희석액〉

제1차 희석액에 glycerol 14%(v/v)를 첨가하여 증류수로 100ml가 되도록 만들면 된다.

㉡ 개 동결 정액용 희석액

- **Tris 완충액**

Basic diluent(기초희석액: C-5액)

Tris(hydroxy methylaminomethane)	6.056g	Dextrose(glucose)	3.0g
Citric acid	3.4g	EDTA(Na4)	0.3g
Penicillin	20IU	Streptomycin	200mg

위 시약에 증류수 170ml를 가하여 완전 혼합한다.

〈제1차 희석액〉

C–5액 90ml+(증류수 5ml+난황 20ml)

* 1차 희석액을 3,000rpm 정도에서 10분간 원심분리하여 상층액을 취하여 사용하며, 1차 희석액의 1/2~1/3 정도를 취하여 2차 희석액으로 제조한다.

〈제2차 희석액〉

1차 희석액에 글리세롤 8%(v/v)를 첨가하여 교반기에서 30분 이상 균질화시킨다.

최근 동결정액보존액에 대해서는 **표 5–18**에 제시하고 있다.

표 5-18 최근 개 정액 희석액 및 동결보존액에 대한 연구들

참고문헌	냉장 정액을 위한 첨가제: 조성(1,000ml 증류수에 녹인다: [i]는 예외)
Held= 첨가제 I	14.5g Na citrate, 12.5g dextrose, 250ml 난황, 페니실린(1000U/ml), 스트렙토마이신(1000μg/ml)
Olar 등	800g Na citrate, 200g 난황
Province 등과 Gill	0.7g Na citrate monohydrate, 11.6g Na citrate dihydrate, 1.7g Na bicarbonate, 0.3g KCl, 7.5g glycine, 2.4 glucose, 200ml 난황
Gill 등	15.6g Na citrate, 7.8g glycine, 2.3 glucose. 10ml 25% *N*-caproic acid, 10ml 40mg% catalase. 200ml 난황
Seager	24g TRIS, 13g Na citrate, 10g fructose, 38ml glycerol, 200ml 난황
Gill 등	95℃에서 10분간 열처리된 탈지유 [i]
Olar 등	2% 지방을 함유한 무균 처리된 균질유 [i]
Linde-Forsberg	12% 지방을 함유한 800g 크림, 200g 난황, 페니실린(1000U/ml), 스트렙토마이신(1000μg/ml)
참고문헌	동결 정액을 위한 첨가제: 조성(1,000ml 증류수에 녹인다)
Held= 첨가제 II [ii]	14.5g Na citrate, 12.5g dextrose, 250ml 난황, 페니실린(1000U/ml). 스트렙토마이신(1000μg/ml), 80ml 글리세롤
Foote	24g TRIS, 14g Na citrate, 10g fructose, 60ml glycerol, 200ml 난황
Foote	9g TRIS, 40g TES, 1.6g fructose, 60ml glycerol, 150ml 난황
Foote	15g PIPES, 0.9g K hydroxide, 6g Na citrate, 9.8g glucose, 90ml glycerol, 200ml 난황
Province 등	30.3g TRIS, 16.9g Na citrate, 12.5g glucose, 100ml glycerol, 200ml 난황. 100만 단위 페니실린, 1g 스트렙토마이신
Gill 등	24g TRIS, 13.6g Na citrate. 8.2g glucose, 30ml glycerol, 200ml 난황. 오십만 단위 페니실린, 1g 스트렙토마이신
Seager	30g TRIS, 17g Na citrate, 2.5g fructose, 80ml glycerol, 150ml 난황, 1.6g 겐타마이신
Paccamonti	29g TRIS, 13.2g Na citrate, 12.5g fructose, 80ml glycerol, 150ml 난황, 1.6g 겐타마이신
Olar와 Paccamonti	110g lactose, 200ml 난황. 백만 단위 페니실린, 1g 스트렙토마이신, 40ml glycerol
Yubi 등	71g lactose, 200ml 난황, 오십만 단위 페니실린, 1g 스트렙토마이신, 40ml glycerol
Smith	pH 7.0, 삼투압 300 ± 10을 가지는 PIPES의 0.3ml 용액

i 모든 부피는 부피(부피 대 부피)를 위한 완충제 부피의 대체를 나타낸다.
ii 희석, 냉장 및 동결은 어떻게 실행하는가를 참고.
TRIS = tris(hydroxymethyl) aminothane,
ES = N-tris(hydroxymethyl) methyll-2-aminothane-sulfonic acid.
PIPES = piperazine-N-N-bis(2-ethane sulfonic acid).

출처: 이장희(2016). 애완동물 번식.

③ 정자의 동결보존 방법

- 정액은 분류 채취하여 교질물을 제거하고 온도의 충격을 피해야 한다.
- 채취된 정액은 25~35℃에서 정액량과 제1차 희석액을 같은 양으로 위와 같은 온도에서 정액에다가 희석액을 2~8회 나누어 첨가시켜 희석한다. 희석된 정액은 100ml의 비커와 25~35℃의 물을 50~75ml 넣어 그 안에 희석된 정액을 넣고 5℃의 냉장고에 넘어 서서히 냉각되도록 한다.
- 1시간 걸쳐 15℃로 떨어지면 정액량과 같은 양의 제2차 희석액을 15분 간격으로 10%, 20%, 30% 및 40%씩 4회에 나누어 희석한다.
- 5℃로 냉각이 되면 약 80분간 글리세롤 평형을 실시한 후 0.5m의 스트로에 포장하여 액체질소 증기(표면의 5cm 상단 위치)에서 10분간 예비 동결시킨 후 침지하여 동결시킨다. 1시간 이상 동결된 정액을 융해하여 활력과 생존율을 검사한다.

특히 개의 정자는 개체에 따라 동결에 큰 차이가 있으므로 동결성이 좋은 것만을 동결 보존한다. 동결방법은 주로 스트로에 충전하여 돼지 정액의 동결방법에 준하여 실시한다(왜냐하면 정자의 농도가 낮기 때문).

개의 동결정액에 있어서 가장 중요한 것은 냉각시간이다. 냉각 시간은 5℃까지 내리는 데 소요되는 시간으로 30분~1시간 정도가 가장 동결성이 양호하며, 시간이 30분 미만이거나 1시간 초과하여도 융해 후 생존율이 불량해진다. 정액 채취 시 활력과 생존율이 A급(+++, 80%)일 경우 위의 정상적인 처리과정을 거쳤을 때는 동결 융해 후 활력이 65~70%로 매우 양호하게 된다. 동결과정의 전체적인 소요시간을 단축시키는 것이 핵심이다. 대체적으로 원정액의 활력에서 10% 내외의 활력이 손실되면 아주 양호한 성적이다. 일반적으로 동결 직전의 활력이 동결 후에는 약 10% 정도 활력(생존율) 손실을 가져다준다.

④ 동결 정액의 융해

동결 정액의 경우는 주입에 앞서 동결되어 있는 정액을 융해하지 않으면 안 된다. 동결 정액은 일단 음해하면 시간의 경과와 더불어 정자의 활력 및 수정력이 저하함으로 주입 직전에 융해하는 것이 좋으며, 동결정액의 융해는 35℃의 미온수나 4~5℃의 저온수를 사용하여 음해한다. 융해 직후 곧바로 수정에 사용하는 경우는 35℃의 미온수에 0.5m 스트로는 15~20초, 1.0ml 스트로는 40~45초간 담가 융해한 후 곧바로 사용한다.

융해 후 곧바로 사용하지 않는 경우에는 4~5℃ 물에 융해해 4~5℃에 보존해야 하며, 이렇게 융해했더라도 융해 후 1~2시간 이내에 주입하도록 해야 한다. **그림 5-23**은 일반 가축에 있어서 동결 융해 후 내열성으로 23~37℃에서 배양하였을 때 활력의 변화를 나타내고 있다.

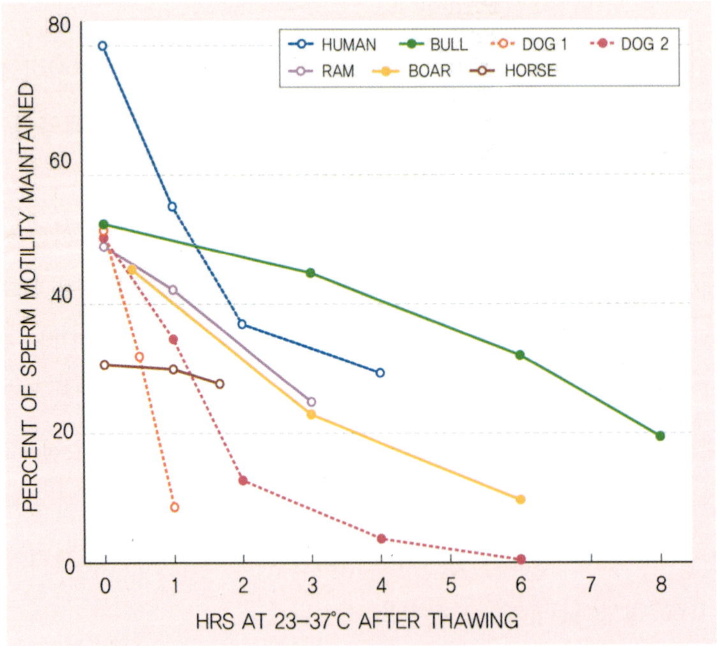

그림 5-23 동결 융해 후 정자 활력의 변화(내열성)

표 5-19는 동결과정 중 개 정액의 활력 변화를 보여주고 있다. 원정액은 보관 2일 후 36.7%의 활력을 나타내었으나 희석된 정액은 90%의 활력을 나타내고 있다.

동결 융해된 정액은 48시간 후에 16.7%의 활력을 나타내고 있다.

표 5-19 동결과정 중 4℃에 보관된 개 정액의 활력 (n=5)

시간 (time, h)	활력 (Motility, %, × ±SE)		
	동결융해된 정액	희석된 정액	원정액
0	65 ± 7.6	100.0	100.0
24(1일 후)	45 ± 8.7	98 ± 1.7	91.7 ± 1.7
48(2일 후)	16.7 ± 7.3	90 ± 2.9	36.7 ± 12.0
72(3일 후)	8.33 ± 6.0	87 ± 1.7	18.3 ± 15.8
96(4일 후)	0	80	0
120(5일 후)	0	35	0

출처: 이장희(2016). 애완동물 번식.

* S was dluted to give 80 x 106 spermatozoa/ml (Morton & Bruce, 1989. J. Reprod Fertil Suppl 33-36)

* Mt= DB and Bruce SG. Semen evaluation, cryopreservation and factors relevant to the use of Eozea semen in dogs. 1989. J, Reprod Fertil Suppl 39:311-316,

5) 정액의 주입

정액의 주입은 인공수정의 마지막 단계로써 수태율의 양부를 결정하는 중요한 기술이다. 정액의 주입 시에는 정액의 취급에 신중하고, 주입기의 소독을 엄중히 하고, 수정적기를 잘 판단한 뒤에 정확한 주입 부위에 위생적인 주입을 행하는 것이 대단히 중요하다.

동물의 종류에 따라 정액주입기구, 정액주입량, 주입시기, 주입 부위 및 주입방법이 다르다.

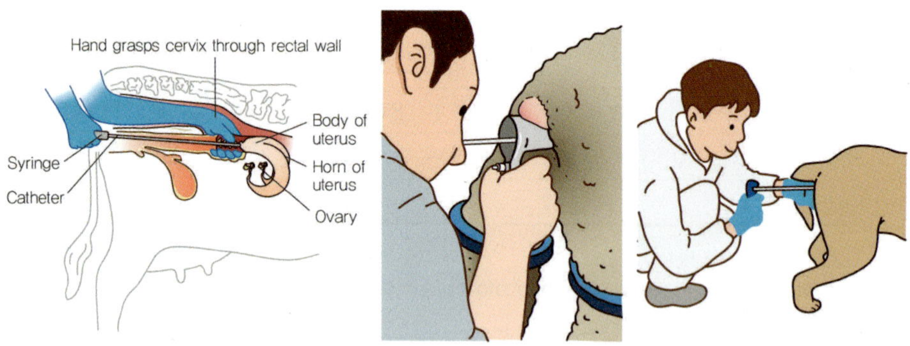

소의 인공수정 　 면양의 인공수정 　 개의 인공수정

그림 5-24 동물별 정액 주입 방법

(1) 정액 주입기

① 정액 주입기

현재 우리나라에서 주로 사용되고 있는 주입기는 0.5ml 스트로 정액주입기이다. 스트로 주입기는 길이가 50cm(직장질법용)인 것과 40cm(경관겸자법용)인 것의 두 종류가 있으며, 각각에 0.250ml 스트로 겸용과 0.5ml 스트로용이 있다.

② 개 정액 주입기

국내에 사용되고 있는 개 정액주입기에는 고무와 플라스틱 제품이 있다. 이들 주입기는 선단부를 나선상으로 만들어져 있고, 주사기 또는 정액병(폴리에틸렌 제품)에 연결해서 주입한다. **그림 5-25**는 개 정액 주입에 이용되는 스트로 주입기(수정란 이식용 메탈 주입기)를 보여주고 있다. 경우에 따라서는 카테터도 유용하며 일회용 돼지정액 주입기도 유효하게 이용할 수 있다.

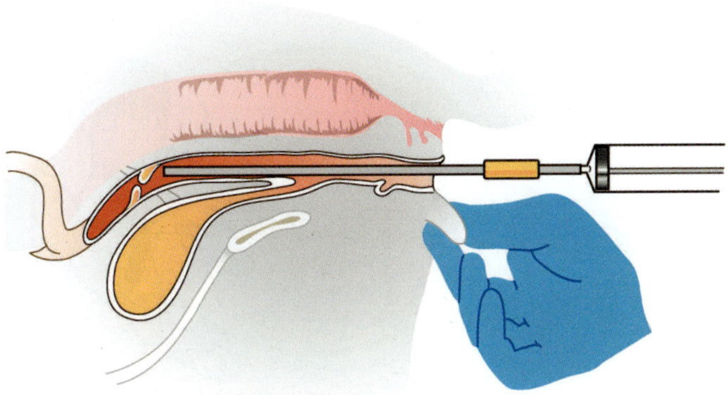

그림 5-25 개 정액 주입기 및 인공수정

(2) 정액 주입 방법

개는 정액이 들어있는 주사기 또는 통과 연결된 주입관을 질 내에 삽입하여 주입관의 선단이 자궁경관을 통과시켰다고 생각될 때에 정액을 주입한다. 정액이 자궁 내에 제대로 주입되지 않았을 때에는 수태율이 낮아진다. 개 정액의 주입방법은 필요시 질경을 통해 경관 위치와 상태를 확인한 후 주입기를 경관 입구까지 진입시킨다. 경관 입구에 진입된 주입기를 복부 촉진을 통하여 확인한 후 경관을 살며시 거머쥐고 주입기 선단에 끼워 넣듯 자궁 내에 주입시킨다(그림 5-26과 그림 5-27).

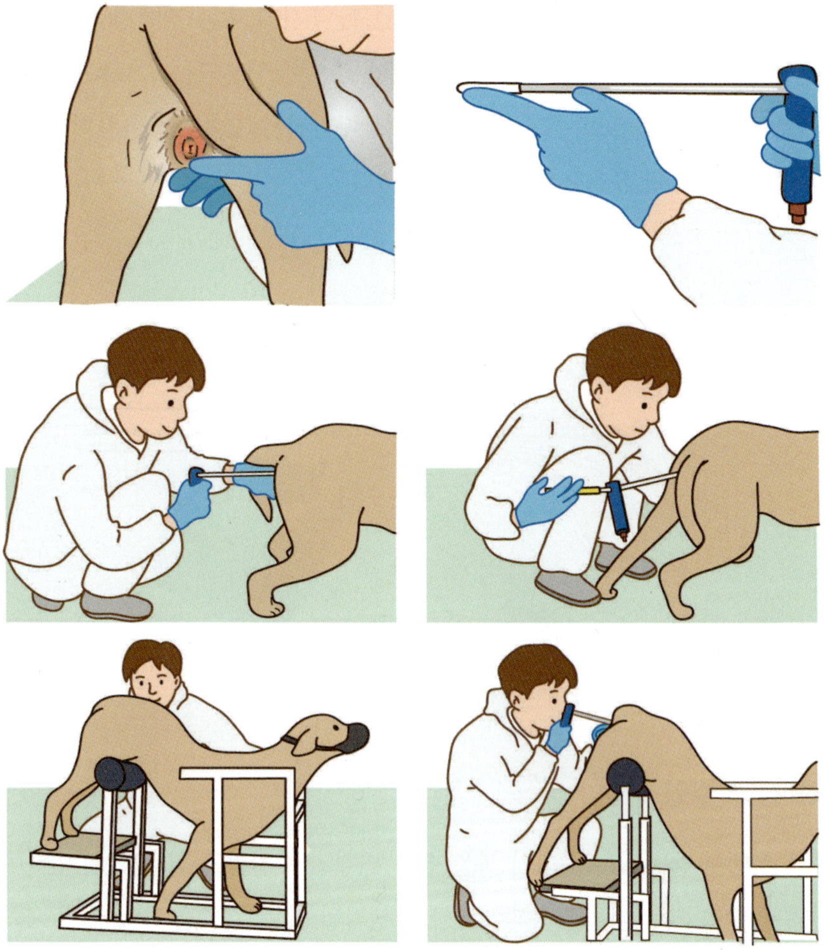

그림 5-26 개 정액 주입 전 질경 검사 요령 및 인공 수정

그림 5-27에서는 간편 정액 주입기(질경)를 이용한 정액 주입 방법이다(방법2). 그림 5-28는 소와 같은 대동물의 인공수정시 직장질법에 의한 정액주입 방법이다. 최근에 국립 축산과학원 최선호 박사가 개발한 화상 정액주입기도 유효하게 이용할 수 있을 것으로 사료된다.

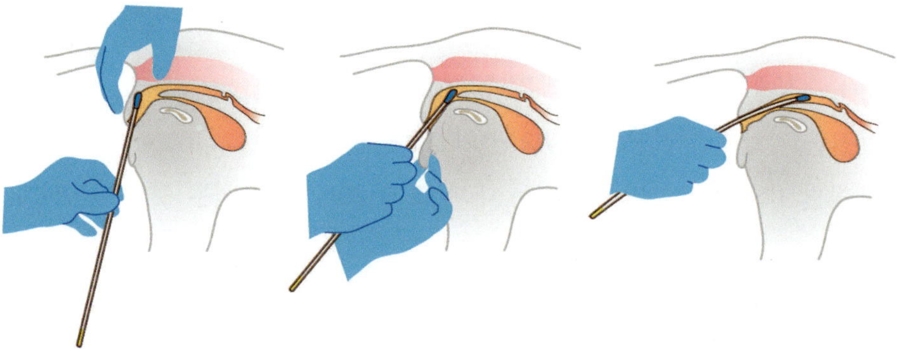

그림 5-27 개의 정액주입 요령(방법2)

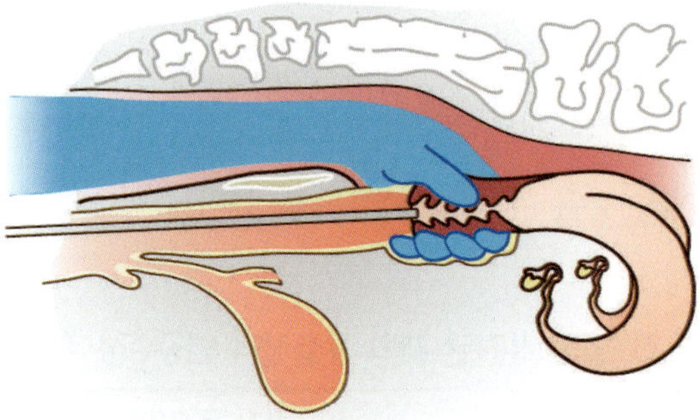

직장질법

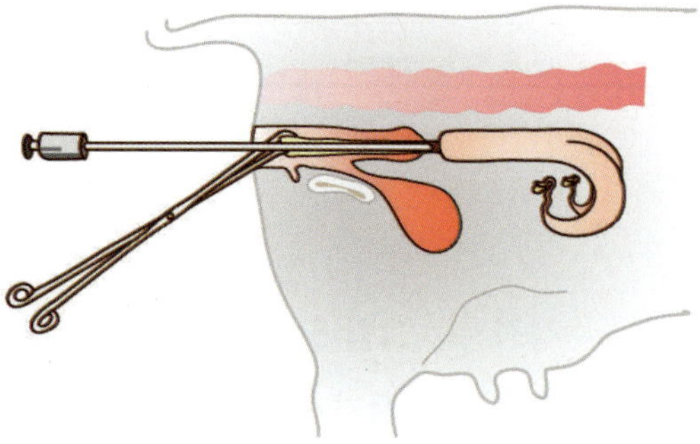

겸자법

그림 5-28 직장-질법에 의한 대동물의 정액주입 요령(방법3)

(3) 정액주입량과 주입정자수

인공수정에 의해 주입된 정액은 수태에 필요한 정액량, 정자수 및 정자활력, 생존율을 감안해서 결정하지 않으면 안 된다.

동물별 1회 주입량 및 정자수는 대개 **표 5-20**과 같이 하는 것이 적당하다.

표 5-20 정액주입량과 주입 정자수

동물	주입량(ml)	총 정자수 (×10^6)	동물	주입량(ml)	총 정자수 (×10^4)
소	0.25~0.5	10~30	면양 · 산양	0.25~0.5	100 이상
돼지	40~80	1,000~3,000	개	5~20	250~500
말	20~40	1,000~1,500	사슴	0.25~0.5	10~30

출처: 이장희(2016). 애완동물 번식.

표 5-21은 발정 유기된 개를 동결정액으로 인공수정 하였을 때 수태율이 75%로 자연 교배와 거의 같은 수준을 보여주고 있다.

표 5-21 발정 유기된 개의 동결정액 인공수정 후 수태율

	공시 두수(마리)		
	수정된 두수	수태된 두수(수태율)	산자수
자연교배	7	5(71.4)	6.6
발정유도 AI	4	3(75.0)	–

출처: 이장희(2016). 애완동물 번식.

(4) 수정적기

발정을 나타내는 개의 수정적기는 **그림 5-29**에서 보는 바와 같이 외음부가 최대로 증대되고, 혈액누출이 감소되는 시기가 수컷을 허용하는 시기로 수정적기라고 할 수 있다.

개의 인공수정 시 수정적기는 배란 전 12시간 전후에 수정하여 정자가 난관팽대부에서 배란된 난자와 만나도록 하여야 하므로 발정기의 제3~4일에 1회, 2~3

일 후에 2회 정액 주입이 이루어지도록 하며, 수컷(시정모: 試精牡, teaser 교배를 하여도 임신될 수 없는 성 성숙 시기의 어린 수컷이나 정관 수술된 수컷, 또는 교미 경험이 많은 거세된 수컷으로 발정을 찾아내기 위한 수컷들을 일컬음)의 허용 후 1~2일에 1차, 1~2일 후에 2차 수정시키는 것이 좋다.

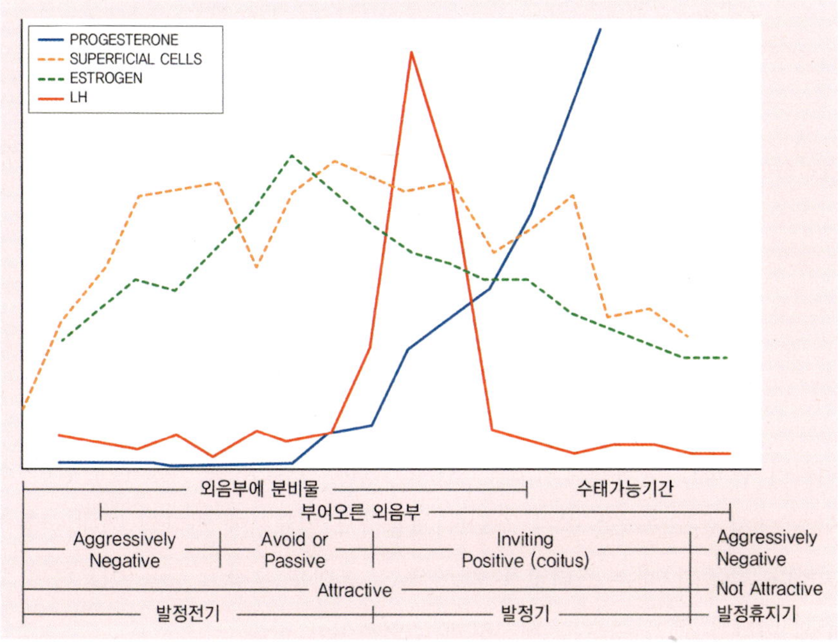

그림 5-29 발정 중인 개의 수정 적기

그림 5-30은 발정 개시 후 수정적기 및 배란 시기에 대한 모식도를 나타낸 것으로 발정 개시 후 3~7일 사이에 배란이 이루어지며, 4~9일까지 배란된 난자의 수정능력 보유시간이므로 수정적기는 발정 개시 후 4~6일째라는 것을 보여 주고 있다.

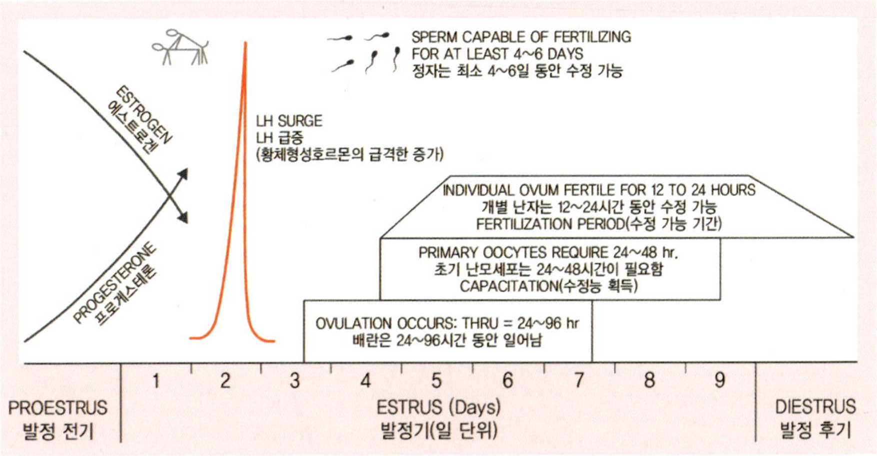

그림 5-30 발정 개시 후 수정적기 및 배란 시기 모식도

6) 액상 정액의 보존 및 수송

희석이 완료된 정액은 1회 1두 분씩(5~20ml) 주입병(또는 주사기)에 담아 상온(17~20℃)에서 온도충격을 받지 않도록 보관하고 필요시에 하나씩 꺼내 사용하면 편리하다. 수송할 때는 스티로폼 박스 혹은 휴대용 온장고 등을 이용하여 외기 온도에 영향을 받지 않도록 세심하게 주의하여야 한다.

Chapter

06 반려동물 수정 및 착상

반려동물의 번식 과정에서 수정과 착상은 새로운 생명이 형성되는 핵심 단계이다.

수정(Fertilization)은 정자(sperm)와 난자(ovum)가 결합하여 접합자(zygote)를 형성하는 과정이며, 착상(Implantation)은 형성된 배반포(blastocyst)가 자궁 내막(endometrium)에 부착하고 발달을 시작하는 단계이다.

이 과정의 이해는 수의학적 번식 관리, 불임 연구, 체외수정 및 배아 이식 등 다양한 응용 분야에 필수적이며, 이 과정에 대한 이해는 반려동물의 건강한 번식과 종 보존에 기여한다.

1. 수정

수정(受精, frtilization)이란 정자가 난자 내로 침입하여 그들의 핵이 융합하여 접합자(接合子, zygte)를 이루는 현상을 말한다. 이것은 반수의 배우자가 서로 합쳐서 배수(倍數)로 환원되어 체세포의 본질을 회복하는 현상, 즉 양친의 유전자 평위를 회복하는 현상이며, 한편으로는 발생의 시작이 되기도 한다. 수정은 두 가지 중요한 의의를 가지고 있다.

① 발생학적 측면에서는 수정이란 자극에 의하여 난자가 활성화된다는 점이다. 난자는 수정자극이 없으면 난할(卵割, egg cleavage)과 배발육(胚發育, embryonic development)이 일어나지 않는다.

② 유전학적인 측면에서는 수컷의 유전물질이 난자 내에 운반되는 점이다. 이 방법에 의하여 시간적으로 또는 공간적으로 멀리 떨어져 있는 동물이 수정에 의하여 서로 결합하여 새로운 생명체를 만들어낼 수 있는 것이다. 최근의 유전학설에 의하면 수컷의 중요한 유전물질은 정자의 핵 중에 있는 염색체의 DNA이므로 암수전핵(雌雄前核)이 융합하는 과정에서 난자와 정자의 핵이 합쳐지는 것이 수정의 핵심적인 과정이라 할 수 있다.

1) 정자와 난자의 접근

(1) 정자의 수정

인공수정이나 자연교배에 의하여 질(膣, 소, 면양, 산양, 토끼) 또는 자궁경(子宮頸, 말, 돼지) 내에 사출된 정자는 교배자극에 의한 자궁의 수축운동과 흡인작용 및 정자 자신의 운동성이 상호작용하여 자궁 내로 운반되고, 계속해서 수정 부위인 난관팽대부(卵管膨大部)까지 도달한다(그림 6-1).

빠른 것은 10분 전후에 수정 부위에 도달하는 것도 있으나, 수정시키기에 충분한 수의 정자가 수정 부위까지 도달하는 데는 상당한 시간이 필요하다. 암컷 생식기도 내에 주입된 정자수는 수억에서 수십억이 되지만 실제로 난관팽대부에 도달되는 정자수는 극소수에 불과하며, 수정에 필요한 다수의 정자가 수정 부위에 도달하는 데 필요한 시간은 설치류에서는 1시간 내외이고, 소, 돼지, 면양과 같은 동물에서는 2시간 이상이 필요하다(표 6-1).

표 6-1 암컷 생식기도 내에서의 정자 이동

동물종	평균 사출량(ml)	평균사출 정제수(×10^6)	사정부위	정자의 난관 도달에 요하는 시간	난관평대부에 도달하는 정자수
생쥐	〉0.1	50	자궁	15분	〈100
햄스터	〉0.1	80	자궁	2~60분	소수
흰쥐	0.1	58	자궁	15~30분	5~100
Guinea pig	0.1	80	자궁	15분	25~50
토끼	1.0	280	질	수분	250~500
고양이	0.1~0.3	56	질, 자궁경	–	40~120
개	10.0	1,500	자궁	수분	5~100
면양	1.0	1,000	질	6분	600~700
돼지	250	8,000	자궁경, 자궁	15~30분	1,000
소	4.0	3,000	질	2~13분	소수
사람	3.5	200	질	5~30분	200

출처: Blandau(1973); Harper(1982, 1988).

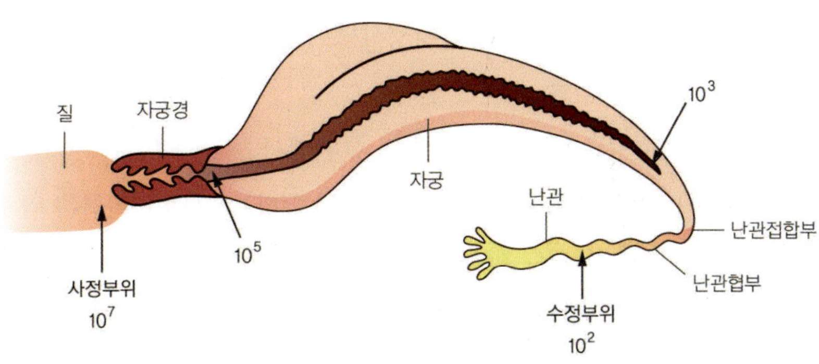

그림 6-1 정자의 과다 수용을 억제하기 위한 암컷생식기 내의 해부 생리적 장애물의 모식도

(2) 난자의 이동

배란된 직후의 난자 상태는 제2극체(第二極體, secondary polar body)를 방출하기 전이며, 점성단백질층(粘性蛋白質層, mucoprotein coat)인 투명대(透明帶, zona pellucida)에 쌓여 있으며, 그 외측에는 난구세포(卵球細胞, cumulus cells) 층과 난구 세포 사이를 메우고 있는 끈끈한 기질로 둘러싸여 있다.

난구세포에 둘러싸여 있는 난자는 난관 내에 흡수되어 수정 부위인 난관팽대부로 운반된다. 난소낭(卵巢囊 , bursa ovari)이 발달되어 있는 동물(설치류, 개)은 난소낭의 내강을 채우고 있는 액내에 배란된 난자가 부유되어 난관 상피의 섬모운동으로 생기는 흐름을 타고 난관 내로 흡수된다. 토끼, 고양이 및 guinea pig 등은 배란시기가 되면 깔때기 모양의 난관채(卵管彩, fimbria)가 난소의 표면을 둘러싸고, 난포에서 배란된 난자는 주위의 난구기질(卵球基質) 점조성에 의하여 난관채의 주름에 부착되어 난관섬모 상피운동을 따라 배란 후 4~12분에 난관 내로 이동된다(Harper, 1961).

난관 내로 들어온 난자는 상피의 섬모운동과 난관벽의 근육운동에 의해서 신속히(0.1mm/분, Halbert 등, 1976) 팽대부의 하단에 운반되어 정자의 침입을 받는다.

2) 생식세포의 수정능력

생식세포는 수컷생식세포(정자)와 암컷생식세포(난자)를 말한다. 각각은 감수분열의 결과로 염색체의 반수를 가지고 있다.

암컷 생식기도 내에 주입된 정자는 수정 부위에서 난자와 만나기에 앞서 난자 내 침입이 가능한 변화, 즉 수정능력을 획득하게 된다. 수정능력획득은 암컷 생식기도 이외의 환경(in vitro)에서도 일어난다. 발정기의 암컷 생식기도(雌性 生殖器道) 내에서 가장 효율적으로 유기된다(Bedford, 1970).

(1) 정자의 수정능력

정자가 난자의 투명대와 난황막을 통과하여 수정을 완성시킬 수 있는 능력을 획득하기 위해서는 암컷의 생식기도 내에서 몇 시간 머물러 있지 않으면 안 되는데, 이와 같은 머무르는 것을 통하여 정자가 받게 되는 생리적, 기능적 변화를 수정능 획득(受精能 獲得, capacitation)이라고 한다.

암컷 생식기도(雌性 生殖器道) 내에 사출된 정자는 난관팽대부로 이동되는 동안에 수정능력을 획득하고 난자의 주위에서 난자와 반응하여 첨체반응(尖體反應, acrosomal reaction)을 일으킨다.

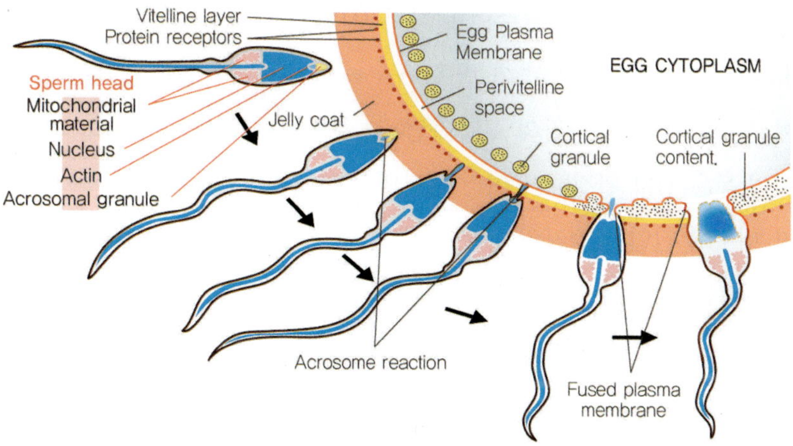

그림 6-2 난자 내 정자의 첨체반응 모식도

이 두 과정을 마친 정자는 독특한 미부의 운동성을 나타내고, 이와 같은 정자의 활성화된 운동은 정자의 투명대 통과를 돕는다. 암컷 생식기도 내에서 동물정자의 수정능력 보유시간은 대체로 24~48시간으로 생존가능 시간보다는 짧다. 노화된 정자에 의한 수정은 수정률과 수정란의 발생률이 다 같이 떨어지고, 이상수정(異常受精)의 발생률이 증가한다.

(2) 난자의 수정능력

난자의 성숙과 배란은 외하수체 전엽에서 분비되는 생식선자극호르몬(gonadotrophins)의 작용에 의하여 일어나며, 시상하부에서 분비되는 방출호르몬(LH-RH)의 지배를 받는다. 외인성 혹은 내인성(內因性)의 LH 급격한 증량에 의하여 난포 내 난자에서 일어나는 최초의 변화는 난핵포(卵核胞, germinal vesicle)의 붕괴이고, 계속해서 성숙분열은 중기에 들어가 이 단계에서 잠시 머문 후 배란 직전에 제1극체(first polar body)를 방출하여 제2성숙분열의 중기(metaphase II)의 단계에서 배란된다.

난자는 성숙 과정에서 정자에 대한 반응성이 점차 변화한다. 난핵포가 붕괴된 직후부터 성숙분열이 진행되면서, 정자가 난자 내부로 침입할 수 있는 가능성은 점차 높아진다. 이 시기 성숙 중인 난자의 투명대(zona pellucida)에는 다수의 정자가 침입할 수 있으나, 아직 투명대 반응(zona reaction)은 불완전한 상태이다. 그러나 성숙이 진행됨에 따라 난자의 표층과립(cortical granule) 수가 증가하고, 이로 인해 투명대 반응은 점차 완전해져 여러 정자의 중복 침입을 막는 방향으로 기능한다.

난자 내부로 침입한 정자의 두부가 수컷 전핵(雄性前核, male pronucleus)으로 발달하기 위해서는 난자가 반드시 제1성숙분열 중기 이후에 있어야 한다. 이는 난자가 제1성숙분열을 계기로 비로소 수정능력을 갖추게 된다는 사실을 보여준다. 다시 말해, 난자의 성숙 정도는 수정 가능 여부를 결정하는 핵심 요인이며, 미성숙 난자는 정자가 침입하더라도 정상적인 수정으로 이어지지 않는다.

배란 후 난자의 수정능력은 약 24시간 이내로 유지되며, 이는 정자보다 훨씬 짧은 시간이다. 시간이 흐르면 난자는 점차 노화되어 정상적인 수정 가능성이 급격히 떨어진다. 노화(老化)된 난자(卵子)에서는 이상 수정의 발생 빈도가 높아지고, 수정률(受精率)과 수정란의 발생률 또한 감소하게 된다.

3) 수정과정

일반적으로 포유동물은 발정기에 한하여 수컷을 허용하고, 허용의 개시는 배란에 앞선다. 또한 정자가 수정이 일어나는 난관팽대부에 도달하는 시간을 감안하면, 자연조건에서 정자는 난자에 앞서 수정 부위에 도달하는 사실을 알게 된다.

정자에 의한 난자 내로 침입하여 수정이 이루어지는 것을 그들의 핵이 융합하여 접합자(接合子, zygte)를 이루는 현상으로 두 개의 생식자 간의 수정에 의해 형성된 진핵 세포이다. 접합자(수정란)은 단세포 생물의 개체 또는 다세포 생물의 두 종류의 배우자가 접합하여 만들어진 세포로, 수정이 완료되고 첫 번째 분할(cleavage)이 일어나기 전의 상태를 말한다.

체내 수정과 체외수정의 어느 경우든지, 먼저 정자가 운동을 하여 난자에 접근하여 난자 속으로 들어가서 수정이 이루어진다. 이어서 정자의 핵(정핵)과 난자의 핵(난핵)이 합체한다. 즉, 정핵과 난핵의 융합에 의해, 감수분열로 반감해 있던 염색체 수가 원래의 복상(2n)으로 환원되어 수정이 끝나는 것이다. 수정이 완성되기까지의 과정을 살펴보면 다음과 같다.

① 난자에서 분비되는 수용성 물질에 의한 유인으로 정자가 편모 운동을 하여 난자에 접근한다.

② 정자가 난자의 표면에 도달하면 정자와 난자에 변화가 일어난다.

③ 정자가 난자의 바깥쪽 막(난황막이나 투명대) 속으로 들어가면, 난자 표면에 화학 변화가 생겨 다른 정자의 침입을 막는다.

④ 정자는 난핵 쪽으로 이동하여 세포막 내 핵의 융합이 이루어진다.

(1) 정자의 난자 내 침입

수정능력을 획득한 정자가 난자의 부근에 도달하면 난자 주위의 물질인 난관상피세포의 분비물, 난포액 및 난구세포군에 반응하여 정자의 원형질막과 첨체외막(尖體外膜, outer acromosomal membrane)이 부분적으로 융합하여 포상화(胞狀化)되고 첨체의 내용물이 외부로 방출된다. 이와 같은 첨체의 구조적 변화를 첨체반응(尖體反應, acrosome reaction)이라고 한다. 정자는 첨체반응의 초기에 hyaluronidase를 방출하여 배란 후의 난자 주위를 둘러싸고 있는 난구세포(卵球細胞, cumulus cell) 사이의 기질을 분해하여 과립막세포를 분산시키고 투명대의 표면에 도달한다. 그러나 소, 말, 돼지, 면양 난자의 과립막층은 배란 직후에 분산되어 있어 그 후에 정자의 침입을 받게 된다.

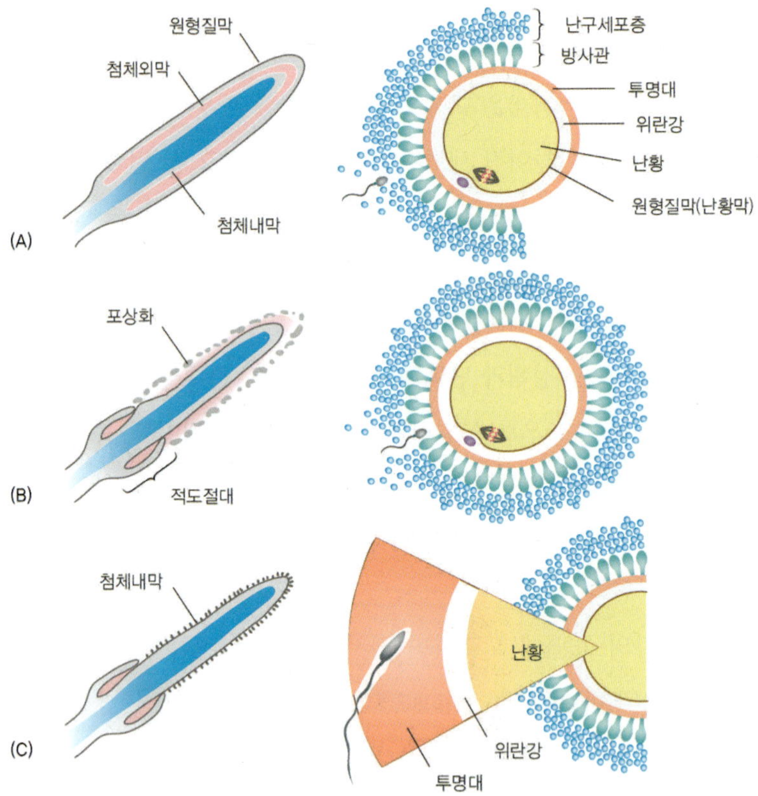

(A) 수정능 획득정자의 난구 내 접근 (B) 첨체반응과 방사관 통과 (C) 정자의 투명대 통과

그림 6-3 정자의 난막 내 침입과 첨체반응

정자가 난자의 투명대(zona pellucida)와 접촉하면, 첨체(acrosome) 안에 들어 있는 단백질 분해효소가 작용하고, 동시에 정자 미부의 강한 항진 운동이 일어나면서 투명대에 작은 통로가 만들어진다. 정자는 이 통로를 통해 위난강(圍卵腔,perivitelline space)으로 진입한다. 이때, 정자가 투명대에 도달하여 난자 침입을 시작할 시점에는 이미 첨체외막은 소실되고 첨체 내막이 완전히 노출되어 있다. 이러한 점으로 미루어 볼 때, 투명대 분해효소(透明帶 分解酵素, zona lysin)는 첨체 내막에 밀착되어 잘 확산되지 않는 상태로 존재하며, 투명대를 통과하는 과정에서 직접적인 도움을 주는 것으로 여겨진다(그림 6-3).

(2) 정자와 난자의 융합

투명대를 통과한 정자는 신속하게 위난강에 진입하여 난자의 원형질막과 융합한다. 정자가 난황막의 표면에 부착되면 꼬리의 활발한 운동성은 급격히 둔화되고, 정자 두부의 후반부(post nucleus cap)가 난자의 원형질막과 융합하여 정자 전체가 서서히 난자 내로 몰입되고 핵막이 붕괴되어 핵이 노출되면 수분을 흡수하여 차차 팽윤해지고, 정자 내에 많은 핵인(核因, nucleolus)이 나타나서 그 수가 증가되다가 이들이 합쳐져서 팽대현상(膨大現像)이 일어난다. 이것을 수컷전핵(雄城前核, male pronucleus)이라고 한다.

정자의 침입을 받은 난자는 활성화하여 표층과립이 붕괴되어 투명대반응을 일으키고, 제2성숙분열의 중기에 머물던 감수분열이 재개(Austin, 1991)되는 형태학적 및 생리학적 변화를 일으킨다. 즉 이때의 난자 핵은 난황막 주위의 가까운 곳까지 나와 제2극체를 방출하고, 난황 내에 있던 염색체는 염색질망(染色質網)이 되며, 그 안에 핵인이 나타나고 핵막(核膜, nuclear membrane)을 형성하는데, 이것을 암컷전핵(雌性前核, female pronucleus)이라고 한다.

(3) 전핵의 발달과 융합

암컷전핵과 수컷전핵은 크기가 증대되면서 최초 크기의 약 2.5배가 된다. 즉 난자의 중심을 향해 이동하면서 제1난할을 위한 DNA의 복제가 시작되어 DNA의 함량이 증가하는데, 전핵의 크기가 최고에 달하는 시기에 난자의 중앙에서 2개의 전핵이 만나면 핵막과 핵소체(核小體)가 소실되고 염색체가 출현한다.

이와 같이 핵분열 전과 같이 염색체가 모이고 정자와 난자 쪽에서 온 2개의 염색체군이 융합하는 암수전핵융합(雌雄前核融合, syngamy)이 일어나고, 염색체가 적도면에 늘어서서 제1회 난할의 전기(前期)를 나타내며, 배(胚)는 새로운 발생단계에 들어가 하나의 새 개체로 발달하면서 수정이 완료된다(그림 6-4, 6-5).

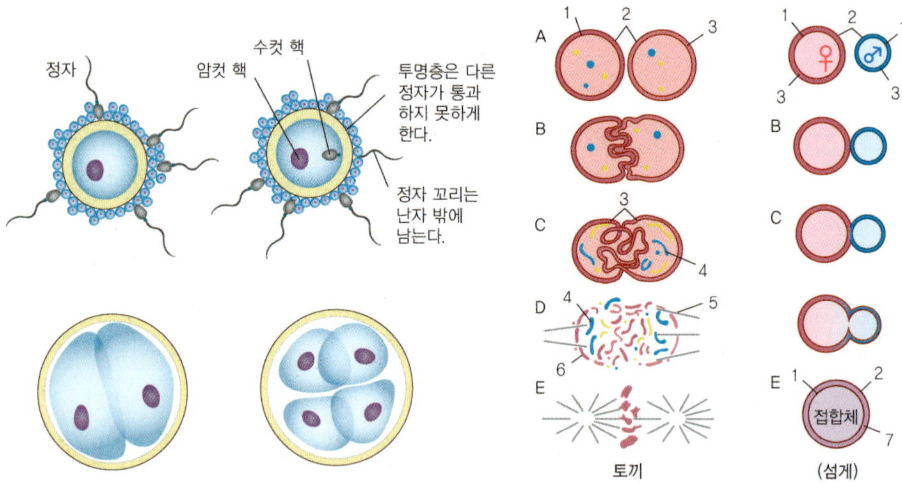

1-내막 2-외막 3-전핵의 핵막 4-염색체 5-미소관 6-핵막의 포상화 산물 7-접합핵 핵막

그림 6-4 정자핵과 난핵의 합체 모식도

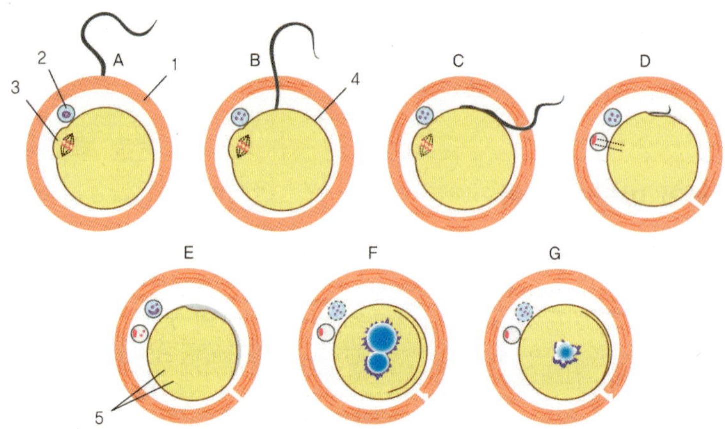

그림 6-5 흰쥐의 수정과정을 나타내는 모식도

A. 정자는 투명대(1)와 접촉. 제1극체(2)가 방출되어 있다. 난자의 핵은 제2감수분열이 진행 중(3)
B. 정자는 투명대 내에 진입하여 난황(4)과 접촉, 이때에 투명대 반응이 일어난다. 투명대 반응이 확대되는 모습을 선으로 표시했다.
C. 정자 두부는 난황막을 뚫고 들어가 난황의 표층에 있는데. 두부가 있는 곳의 난황은 융기한다. 투명대는 난황의 둘레를 회전한다.
D. 정자는 난황 중에 완전히 진입한다. 두부는 팽대하고, 난황량은 감소하며, 제2극체가 방출된다.
E. 자성전핵과 웅성전핵이 형성된다. 이들 주변에는 미토콘드리아(5)가 집결한다.
F. 전액은 완전히 발달하여 다수의 인을 함유한다. 융성전핵이 자성전핵보다 크다.
G. 수정이 완료된다. 전핵은 소실하고, 제1차 난할의 전기가 시작된다.

수정과정을 시간적으로 보면 토끼는 배란 후 1~2시간에 장자가 난자에 침입하고 약 1.5시간 후 전핵이 형성되며, 수정란의 제1회 난할은 배란 후 11~14시간일 때 일어난다. 전핵의 수명은 10~15시간이다.

동물별로 정자가 난자에 침입하여 수정이 완료될 때까지의 시간은 토끼 10~15시간, 생쥐 17~18시간, 면양 16~18시간, 소 20~24시간이라고 한다(Thibault, 1973).

4) 다정자 침입의 방지

난자는 투명대와 난황막이 변하여 생기는 투명대반응(透明帶反應, zona reaction)과 난황차단(卵黃遮斷, vitelline block)의 2중작용에 의하여 다정자(多精子) 침입을 막는다.

정자가 난자의 세포질 안으로 침입하면, 먼저 난자의 표층과립(cortical granule)이 붕괴되어 그 내용물이 위난강(perivitelline space)으로 방출된다. 이 과정으로 인해 난자의 투명대(zona pellucida)의 성질이 변화하여, 이후 도달하는 다른 정자들의 침입을 차단하게 된다. 표층과립에서 방출되는 활성 인자는 첨체(acrosome)에서 유래된 트립신(trypsin)과 유사한 단백질 분해효소이며, 투명대가 변화하는 이유는 이러한 단백질 분해효소에 대한 저항성이 증가하기 때문으로 여겨진다. 또한, 투명대 반응과는 별도로 정자가 난자 내부로 침입하면 난자 표면의 성질 자체도 변화하여, 정자와의 접촉에 반응하지 않게 된다. 이러한 변화를 난황차단(vitelline block)이라고 한다.

포유동물의 경우, 난자 자체의 다정자(polyspermy) 거부 반응은 완전하지 않다. 따라서 실제로는 수정 부위까지 도달할 수 있는 정자의 수가 제한되는 것이 다정자를 방지하는 데 중요한 역할을 하는 것으로 보인다.

투명대 반응과는 별도로 정자가 난자 내에 침입하면 난세포 표면의 성질도 변화하여 정자와 접촉에 반응하지 않게 된다. 이러한 변화를 난황차단이라고 한다.

포유동물에서 난자 자체의 다정자 거부반응은 완전한 것이 못되고, 수정 부위에 도달하는 정자수의 제한이 실질상의 다정자 거부에 중요한 역할을 하는 것 같다.

5) 이상수정

(1) 다정자의 침입

투명대반응과 난황차단이 있는데도 불구하고, 2개 이상의 정자가 난황 내에 침입하는 수가 있는데 이러한 정자를 과잉정자(過剩精子, supernumerary sperm)라 하고, 이러한 현상을 다정자침입(多精子侵入, plyspermy)이라고 한다. 발생빈도는 정상적인 교배에도 1~2% 정도이며, 특히 노화난자의 경우에는 출현빈도가 높다.

다정자침입이 되면, 수정란 내에 침입한 정자수 만큼의 수컷전핵이 생기는 수가 많다. 만약 3개의 전핵이 형성되었을 때, 수컷기원(雄性起源)인 큰 핵이 2개 있고 암컷(雌性) 기원인 작은 핵이 하나 있으면 다정자침입이 일어난 것이고, 반대로 암컷기원인 작은 핵이 2개가 있다면 난모세포가 정자의 침입 직후에 일어나는 성숙분열시에 제2극체를 방출하지 않은 것이다. 만약 암컷전핵이 3개 있으면, 이들 전핵이 융합할 때 3쌍의 염색체가 존재하게 되어 소위 3배체(triploid)의 배(胚)가 되는데, 이것은 발생초기에 사멸하게 된다.

(2) 암컷전핵생식과 수컷전핵생식

정자 침입의 자극으로 난자는 활성화되는데. 정자가 수정에 관여하지 않고 수컷(雄性)전핵을 형성하지 않을 때, 이것을 암컷전핵생식(雌性前核生殖, gynogenesis)이라 하며, 반대로 암컷(雌性)전핵이 수정에 관여하지 않고 침입정자의 전핵만으로 배를 발육시킬 때, 이것을 수컷전핵생식(雄性前核生殖, abdrogenesis)이라고 한다. 이들의 배는 모두 반수체이므로 정상 발육은 되지 않는다.

(3) 처녀생식(단위생식單位生殖)

난자는 정자침입 이외에 물리화학적 자극에 의해서도 활성화되며, 이때에 드물기도 하지만 정상적인 배로 발육하여 새끼로 출산되는 수가 있다. 이것을 처녀생식(單位生殖, parthenogenesis)이라 하는데, 이것은 난자가 발생초기에 불완전한 성숙

분열의 원인이 되어 2배체가 되었기 때문이라고 한다. Chang에 의하면 토끼의 난자를 단위생식으로 처리하였을 때 정상 출산을 얻은 것은 1/2,000의 기회밖에 되지 않는다고 한다. 그런데, 꿀벌과 같은 곤충의 난자는 정상적으로 항상 처녀생식을 하여 수벌(drone)을 생산한다.

6) 수정의 종 특이성

포유동물의 난자와 정자 사이에는 수정의 종 특이성(特異性)이 인정된다. 예컨대 인공적으로 흰쥐의 질이나 자궁 내에 소, 생쥐, guinea pig 및 토끼 등의 정자를 주입하면 난관을 상승하여 난자 주위에 충분한 수의 정자가 도달하여도 난자 내에 침입하지 못한다. 수정능력을 획득한 정자를 사용하여 체외수정을 시도하면, 동일한 결과가 나타난다. 그러나 수정능력을 가진 생쥐 정자를 이용해 앞서 언급한 난자와 체외수정을 진행하면, 동종의 생쥐 난자에서만 정자가 침입하여 수정이 이루어진다.

난자의 투명대(zona pellucida)를 제거하면, 수정능력을 획득한 같은 종의 정자가 비교적 쉽게 난자에 침입하여 양자의 세포막이 융합된다. 하지만 일부 종에서는 투명대를 제거하더라도 다른 종의 정자를 받아들이지 않는다. 이러한 사실은 수정의 종 특이성이 난막(卵膜)뿐만 아니라 난자 표면에도 존재함을 시사한다.

현재까지 난자 내부로 정자가 침입하는 과정에서 나타나는 종 특이성은 명확히 밝혀지지 않았다. 다만, 난자와 정자가 접착하는 데 관여하는 세포막 표면의 말단 전기적 특성, 난막 성분, 그리고 이를 분해하는 효소 등의 차이가 종 특이성을 형성하는 주된 요인으로 추정된다.

결론적으로, 수정의 종 특이성은 일반적으로 수정 전 단계에서의 여러 장벽에 의해 유지되며, 이러한 장벽 덕분에 다른 종 사이에서는 원칙적으로 수정이 이루어지지 않는다.

7) 성(性) 결정의 이상

포유류의 체세포는 모두 한 쌍의 성염색체(sex chromosome)를 가지고 있는데, 암컷동물은 서로 닮은 한 쌍의 X염색체(XX)를 가지고 있으며, 수컷동물은 X염색체와 Y염색체(XY)를 가지고 있다. 성세포의 염색체는 반수체(半數體, haploid)이기 때문에 성염색체는 하나 밖에 함유되어 있지 않으며, 난자는 모두 X염색체를, 정자는 X나 Y염색체 중의 하나를 함유하게 되므로 정상적인 수정에서는 난자가 X나 Y염색체를 갖는 정자 중의 어느 한쪽과 수정함으로써 암수(雌雄)의 성이 결정된다. 이 2형의 정자가 동수라면 수태시의 제1차 성비(primary sex ratio)는 1:1이어야 한다. 그러나 배우자의 형성 및 수정과정에서 염색체의 불분리, 결실(缺失), 역위(逆位), 전좌(轉座) 등이 원인이 되어서 염색체 이상이 나타난다. 성염색체의 불분리(不分離, digjunction)의 경우에 X염색체 중 하나만 갖는(XO), 또는 여분의 X염색체를 갖는 개체(XXX, XXY)가 발생하는 경우가 있다(그림 6-4). 사람에서 나타나는 클라인펠터 증후군(Klienfelter syndrome, XXX)은 외관적으로는 수컷에 가까우나(성기가 있으나 정소가 작고 자식을 가질 수 없음), 정소기능이 불완전으로 여성화 경향을 나타내며 1,000명 중 한 명꼴로 발생한다. 터너 증후군(Turner syndrome, XO)도 생식선 형성의 부전으로 불임이며, 암컷의 약 2,500명 중 한 명꼴로 발생한다(그림 6-6).

정자 \ 난자	정상 X	이상 XX	이상 O
정상 X	XX(정상 ♀)	XXX	XO
정상 Y	XY(정상 ♂)	XXY	YO
이상 XY	XXX	이상 성염색체 조성	
이상 O	XO		

O–정자 또는 난자는 X와 Y의 염색체를 갖지 않음.
YO의 염색체는 생존할 수 없으며,
사람의 경우 XXX개체는 이상임.

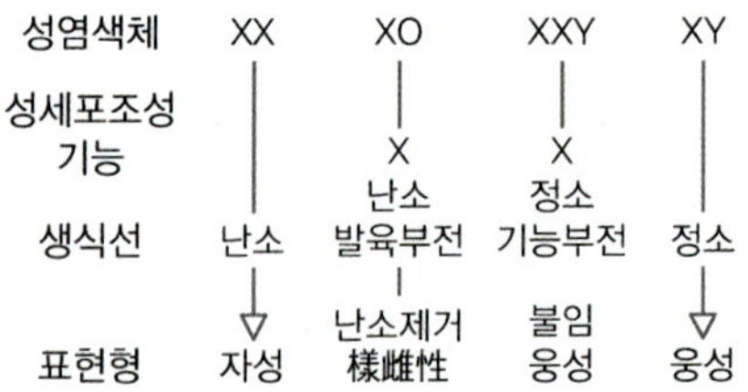

그림 6-6 수정 시 정상 및 이상 염색체의 구성과 성의 발달 모식도

한편 XO의 염색체를 갖는 개체의 표현형이 암컷인 데 반하여 XXY의 개체는 수컷인 점으로 보아 수컷의 결정인자는 Y염색체인 것으로 보인다(그림 6-7). 개의 염색체 이상도 다른 동물과 마찬가지로 나타난다.

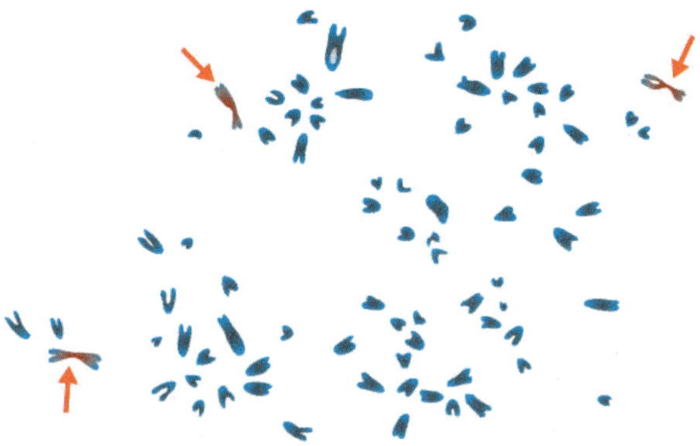

그림 6-7 개의 염색체 이상

2. 난할

난할(卵割, Cleavage)은 수정란(受精卵, Fertilized Ovum)이 세포질의 증가 없이 빠르게 연속적인 분열을 하는 과정으로, 배반포(Blastocyst) 형성을 위한 초기 단계이다. 난할 과정에서 수정란은 여러 개의 세포(할구, blastomere)로 분열하며, 배반포 형성을 준비한다. 그러나 난할 동안 세포의 전체 부피(세포질량)는 증가하지 않고, 각 분할구(blastomere)의 크기는 점점 작아지는 특징이 있다. 수정이 끝난 수정란(受精卵, fertilized ovum)은 난관을 거쳐 자궁에 이동되어 착상(着床)이 일어나기 전 잠시 난관과 자궁 내에서 유리상태(遊離狀態)로 머물면서 난자의 분할이 일어난다. 수정 후 1세포기의 난자는 용적이 체세포보다 크고 핵에 대한 세포질의 비율이 높다. 세포질 내 난황(yolk)의 함량이 점점 감소하며, 세포 분열에 필요한 에너지를 공급하는데, 수정란은 분열을 반복하는 과정에서 수분을 흡수하여 세포 용적이 증가되나, 세포질량은 증가하지 않는다. 오히려 분할 중에 소요되는 에너지원으로 난자 내 난황의 함량이 감소되므로 세포질의 용적은 감소된다. 이와 같이 세포질의 증가 없이 분열이 반복되어 난황 함량이 적은 난자의 경우처럼 모든 세포가 동일한 크기로 분열되는 세포분열을 난할이라고 한다.

1) 난할과정

난할이 진행되는 형식과 과정, 그리고 각 난할단계에 소요되는 시간의 길이는 동물의 종에 따라 매우 다르다. 이러한 차이는 수정란에 저장영양소로 함유되어 있는 난황의 양과 밀접한 관계가 있다.

(1) 난할형식

동물의 난자는 수정이 이루어지기 전부터 약간의 극성(極性, polarity)과 대칭축(對稱軸, axis of symmetry)이 인정된다. 핵과 세포소기관이 밀집되어 난자의 활성을 주도하는 부위를 동물극(動物極, animal pole)이라 하고, 주로 난황이 축적되어 있는 부위를 식물극(vegetal pole)이라 한다.

저장된 난황량이 적고, 난황구가 난세포질내에 균등하게 분포된 포유동물의 난자는 극성이 분명하지는 않지만, 난자형성과정에서 핵이 위치하여 극체가 방출되는 부위로 동물극에는 세포질의 농후하고 리보핵산단백질(ribonucleoprotein)과 미토콘드리아(mitochondria)가 풍부하다. 그러나 그 반대쪽 식물극은 세포질에 공포(空胞, vacuole)가 많고, 미토콘드리아는 적다.

모든 동물종에서 제1난할의 난할면(卵割面, Cleavage Plane)은 동물극과 식물극을 연결하는 면에서 형성되는데, 난할의 형식은 동물의 종에 따라 매우 다르다(그림 6-8).

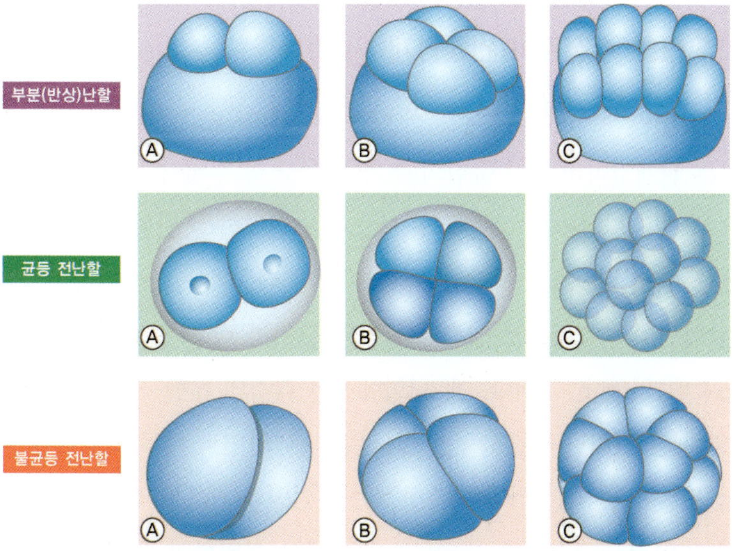

그림 6-8 난세포질에 저장된 난황량에 따른 난할의 형식

난자 내에 다량의 난황이 축적되어 있는 조류, 어류, 파충류 등의 수정란은 난할과정에서 난할면(卵割面, Cleavage Plane)이 난황(식물극) 속으로 진입하지 못하여 동물극 부위에서만 난할이 이루어지는데, 이러한 난할을 부분난할(部分卵割, meloblastic cleavage)이라 한다. 그러나, 난황량이 적은 포유류의 수정란이나 중등 정도의 난황량을 가지고 있는 양서류의 수정란은 난할면이 전체 수정란을 완전히 관통하여 양분(兩分)된 분할구를 형성하는데, 이러한 난할을 전난할(全卵割, holoblastic cleavage)이라 한다. 전난할을 영위하는 동물종에서도 포유류의 경우는 형성된 분할구의 크기가 같지만, 양서류의 경우는 난황량이 많은 식물극쪽에서 형성된 분할구가 동물극쪽의 분할구에 비하여 더 큰데, 전자를 균등난할(均等卵割, equal cleavage), 후자를 불균등난할(不均等卵割 , unequal cleavage)이라 한다. 이와 같이, 포유동물 수정란의 난할형식은 전난할인 동시에 균등난할이다. 그러나, 전난할의 경우에도 난할면이 형성되는 방향은 동물종에 따라 서로 다르며, 포유동물의 수정란은 회선난할(回旋卵割, rotational cleavage)을 하기도 한다. 개와 고양이의 난자는 난황이 적기 때문에 세포가 동일한 크기로 완전히 분열하는 균등 전난할을 진행한다.

(2) 포유동물 수정란의 난할단계

균등 전난할인 동시에 회선난할을 하는 포유동물 수정란의 제1난할은 난자의 대칭면과는 관계없이 배우자 융합의 초기에 암컷 및 수컷 전핵이 위치하는 수정란의 중앙 부위를 지나면서 동물극과 식물극을 연결하는 난할면에서 이루어지며, 이 난할면을 경선면(經線面, meridional plane)이라 한다. 이와 같이, 수정란의 중앙 부위에서 난할면이 형성됨으로 양측 분할구의 크기가 같으며, 이때의 배를 2세포기(2 cel stage) 배라 한다. 그러나, 제2난할에서는 각각의 분할구가 서로 다른 난할면에서 분열하는데, 하나의 분할구는 제1난할의 난할면과 세로로 직각을 이루는 경선면에서 분열하며, 다른 하나의 분할구는 경선면과 가로로 직각을 이루면서 형성되는 난할면인 적도면(赤道面, equatorial plane)에서 분열하여 4세포기 배가된다(그림 6-9). 제3난할은 제2난할의 난할면과 직각방향으로 분열하여 8세포기 배를 형성한다. 이러한 난할과정을 보면, 제2난할과정에서 각각의 분할구가 서로 다른 난할면에서 분열하고, 제3난할부터의 난할면은 직전 난할의 난할면과 직각방향으로 형성되기 때문에 배 전체에서 나타나는 난할면의 방향은 제1난할면을 축으로 하여 선회한다.

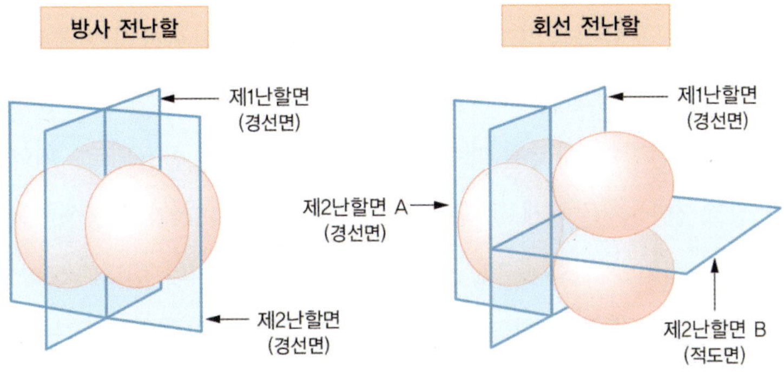

그림 6-9 방사난할과 회전난할의 난할면

포유동물의 난할과정을 하등동물과 비교해 보면, ① 난할속도가 하등동물에 비하여 매우 느리고, ② 전난할을 하는 동물중에서 포유동물만이 회선난할을 하며, 하등동물과는 달리 각 단계의 난할시기가 동기화되지 않는다(Gilbert, 1994b). 따라서 포유동물에서는 같은 발달단계에 있는 분할구의 난할시기가 서로 다를 수 있기 때문에 배의 발달이 2, 4, 8세포기와 같이 규칙적으로 되지 않고, 3세포기나 6세포기와 같은 배도 출현된다. 한편, 모든 난할과정에서 핵의 분열과정이 유사분열과 같음으로 각 단계의 분할구는 모두 배수(2n)의 염색체를 가진다. 또한, 발생초기 배의 각 분할구는 분리 배양하여도 완전한 배로 발달할 수 있는 전능성을 가지고 있다. 토끼의 배에서는 2세포기에서부터 8세포기까지 전능성이 발현된다(Papaioannou & Ebert, 1986). 그러나, 4세포기의 배에서는 전능성을 가진 분할구가 3개를 넘지 않고, 8세포기의 배에서는 1개의 분할구만이 전능성을 가지고 있다(Hafez & Hafez, 2000).

(3) 배의 치밀화와 상실배의 형성

투명대에 싸인 채로 난할을 계속하는 배는 8세포기가 되면, 분할구 상호 간이 치밀하게 결집되어 전체 배의 모양이 공 모양으로 둥글게 된다. 이러한 배가 난할을 계속하면 마치 뽕나무 열매와 같은 모양을 나타내는데, 이것을 상실배(桑實胚, morula)라 한다.

① **배의 치밀화**: 포유동물의 배가 8세포기로 발달된 직후까지는 분할구 개개의 모양이 둥글고, 상호 간이 느슨하게 접착되어 분할구 사이의 공극이 크다. 그러나, 제3난할이 시작될 때부터 분할구의 활성이 변경되고, 이에 따라 분할구 상호 간이 치밀하게 밀착되어 하나의 세포괴(細胞塊)를 형성하는데, 이러한 현상을 배의 치밀화(緻密化, compaction) 또는 수축이라 한다(Gilbert, 1994b). 그러나, 포유동물을 제외한 다른 동물종의 배는 치밀화되지 않는다.

배가 난할을 개시하여 2세포기가 되면 E-카드헤린(E-cadherin) 또는 우보모룰린(uvomorulin)이라고 부르는 분자량 120kDa의 접착성 당단백질을 분비하여 각 분할구의 원형질막 표면을 균일하게 피복한다. E-카드헤린은 활성화된 포스포리파제 C의 작용으로 형성되는 IP_3(inositol-1,4,5-triphosphate)와 DAG(diacylglycerol)의 작용으로 합성된다. 배가 8세포기가 되면, Ca^{2+}과 Mg^{2+}의 작용으로 각 분할구의 원형질막에서 분극(分極, polarization)이 일어나 원형질막의 표면에 부착된 E-카드헤린을 이동시킨다. 4세포기까지의 배에서는 분극이 일어나지 않음으로 분할구의 원형질막 표면에 E-카드헤린이 균일하게 부착되어 있지만, 8세포기의 배에서는 E-카트헤린이 이동되어 분할구괴(分割區塊)의 중심에서 가장 먼쪽 극(표면쪽)의 원형질막에 부착되고, 중심을 향하고 있는 극(안쪽)에는 부착되지 않는다(Winkel 등, 1990). 따라서, 분할구괴의 표면쪽은 E-카드헤린에 의하여 인접한 할구 상호 간이 긴밀하게 접착되지만, 안쪽은 접착되지 않는다. E-카드헤린에 대한 항체를 8세포기 배에 처리하면, 분할구의 접착은 일어나지 않는다(Jhonson 등, 1986). 또한, 분할구의 표면에 밀생되어 있는 미세융모에 Ca^{2+}의 자극이 가지면 액틴미세사가 중합되어 길이가 길어지며, 길어진 미세융모가 인접한 분할구의 미세융모와 서로 얽혀지고, 미세융모의 사이에 접착성이 강한 E-카드헤린이 채워져 분할구의 접착을 더욱 견고하게 한다.

② **상실배의 형성**: 8세포기의 배에서 난할이 반복되면 분할구의 수가 증가되면서 분할구 상호 간이 치밀하게 연접되어 상실배가 된다. 그러나, 상실배로 분류하는 배의 분할구수는 명확한 기준이 없으며, 일반적으로 16세포기로부터 64세포기까지의 배를 상실배에 포함시키는 경우가 많다. 상실배는 초기상실배와 후기상실배로 구분한다. 초기상실배는 16~32세포기의 배로서, 분할구가 투명대의 속을 꽉 채우고 있는 반면에, 후기상실배는 난할이 더욱 진행되어 분할구 자체의 크기가 작고, 분할구 상호 간이 더욱 치밀하게 결집되어 투명대 내에 위난강(圍卵腔, perivitelline space)이라 부르는 공간이 생긴다. 이 공간은 상실배가 배반포로 발달하는 데 필요한 예비공간이다. 후기상실배는 수축상실배 또는 치밀상실배(compacted morula)라고도 부른다.

포유동물의 난할은 다른 동물종과는 다르게 회선난할을 함으로 난할면의 방향이 매우 복잡하기 때문에 같은 난할단계에서 생성된 분할구라 하더라도 형태적으로 다를 뿐만 아니라, 극성의 방향도 다르다. 마우스의 제4난할에서는 방향이 서로 다른 3종류의 난할면이 나타난다(Sutherland 등, 1990). 이와 같은 난할양식의 특성에 따라 포유동물의 상실배는 안쪽에 소수의 내부세포(internal cell)가 위치하고, 그 밖을 다수의 외부세포가 둘러싸는 구조를 가진다. 마우스의 16세포기 상실배는 1~2개의 내부세포와 나머지의 외부세포로 구성되고(Barlow 등, 1972), 돼지에서는 12~16세포기의 상실배에서 내부세포가 최초로 출현된다(Papaioannou & Ebert, 1986). 내부세포와 외부세포가 분화되면 각 분할구의 기능도 분화되어 2~8세포기 배의 분할구가 가지고 있던 전능성이 소실되면서 내부세포는 배아배엽(embryoblast), 외부세포는 영양외배엽(trophoectoderm)으로 서로 다르게 분화된다(그림 6-10; Gilbert, 1994b). 상실배는 후기에 이르면(치밀상실배), 동결 등과 같은 외적 자극에 대하여 저항성이 커지고, 이식 후의 수태성도 향상되며, 대사활성도 증대된다. 따라서, 배를 이식할 때 치밀상실배 이후의 발달단계에 있는 배를 이식하는 것이 수태율을 높이는 데 효과적이다.

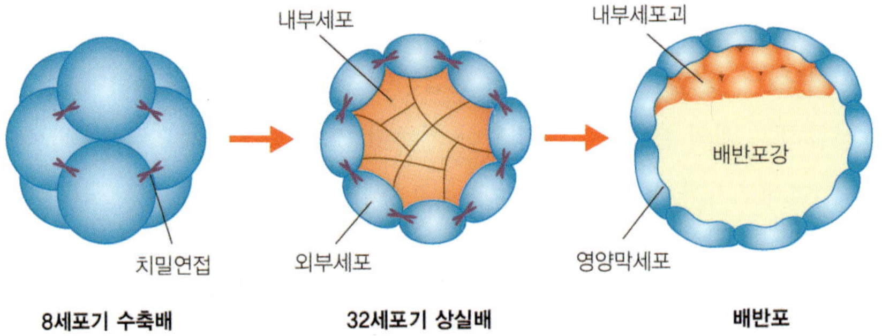

그림 6-10 치밀화된 배로부터 배반포까지의 형성과정

난할은 모두 유사분열(有絲分裂, mitotic division)이기 때문에 각 세포의 염색체는 2배체(diploid, 2n)로 되어 있으며, 또한 난자는 분할과정 중에서 염색체 형성에 필요한 다량의 DNA를 합성한다.

16~32세포기가 되면, 세포는 투명대 내에 밀집되어 상실 모양을 나타내는데, 이 배를 상실배(桑實胚; morula)라 한다(그림 6-11).

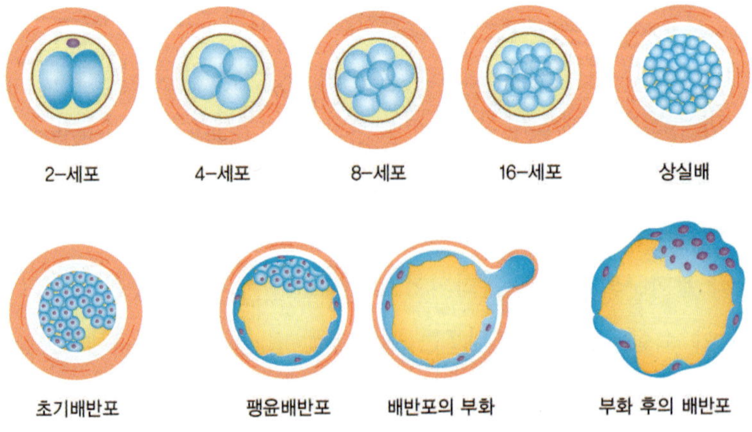

그림 6-11 토끼배의 수정 후 분할과정

2) 난할속도

포유 동물에서 수정란이 배발생(胚發生)의 일정단계에 도달하는 데 필요한 시간은 대개 **표 6-2**와 같다. 자연배란을 하는 동물종은 정확한 배란 시간을 측정하기 어렵고, 품종 및 개체 간의 차이가 있으므로 정확한 난할속도를 측정하기는 어려우나, 일반적으로 임신기간이 짧은 소동물의 난할속도가 체격이 큰 동물에 비하여 배반포기(胚盤胞期)에 도달하는 난할속도가 빠른 경향이 있다(표 6-2). 면양의 경우, 다배란(多排卵)의 결과로 다수의 황체(黃體, corpus luteum)가 형성되거나, 인위적으로 progesteronr을 투여하면 배반포의 난할속도가 현저하게 증가되나(Winterberger와 torres, 1973), 모체환경(maternal environment)이 난할속도에 미치는 영향은 확실하지 않다. 또한 외인성의 스테로이드 호르몬(steroid hormone)은 난관 내 배의 이동속도에 영향을 미치며, 발정동기화로 이식한 배의 생존율이 떨어지는 원인이 된다.

표 6-2 교배 후 난자의 분할 속도, 자궁 내 출현 및 착상 시기

동물종	난자 분열(시간)				자궁출혈 (일)	착상 (일)
	2세포	4세포	16세포	배반포		
생쥐	21~23	38~50	60~70	66~82	3	4~5
흰쥐	24~48	40~47	96	108	3	5~6
토끼	21~25	25~32	40~47	75~96	2.5~4	6~7
고양이	24~48	48~72	96~120	120~144	6~7	12~14
개	48~72	72~96	144~168	168~192	8~10	16~18
말*	24	30~36	98~100	144	6	35~40
소*	27~42	50~83	96	192~216	4	20~22

* 배란 후 시간

3) 배반포(Blastocyst)

포유동물에서는 수정란이 상실배에서 분할이 더욱 진행되면 세포 사이에 공간이 생기고, 그 자리에 액체가 고이게 되어 주머니 모양의 배로 발달되는데, 이렇게 생긴 내강(內腔)을 포배강(胞胚腔, blastocole)이라 하고, 포배강이 커진 배를 포배(胞胚) 또는 배반포(胚盤胞, blastocyst)라고 한다.

(1) 배반포의 형성

포유동물을 제외한 동물종의 상실배는 발달을 계속하면 배의 중앙내부에 액체가 고여 내강(內腔)을 만들고, 둥근 모양이던 개개의 배세포(분할구)가 입방형으로 변형되면서 상호 밀착되어 내강을 한 층으로 둘러싼다. 이와 같이, 단층의 입방세포가 내강을 중심에 두고 공 모양으로 배열된 배를 포배(胞胚, blastula)라 하고, 그 내강을 포배강(胞胚腔, blastocoele) 한다. 그러나, 사람과 가축을 비롯한 포유동물에서는 상실배기에 이미 외부세포와 내부세포가 분화되어 있다(그림 6-10 참조). 포유동물의 상실배가 발달을 계속하면 내부에 액체가 고이는 내강이 형성되고, 외부세포는 입방형으로 변형되면서 인접세포와 치밀하게 결합하여 배의 내강을 둘러싸는 영양막(營養膜, trophoblast)으로 분화되는 반면에, 내부세포는 분열을 반복하여 내강의 한쪽에 위치하는 내부세포괴(內部細胞塊, inner cell mass [ICM])로 분화된다. 이와 같이, 영양막과 내부세포괴로 구성된 배를 배반포라 하여 포배와 구분한다. 내부세포괴와 영양막이 형성되면 이것들 각각을 구성하는 세포는 상실배기에 이미 분화된 특성에 따라 별도의 기능을 수행하는 조직으로 분화된다. 예를 들면, 마우스에서 16세포기 상실배의 내부세포는 32세포기배로 발달하는 기간에 독립된 활성을 나타내어 영양막세포와 다른 종류의 단백질을 합성한다(Fleming, 1987). 배반포의 영양막세포는 미세융모로 덮여 있고, 영양소를 선택적으로 흡수하여 배의 영양대사에 관여하며, 배의 발달과 더불어 융모막(chorion)을 형성한다. 내부세포괴는 장배형성(腸胚形成, gastrulation) 과정에서 외배엽 · 중배엽 · 내배엽으로 분화되고, 이어서 태아로 발달된다. 한편, 포유동물을 제외한 동물종의 포배와 포유동물 배반포는 동일한 발달단계에 있는 배이며, 발생학적으로도 동일시된다. 따라서, 배반포의 내강을 포배강이라고도 하지만, 명확히 구분하기 위하여 배반포강(blastocyst cavity)이라고 부르는 경우가 많다.

포유동물에서 수정란이 배반포로 발달되는 시기는 종에 따라 다르다. 즉, 토끼가 가장 빨라 배란 후 3~4일 정도, 돼지는 4~5일 정도이고, 말은 6일 정도, 소와 개는 7~8일 정도, 고양이는 5~6일 정도 걸린다.

(2) 배반포의 확장

배반포가 형성된 후에는 시간경과에 비례하여 배반포강 내에 액체의 저류량이 증가되며 이에 따라 배반포가 점차적으로 커지면서 낭포상(囊胞狀)이 되고, 배반포를 둘러싸고 있는 투명대도 늘어나 현저하게 얇아지는데, 이러한 배반포를 확장배반포(擴張胚盤胞, expanded blastocyst)라고 한다. 배반포의 확장은 영양막세포의 원형질막에 위치하는 나트륨-펌프(Na^+/K^+ ATPase)가 작동하여 일어난다. 즉, 나트륨-펌프(sodium-pump)의 작용으로 다량의 Na^+이 영양막을 통과하여 배반포강 내로 이동되어 배반포강액의 삼투압이 증가되고, 이에 따라 다량의 수분이 배반포강 내로 유입되어 배반포의 크기가 확장된다(Wiley, 1984). 한편, 배반포가 난관 내에 머물 때는 투명대가 존치되어 배가 난관점막에 접착되는 것을 억제하며, 난관 내 체류 시간이 길어지면 투명대에 싸인 채로 사멸된다.

(3) 배반포의 투명대 탈출

확장배반포는 점차적으로 커지면서 투명대에서 탈출되는데, 이러한 배반포를 부화배반포(hatched blastocyst) 또는 탈출배반포라고 한다. 확장배반포가 투명대로부터 탈출되는 기전에는 배반포가 확장됨에 따라 내압의 증가되어 투명대가 파열되고, 이곳을 통하여 배반포가 탈출하는 부화기전과 배의 영양막에서 분비되는 단백질분해효소에 의하여 투명대가 용해 · 소실되는 용해기 전이 있다. 래트나 마우스와 같은 실험동물과 대부분의 농장동물은 부화기 전에 의하여 배반포가 투명대에서 탈출되지만, 햄스터, 토끼, 말 등은 투명대 자체가 용해되어 소실된다. 확장배반포가 부화되는 과정을 보면, ① 배반포의 내부세포괴가 위치하는 부위의 영양막세포가 트립신과 유사한 기능을 가진 단백질분해효소인 스트립신(strypsin)을 합성, 방출하고, ② 이것이 투명대의 원섬유기질(fibrillar matrix)을 용해하여 작은 구멍을 만들며, ③ 이 구멍을 통하여 배반포강의 증가된 내압의 힘으로 확장배반포가 빠져나온다(그림 6-12). 투명대에 구멍을 뚫는 스트립신의 반응은 에스트로겐에 의하여 증강되며, 따라서 에스트로겐이 결여되는 경우나 배를 체외에서 배양할 경우에는 배반포의 투명대 탈출이 지연된다. 또한, 배반포는 율동적 수축과 팽창을 반복하는데, 이것도 배반포의 투명대 탈출을 돕는다. 배반포의 수축은 영양막에서 분비되는 프로스타그랜딘, 특히 PGE2에 의하여 촉진된다. 따라서, 프로스타그랜딘의 길항제(拮抗劑)를 투여하면 배반포의 확장과 부화가 지연된다(Hafez & Hafez, 2000). 그러나, 투명대가 용해되는 동물종에서는 영양막세포에서 단백질분해효소를 분비하여 투명대를 용해, 제거한다. 투명대의 박리기전(剝離機轉) 후에는 배반포의 팽창에 따라 투명대가 파열되어 배가 외부로 탈출하는 부화(孵化, hatching)와 영양막 또는 자궁분비액 중의 용해소(溶解素)에 의하여 투명대가 용해 소실되는 것(그림 6-12)이 있으며, 동물종에 따라 단독 또는 협동으로 이루어진다.

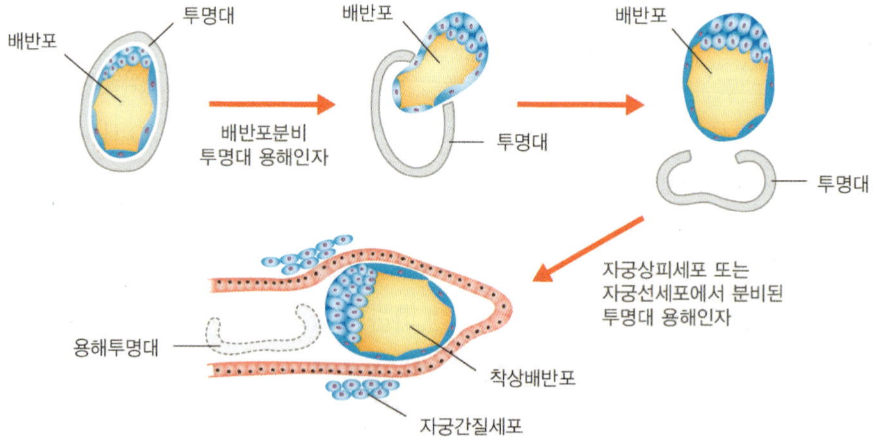

그림 6-12 투명대 소실 기전의 모식도

햄스터에서는 프로게스테론이 영양막세포의 단백질분해효소합성을 자극하여 투명대의 자체 용해(lysis)를 촉진하여 소실되며, progesterone의 영향을 받는다. 생쥐는 자궁에서 생산·분비되는 착상 개시인자가 투명대를 용해시키며, estrogen의 지배를 받는다. 임신 초기에 난소를 제거하여 자궁이 estrogen 결핍 상태가 되거나, 체외(체외: in vitro)에서 배양하면 투명대의 소실이 지연된다. 토끼는 투명대를 포함한 난자의 외층과 영양막에서 분비되는 protease의 작용에 따라 투명대가 소실된다. 즉, 투명대에서 배반포가 탈출되는 시기는 동물의 종에 따라 다르다. 소의 경우는 배란 후 8~9일에 개시되며, 10~11일 후에는 투명대에서 완전히 탈출된다. 면양과 산양은 발정 종료 후 8~9일, 돼지는 8일째에 투명대가 제거된다. 임신기간이 짧은 실험동물의 경우는 투명대 탈출 시기가 임신기간이 긴 가축에 비하여 빨라서 마우스는 임신 4일째, 래트는 임신 5일째에 탈출된다. 한편 투명대는 산성 용액에 용해되므로 자궁 내가 일시적으로 산성화되어 투명대 소실을 유도할 가능성도 있다.

표 6-3 임신 후 난자의 투명대 소실시기

동물종	투명대 소실시기(일)
생쥐	임신 4일경(23:00시경)~5일경(3:00시경)
흰쥐	임신 5일경(13:00~18:00시경)
햄스터	임신 2일경(±10시간)~3일(±19시간)
토끼	교미 후 71/3일~71/2 일
고양이	교미 후 10~12일경
개	배란 후 12~13일경
소	배란 후 10~11일경

출처: 고대환 외(2022). 동물번식학.

4) 수정란의 이동

(1) 난관 내 이동

난관의 상단부에서 수정된 난자는 난전(卵栓)을 형성하였던 난구세포(卵球細胞)가 난자에서 이탈되면 재빨리 난관팽대부로 하강한다. 그리하여 난관액에 부유되어 자궁으로 이동해 내려가는데, 난관 내 융모의 유동운동과 난관의 수축운동에 의하여 하행한다.

수정란이 자궁에 도달하는 시간을 가축별로 보면 토끼, 산양, 면양, 돼지, 소가 3~4일이 걸리며, 말은 조금 늦은 5~6일이 걸린다.

난관의 부위에 따른 통과시간은 토끼의 난자에서 실험한 결과를 보면 난관팽대부에서는 빨라 4.5~12.5분이 걸리고, 팽대부와 협부(峽部)의 접합부에서는 1시간 이상 걸리며, 협부에서 약 3일간(70시간)의 오랜 시간 체류하다가 자궁에 도달한다.

이와 같이 난관의 부위에 따라 수정란의 이동속도에 차이가 생기는 이유는 난관의 상부인 팽대부는 관강(管腔)이 넓고 난관근육과 융모운동이 활발하여 이 부위의 통과는 빠르지만, 반대로 난관협부(卵管峽部)는 관강(管腔)이 좁고 근육운동은 상대적으로 약하며 융모도 적고 그 운동성이 약하여 난자의 통과에 대한 조건이 나빠 오랜 시간이 소요되기 때문이라고 생각된다.

일반적으로 estrogen은 난관 근층의 운동을 촉진하고, progesterone은 억제한다. 난자의 이동에 대한 호르몬의 효과는 호르몬의 양과 동물종에 따라 다르고, 그 기전은 확실하지 않다.

협부 내에 도달된 난자는 이미 방사관세포(放射冠細胞, corona cells)와 난구물질(cuulus cell mass)이 분산되어 나화상태(裸化狀態)가 된다. 토끼의 난자는 협부를 통과하는 과정에서 복합점액다당류(複合粘液多糖類)가 난자 주위의 투명대에 부착되어 두꺼운 뮤신층(mucin coat)을 형성하여 당분간 난자 표면에 붙어 있다가 소실되는데, 이들 물질은 난관 내에서 분할 중에 있는 배의 영양과 발육 중의 난자를 보호하는 것으로 추측된다. 토끼 이외 대부분의 포유동물에서는 이와 같은 현상이 나타나지 않는다.

개와 고양이의 난자는 배란 후 난관을 따라 이동하며 수정이 이루어진 후 자궁으로 도달하는 데 있어 난관의 주요 부위별 통과 시간을 정리하면 **표 6-4**와 같다. 개는 난관을 통과하는 데 걸리는 시간이 약 4~6일 정도이고 자궁에 도착하는 데 9~11일이 소요되며, 고양이는 난관을 통과하는 데 걸리는 시간은 약 3~4일 정도이고 자궁까지 도착하는 데 4~5일이 소요된다. 즉, 개는 난관에서 난자 성숙과 수정이 이루어지므로 머무는 시간이 길고, 고양이는 수정이 빠르게 이루어지며 난관 통과 시간이 상대적으로 짧은 편이다.

표 6-4 개, 고양이의 난관 통과 시간

난관 부위	주요 기능	통과 시간	
		개	고양이
난관채(Fimbriae)	배란된 난자를 난관으로 포획	수 시간 이내	수 시간 이내
난관팽대부(Ampulla)	난자가 성숙 및 수정이 이루어지는 곳	약 48~72시간 (2~3일)	약 24시간 (1일 이내)
팽대부-협부 접합부 (Ampullary-Isthmic Junction)	수정란의 이동을 조절	약 24시간 (1일)	약 24시간 (1일)
난관협부(Isthmus)	수정란의 초기 발달이 진행	약 24~48시간 (1~2일)	약 24~48시간 (1~2일)
자궁 도달	수정란이 자궁에 착상 준비	수정 후 약 9~12일	배란 후 약 3~4일 후

(2) 배의 자궁 내 이동과 분포

다태동물의 수정란은 착상에 앞서 자궁 내에 일정한 간격으로 분포된다. 이와 같은 현상은 토끼의 경우에 교배 후 5~7일 사이에 이루어지며, 발생유인(發生誘因)은 발육배의 크기가 된다. 배반포가 팽창하여 어느 수준에 도달하면 자궁의 연동운동(蠕動運動)이 시작되어 자궁각 내에 난자를 일정한 간격으로 배열시킨다. 이때에 배가 너무 커지면 자궁점막의 저항을 받아 이동하지 않고, 지나치게 적으면 자극의 발생원이 되지 못한다.

난자는 배란측 난관에서 자궁 내로 진입하여 착상되는 것이 보통이나, 자궁체를 경유하여 다른 쪽의 자궁각에 착상되는 경우가 있는데, 이와 같은 현상을 배의 자궁 내 전이(子宮 內 轉移, transuterine migration)라 한다. 자궁 내 전이의 발생률은 단태성(單胎性)의 소와 면양의 경우, 각각 0.27%와 4~8%로 낮은 편이나, 돼지의 경우는 40%에 달한다.

그러나 면양의 경우도 한쪽 난소에서 2개의 배란이 일어나면 발생률이 88%로 높아진다. 이밖에 난자가 복강 내를 경유하여 다른 편의 난관에 수용되는 경우가 간혹 있으며, 이를 배의 복강 내 전이(轉移)라고 부른다.

5) 쌍태의 발생

쌍태에는 일란성 쌍태(一卵性 雙胎, monozygotic 또는 idenficial twins)와 이란성 쌍태(dizygotic 또는 fraternal twins)가 있다. 단태동물의 이란성 쌍태는 한 발정기에 2개의 난자가 방출되어 이것들이 각각 별개의 정자에 의하여 수정된 것이다. 그러므로 태어나는 쌍자(雙子)는 유전적으로는 보통의 형제자매와 같다. 실제, 면양의 이란성 쌍자가 성이 다를 때는 평균적으로 성이 같은 쌍자인 때보다 출생시 쌍자 간의 체중 차가 크다.

이러한 현상을 촉진효과(促進效果, enhancement effect)라 하는데, 이는 자궁 내에서 태아 간에 어떤 경합이 일어나기 때문인 것으로 생각된다. 뇌하수체성 또는 융모막성 성선자(絨毛膜性 性腺刺戟) 투여하면 다배란(多排卵)이 일어나는데, 이 다배란에 의하여 2란성 쌍태가 발생하는 빈도가 증가한다. 이 방법은 이미 면양의 번식기술로써 실용화되어 있다.

한편 일란성 쌍자는 하나의 수정란에서 2개의 태아가 발생한 것이다. 이론적으로 보면 일란성 쌍자는 모든 동물종에서 발생할 가능성이 충분히 있다. 그런데도 일란성 쌍자가 태아나는 사실이 확인된 동물은 현재까지는 사람과 소뿐이다.

소의 쌍태율은 품종 및 연구자에 따라 다소 차이는 있으나 출산수의 2~4%의 범위를 보이고 있는데. 육우는 2%, 젖소 홀스타인 좋은 4%로써 젖소가 비교적 높으며, 일란성 쌍태의 출생률은 쌍태분만의 2~10%에 불과하다(Hendy & Bowmen, 1970).

일란성 쌍자는 1개체의 2분할에 해당되는 것이기 때문에 유전적으로 결정되는 모든 특징은 서로 닮아 있다. 또 성(性)은 반드시 서로 같다. 유전적으로도 꼭 같기 때문에 소의 일란성 쌍자는 젖소의 비유능력이나 고깃소의 산육능력 등에 미치는 환경인자의 영향을 연구하는 실험재료로써 특별한 이용가치가 있다.

일란성 쌍자는 대부분은 착상 후 발생이 상당히 진행된 시기에 일어나는 것으로 생각된다. 그 발생양식을 보면 하나의 배반포가 착상하여 하나의 내부세포(내부세포)가 2개의 원시선조(原始線條, primitive steak)로 분리되어 이것들이 각각 다른 2개의 개체가 되는 경우로써 이렇게 형성된 쌍태는 융모막(絨毛膜)을 공유하며, 때로는 양막(羊膜)을 공유하는 수도 있다. 쌍태발생의 또 하나의 양식은 착상 전에 내부세포괴가 2분 되는 경우이다. 이러한 예는 면양이나 돼지에서 보고되어 있다. 이렇게 형성된 쌍태는 융모막이나 양막을 공유하지는 않는다.

돼지와 같은 다태동물의 임신자궁에는 몇 개의 배가 공존하는 것이 보통이나, 인접하고 있는 요막(尿膜)이나 융모막이 유합(癒合, fusion)하는 일은 거의 일어나지 않는다. 면양의 경우는 융모막의 유합은 일어나지만 요막은 역시 유합되지 않는다. 그러나 소에서는 2란성 쌍태가 발생하는 경우는 드물지만 일단 발생하면 융모막과 요막이 다 같이 유합(癒合)한다. 그 결과 인접하고 있는 배(胚)와 배 사이에 혈관 유착이 일어나고 혈류를 공유하게 된다. 소의 이성쌍자(異性雙子)에서 혈류의 공유가 이루어지면 암컷(雌性) 태아는 프리마아틴(free martin)이 된다.

프리마아틴(freemartin)

프리마아틴은 소나 사슴에서 많이 볼 수 있는 생식기의 기형이다. 즉 이란성 쌍태에서 성(sex)이 다른 쌍태 중에서 생기며, 이때의 암컷은 약 93%가 freemartin이 된다. 프리마아틴의 암컷은 일부 생식기나 체형은 정상인 암컷과 같은 모양이지만 자궁, 난관 난소 형성이 부전되어 있다. 소의 경우 성이 다른 두 태아의 태막혈관이 서로 융합되기 쉬워 발생된다. 태막혈관이 융합될 경우 수컷은 암컷보다 빠른 임신 40일경(암컷은 100일경)에 성 분화가 일어나 58일경에 완료되는데, 이때 먼저 분화된 수컷의 생식선에서 분비된 androgen이 혈관을 통해 암컷에 작용되므로 송아지의 생식기는 암컷으로 발달하지 못하고 수컷으로 발달하여 암컷도 아닌 내분비성 간성의 생식기를 가지는 freemartin이 된다. 프리마이틴의 임상적 진단은 음핵의 돌출, 유두의 왜소, 질의 깊이가 정상의 1/3정도 이며, 직장검사시 자궁, 난소가 매우 왜소하거나 촉진할 수 없다.

3. 착상

착상(着床, implantation)은 수정란(배아)이 자궁 내막에 부착하여 발달을 시작하는 과정으로, 포유동물의 번식에서 중요한 단계이다. 착상은 임신 유지와 태아 발달을 위한 필수 과정이며, 각 종에서 차이가 있다. 자궁 내에서 배(胚, embryo)의 위치가 결정되어 모체의 자궁벽에 부착되는 것이다. 포유동물의 포배(胞胚, blastocyst)는 자궁강에서 태반(胎盤)이 형성되기 이전에 어떠한 형태로든지 자궁벽에 부착되는 시점부터 그 동물종 고유의 태반원기가 형성될 때까지 배와 모체 사이에서 일어나는 모든 현상을 포괄적으로 지칭하는 용어이다. 포유동물의 경우에는 투명대가 박리된 부화배반포의 영양막이 착성성증식이 일어난 자궁내막에 접착되는 현상을 착상이라 한다.

동물의 착상과정은 대단히 완만하기 때문에 언제부터 착상이 시작되느냐는 문제는 이론이 많다. 개와 고양이의 착상은 정상적인 임신을 유지하는 데 필수적인 과정이며, 임신 진단과 번식 관리에서 중요한 지표로 활용된다.

1) 착상과 자궁의 변화

(1) 착상 전 자궁의 변화

배가 난할을 계속하면서 성장하게 됨에 따라 자궁도 착상을 위한 준비를 한다. 즉 자궁근의 운동성이 감소되어 배가 지군 내에 체류하기 좋은 상태로 되며, 자궁내막에는 혈관분포가 증가하여 혈액공급이 늘어나 glycogen, 지질, 단백질 및 핵산 등의 함량이 증가하고, 자궁상피가 비후해지며, 자궁선(子宮腺)이 발달하는 등 착상성 증식변화가 일어난다. 이 시기의 자궁강 내에는 자궁유(子宮乳, uterine milk)가 분비되어 착상 전 배의 영양원이 된다.

이와 같은 자궁의 착상 전 변화를 불러일으키는 주역은 progesterone임에는 틀림이 없으나, progesterone이 활동하는 데는 estrogen의 선행작용(先行作用)이 필요하다. 따라서 자궁의 착상 전 변화에 더 많은 영향을 미치는 것은 estrogen이나 progesterone의 절대량이 아니고, 이들 두 호르몬의 상대적인 비율이다.

(2) 배의 자궁내 이동

수정란은 난관팽대부에서 형성된 후 배발생을 지속하며 자궁강으로 이동하여 착상 위치를 결정한다. 다태동물에서 배의 자궁 내 이동과 등거리 분포는 태반 결합에 필요한 자궁내막 면적을 결정하는 중요한 요소이며, 배란수가 지나치게 많을 경우 자궁내막 확보가 어려워 조기사멸과 사산율이 증가할 수 있다. 돼지의 경우, 배는 발정 후 5~6일경 자궁각 선단부에 모였다가 자궁체 쪽으로 이동하며, 9일경에는 반대측 자궁각까지 확산되고 12일경까지 일정한 간격으로 분포한다. 배의 이동은 자궁근층의 연동운동에 의해 조절되며, 배가 생산하는 히스타민, 에스트로겐, 프로스타그랜딘 등이 영향을 미친다. 또한, 임신이 유지되려면 한쪽 자궁각에 최소 2개의 배(양쪽 자궁각에 총 4개)가 있어야 하며, 배가 자궁내막과 접착하여 PGF2a 분비를 저지해야 한다. 소와 면양에서 한 개의 난자가 배란된 경우, 배는 반대측 자궁각으로 이동하지 않고 배란된 난소 쪽 자궁각에 착상된다. 그러나, 한쪽 난소에서 두 개의 난자가 배란되면 배에서 분비되는 에스트로겐과 프로스타그랜딘이 자궁근층을 국소적으로 수축시키면서 배가 이동하여 각각의 자궁각에 착상된다. 말은 쌍태율이 낮지만, 배의 자궁 내 이동이 활발하다. 배는 자궁으로 들어온 후 투명대에서 탈출하여 무세포성 피막(acellular capsule)에 의해 보호되며, 이는 배가 자궁내막에 부착되는 것을 방지하고 원활한 이동을 돕는다. 말의 배아소포는 신장되지 않고 둥근 형태를 유지하며, 임신 10~16일 동안 하루 10~13회 양쪽 자궁각을 왕래한다. 이는 배아소포에서 분비되는 $PGF_{2\alpha}$가 자궁근층의 수축성을 증가시키기 때문이다. 이러한 이동은 자궁내막을 자극하여 $PGF_{2\alpha}$ 합성을 억제하고, 황체의 퇴행을 방지하여 임신을 유지한다. 소, 돼지, 면양 등은 배의 신장에 따라 배와 자궁내막의 접촉면적이 증가하여 배의 자궁 내 이동 없이도 황체퇴행이 저지된다. 그러나 말의 배아소포는 임신 16일 이후 에스트로겐을 분비하며, 배아소포의 직경, 자궁 긴장성, 자궁벽 두께를 증가시켜 자궁내 이동을 멈춘다. 만약 배아소포의 크기가 작거나 혈중 프로게스테론 농도가 낮으면 배의 이동이 계속되며 결국 사멸할 가능성이 높아진다. 배아소포가 착상할 위치를 정하면 이동이 멈추지만, 자궁근층의 지속적인 수축에 의해 회전하며, 이 과정에서 배아소포의 복측 부위가 자궁내막과 접착하면서 착상이 시작된다.

2) 착상부위 및 착상형식

(1) 착상 배의 정위

착상은 일반적으로 태반형성의 초기과정을 가리키는 것이나, 경시적(經時的)으로 명확히 구분하기는 어렵다. 배와 자궁강 상피세포의 접착은 일정한 시기와 부위에 국한되어 일어난다. 또한 착상배의 정위(定位, orientation)에도 일정한 규칙성이 인정된다(그림 6-13).

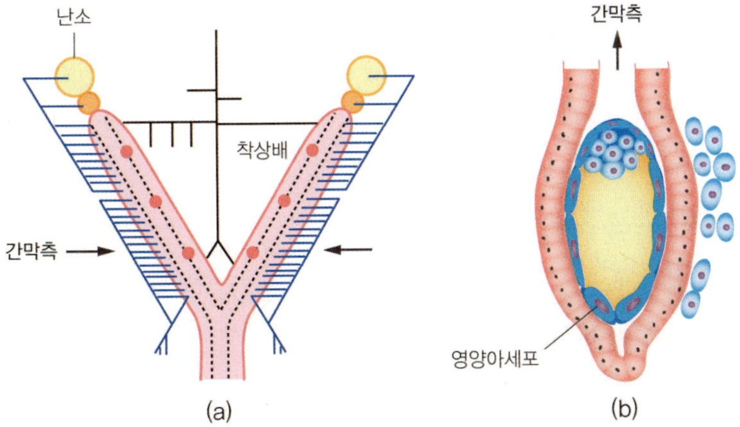

그림 6-13 흰쥐 및 생쥐의 착상 위치(a)와 배반포 배위를 표시한 모식도

일반적으로 동물의 배반포는 자궁간막(子宮間膜)의 반대쪽에 착상한다. 실험적으로 흰쥐 자궁각의 일부를 외과적 수술에 의하여 180° 회전하여 그 위치를 변경하여도 배반포는 자궁간막 반대쪽에 착상한다. 이러한 사실로 보아, 착상 부위는 배반포에 작용하는 외인적 작용보다는 배반포와 자궁벽의 관계에 의하여 결정되는 것 같다.

(2) 착상형식

배반포가 자궁 내에 도달한 후 투명대에서 탈출하면 탈출배반포가 형성되며, 이때 배반포의 영양막과 자궁내막 상피가 접착하면서 착상이 시작된다. 그러나 동물 종에 따라 배반포의 발달 양상이 다르므로 착상 방식과 접착 부위도 다양하다(그림 6-14).

① 중심착상(Central Implantation)

소, 면양, 산양, 말, 돼지 등의 유제류 동물과 개, 고양이, 토끼에서는 배반포가 자궁강에 도달한 후 투명대에서 탈출하면 배반포강 내의 체액이 증가하면서 배반포가 확장된다. 이에 따라 자궁내강도 확장되며, 배반포는 자궁내강 중심에 위치하여 영양막 전체 표면이 자궁내막 상피와 접착된다. 이러한 방식의 착상을 중심착상이라 한다.

② 편심착상(Eccentric Implantation)

설치류(예: 래트, 마우스)의 경우, 배반포가 투명대를 탈출한 후 크게 확장되지 않기 때문에 자궁내강을 완전히 채우지 못한다. 따라서 자궁내강의 한쪽에 착상하게 되며, 이를 편심착상이라 한다. 이 과정에서 배반포는 자궁간막의 반대쪽에 있는 자궁내막 점막추벽 속으로 수용되며, 이후 점막추벽이 닫히면서 배반포가 점막 속에 매몰된 상태에서 착상이 진행된다.

③ **벽내착상**(Interstitial Implantation)

영장류, 두더지, 기니피그 등의 동물에서는 배반포가 자궁내막과 접착한 후 영양막이 증식하면서 단백질분해효소를 분비하여 자궁내막 상피와 점막고유층을 용해한다. 이에 따라 배반포가 자궁내막 속으로 침입하고 매몰되는데, 이러한 착상을 벽내착상이라 한다.

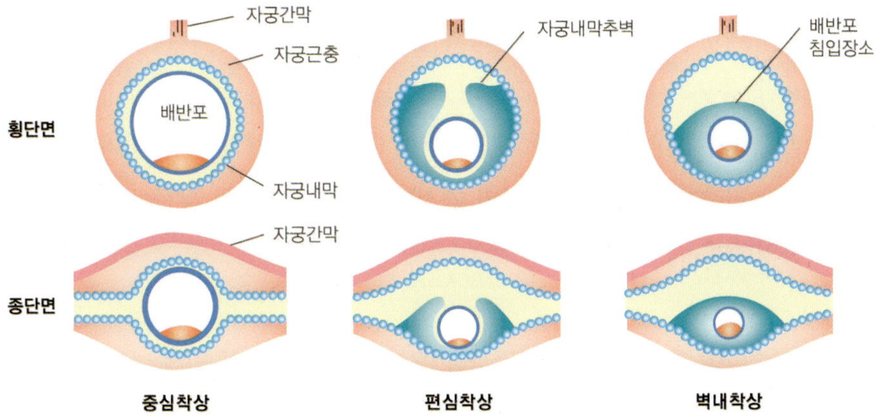

그림 6-14 배반포의 착상 형식

각 동물의 착상 방식은 배반포의 발달 특성과 자궁 환경에 따라 결정되며, 이는 종마다 임신 과정에서 중요한 차이를 만든다.

다태동물(多胎動物)인 돼지나 토끼, 개의 경우 한쪽 난소에서 2개 이상 배란을 하여 수정되었을 때 배가 자궁각 내에 같은 간격의 위치를 정하면서 양쪽 전자궁각에 분산하여 이주(移住), 정위(定位)하고 착상한다.

이와 같은 착상 부위의 결정요인은 자궁근의 교반운동(攪拌運動)에 의해 배반포가 자궁 전장(全長)에 걸쳐 분산되며, 또한 배가 발육하여 어느 정도 커지면 배반포가 있는 곳을 기점으로 하여 일어나는 자궁근의 수축파(收縮波)에 의해 배가 자궁 전체에 분산되는 것과 배반포의 상호 밀접 방어작용에 의한다. 대체로 난관에 가까운 부위에 착상한 배는 자궁경과 가까운 부위에 착상한 배보다 발육이 빠르고, 자궁경 가까이에 착상한 배는 흡수되기 쉽다.

3) 착상과정

착상은 투명대를 탈출한 확장배반포의 영양막이 자궁내막상피에 부착되면서 시작된다. 그러나 착상의 결합 정도와 방식은 동물 종에 따라 차이가 있다.

동물 배반포의 착상은 다른 실험동물에 비하여 완만하게 이루어지며, 영양막(榮養膜)과 자궁내막상피의 부착상태는 그다지 밀착되어 있지 못하고, 영양막이 자궁내막에 침입하지 않는다.

동물 종에 따라 착상 시기와 배반포의 발달단계도 다르게 나타난다. 일부 동물은 배반포가 충분히 확장된 후 착상이 진행되지만, 다른 동물은 배반포가 아직 완전히 발달하지 않은 상태에서 자궁내막과 결합하기 시작한다. 이러한 차이는 동물의 번식 전략과 자궁 환경에 따라 결정되며, 착상 과정의 특성이 종별 생리적 차이를 반영한다.

표 6-5 배란일로부터 착상까지 일수와 배의 발달단계

동물종	자궁출혈(일)	착상(일)	배발달단계
생쥐	3	4~5	배반포
흰쥐	3	5~6	배반포
토끼	2.5~4	6~7	이층성배반포
고양이	6~7	12~14	이층성배반포
개	8~10	16~18	이층성배반포
말	6	35~40	배아소포
돼지	2~2.5	15	배아소포
소	4	20~22	신장배반포

(1) 개

개에 있어서 착상의 개시시기는 수정 후 17일경~18일경 영양막세포(trophoblast)가 자궁내막 상피에 접합(adhesion)을 시작한다. 초기 접촉은 느슨하나, 세포 간 접합 단백질을 통해 점점 밀착도가 증가한다.

개는 부분 침습형 착상(semi-invasive implantation)을 보이는 종이다. 영양막세포는 자궁상피를 일부 침윤하면서 단백질분해효소(protease) 분비하여 조직 일부를 분해한다. 융모(chorionic villi)가 발달하며 모체 자궁내막과 혈관계와 접촉하기 시작한다. 이때부터 모체-태아 간 물질교환이 개시된다. 태반은 태아를 둘러싸는 형태로 자궁벽을 따라 띠처럼 형성되고, 태반 일부가 자궁내막과 함께 출산 시 떨어져 나가는 탈락성 태반을 형성한다. 각각의 자궁각에 착상할 수 있는 쌍각자궁으로 다태임신을 할 수 있다.

(2) 고양이

고양이의 착상과정은 개보다는 약간 빠른 편으로 수정 후 12일경~14일경 배반포의 영양막세포가 자궁내막 상피에 접합을 시도한다. 세포 간 신호 및 면역조절 인자가 작용하여 접착이 안정화되는데, 초기에는 느슨한 접착이지만, 융모가 형성되면서 접합력이 강화된다.

고양이 역시 부분 침습형 착상을 하는데, 영양막은 자궁내막을 얕게 침윤하며, 프로테아제(protease)를 통해 자궁조직 일부를 분해한다. 융모가 국소적으로 발달하여 모체 자궁혈관과의 연결이 이루어지면서 착상 부위에서 태반 형성이 진행되며, 물질교환이 시작된다. 아울러 띠 모양의 태반으로 분만시 자궁내막과 함께 떨어져 나가는 탈락성 태반을 형성한다. 고양이도 쌍각자궁으로 복수 태아의 착상이 가능하고 유도배란 특성상 착상 성공률은 교미 자극과 밀접한 관련이 있다.

4) 착상 지연

자궁 내로 수송된 배는 유리된 상태로 성장을 계속하여 일정한 시기에 도달하면 착상한다. 자궁강 내에서 배가 유리된 상태로 머무는 기간은 생쥐와 guinea pig 3~5일, 토끼 5~6일, 소 20~80일, 면양 11~14일, 돼지 10~20일, 말 43~49일, 고양이 12~14일, 개 16~18일 정도로 동물종에 따라 차이가 있다. 특히 노루, 밍크, 족제비, 곰 등의 배는 자연상태에서 장기간 휴면기(로)를 거쳐 몇 주 또는 몇 개월 후에 착상하는 때가 있으며, 이것을 자연적 착상지연(自然的 着床遲延, natural delayed implantation)이라고 한다. 생쥐와 흰쥐의 분만 전 발정과 교배로 생긴 수정란은 포유하고 있는 새끼의 수에 비례하여 며칠에서 2주일간 착상이 지연되는데, 이와 같은 경우를 생리적 착상지연(生理的 着床遲延, physiologic delayed implantation)이라고 한다.

이와 같은 현상은 호르몬적 요인에 의하여 이루어진다. 즉 흰쥐는 교배 후 2일경에 난소를 제거하고 매일 progesterone을 투여하면 자궁강 내에서 배는 6~45일간이나 착상이 일어나지 않으나, estrogen을 소량 투여하면 24시간 이내에 착상이 일어난다. 그러나 교배 후 4일경에 난소를 제거하면 황체호르몬의 투여만으로도 착상이 일어난다. 따라서 흰쥐의 경우는 교배 후 3일에서 4일 사이에 발정호르몬의 분비가 일어나는 것으로 보이며, 착상은 자궁내막에 대한 발정호르몬과 황체호르몬의 공동작용에 의하여 이루어지는 것 같다.

동물의 임신기간은 계절에 따라 다소의 차이가 있으며, 이는 영양에 의하여 태아의 발육속도가 다르거나, 분만 시기가 영향을 받는데 그 원인이 있는 것으로 보인다. 그러나 말의 경우는 배반포가 자궁 내에서 일정 기간의 휴지기를 거쳐 착상하게 되는데, 착상 시기가 계절에 따라 차이가 있으므로 임신기간에 상당한 변이가 일어난다.

5) 착상의 종 특이성

이종(異種) 동물의 초기배를 교환하여 착상과정을 조사한 실험은 생쥐와 환쥐 사이에서 비세포 표층의 종 특이성에 차이가 존재하기 때문인 것으로 추측된다(Potts 등, 1970). 생쥐자궁 내에 이식된 흰쥐 배(胚)는 착상 초기에 접착이 일어나지 않거나(Potts 등, 1970), 접착과정은 완료되나 탈락막(脫落膜) 내에 침입하는 시기에 퇴화하여 사멸되는 것이 보통이다(Tarkowski, 1962).

Warwick와 Bery(1949)는 면양의 초기 배를 산양자궁 내에 이식하여 45일령의 배까지 발육시켰으며, Lopyrin 등(1951)은 반복실험에서 분만기에 사망태자(死亡胎仔)를 얻었다고 한다.

착상과정은 내분비학, 면역학 및 세포생리학과 관련된 복잡한 요인에 의하여 지배되므로 그 기전을 명확히 설명하기는 어려우나, 이종 간 착상의 종 특이성(種特異性)은 두 세포 표층의 종 특이성에 차이가 존재하기 때문인 것으로 추측된다(Potts 등, 1970).

> "개들은 미소 지을 수 없다고 생각하는 사람이 있다는 사실을 안다. 하지만 개들은 미소 지을 수 있다. 그리고 내 눈앞에 있는 이 강아지는 확실히 미소 지었다. 나는 마음이 약해졌다. 나는 강아지만 보면 언제나 사족을 못 써서. 개 보호소에 들를 때마다 반드시 개를 들고 나왔다. 특히나 프레드(개 이름)처럼 귀여운 개라면 더더욱 그랬다." (개와 나의 인생 중에서)

우리나라 고전 속의 개 감상하기(애견 산업에 문화의 옷을 입히자!)

▲ 이암(1499~?)의 〈모견도(국립중앙박물관 소장)〉와 〈화조구자도(호암미술관 소장)〉

▲ 김두량(1696~1763)의 〈긁는 개(국립중앙박물관 소장)〉

Chapter

07

반려동물 임신과 분만

반려동물의 임신(pregnancy, gestation)과 분만(parturition)은 새로운 생명을 탄생시키는 생리적 과정으로, 수의학적 번식학 및 임상 관리에서 매우 중요한 영역이다. 임신은 수정된 배아가 자궁 내에서 착상하여 태아로 발달하는 기간을 의미한다. 분만은 성숙한 태아가 자궁 밖으로 배출되어 출산이 이루어지는 과정이다.

임신 및 분만 과정의 정확한 이해는 건강한 번식, 불임 관리, 제왕절개 수술, 산과 질환 예방 등 다양한 임상적 측면에서 필요하다. 정확한 생리 이해와 주기적 관리, 적절한 임상 대응은 건강한 출산과 산모 · 자견 · 자묘의 생존율 향상에 핵심적이다.

1. 임신

배(胚: embryo) 및 태아(胎兒: fetus)가 어미의 자궁(子宮: uterus) 내에서 발육하는 상태를 말한다. 임신을 하게 되면 모체(母體)는 발정이 정지되고 여러 가지 구조적, 생리적 변화가 일어나게 된다.

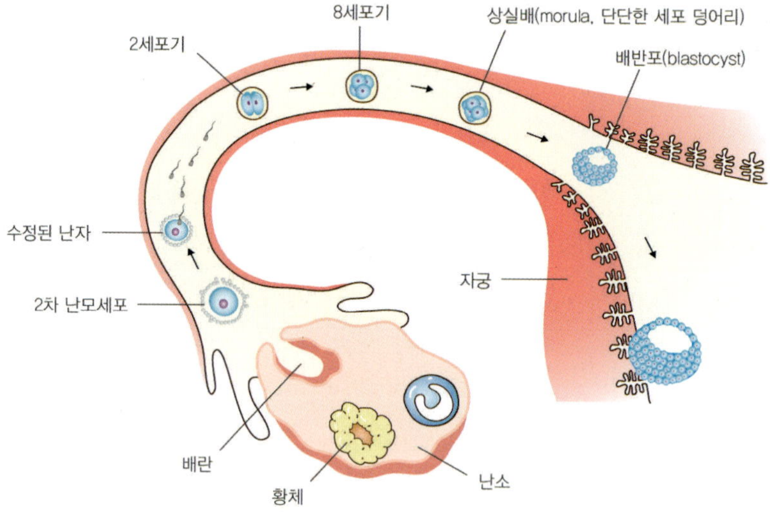

그림 7-1 자궁 내 배자의 발생과 착상

1) 임신 기간

수정란(受精卵: fertilized ovum)이 자궁강 내에서 발육이 가능한 상태로 되는 것을 수태(受胎: cnception)라고 하며, 수태로부터 분만까지의 일수를 임신기간(妊娠期間: gestation period)이라 한다. 그러나 실제에 있어서는 최종 수정일로부터 분만까지를 임신기간이라 한다. 동물의 평균 임신기간과 그 범위는 **표 7-1**에서 보는 바와 같다. 임신기간은 주로 유전적 요인에 의하여 결정되어 있으나, 환경적 요인에 의해서도 다소 영향을 받게 된다.

표 7-1 각 동물들의 임신기간과 산자수

동물종	임신기간(일)	산자수	동물종	임신기간(일)	산자수
말	336(323~341)	1	기니피그	68(58~75)	1~10
소	283(260~299)	1	밍크	41~63	1~5
면양	147(146~153)	1~3	토끼	31(30~32)	5(1~13)
산양	152(150~155)	1~5	래트	20~22	11
돼지	114(112~118)	9(6~15)	마우스	19~22	6~13
고양이	63(52~69)	4(3~5)	햄스터	20(15~25)	7(1~12)
개	63(56~72)	7(1~22)	사람	270	1

(1) 유전적 요인

동물의 임신기간은 품종에 따라 차이가 있다. 개의 경우 임신기간은 평균 63일이지만, 교미에서 분만일까지를 산정하면 56~72일 정도로 다양한 일수를 나타낸다. 이 범위는 개의 장기간의 행동학적인 발정 기간에 의한 것이다. 내분비학적으로 보면 실제 임신기간은 더욱 폭이 적어지고, LH surge 후 65±1일로 배란 후 63±1일에 분만이 개시된다.

고양이에서는 교미에 반응하여 배란이 일어나고 그 시기는 교미 후 24~48시간 사이이다. 교미는 반복하여 행하여지므로 분만은 최초 교미 후 63일과 최후 교미 후 63일(전자보다 24~48시간 후) 사이에 일어난다. 고양이의 임신기간은 52~69로 알려져 있지만 평균 63일이다.

개와 고양이의 임신기간은 품종에 따라 임신기간에 차이가 있음이 개와 고양이에서 시사되고 있지만 이에 대해서도 잘 알려져 있지 않다.

소의 경우 Holstein과 Aberdeen Angus는 280일경, Hereford와 한우는 285일경, brown Swiss와 brahman은 290~292일이다. 면양의 경우에도 평균 147일경이나 품종에 따라 임신기간이 약간 다르다. 소에서 임신기간이 300일 이상인 경우를 장기재태(長期在胎: prolonged gestation)라 하는데, 이것은 성염색체에 좌위하는 유전자의 동형접합에 의하여 나타난다. 암말과 수말을 교미시켰을 때의 임신기간은 340일이지만, 수당나귀를 암말에 교미시켜 노새를 임신하면 355일이나 된다. 이러한 현상은 태아의 크기와 내분비학적 기전의 차이에서 기인된다고 본다.

(2) 환경적 요인

임신기간에 차이를 가져오는 환경적 요인으로는 어미의 연령, 영양, 기온, 계절, 산차 등과 태아의 동복자수와 성별 및 크기, 뇌하수체 및 부신의 기능 등을 들 수 있다. 어미가 비교적 어린 나이에 임신한 경우 노령인 것에 비하여 임신기간이 짧아지는 경향이 있다.

예를 들면, 8세 이상 된 암양의 임신기간은 3~4세 전후의 암양에 비하여 2일 정도 길다. 소의 경우도 노령의 어미소는 젊은 어미소보다 1~8일 정도 길다. 돼지에 있어서는 산차(産次)가 거듭할수록 임신기간이 길어지는 경향이 있다.

다태동물(多胎動物)에 있어서는 동복 산자수(同腹 産仔數)가 많을 경우 임신기간이 짧아지는 경향이나 돼지인 경우 그렇지 않으며, 개와 고양이의 경우도 동복 산자수가 많을수록 짧다고 알려져 있는데 아직 확실하지 않다. 토끼의 경우 1마리 임신했을 때 임신기간이 평균 32.3일, 5마리 임신 시 82일, 10마리 임신 시 81.8일로 동복자수가 많아짐에 따라 임신기간이 차차 짧아졌다.

단태동물(單胎動物)도 태아가 복수일 때 임신기간이 짧아진다. 소의 경우 쌍태는 성에 관계없이 단태 때보다 5~6일가량 짧아진다. 또한 태아가 수송아지일 때 암송아지일 때보다 임신기간이 1~2일 정도 길어지며, 태아의 크기가 클수록 임신기간이 짧아진다. 임신기간(妊娠期間)은 태아의 내분비 기능에 의하여서도 영향을 받는다. 소와 면양의 임신기간은 태아의 뇌하수체와 부신의 기능감퇴에 의하여 지연된다. 일정한 번식계절(繁殖季節) 보다 이르게 임신한 말이나 밍크에서는 초기 배아의 착상지연(delayed implantation) 현상으로 임신기간이 연장되기도 한다. 말의 경우, 7월에 분만하는 것은 임신기간이 평균 322일이지만, 그 외의 계절에 분만하는 것은 평균 346일이나 된다. 그러나 소의 경우는 계절에 의하여 영향을 받지 않는다.

온도는 동물의 임신기간에 거의 영향을 미치지 않으나 설치류(齧齒類)의 임신기간은 고온에 의하여 연장된다. 영양 조건이 나쁠 때는 말이나 면양에서 임신기간이 길어진다.

2) 임신의 생리

(1) 임신인지

동물은 발정주기에 따라 난소의 황체(黃體: corpus luteum)가 형성되었다가 퇴행하게 된다. 그러나 임신을 하게 되면 황체가 퇴행하지 않고 그 기능을 지속하게 되는데, 이러한 현상을 모체의 임신인지(妊娠認知: maternal recognition of pregnancy)라고 한다.

황체가 퇴행하는 데는 황체퇴행인자(黃體退行因子: luteolytic factor)라 일컫는 $PGF_{2\alpha}$ (prostagladion $F_{2\alpha}$)가 황체기 후기에 자궁내막(子宮內膜: endometrium)에서 분비되어 황체에 도달하기 때문이다. 그러나 임신을 하게 되면 배아가 $PGF_{2\alpha}$의 분비를 억제하거나 그 작용을 상실시켜 황체가 퇴행하지 않게 되고 임신황체(妊娠黃體: corpus luteum verum)로 존재하며 계속 progesftedrone을 분비하여 임신을 유지시킨다. 이와 같이 임신을 하였을 때 배아가 황체퇴행을 억제하는 결과를 가져와서 임신을 인지하게 된다.

이 시기는 동물의 종류에 따라 차이가 있다. 말의 경우는 수정란이 자구에 도달하는 즉시 임신을 인지하게 되므로 그 시기는 배아가 황체자극효과(黃體刺戟效果: luteotropicedffect)를 나타내기 이전이다. 그러나 대부분의 동물들은 배반포(胚盤胞: blastocysft)가 자궁강에 도착되는 시기에 임신을 인지하게 된다.

(2) 생식기관의 변화

① 난소의 변화

난포를 구성하던 과립세포(顆粒細胞: granulsoa celes)들은 배란 후 황체세포로 변하여 황체가 형성된다. 임신하게 되면 이 황체는 임신황체로 유지됨으로써 발정주기가 중단된다. 그러나, 임신황체의 내분비적 수명은 동물종에 따라 달라서 임신말기까지 유지되는 동물종(소, 개, 돼지, 면양)도 있지만, 프로게스테론의 분비기능을 태반이 이어받는 동물종(말, 면양, 고양이, 사람)도 있다.

예를 들면, 어떤 소에서는 임신 초기에 난포가 발달하여 발정증세를 나타내는데, 이것을 임신발정(妊娠發情)이라 한다. 소에 있어서 임신발정이 나타나는 빈도는 3~5% 정도이다. 이 경우 질경(膣鏡)으로 보아 자궁경관이 닫혀 있으면 임신발정으로 판단한다. 임신된 자궁각(임신각) 쪽의 난소에는 임신황체가 존재하는 반면, 다른 쪽의 난소는 휴지상태가 되어 난포의 발달이 없기 때문에 작다. 따라서 좌우 난소는 심한 차이를 나타내게 되므로 이 관계를 고려하여 임신 진단을 할 수 있다. 난소의 임신황체는 임신말기까지 일정한 크기를 유지한다.

반면, 말은 임신 35~150일 사이에 태반의 자궁내막배에서 분비되는 eCG(PMSG)의 작용으로 10~15개의 난포가 발달되고, 이것이 황체화되어 부황체(副黃體: accessory corpus luteum)를 형성한다. 그러나 임신 7개월 후에는 임신황체와 함께 모두 퇴화되어 난소에 기능황체가 없다.

② 자궁의 변화

임신이 진행됨에 따라 자궁은 점차 증대되며 자궁근층(子宮筋層: myometrium)은 조산(早産: premature edzpulsion)을 방지하기 위하여 활동을 중지한다. 이처럼 자궁은 임신의 진행에 따른 변화에 대응할 수 있는 적응성이 풍부하다. 이러한 적응성은 자궁내막의 증식, 자궁의 성장 및 자궁의 확장 등 단계를 거치면서 이루어진다. 다태동물에 있어서 임신초기의 수정란(태아)은 **그림 7-2**와 같이 양쪽 자궁각에 나누어져 착상된다.

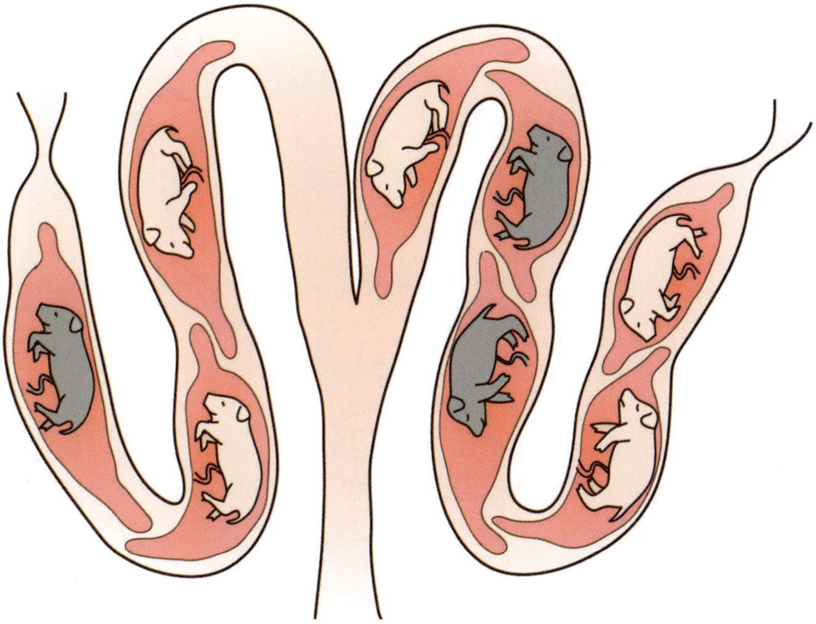

그림 7-2 임신초기 수정란의 착상

자궁내막의 증식은 주로 progesterone에 의하여 일어나며 맥관의 증식과 자궁선(子宮腺: uterine glands)의 발달 및 나선화(螺旋化), 자궁강 내 백혈구 침윤(白血球 浸潤: ledukeyte infiltration) 등을 나타낸다. 배가 착상하게 되면 자궁이 발육하기 시작한다. 자궁근층이 비대해지고, 결합조직은 기질(基質)이 증가하고 섬유소와 collagen 함유량이 증가되어 자궁이 점점 성장하게 된다. 자궁이 확장하는 시기에 있어서는 자궁의 성장이 완만한 데 반하여 자궁 내용물은 가속적으로 증가하므로 자궁이 확장하게 된다. **그림 7-3**은 개의 임신 30일령의 자궁을 보여주고 있다.

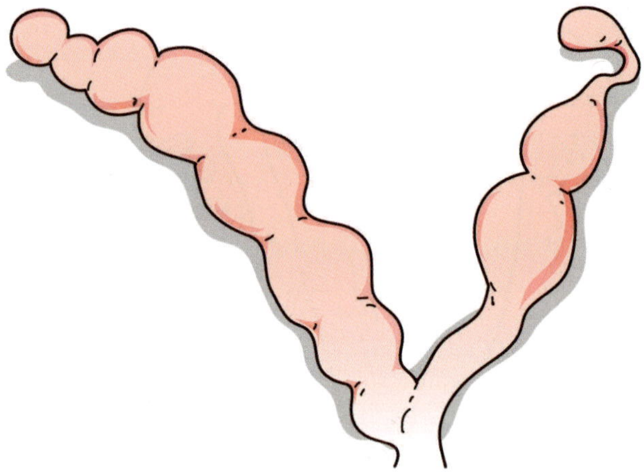

그림 7-3 임신 30일령의 자궁(개)

③ 자궁경의 변화

임신기간 동안 자궁외구(子宮外口)는 꼭 닫혀 있으며, 자궁경 내막와(子宮經 內膜窩: endocervical crypts)가 증가하고 점조한 점액을 분비하여 자궁경관을 철저하게 폐쇄한다. 이 점액은 분만기에 가까워지면 자궁경의 조직이 연화되고, 분만에 대비하다가 분만 직전에 경관점액도 액화되어 자궁경관이 열리면서 유출된다.

④ 질과 외음부의 변화

임신기간 중 질 점막은 건조한 상태로 되고 광택이 없다가 임신말기가 되면 붉고 촉촉해진다. 임신이 진행되면 자궁이 전하방(前下方)으로 신장되기 때문에 질강(膣腔)이 깊어진다고 본다. 음순은 팽대하고 맥관이 증식되는 데 소에 있어서 이러한 변화는 초임우에서는 임신 5개월령, 경산우에서는 7개월령에 나타나기 시작한다.

⑤ 골반부의 변화

임신이 진행됨에 따라 골반강(骨盤腔)의 여러 조직이 이완되고, 분만이 가까워지면 골반인대(骨盤靭帶: pelvic ligaments)가 급속히 이완된다.

이런 현상은 소나 면양에서 현저한데, 이것은 소와 면양이 임신말기에 estrogen 수준이 높고 relaxin의 작용을 받기 때문이다. 천좌인대(薦坐靭帶: sacrosfciatic ligament)도 이완되어 미근부는 올라가고 양쪽이 함몰된다. **그림 7-4**는 개와 소의 골반부 모식도이다. 소의 경우 분만하게 되면 골반부의 상완골 양쪽이 이완되어 함몰되며, 사람의 경우에는 골반부의 하단인 치골결합부가 이완되어 골반이 벌어지게 된다. 추후 걸음걸이에 영향을 미친다.

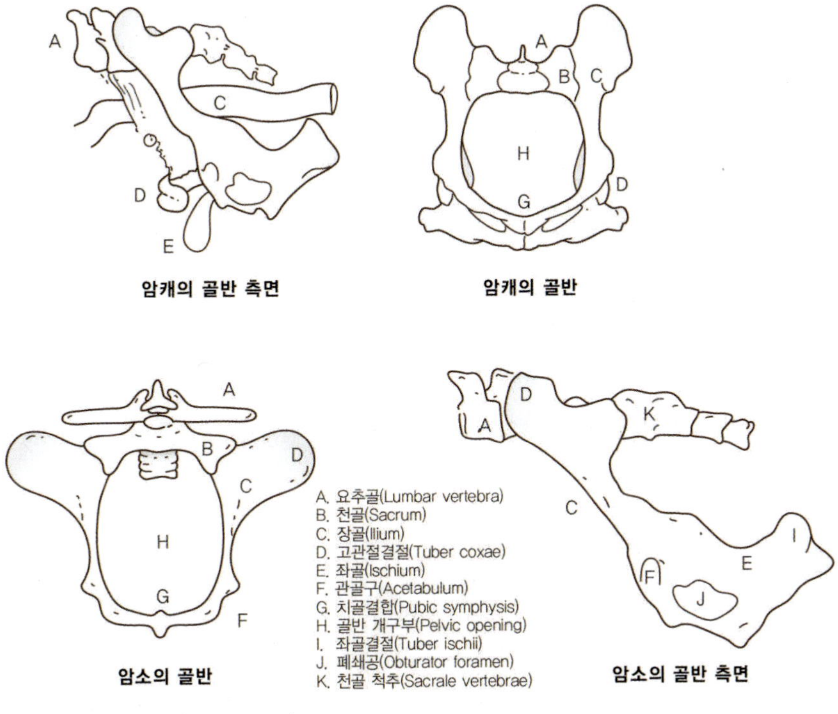

그림 7-4 개와 소의 골반부 모식도

⑥ 유방의 변화

임신중기부터 유선이 발달되며, 초임우일 경우 분만 2~3개월 전이나 며칠 전에 유방이 커진다. 그러나 소나 말이 비유(泌乳) 중인 경우는 불명확한 때가 많다. 대부분의 동물들은 유즙(乳汁)이 분만 며칠 전에 분비되지만 사람의 경우에는 분만 후에 유즙이 분비되며 보통은 묽은 편이다. 유즙이 분비되는 시기에 최고로 유방이 커지며, 함몰유두는 강제적으로 유즙을 짜 내야 한다.

(3) 임신유지와 호르몬

① 임신의 유지

임신을 유지하기 위하여 progesterone만으로도 가능한 경우가 있으나(토끼, 돼지), 일반적으로 estrogen의 협력을 필요로 한다.

Estrogen은 자궁의 혈관 분포를 증가시키고 자궁내막의 분비활동을 촉진시킨다. Progesterone은 자궁의 발육을 지속시키고 자궁근의 운동을 저하시키며, Oxytocin에 대한 수축반응을 억제하여 자궁 내의 환경을 배(胚) 또는 태아의 발육에 알맞게 한다. 말과 면양은 임신 후반기에 황체가 없어도 태반에서 분비되는 Progesterone에 의하여 임신이 유지된다. 그러나 소에서는 임신 7개월 이후에나 가능하며, 산양에서는 임신 전 기간에 걸쳐 불가능하다. 임신 후반기 뇌하수체를 적출(摘出)하면 돼지, 산양 및 토끼에서는 언제나 유산이 일어난다. 그러나 면양에서는 임신 50~83일에 뇌하수체를 제거하여도 분만 시까지 임신이 유지된다.

② 임신기의 호르몬 농도

progesterone의 혈중(血中) 농도는 일반적으로 수정 후 상승하며, 임신기에는 성주기 중의 것에 비하여 훨씬 높다. estrogen 농도는 모든 동물에서 수정 후 저하되지만 임신기간 중 소량이 계속 분비된다. relaxin은 임신 중의 소와 돼지의 혈중에 나타나는데, 분만 시기가 가까워지면 혈중 농도가 급증하여 분만 시 산도(産道)를 확장 시키는 역할을 한 후 소진된다.

임신기 혈중 호르몬 농도는 동물의 종류에 따라 다소 차이가 있다.

임신한 개에서는 배란 직후 황체에서 분비되는 progesterone이 빠르게 상승하며 임신 초기에 이미 높은 농도를 보인다. 이 호르몬은 임신 2~4주 사이에 최고치에 도달하고, 임신이 진행되면서 서서히 감소하다가 출산 직전에 급격히 낮아진다. progesterone은 임신을 유지하는 핵심 호르몬이며, 감소는 출산의 신호가 된다. estrogen은 발정기 동안 가장 높으며 배란 후 급격히 떨어지고, 임신 기간에는 낮은 수준을 유지하다가 출산 직전에 약간 상승한다. 프로락틴(Prolactin)은 임신 중기부터 증가하여 황체 유지와 젖샘 발달을 돕고, 임신 후반부에 크게 상승한다. 또한 개에서는 태반에서 분비되는 릴랙신이 임신 3주 이후부터 검출되며, 이는 임신 여부를 확인할 수 있는 중요한 지표로 사용된다.

임신한 고양이에서도 progesterone이 핵심 역할을 하며, 배란 후 황체에서 분비되기 시작한다. progesterone은 임신 3~4주 사이에 최고치에 도달한 뒤 점차 감소하고, 출산 직전 급격히 낮아진다. 임신 후반에는 태반도 일부 progesterone 분비에 기여한다. estrogen은 발정기에 최고치를 보인 뒤 배란 후 감소하지만, 임신 후반에는 다시 소폭 상승하여 자궁 혈류와 태반 기능 유지에 도움을 준다. 프로락틴(Prolactin)은 임신 중기 이후부터 상승하여 황체를 유지하고 젖샘 발달을 촉진하며, 출산이 가까워질수록 더 증가한다. 고양이에서도 태반에서 릴랙신이 분비되며, 교미 후 약 3주부터 혈중에서 검출 가능하다.

말에서는 임신황체(妊娠黃體)가 단명한데 부황체들이 형성되어 임신 70~120일령에 progesterone 수준이 가장 높아진다. 그 후 감소하여 임신 150일 전후에 최저가 된다. 말에서 통상적으로 나타나는 습관성 유산(習慣性 流産: habitual abortion)이 이 시기에 일치하고 있다. 그 이후에는 태반에서 progesterone을 생산하여 임신말기 2개월 안에 농도가 다시 증가하고 높은 수준을 유지하고 있다가 분만 직전에 없어진다. estrogen은 점차 증가하여 임신 210일령에 최고치를 나타낸 후 감소하여 분만기에 급증한다.

임신기 오줌 속에서 배설되는 estrogen의 양은 돼지에서 분만 시에 가장 많고, 소에서는 임신 9개월령에 가장 많다. 또 배설되는 estrogen의 형태는 축종에 따라 달라서 말에서는 각종 형태의 estrogen, 소에서는 estrogen과 estradiol-17a, 면양과 산양에서는 estradiol-17a, 돼지에서는 estrone 형태로 배설된다. progesterone의 대사산물인 pregnandiol은 임신한 말(妊娠馬)의 오줌에 배설되나, 다른 동물에서는 검출되지 않는다.

(4) 생체구조와 조절기능의 변화

임신 기간 중 동물은 태아의 성장과 모체의 증체로 인하여 증가한다. 그러나 돼지에 있어서 산차수(産次數)와 임신동물의 증체율과는 관련이 없다. 임신을 하면 자궁이 확장됨에 따라 정맥압(靜脈壓)이 높아져서 체내의 수분 분포가 변하게 된다. 이에 따라 임신말기에 소와 말에서는 유방에서 배꼽 사이에 부종(浮腫)이 자주 나타난다. 또 임신이 진행된 것에 따라 소와 면양에서는 혈장량이 증가하여 혈액량이 많아진다. 사람인 경우, 이로 인한 생리적 임신빈혈(生理的 妊娠貧血: physiologic anemia of pregnancy)이 발생되는데 동물에서는 일어나지 않는다.

임신자궁은 여러 가지 기능을 수행하기 위하여 혈액순환이 증진되어야 한다. 임신기 면양은 심박출량(心博出量: cardiac output)이 증가하고 임신자궁에 대한 혈액 공급량도 증가한다. 혈액 공급량은 비임신기에는 심박출량의 2% 정도이나, 임신 말기에는 20%가 된다. 그러나 이 정도의 혈류량(血流量) 증가는 태아의 성장에 충분하지 못하므로 태아는 모체의 자궁 혈액으로부터 산소를 점점 더 많이 인출하게 된다. 자궁의 혈류량은 자궁 내용물의 양과 비례하나, 태반 중량보다는 태아 중량과 상관이 높다.

3) 태반

태반(胎盤: placenta)은 배자와 태아가 성장하는 데 필요한 영양분을 제공하는 장기이다. 임신 중 자궁내막의 자궁소구와 융모막의 융모를 연결시켜 표면적을 증대시키고 태반을 형성하며 태아 간에 생리적 교환(生理的 交換 physiologic exchange)을 최대로 하기 위하여 태반은 주름을 형성한다.

융모막요막으로부터 발달한 융모는 배꼽동맥에서 유래한 모세혈관고리를 포함하고 있다(그림 7-5). 융모들은 자궁속막에 파고들어 모체혈액 공간에 연결하여 자궁동맥으로부터 혈액을 공급받는다. 오로지 얇은 내피층이 태아와 모체를 분리하고, 이곳에서 태아에게 영양분과 산소를 전달할 수 있으며, 태아로부터 가스 및 질소 노폐물을 모체 순환으로 전달한다.

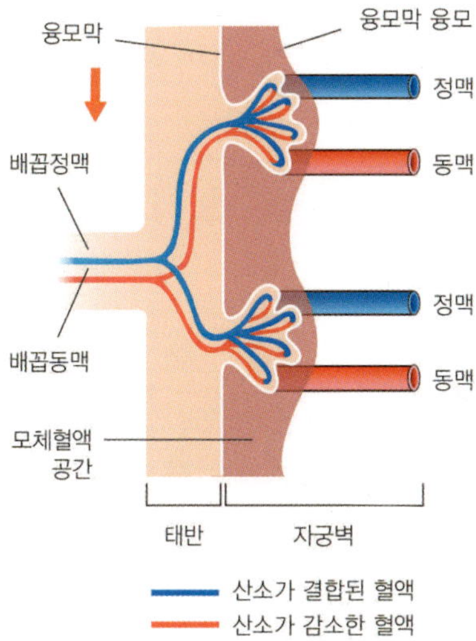

그림 7-5 태반 내의 모세혈관 배열

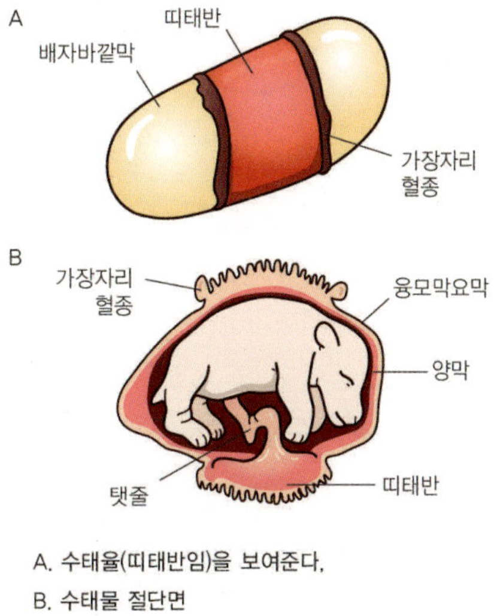

그림 7-6 개와 고양이의 띠태반

(1) 태반의 형성

태반은 임신초기에 형성되는데, 그 형성과정은 배아의 배엽으로부터 발달하는 배외막(胚外膜:extra embryonioc membranes), 즉 태막(胎膜: fetal membranes)과 밀접한 관계를 갖고 있다. 태막은 양막(羊膜:amnion), 요막(尿膜: allantois), 융모막(絨毛膜: chorion) 및 난환낭(난황주머니: york sac)으로 구분된다(그림 7-7).

태반은 수태물 주위로 두꺼운 띠를 형성하는데, 이것을 띠태반(zonary placenta)이라고 한다(그림 7-8). 가장자리는 착상하는 동안 모세혈관이 변형되고 자궁속막으로 출혈이 일어난 부위이다. 이것을 주변 혈종(marginal hematoma)이라고 한다. 분만하는 동안 이러한 혈종이 파열되어 출산분비물에 영향을 미친다. 정상적으로 암캐의 분비물은 녹색이고, 암고양이의 분비물은 갈색인데 다른 색깔일 경우 원인을 찾아야 한다.

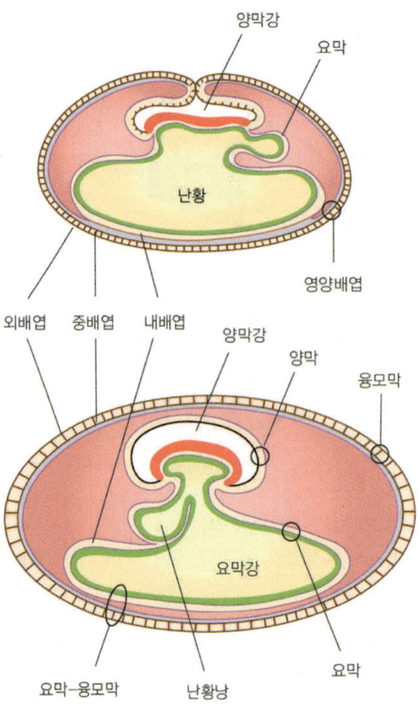

그림 7-7 임신 초기의 태반과 배아 형성의 모식도

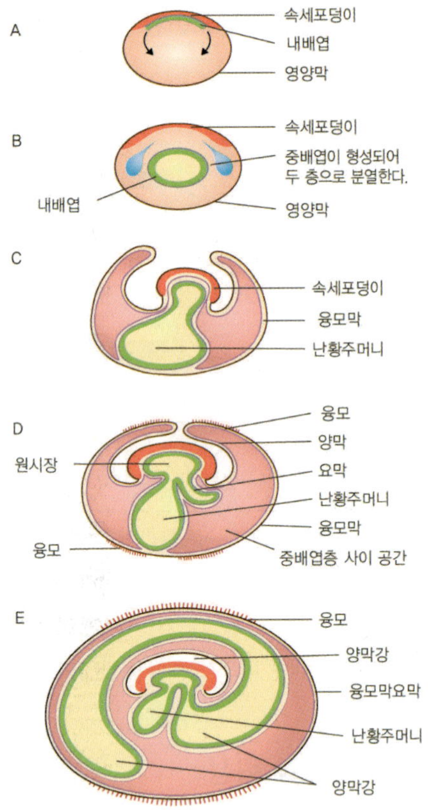

그림 7-8 배자바깥막의 형성 단계

A. 내배엽 세포가 증식하여 영양막을 덮는다.
B. 중배엽세포가 두 층으로 분열하여 그 사이에 공간을 형성한다.
C. 영양배엽과 중배엽은 확장하여 속세포덩이(배자)를 주변으로 밀어올린다.
D. 양막강이 형성된다. 난황주머니는 줄어들기 시작하고 요막이 원시뒤창자로부터 형성된다.
E. 요막은 노폐물로 가득 차고 배자 주변으로 확장된다. 태반융모가 외부에 바깥 면에 형성되어 착상을 돕는다.

양막은 배지를 싸고 있는 가장 안쪽의 막이다. 이 막 중에 다량의 양수(羊水: amniotic nuid)가 차 있어서 태아가 부유(浮游)해 있다.

융모막은 태막의 가장 바깥쪽에 있는 막이며, 여기에서 융모가 뻗어 나와 자궁내막에 진입한다. 융모의 진입은 소에서는 임신 30일경에 시작되어 90일경에 완성되고, 면양에서는 30일경에 시작되어 80일경에 완성되며, 말은 임신 50일경에 진입을 시작한다.

요막은 양막과 융모막 사이에 있으며, 제대(臍帶: umbilical cord)를 통과하는 요막관에 의하여 방광에 연락된다. 요막의 내층은 양막과 융합되고 있으며, 외측은 융모막과 융합되어 융모막성 요막(絨毛膜性 尿膜: chorioallantois)을 형성한다. 이 융합에 의하여 요막 내 태아혈관은 요막과 융모막 사이의 결체 조직 중에 위치하는 제동맥(umbilical arteries) 및 제정맥(umbilical veins)과 밀접하게 접근되어 있다.

융모-융모막(allanto-chorion)에는 혈관과 융모가 잘 발달된다. 이 융모가 모체 자궁내막의 발달한 탈락막과 밀접하게 접촉 또는 결합하게 되는데. 이 현상을 태반 형성(placentation)이라 한다.

모체의 탈락막은 자궁내막에 풍부한 섬유세포에서 기원한다. 태막의 융모가 특히 잘 발달된 부분에 상응하는 자궁내막에 풍부한 섬유세포에서 기원한다. 태막의 융모가 특히 잘 발달된 부분에 상응하는 자궁내막 쪽의 탈락막 세포가 분화 발달하여 응모를 받아들이고 태반을 형성하게 된다. 이때 자궁내막에서 만들어진 것을 모체태반(maternal placenta), 태아의 융모막에서 만들어진 것을 태아태반(fetal placenta)이라 한다. 난황낭은 내배엽성의 태막이며 난황으로 차 있는 주머니이다. 임신초기 자궁에서 영양물질을 배에 공급하는 역할을 하며 태아가 성숙함에 따라 축소되어 없어진다.

(2) 태반의 분류

태반은 태아와 모체의 결합형태에 따라 형태학적으로 분류하기도 하고, 태아와 모체 간의 장벽 구종에 따라 조직학적으로 분류하기도 한다(표 7-2).

표 7-2 태반의 분류

자궁내막과 융모막융모의 접착 정도	융모막융모의 분포양식	태반장벽의 구조	동물종
무탈락막태반	산재성태반	상피융모성태반	반추류를 제외한 우제목(偶蹄目: 돼지 등), 기제목(기제목:마과동물)
	궁부성태반	합포체상피성융모성태반	돼지과와 낙타과를 제외한 우제목(소, 면양, 산양 등의 반추류
탈락막태반	대상태반	내피융모성태반	육식목(肉食目: 개, 고양이 등)
	원반상태반	혈액융모성태반	영장목(靈長目: 사람, 원숭이 등) 설치목(齧齒目: 래트, 마우스 등)

① 형태학적 분류

태반의 형태학적 분류는 다음과 같다(그림 7-9).

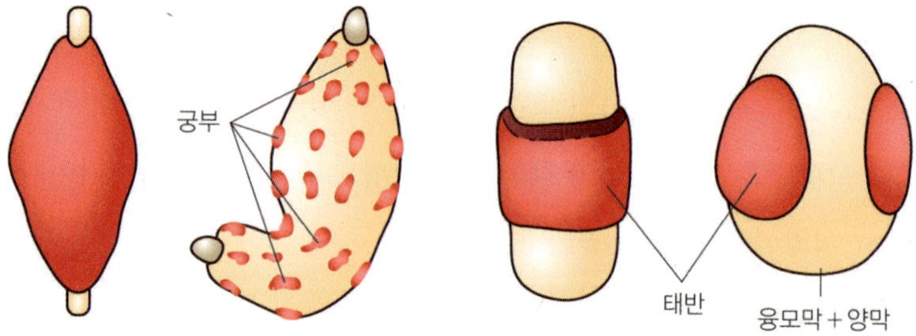

그림 7-9 태반의 형태학적 종류

㉮ 산재성 태반(散在性 胎盤: Difuse placenta)

말과 돼지에서 볼 수 있는 형태의 태반인데, 자궁 내에 자궁소구(子宮小邱: caruncle)가 없고 융모막의 융모가 태반 표면 전체에 산재한다. 말의 경우 융모막 표면에 자궁내막배(子宮内膜胚: endometrial cups)라는 독립된 내분비기관을 형성하여 여기에서 100여 일간 PMSG를 분비한다. 돼지 태반은 양측이 단순히 연접하고 있는 상태이고 쉽게 분리될 수 있다. 돼지의 자궁선개구부에서는 자궁선 분비물이 양측 조직을 갈라놓고 있다. 이 부위에 접하는 융모막을 유두륜(乳頭輪: areola)이라

하는데 자궁선의 분비물을 흡수하는 역할을 한다. 돼지의 융모막 선단에는 융모가 없다.

㉯ 궁부성 태반(宮阜性 胎盤: Cotyledonary placenta)

소, 면양, 산양 등에서 볼 수 있는 태반이며, 융모막 표면의 곳곳에 융모군이 산재하여 모체의 자궁소구와 접착함으로써 태반을 형성한다. 자궁소구의 수는 80~120개, 면양 100개, 산양 120개 정도이다. 융모막 표면에 있는 융모군을 궁부(宮阜: cotyledons)라 하고, 궁부와 자궁소구가 접합한 것을 태반분엽(胎盤分葉: placentome)이라 한다. 소에서는 궁부가 볼록형의 자궁소구를 덮고 있는 형태로 발달하고 있으며, 면양의 경우는 궁부가 오목형의 자궁소구에 잠입하는 형태로 발달한다. 태반분엽은 소의 경우 직경이 10cm 크기로 발달하며 임신각의 중앙에서 가장 크다. 비임신 기간에도 궁부는 발달하나 태반분엽은 형성되지 않는다.

㉰ 대상태반(帶狀胎盤: zonary placents)

개, 고양이 등 육식동물에서 볼 수 있으며 음모막낭의 중앙부에서 횡대상(橫帶狀)으로 융모막 응모가 발달하고 이 부위에 닿는 자궁내막에 탈락막이 형성되어 서로 접합함으로써 태반이 형성된다.

㉱ 반상태반(盤床胎盤: Discoid placenta)

토끼 등의 설치류와 영장류에서 볼 수 있는 태반이다. 발생 초기 융모는 융모막 전면에 나타나지만, 그 후 일부분만 원반상(圓盤狀)으로 융모가 남게 된다. 이들이 접합하는 자궁내막에만 탈락만이 형성되고 양측이 결합하여 태반을 형성한다.

② 조직학적 분류

태아순환과 모체순환을 갈라놓는 조직층을 태반장벽(胎盤障壁: placental barrier)이라 하는데, 이 장벽의 구조에 따라 상피융모성 태반(上皮絨毛性 胎盤: epiti eliochorial placenta), 인대융모성 태반(靭帶絨毛性 胎盤: Syndesmochorial placenta), 내피융모성 태반(內皮絨毛性 胎盤: endothliochorial placenta), 모혈융모성 태반(毛血絨毛性 胎盤: homochorial placenta), 모혈내피성 태반(毛血内皮性 胎盤: hemoendothelial placenta)으로 구분된다. 이러한 태반의 구조는 임신 중 모체의 면역성이 태아로 이행되는 것과 관계가 깊다. 즉 구조가 간단한 모혈융모성 태반이나 모혈내피성 태반에서는 임신 중 모체의 면역성이 바로 태아에 이행된다. 그러나 그 외의 태반을 가진 동물은 분만 후 초유를 통하여 어미의 면역성이 새끼에 전달된다.

(3) 태반의 혈액순환

태반에서는 태아에게 영양을 공급하기 위하여 태아순환과 모체순환이 평행하고 있는데, 이것을 자궁태반순환(子宮胎盤循環: uteroplacental circulation) 또는 태반순환(胎盤循環: plcntl circulation)이라 한다(그림 7-10). 태반에 대한 모체쪽의 혈액 수급은 자궁동맥과 자궁정맥에 의하고, 태아측의 태반순환은 제동맥과 제정맥에 의하여 이루어진다.

태반의 융모간강(絨毛間腔: inter-villial space)을 중계로 모체혈액 중의 영양소와 태아의 노폐물이 교환된다. 면양의 경우, 임신말기의 자궁혈류량 중 84%는 자궁소구에 공급되고, 16%는 태반의 자궁내막과 근막에 공급된다. 태앙의 제동맥 혈류도 94%는 궁부에 공급되고, 6%는 요막융모막(allantochorion)에 공급된다.

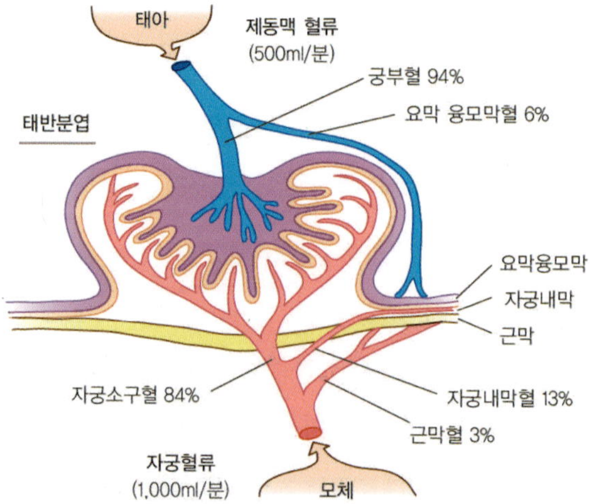

그림 7-10 태아 및 모체순환의 모식도

태아측의 모세혈관과 모체측의 모세혈관은 대단히 밀접하게 근접되어 있으나, 모체의 혈관계와 태아의 혈관계가 직접 결합하지는 않는다. 그러나 하나의 자궁각에 2개의 태아가 발육할 때는 그들의 요막성 융모가 서로 융합하여 융모막의 혈관이 접합(接合: anastomosis)하는 수가 있다.

(4) 태반의 기능

태반은 적은 양의 에스트로겐과 프로게스테론을 생성하여, 상호작용하여 임신한 동안 배란과 발정주기를 예방하는 역할을 한다. 또한 자궁속막의 혈관 발달과 샘분비를 돕는다. 임신한 동안 자궁근육을 이완시키고, 크기를 증가하게 한다. 태반의 기능은 크게 나누어 물질교환과 호르몬 생산의 두 가지로 구별된다.

① 물질교환

태반에서 수행되는 물질교환(物質交換)은 호흡, 영양공급, 배설 등이다. 이러한 물질교환은 확산(擴散: diffusion), 능동수송(能動輸送: active trasnport), 식작용(食作用: phagocytosis) 및 세포흡수작용(細胞吸水作用: pinocytosis) 등 여러 가지 과정에 의하여 이루어진다.

㉮ 태아의 호흡

산소와 이산화탄소는 확산에 의하여 태반막을 통과한다. 태아의 제동맥은 산소를 함유하지 않은 혈액을 태반으로 운반하고, 제정맥은 산소를 함유한 혈액을 태아에게로 운반한다. 산소의 공급은 모체와 태아의 혈압과 혈류에 의하여 조절된다. 산소와 결합한 모체의 hemoglobin은 태반 내에서 낮은 pH에 의하여 쉽게 분해되며, 산소에 대한 태아혈액의 친화성은 모체혈액의 그것보다 더 높기 때문에 산소는 태아 hemoglobin에 더 잘 결합한다. 태아혈액 중의 이산화탄소는 확산에 의하여 태아쪽에서 모체쪽으로 쉽게 이행되는데, 이산화탄소에 대한 친화성은 태아혈액보다 모체혈액에서 더 크다.

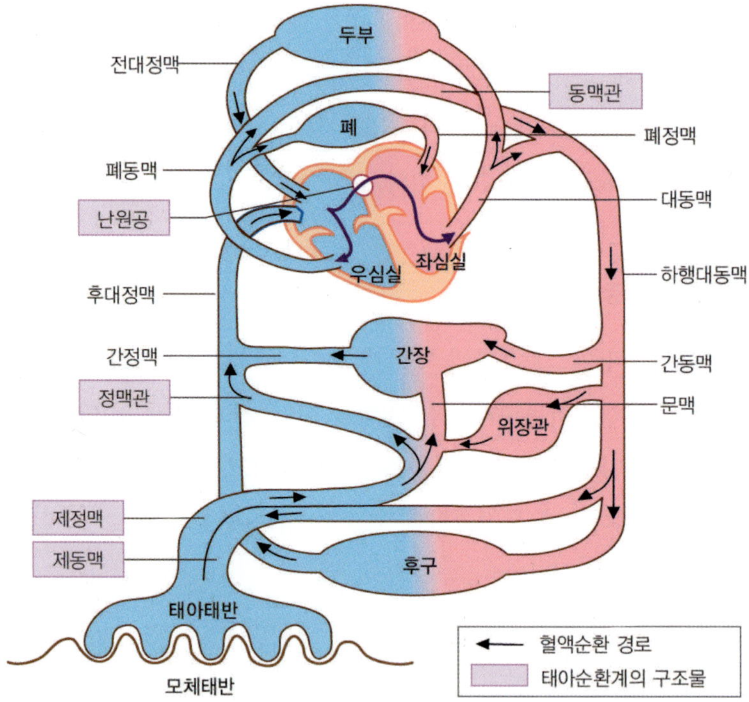

그림 7-11 태아의 혈액순환 경로

태반에서 gas 교환중의 혈류방향에 다라 모체와 태아 간의 혈류양식을 구분하면 역류(逆流: countercurrent system), 병류(竝流: concurrent system), 직교류(直交流:multivillous system), 저류(貯留: pool system)로 나누어진다(그림 7-12). 산소교환의 효율은 역류형에서 가장 높고 병류형에서는 낮으며, 직교류형은 중간 정도이다. 저류형의 산소 교환율은 직교류형보다 낮으며 병류형의 효율에 상응한다. 특정 동물에 대하여 이들 혈류방식을 확인하기는 어려운 것이며, 한 가지 이상의 혈류방식을 갖고 있는 것으로 보인다. 면양의 태반에서는 역류와 병류가 혼재하고, 말에서는 역류하고 있다.

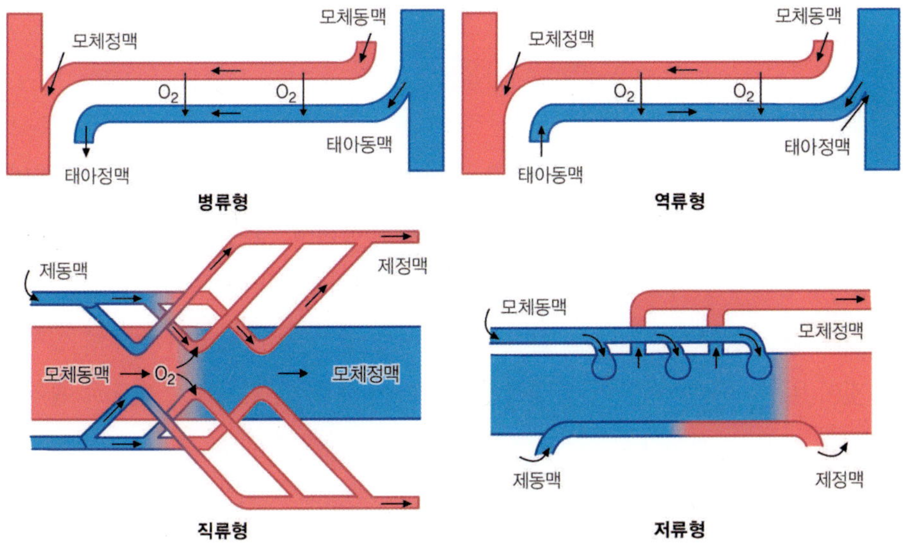

그림 7-12 모체 태아 간 가스 교환 중 혈류 양식

④ 태아의 영양

태아의 영양은 4단계에 의하여 이루어진다. 즉 분할란(分割卵)은 자신의 난황질에 의하여 영양을 취하고, 배반포는 자궁액으로부터 취하고, 착상 중에는 난황낭 내의 난황에 의하여 영양을 섭취한다. 그리고 태반이 형성된 다음에는 태반 중의 요막순환(尿膜循環: allantotic circulation)에 의하여 영양이 공급된다. 태아와 모체 혈액의 직접 접촉하는 일은 없으나 모체혈액으로부터 태아혈액으로 양분이 운반되도록 융모막과 자궁내막의 접합부에서 충분히 접근하고 있다. 따라서 확산이나 능동수송 등에 의하여 물질이 이동하게 된다.

② 호르몬 생산

태반은 일시적으로 내분비기관이다. 태반에서 분비되는 호르몬은 태아 및 모체의 순환계에 방출되며, 어떤 호르몬은 양수로 흡입되고 태아나 모체에 의하여 재흡수되기도 한다. PMSG, estrogen 및 progesterone 등이 태반에서 형성되며, 특히 estrone sulphate 호르몬은 태아의 산자수에 따라 분비량이 많아지기 때문에 그 농도에 따라 산자수의 추정도 가능하다.

4) 임신견의 관리

(1) 임신 초기 관리 방법

임신초기는 교미 후 3주간의 기간을 말하며, 신체적인 변화는 식욕이 감소하며, 개체에 따라 입덧이 발생하고, 유선이 조금씩 커지지 시작한다.

관리방법으로는 자궁 내에 정자와 난자가 착상하는 시기이므로 절대적인 안정이 필요하며, 일반적인 운동을 실시할 때에도 목줄을 묶어서 산책 정도로 실시하는 것이 바람직하다. 아울러 신경적인 변화가 발생할 수 있으므로 별도로 관리하는 것도 좋은 방법이다.

(2) 임신 중기 관리 방법

임신 중기는 교미 후 4~6주간의 기간을 말하며, 수정란이 태아로 형성되는 시기이며 신체적인 변화는 복부가 조금씩 커지는 증상이 나타난다.

관리 방법으로는 평상시보다 급식하는 사료의 양을 10~20% 추가하여 실시하며, 가벼운 산책을 하루에 30분가량 실시하여 체력을 유지하거나, 갑작스런 비만을 방지한다.

태아감별을 위한 초음파검사는 35~40일 사이에 실시하는 것이 판독하는 데 유리하다.

(3) 임신말기 관리방법

임신말기는 교미 후 7~9주간의 기간을 말하며, 신체적인 변화로는 태아의 발육이 육안으로 나타날 정도로 빨라지고 유즙이 분비되며, 약간의 불안한 상태나, 초조한 증상이 나타난다.

관리방법으로는 사료의 급식량을 최대 30% 정도 추가하며, 복부의 압박을 피하기 위하여 1일 3회 정도로 나누어서 급식한다. 그리고 자유운동을 30분 정도 하도록 한다. 그리고 분만 2주 전부터는 분만장에서 익숙할 수 있도록 장소를 옮기며, 가정에서 분만을 할 경우에는 자견들이 소리에 익숙해질 수 있도록 세탁실을 분만

장으로 활용하는 방법도 추천한다.

5) 태아의 발달과 생리

수정란이 분열과 생장 및 구조와 기능의 변화를 거쳐 새로운 개체로 출생할 때까지의 기간을 난자기, 배아기, 태아기의 3기로 구분할 수 있다. 중국 고전에 따르면 사람의 경우 임신 30일령 이내의 생명체를 배(胚, embryo)라고 하고, 30일 이후의 생명체를 태아(胎兒: fetus)라고 한다.

(1) 난자기

착상되기 전까지의 수정란 상태를 말한다. 난자가 수정 후 4일간에 걸쳐 수란관을 통과하고 자궁에 들어간 후 8~9일간을 자유로 떠 있게 되는 시기로 임신의 초기 상태를 난자기라고 한다. 이 기간 동안 수정란은 난할을 거듭하여 상실배(桑實胚: morulla)가 되고, 이어서 배반포(杯盤胞: blastocyst)에 이르게 된다. 배반포에는 내부 세포괴(內部 細胞塊: inner cell mass)와 주변에 영양배엽층이 형성되고 그 사이에 포배강(胞胚腔: blastocoele)이 만들어진다. 내부 세포괴는 그 후에 배반(杯盤: embryonic disc)이 되며, 이 과정 중에 투명대가 떨어져 나간다.

(2) 배아기

투명대가 벗겨져 나가면서 미분화 상태의 세포 구조물이 각종 조직과 기관으로 분화되는 시기이며 이때의 배를 장배(腸胚: gastrula)라 한다. 이 시기에는 배외막이 형성되므로 배아가 자궁에 착상된다.

이 시기는 대략 소 13~45일, 돼지 8~25일, 면양 12~30일, 말 15~60일, 개는 18~21일, 고양이는 15~21일 전후이다. 배반과 영양배엽은 3층의 배엽(胚葉: blastoderm), 즉 외배엽(ectoderm), 중배엽(mesoderm) 및 내배엽(endoderm)으로 분화, 발달된다(그림 7-8). 이들 각 층의 배엽에서 기관들이 분화, 형성된다. 이 기간 동안에 내배엽은 소화관, 폐, 간, 췌장 등의 기관으로 발달하며, 중배엽은 근육, 골격 및 순환기 등으로 발달하고, 외배엽은 신경 및 비뇨 생식기 등으로 발생된다.

소에서는 21일경에 심장고동이 개시되어 혈액순환이 시작된다. 이 시기의 내세포괴를 stem cell(줄기세포)이라 하여 어느 특정 부위를 배양하면 특정 기관으로 발생시킬 수 있는 전능성을 이용할 수 있다.

한편 이들 배엽에서 형성된 배외막이 계속 발달하여 중배엽의 외층에서 마디가 생기는데 이것을 태아체절(胎兒體節: somites)이라 한다. 체절은 3부분으로 분화하는데 첫 부분은 추골로 발달하여 신경관을 싸게 되고, 둘째 부분은 골격근을 형성하며, 셋째 부분은 피부의 결합조직을 형성한다.

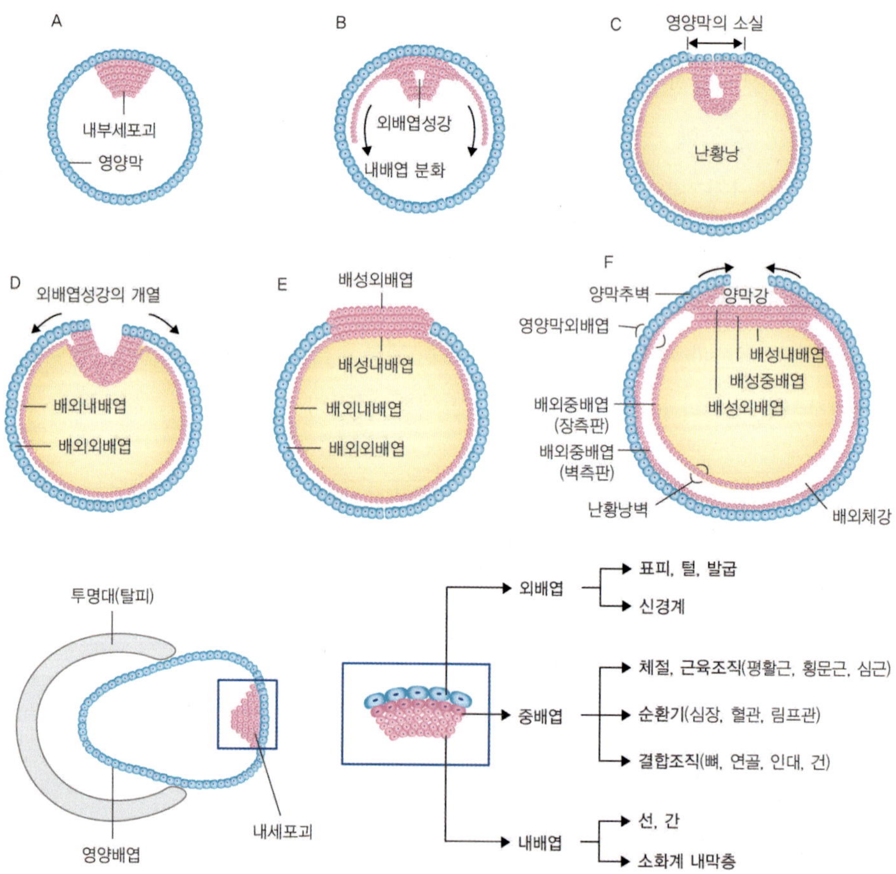

그림 7-13 배반과 영양 배엽의 분화 모식도

표 7-3 강아지 발달단계

□ 새끼의 발달

임신은 약 63일 동안 유지된다. 모든 암컷 개는 임신 여부와 상관없이 호르몬상의 임신을 한다. 태아들은 원래 양막으로 둘러싸여 있다. 태아가 7주가 되면, 태아의 뼈는 칼슘화된다. 2주 후에 자궁경이 팽창되고 분만이 시작된다.

				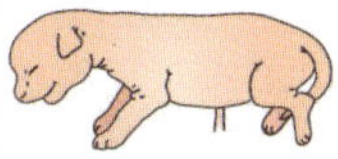
– 28일째 초기에는, 새끼를 발달시키는 영양분을 난황으로부터 받지만, 28일 후에는 영양분을 태반으로부터 받는다. 이 시기에 머리, 눈, 사지가 발달한다. 약이나 다른 물질이 다소 상처의 원인이 되고, 가장 위험한 시기이다.	**– 33일째** 새끼는 아직 작지만 삶에 필요한 모든 요소는 형성되었다. 어미는 복부의 모양이 아직 변하지는 않았지만 현재 단지 임신했다는 어느 정도의 표시는 보여줄 수 있다.	**– 40일째** 새끼는 충분히 커지고 내부기관은 기능을 하고 있다. 어미의 젖꼭지는 분홍빛이 복부의 모양이 변한다.	**– 50일째** 새끼는 지금 축소된 형태의 완벽한 강아지 모양을 하고 있지만, 자궁 밖에서 살아날 수는 없다. 스스로 숨을 쉴 수 있도록 폐가 충분하게 발달하려면 또 한 주가 있어야 할 것이다. 어미의 배는 충분히 팽창되고 젖생산이 시작된다.	**– 60일** 어미가 평균보다 며칠 빨리 지금 출산을 한다면, 새끼는 살아날 것이다. 바깥 세계에 내보내진 처음에 절연을 지켜주는 털가죽이 새끼의 전체 몸을 덮고 있다. 새끼를 받아주는 사람이 코를 건드려주는 것이 어미를 찾는 데 도움을 줄 것이다.

발달 단계	기간(수정 후)	내용
착상 전 단계	96시간	수정된 난자가 2개의 세포로 분열
	20시간	4세포기
	144시간	8세포기
	192시간	세포들이 구멍을 내면서 오디배가 된다.
	8~9일	오디배가 난관을 내려와 자궁뿔로 들어간다.
배자 발생 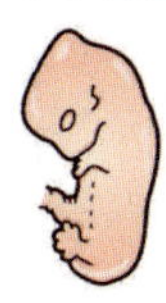	15일	주머니배가 형성되어, 자궁 내를 자유롭게 떠다닌다.
	17~18일	태반 형성 시작
	20~21일	직경 13mm 이하의 배자가 양쪽 자궁 벽에 같은 거리를 유지하며 착상한다. 중추신경계 형성
	21~28일	뇌와 척수가 발달. 배자가 둥글게 알아서 태아 자세를 한다. 모든 신체 장기, 팔다리싹, 머리, 눈과 얼굴 형성
	28일	배자의 직경이 약 25mm 타원형
	29~30일	눈썹은 닫혀있고, 그 아래에서 인구가 발달하기 시작, 수컷과 암컷의 외부특징이 형성
태아 발달 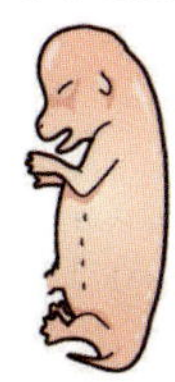	35~43일	기관형성은 35일에 완료된다. 몸 길이는 약 약 100mm, 털과 무늬 발달
	45~55일	뼈대 골화는 완료되어 방사선 사진에 나타난다. 태아는 빠르게 성장한다.
	57일	더 빠르게 성장한다. 태아의 몸 길이는 약 약 150mm, 털이 완전히 몸을 덮는다. 발볼록살 형성

표 7–3은 강아지 발생의 단계와 시간을 보여주고 있다. 고양이도 유사한 방법으로 발생하지만, 강아지보다는 약간 빠른 편이다.

(3) 태아기

태아기는 분화가 끝난 각 기관들이 성장하는 시기로써 태반이 완성되고 태아의 성장에 필요한 각종 물질공급과 배설물 처리가 이루어진다. 태아(fetus)는 배아(embryo)와 구분하여 이 시기부터를 생명체로 인정하는 경향이 있다.

① 태아의 성장과 영양

이 시기의 태아는 영양소를 모체조직에 우선하여 섭취하므로 모체의 영양공급이 충분하지 못할 경우 태아는 정상적으로 발육하나 모체는 영양불량이 된다. 또 태아는 기관 형성 후 급속도로 성장하게 되는데, 이러한 성장은 세포수와 세포의 증대에 기인한다. 태아 체중의 절반 이상은 임신 후반기에 증가하며 태아의 최종 중량은 태반을 포함한 총 중량의 60% 정도이다. 태아의 성장에 영향을 미치는 요인으로는 품종 등의 유전적 요인 외에 모체의 체격, 산차, 영양상태, 산자수, 태반의 크기 온도 등이 있다. 동일 종(種) 내에서의 임신 기간은 품종의 크기에 영향을 받아 개체가 큰 품종일수록 임신기간이 약간 길어지는 경향이 있으며, 모체가 태아에 더 많이 영향을 미치므로 이를 모체의 효과라고 한다.

② 태아의 순환계

태아의 혈액순환계는 어미의 순환계와 비슷하다. 어미의 경우와 다른 것은 혈액 중의 산소공급이 폐가 아닌 태반에 의해서 이루어지고, 영양공급도 문맥이 아닌 태반 정맥을 통하여 이루어지기 때문이다.

③ 태수

태수(胎水: fetal fluids)는 양막강과 요막강을 각각 채우고 있는 양수(羊水) 및 요수(尿

水: llantoic fluid)를 말하는데, 태아와 모체에서 유래된 분비물로 구성되어 있다.

태아의 구강과 요도는 양막강 내에 개구되어 있으며, 방광은 요막관에 의하여 요막강으로 연결되어 있다. 모체 및 태아의 순환계와 양수 간의 수분교환은 모체 → 태아 → 양수 → 모체의 경로에 따라 급속히 일어난다.

양수의 중요한 기능은 외부 충격으로부터 태아를 보호하고 태아 피부와 양막의 유착을 방지하며, 분만 시 자궁경관을 확장시키고 산도를 미끄럽게 하여 태아의 만출을 돕는다.

요수는 태아 혈장의 삼투압을 유지시키고 모체로 이송되지 못하는 태아 배설물을 저장한다. 양수 내에는 태아의 성장으로부터 발생되는 체세포의 상피세포들이 부유하게 되어 이들 세포로부터 태아의 유전적 질환이나 성감별 검사에 이용되기도 한다. 임신 20~30일경에 수정란이 자궁에 착상되며 태아 요동은 30일령 이후에 감지된다.

6) 임신 진단

표 7-4 비글 개의 초음파진단에 의한 임신일령별 태아의 크기

임신 특싱	LH Surge 후의 일수
임신 낭 형성	20
자궁벽 형성	20~30
수정란 착상	23~33
태막 형성(난황막, 요막)	25~35
수정란과 태아	
심장박동	23~25
태아요동	34~36
척추관찰	33~39
방광관찰	35~39
눈 관찰	39~47
몸 직경 2mm〉 head	38~42
분만	63~65

출처: 이장희(2016). 애완동물 번식.

개의 임신진단에서 고려해야 할 점은 정확하고 비용이 저렴하며 방법이 간단하고 조기에 진단될 수 있어야 한다. **표 7–4**는 개의 임신 일령에 따른 자궁 변화에 설명이다.

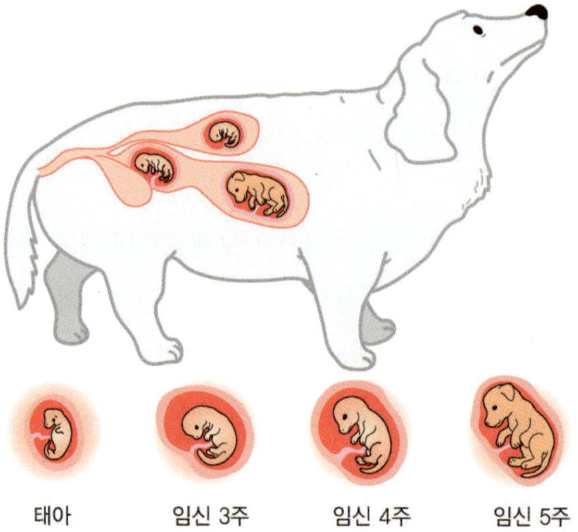

그림 7-14 임신기간에 따른 태아 발달 모식도

개에서 주로 적용되는 임신진단법은 복부 촉진법, 호르몬 측정법 및 초음파진단법이 있다. **표 7–5**는 개의 임신진단방법에 따른 진단 적기에 대한 설명이다.

표 7-5 개의 임신진단 방법과 진단의 적기

검사	임신진단을 위한 최적기	비고
복부촉진	배란 후 28~30일 LH 극치 후 31~33일	다양
태아 석회화의 방사선 진단	배란 후 42일 이상 LH 극치나 처음 교미 후 45일 이상	다양
초음파 진단	배란 후 22일 이상 LH 극치 후 25일 이상	태아의 생존율도 결정할 수 있음
급성기 단백질	배란 후 25일 이상 LH 극치 후 28일 이상 교미 후 28일 이상	특이적이지 않음
혈청 릴랙신	배란 후 25일 이상 LH 극치 후 28일 이상 교미 후 21일 이상	다양

출처: 이장희(2016). 애완동물 번식.

(1) 복부 촉진법

복부 촉진법은 개의 하복부를 손으로 촉진하여 임신을 진단하는 방법이다. 대부분 임신 30일령 정도에서 실시한다. 임신 30일령쯤 되면 자궁 내의 태아는 개체에 따라서 밤알 정도의 크기에서 달걀 정도의 크기를 복부에서 촉진할 수 있다. 소의 경우에는 직장 내에 손을 넣어 자궁을 촉진하여 임신 여부를 진단할 수 있다(그림 7-15).

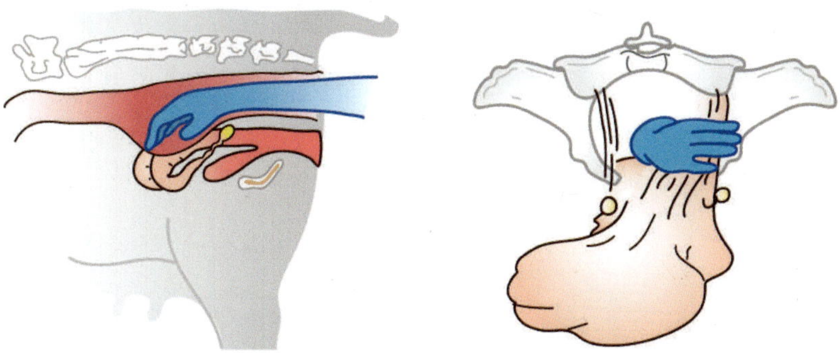

그림 7-15 직장검사에 의한 임신진단법(소)

(2) 초음파 임신진단

개에 있어서 초음파 임신진단은 임신 20일령 이후부터 가능하다. 에코식은 임신자궁으로 진행되는 혈류소리를 듣고 임신여부를 결정하며, 도플러식은 초음파의 영상으로 진단을 실시한다.

그림 7-17은 도플러식 초음파 진단기에 의한 임신진단 결과이다. 자궁 내에 흑색으로 보이는 부분이 태아가 있는 위치이다. 즉 태아는 임신 초기 양수에 쌓여 있기 때문에 초음파가 반사되지 않고 통과되어 흑색으로 나타나게 된다.

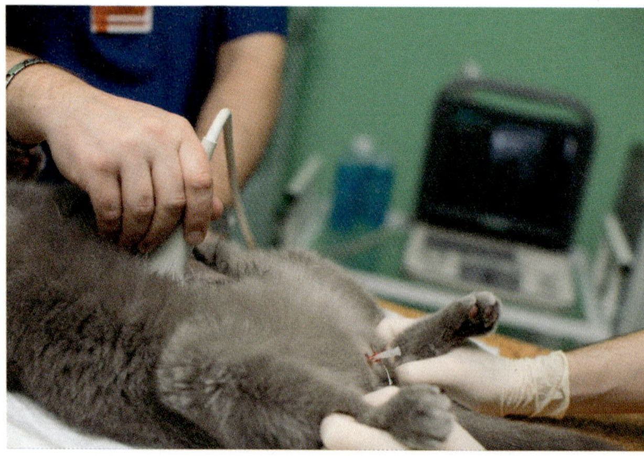

그림 7-16 임신진단을 위한 초음파진단기와 진단 요령

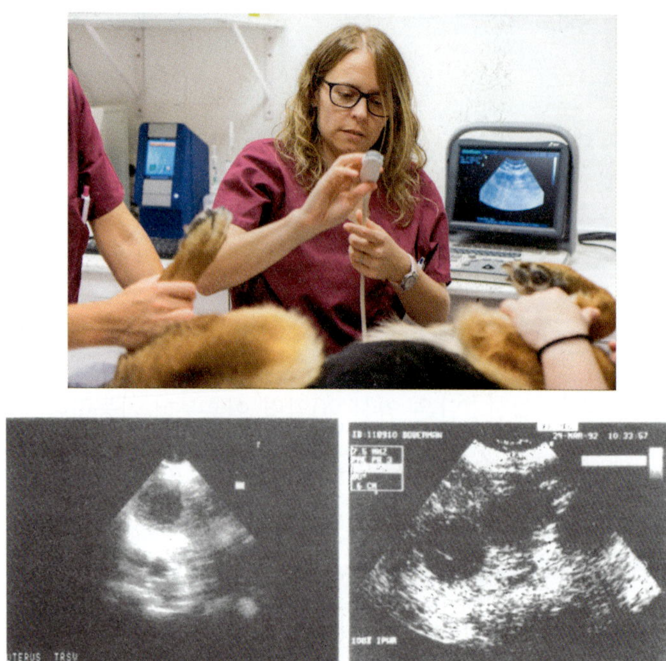

그림 7-17 초음파 검사에 의한 임신진단 결과

초음파 이미지 출처: 이장희(2016). 애완동물 번식.

(3) X-ray 검사

임신견 및 임신묘에서 자궁의 확장은 대개 교미 후 약 30일경부터 방사선학적으로 관찰될 수 있다. 확장된 자궁은 주로 복부 후방에서 검출되며, 방광의 배측과 직장의 복측 사이에 위치한다. 경우에 따라서는 소장의 전방 부근에서도 관찰될 수 있다.

임신 진단을 위한 X-ray 촬영은 태아의 골격에 무기질이 침착된 이후가 가장 유효하다. 일반적으로 개에서는 약 45일, 고양이에서는 약 40일 이후에 태아 골격이 방사선상 확인 가능하다. 이 시점부터는 태아의 수와 위치를 정확히 파악할 수 있으며, 출산 직전에는 태아의 크기와 위치를 통해 난산(dystocia) 가능성을 예측하는 데 활용된다.

(4) 혈액 검사(릴랙신 호르몬)

혈액 검사를 통한 임신 진단에서는 릴랙신(relaxin) 호르몬의 측정이 이용된다. 릴랙신은 임신 시 태반에서 분비되는 호르몬으로, 임신 약 30일 이후부터 혈중 농도가 충분히 상승하여 진단의 정확도가 높아진다. 이 검사는 비교적 간단하고 비침습적이므로 임상적으로 유용하다.

다만, 릴랙신 호르몬 측정법은 임신 진단에 신뢰성이 높은 방법임에도 불구하고, 현재까지는 상용화된 진단 도구의 상품화는 널리 이루어지지 않고 있다.

2. 분만

분만(分娩: parturition)이란 태아가 모체의 자궁 안에서 일정한 기간 동안 발육하고 정상적인 임신기간을 끝내어 모체 밖으로 만출되는 현상을 말하며, 만출되는 시기인 산고(産苦)로부터 후산(後産)의 배출까지를 의미한다. 후산이란 태아 만출 후 태반의 배출을 말한다. 태반이 배출되지 않고 자궁 내에 남게 되는 경우를 후산정체(後産停滯)라고 한다.

1) 분만 전 태위와 태향의 변화

그림 7-18은 소의 분만 시 태위 및 태향에 대한 설명이며, **그림 7-19**는 개의 분만시 태향 또는 태위를 나타내고 있다.

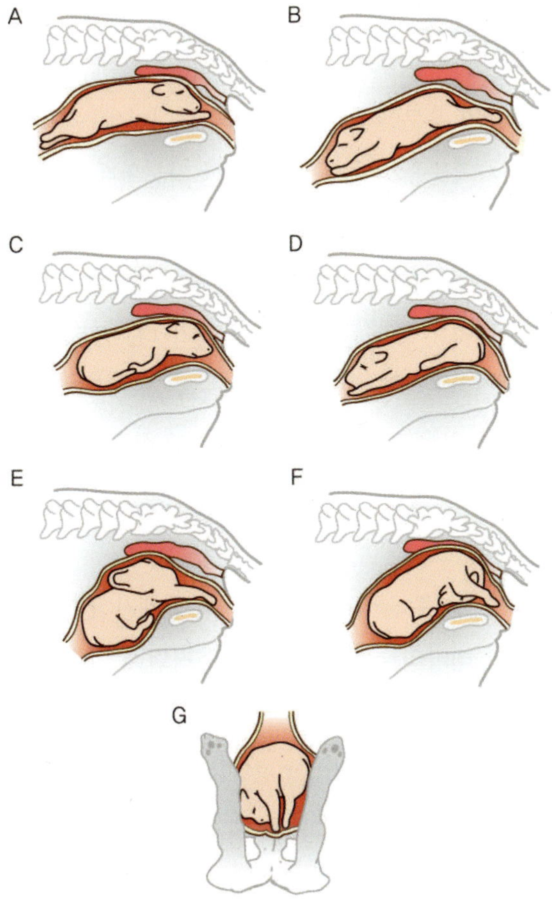

그림 7-18 분만시 태위와 태향의 모식도(소)

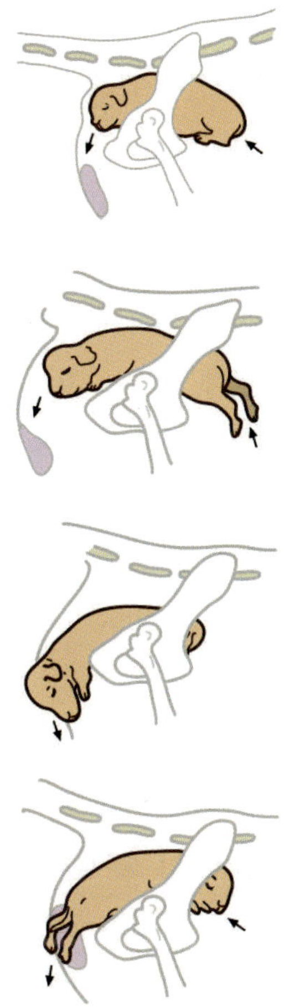

그림 7-19 분만시 태위와 태향의 모식도(개)

2) 분만개시의 기전

자궁 내에서 태아가 충분히 발육하기 위하여서는 자궁은 수축이 억제되고 이완된 상태를 유지함이 필요하다. 이것은 자궁 근세포의 수축자극(收縮刺戟)에 대한 반응저하와 자극전달의 억제라는 기구에 의하여 유지된다. 이와 같은 기구가 해제되어 근세포의 자극 감수성이 증대되고 자극이 쉽게 자궁 근세포에 전달되면 자궁근은 수축하고 분만을 개시한다. 그러나 아직까지 분만이 어떻게 개시되는지에 대하여 확실하지 않다.

분만의 개시가 직접적으로는 자궁근의 흥분에 의한 수축성의 증대인데, 그 원인에 대하여는 estrogen/progesterone 비율증가설, 태아에 의한 자궁확대설, 자궁내 축적노폐물의 자극설, 성숙태반 분비물 자극설, 중추신경 지배설, estrogene 자극설, 태아 원인설 등이 있으나, 이것은 분만개시 기전의 일부를 설명하고 있을 뿐이다. 특히 축종에 따라 분만에 관계하는 요인들의 작용이 각각 다르므로 일반적인 분만개시 기전은 정립되어 있지 않다. 최근 PGF2a(prostagladin)의 발견과 그 작용의 해명에 따라 동물의 분만은 태아의 주도하에 모체와 태아의 협동에 의하여 개시되며, 여기에는 내분비, 신경 및 기계적요인이 복합적으로 작용하는 것으로 알려지고 있다.

즉 분만개시의 기전에는 태아의 시상하부 → 뇌하수체 → 부신계가 관여하는 것으로 시사되고 있다. 면양에 있어서 태아의 부신은 분만예정 직전에 급속히 발육 성숙하고 ACTH에 대한 감수성이 증가하여 cortisol을 생산하게 된다. 태아의 cortisol이 증가하면 태반의 효소 활성을 촉진하여 progesterone →17-OH-progesterone → androstengion → estrogen의 경로로 태반의 estrogen 함량이 높아진다. 이처럼 progesterone이 감소하고 estrogen이 증가하면 모체 태반으로부터 PCF2a의 생성 및 방출을 촉진시켜 분만 전 24시간 동안 자궁정맥 중 PGF2a 수준이 급증하게 된다.

산양, 소, 돼지에서는 progesterone이 급감기 직전에 PCF2a가 자궁정맥 중에 유의적인 수준으로 증가하여 나타난다. 그래서 태반이나 자궁에서 방출된 PGF2a가 황체를 퇴행시키는 것으로 본다. PGF2a의 생성과 progesterone의 감소가 일어나는 시간에 estrogen의 수준이 급증하므로 태반 estrogen이 PGF2a의 분비를 촉진시키는 것으로 볼 수 있다.

이와 같이 estrogen에 의하여 모체태반과 자궁의 근막층에서 PGF2a가 생성됨으로써 자궁의 수축성을 지배하게 되고 통증이 유발되는 것으로 보고 있다. Oxytocin은 분만이 일단 개시된 후 진행과정에서 자궁수축을 강하게 유지하나,

분만개시에 대한 역할은 확실치 않다.

한편 분만 개시의 기전에 중요한 역할을 하는 시상하부-뇌하수체계는 어떤 인자에 의하여 자극을 받는지는 현재로는 불명확하다.

3) 분만 준비

(1) 분만실 준비

분만실을 미리 준비한 후에 환경적응을 위하여 모견을 2주 전부터 분만실로 이동을 시킨다. 그리고 다두 사육을 하는 경우에는 분만실에 방역과 모견의 안정을 위하여 지정된 관리담당자 외에는 출입을 삼가야 한다. 가정집에서 분만을 하는 경우에는 주위의 개들이 있는 장소에서 떨어진 안정된 장소로 이동하여 최소한 다른 개들로부터 자견이니 모견의 안전이 보장되어야 한다. 이러한 것을 무시하고 아무 장소에서 자견을 분만한 후에 자견들이 다른 개들에게 물림을 당하여 꼬리, 발, 귀에 회복될 수 없는 상처가 나는 경우가 많이 발견되기 때문이다.

일반적으로 자견이 출산하여 자신이 스스로 방어능력이 부족한 시기에는 모견이나, 번식자의 책임하에서 안전이 충분히 보장되어야 한다. 이것을 소홀히 하면 자신들이 바라던 자견이 출산하여도 큰 낭패를 보거나, 다시 일정한 시간이 지난 후에 기회를 가질 수밖에 없는 것이다.

자신들이 원하는 훌륭한 자격을 출산하여 성견까지 발육시키는 과정에서 마치 사람을 양육하는 것과 별로 차이가 없다고 보아도 무방할 것이다. 물론 여러 가지 목적상 관리 방법이나, 성장과정의 차이는 많이 날 수가 있을 수 있으나, 전문 브리더로서의 목표를 이루는 데는 많은 노력이 필요하고 항상 관심과 관리가 가능한 범위에서 노력하여야 한다. 필요 이상의 능력 밖의 욕심을 내는 것은 서로에게 좋은 결과를 도출하기란 기대할 수 없는 것이다.

(2) 분만 준비물

분만 준비물은 **표 7–6**과 같다.

표 7-6 분만 준비물

준비물	용도
소독발판, 소독약	분만장 출입구에 비치하여 방역관리 목적
분무기, 소독약	출입자에 분무하여 소독관리 철저
소독 수건	자견, 모견 마사지용(1장/산자수, 예비 5장 이상)
소독 가위	탯줄 제거용
무명실	탯줄을 묶음
베타딘, 솜	탯줄 소독
자견 바구니	모견의 휴식을 위해 자견 격리수용
체온계	모견 및 자견의 체온 측정
디지털 체중계	자견의 체중 측정
분만 기록지	분만상태 및 자견정보 기록
포도당, 우유	분만 중 모견의 회복을 위해 급식함
자견분유, 젖병 2개	허약한 자견 또는 과다 산자수 발생 시 인공포유시 활용
신문지	출산 박스(웰핑 박스) 내 깔아줌
비세린	체온 측정시 체온계 윤활용, 분만 보조용
시계	분만 시간 체크
보온열등 점검	모견 및 자견의 체온유지
보온열등 전구	예비용 전구 2개
녹음기, TV	자견 환경적응용
비상연락망	수의사, 담당자

4) 분만 과정

(1) 분만 직전 상태(준비기)

평상시의 체온인 38.5℃에서 1도 이상의 차이를 나타내기 시작한다. 그리고 여러 가지 행동변화가 나타나기 시작하는데, 몸을 부들부들 떨면서 불안해하며, 신문이나 담요, 바닥을 발로 긁거나 씹는 증상을 나타낸다. 그리고 음부를 자주 핥으며, 주위를 도는 증상을 나타내며 깊은 수면상태를 유지하지 못한다. 이 시기의 특징적인 현상은 자궁경관의 확장과 자궁근육의 수축이다.

자궁근육의 수축파는 자궁경관을 향하여 전파되는데 태액과 태막을 자궁 경관 쪽으로 밀어 자궁경관의 확장을 조장하며 우테로버딘 또는 오로라 불리는 녹색-흑색 액체는 태아막의 분리 이후에 음문을 통해 분비되어 산도를 매끄럽게 한다(그림 7-20). **표 7-7**은 암캐에서 분만시작을 나타내는 징후들에 대한 설명이다.

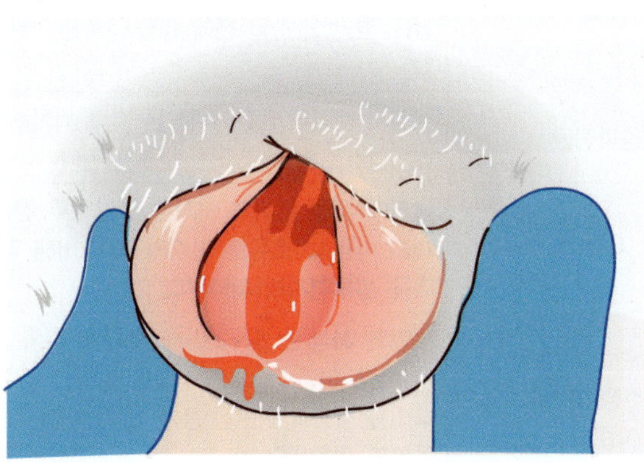

그림 7-20 분만 예정일의 암캐로부터 흘러나오는 우테로버딘(오로)

표 7-7 암캐에서 분만 시작의 예견 물질

발견 물질	설　명
번식 날짜	분만은 한 번의 번식으로부터 57~72일 사이에 일어남.
배란 날짜 혈청 LH에 의해 결정되는 배란 날짜	분만은 발정기 때 혈청 LH 극치 후 64~66일 사이에 일어남.
혈청 프로게스테론에 의해 결정되는 배란 날짜	분만은 혈청 1~1.9 ng/ml의 프로게스테론 농도를 나타낸 후 64~66일 사이에 일어남. 분만은 혈청 2~3.9 ng/ml의 프로게스테론 농도를 나타낸 후 63~65일 사이에 일어남. 분만은 혈청 4~10 ng/ml의 프로게스테론 농도를 나타낸 후 62~61일 사이에 일어남. 분만은 정상적인 암캐에서 순환되는 프로게스테론 농도가 1~2ng/ml 이하로 떨어진 후 12~24시간 사이에 일어남.
발정휴지기의 질 도말에 의해 결정되는 배란 날짜	분만은 세포학적 발정휴지기가 시작된 후 약 57일쯤에 일어남.
직장 온도에 의해 결정되는 배란 날짜	평균 37.1℃(36.7~37.8℃ 범위)인 직장 온도의 하락은 분만 전 8~24시간 사이에 일어남.
태아의 방사선촬영	광물화된 태아의 척추, 두개골 그리고 갈비뼈는 분만 전 20~22일 사이에 처음 관찰. 척추 미부, 비결, 종골 그리고 발은 분만 2~9일 전에 관찰. 치아는 분만 3~8일 전에 관찰.
태아의 초음파진단	직경과 태아의 몸통 직경 둘 다의 퇴화는 일부 종에서 분만 전 날짜 수를 예측하는 데 이용된다.
수유의 시작	암캐에서 젖 분비의 시작은 분만 2주 전부터 분만 며칠 후까지 다양함. 초유는 이후의 젖에 비해 약간 노란색을 띠며 더욱 불투명하게 나타난다.
보금자리를 마련하는 행동 자궁경부, 질전정 그리고 음문의 이완	분만의 시작 전 5~7일부터 1단계 진통 시기까지의 범위에서 시작. 분만 개시 전의 혈청 릴랙신 농도의 증가는 자궁경부의 팽창성과 이완성 증가의 원인이 된다. 절전정 결합부와 음문도 이완된다.
오로	암녹색 분비물이 태반 분리 이후에 음문을 통해 흘러나옴. 분만은 이러한 분비물이 있은 후 1~2시간 내에 일어남.

출처: 이장희(2016). 애완동물 번식.

① 진통 1단계

모견의 진통 1단계는 먼저 자궁경이 열리며, 경련을 동반한 다수의 약한 진통이 계속적으로 나타난다. 진통은 15~30분 간격으로 15~30초간 지속되며 진통 말기에 가까워지면 태아와 융모막성 요막이 골반입구로 밀려 파열된다. 이것을 제1파수라고 하는데 이때 요막액이 외음부 밖으로 유출된다. 이때 번식자는 개에게 안정을 취하도록 격려를 하며, 개가 가장 신뢰하는 사람이 곁에서 분만을 도와주는 것이 효율적이다.

② 진통 2단계

2단계는 자견이 자궁경에서 질 내로 통과하는 과정을 말하며, 호흡이 거칠고 눈에 확실히 드러날 만큼의 복부 수축이 발견된다. 초산인 경우에는 이 시기에 지속적인 힘을 주고 분만에 주력을 하여야 하는데도 불구하고, 갑자기 일어나서 한 바퀴 돌다가 다시 자리를 잡기 위하여 앉는 경우도 많이 있다.

* 이때 번식자는 옆에서 격려하면서 안정을 취할 수 있도록 도와주어야 하며, 다리에 힘을 줄 때 번식자가 뒷발을 받쳐주어 힘을 내는데 버팀목 역할을 하여 분만을 도와주어야 한다. 지속적인 칭찬으로 용기를 가지고 안정적인 분만을 계속 유도한다.

(2) 태아의 만출

자견이 음부로 나오는 과정이며 요수와 양수가 터진 후 자견의 만출이 시작되는 것을 말한다. 즉 제1파수로부터 태아만출이 완료되는 시기까지를 말한다. 양막이 팽창되어 태아와 함께 골반 입구로 밀려나오게 된다. 골반에 가해지는 양막과 태아의 압박이 횡격막의 압박과 복근의 수축을 가져와서 만출력을 발생시키고 옥시토신을 방출시켜 자궁수축이 더욱 커져 양막 내의 태아가 몸 밖으로 나타나고 곧 이어 양막이 파열된다. 이것을 제2파수라고 한다(그림 7-21).

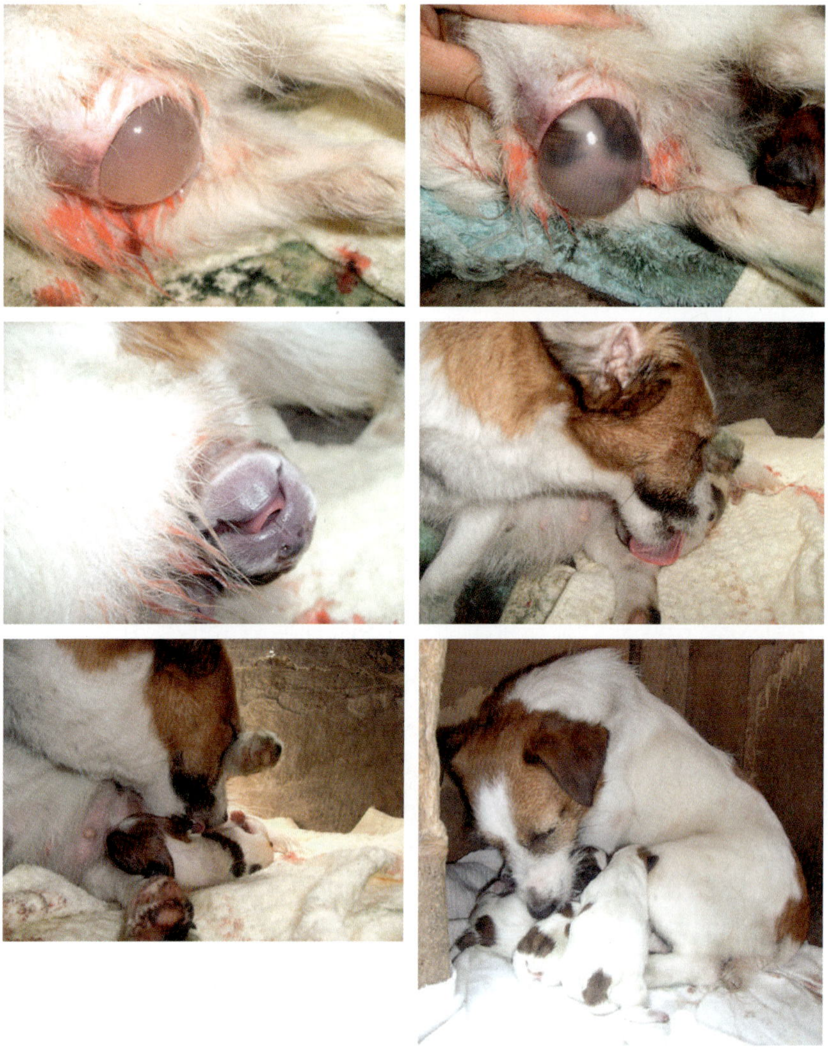

*사진제공: 마한애견훈련학교 마영남 소장

그림 7-21 양막 낭에 비친 산자(A)의 배출 과정

이러한 과정이 마치면 자견의 체중을 체크하여 분만일지에 작성한 후, 모견에게 주어 포유를 실시한다. 연속적으로 분만이 발생하는 경우에는 먼저 분만된 자견은 자견바구니에 보관하여 두면서 다음 자견의 분만에 대비하여야 한다. 그리고 자견이 멀리 사라져서 소리를 내면 모견이 불안감을 가지므로 자견바구니는 모견의 시야권 내에 두는 것이 정서적으로 안정감을 유지한다.

분만 간격은 일반적으로 15~30분 사이를 유지하나, 개체에 따라서 다산을 하는 경우에 5분 간격으로 분만하는 경우도 있으므로 주의 깊게 지켜보아야 한다. 그러나, 분만 간격이 4시간 이상 초과 시에는 난산일 가능성이 높으므로 수의사의 도움을 받아서 다음 조치를 취하는 것이 바람직하다.

모견이 탯줄을 정확히 정리하는 경우도 많으나, 초보 모견의 경우 탯줄을 심하게 당겨서 탈장이 생기는 경우도 발생하므로 준비한 소독된 가위를 이용하여 약 3cm 이내로 절단한 후, 실로 묶어서 처리한다. 그리고 즉시 구강 내의 이물질을 검사하고 거즈로 닦아내거나, 호흡이 불안정한 경우는 입으로 빨아내야 한다. 동시에 기형적인 문제가 있는지를 검사하여(언청이, 두개골 함몰, 며느리발톱), 전문가 확인을 거친 후 조치를 취하여야 한다. 자견을 타월로 습기를 제거하며, 이때 목의 부상이 발생하지 않도록 검지와 중지 사이에 자견의 목을 넣고 아래로 향하게 한 후에 타월로 등 부분을 아래 위로 만지면서 닦아준다. 분만 전, 후 직장 내의 온도 변화로 분만 시간을 예측할 수 있다(그림 7-22).

그림 7-22는 질 내에 장착된 온도센서가 분만 시 양수 또는 태아 만출시 함께 탈락되면 체온과 상온의 온도 차이를 감지하여 분만 상태를 관리자에게 알려주는 최첨단 분만 상황 통보시스템이다.

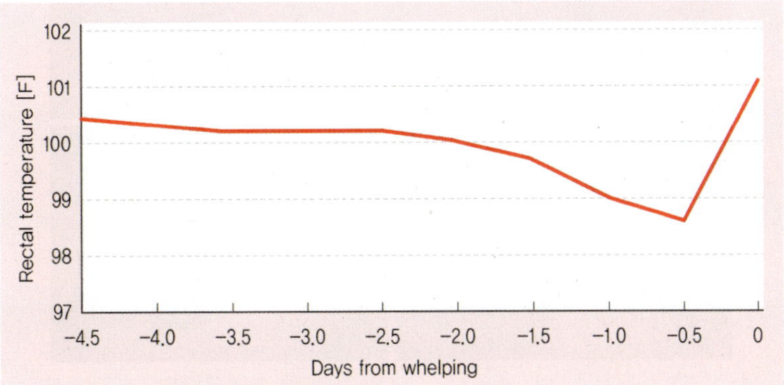

그림 7-22 분만 전후의 직장 내부 온도 변화

③ 후산의 만출

후산도 자궁의 강력한 수축에 의하여 만출된다. 자궁의 수축에 의하여 융모와 모체태반으로부터 혈액이 제거되기 때문에 융모막이 자궁소구로부터 분리되어 박리 배출되는데 이를 후산이라고 한다. 분만 시에 모견이 태반을 제거하면서 섭취하는 경우가 많은 편이나, 과다 섭취 시에는 설사가 장기간 발생하는 경우가 많으므로 2~3개 이상이 넘을 때는 별도로 처리하는 것이 모견의 건강을 위하여 도움이 된다.

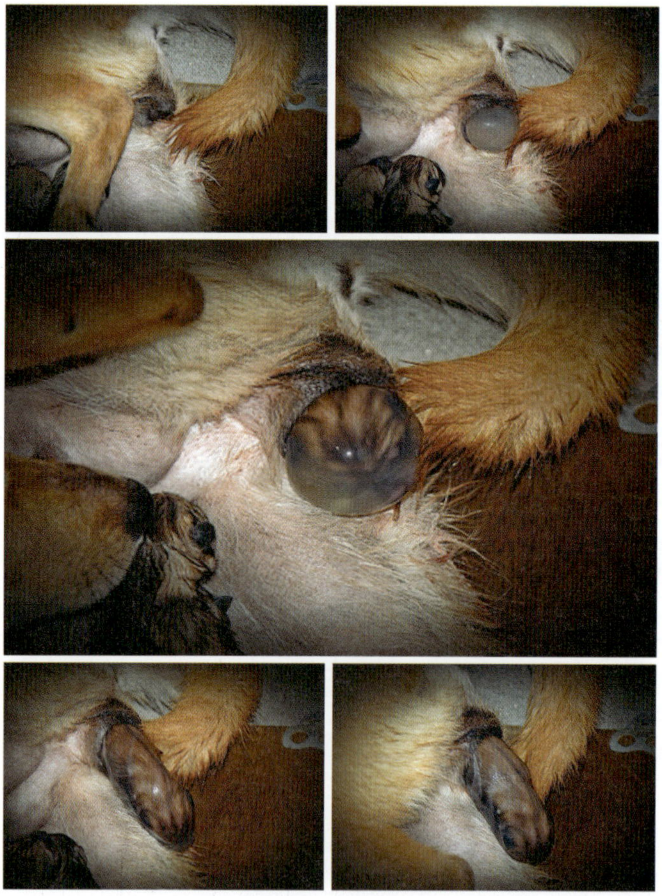

*사진제공: 마한애견훈련학교 마영남 소장

그림 7-23 개의 분만 과정 1

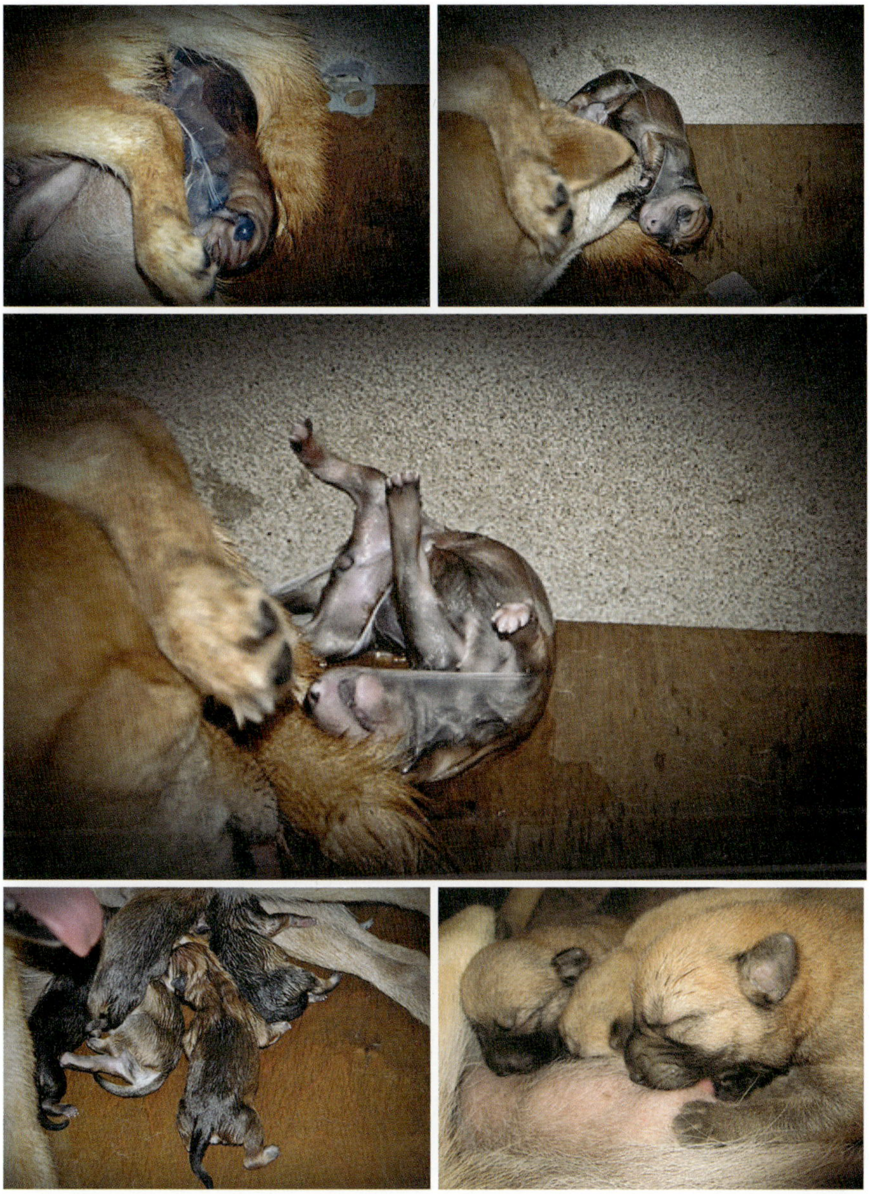

*사진제공: 마한애견훈련학교 마영남 소장

그림 7-24 개의 분만 과정 2

5) 분만 관리

모든 분만을 마쳤다고 판단이 되면 4대 1로 희석한 베타딘으로 음부를 세척하여 위생상 청결한 상태를 유지한다. 그리고 견사 바닥이나, 웰핑룸을 소독한 수건으로 닦아내어 여러 가지 감염으로부터 자견을 보호한다. 자견은 모든 병균이나, 외상에 의하여 쉽게 상처를 당하거나 병으로 발전할 수 있으므로 깨끗한 환경을 유지하는 것은 매우 중요하다.

(1) 분만시 응급처치 방법

① 구강내 분비물 제거 및 기도 확보를 확보하는 방법

양손으로 깍지를 끼어 자견의 온몸을 감싸고 양 엄지손가락으로 목을 받쳐서 경추의 손상을 방지하며, 주위의 공간을 응급처치를 할 수 있도록 여유 있게 확보한다. 그리고 어깨너비 이상 다리를 벌린 채, 자견을 어깨와 수평이 되도록 올린 후 허리를 숙이면서 자견을 아래로 가볍게 털어 준다.

이때 목의 부상을 방지하기 위하여 몸 전체를 손으로 정확히 잡는 것이 중요하며, 태막을 분리시켜 호흡이 이루어지도록 한다. 또한 입에서 분비물이 나올 때까지 가볍게 털어 주고 타월로써 마사지를 실시한다.

② 인공호흡법

먼저, 인공호흡을 실시하기 전에 자견의 가슴부위를 손가락으로 가볍게 눌러 자극을 준 후에, 자견을 두 손으로 잡고 자견의 코에 공기를 불이 넣고, 가볍게 빨면서 호흡을 실시한다. 그리고 점진적으로 강하게 불고, 빨면서 호흡을 실시한다.

항상 주의해야 하는 사실은 자견에게 무리한 힘을 가하지 말아야 한다는 사실이다. 의외로 매우 약한 교체라는 사실을 인식하여, 각별한 주의를 하여야 한다. **그림 7-25**는 임신 및 분만 시 모견의 체중 변화를 보여주고 있다.

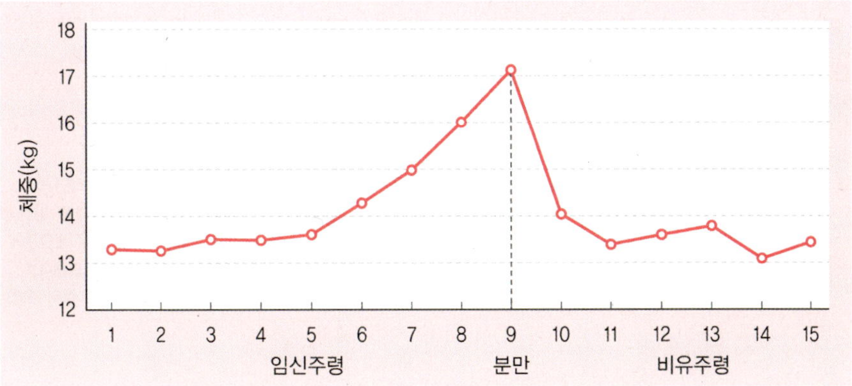

그림 7-25 임신 및 분만 전후 체중의 변화

출처: 김정대(2003).

(2) 난산

개에서 비정상 분만을 난산이라고 한다. 난산 원인으로는 태아측 및 모체측 요인이 있는데 대부분 동시에 일어나는 경향이 있다(그림 7-26).

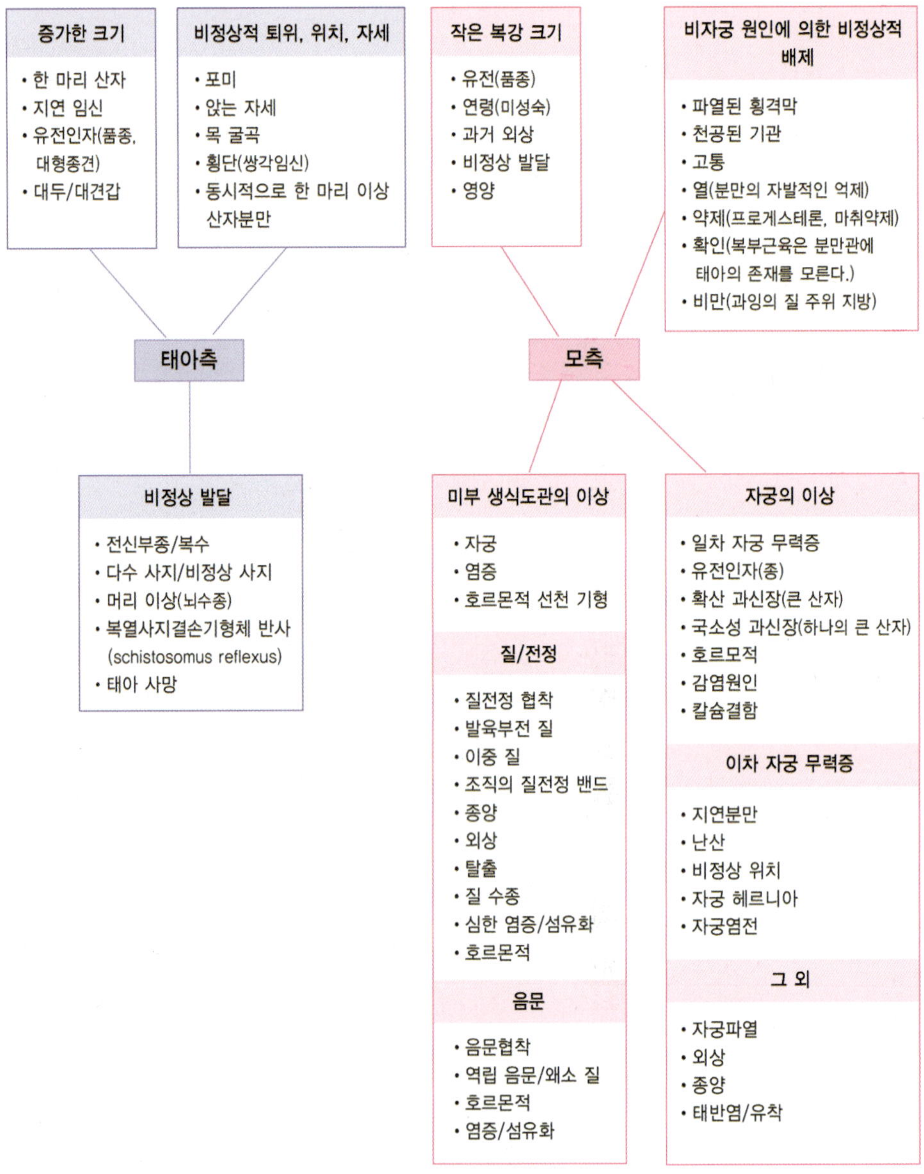
증가한 크기
• 한 마리 산자
• 지연 임신
• 유전인자(품종, 대형종견)
• 대두/대견갑
비정상적 퇴위, 위치, 자세
• 포미
• 앉는 자세
• 목 굴곡
• 횡단(쌍각임신)
• 동시적으로 한 마리 이상 산자분만
작은 복강 크기
• 유전(품종)
• 연령(미성숙)
• 과거 외상
• 비정상 발달
• 영양
비자궁 원인에 의한 비정상적 배제
• 파열된 횡격막
• 천공된 기관
• 고통
• 열(분만의 자발적인 억제)
• 약제(프로게스테론, 마취약제)
• 확인(복부근육은 분만관에 태아의 존재를 모른다.)
• 비만(과잉의 질 주위 지방)
태아측
모측
비정상 발달
• 전신부종/복수
• 다수 사지/비정상 사지
• 머리 이상(뇌수종)
• 복열사지결손기형체 반사 (schistosomus reflexus)
• 태아 사망
미부 생식도관의 이상
• 자궁
• 염증
• 호르몬적 선천 기형
질/전정
• 질전정 협착
• 발육부전 질
• 이중 질
• 조직의 질전정 밴드
• 종양
• 외상
• 탈출
• 질 수종
• 심한 염증/섬유화
• 호르몬적
음문
• 음문협착
• 역립 음문/왜소 질
• 호르몬적
• 염증/섬유화
자궁의 이상
• 일차 자궁 무력증
• 유전인자(종)
• 확산 과신장(큰 산자)
• 국소성 과신장(하나의 큰 산자)
• 호르몬적
• 감염원인
• 칼슘결함
이차 자궁 무력증
• 지연분만
• 난산
• 비정상 위치
• 자궁 헤르니아
• 자궁염전
그 외
• 자궁파열
• 외상
• 종양
• 태반염/유착

그림 7-26 난산의 원인

그림 7-27은 처녀막의 유착시 교미가 어려운데도 불구하고 임신되면 추후 분만 시에 난산의 원인이 되기도 함을 보여주고 있다.

모체 측 요인으로는 자궁무력증이 있으며 이는 정상적인 분만에서도 태아배출을 실패하는 것으로 그 원인은 너무 큰 산자를 가져서 오랜 진통 후 무기력해지는 경우와 처녀막 유착에 의한 질 밴드 조직에 의한 산도 방해 때문에 발생할 수 있다. 특히 난산을 잘 일으키는 품종으로는 불독과 보스톤테리어 종들이 있다. 태아 측 요인으로는 태위(태아의 자세 및 위치)나 비정상적 태아에 의해서 발생하기 쉽다.

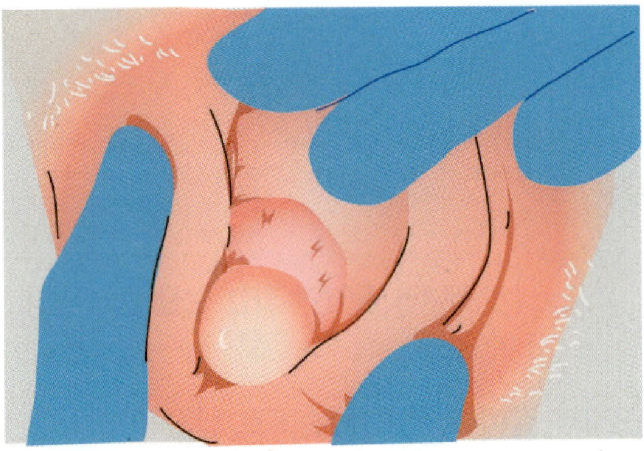

그림 7-27 처녀막 유착에 의한 산도 막힘

① 난산의 경우

- 체온의 1도 이상 급하강 후 48시간 내에 분만하지 않을 때
- 2차 진통 후 10시간 내에 분만하지 않을 때(평균적으로 2차 진통 후 1시간 내 분만)
- 분만 간격이 4시간을 초과할 때(분만 간격 2시간 경과 후 옥시토신 촉진제 주사 후에도 분만이 지연될 경우)
- 질 속에서 자격이 안 나올 때(촉진제 주사 후 손으로 분만 유도)
- 총 분만 시간이 12시간을 경과할 때
- 골반이 작거나 태아가 클 경우
  - 태아의 머리가 골반강보다 클 경우 난산의 우려가 높아진다.
- 태아의 위치가 바뀌었을 때

② 난산 처치 방법

처녀막 유착에 의한 질밴드가 생겨 난산이 발생할 경우에는 질밴드를 빠르게 절단해야 한다(그림 7-28). 돼지나 소의 경우 난산이 발생할 경우 회음 절개를 시도하기도 한다.

그림 7-28 처녀막 유착에 의한 난산(산도 막힘)

난산 시 **그림 7-29**와 같이 조산자가 손으로 난산을 도와 분만을 유도할 수 있다.

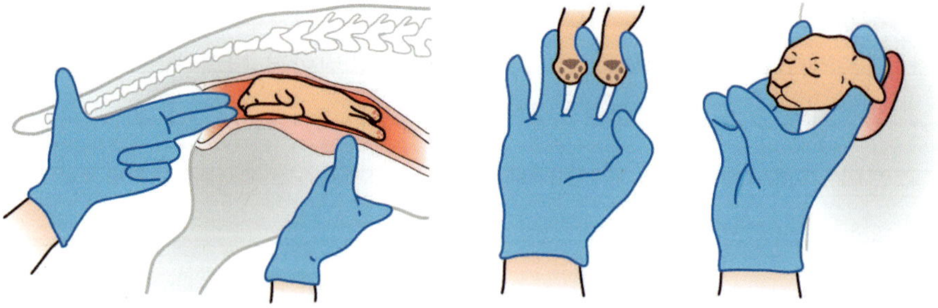

복부에 부드러운 압력을 가해서 새끼가 다시 미끄러져 들어가지 않도록 한다.

부드럽게 강아지의 뒷다리 또는 머리를 잡아당기는데 대형견에만 가능하다.

그림 7-29 난산시 손으로 분만을 유도하는 방법

(3) 산후관리 방법

자견은 분만 후에 최대 24시간 이내에 초유를 수유하여야 하며 분만 종료 후에는 모견 방사장이나, 운동장에서 용변을 실시하고, 웰핑박스 내에 새 신문지 또는 모포를 교체하고, 유선 주변을 마사지하여 포유시 젖이 잘 나오도록 하며, 모견에게 영양식을 급식하여 젖이 충분히 나올 수 있도록 영양을 공급하며, 분만실 주변 방역과 절대안정을 위하여 외부인을 출입 제한하고, 필요시에는 산욕열을 방지하기 위하여 칼슘주사(포도당희석)를 처치한다.

① 온도 및 습도관리

㉮ 온도 관리

- **1일 차부터~2일 차**: 실내온도는 20℃를 유지하고, 자견 상단부 설치하는 보온 등의 온도는 25℃를(웰핑박스) 유지한다.
- **3일 이후**: 실내온도는 18~15℃를 유지하고, 웰핑박스 안에는 18~20℃를 유지한다.
- **10일 이후**: 실내온도나 웰핑박스의 온도를 15℃~18℃를 유지하여 준다.
- 외관적으로 적정 온도를 구분하는 방법 중에서 자견들이 더워서 흩어져서 잠을 자는 것보다는, 함께 모여서 잠을 자는 형태를 이루고 있을 때가 적정한 온도를 유지한 것으로 간주한다. 항상 자견의 반응상태에 따라서 보온열 등의 위치조정과 실내온도를 유지하는 것이 중요하다. 특히 어미를 잃은 자견들의 온도관리는 매우 중요하다(표 7-8). 어미를 잃은 신생 자견은 인큐베이터에서 양육시킬 수도 있다.

표 7-8 생후 자견의 온도 관리(어미를 잃은 경우)

일령(일)	온도(℉)	온도(℃)
0~7	85~90	29.4~32.2
8~14	80	26.7
15~28	80	26.7
29~35	70~75	21.1~23.9
35<	70	21.1

*℉ = (℃ × 1.8) +32

㉯ 습도관리

적정한 습도는 40~45%가 적당하며, 온습도계를 설치하여 가습기나 젖은 수건으로 적정한 습도를 유지한다.

㉰ 환기

환풍기를 24시간 작동시켜 분만실의 공기를 항상 순환시켜 호흡기 질환 및 기타 질병에 감염되지 않도록 한다.

② 분만실관리

항상 분만실의 청결유지를 위하여 주변을 깨끗이 정리하며, 출입구에 소독발판을 설치하고 1일 3회씩 교체하여 관리한다. 그리고 분만실 출입시 소독액을 피복에 직접 분무하여 항상 위생관리를 철저히 실시한다.

㉮ 웰핑룸

자견이 자라면서 용변으로 인한 오물의 양이 늘어나므로 깨끗한 모포로 교체하며, 소독액에 적신 수건으로 수시로 닦아서 청결 상태를 유지한다. 신문용지를 찢어서 잠자리에 주는 것은 보온과 오줌 및 용변처리에 유리하다.

㉯ 소독

견사 주변 및 견방, 웰핑룸, 방사장 등을 1일 1회씩 소독하며, 물청소를 실시한 후에는 습기를 완전히 제거하여야 한다.

㉰ 소음

분만장의 지나친 소음으로 인한 모견과 자견이 불안하거나 당황하지 않도록 관리하여야 하며, 적당한 소음 및 환경적응을 위하여 음악과 TV를 정기적으로 청취하도록 작동시켜두면 환경적응 훈련 시 많은 도움이 된다.

(4) 수유기 관리

① 모견 관리 방법

㉮ 급식관리

모견의 수유기간에는 급식량을 조절하여 늘려나가야 한다.

- 1~3주차에는 평소의 사료량보다 30%까지 늘려 1일 4회로 분할 급식을 실시하며, 첨가식으로는 1회당 멸치 10g, 비타민제 1스푼, 분유, 난황을 첨가한다.
- 4주 차 이후에는 사료의 급식 횟수를 4~6주 사이에는 1일 3회, 7주 이후로는 1일 2회로 분할 급식을 실시한다. 그리고 1주차마다 급식량을 조금씩 감소시켜 7주 이후에는 분만 전의 급식량으로 전환시킨다. 이때부터는 별도의 첨가식을 섭취하지 않아도 무방하다.

㉯ 일반 관리

모견의 외음부는 베타딘을 4: 1대 희석하여 소독을 실시하며, 유두 부분은 항상 세척하여 준다. 모견이 칼슘부족 현상이나, 고온증상이 보이면 응급처치를 실시하여야 한다. 모견이 분만 직후에는 태반 섭취로 인한 설사 증상이 나타나며, 일반적인 증상이므로 별도의 관리를 하지 않아도 무방하나, 7일 이상 장기간 계속 시에는 수의 진료를 받도록 한다. 모견의 운동은 1일 3회 15분 정도를 실시하며, 자견과 거리나 장시간 떨어져 있을 경우에는 불안감을 나타낼 수 있으므로 개체의 성격에 따라 조정한다. 모견의 휴식을 위하여 모견이 자견을 관찰할 수 있는 위치에서 이격시켜 두는 것도 효과적이다.

② 자견 관리

자견의 체중은 1주일에 1회씩 체크하여 기록하고, 체온은 분만 후 3일차까지는 1일 1회 실시하며, 4일차 이후로는 이상증상이 발생 시에 체크한다. 자견의 포유 간격은 기본적인 원칙은 자견이 원할 때 수유하는 것이 바람직하고, 일반적으로 생후 1~2일차는 30분 간격으로 이루어지며, 생후 3~5일차는 30분~1시간 간격, 2주차까지는 1~2시간 간격, 2주차 이후로는 3시간~5시간 간격으로 수유를 실시한다.

Chapter

08

반려동물 비유생리

비유(lactation)는 출산 후 암컷의 유선(mammary gland)에서 젖(milk)이 생성 · 분비되어 자손에게 영양을 공급하는 과정이다. 반려동물에서 비유생리는 단순히 새끼를 기르는 과정뿐만 아니라, 호르몬 조절, 영양 대사, 면역 전달이 복합적으로 작용하는 과정이다.

개(Canis familiaris)와 고양이(Felis catus)의 비유생리는 사람 및 기타 가축과 유사하나, 종 특이적인 차이가 존재한다.

비유(泌乳, Lactation)는 포유동물의 암컷이 분만(分娩, Parturition) 후에 유방(乳房, Mammary gland)에서 유즙(乳汁, Milk)을 생성하고 분비하여 신생자를 양육하는 번식현상의 일종이다. 이는 포유동물만이 가지는 특수한 생리작용으로, 생식주기의 최종 단계에 해당하며, 포유동물의 생존과 진화에 중요한 역할을 한다.

비유는 포유동물의 암컷이 신생자를 육성하기 위해 유즙을 합성하고 체외로 배출하는 일련의 생리작용을 의미한다. 이 과정은 단순히 젖을 생성하고 분비하는 것뿐만 아니라, 신생자가 성장하고 발달하는 데 필요한 영양소를 공급하는 기능을 수행한다. 포유동물의 번식과 생존은 임신(Gestation)과 비유(Lactation)를 기반으로 한 포육(哺育, Nursing) 과정에 의해 유지된다. 이는 신생자가 태어난 후 독립적인 생활을 할 수 있을 정도로 성장할 때까지 영양을 공급하고 보호하는 중요한 과정이다.

비유의 가장 중요한 목적은 신생자의 성장과 발달에 필요한 영양소를 공급하는 것이다. 그러나 단순한 영양 공급 외에도, 다음과 같은 중요한 생리적 기능을 수행한다.

① 신생자의 영양 공급

유즙은 탄수화물, 단백질, 지방, 비타민, 미네랄, 효소, 호르몬 등 신생자의 발달에 필수적인 영양소를 포함하고 있다. 특히, 초유(初乳, Colostrum)는 분만 직후 일정 기간 동안 분비되는 특수한 유즙으로, 일반적인 유즙보다 고농도의 단백질, 면역글로불린(항체), 성장인자가 포함되어 있다.

② 피동면역(被動免疫, Passive Immunity) 제공

신생자는 출생 시 면역계가 미성숙한 상태이며, 자체적으로 항체를 충분히 생성할 수 없다. 초유에는 다량의 면역글로불린(Immunoglobulin, 항체)이 포함되어 있어, 신생자가 초유를 섭취함으로써 피동면역을 획득할 수 있다. 이는 신생자가 자체 면역체계를 확립할 때까지 질병으로부터 보호하는 역할을 하며, 초기 생존율을 높이는 중요한 요소이다.

③ 신생자의 사회적 학습과 행동 발달

포유기간 동안 신생자는 어미를 따라다니며 혈연관계를 확립하고, 보호받는 동시에 생존 기술을 학습한다. 어미는 포식자로부터 새끼를 보호하고, 신생자가 독립적으로 살아가는 데 필요한 행동을 학습하도록 돕는다. 이유(離乳, Weaning) 후에도 신생자는 어미로부터 독립적인 생활을 하는 법을 배우며, 개체 간 사회적 상호작용을 익히게 된다.

한편, 유선은 피부선(皮膚腺, skin gland)이 변화된 것으로 대부분 유두(乳頭, teat)를 가지고 있으며, 이 유선은 암, 수 모두 가지고 있으나 기능을 발휘하는 것은 암컷의 유선이며, 수컷의 유선은 흔적기관(退化器官, Vestigial Organ)으로 남아 있으며, 대부분 발달되지 않은 상태로 존재한다.

1. 유선의 구조

유선(乳腺, mammary gland)은 땀샘이 변형된 피부선의 일종으로서, 포유동물만이 가지는 특유의 분비기관으로 유즙을 생성하고 분비하는 역할을 한다. 유선은 유두(乳頭, teat)를 통해 외부로 젖을 배출하며, 대부분의 포유동물에서 암컷의 유선이 기능적으로 활성화된다. 임신 중에 현저히 발달되고, 분만 이후에는 왕성하게 유즙을 분비하다가 시간경과에 비례적으로 퇴행하면서 한시적으로 유즙을 분비하는 외분비선(exocrine gland)이다. 유선은 형태학적으로 보면 복합관상포상선(複合管狀胞狀腺, compound tubuloalveolar gland)에 속하고, 분비세포에서 유즙이 방출되는 양식을 기준으로 하면 이출분비선(離出分泌腺, apocrine gland)에 속한다.

유선의 수와 부착위치, 그리고 유즙의 분비능력은 각각의 동물종이 출산하는 신생자의 수와 출산된 신생자의 크기 및 발달 정도에 따라 서로 다르다. 예를 들면, 단태동물은 소수의 유선이 신체의 특정 부위 한곳에 모여 있지만, 다태동물은 다수의 유선이 가슴에서부터 하복부까지 넓게 분포되어 있다. 또한, 분만시에 신생자가 충분히 발달된 기니피그와 같은 동물은 유선의 수(2개)가 적고, 미숙한 상태로 분만되는 마우스와 같은 동물은 많은 수(10개)의 유선을 가지고 있다. 이러한 유선은 동물의 종에 따라 각각이 독립적으로, 또는 몇 개가 모인 다음, 피부에 싸여 주머니 모양의 유방(乳房, udder)을 구성한다.

1) 유방의 구조와 외관

포유동물의 유선은 각 동물이 가지는 생식특성에 따라 서로 다른 형태의 유방을 구성한다. 따라서, 유방의 외관이나 부착형태도 동물의 종에 따라 다르다. 개와 고양이의 유방은 보통 가슴(흉부, Thoracic), 복부(Abdominal), 서혜부(Inguinal) 유방으로 구분되며, 유방의 개수와 유선의 수는 개체와 종에 따라 다소 차이가 있다.

신생자의 수가 적은 포유동물인 말, 산양, 면양 등은 2개의 유선, 소는 4개의 유선이 모여서 하나의 유방을 구성하며 서경부 부근에 부착되어 있다. 산자수가 많은 돼지, 개, 고양이, 토끼, 래트 등의 경우는 유선 각각이 하나의 유방을 만들고, 4~9쌍의 유선을 가슴에서부터 하복부에 걸쳐 두줄로 양측에 분포되어 좌우 대칭으로 이루고 있다.

(1) 유방(乳房: udder)

① 유방의 구성

개와 고양이의 경우 유방의 크기는 번식상태, 호르몬 변화, 수유 여부에 따라 다르게 나타난다. 개와 고양이의 유두 모양은 원형 또는 타원형이며, 피부색과 크기는 개체마다 차이가 있다. 출산 및 수유 경험이 있는 개체에서는 유두가 더 크고 뚜렷해진다. 정상적인 유방은 부드럽고 탄력 있는 느낌이며, 촉진 시 과도한 단단함이나 멍울이 없어야 한다. 호르몬 변화나 질병(유방염, 유방종양 등)이 있을 경우 유방 조직이 딱딱해지거나 부어오를 수 있다. 개와 고양이는 암컷에서 복부를 따라 좌우대칭으로 유방(젖샘, mammary gland)이 배열되어 있다. 개는 보통 8~12개(보통 5쌍), 고양이는 6~10개(보통 4쌍)로 유방의 개수는 개체마다 차이가 있으며, 젖을 분비하는 유선조직과 젖꼭지(nipple)도 각 유방에 포함된다.

말의 유방은 두 개의 유선과 유두로 구성되어 있다. 그러나, 말의 각 유선은 분비조직이 앞, 뒤쪽으로 구분되고, 각 분비조직에서 합성된 유즙이 별도의 유두관을 통하여 배출된다. 따라서 말의 유두에는 2개의 유두관이 있다. 면양과 산양의 유방은 2개의 유선으로 구성되고, 각 유두에는 하나의 유두관이 있다. 돼지의 유방은 4~9쌍이 복부에 배치되어 있는데, 각 유선은 말의 유선과 같이 분비조직이 부위로 구분되고, 각 유두에는 2개의 유두관이 있다. 개와 고양이의 각 유방에는 여러 개의 유선(Lobes)이 포함되며, 개별 유선은 각각 젖을 생성하고 분비한다.

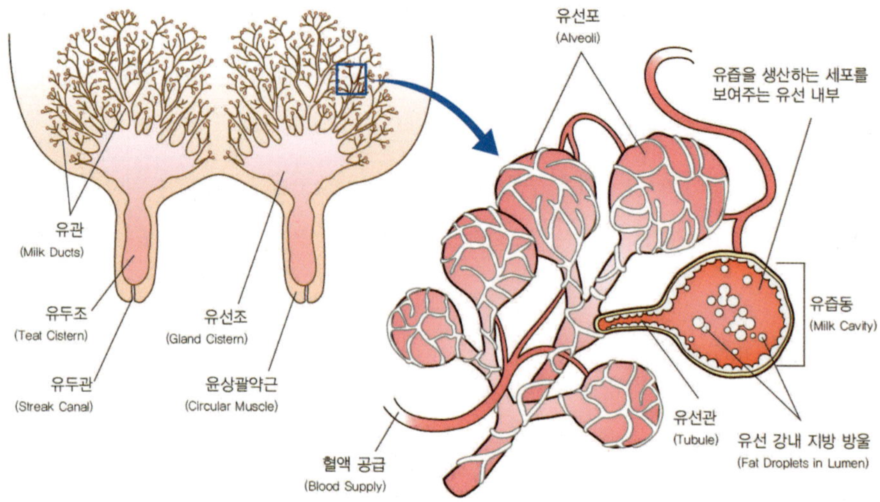

그림 8-1 소의 유방에서 유선 모식도

② 유방의 외관

유방을 밖에서 둘러싸는 피부는 가늘고 짧으면서 부드러운 피모로 덮여 있으며, 피지선(sebaceous gland)과 땀샘(sweat gland)이 분포되어 있다.

그러나, 유두의 표면에는 피모가 없다. 몇 개의 유선이 모여서 유방을 구성하는 동물들의 유방을 뒤쪽에서 보면 좌, 우 유선의 사이에 유방간구(intermammary groove)라고 부르는 함몰부가 명확하게 보인다.

③ 유선과 유구

유선은 젖을 분비하는 분비샘으로 외배엽에서 유래된 피부선이 변화한 것으로, 유선에는 유두가 존재한다. 유선은 혈액으로부터 영양소를 공급받아 유즙인 젖을 합성하여 분비한다.

개와 고양이의 유방은 보통 가슴(흉부, Thoracic), 복부(Abdominal), 서혜부(Inguinal) 유방으로 구분되며, 유방의 개수와 유선의 수는 개체와 종에 따라 다소 차이가 있다. 개는 8~12개의 유방(보통 5쌍, 개체마다 차이 존재)을 가진다. 개의 각 유방에는 여러 개의 유선(Lobes)이 포함되며, 개별 유선은 각각 젖을 생성하고 분비한다. 보통 각 유두(Nipple)에는 8~20개의 유관 개구부(Duct openings)가 존재하며, 각 유관은 하나의 유선에서 나와 젖을 운반한다. 따라서 개의 각 유방에는 대략적으로 8~20개의 유선이 포함될 수 있다. 고양이는 보통 6~10개의 유방(4쌍이 일반적)을 가진다. 개와 마찬가지로 흉부, 복부, 서혜부 유방으로 구분된다. 고양이의 각 유방에도 여러 개의 유선이 포함되며, 보통 4~10개의 유관 개구부(Duct openings)가 존재한다. 각 유관은 하나의 유선에서 출발하므로, 각 유방에 4~10개의 유선이 포함될 수 있다.

표 8-1 포유동물의 유선의 위치 및 유선의 수

동물명	유선의 수			총 유선의 수	유두공의 수/유선
	가슴	복부	서경부		
젖소			4	4	1
산양, 면양			2	2	1
말			2	2	1
돼지	4	6	2	12	2
사람	2			2	15~20
들쥐	4	4	4	12	1
생쥐	4	2	4	10	1
토끼	4	4	2	10	8~10
기니피그			2	2	1
코끼리	2			2	10
고래			2	2	1
고양이	2~4	4	2	4~10	6~10
개	2~4	4~6	2	8~20	8~12

④ 유방의 지지 조직

유방은 외부의 충격으로부터 보호받고 형태를 유지하기 위해 지지 조직을 포함하고 있다. 주요 지지 조직은 결합조직과 지방조직으로 구성된다.

㉮ 결합조직(Fibrous tissue)은 유방을 고정하고 지지하는 역할을 한다. 특히 유방 조직이 처지는 것을 방지하며, 유선 조직과 유관 시스템을 안정적으로 유지

한다.

㉯ 지방조직(Adipose tissue)은 유방 조직을 보호하는 역할을 하며, 유선 발달과 호르몬 조절에도 영향을 미친다. 개와 고양이는 유방 주변에 지방이 풍부하게 존재하며, 특히 수유기에는 에너지 저장소 역할을 한다.

지지 조직은 유방의 형태 유지뿐만 아니라 신체 내에서 유방이 안정적으로 기능하도록 돕는다.

④ 유방의 림프계

림프계(lymphatic system)는 조직액(tissue fluid)으로부터 물질을 받아내어 혈액으로 돌려보내는 기능을 하고, 림프절은 면역기능을 담당한다.

개와 고양이의 유방 림프계는 유방 조직에서 림프액을 배출하고, 면역 반응을 조절하며, 감염 및 종양의 전이를 결정하는 중요한 역할을 한다. 유방 림프계는 주로 림프절(lymph nodes), 림프관(lymphatic vessels), 림프액(lymph fluid)으로 구성되며, 유방에서 발생하는 질병, 특히 유방 종양의 전이 경로와 직접적인 연관이 있다. 유방 림프는 주로 액와 림프절(Axillary lymph nodes)과 서혜 림프절(inguinal lymph nodes)로 배출되며, 유방의 위치에 따라 다른 림프절로 이동할 수 있다. 유방의 림프 배액을 조절하며, 분만 후 유즙 생산 증가에 따라 림프 흐름이 활발해진다.

흉부 및 전복부유선으로부터의 림프관은 액와 및 흉골 림프절로 유입되며 서경부와 후복부 유선의 림프관은 서경부 림프절로 유입된다. 그러나 림프관의 경로는 일정하지 않으며 정중선을 교차하는 경우도 있다.

㉮ 액와 림프절(Axillary Lymph Nodes, 겨드랑 림프절)은 흉부 및 일부 복부 유방의 림프 배액을 담당한다. 위치는 겨드랑이(axilla) 부근으로 개와 고양이의 앞다리 근처에 있으며, 흉부 유방의 림프액을 주로 처리한다. 유방 종양이 있을 경우, 이 림프절을 통해 종양 세포가 이동할 수 있다.

㉯ 서혜 림프절(Inguinal Lymph Nodes, 사타구니 림프절)에서는 서혜부 유방 및 일부 복부 유방의 림프 배액을 담당한다. 위치는 사타구니(inguinal) 부근으로 개와

고양이에서 서혜부 유방의 감염이나 종양이 발생하면, 서혜 림프절로 전이될 가능성이 높다. 복부 유방과 연결되며, 일부 림프액은 후복벽 림프절(medial iliac lymph nodes)로도 이동할 수 있다.

㉰ 가슴 중심부의 림프절(Sternal Lymph Nodes, 흉골 림프절)은 일부 유방의 림프 배액이 흉골 림프절(sterna lymph nodes)로 이동할 수 있다. 개에서는 흉부 유방의 배액이 액와 림프절뿐만 아니라 흉골 림프절로도 흘러갈 수 있다. 흉부 림프절은 심장과 가까운 위치에 있어, 전신적인 림프 순환과 연관될 가능성이 있다.

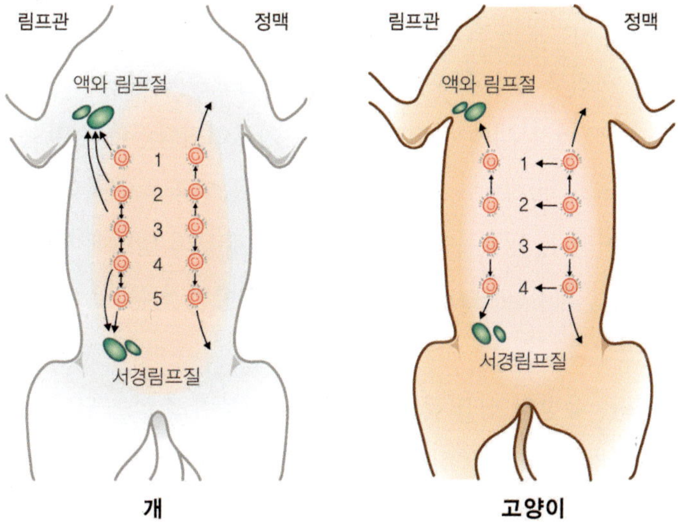

그림 8-2 개와 고양이의 유선 혈액공급과 림프의 흐름

유방 위치	주요 림프절 (배액 방향)
가슴(흉부) 유방 (Thoracic mammary glands)	액와 림프절 (Axillary LNs)
복부 유방 (Abdominal mammary glands)	액와 림프절, 서혜 림프절 (Axillary & Inguinal LNs)
서혜부 유방 (Inguinal mammary glands)	서혜 림프절 (Inguinal LNs)

개와 고양이의 유방 림프계는 단순한 배액 시스템이 아니라, 면역 조절 및 질병 전이의 핵심 역할을 수행하며, 유방 질환의 진단과 치료에 있어 매우 중요한 요소이다.

⑤ 유방의 혈관 및 신경계

유방 조직에는 풍부한 혈관과 신경이 분포하며, 젖의 생산과 분비 조절에서 중요한 역할을 한다. 유방의 신경섬유는 유방 내 혈관의 수축과 이완을 유도함으로써 간접적으로 유생산에 영향을 미친다.

㉮ 혈관 분포는 유방 조직에 영양과 산소를 공급하며, 혈류량은 번식 상태에 따라 변화한다. 혈액 공급은 외음부동맥과 외측 및 내흉동맥에서 유래된다 (그림 8-2). 서경부 유선과 후복부 유선은 후방표층복벽동맥 및 전복부와 심장장골회선동맥의 분지에서 혈액 공급이 이루어진다. 흉부 및 전복부유선은 외흉동맥(Lateral thoracic artery), 전방표층복벽동맥과 늑간동맥의 분지에서 공급이 이루어진다. 외흉동맥은 상부 유방 및 흉부의 영역에 혈액 공급을 담당하며, 복부동맥(Superficial epigastric artery)은 유방의 하부 및 서혜부 영역에 혈액을 공급한다.

㉯ 신경 분포는 유방의 신경 분포는 감각과 젖 분비 조절을 담당한다. 신경계에는 지각신경섬유와 운동신경섬유가 있다. 지각신경섬유는 유방으로부터의 자극을 시상하부에 전달하며, 운동신경섬유는 외부자극을 시상하부로부터 유방에 전달한다. 감각 신경(Sensory nerves)은 유두의 촉각을 담당하며, 새끼가 젖을 빨 때 신호를 뇌로 전달하여 젖 분비를 유도 촉진한다. 교감 및 부교감 신경(Autonomic nerves)은 유선 조직과 유관 시스템의 기능을 조절하며, 젖 분비와 혈류량을 조절하는 역할을 한다. 신경 분포는 젖을 빠는 자극을 인지하여 옥시토신(Oxytocin) 분비를 유도하고, 이를 통해 젖이 유두로 배출될 수 있도록 한다.

개와 고양이의 유방(젖샘, mammary gland)은 번식과 새끼 양육에 있어 매우 중요한 기관으로, 젖을 생성하고 분비하는 역할을 한다. 암컷에서 유방이 발달하며, 수컷에서도 흔적기관으로 존재하지만 기능적으로는 활성화되지 않는다. 유방은 기본적으로 유선 조직, 유관 시스템, 지지 조직, 혈관 및 신경 분포로 구성되며, 각 요소는 젖의 생산과 분비 과정에서 중요한 역할을 한다. 유방의 외관은 종과 개체에 따라 차이를 보이며, 번식 주기와 임신, 수유 상태에 따라 변화한다.

2) 유선의 발육과 호르몬

유선의 발육은 동물에서 중요한 번식 관련 기관으로, 발육 초기에는 유전적 요인에 의해 지배되는 시기도 있으나, 이 시기를 지나면 호르몬의 지배를 받으며 성장과 기능이 조절된다. 일반적으로 유선 발육에 관여하는 주요 호르몬은 번식 과정에서 작용하는 호르몬과 동일하며, 특히 에스트로겐, 프로게스테론, 프로락틴, 옥시토신 등이 중요한 역할을 한다.

(1) 뇌하수체

유선의 정상적인 발육을 위해서는 뇌하수체 전엽에서 분비되는 성장호르몬, 부신피질자극호르몬, 프로락틴이 유선발달에 중요한 역할 담당한다.

① 난포호르몬인 에스트로겐은 유관(젖샘 관, mammary duct) 발달을 촉진하며 유선 발육을 촉진한다. 지방 조직을 증가시켜 유방의 크기를 확대하고, 유선 내 상피세포의 증식을 유도한다. 완전한 유선발육을 위해서는 에스트로겐과 프로게스테론이 필요하다.

② 황체호르몬인 프로게스테론의 주된 작용은 유선 내 선 조직(젖을 생성하는 부분)의 성장을 촉진하고 에스트로겐과 함께 유선 발달을 조절하며, 임신을 대비한 유선 준비를 한다.

③ 기타 호르몬으로 부신피질호르몬, 췌장호르몬은 직, 간접적으로 유선발육에

관계한다.

임신이 진행됨에 따라, 에스트로겐과 프로게스테론이 증가하면서 유선이 점점 커지고, 유관과 선조직이 확장되며, 임신 후기에는 프로락틴(Prolactin)과 성장호르몬(GH)이 증가하여 유즙 생성이 준비된다.

(2) 태반호르몬

임신 중 태반성 락토겐(placental lactogen, PL)을 분비하며, 태반에서 분비되는 중요한 호르몬으로, 프로락틴(Prolactin) 및 성장호르몬(Growth Hormone, GH)과 유사한 화학적 및 생물학적 특성을 가진다. 태반성 락토겐(PL)의 분비량이 증가하면 유선 발달이 자극되며, 이는 유선포계(젖샘 소엽과 유관 시스템)의 증식기와 일치한다. 즉, PL은 유선을 성장시키고, 임신 후반부에 수유 준비를 돕는 주요 호르몬 중 하나이다.

① 태반성 락토겐(PL)의 기능과 특징

태반성 락토겐은 임신 기간 동안 태반에서 합성 및 분비되며, 그 구조와 기능이 프로락틴(Prolactin)과 성장호르몬(GH)과 유사하다.

㉮ 유선 발달 촉진

PL은 유선포계(Alveolar System, 젖샘 구조)의 성장과 증식을 자극하는데, 특히, 임신 후반부에서 PL 농도가 증가하면서, 유선이 모유를 생성할 준비를 하도록 유도한다.

㉯ 영양 대사 조절

PL은 모체의 대사 변화를 조절하여 태아 성장에 필요한 영양소를 공급하는 역할을 하며, 인슐린 저항성을 증가시켜 모체에서 혈당을 유지하고, 태아가 이용할 수 있도록 글루코스 공급을 증가시킨다.

㉰ 성장호르몬과 유사한 작용

PL은 성장호르몬과 구조적으로 유사하여 태아의 성장 촉진과 모체 대사 조절을 돕고, 태아 성장에 필요한 영양소 조달을 지원하면서, 태아의 발달을 촉진하는 역할을 한다.

㉱ 프로락틴과 유사한 작용

PL은 프로락틴과 유사한 생물학적 기능을 수행하며, 유선 세포의 증식을 유도하며, 프로락틴과 함께 작용하여 유즙을 생성하는 유선포계의 발달을 도와준다.

② PL의 분비 증가와 유선 발달의 관계

PL의 분비는 임신 기간 동안 점진적으로 증가하며, 특히 임신 후반기에 급격히 증가하는데, 이는 유선포계의 증식기와 일치하며, 수유 준비 과정의 중요한 단계에 해당한다.

㉮ 유선포계(Alveolar System)의 증식과 일치

유선포계는 젖샘을 구성하는 소엽과 유관 구조로 이루어져 있으며, PL은 이 유선포계를 증식시키고, 임신 후반부에는 완전히 발달하도록 자극한다. 임신 말기에 유선포계가 충분히 성장하면, 출산 후 프로락틴과 옥시토신에 의해 본격적인 수유 과정이 시작된다.

㉯ PL과 유선 발달단계

임신 기간	태반성 락토겐(PL) 변화	유선 발달 상태
초기(1기)	낮음	유선 크기 증가 시작
중기(2기)	점진적 증가	유선포계의 증식 증가
후기(3기)	최고점	유선포계의 완전한 발달 및 수유 준비

③ 태반성 락토겐의 결핍이 미치는 영향

만약 PL 분비가 부족하면, 유선 발달이 충분히 이루어지지 않아 출산 후 모유 생성이 원활하지 않을 수 있다.

PL 결핍 시 유선포계가 제대로 성장하지 않아 수유 능력 저하, 태아 성장에 필요한 영양소 공급 부족, 모체의 대사 조절 기능이 저하될 가능성 등의 문제가 나타날 수 있다. 따라서, PL은 임신 중 태아의 성장과 유선 발달을 조절하는 중요한 호르몬이며, 출산 후 원활한 수유를 위해 반드시 필요한 호르몬이며 임신과 출산 과정에서도 매우 중요한 역할을 한다.

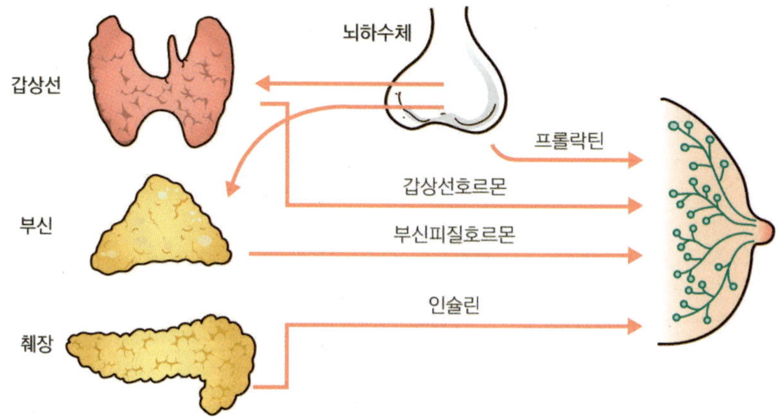

그림 8-3 유선발달과 호르몬의 모식도

2. 비유 개시와 유지

포유동물에서의 임신기 비유개시(泌乳開始, lactogenesis)는 유즙의 주요 성분(단백질, 지방, 유당 등)이 유선세포에서 왕성하게 합성되는 과정을 의미한다. 비유 개시는 임신말기에 유선이 충분히 발달했음에도 불구하고 유즙이 분비되지 않다가, 분만과 함께 유즙의 분비가 시작되는 과정을 의미한다. 이 과정은 연속적인 단계로 진행되며, 두 가지 주요 단계로 진행된다.

첫 번째 단계는 유선의 분비상피세포가 성숙하면서 유즙의 합성을 위한 효소들이 준비되는 단계로, 대부분의 포유동물에서 임신말기에 이루어진다. 유선이 충분히 발달해도 이 단계에서 유즙이 직접 분비되지는 않는다.

두 번째 단계는 유즙이 본격적으로 합성되고 분비되는 과정으로 이 시기 동안 특정 호르몬의 변화가 비유 개시를 조절한다.

개와 고양이는 임신기와 비유기에 대사 변화가 조절되어 태아 성장과 젖 생산을 원활히 유지한다. 이 과정을 발육항상성(galactopoiesis)이라고 하며, 비유기에 대사율이 급격히 증가하더라도 건강을 유지할 수 있도록 돕는다.

개와 고양이를 포함한 모든 포유동물에서 유즙 성분의 생성이 가장 활발해지는 시점은 분만 시기이며, 이 과정은 다양한 호르몬과 신경계의 조절을 받는다.

1) 분만 전후의 분비 기능

(1) 임신 중기(Mid-Pregnancy)의 유선 변화

유선포(Alveolus) 내부에 분비액이 충만해지고, 유방이 점차 커지고, 초기 분비액은 단백질이 주성분이며, 점성이 높아진다. 이 시기에 생성되는 유즙은 초유(Colostrum)로 발전하며, 출산 직후 신생자에게 중요한 영양 공급원이 된다. 개와 고양이는 분만 직후 새끼가 젖을 빨기 시작하면 유즙 분비가 더욱 활성화된다.

개에서는 보통 분만 후 1~2일 이내에, 고양이에서는 분만 후 즉시 유즙분비가 시작된다. 개와 고양이의 유즙에는 초유(colostrum)가 포함되어 있으며, 초유는 새끼의 면역력 형성에 중요한 역할을 한다.

(2) 비유개시와 신경

비유 개시는 주로 호르몬에 의해 조절되지만, 신경계 또한 중요한 역할을 한다. 특히, 분만 과정에서 자궁경부(cervix)의 신경 자극이 중추신경계를 활성화하여 비유 개시를 촉진하는 과정이 존재한다. 분만이 진행될 때, 자궁경부가 확장되면서 감각신경이 자극을 받는다. 이 신경 신호는 중추신경계 → 시상하부(hypothalamus) → 뇌하수체(pituitary gland)로 전달되며, 이 과정에서 비유 관련 호르몬의 분비를 촉진하여 유즙 생성을 활성화한다.

분만 중 태아가 산도를 통과할 때, 자궁경부의 기계적 자극이 증가한다. 이 자극은 신경 반응을 통해 중추신경계로 전달된다. 자궁경부가 자극될수록 시상하부 → 뇌하수체 축(hypothalamus–pituitary axis)이 활성화된다.

신경 신호를 받은 시상하부는 도파민(dopamine) 분비를 억제하여 뇌하수체 전엽에서 프로락틴(prolactin) 분비를 촉진한다. 시상하부는 동시에 옥시토신(oxytocin) 분비를 증가시키는데, 이는 유즙방출을 도와주는 역할을 한다.

개와 고양이에서는 자궁경부가 자극을 받을 때 프로락틴과 옥시토신 분비가 증가하면서 비유 개시가 촉진된다. 특히, 개는 분만 후 1~2일 이내에, 고양이는 분만 후 즉시 유즙분비가 활성화된다. 개와 고양이에서 새끼가 젖을 빠는 동안 유두의 감각신경이 자극되어 옥시토신 분비가 유지된다. 신경 자극이 없으면 옥시토신 분비가 감소하고 유즙방출이 억제되므로, 포유 행동이 지속적으로 이루어져야 한다. 개와 고양이는 스트레스나 환경 변화에 의해 옥시토신 분비가 억제될 수 있으며, 이는 유즙방출을 방해할 수 있다. 안정적인 환경에서 어미가 편안함을 느낄 때 비유가 원활하게 이루어진다.

비유 개시는 신경과 호르몬의 정교한 조절에 의해 이루어지며, 특히 자궁경부의 신경 자극이 비유 개시를 촉진하는 중요한 요인이 된다.

(3) 비유개시와 내분비

비유가 시작되기 위해서는 여러 가지 호르몬이 상호작용하며 조절된다. 개와 고양이에서 비유 개시는 호르몬 변화에 의해 정교하게 조절되며, 분만 후 즉시 또는 수일 내에 본격적인 유즙분비가 이루어진다. 이는 신생자의 건강과 생존에 필수적인 과정이다.

비유 개시를 조절하는 주요 호르몬은 프로락틴, 글루코코르티코이드, 에스트라디올-17β, 그리고 프로게스테론이다.

프로게스테론(Progesterone)은 임신기 동안 높은 농도로 유지되며 유즙 분비를 억제하는 역할을 하다가 분만 직전 급격히 감소하면서 비유 개시를 유도한다. 에스트로겐(Estrogen)은 혈중 농도가 증가하면 유두의 감수성이 높아져 신생자의 빨기 자극에 대한 반응이 강화되어 유즙 분비를 촉진하는 역할을 수행한다. 옥시토신(Oxytocin)은 근상피세포(Myoepithelial cell)의 옥시토신 감수성을 증가시켜, 유즙이 유관을 통해 방출되도록 도와준다. 프로락틴은 유즙 합성을 촉진하며, 부신피질자극호르몬(ACTH), 부신피질호르몬(Glucocorticoids)는 유선 세포의 기능을 활성화하고, 에스트라디올-17β는 유선의 발달과 유즙 분비를 촉진하는 역할을 한다.

2) 비유의 유지

비유가 개시된 이후에는 지속적으로 유즙을 분비하는 과정이 필요하며, 이는 신경 반응과 여러 호르몬의 정교한 조절에 의해 유지된다. 비유 유지(lactation maintenance)는 단순한 유즙 생성이 아니라, 신생자에게 충분한 영양을 공급하기 위해 장기간 동안 유즙의 지속적인 합성과 방출이 이루어지는 과정이다. 이 과정은 주요 호르몬의 조절과 신경계 반응이 상호작용하여 유지된다. 프로락틴과 옥시토신이 핵심적인 역할을 하며, 부신피질호르몬, 갑상선호르몬, 부갑상선호르몬, 인슐린 등이 대사 조절을 통해 보조적인 역할을 하며, 특히, 신생자의 빨기 자극이 지속적으로 신경계와 내분비계를 자극하여 호르몬 분비를 촉진하고, 이를 통해 비유가 유지되는 것이 가장 중요한 기전이다.

(1) 비유 유지와 신경자극

신생자의 빨기 자극이 신경 신호를 시상하부로 전달되어 뇌하수체에서 호르몬 분비 증가하며, 빨기 자극이 강해지면 프로락틴(Prolactin) 억제물질(PIF, Prolactin Inhibiting Factor)의 분비가 억제되어 유즙 생산이 증가한다. 즉, 신생자가 빨면 빨수록 유즙분비가 촉진된다. 신생자가 젖을 빠는 동안 유두의 감각신경이 자극되면, 이 신경 신호가 시상하부로 전달되어 프로락틴과 옥시토신의 분비를 촉진한다. 프로락틴은 유즙 합성을 촉진하고, 옥시토신은 유즙 사출을 유도하여 젖이 원활하게 공급될 수 있도록 한다. 신생자가 지속적으로 젖을 빨아야 비유 유지가 가능하며, 포유 횟수가 줄어들면 프로락틴과 옥시토신 분비가 감소하면서 유즙 생산이 점차 감소하게 된다.

(2) 비유 유지에 필요한 호르몬

비유가 지속되기 위해서는 여러 가지 내분비 호르몬이 중요한 역할을 한다.

① 프로락틴(Prolactin)은 유즙 합성 촉진에 관여하는데 뇌하수체 전엽(anterior

pituitary)에서 분비되며, 유선에서 유즙을 지속적으로 합성하도록 자극한다. 신생자가 젖을 빠는 동안 유두의 감각신경이 자극되면 시상하부에서 도파민(dopamine) 분비가 억제되어 프로락틴 분비가 증가한다. 프로락틴의 분비는 수유 횟수와 지속 시간에 비례하여 증가하며, 이 과정이 반복되어야 지속적인 비유가 가능하다. 비유 유지에 필수적이며, 분비가 감소하면 유량이 줄어든다.

② 옥시토신(Oxytocin)은 유즙 방출 촉진에 관여하여, 뇌하수체 후엽(posterior pituitary)에서 분비되며, 유선 내 근상피세포(myopithelial cells)의 수축을 유도하여 유즙을 사출한다. 신생자가 젖을 빠는 동안 유두의 감각신경이 자극되면 옥시토신 반사(let-down reflex)가 유발되며, 이를 통해 유즙이 유관(乳管)으로 밀려나온다. 어미 동물은 신생자의 울음소리나 젖을 빨려는 행동만으로도 옥시토신 분비가 촉진될 수 있다(조건반사). 스트레스나 환경 변화는 옥시토신 분비를 억제할 수 있으며, 따라서 비유 유지에는 안정적인 환경이 필수적이다.

③ 부신피질호르몬(Glucocorticoids)은 대사 조절 및 유즙 생성 보조하는 역할을 하는데 부신에서 분비되며, 유즙 합성 과정에서 단백질과 지질 대사를 조절하는 역할을 한다. 스트레스가 과도하면 부신피질호르몬이 증가하여 옥시토신 분비가 억제될 수 있으므로, 어미 동물의 스트레스 관리가 중요하다.

④ 갑상선호르몬(Thyroid Hormones)은 신진대사를 활성화하며 비유 중 모체의 에너지대사를 조절하는 데 관여하고 갑상선에서 분비되며 에너지대사를 활성화하여 비유 유지율을 높이고, 유선 조직의 성장과 기능을 유지하는 데 중요한 역할을 한다.

⑤ 부갑상선호르몬(Parathyroid Hormone, PTH)은 유즙 합성을 위한 칼슘 조절을 담

당하는 역할을 하는데 혈중 칼슘 농도를 조절하여, 유즙 내 칼슘 공급을 원활하게 유지한다. 수유 중 칼슘 요구량이 증가하므로, 부갑상선호르몬은 혈중 칼슘 농도를 유지하여 비유를 지속할 수 있도록 돕는다.

⑥ 인슐린(Insulin)은 영양 대사 조절을 하는데 췌장에서 분비되며, 혈당 조절을 통해 유즙 합성을 위한 포도당 이용과 에너지 대사를 조절한다. 유즙에는 포도당이 중요한 성분이므로, 인슐린이 적절히 분비되어야 효율적인 유즙 생산이 가능하다. 지방 합성을 촉진하여 유즙 내 지방 농도를 증가시키기도 한다.

(3) 비유 유지에 영향을 미치는 요인

① 포유 빈도

신생자가 자주 젖을 빨수록 프로락틴과 옥시토신의 분비가 증가하여 비유가 지속된다. 수유 빈도가 줄어들면 호르몬 분비가 감소하여 점차 유즙 생성이 감소하게 된다.

② 환경적 안정성

스트레스, 소음, 낯선 환경 등은 옥시토신 분비를 억제할 수 있으며, 이는 유즙 사출을 방해하여 비유 유지에 부정적인 영향을 미칠 수 있다. 따라서, 어미 동물이 편안하고 안전한 환경에서 수유할 수 있도록 관리하는 것이 중요하다.

③ 어미의 영양 상태

유즙 생산을 위해 많은 에너지와 영양소가 필요하므로, 어미 동물의 적절한 영양 공급이 필수적이다. 특히, 단백질, 지방, 포도당, 칼슘 등의 공급이 원활해야 유즙 생성이 지속될 수 있다.

비유개시는 임신 후반부부터 호르몬 조절(프로게스테론 감소, 에스트로겐 증가, 프로락틴 활성화)로 시작되어 신생자의 빨기 자극이 신경 및 내분비 반응을 유발하여 유즙 분비를 촉진한다.

비유 유지 과정은 신경자극(빨기 반사)과 호르몬 조절(프로락틴, 옥시토신, ACTH 등)이 결합하여 지속적으로 유지되며, 부신피질호르몬, 갑상선호르몬, 부갑상선호르몬, 인슐린 등이 간접적으로 유즙의 양과 질에 영향을 미친다. 비유가 지속되기 위해서는 어미 동물의 영양 상태, 포유 빈도, 환경적 안정성이 적절하게 유지되어야 한다.

개와 고양이를 비롯한 포유동물에서 비유는 단순한 생리적 현상이 아니라 신경계, 내분비계, 대사 조절이 유기적으로 결합된 복합적인 과정이며, 신생자의 지속적인 포유 자극이 비유 유지를 결정하는 핵심 요소가 된다.

3. 유즙 성분의 생합성

포유동물의 유즙은 신생아의 영양 공급을 위해 유선포(乳腺胞, mammary alveolus) 내 분비상피세포에서 합성되며, 여러 방출 기전을 통해 유선포강(乳腺胞腔, alveolar lumen)으로 분비된다. 유즙 합성 과정은 세포소기관의 작용을 통해 이루어지며, 방출 과정은 세포막과 연접의 구조적 특성에 따라 달라진다.

1) 유즙의 합성

유즙은 단백질, 탄수화물, 지방, 무기질, 비타민 등 다양한 성분으로 구성되며, 이들의 합성 과정은 다음과 같다.

(1) 유단백질(milk protein) 합성

유단백질은 혈액 내 아미노산을 원료로 하여 분비상피세포의 거친 내형질세망(rough endoplasmic reticulum)에서 합성된다. 합성된 단백질은 골지장치(Golgi apparatus)를 거쳐 분비소포(secretory vesicle) 형태로 저장되며, 유선포강으로 방출된다. 유단백질은 크게 카세인(casein)과 유청단백질(whey protein)로 나뉜다.

카세인(casein)은 α-, β-, κ-, γ-카세인 등으로 구분되며, 특히 α-와 β카세인은 인산 함량이 높아 칼슘과 결합하여 미셀(micelle) 형태를 이룬다. κ-카세인은 탄수화물이 부착되어 있어 안정성을 유지하는 역할을 한다.

유청단백질(whey protein)은 α-락트알부민, β-락토글로불린, 알부민, 면역글로불린 등으로 구성된다. 면역글로불린은 신생아의 면역력 형성에 중요한 역할을 한다.

(2) 포도당과 유당(lactose) 합성

혈액 중의 포도당은 유선세포에 의하여 여러 가지로 쓰인다. 즉 포도당은 우유의 중요당인 유당의 합성, 에너지의 주원료, 우유 triglyceride의 glycerol 성분의 합성, RNA의 합성을 위하여 사용된다. 따라서 포도당이 없으면 우유생산은 계속될 수 없다.

유당(乳糖, lactose)은 2개의 단당인 glucose와 galactose로 되어 있다. 유당의 형성 과정에서 포도당 한 분자는 galactose로 전환되며, 이 galactose는 유당을 형성하기 위하여 다른 포도당 분자와 결합한다. 유방에 들어간 포도당의 50%는 유당을 만들기 위하여 사용되며, 나머지는 에너지로 사용된다.

유당의 합성에는 우유단백질의 주성분인 α−lactalbumin이 촉매로 작용한다. 유당의 합성은 골지체에서 일어나고, α−lactalbumin은 ribosome에서 합성되며 endoplasmic reticulum의 강(腔)을 지나 골지체에 이른다. 골지체에는 유당합성의 2번째 효소인 galactosyltransferase가 있다. 즉, 유당(lactose)은 유즙의 주요 탄수화물로, 글루코오스(glucose)와 갈락토오스(galactose)가 락토오스 합성효소(lactose synthase)의 작용으로 결합하여 생성된다. 이는 골지체에서 합성되며, 삼투압을 조절하여 유즙량을 결정하는 중요한 요소이다.

(3) 유지방(lipid) 합성

유지방의 97~98%는 트리글리세라이드(triglyceride)로 구성되며, 나머지는 인지질과 기타 미량 지질이다. 트리글리세라이드는 분비상피세포의 활면내형질세망(smooth endoplasmic reticulum)에서 합성된 후, 지방적(fat droplet) 형태로 저장된다. 지방산의 원료는 비반추동물과 반추동물 간 차이가 있다. 비반추동물은 글루코오스(glucose)를 지방산 합성의 원료로 사용하고, 반추동물은 아세트산염(acetate)이 주된 지방산 원료이며, 글루코오스는 지방 합성에 거의 이용되지 않는다.

트리글리세라이드의 지방산 조성은 약 50%가 C_4~C_{14}의 저급 지방산이고, 나머지 50%는 C_{18}~C_{20}의 고급 지방산이다.

(4) 비타민과 무기물

유선의 분비세포는 비타민과 무기물들을 합성할 수 없으므로 혈액으로부터 공급받는다. Ca, P, K, Cl, Na 및 Mg은 우유 중에 들어 있는 주된 무기물이다. 우유 내 이들 무기물은 혈액으로부터 유래하지만, 이들이 혈액 내의 농도에 비례하여 흡수되는지, 아니면 선택적으로 취해지는 기전이 있는지 확실하지 않다. 그러나 상피세포가 이들 무기물을 우유와 혈액으로 방출할 수 있는 것으로 보아 어떤 형태의 능동수송기작(active transport mechanism)이 있는 것으로 생각된다. 우유에 있는 비타민 분자는 혈액으로부터 그대로 온다. 지용성 비타민과 같은 어떤 비타민의 우유 내 농도는 혈청 내 이를 비타민이 많아짐에 따라 증가한다.

우유 중의 수분은 그 일부가 유선포세포의 칼륨이 풍부한 세포내액으로부터 유래하며, 나머지 일부는 유당, 단백질 및 지방 합성에 따른 삼투압 유지를 위한 혈액으로부터 세포로의 이동에서 유래한다. 따라서 모체의 영양 상태가 유즙의 무기물 및 비타민 함량에 영향을 미친다.

표 8-2 동물의 종에 따른 유즙 성분(%)

동물종	지방	단백질	유당	무기질	총 고형물	동물종	지방	단백질	유당	무기질	총 고형물
소						개	8.3	9.5	3.7	1.20	20.7
에어셔	4.1	3.6	4.7	0.7	13.1	고양이	10.9	11.1	3.4	–	–
브라운 스위스	1.0	3.6	5.0	0.7	13.3	사슴	19.7	10.4	2.6	1.4	34.1
건지	5.0	3.8	4.9	0.7	14.4	토끼	12.2	10.4	1.8	2.0	26.4
홀스타인	3.5	3.1	4.9	0.7	12.2	래트	14.8	11.3	2.9	1.5	31.7
저지	5.5	3.9	4.9	0.7	15.0	코끼리	15.1	4.9	3.4	0.76	26.9
말	1.6	2.7	6.1	0.51	11.0	밍크	8.0	7.0	6.9	0.7	22.6
면양	5.3	5.5	4.6	0.90	16.3	북극곰	31.0	10.2	0.5	1.2	42.9
산양	3.5	3.1	4.6	0.79	12.0	고래	34.8	13.6	1.8	1.6	51.2
돼지	8.2	5.8	4.8	0.63	19.9	사람	4.5	1.1	6.8	0.2	12.6

출처: 이규승(2022). 포유동물생식생리학.

2) 유즙의 방출

합성된 유즙 성분은 유선포강으로 이동하기 위해 다섯 가지 기전을 통해 방출된다.

(1) 세포외유출(exocytosis)

분비상피세포 내에서 합성된 유단백질(카세인, α-락트알부민, 락토페린 등)은 분비소포(secretory vesicle) 형태로 저장된 후, 원형질막과 융합하여 유선포강으로 방출된다.

(2) 이출분비(離出分泌, apocrine secretion)

유지방은 활면내형질세망에서 합성된 후 지방적(脂肪滴, fat droplet) 형태로 이동한다. 지방적이 세포막을 통과할 때, 원형질막이 함께 싸여 유지방구(milk fat globule)를 형성하며 분비된다. 이는 유지방이 유즙 내에서 유화(emulsification)되는 데 중요한 역할을 한다.

(3) 원형질막통과운반(transmembrane transport)

세포질 내 용해된 글루코오스와 1가이온(Na^+, K^+, Cl^- 등)은 원형질막을 직접 통과하여 유선포강으로 이동한다. 이 과정은 단순 확산(simple diffusion) 또는 운반체 매개 확산(carrier-mediated transport)에 의해 조절된다.

(4) 경(經)세포운반(transcytotic transport)

혈액에 존재하는 면역글로불린(IgA)은 신생아의 면역력 형성에 중요한 성분이다. IgA는 분비상피세포의 기저측 원형질막에 있는 IgA 수용체와 결합한 후, 세포질을 통과하여 유선포강으로 방출된다.

(5) 측(側)세포운반(paracellular transport)

일반적으로 분비상피세포는 밀착연접(tight junction)으로 연결되어 있어, 물질이 세포 사이를 직접 이동할 수 없다. 그러나 임신기, 유선 퇴행기, 유방염 등의 상황에서는 밀착연접이 열려 혈장 성분과 백혈구가 유즙으로 유입될 수 있다. 이 과정은 감염이나 면역 반응과 관련되어 있다.

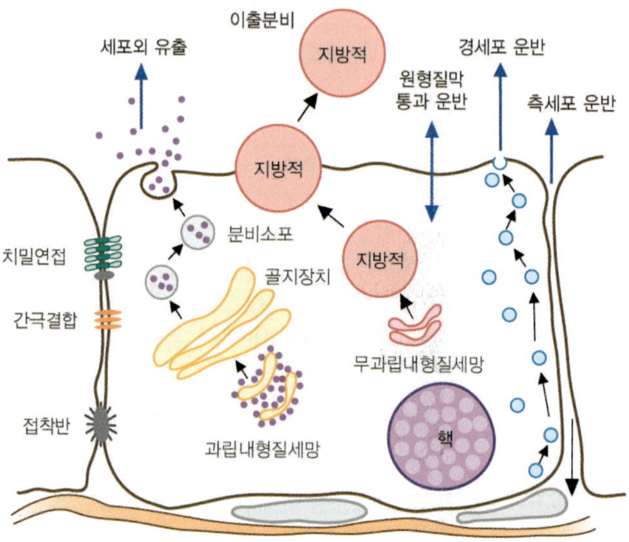

그림 8-4 유선의 분비상피세포에서 유즙성분이 방출되는 경로

3) 유즙의 배출

유즙의 배출(排出, ejection) 또는 하강(下降, let-down)은 유선에서 합성된 유즙이 유선포강(alveolar lumen) → 유선관(乳腺管, duct) → 유두(乳頭, teat) → 유두공(乳頭孔, teat orifice)의 경로를 따라 외부로 방출되는 생리 현상을 의미한다. 이 과정은 신경계와 내분비계가 공동으로 작용하는 신경내분비적 반사(neuroendocrine reflex)에 의해 조절된다.

(1) 유즙 배출의 신경내분비적 조절

유즙 배출은 신경계의 감각 자극과 내분비계의 호르몬 반응이 상호작용하는 과정을 통해 조절되며, 착유자극(milking stimulus)이 핵심적인 역할을 한다.

① 착유자극과 신경 전달 경로

유두에 가해지는 착유자극(손 착유, 기계 착유, 새끼의 빠는 행동) 은 지각신경인 허리신경(lumbar nerve)을 통해 척수(spinal cord)로 전달된다.

이후 신경 신호는 중뇌의 외측피개(lateral tegmentum)와 정중슬상체(medial geniculate body)를 거쳐 정중전뇌속(medial forebrain bundle)으로 이동한다.

마지막으로 신호는 시상하부(hypothalamus)의 시삭상핵(supraoptic nucleus)과 실방핵(paraventricular nucleus, PVN)에 전달된다.

② 시각 및 후각 자극

단순한 물리적 자극 외에도, 시각과 후각 자극 역시 유즙 배출을 유도할 수 있다. 어미가 자신의 새끼를 보거나, 새끼의 울음소리를 듣거나, 새끼의 냄새를 맡는 것만으로도 원시해마(hippocampal rudiment)를 통해 실방핵에 신호가 전달되어 유즙 배출 반사를 유발할 수 있다.

(2) 옥시토신(oxytocin) 분비와 유방으로의 이동

착유자극과 감각 신호가 시상하부에 도달하면, 시삭상핵과 실방핵에서 옥시토신(oxytocin) 분비가 촉진된다. 방출된 옥시토신은 뇌하수체 후엽(posterior pituitary gland)을 통해 혈액으로 분비된다. 이후 경정맥(jugular vein)을 타고 심장(heart)으로 이동한 후, 동맥계를 통해 전신으로 확산된다. 유방으로의 옥시토신 이동은 하행대동맥(descending aorta)에서 분지된 외음부동맥(external pudendal artery)을 통해 이루어진다.

(3) 근상피세포(my–epithelial cell)의 수축과 유즙 배출

유방에 도달한 옥시토신은 유선포(alveolus)의 외측을 감싸고 있는 근상피세포(my–epithelial cell)의 원형질막에 존재하는 옥시토신 수용체와 결합하여 다음과 같은 반응을 유도한다.

① 근상피세포의 수축

근상피세포는 유선포를 감싸고 있으며, 옥시토신과 결합하면 즉각적인 수축 반응을 일으킨다. 수축이 발생하면 유선포 내압이 급격히 상승 하며, 내부에 저장된 유즙이 유선관으로 압출된다.

② 유즙의 유선관 이동

유선포에서 방출된 유즙은 유선관(mammary duct)을 따라 유두로 이동하며, 최종적으로 유두공(teat orifice)을 통해 외부로 배출된다.

(4) 유즙 배출 과정의 조절 요인

유즙 배출은 심리적, 환경적, 생리적 요인에 의해 영향을 받을 수 있다.

① 심리적 요인으로는 모체가 편안하고 안정적인 상태일 때 유즙 배출이 원활하게 일어난다. 스트레스나 공포는 교감신경을 활성화시켜 옥시토신의 방출을 억제하며, 근상피세포의 반응을 저하시켜 유즙 배출을 어렵게 만든다.

② 환경적 요인으로는 착유 환경(우유 짜는 장소, 소음, 기온 등)이 유즙 배출에 영향을 미칠 수 있다. 불편한 환경에서는 유즙 배출 반사가 지연될 수 있다.

③ 생리적 요인으로는 모유 수유 초기에 옥시토신 분비가 원활하지 않으면 유즙 배출이 지연될 수 있다. 모유 수유 기간이 길어질수록 유즙 배출 반응이 더욱 효과적으로 조절된다.

(5) 유즙 배출 반사의 생리적 중요성

신생아에게 영양 공급을 원활하게 하기 위해 필수적인 과정이다. 옥시토신의 작용은 단순히 유즙 배출뿐만 아니라 자궁 수축을 촉진하여 산후 회복을 돕는 역할도 한다. 인공 착유 시에는 규칙적인 착유 습관이 유즙 배출 반응을 최적화하는 데 중요한 역할을 한다.

유즙 배출은 신경과 호르몬이 함께 조절하는 신경내분비적 반사에 의해 이루어지며, 착유자극이 신경계를 통해 시상하부로 전달되면 옥시토신이 방출되고, 유방 내 근상피세포를 수축시켜 유즙을 유두로 압출한다.

4. 유선의 퇴행

유선(乳腺, mammary gland)은 임신기에 현저하게 발달하여 분만 후 유즙을 생성하고 분비하는 기관으로 이유(離乳, weaning)나 착유(搾乳, milking) 중단 후에는 유선의 분비조직인 유선포계(alveolar system)가 퇴화하면서 유즙분비가 중단되며, 유선의 크기도 감소한다. 이러한 과정은 유선의 퇴행(mammary involution)이라 하며, 이는 생리적 조절에 의해 발생하는 과정이다.

1) 유선이 퇴행되는 기전

유선이 퇴행하는 주요 원인은 착유자극(milking stimulus) 또는 흡유자극(suckling stimulus)의 중단이다. 착유 또는 흡유가 중단되면, 유즙 배출 반사(milk ejection reflex)가 멈추면서 유즙이 유선포(alveolus) 내에 축적된다. 유선포 내 유즙이 배출되지 않으면 내부 압력(intraluminal pressure)이 급격히 상승하여 유선포의 기능이 저하된다. 압력 상승으로 인해 유선포 주변의 모세혈관망(capillary network)이 압박되어 혈류량이 감소하고, 유즙 합성에 필요한 영양소 및 호르몬 공급이 제한된다.

유선포에 혈류 공급이 줄어들면 젖 분비에 필요한 호르몬(특히 프로락틴, prolactin)의 작용이 감소한다. 영양소 공급이 차단되면서 분비상피세포(secretory epithelial cells)의 활성이 저하 되어 유즙 합성이 점차 중단된다.

분비상피세포의 세포소멸(apoptosis)과 유선포계의 파괴는 유선포 내압이 증가하면 분비상피세포가 압박을 받으면서 점진적으로 기능이 저하되는 과정에서 유전적으로 조절된 세포소멸(apoptosis, programmed cell death)이 활성화된다. 세포소멸이 진행되면 분비상피세포의 핵 내 염색질이 농축된다. 이어서 Ca^{2+}/Mg^{2+} 의존적 엔도뉴클레아제(endonuclease)가 활성화되어 DNA가 절단(fragmentation)되면서 세포가 사멸한다. 이러한 과정으로 인해 유선포가 점차 붕괴 및 소실 된다. 분비상피세포는 세포소멸에 의해 점차 사라지지만, 근상피세포(my-epithelial cells)와 유선포 주변의 모세혈관망(capillary network)은 퇴행되지 않고 그대로 남아 있다. 이는 이후 다시 임신 및 출산이 이루어졌을 때, 유선이 재생되고 젖 분비 기능이 회복될 수 있도록 하기 위한 생리적 준비 과정이다.

2) 퇴행에 따른 유선조직의 변화

유선의 퇴행 과정에서는 유선포계의 변화가 두드러지며, 일부 조직은 그대로 유지 된다. 유선의 퇴행은 주로 유선포계에서 발생한다. 세포소멸이 진행되면서 분비상피세포의 수가 급격히 감소 하고, 결국 유선포(alveoli)가 파괴되면서 기능이 정지된다. 유즙의 배출 통로 역할을 하는 유선관(mammary duct)은 퇴행되지 않고 그대로 유지된다. 이는 다음 번 임신과 출산 후, 유선이 다시 활성화될 수 있도록 구조적인 기반을 제공한다.

유선포의 외측에 존재하는 근상피세포(my-epithelial cells)와 모세혈관망(capillary network)은 퇴행되지 않고 유지된다. 이는 차후 젖 분비 기능이 재개될 때 신속한 기능 회복을 가능하게 하는 요소로 작용한다.

유선조직 내에서 결합조직의 함유 비율이 증가하는 현상이 관찰된다. 하지만 이는 결합조직의 절대량이 증가하는 것이 아니라, 유선포계가 감소하면서 상대적으로 결합조직의 비율이 높아지는 것이다.

소, 돼지, 염소의 경우 이유(weaning) 후 바로 다음 번 임신이 성립되는 경우가 많아 극심한 유선 퇴행이 일어나지 않는 경우도 있다. 그러나, 착유 기간이 끝나거나 장기간 임신이 이루어지지 않으면 유선의 퇴행이 본격적으로 진행된다. 일부 동물에서는 퇴행된 유선이 완전히 기능을 상실하지 않고 일정 부분 유지되며, 이후 임신 시 빠르게 재생된다. 유선이 퇴행한 후에도 다음 번 임신과 출산이 이루어지면 유선이 다시 활성화된다.

이는 임신 중 프로락틴(prolactin), 에스트로겐(estrogen), 프로게스테론(progesterone)

등의 호르몬이 유선조직을 재생시킨다. 유선포계가 새롭게 발달하며, 근상피세포와 유선관계가 유지된 상태에서 다시 젖 분비 기능을 수행한다. 분만과 함께 유즙 합성이 개시되면서 본격적인 젖 분비 과정이 이루어진다.

유선의 퇴행(mammary involution)은 착유나 흡유 중단 후 유선포 내 유즙 저류 → 내압 상승 → 혈류량 감소 → 유즙 합성 정지 → 분비상피세포 소멸 → 유선포계 붕괴 의 순서로 진행된다. 그러나, 유선관계와 근상피세포, 모세혈관망은 그대로 유지되며, 차후 임신과 출산이 이루어지면 유선이 재생되어 다시 젖 분비 기능을 수행할 수 있다.

특히, 이유 후 바로 다음번 임신이 성립되는 경우 유선이 급격히 퇴행되지 않는 특성이 있으며, 착유 습관 및 번식 주기에 따라 퇴행 속도와 정도가 달라질 수 있다.

Chapter

09

반려동물 번식의 인위적 조절

반려동물의 번식은 자연적인 생리 주기에 의해 조절되지만, 인위적 조절을 통해 번식 시기와 방법을 관리할 수 있다. 반려동물 번식의 인위적 조절은 수의학적 번식 관리, 유전적 품질 향상, 동물 복지를 위한 핵심 기술이다.

호르몬 조절, 인공수정, 체외수정 및 배아이식, 중성화 수술 등 다양한 방법을 적절히 활용하면 계획적 번식과 질병 예방, 종 보존에 효과적이다.

1. 계절 외 번식의 인위적 조절

개에서 '계절 외 번식의 인위적 조절'은 자연 번식 시기(즉, 발정주기의 자연적인 간격이나 계절적 제한)와 관계없이 인위적으로 발정과 배란을 유도하여 번식할 수 있도록 하는 방법을 말한다.

개는 봄, 가을에 주로 번식하며 성 성숙은 암컷이 9~14개월령, 수컷이 10~13개월령에 도달되며, 발정 기간은 7~13일 정도이다. 배란은 발정개시와 동시에 거의 자연적으로 배란되며, 난자 수는 8~10개 정도이다. 임신기간은 58~63일이며, 산자수는 소형종이 2~3마리, 대형종은 4~12마리이다.

개의 발정주기는 연속적으로 이루어지나 배란이 일어나는 것은 1년에 2번 정도이므로 호르몬을 이용하여 발정을 여러 번 유기할 수 있는 동물이다. 현재까지는 PRID나 CIDR 등을 이용하여 난소에 호르몬의 분비 양상을 조절하여 이를 제거하면 발정이 오게 하는 방법을 이용하고 있다. 대개 **그림 9-1**과 같이 7~10일 정도 CIDR(질 내 삽입 장치) 등을 질 내에 삽입하여 일정 시간 동안 정치시킨 후 제거하여 프로스타그랜딘제를 주사하여 발정을 유기한 후 인공수정을 실시하여 자견을 생산하는 방법을 이용하지만 아직은 많은 연구가 필요한 실정이다.

개의 임신기간은 일반적으로 평균 63~65일로 보나 56~70일까지의 범위로 보는 것이 적당하다. 이상적인 개의 번식기간은 2~6년으로 보고가 된다. 첫 수정은 2~3번째 발정 때 실시하는 것이 유리하다. 개의 발정주기는 2회 정도이지만 난소주기는 1년 내내 주기가 있다는 보고가 있어 계절에 무관하게 유기발정, 임신도 가능하다. 개의 황체형성호르몬(LH) peak는 승가허용 2일째에 일어난다(Cancannon & Yeager, 1990). 수정란 이식 후 20~80일에 자궁이 팽창하여 촉지가 가능한데 배 모양으로 촉지가 되며 28~30일에는 5cm 크기(Johnston, 1982)로 초음파 감정이 가능하고 종에 따라 차이가 있지만 태아의 골격은 분만전 20~21일에 감지가 가능하다고 보고를 하고 있다. 태아골격은 교미 후 42~52일 때 가능하다고 표현이 된다. 임신진단에는 초음파기기를 이용하는 것이 매우 효과적이다. 심장박동이나 척추 등의 태아 몸체를 눈으로 확인이 가능하여 효과적이고 손에 의한 촉지는 잘못하면 태아의 손상을 줄 수 있으므로 권장하지는 않는다.

1) 발정주기의 인위적 조절

(1) 발정의 동기화

발정의 동기화(synchronization on estrus)란 암컷 가축의 발정을 원하는 시기에 일괄적으로 나타나게 하여 인공수정과 분만 시기를 조절하는 기술이다. 발정의 동기화는 황체를 퇴행시키거나 또는 인공 황체기를 조성하여 일정 범위의 시기에 집중적으로 발정을 관찰할 수 있도록 처치하는 번식 기술이다. 한 농장에서 같이 사육되는 동물에 있어서 발정 및 배란이 같이 이루어질 수 있다면 한 농장의 동물 무리를 관리하는 데 매우 효과적이라 하겠다. 따라서 발정의 동기화는 인위적 처리에 의하여 단기일 내 집중적으로 오게 하여 이 기간 내에 수정할 수 있도록 하는 것을 말한다. 발정의 동기화 이점은 다음과 같다.

① 동물 다두사육의 경우, 번식업무의 성력화가 가능하다.
② 발정의 발견과 교배적기의 파악이 용이하게 되어 수태율의 향상을 기대할 수 있다.
③ 암컷의 분만 시기를 조정할 수 있기 때문에 계획생산과 계획출하가 용이하게 된다.
④ 인공수정의 실시가 용이하게 되어 동물개량이 촉진된다.
⑤ 수정란 이식에 응용된다.

아울러 발정동기화의 구비조건은 다음과 같다.

① 동기화 처리 후 일군의 암컷이 일정한 기일 내에 확실한 발정징후를 동반하는 발정과 배란이 나타나야 한다.
② 동기화 처리에 의해서 수태율의 저하, 산자수의 감소가 발생해서는 안 된다.

③ 발정동기화에 많은 경비가 소요되어서 안 되며, 처리과정도 간편해야 된다.
④ 동기화의 처리에 따른 부작용이 없으며, 특히 그 이후 번식성적에 악영향이 없어야 한다.

(2) PGF2α에 의한 발정동기화

Pharriss와 Wyngarden(1969)이 PGF2α가 위임신한 흰쥐에서 황체퇴행 작용이 있다는 것을 밝힌 이래 Rowson 등(1972)은 PGF2α를 소에서 발정동기화에 이용할 수 있다는 것을 보여주었으며, 이후 PGF2α 또는 이의 합성유연물질이 개의 발정동기화에 널리 이용되게 되었다(표 9-1). 수란우의 발정동기화에 PGF2α를 사용하는 경우 PGF2α를 단독으로 투여하는 외에도 프로게스테론 합성성선자극 호르몬 및 이의 유도체 또는 에스트로겐 등을 병용하는 방법이 있다. PGF2α를 처음으로 소의 발정동기화에 이용한 Rowson 등(1972)은 PGF2α를 자궁 내에 주입하였다. 그 후 질 내 주입법(Louis et al., 1973), 자궁경관실질 내 주입법, 자궁질부실질 내 주사법, 자궁경관 내 주입법 및 외음부점하 주사법 등 각종 투여법이 시도되었다.

소의 경우 가장 간단한 방법은 근육 내 주입법(Lauderdale, 1972)으로 PGF2α 30mg을 근육 내 주사한다. 소에서 투여 시기는 황체기인 발정주기 5~16일 사이이며 우군 전체를 발정동기화하려는 경우는 11~13일 간격으로 PGF2α를 2회 투여하며 2회째는 모든 수가 황체기에 놓이게 되어 발정동기화율이 높아진다. 근육주사 시 1회 투여량은 10~30mg으로 10mg으로도 양호한 결과를 얻었다고 보고하고 있으나, 최저 15mg이 필요하며 양호한 결과를 얻으려면 25~30mg을 투여하는 것이 좋다. 근육주사 시 2회에 나누어 투여하는 경우 5mg을 2일 연속 투여하면 15mg을 1회 투여한 것과 같은 결과를 얻었다고 보고하고 있다(Sugie, 1978).

(3) Ring-CIDR와 Synchromate-B에 의한 발정동기화

소에서 많이 이용하는 Ring-CIDR법은 프로게스테론 1.5g을 함유한 ring 타입의 CIDR를 수란우의 질 내에 삽입한 후 6일째에 PGr2a 25mg을 근육주사 후

7일째에 PRID를 제거하여 발정을 유기하는 방법이다. Synchromate-B법은 6mg의 프로게스테론을 함유하는 Sychromate-B를 귀 뒤 피하에 이식하고 동시에 3mg의 estradiol valerate와 프로게스테론 2mg을 근육 주사한 후 9일째에 Synchromate-B를 제거하여 발정을 유기하는 방법으로 PGF2α 단용보다 발정 동기화율이 높다(Im, 1985).

4개월 이전에 발정한 경험이 없는 암캐에게 Ring-CIDR/DES(Controled intravaginal drug release/Diethylstilboestrol, 좋은유전자㈜, 한국)를 질 내에 7~10일간 장치하는 동안에 외음부가 종창되고 출혈이 확인되면 이날을 Day 0(pro-estrus)으로 정하고 Day 3일째에 Ring-CIDR/DES를 제거하였다. Day 5일째에 hCG 1000IU 또는 FSH 50mg을 오전에 주사 1회 근육주사하고 필요시 Day 8일째에 GnRH(30~50㎍)를 오전에 주사하였다. 외음부 종창이 작아지고 출혈분비액이 암갈색으로 바뀌는 Day 10~12일째를 인공수정 적기로 판단하였다. 발정유도와 인공수정의 실시방법은 **그림 9-3**과 같다.

자연발정군과 Ring-CIDR 처리군의 인공수정 적기를 규명하기 위하여 초음파진단기를 이용하여 난소 내 난포발달 상태를 측정하였다. 자연적으로 발정이 개시된 Greyhound와 Ring-CIDR 처리한 Beagle, English cockers spanie에 대해서 초음파진단기(3.5MHz probe, SA 600S, 메디슨, 한국)를 이용하여 발정개시 후 11일째부터 15일까지 초음파화상으로 난소 내 난포크기 변화를 조사하였고, 난포 상태를 확인한 다음 인공 수정을 실시하였다(지달영, 2004).

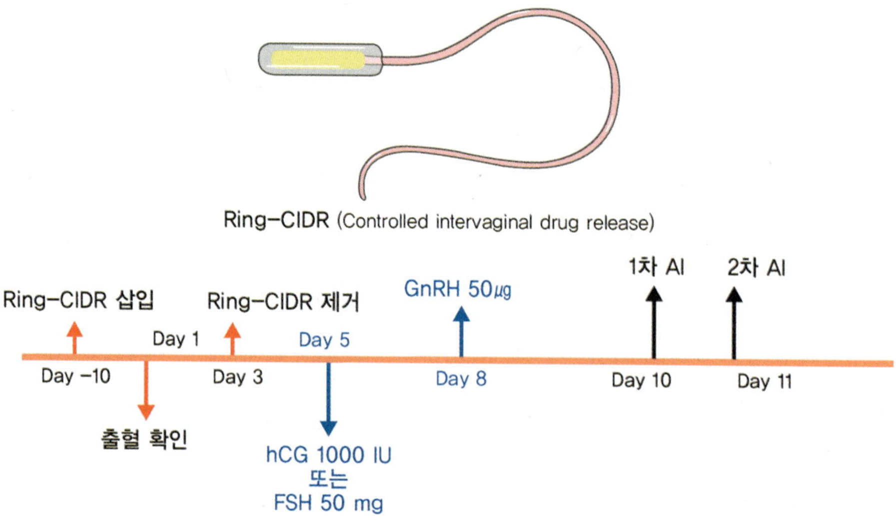

그림 9-1 개의 발정유도 및 인공수정 방법(지달영, 2004)

표 9-1 발정동기화처리후 수태율

Estrus	No. of bitch		
	Inseminated	Pregnant(%)	Litter size
Natural	7	5 (71.4)	6.6
Synchronized	4	3 (75.0)	–

출처: 지달영(2004).

개의 발정 유도 및 인공수정 방법으로 **그림 9-1**과 같이 테스토스테론(T4, 듀라테스톤)을 7일간 0.2ml씩 주사(또는 Ring-CIDR를 7일간 질 내 장치 후 제거)한 후 8일째부터는 E2(발정호르몬)를 매일 주사하여(10일째쯤에는 거의 분비액을 분비) 질분비물이 분비될 때까지 주사한다. 분비액을 분비하는 날을 Day 1일로 보고 이때부터 매일 오전에 LH 5mg, FSH는 오전/오후에 10mg을 각각 주사한다. 대개 Day 5일쯤에 발정이 오며 발정 징후는 혈흔을 관찰할 수 있는데 혈흔 관찰 후에 3, 5일(또는 5, 7일)에 인공수정(종부)를 실시한다(Shille, 1989).

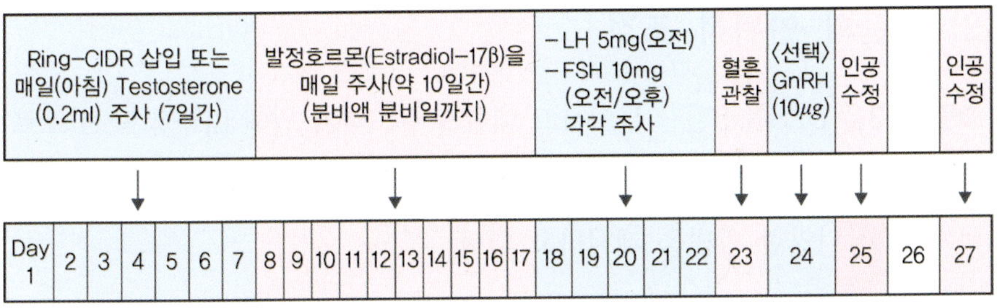

* Ring-CIDR란? 체내 약물방출링(Ring type controlled internal drug release despenser)으로 progesterone 방출장치임(특허등록번호:0309635. 2003년. 이장희).

그림 9-2 개의 발정 유도 및 인공수정 방법(이장희 등, 2003)

표 9-3은 개에게 인위적으로 임신을 시키기 위한 처리 방법으로 발정전기 및 발정기에 DES(diethylstilbestrol; 75ug/kg)를 7일 동안 투여하였을 때 100%가 임신되었으며, 발정 후기에 투여하였을 경우에는 75%가 임신되었음을 나타내고 있다.

표 9-2 개의 임신 유기를 위한 발정호르몬의 영향

약제 투여 시기	약제 복용량	실험암캐수	임신율
	Dimethylstilbestrol: 75 μg/kg을 매일 1회 7일 동안		
발정전기		4	100%
발정기		4	100%
무발정기(2일째)		4	75%
	Estradiol cypinate 22 μg/kg을 근육주사로 1회		
발정전기		4	50%
발정기		4	50%
무발정기(2일째)		4	50%*
	Estradiol cypinate 44 μg/kg을 근육주사로 1회		
발정전기		4	100%
발정기		4	0%
무발정기(2일째)		4	0%*

* 각군에서의 자궁농종

자료: Bowen RA, Olson PN, Behrendt MD, et al: Efficacy and toxicity of estrogens commonly used to terminate canine pregnancy. J Am Vet Med Assoc 186:783~788, 1985.

2) 배란의 인위적 조절

그림 9-3은 DES를 5일간 투여하고 배란을 유도하기 위해 LH 및 FSH 호르몬을 투여한 후 교배시키는 방법을 제시하고 있다. **표 9-3**은 암캐의 번식능력을 조절하기 위한 다양한 방법을 제시하고 있다.

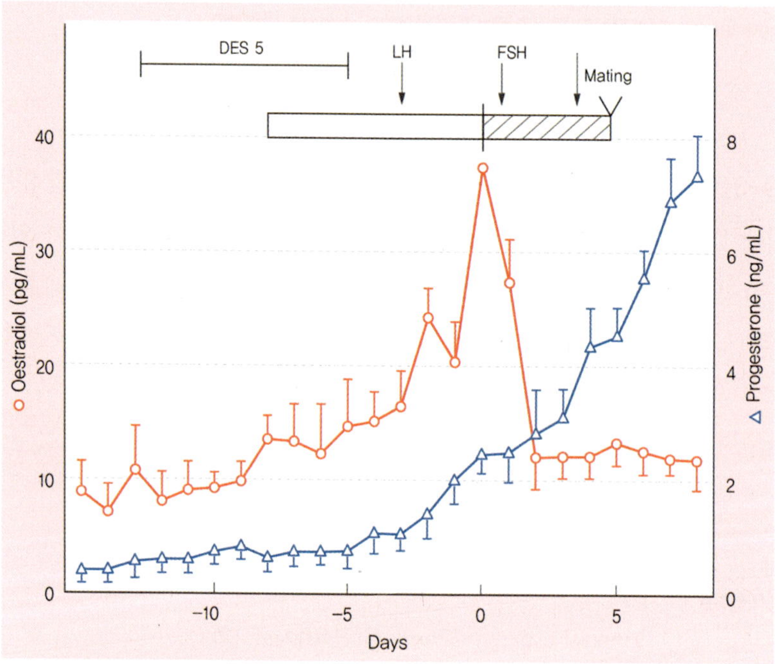

그림 9-3 개의 발정 및 배란 유도처리 후 교배 방법(Shille 등, 1989)

표 9-3 암캐의 번식능력을 조절하기 위한 다양한 방법들

접근과 방법	효과, 안정성, 관계 혹은 효과기간
발정주기와 배란 억제	
외과적 난소자궁적출	
프로게스테론과 안드로겐의 스테로이드 치료	영구
경구 투여	
Megestrol acetate	
발정전기 치료[*] [†]	1 또는 2번째 발정주기
무발정기 치료[*] [†]	1 또는 2번째 발정주기
조합 치료[*] [†]	2번째 발정주기
Mibolerone	
중기[*]	2~9개월
장기[*]	1~2년
very long-term[‡]	3~5년
Depo주사	
Medroxyprogesterone acetae[†] [‡]	6~18개월
Proligestone[†] [‡]	6~18개월
피하 이식	
Progesterone	12개월
Testosterone	15개월
경주견에서 테스토스테론	
테스토스테론 프로피온에스테르의 연속적인 주사	기록 안 됨
테스토스테론의 경구 투여	기록 안 됨
비스테로이드 호르몬 치료	
성선 자극 호르몬[‡]	
GnRH 작용제[‡]	1~2년
면역법	
대항성 성선 자극 호르몬[‡]	다양함
대항성 GnRH[‡]	다양함
대항성 투명대[‡]	다양함
교미의 억제	
암캐와 분리	
질 내부 장치[‡]	
항착상성 에스트로겐 치료[§]	안전성과 효능이 의심스러움
경구로 투여된 DES	
저장된 DES 주사[‡]	
경구로 투여된 mestranol	
Estradiol cypionate	
Estradiol valerate	
Estradiol benzoate	
Estrone	
발정 후 프로스타그랜딘[‡]	1회 복용량과 시기
GnRH 길항제[‡]	1회 복용량과 효능
발정 후 epostane[‡]	1회 복용량과 효능
임신의 실험적인 종료	
Prostaglandin F_{2a} [‡] [§]	부작용
Bromocriptine[‡] [§]	부작용
Corticosteroids[†]	효능
GnRH 길항제[‡]	시기
Epostane[†]	
프로게스테론 길항제[‡]	시기
Isoquinolones[‡] [§]	독성

* 방법은 미국에서 이용 가능하고, 판매되며, 승인된 것이다.
† 방법은 미국 밖에서 이용 가능하고 판매되며, 승인된 것이다.
‡ 방법은 미국에서 판매, 승인 또는 실험되지 않는 것이다.
§ 이 방법의 이용, 승인 또는 표기는 미국에서 제한된다.
GnRH, gonadotropin-releasing hormone: DES, diethylstilbestrol.
자료: Concannon PW, Meyers-Wallen PN: Current and proposed methods for contaception and termination of pregnancy in dogs and cats. J Am Vet Med Assoc 198:1215, 1991.

(1) 난포발육 및 배란억제법

① Gestagen

소에 대량의 progesterone을 연속해서 주사하면 난포의 발육이 억제되어 발정 배란이 일어나지 않고, 주사를 중단하면 2~6일 후에 발정이 나타나는 것은 옛날부터 알려져 있다(Ulberg 등, 1951; Trinberger & hansel, 1955). 그러나 발정기에 있어서 수태율의 저하와 progesterone을 연속 주사하는 번잡성이 있기 때문에 이 방법은 실용화되지 않았다.

그 후 사람의 경구피임약으로 사용되고 있는 합성 gestagen을 동물에 응용해 경구투여에 의한 발정동기화가 가능하다는 것이 판명되었다. 이것에 사용된 gestagen은 약호로 MAP, CAP, MGA, DHPA라 불리는 물질로써, 이것을 암컷의 성 주기에 상당하는 기간 연속해서 경구투여하고 투여가 끝나면 3~6일 후에 발정이 집중해서 발현하는 것이 인정되었다. 이 경구투여법은 연속주사에 비해 노력은 상당히 경감하지만 경비가 과중되고 수태성적이 그다지 좋지 않다는 점이 문제로 되었다. 그래서 투여량을 감소하고 연일 투여하는 노력을 줄이기 위해 면양, 소에 있어서 스펀지에 cronolone을 흡착시킨 것을 질 내에 일정 기간 삽입해 두고 이것을 제거하면 며칠 안에 발정이 집중해서 오게 하는 방법이 개발되었다.

표 9-4 소의 발정동기화에 사용되는 합성 gestagen

종류	상품명	투여방법	투여량(㎎/일)
Medroxyprogesterone acetate	MAP	경구	120~240
Chlormadinone acetate	CAP	경구	10~12
Melengestrol acetate	MGA	경구	0.2~2.0
Dihydroxyprogesterone acetophenide	DHPA	경구	400~500
Flurogestone acetate	FGA	질내 스펀지	(100~200)
Norethandrolone	Nilevar	피하 매몰	(250)
Norgestomet	SC-21009	피하 매몰	(5~6)

( )내는 스펀지 또는 매몰물 중의 총량을 나타낸다.

② 기타의 방법

돼지에 있어서는 뇌하수체로부터 생식선자극호르몬 분비를 억제하는 작용이 있는 히드라친 유도체인 methalibure에 의해 발정동기화와 함께 수태율이 대단히 좋은 성적을 얻었다는 것이 인정되었다. 즉 매일 체중 1kg당 1mg의 methalibure를 20일간 경구투여하면 투여기간 중에는 난포의 발육, 발정은 억제되지만, 투여 종료 후 5~7일 사이에 집중해서 발정이 발현된다. 그 뒤 투여종료일에 PMS와 그 후 HCG를 주사하면 40~42시간 후에 배란이 일어나고, 이때 수정해 95%의 높은 수태율이 얻어졌다. 그러나 methalibure를 임신 중의 돼지에 잘못 투여할 때 새끼가 기형이 될 염려가 있으므로 인체의 영향을 고려해서 본제는 제조 중지되어 현재는 이용되지 않는다.

(2) 황체 기능의 조절에 의한 방법

① 자궁자극법

소에 있어서 액상점성물질(gelceptor F) 또는 요요드제성 자극을 일으키면 황체 초기에 주입한 것은 황체가 빨리 퇴행해서 성주기가 단축되고 황체 후기에 주입한 것은 퇴행이 지연되어 성주기가 연장하고, 기타 시기에 주입한 예에서는 변화가 나타나지 않아 결국 황체기에 요오드제를 주입한 것에서는 처치 후 6~11일 사이에 집중해 발정, 배란이 일어나고, 이때 수정해 약 50%의 소가 수태한 것이 인정되었다.

이 자궁자극에 의한 발정동기화의 방법은 그 작용이 황체기에 있는 소에 한정되기는 하나 호르몬 투여에 의한 방법에 비해 경비와 노력을 절감할 수 있는 점에서 실용성이 있는 것으로 여겨지고 있다.

② Prostaglandin 투여법

PGF2α의 황체퇴행작용이 밝혀진 이래 이것이 동물의 발정동기화에 이용되고 있다. 1972년 Rowson 등이 성주기의 5~16일에 자궁 내 PGF2α를 0.5mg씩

2일간 주입했는데 주입 후 3일째에 발정이 왔으며, 이 발정의 수태율도 양호하였다고 보고하였으나 실제 PGF2α의 효과는 배란 후 4일 이내의 것에는 나타나지 않고 배란 후 5~16일에 투여한 것에 효과가 있었다는 것이 인증되고 있다.

2. 수정란 이식

인공수정기술의 발전으로 인해 동물의 번식 및 육종 개량의 측면에서 많은 진보가 이룩되었으나, 암컷의 번식능력과 유전형질을 이용하는 데 있어서는 미약한 점이 있었다. 이러한 문제점을 해결하기 위해 많은 연구들이 진행되어 수정란 이식(embryo transfer)이란 기술이 발달하게 되었다.

수정란 이식이란 암컷의 생식기로부터 착상 전의 수정란을 회수하여 다른 암컷의 생식기 내로 이식하여 착상, 임신, 분만케 하는 기술을 말하며, 이 방법을 통해 동물 두수의 증가, 동물 육종에 있어 세대수 단축, 특정 품종 계통의 생산 및 생물, 의학 연구의 발전을 도모할 수 있다.

1) 수정란 이식의 의의와 역사

인공수정기술의 발전으로 동물의 번식 및 육종개량의 측면에서 발전을 해오고 있다. 암컷의 번식능력과 유전형질을 이용하는 데는 아직 미약한 부분이 많아 문제점을 해결하기 위해 많은 연구들이 진행되어 수정란 이식(受精卵 移植, embryo transfer, ET)이란 기술이 발달하게 되었다고 한다.

수정란 이식(embryo transfer, ET) 기술은 난자를 제공하는 공란축(donor)으로부터 착상 이전에 채란된 수정란, 또는 체외에서 생산된 수정란을 대리모인 수란축(recipient)에 이식하여 임신시키는 기술이라 한다. 또는 생체 내(in vivo), 생체 외(in vitro)에서 만들어진 수정란을 동종의 동품종 또는 이품종의 생식기에 이식하여 착상 → 임신 → 분만을 유도하는 일련의 과정으로 이루어진다.

(1) 수정란 이식의 역사

수정란 기술 역사에 있어 Heape(1890)는 최초로 토끼에서 수정란을 이식하여 4마리의 자토를 생산한 것을 성공한 기점으로 하여, 그 후 Warwick 등(1934)은 면양에서, Willett 등(1951)은 소에서 각각 이식을 성공하였다.

1970년대에 접어들면서 인공수정기구를 사용한 비외과적 이식법이 실시되었으며, 수태율도 점차적으로 높아졌다. 또한 동결에 의한 수정란의 장기보존에 대하여도 1970년에 접어들면서 본격적인 연구가 시작되어 1971년 Whittingham이 생쥐 수정란을 −79℃에서 동결한 후 융해 이식하여 새끼를 출산시켰다. 이어서 1973년 Wilmut 등에 의하여 소에서 동결수정란으로 처음으로 송아지가 분만되기에 이르렀다. 이후 동결수정란에 의한 수정란 이식은 수정란 처음으로 송아지가 분만되기에 이르렀다. 이후 동결수정란에 의한 수정란 이식은 수정란을 0.2mℓ의 스트로 내에서 동결하여 인공수정용 스트로 주입기에 의하여 비외과적으로 자궁각 내에 주입하게 되어 급속도로 실용화 방향으로 발전하였다.

소의 수정란 이식 역사는 인공수정보다 약 110년 늦게 시작되었다. 각종 동물에서 수정란 이식에 의하여 최초로 새끼를 생산하는 데 성공한 예는 **표 9-5**와 같다.

우리나라에서 개의 수정란 이식이 거론된 것은 거의 없지만 국내 여러 대학 등에서 연구를 활발히 하고 있어 좋은 결과가 있을 것이라 기대되고 있다. 1970년대에 이르러 수정란 이식에 관한 관심이 높아져 우선 토끼를 사용한 연구가 실시되었는데 전창기(1971)는 토끼에 PMSC를 1일 501u씩 5일간 근육주사하고 첫 PMSC 주사 후 24시간에 에스트로겐 2,000IU를 근육주사하였을 때 난소에 36개의 난포가 발달하였으며 27개의 난자를 채취할 수 있었다고 보고하였다. 吳 등(1971)은 토끼의 수정란 이식 실험 결과 다배란에 의하여 난소에 8~53개의 배란점이 있었으며 채란율은 교배 후 24시간에 85.2%, 48시간에 81.8%였으며, 착상률은 수란관보다 자궁이 높았고, 이식 성공률은 2~16세포기배 30%, 32~상실배 80%였으며 암토끼 20두에 총 160개의 수정란을 이식하여 11두의 어미에서 32두의 새끼가 분만하였다고 보고하였다. 또한 전창기(1971)는 일본 백색종 암토끼 13두에 총 267개의 수정란을 이식하여 7두의 어미에서 모두 38두의 새끼가 분만하는 성적을 얻었다. 이후 수정란 이식 기술은 산양에서 응용되었는데 서국성 등(1978)은 산양(山羊) 10두에 19개의 수정란을 이식하여 5두의 모양에서 7두의 새끼 양을 생산하였다.

표 9-5 각종 동물의 최초 수정란 이식의 발달사

연도	동물종	사 항	발표자
1890	토끼	최초의 수정란 이식 성공	Heap
1932	산양*	자가 이식 성공	Warwick 등(1934)
1933	흰쥐	수정란 이식 성공(확인)	Nicholas
1934	면양	수정란 이식 성공	Warwick 등
1942	생쥐	수정란 이식 성공(확인)	Fekete 등
1949	산양	수정란 이식 성공(확인)	Warwick 등
1951	돼지	수정란 이식 성공(확인)	Kvansnicki
1951	소	수정란 이식 성공(확인)	Willet 등
1952	토끼	10℃ 보존으로 국제수정란 이식 성공	Marden과 Chang
1971	소	최초의 상업용 가축수정란 회사 설립	Albert Livestock Transplants, LTD.
1972	쥐	수정란 동결보존 최초 성공	Whittingham 등
1973	소	수정란 동결보존 가축에 성공	Willmut와 Rowson
1974	말	수정란 이식 성공	Oguri 등
1974		국제 수정란 이식협회 설립	
1978	고양이	수정란 이식 성공(확인)	Schriver 등
1978	사람	수정란 이식 성공 후 여아 출산	Steptoe 등
1979	개	수정란 이식 성공	Kinney 등

출처: 임경순 등(1998).

임경순 등(1977)은 소의 수정란 이식에 관한 연구의 일환으로 한우와 홀스타인 38두에 MGA(melengesterol acetate)와 PGF2α를 처리하여 발정동기화 실험을 실시하였는데 MGA는 황체 말기에 처리하였을 때 동기화가 가능하였고 PGF2α는 황체기에 관계없이 처리 후 5일 이내에 79%가 발정이 유기되었다. 소는 수정란 이

식에 관한 연구는 1980년대에 들어서면서 활기를 띠기 시작하였다. 오연각 등(1986)은 소의 발정동기화 및 동결 수정란 이식에 관한 연구에서 동결 수정란을 60두에 이식하여 27두(45.0%)가 임신하였으며 수태율은 홀스타인 52.2%, 한우 37.5%, 미경산우 46.9%, 경산우 42.9% 수정란의 질이 수 68.9%, 우 35.9% 및 보통 40.0%였다고 보고하였다. 김상근(1986)은 소의 수정란의 형태 및 발육단계가 수태에 미치는 영향에 관한 연구에서 비외과적으로 이식한 수태율은 상실배 28.6%, 소형화한 상실배 35.7%, 초기 배반포 63.6%, 배반포 83.3%, 확장된 배반포 75.0% 및 부화한 배반포 33.3%였다고 보고하였다. 소에 있어서는 1995년 농림부는 전국시도종축장에 수정란 센터를 설립하여 1996년부터 수정란 이식사업을 전국적으로 확대해 나가고 있다. 돼지에 있어서는 이장희(1993)가 미성숙난포란을 동결융해 한 결과 미성숙난포란이 성숙난포란보다 융해 후 생존성이 다소 높았으며, 동결 융해된 미성숙난포란의 융해 직후 생존율은 42.9%였으며, 42시간 배양 후에는 25.0%로 낮아졌다고 하였다.

개의 수정란 이식은 1979년 Kinney가 최초의 보고이고 그 후 많은 연구자에 의해 시도는 하였지만, 아직 많은 발전은 없으며 최근에는 2001년 일본의 Tsutsui라는 연구자가 복강경을 이용하여 수정란 이식을 시도하였다는 보고가 있으며, 반면 소에 서는 아주 긴 역사를 가지고 있다(임경순 등, 1998). 요즘처럼 반려동물 산업이 급속히 발전하는 추세에서는 보다 우수한 혈통을 개량하고 유지 보존하는 노력이 매우 절실하다고 볼 수 있다.

앞으로 우리나라의 우수한 진도견을 비롯하여 많은 종견을 확보하여 연구가 활발히 이루어질 것으로 본다.

(2) 수정란 이식의 의의

다태동물인 개의 수정란 이식은 우수한 혈통의 강아지를 한 번에 많이 얻을 수 있으므로 앞으로 많은 발전이 기대되는 분야라고 본다. 개는 소동물이면서 반려동물로서 사랑을 많이 받고 있으므로 앞으로 많은 발전이 기대되는바, 오랜 기간 동안 많은 발전이 이루어져 왔고 현재에도 많은 연구가 되고 있으며, 소에 적용하는 유사한 수정란 이식 방법과 수정란 이식의 원리를 참고하여 설명하고자 한다.

우리가 오랫동안 많이 행하고 있는 인공수정은 유전적으로 우수한 수컷 개의 자손을 일시에 다수 생산하는 것을 목적으로 하고 있는 반면, 수정란 이식은 유전적으로 우수한 암캐의 자손을 일시에 다수 생산하는 것을 목적으로 하고 있다. 인공수정에 활용하는 정자는 유전물질의 반을 함유하고 있으나 수정란 이식에 활용하는 배(胚)는 유전물질의 전부를 함유하고 있어 이식하는 배아(胚兒)가 우수한 유전물질을 함유하고 있을 때 한 마리의 자손 개량 효과는 수정란 이식이 인공수정보다 두 배나 높다. 수정란 이식 기술의 확대 보급은 국제적인 추세이기 때문에 그 중요성이 높다.

개에 있어서 능력이 우수한 종견을 생산하려면 수컷 개(종모견)의 우수함은 물론 암컷 개(종빈견)의 능력도 우수해야 한다. 그러나 현재의 기술로는 종빈견의 능력이 아무리 우수하여도 자연종부 만으로는 1두의 종견이 경제수명을 10년 정도로 볼 때 60두 내외의 종견밖에 생산할 수 없다. 그러나 종빈견의 난소는 많은 원시 난포를 가지고 있어서 수많은 난자를 생산할 수 있는 잠재력을 가지고 있다. 몇 개의 난자를 가지고 있는지 개에서는 아직 명확하지는 않으나, 소에 있어서는 50,000~75,000개의 난자를 가지고 있다는 연구 보고가 있다.

개에서도 소와 유사하게 체외에서 투여한 성선자극 호르몬에 대하여 민감하게 반응하여 일시에 다수의 난포가 발육 배란한다. 이 난자를 수정시켜 모체의 밖으로 꺼내어 보통 개의 자궁을 빌려 수정란 이식을 실시한 다음 우량한 유전인자를 물려받은 종견을 일시에 다수 생산할 수 있다. 이를 위한 일련의 복잡한 기술을 수정란 이식이라고 한다.

소를 비롯하여 체구나 번식 특성이 유사한 여우, 고양이, 돼지 및 토끼에서 응용 연구되고 있으며, 개에 있어서도 최근에 인공수정이나 수정란 이식을 보고를 하고 있지만 아직 초보 단계이다.

2) 수정란 이식(과정)

공란견(供卵犬)에서 꺼낸 수정란을 수란견(輸卵犬)의 자궁 내에 이식하는 방법은 **표 9-6**과 같다. 1972~1973년에 걸쳐 소의 수정란 이식이 미국에서 실시된 당시는 거의 모든 소에 대하여 전신마취에 의한 정중선절개 수술로 수정란을 이식하였다. 그 후 경비와 시간을 절약하기 위하여 여러 가지 방법이 검토된 결과 국소마취에 의한 간단한 겸부(측복부) 개복 이식법으로 바뀌게 되었다.

주로 이 방법으로 실시를 하나 소에서는 이후 마취도 수술도 하지 않고 인공수정의 직장질법에 따른 자궁경관경유로 수정란을 이식하는 방법을 이용하고 있다. 외과적으로 수정란을 이식하고자 할 때는 숙달된 소동물 수의사가 실시하는 것이 수태율을 높이는 방법이라고 생각된다.

전문적인 수의사가 시술을 해야 이식 후 수란견의 회복이나 관리에 매우 유리하다고 본다.

개의 수정란의 이식 과정은 다음과 같다.

이 과정은 ① 많은 난자를 일시에 생산하기 위한 다배란유기, ② 공란견에서 수정란의 채취, ③ 채취한 수정란의 검사, 배양 및 보존, ④ 공란견과 수란견의 발정동기화, ⑤ 수정란의 이식 등으로 크게 나눌 수 있다.

표 9-6 개의 수정란 이식 방법

방법(적용 동물)	종류
외과적 방법(개, 소, 돼지 등)	1. 전신마취에 의한 정중선절개 2. 국소마취에 의한 겸부절개
비외과적 방법(소, 돼지, 사슴 등)	1. 자궁경관경유법 2. 자궁경관선회법

(1) 수란견의 선정과 관리

① 수란견의 선정

수란견은 혈통이나 능력이 우수할 필요가 없으며, 그 대신 번식 기능이 정상으로 수태가 잘되는 것이어야 한다. 따라서 수란견을 선택하는 데는 다음과 같은 점을 주의하여야 한다.

㉮ 정상적인 성 주기를 반복하는 개
㉯ 2회 이상 인공 수정하여 수태되지 않은 개는 제외
㉰ 강건하고 내병성이 있고 임신을 장해하는 병이 없을 것
㉱ 포유 능력이 높은 것
㉲ 체격이 큰 것
㉳ 다루기 쉬운 것
㉴ 영양관리가 잘되고 있는 것
㉵ 너무 늙지 않은 개
㉶ 순산하는 개

② 수란견의 관리

수란견으로 사용하기 전에 건강, 생식시의 상태 및 임신 여부 등을 조사하여야 한다. 수정란 이식 후 수태율을 높이기 위해서는 수란견의 발정을 정확히 검사하여 정상적인 발정주기를 보여주는지를 알아야 한다. 발정개시 시기를 정확히 찾아내고 좋은 발정을 유발하기 위해서는 양질의 사료, 광물질과 비타민이 부족하지 않도록 관리한다.

③ 수란견의 발정동기화

공란견과 같은 날 또는 1일 이내에 발정이 온 암캐를 수란견으로 선택할 수 있다. 동결보존한 수정란을 이식하는 경우는 자연발정이 왔거나 발정을 유도한 수란견에 발정주기와 일치하는 수정란을 융해하여 이식하면 된다. 현재 동결 수정란의 이식은 실용화되고 있기는 하나 수태율이 신선 수정란에 비하여 낮아 신선 수정란과 동결 수정란이 병용되고 있는 실정이다. 수란견의 발정동기화 방법은 아래와 같다.

(2) 수정란 이식 방법(외과적)

개, 생쥐, 흰쥐, 토끼, 산양, 면양 및 돼지와 같은 실험동물과 중소 가축은 채란의 경우와 같은 요령으로 개복하여 자궁각과 난관을 절개구의 밖으로 꺼내어, 이식하는 난자의 발육 정도에 따라 난관이나 자궁에 소량의 난자 부유액과 함께 수정란을 주입하는 방법을 사용한다. 소의 경우 중소가축과 같이 하복부를 절개하는 방법과 겸부(측복부)를 절개하는 방법이 있는데, 최근에는 보정 틀에 가두고 국소마취로 수술이 가능한 겸부절개법이 많이 이용되므로 겸부절개법에 대해 설명하겠다. 최근의 연구동향을 보면 사슴 등에 복강경을 이용한 수정란 이식 기법이 보고되고 있는바 머지않아 개에서도 이 기술이 적용될 것이다. 복강경을 이용한 수정란이식법은 수술부위가 매우 적고 회복이 매우 빠르므로 기존의 외과적인 수술법과는 매우 다른 양상을 보인다. 금후 발전 가능성이 높은 기술이라 생각된다. 여기서는 현재까지 많이 시술하는 외과적인 수술법을 기준으로 설명을 하고자 한다.

쥐, 토끼와 같은 실험동물의 경우 외과적 수술에 의해 수정란을 이식하지만 대부분 대동물의 경우는 수술과정 및 수술 후 스트레스 때문에 기피하는 실정이다. 주로 마취를 하여 정중선이나 복부 측면을 절개하여 난관 및 자궁 내로 이식을 한다.

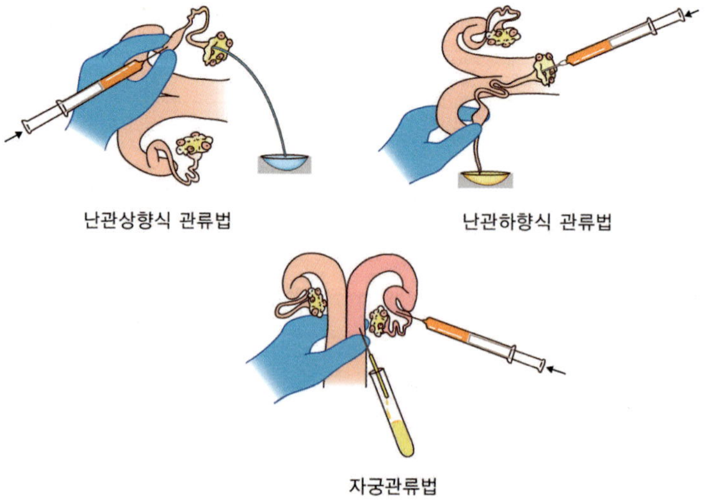

그림 9-4 수정란 채란의 관류법

① 수술의 준비

공란견과 발정주기가 +1일 이내의 건강한 수란견을 선택하여 하루 전에 절식시킨다. 특히 좌측을 개복하는 경우는 1위로 수술이 곤란한 경우가 있으므로 절식시키는 것이 바람직하다. 또 수술 전에 직장 검사를 실시하여 황체를 확인한 후 황체가 있는 쪽의 궁둥이에 표시를 해놓는 것이 좋다. 이식에 필요한 기구인 주사기, 주사침, 무딘 침, 외과메스, 바늘, 바늘 집게, 감자, 핀셋 등은 미리 고압멸균기로 멸균하여 사용한다. 그 외 옥도제, 2%리도케인(Lidocaine), 70% 알코올, 항생물질, 분말술파제, 비누, 솔, 탈지면, 이발기계(클리퍼), 가제, 고무장갑, 모자, 마스크 등도 준비한다.

② 보정 및 수술 부위의 소독

보정은 개의 몸 전체를 압박 보정할 수 있는 보정틀을 사용하면 편리하다. 폭넓게 털을 깎는다. 요추횡돌기부 또는 제1미추부와 제2미추부도 털을 깎는다. 수술부를 요오드액으로 충분히 적신 후 약간의 물을 뿌리고 거품이 나도록 솔로 문지른다. 멸균한 물로 깨끗이 닦은 후 타월이나 가제로 물기를 닦아낸다. 다시 요오드액을 뿌리고 알코올 솜으로 깨끗이 닦아낸다.

③ 마취

개의 국소마취는 미추경막외마취, 요추측신경마취, 절개부의 피부침윤마취의 순으로 행한다. 미추경막외마취는 제1미추와 제2미추의 함몰부에 주사침을 45도로 경사지게 하여 3~4cm 찌른다. 주사침의 끝이 추공의 기저에 닿는 경우 약 0.5cm 빼내어 2% 키시로카인(또는 염화프로카인) 2~5ml를 서서히 주입한다. 미경산우는 2ml 이상, 경산우는 5ml 이상 주사하면 허리에 힘이 빠져 옆으로 누워 시술이 어려워지므로 주의가 필요하다. 가는 주사침은 구부러지는 일이 있으므로 18G를 사용하는 것이 좋다. 이 마취의 목적은 꼬리를 붙들어 매지 않아도 흔들리지 않으며 특히 궁둥이 전체를 마취하여 수술을 쉽게 하게 하는 데 있다. 마취가 되었는지는 꼬리에 힘이 들어 있는지 꼬리를 흔들어 보면 안다.

요추측신경마취는 제2요추부터 제6요추의 추간, 배 정중선에서 약 5~6cm 측방 4개소이다. 처음에는 주사 부위에 2% 키시로카인을 2~3ml 주사하여 피부 마취를 시행한다. 이는 척수용 긴 주사침에 의한 소의 고통을 덜어주기 위해서다. 따라서 사용하는 침은 2~24G가 좋다. 다음 척수용 긴 주사침(약 8~10cm)으로 척수횡돌기 인대를 찔러(약 8~10cm) 2% 키시로카인을 약 15ml 주사하고 서서히 바늘을 빼면서 약 5ml를 주사하여 1개 부위당 20m, 즉 4개 부위에는 80m를 주입 마취한다. 이 마취의 목적은 후구에 분포하고 있는 신경을 요추측(腰椎側)의 근부에서 마취하는 데 있다.

절개부의 피부침윤마취는 앞서 말한 2개 부위의 마취로 효과가 충분하지만, 시간을 두지 않고 바로 하는 경우는 다시 한번 절개 부위 4~5개소에 25 키시로카인을 2~3ml씩 피부 침윤마취를 하면 피부감각이 마취되어 절개하기가 쉽다.

④ 시술자의 손 소독

시술자는 시술하기 전에 소독이 된 모자, 마스크 및 수술복을 착용하는 것이 바람직하다. 손의 소독은 손톱을 짧게 깎고 손과 팔뚝을 온탕 중에 담그고 수술용 소독액과 멸균솔로 깨끗이 씻은 후 소독액을 잘 씻고 소독비누액에 3분간 담근다. 그 후 70% 알코올에 담근 가제나 탈지면으로 3분간 닦고 요오드액을 바른다. 요오드액이 마른 후 다시 70% 알코올 가제로 요오드액을 닦아내고 소독한 건조 가제 혹은 수건으로 수분을 닦아낸 후 멸균한 고무장갑을 낀다.

⑤ 피부, 근육 및 복막의 절개

절개 부위에 발라놓아 둔 옥도제(沃度劑)를 70% 알코올 면으로 닦아낸다. 절개 부위는 자궁각을 수술 부위까지 잡아 꺼내기 위하여 소 몸의 후방부일수록 좋으나, 후방에는 층이 두꺼운 대퇴근막장근이 있어 수술이 곤란하므로 겸부삼각형의 최후부를 삼각형의 일변에 연하여 요각의 밑으로 약간 경사지게 전방으로 향하여 절개한다.

시술자의 손이 들어갈 정도로 15~20cm 메스로 피부를 절개한다.

외복사근막만 메스로 절개하고, 그 후는 손가락으로 외복사근에 연하여 좌우로 개구한 후 외복사근에 대하여 내복사근을 벌려 복막을 노출시킨다. 이 방법은 근층내혈관과 신경을 베는 경우가 적어 출혈이 거의 없으며 소의 고통도 적다. 복막은 맨 윗부분에 손가락으로 구멍을 내고 절개구에 따라 손가락으로 절개한다. 복막의 절개가 후방에 치우치면 봉합이 곤란하므로 주의할 필요가 있다.

⑥ 자궁각 내 수정란 이식

자궁경관, 자궁체 및 자궁각 전체를 절개구 쪽으로 끌어당겨 자궁각의 노출을 쉽게 한다. 자궁난관접속부부터 약 5cm 부위를 엄지손가락과 집게손가락으로 꽉 잡고 손목을 놀려 자궁각을 절개구로 끌어낸다. 자궁각 배면의 혈관이 없는 부위에 끝을 무디게 한 주사침(16~18G)을 자궁내강까지 찔러 넣어 작은 구멍을 낸다. 조수는 미리 수정란을 흡인하여 병은 피펫의 선단을 미리 뚫어놓은 구멍을 통하여 자궁내강에 삽입한 후 수정란을 0.1~0.2ml의 부유액과 같이 정확히 주입한다. 이때 자궁근층이나 자궁내막에 피펫의 끝이 닿아 부유액이 들어가지 않는 경우가 있는데, 이때는 피펫을 약간 빼는 것이 좋다. 수정란의 주입은 개복의 진행과 시간을 맞추는 것이 중요하다. 주입한 구멍은 봉합하지 않고 그대로 복강으로 자궁각을 돌려보낸다. 이식이 끝난 피펫은 반드시 실체현미경으로 수정란이 남아 있는지를 검사한 후 복강의 봉합에 들어간다.

⑦ 봉합

개의 복막은 절개구나 틈이 없이 폐쇄되도록 봉합사로 결절 또는 연속 봉합한다. 이때 복강 내 장기나 부근의 지방조직 등을 같이 봉합하지 않도록 주의하고 근막 및 내복사근을 엷게 걸쳐서 봉합하면 복막의 봉합이 강하게 된다. 근층은 내복사근과 외복사근을 같이 봉합사로 결절 또는 연속 봉합한다. 근층 복합의 간격은 약 2~3cm로 하고 봉합 후에 분말술파제를 도포한다. 피부는 견사로 약 2~3cm 간격으로 결절 봉합하고 옥도제로 소독한다. 수술 후에는 2~3일간 항생물질을 근육 주사해 준다.

(3) 수정란 이식의 효과와 문제점

미국과 캐나다에서는 수정란 이식 기술이 적극적으로 개발되어 실용적인 기술로 널리 이용되고 있다. 이와 같이 수정란 이식 기술이 널리 이용되고 있는 것은 이 기술을 사용하면 가축의 개량이 촉진되고 증식이 촉진될 수 있기 때문이다.

일반적으로 종견은 1년에 수천 두의 강아지를 생산할 수 있으나 암캐는 잘해야 1년에 15마리의 자견을 생산할 수 있어 후대에 미치는 유전적 영향은 수캐가 암캐보다 현저히 크다. 그러나 자견은 그의 유전적 소질을 양친으로부터 반반씩 이어받으므로 암캐의 유전 능력을 정확하게 파악하여 활용하는 것은 대단히 중요하다. 공란견의 다배란 수정란 이식에 있어서 많은 문제점을 가지고 있다. 그 하나는 일정량의 PMSG(Pregnant Mare Serum Gonadotropin)를 투여함에도 불구하고 배란수를 예측할 수 없다는 것이다.

다배란 처리시 공란견에게 불리한 결과를 가져다 줄 수 있다. 소의 경우는 다배란을 위하여 공란우에게 PMSG-PGF2α를 처리하였을 때 처리 후 공란우의 약 20%가 다배란 후 낭종성 난포가 형성된다. 특히 비유 능력이 우수한 공란우의 경우 상당 비율에 있어서 다배란 처리에 대한 난소 반응이 전혀 없거나 불량하다.

이러한 단점이 있는 반면 다배란 처리로 유발한 발정의 경우 1~2회의 수정으로 90% 이상의 수태율을 얻을 수 있는 이점도 있다. 1회 수정의 수태율을 높이기 때문에 다배란 처리한 공란우의 분만 가격을 단축할 수 있다. 다배란 처리는 분만 후 50일에 가능하다. 개의 경우는 아직 정확한 시기를 알 수는 없으나 소를 기준으로 하면 도움이 되리라 생각된다.

이러한 이점으로 수란견과 공란견의 반복 사용이 가능하다. 소의 경우는 공란우에 있어서 첫 번째와 두 번째의 다배란 처리간격은 2개월(60일) 이상이 바람직하다. 개의 수정란 이식은 가축 번식 기술의 고유한 수단으로 양축가에게 실시되고 있는데, 앞으로는 우량한 개에게도 본 기술이 적용, 발전하여 보다 우수한 자질을 가진 개를 생산하여 인간에게 보다 유용한 동물로 자리매김할 것으로 여겨진다.

수정란 이식이 얼마만큼 보급될 것인가는 비용을 어떻게 절감할 것인가(좁은 의미)와 동결 수정란으로 얼마만큼 만족한 수태율을 얻을 수 있는가(넓은 의미)에 달려 있다고 하겠다.

비외과적 혹은 외과적 방법에 의한 수정란 이식의 수태율은 아직도 낮다. 이는 상당수 수정란 이식을 수행하는 기관의 시술자 숙련도, 공시축의 적절한 선택 및 시술 시기 등에 달려 있다.

한편 수정란 이식은 특별한 기구와 시설이 확보되어야 하며, 숙련된 기술자가 필요하다. 1마리의 새끼를 생산하는 비용이 많이 들어가므로 생산된 새끼의 경제성이 높아야 한다.

이 수정란 이식은 복합적인 기술이며, 부분적으로는 연구 개발되어야 할 분야가 많고 장단점은 **표 9-5**와 같다.

표 9-7 개의 수정란 이식의 장단점

장점	단 점
동물 두수의 증가(쌍태, 다태에 응용)	복합된 고도의 기술 필요
종견 자질의 향상	연구 단계가 많다.
종견 개량 기간의 단축	경제적으로 고가
특정 품종, 계통의 증산	항호르몬 생산
우량 유전형질의 보존(난자의 동결 보존)	수술에 의한 손상(상처, 유착. 마취사)
보호 동물의 번식	난산의 위험성(대형종을 소형종에 이식)
수송비 경감(종견 대신 수정란 수송)	특정 품종에 편협
불임, 번식장해 구명에 도움	동물애호, 반자연적인 면
생물, 의학 연구에 공헌(수태와 면역. 태아와 환경)	인위적 부정의 가능성
동물 번식학의 국제협력(수정란 무역)	등록 복잡(혈액형 검사)

(4) 채취된 난자와 수정란 이식의 생존성

일반적으로 초기 배 형태의 수정란은 난관 내 이식하는 것이 좋으며, 상실배나 배반포의 후기배는 자궁 내로 이식하는 것이 유리하다. 그러나 착상률 및 출생률에 있어 후기 수정란을 이식하는 것이 성적이 좋아 비외과적 이식의 형태에 있어 후기 수정란의 이식이 많이 행해진다.

채취된 난자를 모두 이식에 활용할 수 있는 것은 아니다. 미수정란(未受精卵)을 제거하여야 함은 물론이고, 형태적으로 이상이 있는 수정란은 이식에 활용하지 않는 것이 좋다. 수정란의 형태적 이상은 이식 후 임신율을 저하시키는 결정적 요인이 되기 때문이다. 수정란의 발육상태와 각종 형태적 이상난자를 그림으로 나타내면 **그림 9-5**, **그림 9-6**과 같다.

또한 수정란의 발육단계도 이식 후의 임신율에 영향을 미친다. 일반적으로 2~16세포기나 상실기보다는 배반포기까지 발달한 수정란을 이식하였을 때 임신율이 높은 것으로 알려져 있다.

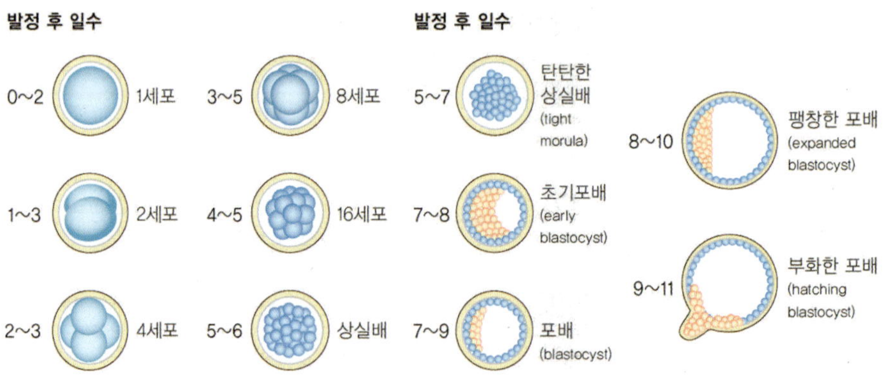

그림 9-5 배란 후 시간 경과에 따른 수정란의 발육 상태

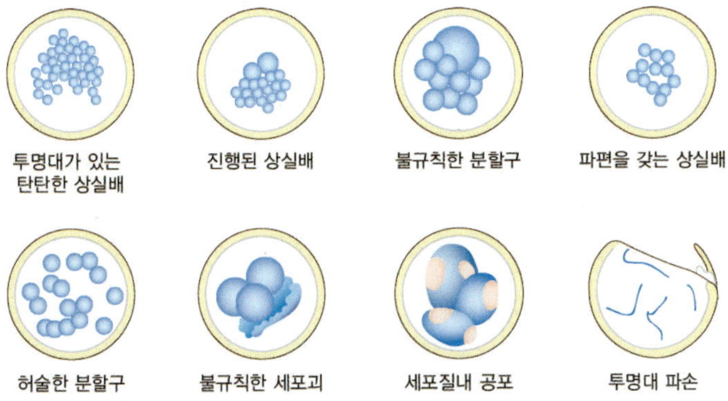

그림 9-6 이상난자와 퇴화난자

(5) 수정란의 보존

수정란은 단기간 보존을 할 경우 배양을 하며, 장기간 보존이 필요한 경우 동결 보존과정을 거친다.

- 수정란의 배양, 수정란 선발을 할 수 있는 것으로 중요한 것은 배양 환경이며, 온도(37~38℃), 이산화탄소 5%, 습도 100%를 유지한다.
- 수정란의 동결, 동결방지제와 함께 −196℃의 액체질소탱크에서 보관한다.
- 수정란의 융해, 상온의 공기 중에 1~2초가 노출하였다가 25℃ 수조에서 완만융해하고, 동결 전 동결방지제의 역농도 순서로 3~4회 동결수정란을 배양액으로 옮겨 동결방지제를 완전히 제거한다.

3) 체외수정

(1) 체외수정의 개요

체외수정이라 함은 수정되기 전의 미수정란을 채란 또는 난소 내 난모세포를 채취하여, 배란상태에 도달한 성숙난자의 발달시기, 즉 분열중기상태까지 인위적으로 배양시킨 다음 이 성숙난자와 사출정자나 정소상체 미부에서 채취한 정자를 체외 또는 체내에서 수정능 획득을 유도하여 시험관 내에 함께 주입하여 수정시키는 것을 뜻한다.

(2) 체외수정 과정과 판정

① 수컷전핵과 암컷전핵의 형성 여부

② 제1, 2극체 형성 영부

③ 수정란 분화

위에 언급된 조건이 체외수정 판단의 기준이 되지만 가장 확실한 방법은 이식을 통한 검사라고 할 수 있다.

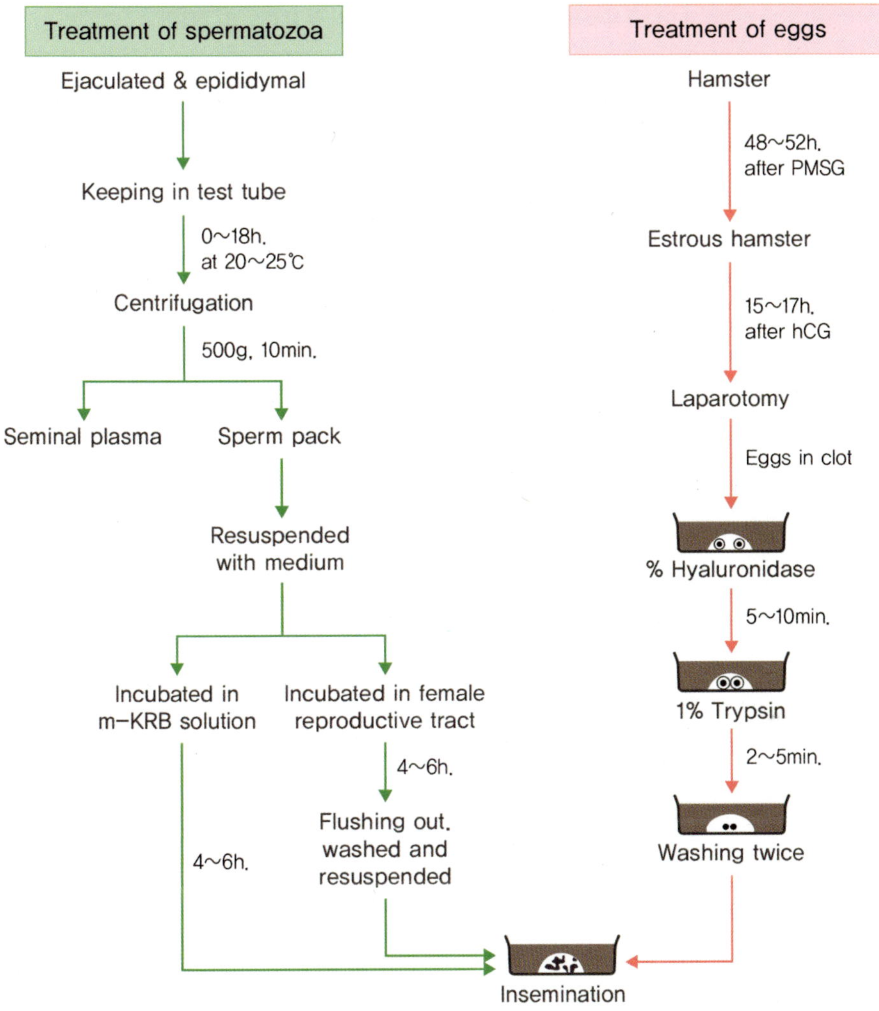

그림 9-7 체외수정 과정의 모식도

표 9-8 포유동물종의 체외수정에 대한 중요한 연구결과

동물종	생식세포		배양액	발생단계	연구자
	정자	난자			
토끼	정소상체	난포	생식기도의 상피점액	극체방출, 난할	Schenk, 1878
	사출정자 (생체자궁)	배란 후 난관	Locke액	정자침입, 극체방출, 전핵형성, 난할	Thibault 등, 1954
	사출정자 (생체자궁)	배란 후 난관	KRB+0.25 glucose (수정용)+토끼혈청(배양용)	정자침입, 전핵, 난할, 이식 후 출산	Chang, 1959 Brackett &
	정소상체	배란 후 난관	고장액(수정능획득), m-Tyrode's(수정)	전핵, 난할, 이식후 출산	Oliphant, 1975
흰 쥐	정소상체, 자궁내정자	배란난자 (투명대 제거)	Ham F10	정자침입, 전핵	Toyoda & Chang, 1968
	정소상체	배란 후 난관	m-KRB	정자침입, 전핵 난할(2세포), 이식 후 출산	Toyoda & Chang, 1974
Golden hamster	정소상체	배란 후 난관	TC-199, Tyrode(± M/8 glycine)	정자침입, 전핵	Yanagimachi & Chang, 1963, 64 Whittingham & Bavister, 1974
	정소상체	배란 후 난관	m-Tyrode's	난할(2세포)	
생쥐	사출정자 (생체자궁)	과배란	m-KRB	난할(2세포), 이식 후 17일령 태자	Whittingham, 1968
	정소상체	과배란	M-KRB	난할, 배반포, 이식 후 출산	Hoppe & Pitts, 1973
Chinese hamster	정소상체	과배란	Tyrode's, Ham F10	정자침입, 전핵	Pickworth & Chang, 1969
Guinea pig	정소상체	배란,체외성숙	BWW	정자칩입, 전핵, 난할(2세포)	Yanagimachi, 1972 Rogers &
	정소상체	체외성숙	MCM, BWW, Tyrode's	정자침입	Yanagimachi, 1975
Mongolian gerbil	정소상체	과배란	Tyrode's + 소 난포액	정자침입, 전핵	Noske, 1972
개	정소상체	체외성숙	m-KRB(RWW)	정장침입, 전핵	Mahi & yanagimachi, 1976
고 양 이	수정관	과배란	m-BWW, m-Ham F10	난할(2세포)	Bowen, 1977
원숭이	전기자극	성숙난포(PMS 후 44시간)	TC 199=20% 송아지혈청	정자침입, 극체방출, 전핵	Gould 등, 1973
사 람	사출정자	체외성숙	m-Tyrode's, m-Way- mouth's, m-Ham F10	정자침입, 전핵, 난할, 배반포	Edward 등, 1970
	사출정자	성숙난포란		난할(8세포), 이식 후 출산	Steptoe & Edwards, 1970
면 양	사출정자 (생체자궁)	과배란	Locke 액	정자침입(5%)	Thibault & Dauzier, 1961
	사출정자	과배란	면양난관액과 유사한 합성배양액	정자침입(14%) 난할(8%)	Bondiolik & Wright, 1979
돼지	사출정자 (생체자궁)	배란직후	Locke 액	정자침입(2%)	Thibault & Dauzier, 1961
소	사출정자 (생체자궁)	체외성숙	m-KRB	정자침입, 극체방출 전핵, 난할(4세포)	Iritani 등, 1975
	사출정자 (적출자궁)	체외성숙	m-KRB HIS(수정능 획득)	정자침입, 극체방출, 전핵	Iritani & Niwa, 1977 Brackett 등, 1980
산 양	사출정자	과배란 전후	m-Tyrode's(수정) Ham F-10+10% FCS(배양)	정자침입, 난할(2~4세포)	
	사출정자 (돼지, 소, 토끼의 (적출자궁)	체외성숙 후 투명대 제거	m-KRB	정자침입, 극체방출, 전핵	Kim, 1981

(3) 체외수정의 응용

① 수정생리를 파악할 수 있어 생물, 의학 등의 발전을 기할 수 있다.

② 인간에 있어 배란장애나 난관이상 등의 생식기 이상 시 불임현상을 극복할 수 있다.

③ 초기배의 상태에 H-Y항체 현상 등을 이용하여 조기 성감별에 이용할 수도 있다.

아울러 번식효율을 극대시킬 수 있는 장점이 있다.

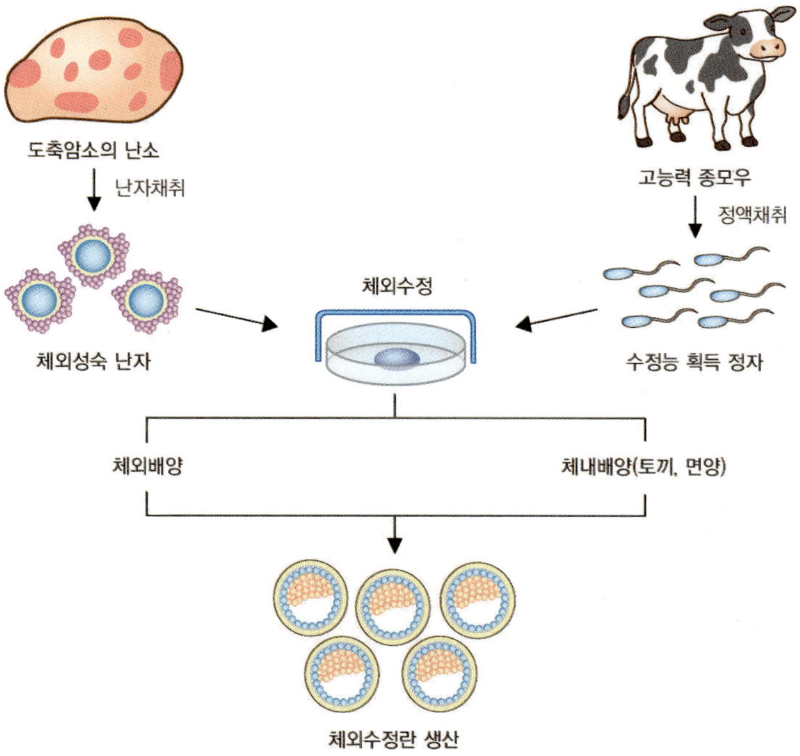

그림 9-8 체외수정란 생산 모식도

3. 분만 유기

동물의 임신기간은 종류에 따라 대체로 일정하지만 동일 품종에 있어서도 개체에 따라 변이가 있기 때문에 분만일을 예측한다는 것은 어렵다. 분만일이 다가오면 분만보조자는 밤낮으로 감시해야 하며 그 노력이 크다.

1) 분만의 인위적 조절

분만의 인위적 조절에 의하여 얻을 수 있는 이점으로는 분만에 소요되는 노동력의 효율성 제고, 휴일이나 야간특근시간의 절약, 집중조산에 의한 신생자의 생존율 향상, 임신기간 단축에 의한 번식회전율의 향상, 장기재태의 예방 및 분만 시기의 동기화에 수반되는 간접적 발정동기화 유도 등을 들 수 있다.

표 9-9는 개에 있어서 PGF2α를 이용한 번식제어(유산) 기술을 언급하고 있다. PGF2α는 임신기간 중에 유지되고 있는 임신유지 황체를 신속하게 퇴행시킴으로써 유산을 일으킨다. 이러한 PGF2α는 분만예정일 가까운 시기에 분만유도제로도 사용된다.

표 9-9 개에서 유산을 위한 PGF2α의 다양한 처리방법과 효과

용량 (특별한 경우가 아닌 한 피하주사)	투여 기간 (일)	투여 시작 때 임신 날짜	효과	유산을 보인 투여시작 후 날짜	부작용	연구자
20 μg/kg TID	–	20~21	5/5	–	자궁내막염과 관련된 태아의 재흡수	Lange et al.
20 μg/kg TID	4	발정휴지기의 5~8일	3/5	–	–	Lange et al.
20 μg/kg TID 또는 30 μg/kg BID	3	25~58	4/7	–	구토, 과유연증, 호흡항진, 저체온증	Concannon and Hansai
30 μg/kg BID	3~9	21~23	1/1	–	–	Oettlé
30 μg/kg BID	3~9	40~42	1/1	–	–	Oettlé

30 μg/kg BID 후 250 μg/kg BID	3~9일 후 최고 복용량에 4일	27~90: 최고 복용량에 49~52일	1/1	–	–	Oettlé
50 μg/kg BID IM	4~10	26~55	5/6	2~9	구토, 과유연증, 심박급속증	Lein et al.
50 μg/kg BID, 62.5 μg/kg SID, 100 μg/kg SID–BID, 50~100 μg/kg SID 순으로	2일, 3일, 4일, 3~7일 순으로	27~41	6/6	7~11	구토, 과유연증, 수유, nesting	Lein et al.
50~250 μg/kg BID	4~8	21~55	28/28	–	–	Lein et al.
50 μg/kg TID	7	발정휴지기의 5~11일	5/5	–	–	Lein et al.
60 μg/kg BID	2	6~7	0/1	–	–	Oettlé
125 μg/kg BID	6	43~45	4/4	–	–	Wichtel et al.
100 μg/kg TID 또는 100 μg/kg TID 후 200 μg/kg TID 또는 250 μg/kg TID	–	30~35	18/18	–	호흡항진, 과유연증, 구토, 배변, 배뇨, 심박급속증	Feldman et al.
150~200 μg/kg BID	4	발정휴지기의 8~19일	11/12	–	–	Romagnoli et al.
250 μg/kg SID	6	22~27	1/1	–	–	Oettlé
250 μg/kg BID	4	발정휴지기의 5일 이상	6/6	3~5	구토, 과유연증, 설사	Jogngston
250 μg/kg BID	4	발정휴지기의 5~8일	4/5	–	구토, 설사	Oettlé
250 μg/kg BID	4	발정휴지기의 1~5일	0/5	–	–	Paradis et al.
250 μg/kg BID	4	발정휴지기의 31~35일	5/5	3~5	구토, 과유연증, 저체온증	Paradis et al.
100 μg/kg TID와 함께 1~3 μg/kg misoprostol (PGE) 질 내에 투여	–	30~43	9/9	2.5~3.5	구토, 과유연증, 호흡항진	Davidson
100 μg/kg with bromocriptine (10 μg/kg TID PO)	3~7	30~45	–	3.5	구토	Purswell
250 μg/kg with bromocriptine (20 μg/kg SID PO)	4	발정휴지기의 5~8일	4/5	–	구토, 설사	Oettlé et al.
250 μg/kg with dexamethasone (0.1 ng / kg)	4	발정휴지기의 5~8일	4/5	–	구토, 설사	Oettlé et al.

SC. 피하주사; TID, 하루에 3회: BID, 매일 2회; IM, 근육주사; SID, 매일 1회; PGE, prostaglandin E; PO, 경구 당.

난산에 의한 분만을 인위적으로 처리할 경우에는 제왕절개수술을 한다.

2) 인공 유산

개에 있어서 분만유기는 주로 옥시토신 호르몬제를 이용하면 태막의 배출에도 유리하다. 시간적으로 유도분만을 실시하는 경우는 옥시토신(Oxytocin)이나 프로스타그랜딘(Prostaglandin, PGF2α)이라는 호르몬제를 이용하여 분만을 유도하지만 잘못 처치하면 난산의 위험이 있으므로 확실한 경우가 아니면 개에서는 실시하지 않는 편이 유리하다. 분만 시는 호르몬에 의해 자궁의 수축과 이완 골반의 이완과 수축, 모체의 젖내림 등 아주 복잡한 기전이 관여되므로 유도분만은 아주 조심스럽게 실시를 해야 한다. 개나 돼지 등 다태 분만 동물에서는 옥시토신이라는 호르몬제를 이용하여 분만을 유도하기도 하는데 수의사의 처방에 따라 실시하는 것이 안전하다.

4. 불임/피임 조치

1) 일시적 불임 처치법

암캐인 경우는 질 내에 루프장치를 삽입하여 일시적으로 그룹사양을 하는 경우는 조절을 할 수가 있고 수캐인 경우는 음경의 방향을 수술적으로 돌려놓아서 정상적인 교미가 이루어지지 않도록 하는 방법을 이용하기도 한다. 이 방법은 외과적으로 실시를 해야 하므로 경비가 소요된다.

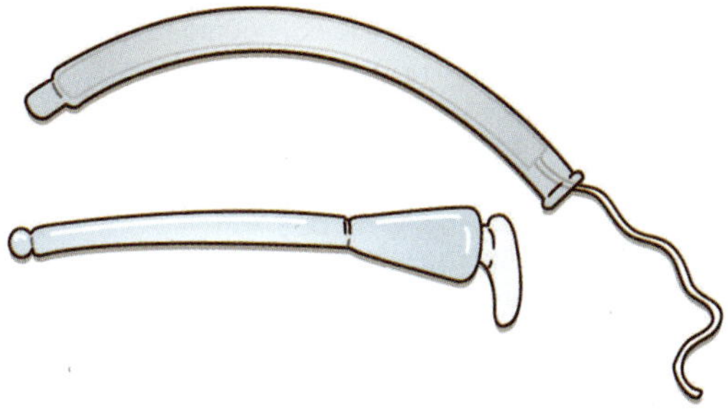

그림 9-9 개의 피임장치

2) 영구 불임 처치법

(1) 암캐의 경우

암캐는 난소절제나 자궁절제로서 아예 배란 및 수정란의 착상을 방지하는 방법이 있다.

(2) 수캐의 경우

수캐인 경우는 고환의 제거나 정관의 결찰로 영구적으로 임신을 방지하는 방법이다. 그 외 정소와 부정소에 경화제를 주입하는 경우도 있다. 정소보다는 부정소에 질산은($AgNO_3$)을 주사하여 섬유 차단을 일으켜 번식능력이 억제된다.

이러한 불임 유기물질은 아연 알기닌, 메틸시안아크릴산, 포르말린 등이다.

개

4개월 이전에 발정한 경험이 있는 암캐에게 Ring-CIDR/DES(Diethylstilboestrol, 소형견-80mg, 대형견-200mg)를 질 내에 7~14일간 장치하는 동안 외음부와 종창되고 출혈이 확인되면 이날을 Day 1(Pro-estrus)로 정하고 Day 3일째에 Ring-CIDR/DES를 제거한다. Day 5일째에 hCG 1,000IU (또는 LH 5mg)를 1회 근육주사하고 Day 9일째에 FSH 50mg(PEG 30% 용액에 용해)을 오전에 주사하고 필요시 Day 11일째에 GnRH(30~50μg)를 오전에 주사한다. 외음부 종창이 작아지고 출혈분비액이 암갈색으로 바뀌면 Day 14~16일째에 2일 간격으로 2회 인공수정(또는 교배)시킨다. (Shille 등, 1989. J. Repord. Fert. 39:103-113) -그레이하운드 기준

Ring-CIDR/DES를 7~14일 동안 질 내에 삽입

- Day 3: Ring-CIDR/DES 제거
- Day 5: hCG(1,000IU) 주사 또는 LH(5mg) 주사
- Day 9: FSH 주사 50mg 주사

외음부 종창이 작아지고 분비액이 암갈색으로 변한 상태의 DAY 14~16일째에 2~3회 인공수정(교배)

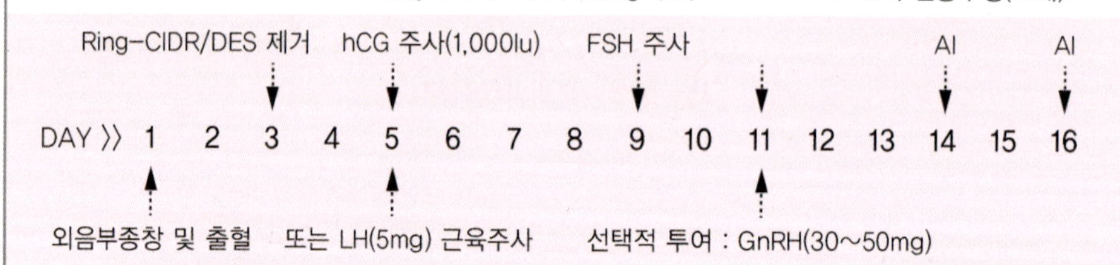

※개 번식의 성패는 발정 및 배란유도가 핵심!!!

Ring-CIDR/DES란? 개의 발정을 유도하기 위한 난포발육촉진제 (Diethylstilboestrol)가 들어있는 애완견 전문 발정유도 장치임(특허출원 중)

축산기술연구소 종축개량부
유전자원보존이용연구실

그림 9-10 개의 번식에서 배란유도의 중요성

중성화수술은 반드시 해주자

어떤 개든 거세를 해 주면 훨씬 더 좋은 애견이 될 수 있다. 성질도 훨씬 더 느긋해지고 주인도 더 잘 따르게 된다. 뿐만 아니다. 수명도 더 길어지고 건강 상태도 훨씬 좋아진다. 다른 개들로부터 공격적인 행동을 당하거나, 집을 나가 떠도는 개가 될 가능성도 확실히 줄어든다. 내가 기르는 개가 더 건강해지고 행복해질 수 있다면, 굳이 거세를 하지 않을 이유가 어디 있겠는가? 물론 개를 기르는 사람들이 나름대로 이유를 댈 수는 있다. "새끼를 한 번은 낳게 하고 싶어요." (개의 생체 시계가 항상 정확하게만 돌아가지는 않는다. 불임수술을 하지 않은 암컷을 유방 종양이나 방광염, 암 같은 질병을 일으킬 확률이 훨씬 더 높다.) "난 차마 그런 짓은 못 하겠어요." (개는 동물일 뿐이다. 집 안에 얌전하게 드러누워 있으면서 길 건너편에 사는 푸들을 생각하지는 않는다. 다른 개가 생각나는 것은, 암컷이 발정할 때뿐이다. 다른 개를 만났을 때 올라타는 것은 상대를 지배하겠다는 의사표시이지, 성적인 욕구 때문은 아니다.) "수술 후에 비실비실 무기력해질까 봐 걱정돼요." (틀린 말씀이다. 수놈이든 암놈이든 거세를 하더라도 얼마든지 훌륭하게 집을 잘 지킬 수 있다.) 매년 수없이 많은 떠돌이 개들을 잡아다 안락사시켜야 하는 현실에서, 아무 대책도 없이 새끼만 낳게 한다는 건 어떻게 보면 무모하고도 무책임한 일이다. 진정으로 개를 사랑한다면, 지금 기르고 있는 개에게 반드시 불임수술을 해주자.

5. 출생 새끼의 성 조절

1) 정자에 의한 성 조절

정자를 전기적인 자극에 의해서 암수정자를 분리하여 강아지의 성을 조절하는 방법인데 현재로서는 단가가 비싼 것이 단점이다. 이 외에 X-Y항원에 의해 성을 조절하는 연구 보고가 있으며 확률적으로는 성의 구분율이 낮다는 보고가 있다. flow cytometry라는 기기를 이용하여 정자의 성을 분리하여 인공수정에 이용을 하고 있으나 100%의 성의 구분이 되지 않는 수준으로 이용을 하고 있다. 우수한 종견인 경우는 성을 사전에 구분하여 수정을 실시하거나 수정란을 생산하여 우수한 자견을 생산한다면 부가가치를 높일 방안일 것이다.

(1) 성염색체와 신생자의 성

성을 결정하는 인자는 한 쌍의 염색체 위에 위치하고 있다. 정모세포에서 정낭세포로 발달하는 과정에서 성숙분열이 일어나며, 이때 염색체는 각각 새로 만들어진 세포로 이동하여 x성염색체를 갖는 X-정자(X-bearing spermatozoa)와 Y성염색체를 갖는 Y-정자(Y-bearing spermatozoa)가 형성된다. 한편 난모세포의 성염색체는 Xx로 동형이므로 성숙분열을 거친 난낭세포 이후 난자는 모두 X-성염색체를 갖게 된다. 따라서 난자가 X-정자와 결합하면 산자의 성염색체는 XX로 암컷이 되고, Y-정자와 결합하면 XY로 수컷이 된다(표 9-10).

표 9-10 태아의 성과 관련된 염색체 이상 유형

태아의 핵형	종(Species)		
	사람 (2n=46,XX 46,XY)	개 (2n=78,XX 78,XY)	고양이 (2n=38,XX 38,XY)
상염색체 3염색체성 (trisomy) (2n+1)	47,XX+ – 47,XY, + – (51.9%)	NR	39,XY, + 11
단일염색체(monosomy) X (2n–X)	45, X O (18.9%)	[77,XO]	[37,XO]
3배체성(triploidy) (3n)	69,XXY 69,XXX 69,XYY (15.5%)	117,XXX	NR
4배체성(tetraploidy) (4n)	92,XXYY 92,XXXX (5.6%)	NR	NR
전좌(translocation)	45,XX,t(—) 45, X Y,t(—) (3.8%)	[77,XX, rob(lg:9q] [77,XX,t(13q:17q)]	NR
모자이크현상(mosaicism) 2n/2n xn/xn	46,XX/46,XY (1.5%)	177,XXY/156,XXYY 78,XY/156,XXYY [78,XX/78,XY]	38,XX/37,XX, –E 38,XX/39,XX, +D 38,XX/37,XX, –F [38,XX/38,XY]

* 세포유전학적인 이상에 관한 3040 인간 유산의 일부분을 표시한 비율

* Brackets는 표시된 종들에서 염색체 이상이 보고된 것을 표시한 것이지만, 태아사망과 관련되지는 않는다. 사람의 유산아들에서 나타난 것으로 기록된 모든 염색체 이상들 또한 출생 후 살아남은 사람들에서 나타났던 것이다.

NR=보고되지 않았음

자료: Johnston SD, Raksil S: Fetal loss in the dog and cat. Vet Clin North Am Small Anim Pract 17:538, 1987.

출처: Johnston 등(2001).

(2) X-정자와 Y-정자의 분리

정자로부터 X-정자와 Y-정자를 분리하여 태어나는 산자의 성을 인위적으로 지배하고자 하는 인류의 노력은 오래전부터 시도되어 왔으나, 아직도 이렇다 할 성과를 얻지 못하고 있다. 산자의 성을 지배하려는 지금까지의 연구는 크게 나누어 두 가지로 대별할 수 있다.

① 체내 조절

수컷 생식기관 내의 환경을 변화시킴으로써 X-정자와 Y-정자 중 어느 하나의 활성을 억제하거나 혹은 촉진하여 수정에 참여하도록 유도할 수 있다.

알칼리성 환경에서는 Y-정자의 운동활성이 우수하여 수컷 태아의 비율을 높일 수 있다고 보고된바 있으나, 인간 이외의 가축에서 수소이온농도가 산자의 성비에 영향을 주는지는 불분명하다.

영양상태의 변화, 알코올 및 내분비선의 기능 변화를 인위적으로 유도하여 체내 수정과정에서 성비를 조절해 보려는 시도가 있었으나 기대할 만한 성과는 얻지 못하였다.

② 체외 조절

사출된 정자를 체외에서 X-정자와 Y-정자의 차이(크기, 무게, 하전, 면역적 특성)를 근거로 분리하고자 시도된 바 있으나, 실용화되기에는 아직 미흡하다. 산자의 성이 X-정자와 Y-정자에 의하여 지배된다고 하더라도 수정된 난자가 발달하는 과정에서 성호르몬과 같은 환경의 영향을 받아 성에 변화가 생길 가능성도 배제할 수 없다. 최근에는 액체에 현탁된 세포, 입자의 물리적, 화학적, 생물학적 성질을 측정하는 기술인 유세포분석(Flow cytometry)를 이용하여 정자의 분리가 상업적으로 이용되고 있다(그림 9-11).

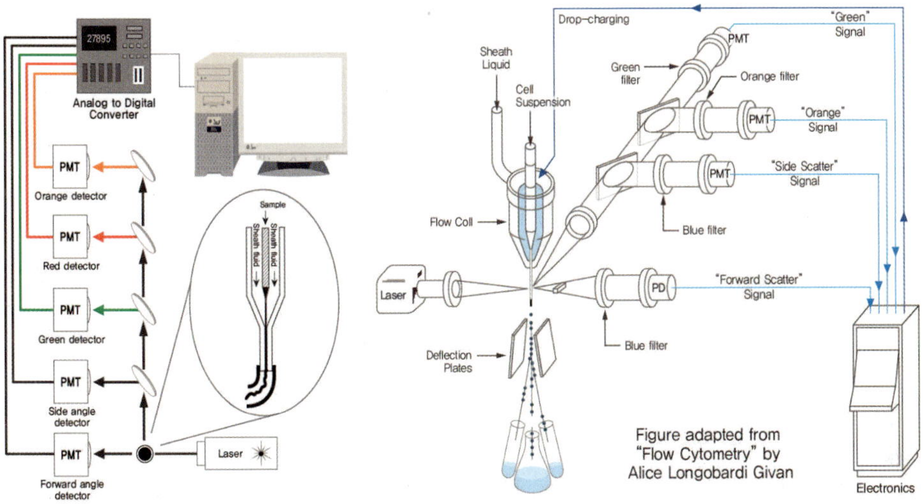

그림 9-11 Flow cytometry의 원리

2) 수정란에 의한 성 조절

수정란의 성구별은 암, 수컷의 유전자형의 차이를 이용하여 3~10개의 세포를 수정란으로부터 분리하여 KIT화된 상품으로 수정란의 성을 구분하는 방법이 소에서는 많은 보고가 있지만 아직 개에서는 수정란의 성구별에 대한 보고가 없는 실정이다. 소에서는 LAMP법에 의해 수정란을 이용하여 수컷 특이 반응으로 수정란의 성을 판별하여 이용하고 있는데 머지않아서 개 등 소동물용 Kit가 개발될 전망이다. 미래에는 동결건조된 정자의 이용도 확대될 전망이다(그림 9-12).

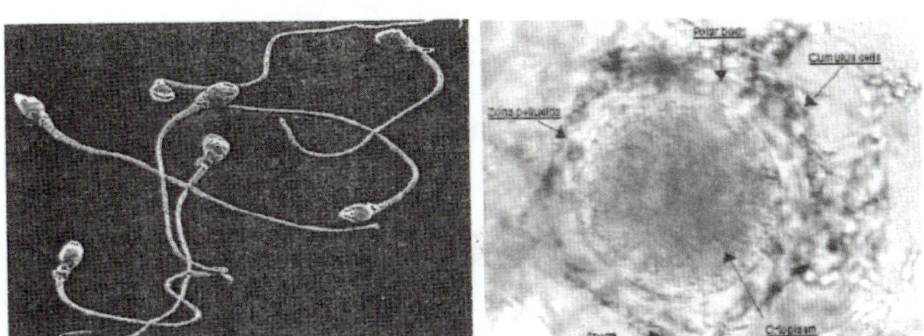

(이장희, 애완동물 번식, 2016)

그림 9-12 동결건조 정자와 수정된 난자

성 감별

동물에 있어서 조기 성 감별은 경제적인 면에서 매우 유용하다. 경우에 따라서는 태어난 새끼들의 성(性)에 따라 경제적 가치가 달라지기 때문이다. 병아리의 경우 암컷이 알을 낳으므로 산란계의 경우에는 수컷이 거의 필요 없으므로 병아리로 부화된 수일 이내에 암컷만 선별하여 키우게 된다. 병아리 성감별은 항문과 생식기 돌기까지의 거리(길이)에 따라 암수가 구분된다. 긴 것은 수컷, 짧은 것은 암컷으로 판정한다. 이러한 조기 성감별이 필요한 동물은 많다. 개의 경우에는 오줌 누는 자세에 따라 암수가 쉽게 판별되기도 한다. 토끼의 경우는 생식기 부위가 찢어져 있는 경우는 암컷, 원주형의 돌기가 있는 경우 수컷으로 판정한다.

개구리의 경우에도 올챙이 때 암수 구분이 가능하면 암수 분리사육에 크게 유리해진다. 개구리도 성체가 되어 혼인색(개구리는 발가락에 나타남)으로 암수를 구분하게 되는데 이는 시기적으로 매우 늦다.

대부분의 동물에 있어 암수가 함께 있게 되면 암컷이 크게 스트레스를 받게 되는데 이는 일반적으로 암컷이 수컷보다 작기 때문이다. 또한 암수의 번식행위에는 에너지 소모가 많이 발생하기 때문에 고기를 주 목적으로 사육하는 동물은 암수 분리 사육이 더 유리하다. 조기 성감별의 불편과 암수의 경제적 차이 때문에 오히려 태어나기 전에 미리 새끼의 성(sex)을 제어하고자 하는 것이다. 파충류의 경우에는 부화 시기의 온도에 따라서 성이 결정된다고 한다.

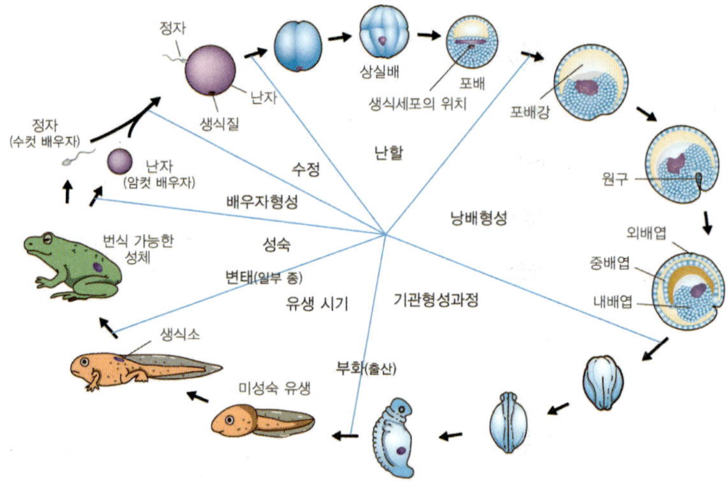

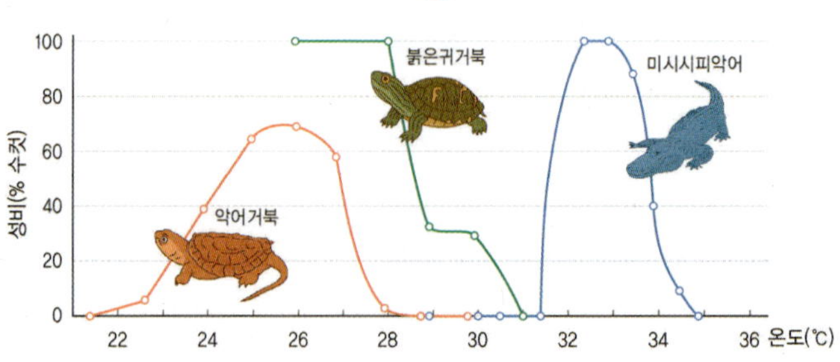

출처: 길버트(2007). 발생생물학.

Chapter

10

번식장해와 질병

반려동물의 번식장해는 생식세포 형성, 교배, 수정, 임신, 분만 등 번식 전 과정에서 발생할 수 있으며, 호르몬 이상, 감염, 해부학적 문제, 유전적 요인 등 다양한 원인에 의해 나타난다. 이러한 번식 관련 질환은 불임, 유산, 난산, 신생아 사망 등으로 이어질 수 있어, 수의학적 이해와 관리가 필요하다. 정확한 진단과 예방 관리, 적절한 번식 계획을 통해 불임과 산과 질환을 최소화하는 것이 번식 관리의 핵심이다.

동물의 번식생리는 신체의 모든 기능과 밀접한 관계가 있으며 대단히 복잡하다. 신체의 정상적인 생리현상이 이루어졌을 때 비로소 정상적인 번식도 이루어진다.

번식장해(繁殖障害, reproductive failure or disorder)라고 하는 것은 동물이 정상적으로 임신, 출산하거나 정자를 생산하는 데 문제가 생기는 상태를 말한다. 수컷이나 암컷에서 일시적 또는 지속적으로 번식이 정지되거나 저해되는 상태로서 생식능력의 저하 또는 상실이라 할 수 있는 것을 통틀어서 말한다. 그 범위는 암수 동물 모두 생식기관의 이상 및 질환에 근거를 둔 것으로 한정해서 보통 다음과 같은 것을 생각할 수 있다.

① 생후, 번식연령에 달하거나 분만 후 일정 기간을 경과해도 난소의 활동이 없고 발정을 하지 않든가, 이상발정이 되어 종부, 인공수정을 할 수 없는 것(난초발육장해, 둔성발정, 영구형체, 난소낭종 등)

② 발정이 규칙적으로 또는 불규칙적으로 오면서 종부, 인공수정을 해도 자궁 그 외 다른 곳에 이상 또는 질환이 있어 수태되지 않은 것(배란장해, 난포낭종, 황체형성부전, 난관염, 자궁내막염, 경관염, 요질 등)

③ 임상적으로 이상 또는 질환은 인정되지 않지만 3회 이상종부 인공수정을 해도 수태되지 않은 것(低受胎, repeat breeder)

④ 수정란, 태아가 조기에 사멸, 흡수되는가 또는 관리자의 부주의로 조기유산인 것도 일반적으로 불수태(不受胎)로 해서 취급된다(유산, 침적태아, 미이라변성태아 등).

⑤ 분만직전, 경과 중에 태아가 사망 또는 난산한 것 혹은 분만 후 태반이 나오지 않고 일정 기간 정체하고 모체에 이상이 인정된 것(사산, 난산, 태반정체)

⑥ 신생자(新生仔)의 발육불량, 기립불량, 포유불량, 그 외 다른 것에 의해 생후 20일 이내에 폐사하는 것(허약자)

⑦ 번식에 사용할 어미동물의 교미욕 감퇴, 교미욕 소실, 음경의 질환에 따라 교미 또는 사정에 장해를 받은 것(교미불능증)

⑧ 조정 기능의 장해 또는 정소상체, 정관 및 부생식선의 이상에 따라 정자 또는 정액의 이상 등을 번식장해로 취급한다(잠복장소, 정소기능, 정소상체염, 기능이상).

번식장해의 원인은 대단히 복잡하고 다양하다. 에너지 부족, 단백질, 무기질, 비타민 결핍(특히 A, E, 셀레늄 등)과 같은 영양 불균형, 뇌하수체, 난소, 고환 등에서의 내분비 이상, 바이러스, 세균, 기생충에 의한 생식기 감염과 생식기 질병, 유전 질환 또는 선천적 기형과 같은 개체의 유전적 이상, 과도한 스트레스, 발정 관찰 실패, 교배 시기 오류 등과 같은 관리적 요인, 해부학적 이상, 사양환경 방법의 부적당 등이 모두 번식장해의 원인이 된다.

생식기와 관련된 질환으로는 암컷은 자궁축농증, 자궁점액증, 유선종양, 난소낭 등이 있고 수컷은 전립선비대증, 잠복고환, 고환종양 등이 있다. 이 장에서는 반려동물의 개, 고양이에서의 암컷, 수컷 생식기계 문제와 관련된 요인, 증상, 대책에 대해 서술하고, 아울러 다른 동물에서도 자주 발생하는 번식장해 중 주된 것을 요인, 증상, 대책으로 서술하고자 한다.

1. 암컷의 번식장해

암컷의 번식주기는 시상하부에서 분비되는 생식자극호르몬 방출인자(gonadotrophin releasing hormone, Gn-RH)를 시작으로, 뇌하수체에서 분비되는 생식선자극호르몬(LH, FSH), 그리고 난소에서 분비되는 에스트로겐과 프로게스테론 등의 생식선호르몬 사이의 정교한 상호작용에 의해 조절되고 동기화된다.

이 호르몬 체계는 시상하부-뇌하수체-생식선 축(Hypothalamic-Pituitary-Gonadal Axis, HPG 축)이라 불리며, 번식 기능의 정상적인 진행을 위해 필수적인데, 이러한 호르몬 분비 과정 중 어느 한 단계에서라도 이상이 발생하면 배란 장애, 불임, 발정 이상 등 다양한 번식장해가 초래될 수 있다.

그림 10-1은 번식 과정의 각 시점에서 다양한 내적 · 외적 요인이 어떻게 작용하여 번식장해를 유발하는지를 시각적으로 설명한 자료로, 병변의 위치와 영향 시기를 이해하는 데 도움이 된다. 이처럼 번식장해는 단순한 기관 이상이 아니라 복합적인 호르몬 네트워크의 문제로 접근해야 하며, 정확한 원인 분석을 통해 진단과 치료가 이루어져야 한다.

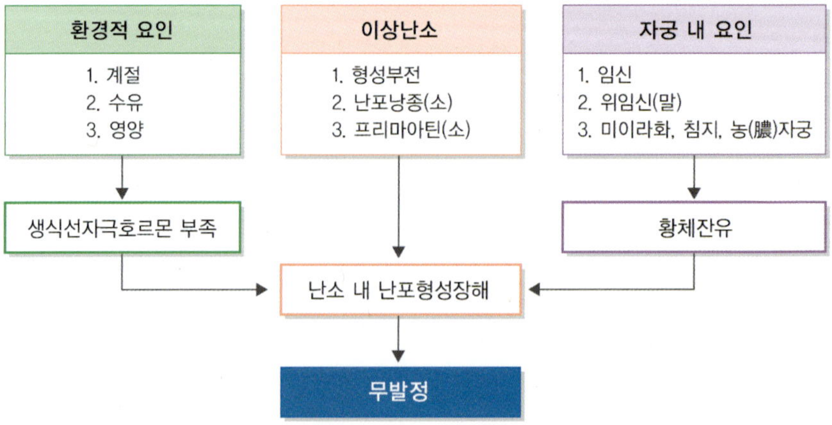

그림 10-1 번식과정에서 유해한 영향을 미치는 요인

1) 난소 기능장해

난소의 두 가지 주 기능, 즉 난자의 생산과 난소호르몬의 분비(에스트로겐, 프로게스테론 등)를 수행하며, 이 두 기능은 밀접하게 연관되어 있다. 이러한 기능이 정상적으로 수행되어야 성주기, 발정, 배란 등이 원활히 이루어져 성공적인 수태가 가능하다. 그러나 암컷 번식장해 중 가장 흔한 원인은 바로 난소 기능 이상 및 난소 질환이다. 난소에 문제가 생기면 난포 발육, 배란, 황체 형성과 퇴행 등 일련의 생리적 과정이 교란되어 정상적인 성주기가 깨지고 발정 이상이 나타나며, 이로 인해 교배가 불가능하거나 배란이 이루어지지 않아 불임으로 이어질 수 있다.

이러한 난소 기능의 이상은 시상하부–뇌하수체–난소 축 중 특히 뇌하수체 전엽에서 분비되는 생식선자극호르몬(LH, FSH)의 이상 분비에 기인하는 경우가 많다.

이상발정으로서는 성 성숙 이후 또는 분만 후에도 발정이 나타나지 않는 무발정(anestrus), 발정 징후가 매우 약하여 인지하기 어려운 미약발정(silent estrus) 또는 둔성발정(dull estrus), 발정이 비정상으로 장기간 지속되는 지속성 발정(spilit estrus) 등이 있다.

이처럼 난소 기능 이상은 발정 발현부터 배란, 수태까지 전 과정에 영향을 주므로, 정밀한 내분비적 평가와 진단이 중요하다.

(1) 무발정

무발정은 발정이 나타나지 않는 성적 비활동 상태로, 개와 고양이에서도 번식장해의 한 형태로 관찰될 수 있다. 이 상태는 일반적으로 난소 발육부전, 난소 기능 정지 또는 위축 등 난소의 기능 이상에 의해 발생하며, 뇌하수체 전엽에서의 생식선자극호르몬(GTH, 즉 FSH와 LH) 분비 저하가 직접적인 원인이다.

개와 고양이에서는 특히 성 성숙 지연, 분만 후 장기적인 휴지기, 영양 불균형, 또는 만성 질환 등으로 인해 무발정이 나타날 수 있다. 자연적인 계절 요인의 영향은 고양이에서 특히 뚜렷한데, 고양이는 계절발정동물(seasonally polyestrous)로서 일조 시간이 짧은 겨울철에 발정이 억제될 수 있다.

무발정은 영구적인 경우(예: 난소기형, 유전적 이상)를 제외하면 대개 호르몬 치료나 환경 개선을 통해 회복 가능하다. 치료에는 FSH, PMSG(eCG), GnRH(GTH-RH) 혹은 프로스타그랜딘(PGF2α) 등의 제제를 사용할 수 있으며, 특히 GnRH 주사는 시상하부-뇌하수체-난소 축을 자극하여 난포 발육과 배란을 유도하는 데 효과적이다(그림 10-2). .

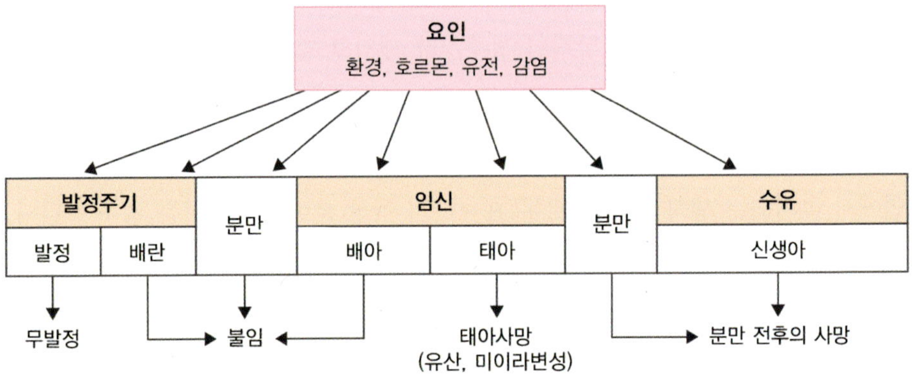

그림 10-2 동물의 난소 내 난포발육장해와 무발정을 일으킬 수 있는 원인들의 모식도

① 난소발육부전

난소소발육부전은 성 성숙 시기가 지났음에도 발정이 나타나지 않는 경우로, 선천적 또는 발달상의 이상으로 인해 난소가 정상 크기로 성장하지 못한 상태이다. 수의학적 검사(초음파 등)에서 난소는 작고 단단하며, 기능성 난포나 황체가 전혀 관찰되지 않는 특징을 보인다.

이러한 상태는 선천적 생식기 발육 이상, 염색체 이상(예: XO 터너증후군 유사), 내분비 결함 등과 연관될 수 있으며, 영구적 불임의 원인이 되고, 치료는 불가능하며, 번식 동물로서의 가치는 없다고 판단한다.

② 난소정지 또는 휴지

이는 성숙한 개나 고양이에서 정상적인 발정주기를 따르지 않고 장기간 무발정

상태를 보이는 경우로서, 난소는 크기는 정상이거나 약간 커져 있고 탄력도 있으나, 기능성 난포나 황체가 형성되지 않아 활동이 멈춘 상태를 말한다.

이러한 상태는 영양불균형, 만성질환, 환경적 스트레스(예: 과도한 체중, 일조 부족), 호르몬 분비 저하(GnRH, FSH, LH) 등 여러 요인에 의해 유발되며, 치료로는 영양 및 환경 개선, 필요 시 GnRH 또는 PMSG(eCG), hCG 등의 호르몬 치료를 통해 발정 유도를 시도할 수 있으며, 이는 기능성 난소 조직이 남아 있을 경우에만 효과적이다.

③ 난소위축

난소가 평평하고 작으며, 탄력성이 없고 경화된 상태로, 난포 발육이나 황체 형성이 전혀 이루어지지 않는 비정상적인 상태를 의미하는데, 개와 고양이에서 이러한 상태는 번식 기능의 중대한 장애를 초래하며, 대표적인 무발정(anestrus)의 원인 중 하나이다. 주요 원인으로는 노령(생식기능 노쇠), 영양 불량, 바이러스 감염(예: 파보바이러스, 전염성 복막염 등), 만성 전신 쇠약 상태(감염성 질병 후 회복 지연 등) 등이 있으며, Theileriosis와 같은 특정 감염 질환 이후 장기간 전신 쇠약을 겪은 경우에도 발생할 수 있다(※ 이는 주로 대동물에서 관찰되지만, 유사한 원인이 반려동물에도 영향을 줄 수 있음).

난소위축이 발생하면 발정이 전혀 나타나지 않으며, 에스트로겐 분비 저하로 인해 자궁, 질, 외음부 등 부생식선들도 위축되는 양상을 보인다. 수의학적 검사 시, 직장수지(대동물) 또는 초음파검사(소동물)에서 기능이 없는 납작한 난소가 확인할 수 있다.

(2) 이상발정

개와 고양이에서도 번식주기 중 호르몬 불균형(FSH, LH, 에스트로겐, 프로게스테론 등) 또는 신경-내분비 조절 이상으로 인해 다양한 이상발정이 나타날 수 있는데 대표적으로 무배란발정, 미약정발정, 지속성 발정 등이 있다.

① 무배란 발정

무배란 발정은 난포가 정상적으로 발육되어 발정 징후는 보이지만, 배란이 이루어지지 않고 난포가 퇴행하는 상태를 말하는데 이것은 돼지나 말에서는 소나 면양에 있어서 보다 많이 발생한다. 그 원인은 뇌하수체전엽에서 분비하는 LH(황체형성호르몬)의 분비 부족으로 인한 배란 실패로 여겨진다. 개의 경우 첫 발정이나 노령개에서 간혹 발생하거나 난포 낭종의 전조 증상일 수 있다. 고양이는 유도배란 동물로, 교배 자극이 없으면 발정은 지속되나 배란이 일어나지 않으므로 지속성 발정과 겹치는 양상을 보인다.

② 둔성발정

둔성발정이란 난포의 발육과 배란은 정상적으로 이루어지지만, 외부로 드러나는 발정 행동(수컷에 대한 수용 자세, 외음부 부종, 분비물 등)이 미약하거나 전혀 나타나지 않는 상태를 말한다. 발정이 보이지 않기 때문에 적절한 교배 시기를 놓쳐 번식 실패로 이어질 수 있는 주요 원인 중 하나이다.

둔성발정의 원인으로는 생식선자극호르몬(GTH), 에스트로겐, 프로게스테론의 불균형, 신경계의 발정행동 조절 이상(중추신경계의 흥분 전달 장애 등), 심리적 스트레스, 사육환경, 사회적 요인 심리적 요인 등을 생각할 수 있다.

한편 미약발정에서 난소주기는 정상적으로 되고 있기 때문에 정밀한 생식 주기 모니터링과 진단을 통해 인공수정 등의 조치로 충분히 수태시킬 수가 있다.

③ 지속성 발정

지속성 발정이란 발정이 정상보다 장기간 지속되며, 난포가 배란되지 않고 장기 잔존하거나 배란까지 시간이 지연되는 상태를 말한다.

고양이는 다산성이고 유도배란 동물이므로, 교배가 이루어지지 않으면 에스트로겐 분비가 지속되어 발정도 계속될 수 있다. 개에서는 드물지만 난포 낭종 등의 경우에서 관찰 가능하다. 말에서 주로 발생하는 장해로 번식계절이 개시되는 시기에 즈음하여 난소기능이 충분하지 못할 때 발생한다. 소에 있어서도 가끔 발생하며, 발정이 3~5일 또는 그 이상 계속하는 것이 있다. 지속성 발정에 있어서는 교배적기가 불분명하기 때문에 재교배해도 불임이 되는 것이 많다.

(3) 난소낭종

난소낭종은 말, 소 등 대동물에서 흔히 발생하지만, 면양, 돼지, 드물게 개와 고양이에서도 나타나는 난소 질환 중 하나이다.

낭종은 배란이 이루어지지 않고 난포 또는 황체가 비정상적으로 성장하거나 퇴축하지 않아 형성된 병적 구조로, 발정 이상과 불임의 주요 원인이 난소낭종(ovarian cyst)에는 난포낭종과 황체낭종이 있다. 난포낭종은 난소에 다수의 크고 작은 난포가 있어 낭종을 일으키고, 때로는 정상 난포보다 몇 배나 더 큰 낭종을 형성하거나 또는 낭종이 주기적으로 변화되고 교대로 계속적으로 발달하며 퇴화된다.

이러한 낭종이 있는 개체에서는 사모광증(思牡狂症, nymphomania), 무발정 등 불규칙적인 발정이 일어나며, 특히 사모광증의 현상이 많이 생긴다.

이러한 소는 다 성질이 난폭해지고 미근부(尾根部, 꼬리 기저부)가 들리는 특징적인 자세를 보이기도 한다. 이 난포낭종의 발생원인은 FSH의 과잉분비와 LH의 부족으로 성숙 난포가 배란하지 못하고 낭종화되어 주기적인 황체형성반응이 나타나지 않기 때문이다. 이와 같이 난포낭종은 성장과 퇴축이 주기적으로 반복되나 배란은 일어나지 않는다.

황체낭종은 황체 조직으로 구성된 벽을 가진 낭종으로 주로 배란 후 황체화 과정에서의 이상으로 발생하는데 오랜 기간 존속하며 배란이 일어나지 않고, 일반적으로 발정이 나타나지 않는 무발정 상태를 지속한다.

개에서 난포 낭종은 드물지만, 지속 발정이나 에스트로겐 과다증상(외음부 부종, 유선 비대)을 동반한다. 고양이는 유도배란 동물로 교배가 없으면 지속성 난포 상태가 생기고, 간헐적으로 난포성 낭종이 형성될 수 있다. 난소잔존증후군(ovarian remnant syndrome)과 감별이 필요하다.

생식선자극호르몬 방출호르몬(GnRH)이나 HCG의 투여는 난포낭종 치료에 효과가 있으며, 황체낭종 치료에는 PGF2α(프로스타그랜딘 F2α) 투여가 이용되고 있다.

(4) 영구황체(persistent corpus luteum)

영구황체란, 임신하지 않았음에도 황체가 퇴화되지 않고 난소에 지속적으로 남아 기능(주로 프로게스테론 분비)을 유지하는 상태를 말한다. 이로 인해 지속적인 고농도의 프로게스테론이 분비되어 난포의 발육과 배란이 억제되고, 발정이 나타나지 않는 무발정(anestrus) 상태가 지속되어 번식장해로 이어진다.

소에서 가장 흔하게 발생하고, 말에서도 발생한 보고 있으며, 개는 발정 주기 중 황체기가 자연적으로 길기 때문에, 영구황체와 유사한 상태가 정상적으로 존재할 수 있으나 자궁축농증 등 병리적 상태와 감별 필요하다.

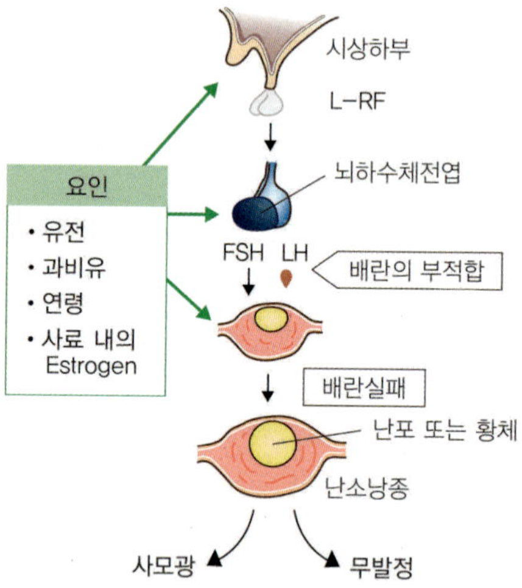

그림 10-3 소의 난소낭종과 관련 있는 내분비적 연쇄와 낭종의 형태, 그리고 행동의 발현

고양이는 교배가 있어 배란이 일어난 후 임신이 되지 않으면, 황체는 단기간 존속 후 퇴화되어 영구황체는 드물지만 난소 낭종 또는 잔존 난소 조직과의 감별이 필요하다.

원인으로, 자궁 내에 이물이 존재하는 것으로 미이라 변성 등의 변성태아, 고름 또는 점액이 저류, 자궁 내 이상이 황체 퇴하를 방해하는 등의 경우와 프로스타그랜딘 F2α(PGF2α) 분비 이상으로 황체 퇴화 실패하거나, 자궁 기능 이상으로 PGF2α 생성이 부족하거나 자궁 질환이 없는 경우에도 발생이 가능하다.

최근에 PGF2α나 그 유연 제품들이 황체 퇴화를 유도하여 영구황체 치료에 좋은 효과를 거두고 있다.

(5) 배란장해(ovulation failure)

배란장해는 난포가 발육 및 성숙하여 발정까지는 나타나지만, 배란이 정상적으로 이루어지지 않는 상태를 의미한다. 이로 인해 수태가 되지 않거나, 발정이 반복되며 불임으로 이어질 수 있는 주요 번식장애 중 하나이다.

배란장해는 대부분 내분비적 요인, 특히 LH(황체형성호르몬) 분비의 저하 또는 지연과 관련되어 있다. 내분비 이상에 의한 배란장해는 생식선자극호르몬(LH, FSH) 불균형, GnRH–뇌하수체 반응 축의 기능 저하, 스트레스, 사육환경의 문제(예: 사료 영양 과잉, 운동 부족, 과도한 사육밀도), 사육사의 사육(스톨사육) 또는 농후사료 중심의 급여가 내분비 균형을 교란시킬 수 있다. 고양이는 유도배란 동물로 교배자극이 없을 경우 난포가 배란 없이 퇴행된다. 배란 장해 동물의 치료에는 HCG, Gn-LH, PGF2α 등이 응용되고 있다.

2) 수정 기능장해

(1) 수정장해

수정장해(fertilization failure)는 정자와 난자가 정상적으로 만나지 못하거나, 만나더라도 수정이 이루어지지 않는 상태를 의미하며, 난자 사멸, 생식세포 이상, 또는 면역학적 문제로 인해 발생하는 번식 실패의 원인이 된다.

① 노화난자와 이상난자

난자의 질은 번식 성공에 결정적인 요소이며, 난자의 노화 또는 형태적 이상은 수정 실패와 배 발달의 이상으로 이어질 수 있다. 개와 고양이 같은 반려동물에서도 고령 임신, 인공 번식, 발정 시기 판단 실패 등의 상황에서 중요한 고려사항이

된다.

미수정 상태로 장기간 체내에 존속된 난자는 시간이 지남에 따라 수정 능력과 배발달 능력 저하되고, 노화된 난자에서는 정상적인 수정 과정이 저해되며, 특히 전핵 이상, 염색체 분리 이상, 다정자침입(polyspermy) 발생 가능성이 높아지며, 정자 침입을 막는 생화학적 방어 반응이 지연되면서 다정자 수정이 유발될 수 있다.

난소 내의 난세포 및 난관 내의 난자가 우연히 파편화하거나 또는 자주 정상분할에 유사한 세포질분열이 일어난다. 파편화는 미성숙동물이나 생식선자극호르몬에 의해 유기된 다배란동물에 빈번하게 나타난다. 이러한 이상난자는 수정력이 없다. 그밖에 거대난자(giant egg), 난형난자(oval shaped egg), 투명대 파열(ruptured zona pellucida) 등도 정상적인 수정을 하지 못한다. 수정 및 정상적인 배발육에 미치는 장해는 난자의 유전적인 이상 또는 환경요인에 의한 것으로 생각된다. 예를 들면 미성숙 개체의 미성숙 난자, 호르몬 처치로 다배란 유도 후 품질이 낮은 난자 방출, 교배 전 고온 환경 노출 시 난자 질 저하, 수정률 감소를 가져온다.

② 노화정자와 이상정자

노화된 정자는 DNA의 안정성이 떨어지고 염색체 손상 및 단편화가 발생하기 쉬우므로 이로 인해 수정이 되더라도 배 발달이 초기 단계에서 정지(조기 배사)하거나 기형 배가 발생된다. 이상정자(두부 이상, 핵 이상 등)도 DNA 손상을 동반할 가능성이 높아 정상 수정 실패 또는 이상 수정 발생이 일어나고, 특히 장시간 저장된 정액이나 고령 수컷의 정자에서 이런 현상이 자주 관찰된다.

동물 개체 간에는 정자가 암컷에게 외래 항원처럼 인식될 수 있는 항원성의 다양성이 존재하거나 암컷의 생식기 내에서 정자를 항체로 간주하여 면역 반응을 일으키고, 정자 활동 저해 또는 사멸시켜 이로 인해 수정 실패 또는 비정상 수정이 발생한다. 적용사례로는 종간 교배 시 불임 발생은 항원-항체 반응 때문일 수 있고, 특정 교배쌍에서 반복적 불임이 있을 경우, 항정자 항체 생성 여부를 의심한다.

수정 과정 중 정자와 난자는 표면의 단백질 인식을 통해 결합하는데 이때 항원–항체와 유사한 면역학적 메커니즘이 작용하여, 정자 침입이 차단될 수도 있으며 정자 수용체 결함 또는 면역학적 차단은 수정 전 단계에서 장해를 유발할 수 있다.

(2) 이상수정

수정 과정은 정자와 난자의 융합, 전핵 형성, 유전물질 통합 등 정밀하고 복잡한 생리적 단계로 구성되어 있으며, 이 과정에서 발생하는 이상수정(abnormal fertilization)은 수정 실패 또는 배 발달 이상, 더 나아가 불임의 주요 원인이 된다. 복수의 정자가 하나의 난자에 침입하여 염색체 수 이상이 발생하여 정상 배 발생 불가한 다정자수정(poly–spermic fertilization), 수정 직후, 정자와 난자의 핵이 각각 전핵(pronucleus)을 형성하지 못하거나, 융합에 실패하여 DNA 통합이 이루어지지 않아 수정 후 배 발달이 정지된 전핵형성이상(failure of pronucleus formation), 난자의 유전물질만으로 배 발달되어 정자는 침입하지만 유전적 기여는 없는 일반적으로 기형 발생 또는 조기 사멸된 암컷생식(gynogenesis), 정자의 유전물질만으로 배가 발달되어 난자의 핵이 제거되거나 비활성화되어 정상 개체로 발달하는 것이 불가능한 수컷생식(androgenesis) 등 이상수정은 배우자의 노화, 온도의 상승 고온 노출, 산소 부족 등은 세포 분열 및 염색체 통합 이상 유발 등 환경조건의 변화나 X–선 조사, 중금속, 살충제, 특정 약물의 독성물질을 투여하는 등 인위적 조작에 의해서도 일어나며, 이들 모두 불임원인이 된다.

3) 임신 이상

임신 이상에는 출생전 폐사, 자연유산, 임신 중 대사이상, 장기재태, 미이라 변성 및 요막수종 등이 포함된다.

(1) 출생전 폐사

① 배 폐사

소, 면양, 돼지 등의 가축에서는 수정이 성공적으로 이루어지더라도 약 25~40%의 수정란이 착상 이전 또는 직후에 폐사되는 현상이 나타나며, 이는 번식 효율 저하의 주요 원인이 된다. 개와 고양이에서도 이와 유사한 착상 전후 손실이 일어날 수 있으며, 수정 실패 외에도 초기 배의 사멸은 주의 깊게 관리되어야 할 영역이다.

개와 고양이에서는 재발정이 빨리 나타나면 수정 실패를 가져올 수 있고, 지연되어 나타나면 착상 전후 배폐사를 의심할 수 있다. 반복 불임 사례에서 호르몬 분석, 자궁내막 상태 확인, 감염 평가 등이 필요하며, 인공수정 또는 배아이식 시, 황체 유지와 자궁 환경 조성이 매우 중요하다. 반복적인 번식 실패 시, 초기 배 발달과 착상 시기의 손실 가능성을 반드시 고려해야 한다.

② 출생 전 폐사의 원인

출생 전 폐사란 임신 중 태아(배)의 발달이 중단되어 자연적으로 사망하는 현상으로, 임신 실패 또는 부분적인 번식 성공 저하의 원인이 된다. 이 현상은 모체측 요인(母體側 要因)과 배측 요인(胚側 要因) 또는 모체와 태아의 상호작용에 의하여 영향을 받는다. 모체측 요인은 어미의 건강, 내분비 상태, 자궁 환경 등 전체적인 임신 유지 능력에 관련되어 전체 자궁 내 태아(동복자 전체)에게 영향을 미치고 임신 전체 실패 가능성이 높아진다.

원인으로 모체 요인에는 영양 불균형 또는 결핍, 고령 산모로 인한 자궁 혈류 감소, 착상환경 악화, 자궁 기능 이상으로 감염, 염증, 내막 발달 부전이 영향을 미치고, 호르몬 불균형으로 프로게스테론 부족 시 임신 유지가 불가능하고, 고온 환경이 착상과 태아 발달에 악영향을 주며, 면역학적 거부반응이 있으며, 배측 요인으로 염색체 이상, DNA 손상 등의 유전적 결함이거나, 정자 또는 난자의 질이 저하되거나, 다태종인 개, 고양이에서 자궁 내 공간 부족으로 태아 압박되는 배과밀(Embryo overcrowding) 현상, 발육 불균형으로 일부 폐사를 유발할 가능성이 있다. 모체–태아 상호작용 요인으로는 모체의 면역계 또는 내분비 기능과 태아의 생리적 반응 간 불일치에 의한 것이거나, 면역학적 거부반응, 태반 형성 이상 등이 태아 생존에 부정적 영향을 주어 나타나는 경우이다.

③ 착상장해(着床障害, implantation failure)

착상장해란 수정란(배)이 자궁내막에 정상적으로 착상하지 못하고 임신으로 이어지지 않는 현상으로, 건강하고 정상적인 암컷에서도 일정 비율로 발생하는 생리적 혹은 환경적 현상이다. 이는 일시적 불임의 형태로 나타날 수 있으며, 반드시 영구적인 번식력 저하를 의미하지는 않는다.

착상장해는 정상적인 수정이 이루어진 이후 발생하며, 자궁 내 환경, 배와 자궁의 상호작용, 내분비적 요인 등 다양한 요소가 관여하는 데 일회성 착상 실패는 다음 교배나 배아이식(Embryo Transfer)을 통해 충분히 임신이 가능하므로, 이를 영구적인 수정능력 결함으로 간주해서는 안 된다.

Adames(1962)는 토끼의 난자를 이식하고 비록 배의 수가 변해도 임신율에 영향을 미치지 않는다는 것, 또한 한쪽 자궁각에 이식한 것에 대해서 양쪽 자궁각에 이식한 것이 근소하게 임신율이 높다고 하는 사실을 확인했다. 이것이 일시적 불임의 예에 있어서 착상장해는 어떤 국소적 요인보다도 종합적인 요인에 의하여 일어난다는 것을 나타내고 있다.

개와 고양이는 자궁각이 발달된 다태종으로, 착상 위치와 환경이 배 생존에 직접적인 영향을 미치는데, 정상적으로 수정이 이루어졌음에도 불구하고 임신에 실패했다면, 이는 일시적인 착상장애 가능성이 있으며, 이후 재교배 또는 배아이식 시 성공 가능성 충분하다.

④ 내분비적 요인

수정란이 난관에서 자궁으로 정상적으로 이동하고 자궁내막에 착상되기까지는 정교한 호르몬 조절, 특히 에스트로겐(estrogen)과 프로게스테론(progesterone)의 균형과 시기적 변화가 필수적이다. 이 조화가 깨질 경우 착상 전 배폐사(embryonic loss prior to implantation)가 발생할 수 있다.

수정란이 난관에서 자궁으로 내려가는 것은 발정 후 에스트로겐 농도는 감소하고, 배란 후 황체 형성과 함께 프로게스테론 분비가 증가되는 이 호르몬 변화는 난관에서 자궁으로의 수정란 이동 시기와 속도를 조절한다. 만약 estrogen과 progesterone의 균형이 깨지면 수정란의 자궁 이동이 지연되거나 지나치게 빨라져 자궁 내 환경이 착상에 적절하지 않을 경우 배 폐사 유발하게 된다.

비임신동물에서는 자궁에서 분비되는 프로스타그랜딘(PGF2α)에 의해 황체가 주기적으로 퇴행되나 정상적인 배가 존재하면, 황체 퇴행은 억제되어 프로게스테론 분비가 지속되어 자궁내막의 임신 전 증식(착상 준비)을 유지하기 위한 것이다.

배 생존의 임계시기는 배반포기의 후기이며, 성프로게스테론은 자궁 내막을 임신 상태로 전환시키고, 자궁유 분비, 면역관용 조절, 착상 준비 환경 조성에 작용한다. 만약 progesterone의 분비나 그 작용에 이상이 생겨 자궁내막의 임신전증식변화가 지연되거나 전혀 일어나지 않을 때에는 배의 착상이 자연히 장해를 받게 된다. 그 외에 임신 중 스트레스, 영양 결핍, 고온, 감염 등 비호르몬적 요인도 자궁 환경을 불안정하게 만들어 배의 생존을 위협할 수도 있다.

개와 고양이에서의 착상 전 배 폐사는 임신 실패의 주요 원인이며, 호르몬 변화의 정밀한 조절과 자궁 내 환경의 안정성 확보가 중요하고, 반복적 임신 실패 시에는 프로게스테론 농도 모니터링, 착상 시기 전후 자궁 상태 평가(초음파, 호르몬 분석 등) 등이 필요하다.

(2) 자연유산(Spontaneous Abortion)

자연유산은 수정 후 임신이 유지되지 못하고 태아가 생존 가능한 시기 이전에 배 또는 태아가 소실되는 현상으로, 동물의 번식 효율을 크게 저하시키는 주요 원인이다. 특히 젖소에 있어서는 육우, 면양, 말보다도 자주 발생한다. 이는 생리적 · 환경적 스트레스와 번식 질환의 복합적 작용에 기인한다. 춘기 발정기 직후 교배한 경우 겨울철 체력 저하, 호르몬 불균형 등으로 착상 실패 또는 초기 유산 발생할 수 있으며, 분만 직후 빠른 재교배는 자궁 회복이 불완전한 상태에서 재임신 시도하여 자궁 환경 부적합으로 유산할 가능성이 높아진다. 생리적 장해 요인으로 호르몬 불균형(특히 프로게스테론 부족), 에너지 부족, 영양 불균형, 자궁 수축 조절 실패, 분만 후 회복 기간 미흡 등을 들 수 있으며, 번식 질환 요인으로 자궁염, 자궁내막염, 태막염, 난소 기능 이상(영구황체, 낭종 등), 감염성 질환(예: 바이러스, 세균성 자궁감염), 자궁 내 환경의 불안정 등을 들 수 있다.

개와 고양이에서의 초기 임신 실패나 착상 전후 폐사가 자연유산의 형태로 보이지 않게 진행될 수 있으며, 교배 직후 과도한 활동, 스트레스, 영양 부족, 자궁염 등이 주요 원인이며, 교배 전후 충분한 휴식 및 자궁 상태 확인하고, 호르몬 검사(특히 프로게스테론)를 통한 임신 유지 평가하고, 분만 후 적절한 회복 기간 확보 후 재교배 시도하거나 정기적인 번식 검진 및 감염병 예방접종의 관리를 추천한다.

(3) 대사이상

번식장해는 단순한 생식기 이상뿐 아니라 대사이상에 의해서도 발생할 수 있으며, 이는 주로 에너지 대사 또는 무기질 대사 이상과 관련된다. 대사이상은 임신 후반기부터 분만 전후 시기에 집중적으로 발생하며, 임신 유지, 태아 발달, 분만, 산후 회복에 영향을 미친다.

번식장해에 관련한 대사이상(代謝異狀)은 크게 두 가지로 나눌 수 있다.

첫째는 칼슘(Ca), 마그네슘(Mg), 인(P)의 대사 이상은 신경근육계에 직접적인 영향을 미치는 경우로 이들의 증상은 주로 분만 전 및 분만 시에 관찰된다. 소와 돼지의 유열(milk fever)은 분만 직후 칼슘 요구량 증가로 인해 혈중 칼슘 급감하게 되어 무기력, 식욕부진, 근육 경직, 기립 불능이 된다. 소에 있어서 비유기의 Mg 부족으로 근육 경련, 신경과민, 경련성 증상으로 강직증(tetany)이 발생하고, 분만기 칼슘, 인, 에너지 요구량이 급증할 때 무기질 불균형 발생으로 발정 이상 및 자궁수축 장애로 분만 지연이 되는 면양의 분만병(lambing sickness) 등을 들 수 있다.

둘째는 주로 다태임신을 한 면양에서 후반기 임신 시기에 발생하는 것으로 태아의 에너지 요구량이 급격히 증가하는데, 모체가 이를 충당하지 못하면 간에서 케톤체 증가, 저혈당, 식욕부진, 신경 증상 등이 일어나 임신 중독증이 발생한다. 에너지 보충(당분, 프로피온산염 등), 체조건 관리를 통해 예방하고 치료할 수 있다.

개, 고양이도 대사이상은 번식장해의 간접적인 원인 중 하나로, 특히 분만 전후 무기질 또는 에너지 대사 이상은 임신 유지, 분만, 산후 회복에 치명적인 영향을 줄 수 있다. 다태임신 시 후반기 대사성 스트레스 증가로 인해 영양 불균형 또는 저혈당, 저칼슘혈증이 초래되므로 임신 후반기부터 균형잡힌 무기질 및 에너지 보충이 필요하다.

(4) 장기재태

장기재태(長期在胎, prolonged gestation)는 태아가 정상 임신 기간을 초과하여 자궁 내에 비정상적으로 오래 머무르는 현상을 말하며, 거의 모든 동물종에서 관찰될 수 있는 드문 번식장애이다. 이는 모체의 내분비 기능 이상이나 태아의 발달 장애 등 복합적인 요인에 의해 유발되며, 결과적으로 기형 또는 생존 불능 태아의 출산으로 이어질 수 있다.

태아의 발육은 완료되었으나, 형태적으로 현저한 이상을 동반하는 발육 과다형 장기재태는 후지근(뒷다리) 발육불량, 골격 기형, 피모 및 발굽 발달 이상의 특징으로 비정상적인 크고 딱딱한 태아로 인해 출산 난산, 자궁 파열 또는 산모 위험 증가할 수 있다.

다른 하나는 태아가 외관상 성숙했거나 미성숙해 보이지만, 내부적으로 심각한 중추신경계 이상이 있다. 이러한 태아의 이상은 뇌수종, 무뇌기형(無腦畸形), 대뇌 반구의 융해, 눈이 한 개로 융합되어 존재하는 편안(片眼), 뇌하수체전엽의 무형성 및 뇌하수체후엽의 형성 불량 등으로 나타난다. 개와 고양이에서도 드물지만 소형견, 단두종 고양이 등 특정 품종에서 수두증, 뇌하수체 결손에 의한 장기재태 및 난산 사례 보고된 바 있다. 분만예정일이 지나도 진통이 시작되지 않거나, 태아 크기 과다 또는 이상 형상이 의심되는 경우에는 초음파 및 호르몬 검사로 정밀 평가가 필요하다.

(5) 태아의 미이라 변성

태아의 미이라 변성(mummification)은 임신 중 태아가 자궁 내에서 사망한 후 유산되지 않고, 수분이 흡수되어 건조 · 축소된 상태로 자궁 내에 잔류하는 병적 현상을 의미한다. 이것은 면양이나 말보다도 소나 돼지에서 더 많이 발생하고, 개와 고양이 같은 다태종 동물에서도 간헐적으로 발생할 수 있다.

미이라 변성은 양수(胎水)가 자궁 내에서 재흡수 태아와 태막이 탈수되어 수축하면서 자궁은 태아를 배출하지 못하고 황체가 퇴행되지 않아 태아가 자궁 내에 잔류하는 것이다. 주요 원인은 태아에 대한 혈액공급의 장해, 태반 형성의 결함, 태아 제대의 기형 및 임신 자궁의 감염 등으로 인하여 발생한다.

(6) 요막수종(Allantoic Hydrops, 또는 Hydroallantois)

융모요막 수종은 임신한 동물, 특히 쌍태자(쌍둥이)를 임신한 소에서 주로 발생하는 태막 이상 질환으로, 융모요막강(chorioallantoic cavity) 내에 과도한 요막액(allantoic fluid)이 축적되어 발생한다. 이는 자궁 내 환경과 태아의 상호작용에 중대한 영향을 주어 임신 유지, 태아 발육, 분만, 산후 회복에 부정적 결과를 초래할 수 있다. 이 증후군은 태아의 모체와의 면역학적 불친화성 및 요막의 흡수 기능이 저하되어 요막액이 과도하게 축적 되는 태반의 기능 부전에 의해서 일어난다. 자궁내막의 퇴화, 괴사하여 함몰된 태아의 크기는 현저하게 감소한다. 기능적인 궁부(宮阜, 태반 부착 부위)의 수가 감소하고 불임각(비임신된 자궁각)은 태반 형성에 기여하지 않고 대신 임신된 자궁각(임각궁, 姙角宮) 내에 비정상적인 부궁부(부풀어오른 태막 부위)가 발달한다. 분만이 정상이든 제왕절개술에 의한 것이든지 그 후 태반은 유지된다. 다만 자궁정복이 지연된 결과 자궁내막염이 발생할 가능성도 있다.

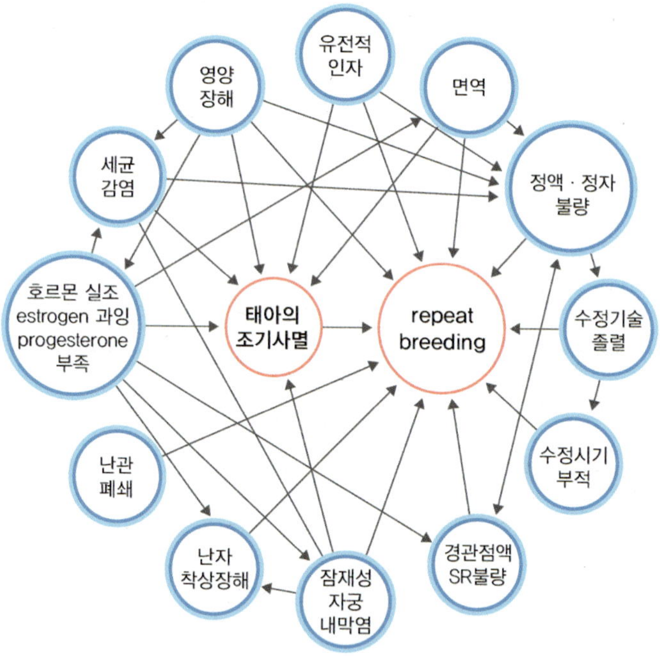

그림 10-4 repeat breeding의 원인으로 생각되는 인자와 연관성

(7) 저수태(Repeat Breeder)

저수태란 발정 주기가 정상이고 임상상 이상이 없는 건강한 암컷에서, 반복적인 교배(또는 인공수정)에도 불구하고 수태되지 않는 상태를 말한다. 소에서 번식 효율 저하의 대표적 원인이며, 개와 고양이에서도 비슷한 양상으로 관찰된다. 발정주기가 정상이며 임상 진단으로도 전혀 이상이 없는 건강한 동물에서 수정률이 좋은 수컷으로 자연교배 또는 인공수정을 3회 이상 실시하여도 재발정이 계속되어 수태되지 않은 상태를 저수태(低受胎)라고 한다. 수정장해와 초기 배아 사멸, 착상기 또는 후기 배아 사멸로 구분할 수 있다.

정자와 난자의 결합이 실패되는 수정장해(Fertilization Failure)는 정자 기능 저하, 교배시기 불일치, 면역학적 불일치 등이 원인이며, 상실배(morula) 또는 배반포 단계에서 배가 사멸하는 초기 배아 폐사(Early Embryonic Loss)는 황체가 정상주기에 따라 퇴행되나 정상 성주기 길이가 유지되거나 교배는 되었지만 배 착상 전 폐사로 인해 재발정이 원인이며, 배반포가 성주기 후반 또는 착상 전후에 사망하게 되는 착상기 또는 후기 배아 폐사는 황체 퇴행이 지연되어 발정 재현 시기가 늦어지거나, 더 늦은 시기에 태아의 사망으로 재발정을 더욱 지연시키는 것을 말한다.

치료는 원인이 복잡하기 때문에 세균감염의 방지, 호르몬의 균형, 사양 환경개선, 수정적기의 선택, 정액의 보관 및 융해방법 등의 단일처리 보다는 좀 더 세밀하고 복합적으로 처리방법을 강구하는 것이 보다 양호한 효과를 얻을 수 있다.

개와 고양이에서도 정상 발정 주기와 반복적인 교배에도 임신이 되지 않는 경우를 저수태(repeat breeding)로 간주하는데 특히 교배 시기의 오류, 정자 · 난자 질 저하, 자궁 환경의 미세 이상, 호르몬 불균형 등 다양한 원인이 복합적으로 작용할 수 있다고 한다.

4) 암컷 개, 고양이 생식기계 번식장해

암컷 생식기계와 관련된 많은 질환은 수술적으로 치료한다. 그러나 자궁축농증과 같은 일부 질환은 난소자궁적출술을 시행하기 전에 내과적으로 안정화시키기도 한다

(1) 거짓임신(위임신, 상상임신, false pregnancy, pseudo cyesis, pseudopregnancy)

암캐에서 일반적이지만, 암고양이에서도 불임교배(sterile mating) 결과 발생할 수 있다. 암고양이의 임상 증상은 단순히 발정기가 돌아오지 않는 것이다. 거짓임신은 발정 후 약 40~60일 후에 나타나며, 황체에서 순환 프로게스테론이 과량 분비되는 것과 관련 있다. 발정주기의 정상적인 과정이지만, 단지 소수의 암캐만이 증상을 보인다. 한번 발정주기에 증상을 보인 암캐 다음 발정주기에도 증상을 보일 가능성이 있다. 가임신은 비임신 암캐의 발정 주기 동안 발생하는 정상적인

호르몬 변화가 과한 것이다. 임상증상은 프로게스테론 수치 감소 및 프로락틴(prolactin) 수치 증가와 관련이 있을 수 있다.

① 증상

봉제 장난감을 가지고 다니며, 슬리퍼 돌보기. 보금자리 만들기 등 모성행동(mothering behavior)이 증가할 수 있다. 가임신의 증상은 일반적으로 발정 후 6~12주에 발생하며 1~3주 동안 지속될 수 있다. 증상은 일반적으로 자연 치유(self-limiting)된다.

② 진단

가임신한 개는 체중증가, 유선 비대(mammary glandenlargement), 젖분비(lactation), 점액성 질분비물(mucoid vaginal discharge)을 보일 수 있다. 장난감이나 장난감을 치우려는 사람에 대한 공격성, 유선발달 및 젖분비와 같은 모성행동을 보인다. 일부 암캐는 더욱 심하여 구토 및 식욕부진을 보인다.

③ 치료

치료를 시작하기 전 암캐가 정말로 임신하지 않았는지 확인한다. Estradiol benzoate나 methyl testosterone과 같은 젖분비를 억제하는 호르몬을 며칠에 걸쳐 용량을 줄이면서 투여한다. 일반적으로 젖 생산을 줄이는 것을 목표로 한다. 치료 방법에는 약간의 수분제한, 이뇨제, 암캐의 구강 자극 방지가 포함된다. 난소자궁절제술(ovariohysterectomy)은 이 문제를 보이는 개들을 위한 유일한 영구적 치료법이다. 가임신이 반복되는 암캐는 발정휴지기에 중성화시켜야 한다.

(2) 자궁축농증(Pyometra)

자궁축농증은 소동물에서도 자주 볼 수 있는 질환으로 자궁 내에 농이 차게 되는 질환이다. 배란 후 프로게스테론 수치가 증가하면 자궁내막샘(endometrial glands of the uterus)의 증식과 비대가 발생한다.

부적절한 반응은 자궁 내강에 체액이 축적되는 낭성 자궁내막증식증(cystic endometrial hyperplasia)을 초래한다. 프로게스테론도 자궁근 수축을 감소시키고 자궁에 2차 세균 감염(자궁축농증)을 유발한다. 자궁축농증에서 분리되는 가장 흔한 미생물은 Escherichia coli이지만 Staphylococcus spp., Streptococcus spp., Klebsiella, Pasteurella, Proteus Moraxella도 관련되어 있다. 자궁축농증의 발달은 자궁내막증식증(endometrial hyperplasia)에서 시작하여 낭성 자궁내막증식증 및 자궁내막염(endometritis)을 거쳐 진행되는 연속체의 마지막 단계로 보인다.

대개 중년 이후 더 나이 많은 암캐에서 자주 발생하며, 마지막 발정 주기로부터 60일 이내에 발생하는 경향이 있다.

① 증상

증상으로는 외음부 분비물, 복부 확대(abdominal enlargement), 구토, 무기력증, 질소혈증(azotemia), 다뇨증 또는 다갈증(polydipsia), 탈수(dehydration) 등의 증상을 보인다.

자궁축농증은 크게 개방형과 폐쇄형으로 나뉜다.

개방형 자궁축농증일 경우에는 외음부에서 농이 배출되는 모습이 나타나기 시작하며 발정주기의 이상이나, 식욕부진(식욕절폐), 다음 다뇨, 열감 등이 감지될 수 있다.

폐쇄형 자궁축농증일 경우라면 초기에 외음부에서 농이나 분비물이 관찰되기 어려워서 훨씬 진행된 상태에서 어느 날 갑자기 식욕부진 열감 기력저하로 내원하는 경우가 많다. 훨씬 더 응급적이며 위험성이 높은 치료를 동반하게 된다.

② 진단

방사선 검사에서 자궁이 커진 것으로 나타난다. 초음파 검사로 체액과 임신을 구별 가능하고, CBC(complete blood cell count)는 백혈구증가증(leukocytosis), 핵좌방이동(left shift)을 동반한 호중구증가증(neutrophilia), 탈수(dehydration)를 나타내고 있다. 비재생성빈혈(nonregenerative anemia)이 나타날 수도 있다.

혈청화학검사에서는 알칼리인산분해효소(alkaline phosphatase) 수치가 증가, 혈청 단백질(serum protein) 수치 증가, 혈중요소질소(blood urea nitrogen) 증가한 것을 관찰할 수 있다.

질 세포검사를 할 경우에는 퇴행성 호중구(degenerative neutrophil), 자궁내막세포(endometrial cell) 및 세균이 관찰되고 있으며, 치료를 시도하거나 동물이 전신적으로 몸 상태가 좋지 않은 경우는 배양(culture) 및 감수성(sensitivity) 검사 수행하는 것을 권장한다.

③ 예방 및 치료

난소자궁절제술(spaying)은 이 질병을 예방한다. 나이가 많은 개와 고양이에서도 난소자궁절제술은 자궁축농증에 가장 선호되는 치료법으로 알려져 있으며, 탈수 및 질소혈증은 수술 전에 교정해야 한다.

동물을 번식에 사용하는 경우 보호자는 자궁축농증 수술하기 전에 먼저 약물치료를 선택할 수 있다. 분만유도와 낙태에 사용되는 약물로, 자연적으로 존재하는 프로스타그랜딘 F_{2a}(Prostaglandin F2a)을 주사하거나 배양 결과가 나올 때까지 전신 광범위항생제 투여를 해 본 후 호전이 없을 경우에 최종적으로 난소자궁절제술을 권장한다. 치료 후 자궁경부(cervix)가 열리고 배액이 나올 때 더 성공적이라 할 수 있다.

(3) 질염(vaginitis)

질염은 성성숙 이전의 암캐에서 상당히 흔하게 발생한다. 강아지 질염(juvenile [puppy] vaginitis)의 가장 흔한 증상은 외음부 분비물(vulvar discharge)이다. 이 상태는 전신항생제 치료에 잘 반응하며 일반적으로 첫 번째 발정 주기 후에 해결된다. 성견 질염(adult vaginitis)의 원인은 다양하다. 해부학적 이상, 세균 감염, 외상 또는 화학적 자극은 모두 질염을 유발할 수 있다. 바이러스성 질염(viral vaginitis)은 개 헤르페스 바이러스 감염(canine herpesvirus infection)과 함께 발생하기도 한다.

(4) 자간(Eclampsia)

자간은 수유량이 많은 암컷에게 나타나는 문제이다. 이 질환은 일반적으로 새끼를 낳은 후 2~3주 이내에 나타난다. 종종 칼슘 결핍 식이를 하는 산모에게 과도한 수유 요구는 저칼슘혈증(hypocalcemia)을 유발할 수 있다. 임상증상에는 신경과민(nervousness), 침분비(salivation), 경직된 보행(stiff gait), 운동실조(ataxia), 발작(seizure) 등이 있다. 문제의 첫 증상이 나타난 직후 바로 치료를 시작해야 한다. 10% 또는 20% 글루콘산칼슘(calcium gluconate)을 천천히 정맥 내(IV) 투여하면 임상증상이 완화되어야 한다. 정맥 내(IV) 칼슘 용액을 투여하는 동안 청진기 또는 심전도(ECG)를 통해 심박수를 모니터링하는 것이 중요하다. 서맥(bradycardia) 또는 부정맥(arrthymia)이 발생하면 주입을 중단해야 한다. 경구용 칼슘 보충제는 임상증상이 사라진 후에 시작할 수 있으며, 수유 기간 동안 혈청 칼슘 수치가 정상 상태를 유지하는지 확인하기 위해 모니터링한다. 자간은 다음 임신 때 재발하는 경향이 있으므로 자간이 발생했던 개를 번식에 사용하는 것은 좋은 생각이 아닐 수 있다. 경우에 따라서는 출산 전에 충분한 영양섭취와 칼슘보충으로 자간을 피할 수 있다.

(5) 임신 질병(Pregnancy Disorders)

임신 질병에는 태아사망(fetal death) 및 유산(abortion) 또는 재흡수(reabsorption), 난산(dystocia), 부적절한 모성행동, 유방염(mastitis), 산후강직(puerperal tetany) 등이 있다. 비록 다른 문제들이 임신 및 분만(parturition)과 관련이 있지만, 이것들은 소동물 의학에서 가장 흔히 볼 수 있는 문제이다. 개와 고양이의 정상적인 임신 기간은 62일에서 65일 사이이다. 번식 후 개는 약 25~36일 후, 고양이는 21~28일 후에 태아를 촉진할 수 있다. 태아 골격 무기질화(fetal skeletal mineralization)는 임신 45일에 방사선 사진으로 확인할 수 있다. 초음파촬영은 임신 약 20일 후 태아의 상태에 대한 정보를 제공한다. 하지만 한 배에 많은 새끼를 임신한 경우 태아의 수를 정확히 파악하기는 어렵다. 임신 초기의 태아 사망은 자궁 내용물의 배출 없이 재흡수를 초래한다. 이런 경우 보호자들은 성공적인 번식(successful breding)이라고 생각한 후에 동물이 임신에 실패(failed to conceive)했다고 보고할 수 있다. Brucella canis, 개 헤르페스바이러스(canine herpesvirus), 고양이전염성복막염(FIP, feline infectious peritonitis), 고양이백혈병바이러스(FeLV, Feline leukemia virus), 범백혈구감소증(panleukopenia) 또한 태아 사망 또는 유산을 유발할 수 있다.

난산은 산도(birth canal)를 통한 태아분만(delivery of fetuses)의 어려움으로 정의된다. 난산의 원인은 태아 요인, 모체 요인, 그리고 이 둘의 조합으로 나뉜다. 태아 요인에는 큰 강아지나 큰 새끼고양이, 태아수종(fetal anasarca), 수두증(hydrocephalus) 및 비정상 태위(positioning)로 태아 제시(횡아, transverse presentation)가 있다. 역위(둔위, 골반위, brech Presentation)는 암캐나 암고양이에게는 비정상적이 아니다. 모체 요인에는 발달 또는 외상 관련하여 좁아진 산도 및 자궁무력증(uterine inertia)으로 자궁근 수축 부족 또는 장기간 수축으로 인한 자궁근 무기력(exhaustion of the uterine musculature) 등이 있다.

① 난산

정상분만의 곤란과 장해를 가져오는 난산(dystocia)은 태아측이나 모체측 및 기계적인 원인에 의하여 일어난다(그림 10-5).

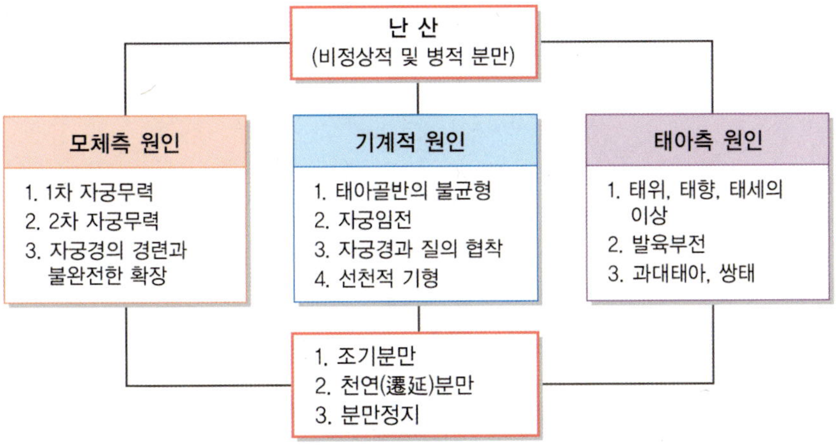

그림 10-5 난산을 일으키는 모체와 태아의 여러 원인을 나타낸 모식도

태아성 난산은 태아의 이상태위인 두부 및 미부 자세의 이상, 과대태아, 기형태아로 인하여 일어난다(그림 10-6). 태아로 인한 난산은 다태임신한 면양이나 소, 동복자수가 많은 돼지 등과 같은 동물에서 나타난다. 태아의 두위나 미위에 이상이 있을 때에는 만출 전에 태위를 교정해 주어야 한다.

모체성 난산은 말과 돼지에서 보다 젖소와 면양에서 더 자주 일어난다. 그리고 자궁무력, 자궁경의 경련과 불완전한 확장으로 일어나는데, 이러한 난산은 초산이나 다태임신의 동물에서 자주 발생한다. 연산도와 골반골의 기형은 난산의 잦은 원인이 된다.

여러 기형 중 산도의 협소와 태아가 산도로 진입하지 못하도록 방해하는 기형이다(선천적 기형, 자궁염전 등).

난산이 있는 다음에는 자궁정복의 지연, 후산정체, 자궁내막염 등이 발생하기 쉬우므로 주의해야 한다.

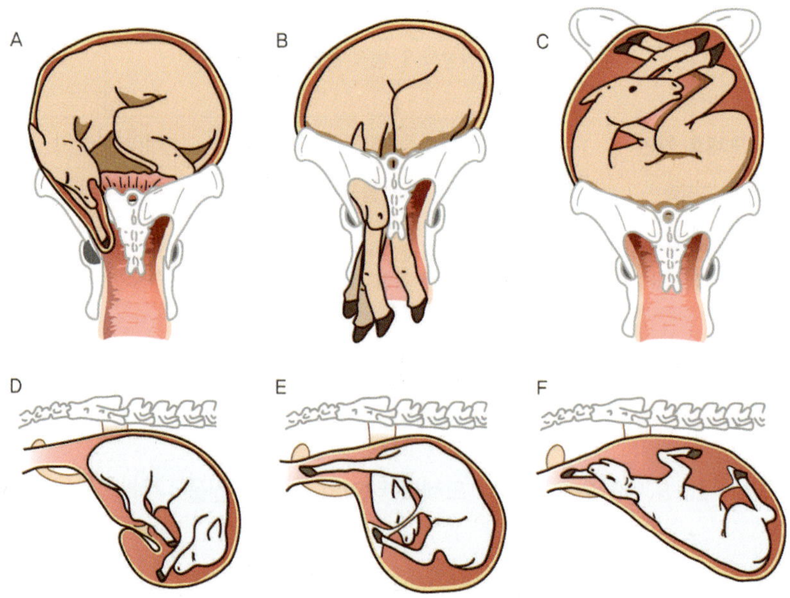

그림 10-6 말(A, B, C)과 소(D, E, F)의 이상태위

반려동물을 위해 분만상자(whelping box)를 준비해야 하며, 새끼를 낳기 전에 동물이 분만상자 안에서 편안하게 잘 수 있는지 확인해야 한다. 아울러, 임신한 동물의 영양섭취는 중요하며 태아들이 성장함에 따라 어미의 영양섭취 요구는 증가한다. 출산과정에서 동물을 면밀히 관찰해야 하지만, 어미 동물에게 스트레스를 주지 않도록 주의해야 한다. 어린이 및 기타 반려동물은 출산 구역에 접근하지 못하게 하여 안정을 찾도록 하는 것이 우선이다. 모견의 직장 온도를 모니터링하여 분만을 예측할 수 있다. 반려동물의 직장 온도는 일반적으로 분만 시작 24시간 전에 37.8℃ 이하로 떨어지는 것을 확인하고 안정적으로 분만을 할 수 있도록 도와준다.

㉮ 증상

암캐나 암고양이가 태아를 남지 않은 상태에서 4시간 이상 진통(labor)을 하거나 분만(parturition) 중 녹색 질 분비물(vaginal discharge)을 배출하거나, 한 마리 강아지 출산과 다음 강아지 출산 사이가 1시간 이상 경과를 함에도 출산을 하지 못하는 경우이다.

㉯ 진단

임상증상으로 진단할 수 있다. 신체검사(physical examination)하여 질에서 태아의 사지 촉진(digital palpation)이 되거나 태아의 위치, 크기, 수를 평가하기 위한 방사선 촬영으로 확인할 수 있으며, 태아의 생존 가능성과 고통을 평가하기 위한 초음파 검사를 통해서도 확인할 수 있다.

㉰ 예방 및 치료

진통과 분만이 꾸준히 진행되지 않으면 수의사나 관리자의 도움을 받아야 한다. 출산하는 중인 경우 관리자의 손으로 태아의 위치 교정(manual manipulation)을 확인하여 질관(vaginal canal)에 갇힌 태아는 세심한 과정을 통해 손으로 빼내기도 한다.

옥시토신(oxytocin)을 투여하는 방법으로 개 한 마리당 0.25 unit~최대 4 unit, 고양이 한 마리당 0.25 unit~최대 2~3 unit을 사용하여 2차 자궁무력증(uterine inertia) 교정하는 방법을 활용할 수 있다. 약물요법으로 호전되지 않을 경우 제왕절개분만(cesarean delivery) 실시하며 제왕절개를 한 경우, 어미가 완전히 회복될 때까지 관리자가 신생견을 보살펴야 할 수도 있다. 번식에 사용되지 않는 동물의 경우, 제왕절개(cesarean section)와 동시에 난소자궁절제술을 시행할 수 있다.

② 부적절한 모성행동(Inappropriate Maternal Behavior)

적절한 모성행동(appropriate maternal behavior)은 신생견의 생존과 발육에 중요하다. 강아지 회수(retrieving), 그리고 보호(protecting), 수유(nursing), 그루밍(grooming)은 모두 정상적인 행동으로 여겨진다. 어미는 분만 상자에서 움직일 때 조심해야 한다. 신생견이 젖을 먹는 동안은 조용히 누워 있어야 한다. 신생견과 신생묘는 생후 처음 몇 주 동안은 체온을 조절할 수 없기 때문에 어미는 새끼들을 따뜻하게 해 줄 책임이 있다. 그루밍은 심혈관계와 호흡기능을 자극하고, 배설을 촉진하며, 강아지 털에서 노폐물을 제거하는 데 중요하다. 그러나 일부 어미는 보호행동이나 공포유발행동이 증가한다. 일부 어미는 새끼를 잡아먹는다. 이러한 부적절한 모성행동이 발생할 때, 신생견을 건강하고 안전하게 보호하는 것은 관리자의 책임이다.

㉮ 증상

어미가 안절부절못하고 강아지나 새끼 고양이와 함께 분만상자 안에 있지 않거나, 신생견은 끊임없이 울고 있는 증상이 나타난다. 어미는 적극적으로 자신의 새끼를 공격하고 죽이는 경우도 발생할 수 있다. 관리자는 그러한 행위를 직접 목격하지 못할 수도 있으나 신생견이나 신생묘의 수가 감소하는 것으로 알 수 있다.

㉯ 진단

어미를 잘 관찰하여야 한다.

㉰ 예방 및 치료

부적절한 모성행동을 보인 암캐는 번식에 사용하지 않거나 부적절한 모성행동을 보이는 어미는 새끼와 함께 두지 않도록 한다.

어미의 안정을 시키기 위해 스트레스를 받는 상황에서 공격성을 완화하는 진정효과 목적으로 저용량의 아세프로마진(Acepromazine)를 저용량의 경구(PO)로 사용하기도 하며, 불안과 긴장을 감소시키고 근육의 긴장을 개선시키기 위해 저용량의 디아제팜(Diazepam)를 경구(PO)로 사용하기도 한다.

③ 수유 장애(Lactation Disorders)

유선(mammary gland)은 임신 중에 최대의 성장과 발달을 보인다. 분만 전 프로게스테론 수치 감소는 유즙생성(lactogenesis)을 허용하는 효소의 합성을 초래한다. 빨기에 대한 반응으로 분비되는 옥시토신은 분비샘 내에서 젖 분비를 증가시킨다.

무유증(agalactia)은 젖 생산 부족을 뜻하며 스트레스, 영양실조(malnutrition), 조기분만(premature parturition) 또는 감염으로 인해 발생할 수 있다.

울유(galactostasis)는 유즙이 유방 내에 정체하고 농축된 상태로 유즙 분비가 저해된 것으로 유즙정체(milk stasis)를 뜻하며, 유선의 고통스러운 울혈(engorgement)을 유발하고 반려동물에서 유선의 패혈성 염증인 유방염(mastit)을 발생시킨다. 유방염은 암캐와 암고양이에서 흔히 볼 수 있으며, 급성 또는 만성으로 진행되고 하나 이상의 유선과 관련 있다.

㉮ 증상 및 진단

어미가 유방의 불편함(mammary discomfort)을 표현하고, 변색 모유(discolored milk)가 발견되고, 유방의 발열이나 수유 거부(reluctance to allow nursing)를 하거나 유선 농양(abscessed gland)이 발견된다.

㉯ 예방 및 치료

항생제의 예방적 사용은 권하지 않는다. 광범위 전신 항생제 처방으로 세팔렉신(Cephalexin)을 8시간마다 경구(PO) 투약하거나 아목시실린 및 클라바목스(Clavamox)를 8~12시간마다 경구(PO)로 투약하는 방법으로 치료한다. 강아지와 새끼 고양이는 감염 유선에서 젖을 먹게 해서는 안 되지만 온찜질 후 감염 유선의 젖을 짜내고서 감염 유선을 외상으로부터 보호하는 치료를 한 후 비감염 유선에서는 젖을 먹이는 방법이 있다.

(6) 생식기 및 유선의 종양

① 암컷 생식기 종양(Tumors of the Female Genital Tract)

암컷 생식기 종양에는 난소 종양(ovarian tumor), 자궁 및 자궁경부 종양(uterine and cervical tumor), 질 및 외음부 종양(vaginal and vulval neoplasia), 유선 종양이 포함된다. 난소와 자궁의 종양은 개와 고양이 모두에서 흔하지 않다. 선택 치료법은 이러한 종양의 외과적 제거이다.

질 및 외음부 종양은 개의 암컷 생식기 종양 중 가장 흔한 종양이다. 고양이에서는 흔하지 않다.

㉮ 증상

외음부에서 돌출된 자루 모양 종괴(pedunculated mass)가 보일 수가 있고, 회음부 종창(perineal sweling)이나 질 분비물, 배뇨곤란(ysuria) 또는 변비(constipation)가 나타날 수 있다.

㉯ 진단

임상증상과 동일하다.

㉰ 치료

이 종양의 대부분은 양성으로 예후가 좋은 편이다. 난소자궁절제술을 통한 외과적 제거로 재발을 방지할 수 있다.

② 유선 종양(Mammary Gland Tumors)

유선 종양은 암캐에서 가장 흔한 종양으로 전체 종양의 약 50%를 차지하며, 암고양이에선 세 번째로 흔하다. 주로 나이 든 동물에서 발생하며, 개에서는 호르몬과 관련되어 있으나 고양이에선 그렇지 않다. 특히 개는 첫 발정 전 중성화 시 유선 종양 위험이 0.5%로 낮지만, 두 번 이상의 발정 후 중성화하면 26%까지 증가하는 경향이다. 고양이에서의 위험은 중성화한 암고양이와 중성화하지 않은 암고양이 모두 비슷하다. 개 유선 종양의 약 50%는 양성이지만, 고양이에서는 10~20%만이 양성인 경향이다.

종양 발생은 단일 또는 다중일 수 있으며, 어떠한 유선에서도 발생할 수 있다. 악성 종양(malignant tumor)과 양성 종양(benign tumor)이 동시에 발생할 수 있다. 두 종류의 종양이 모두 확고하고 경계가 명확한 병변으로 나타날 수 있으므로 외관상으로 악성 병변과 양성 병변을 구별하는 것은 불가능하다. 빠른 성장, 국소 조직침

범(local tissue invasion) 및 궤양(ulceration)은 일반적으로 악성 종양의 특징이다. 개와 고양이에서 종양 크기는 가장 좋은 예후 지표인 반면, 나이, 종양 수, 종양 위치와 같은 지표는 예후 지표로는 영향이 적다.

㉮ 증상

유선(mammary gland) 또는 유선사슬(mammary chain)에서 단단한 결절이 만져진다. 주변 조직이 관련될 수 있고, 해당 부위의 림프절이 커질 수 있다.

㉯ 진단

진단으로 신체검사를 하거나 수술 전에 평가해야 하는 CBC, 혈청화학검사 및 흉부 방사선(thoracic radiograph) 등으로 한다.

㉰ 치료

외과적 제거가 우선이며, 가장 간단한 수술법을 선호한다. 개와 고양이 모두에서 화학요법의 항암활성(minimal antitumor activity) 효과는 거의 낮은 미미한 수준이므로, 수술과 함께 보조 화학요법을 사용할 수 있는데 개는 독소루비신(Doxorubicin) 또는 닥티노마이신(Dactinomycin)을 사용하고, 고양이는 독소루비신 및 시클로포스파미드(Cyclophosphamide) 등을 주로 사용한다.

2. 수컷의 번식장해

동물번식의 방법이 자연교배에서 인공수정으로 바뀌어 이것이 보급됨에 따라 수컷의 번식장해에 관해서 관심이 높아지고 그 중요성이 인식되었다.

특히 최근에는 혈통과 체형이 우수한 고능력 소는 많은 암컷의 인공수정에 고도로 이용되기 때문에 만약 수컷에 번식장해가 일어나면 이것이 미치는 영향은 클 뿐만 아니라 암 · 수 자체도 고가이기 때문에 이것을 도태 또는 갱신하는 데는 손실이 크다.

암컷의 경우와 마찬가지로 수컷의 번식현상도 주로 생식선자극호르몬과 생식선호르몬에 의하여 지배된다. 그러나 이러한 내분비의 상호관계와 그 기능상의 통합기전은 수컷의 번식생리의 특수성 때문에 암컷과 같이 제대로 규명되어 있지 않다. 수컷에 있어서 번식장해의 원인은 유전, 해부, 환경, 영양, 병리 및 면역학적 요인 등이 직접 또는 간접적으로 관계되고 있다.

1) 정자 형성상의 장해

인공수정이 고도로 발달된 오늘날 수컷의 사양목적은 우량한 정액을 얻는 데 있다. 그런데 수컷의 정자형성(spermatogenesis)은 그 과정 중 여러 단계에서 각종 요인에 의해서 장해를 받는다.

(1) 춘기발동기의 지연

수컷이 번식 가능한 연령은 종과 품종에 따라 다름은 물론 같은 품종 내에서도 개체에 따라서 상당한 변이가 있다. 동일품종 내에서는 연령보다도 체중과 밀접한 관계가 있다.

즉 돼지에 있어서 생후 6개월이 지나 체중이 70~75kg 이상 되어야만 정자형성이 완성된다. 그러므로 사양관리에 따라서 종모동물의 체중과 춘기발동 도달 시기는 크게 영향을 받는다.

(2) 기후

품종에 따라서 다르겠지만 여름철에 면양의 정자 생산성이 저하하는 것은 고온환경이 주원인인 것 같다. 그러나 테스토스테론(testosterone)의 생산은 다른 계절과 거의 같은 수준으로 유지된다.

고온환경은 형태적인 면에서 이상정자(異狀精子)의 발생률을 증가시킨다. 면양에 있어서는 암컷이 계절번식하는 동물이기 때문에 정자의 수정능력에 관해서는 완전히 알려져 있지 않다. 그러나 암컷이 번식계절에 들어가기 직전에 수컷을 고온환경하에서 사양하면 번식계절에 들어간 다음에도 초기의 수태율이 저하하는 사실로 보아 정자의 수정능력도 고온에 의해 장해를 받는 것 같다. 정소의 온도가 높을 때 정자의 수정능력도 고온에 의해 장해를 받는 것 같다.

정소의 온도가 높을 때 정자의 수정능력이 저하한다는 점은 모든 동물에서 볼 수 있는 공통적인 현상이다.

소에 있어서 사출 정자수는 계절에 따라 다르다. 특히 고온다습한 여름철에는 총 정자수가 감소하는 경향이 있다. 같은 시기에 사출된 정자수에 있어서 변이가 정자형성 활동을 어느 정도 반영하고 있는가에 대해서는 알려지지 않았다. 그러나 소의 경우 정액성상의 계절적 변이는 번식효율에 거의 영향을 미치지 않는 것 같다.

(3) 잠복정소

잠복정소(cryptorchid)는 정소가 음낭(scrotum) 내에 하강하지 않고 복강 내에 머물러 있는 것을 말하며 양측성인 것과 편측성인 것이 있는데, 이것은 하강하지 않는 정소의 배아상피는 정상적으로 발육하지 못하며, 따라서 정상적인 정자형성도 이루어지지 않는다.

잠복정소는 면양이나 소보다도 말이나 돼지에서 자주 발생한다. 돼지의 음고는 대부분 복강음고(腹腔陰睾)이지만 말의 음고는 서혜음고(鼠蹊陰睾)가 많다. 이와 같이 동물에 있어서 정소하강이 장해를 받은 원인으로는 보통 유전적 요인이라고 생각되지만 아직 분명하게 구명되지 않았다. 복강 외 정소를 하나라도 가지고 되면 그 수컷은 번식이 가능하지만, 이러한 수컷은 번식용으로 사용해서는 안 된다.

(4) 정소형성과 발육의 불충분

배아상피의 세포증식이 정상 이하로 내려가는 것을 정소형성 불충분이라고 한다. 이러한 이상은 정소가 작고 딱딱할 때에는 외관으로도 판단할 수 있다. 그러나 작지만 정상적인 경도의 정소와 크기, 경도가 정상적인 정소에 있어서도 함께 볼 수가 있다. 정소형성 불충분은 유전적 요인에 의하든가 또는 비타민 A나 조사장해의 결과로 생긴다. 스웨덴 산악종의 소에서 정소형성 불충분은 백모색과 연관해서 불완전 열성유전자에 의해 발생한다. 정상형성 불충분과 번식불능의 정도의 변이가 있고, 또한 정소가 1개만 기능적으로 이상인 경우는 좌측 정소에서 발생한다.

가벼운 정소발육 불충분은 정자의 생산이 감퇴하고 더 나아가서는 그 수컷으로부터 태어나는 자손의 수를 감소시키게 된다. 정자의 형성능력은 동일 종의 어린 수컷 사이에서는 정소의 크기에 대단히 밀접한 관계가 있다. 노령의 수컷에서는 정소의 크기와 생성된 가지의 퇴화변성 때문일 것이다. 일반적으로 정소가 크고, 좌우의 크기가 같고, 탄력성이 풍부하며, 음낭의 끝이 비절의 끝마디까지 하수(下垂)해 있는 것이 그렇지 않은 정소에 비하여 정자의 기형률이 낮고 활력이 왕성한 정액을 생산한다.

(5) 정소의 퇴화

정소의 퇴화는 정소의 극히 한 부분에서 퇴화가 생기는 경우에서부터 배아상피가 완전하게 파괴되는 경우까지의 여러 단계가 있다. 정소의 퇴화는 그 동물 생애의 어떤 시기에 있어서는 정소가 본질적으로 정상적인 기능을 수행하고 있었음을 의미한다.

그 최종단계는 섬유화가 일어나며, 정소의 외관은 작고 탄력성이 없어지며 상당히 딱딱해진다. 퇴화시 최초의 징후는 사출된 정액 중에 있어서 이상정자수의 증가, 정자의 운동성의 저하 및 정자의 수가 감소한다. 그러나 퇴화하고 있는 정소가 정상적인 정자를 생산하는 수도 있다. 장소의 퇴화는 정소염 또는 정소상체염에 의해 온도상승의 결과로 생긴다.

병원체의 침입에 의해 정소염과 정소상체염이 일어났지만, 이들 염증과 미생물을 직접적으로 결부시켜 생각하는 것은 반드시 타당하다고는 볼 수 없다. 간질세포에 종창이 생긴 소는 수정능력이 낮은 정액을 생산하는 경우가 많다. 노령소에 있어서 정소의 퇴화는 부신피질 비대와 관계를 갖는 것도 있고, 또는 간질세포의 종창을 동반하는 경우도 있다. 퇴화의 정도는 증상에 따라 현저하게 다르다. 정자수가 감소하고, 기형률은 현저하게 높아지고, 수정 능력도 저하한다.

(6) 종모동물의 연령

종모동물의 번식능력은 일반적으로 춘기발동기(puberty)에 도달한 후 급속도로 상승하고, 그 후 연령이 많아짐에 따라 점차 저하한다. 번식능력에 미치는 연령의 영향은 동물종, 품종 및 개체에 따라 다르지만 일반적으로 해마다 장해가 증가하는 경향이며, 정액성상도 점점 나빠지는 경향이다. 정자형상능력이 정상적으로 이루어진다고 하더라도 수정 능력은 연령의 증가에 따라 서서히 저하된다.

2) 부생식기의 기형과 기능 불충분

선천적 기형, 퇴행성 질병 및 전염성 미생물에 의한 병적 변화는 부생식기의 모든 부위에서 발견할 수 있다. 그러나 이와 같은 기형의 발생은 적고, 번식에 대한 악영향에 관해서는 다음에 말하는 몇 개의 예에 관한 것 이외는 아직 밝혀져 있지 않다.

정소상체, 정관 및 정낭선의 염증은 때로는 정액성상과 수정능력의 저하 원인이 된다. 부생식기의 염증의 대부분은 전염성 미생물에 의한 것이지만, 그 원인이 되는 요인은 분이할 수 없는 경우도 있다. 물리적인 외상은 이들 구조에 있어서 염증의 대표적인 원인이다. 정낭선염은 소와 말에서 상당히 빈번히 발견되지만, 이것도 아마 이들 동물에 있어도 직장검사(rectal palpation)가 자주 실시되기 때문일 것이다. 정낭선염은 정자의 두부와 미부를 분리시키는 원인의 한 가지이다.

저 영양에 의한 사육은 부생식선에서 분비되는 정장 중에 함유되어 있는 과당, 구연산, 그 밖의 유기화합물 양을 현저하게 감소시킨다. 적어도 돼지에서의 그 분비량의 감소는 수정능력에 악영향을 주지 않는다. 부생식선의 분비가 극단적으로 높아짐에 따라 정액량이 많아져 정자농도가 평균보다 감소한 소의 번식 능력은 약간 낮아진다.

3) 정액과 정자의 이상

(1) 정액의 이상

정액검사에 의하면 불임이거나 번식효율이 나쁜 종모동물을 발견하는 일이 가끔 있다. 정액을 검사할 때에는 몇 가지 점을 주의해야 한다. 첫째는 정액성상으로 그 개체의 번식능력의 전부를 평가할 수는 없다는 것과 둘째는 정액의 채취 간격과 채취방법이 적당하지 못할 때는 그 개체의 참된 정액성상을 판단할 수 없다는 점이다.

정액성상의 이상으로는 무정액증, 무정자증, 정자감소증, 정자무력증 및 정자사멸증 등을 들 수 있다. 이러한 이상은 조정기능의 장해, 정소상체의 이상, 정관폐쇄 및 부생식선 분비액의 이상 등의 원인이 되어 발생하는 것으로 정액을 현미경 하에서 검사하면 정자수, 정자생존율, 정자활력 및 정자형태 등에 이상이 인정된다. 어느 종모동물의 정액에 이러한 이상이 있을 때는 비록 그 개체의 성욕과 교미능력이 정상적이라도 수태능력이 현저하게 저하되거나 아니면 수태능력이 완전히 상실된 번식불능증에 빠지게 된다.

(2) 정자의 이상

정자의 형태이상은 그것이 정자형성과정에서 생겼다고 간주되면 제1차적 기형과 수컷생식기도를 통과할 때와 체외에 사정된 후 처리과정에서 생기는 것이라면 제2차적 기형으로 구별된다. 원래 모든 동물의 정액은 수 퍼센트(%) 이상의 기형정자를 내포되고 있는 것이 보통이다. 보통 12~15% 이하의 이상정자율이라면 혹은 어떤 종류의 이상정자가 특히 많은 수를 차지하고 있지 않은 한 번식능력은 저하가 되지 않는다(그림 10-7).

원구상 정자로 해서 알려진 두모(acrosome cap)의 결함은 소에서는 불임과 관계가 있고, 어떤 품종에 있어서는 발생률이 높은데 이것은 유전적 원인에 의한 것이다. 원구상 정자는 돼지에 있어서도 불임의 원인이 되지만, 이것은 생리적 장해는 정자가 난자 내에 침입하지 못하기 때문인 것으로 생각된다. 두모의 결함은 전자현미경에 의해 한층 더 명확해진다. 두부와 미부의 분리는 어떤 품종의 불임동물에서 전체 정자에서 나타날 수 있는 결함이다. 정액시료에 따라서는 처음에는 정상이었던 정자가 생체 외에서의 일반처리 동안에 경부에서 전달되는 수도 있다.

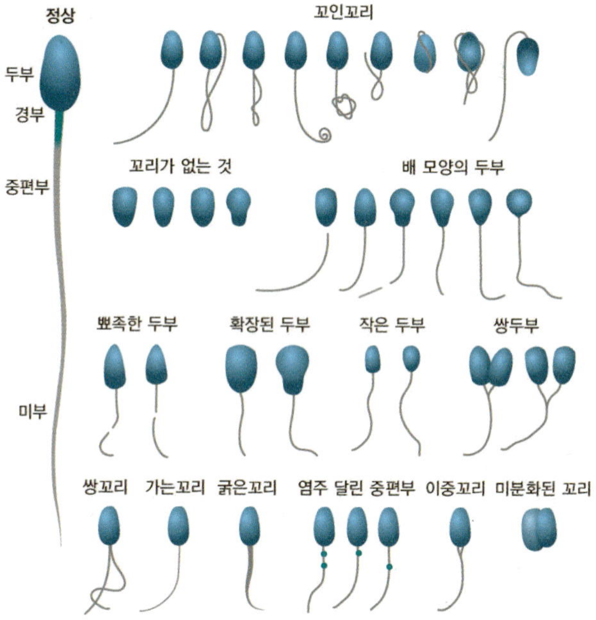

그림 10-7 기형 정자의 분류

4) 교미장해

척수의 요추부에 위치하고 있는 신경중추는 음경의 발기와 사정의 반사기능을 지배한다. 또 동물의 성행동은 대뇌피질을 거쳐서 전달되는 자극에 의해 시작된다. 따라서 이러한 기능이 제대로 수행되지 않을 때에는 교미장해가 일어난다.

(1) 교미욕 감퇴

교미욕 감퇴는 종모동물의 번식장해 중에서 가장 많은 것으로써 발정암컷에 대해 전혀 관심을 나타내지 않는 것부터 승가하는 데 오랜 시간이 필요한 것, 교미욕이 있어 승가해도 음경이 발기하지 않은 것, 발기해서 음경의 삽입은 되나 사정하지 않은 것, 사정까지에 오랜 시간이 필요한 것 등 여러 가지 정도의 것이 포함되어 있다.

(2) 발기불능증

발기불능증(勃起不能症)에는 선천적인 것과 정신적 원인에 의한 것이 있다. 선천적인 것으로 해서는 음경의 발육부전으로 단소한 경우와 음경후인근의 신장부전에 의한 음경의 신전 또는 S자상 만곡으로 신장이 저해되는 경우가 있다. 전자의 경우는 정도가 가벼워 음경이 어느 정도 돌출할 수 있는 것은 인공질을 사용해서 정액을 채취하는 것이 가능하지만, 정도가 무거운 것은 치료될 가망이 없다. 후자의 외과적으로 항문과 음낭 기부의 중간위치에서 음낭후인근을 절제하는 방법이 있지만, 그 효과는 반드시 있다고는 할 수 없다. 정신적인 발기불능증으로써는 과거에 교미 또는 정액채취 때 음경에 상처를 받았거나, 암컷에 차였던 경험에서 나오는 경계나 공포심에 의해 나온 것도 있다. 이 경우는 장기간 휴지시킨 후에 발정 암컷에 접촉시켜서 충분히 흥분시키면 재차 발기가 가능하게 되어 회복하는 수가 있다.

(3) 헤르니아와 복부비대

소와 말의 복벽 헤르니아(hernia)는 교미를 방해한다. 어린 소의 배꼽헤르니아는 외과적으로 교정할 수 있으나, 이와 같은 종모동물은 그 상태를 양성의 자손에게 전달하기 때문에 번식에 공용하지 못한다. 복벽헤르니아는 돼지에서 많이 나타나며 유전적이다.

노령우, 특히 저지(Jersey) 종에서는 복부가 비대해서 삽입이 곤란하게 된다. 이와 같이 종모동물은 정소 자체에는 변화를 가져오지 않는다고 하더라도 교미장해가 되고 간접적인 불임이 된다.

(4) 표피와 음경의 결함

포경, 귀두포피염, 포피 또는 음경의 상처 및 종양 말에서 볼 수 없는 음경마비에 기인된 음경설, 발기 시에 음경이 아래위로 만곡하는 음경만곡증, 포피 및 음경의 종양 등은 교미불능을 초래한다.

(5) 기타의 요인

체중이 큰 수컷은 보통의 체중을 가진 수컷보다 교미하는 데 오랜 시간이 걸리며, 이러한 개체는 피로해지기 쉽고 교미 시에는 최초의 시도에 실패하면 단념해 버린다. 대체로 비만한 수컷은 고온다습과 같은 환경적 스트레스가 가해지면 성적 관심이 현저히 저하되는 경향이 있다. 기타 후지나 척추의 관절염, 부제병, 제동통, 골절, 건염 등도 교미장해의 원인이 된다.

5) 수정과 배발생의 장해

배의 폐사나 태아 사망은 그 원인의 대부분이 모체측에 있으나, 수정장해나 배폐사 중에는 수컷 쪽에 그 원인이 있는 경우도 있다. 수정이나 배발생의 장해는 생각하고 있는 것보다 수컷 쪽에 더 많은 원인이 있을 가능성도 있다.

(1) 노화정자

액상정액의 수정능력은 보존기간의 경과와 더불어 서서히 저하한다. 이러한 경향은 면양, 말 및 돼지 등의 정액에서는 더욱 뚜렷하다. 이러한 저하는 정자가 노화함에 따라 일단 수정이 이루어져도 배의 조기폐사가 증가하기 때문인 것으로 해석된다. 그 원인은 액상정액을 보존하는 동안 정자로부터 DNA가 누출되는 데 있다. 그러므로 가급적 신선한 액상정액을 사용해야 한다.

(2) 면역학적 요인

소, 면양 및 돼지의 혈청은 정자를 응집시키는 항체를 가지고 있다. 그런데 암컷 생식기도 내에 침투한 혈청의 항체가 수정장해를 일으키는 요인이 되고 있다. 이것은 정자나 정장이 항원성을 가지고 있기 때문이다.

(3) 유전적 요인

정자에 의하여 운반되는 치사인자가 수정 장해나 배폐사의 원인이 될 가능성도 없지 않다. 수컷이 다수의 자손을 생산할 경우, 자손의 성비가 기대치 1, 1과는 상당히 차이가 있는 구가 있다. 물론 제1차 성비, 즉 수정 시의 성비는 알 수 없다. 그러나 제2차 성비, 즉 생시의 성비가 기대치와 일치하지 않은 것은 어느 한쪽 성의 배폐사에 관계하는 정도가 수컷에 따라 다르다는 것을 시사한다.

6) 영양장해

(1) 섭취열량

에너지의 과잉섭취는 조금 섭취하는 것과 마찬가지로 수컷의 번식능력에 유해하고, 특히 수정능력에 비추어 본다면 이것은 수컷의 정자형성능력에 큰 피해를 준다.

성우에 대해 1년간 극단적인 제한급사를 행하면 정자수가 현저하게 감소한다. 일시적인 칼로리 섭취부족은 적절한 사양조건으로 바뀌면 다시 정상으로 회복되지만, 어린 소가 오랜 기간 계속해서 저영양으로 사육될 경우에는 회복불능의 피해를 본다. 이 피해는 정소의 크기, 정자 생산 및 보충능력에 나타난다. 더욱이 이것들이 비타민 A의 결핍 및 계절적인 악영향과 결부된 때에의 저영양은 면양의 정자 생산을 저하시킨다. 에너지 및 단백질 섭취를 크게 제한하면 면양 정소의 테스토스테론(testosterone) 생산 및 정자형성의 기능이 저해된다.

고온 환경하에서 과비와 영양과다의 사양은 면양을 일시적으로 불임시킨다. 면양은 음낭이 양모에 싸여 있어 그에 의하여 온도가 상승하기 때문에 과비는 다른 동물의 경우보다는 한층 심한 불임문제로 된다. 1세가 되지 않은 돼지를 저영양으로 사양하면 체구의 크기, 정소중량 및 정자형성 기능이 제한을 받는다. 그 후에 충분한 사양을 하면 정자형성은 다시 개시되고, 체구의 크기나 정소의 크기 등이 정상으로 회복된다. 성숙한 돼지를 극단적인 저영양으로 사양하면 부생식선의 분비량은 감소하지만 정자생산 감소를 느낄 수 있을 정도의 악영향을 받지 않는다.

(2) 단백질

춘기발동기(puberty)의 소에서는 단백질 섭취량을 6개월 동안 극단적으로 제한한 경우 정자의 생산능력은 정상수준의 단백질 섭취의 것보다도 낮아지지만 수태율은 저하되지 않는다. 면양에 있어서 단백질과 에너지의 극단적인 섭취 저해는 정소의 테스토스테론(testosterone) 생산과 정자형성을 현저하게 감퇴시킨다.

(3) 비타민과 광물질

면양에 있어서 계절적 변화와 비타민 A의 결핍을 함께 하면 정액 생산능력은 현저히 악화된다. 특히 정자의 두부가 분리되는 기형이 많아지고 세정관의 배아상피가 퇴화한다. 비타민 E의 결핍은 조정기능을 저하시켜 불임의 원인이 된다. 망간(Mn), 몰리브덴(Mo) 및 아연(Zn) 등과 같은 광물질의 감퇴를 유발한다.

수컷의 번식능력을 저해하는 해부학적, 생리학적 결함을 요약하면 **표 10-1**과 같다.

표 10-1 수컷의 번식능력을 저해하는 주된 해부학적, 생리학적 결함

결함	동물종	발생 시기	발생 시기
잠복정소	말과 돼지에서는 자주 발생하고 면양, 산양, 소에서도 가끔 발생.	정소 유착, 내분기능장해 등이 원인이며, 어떤 동물 종에서는 유전적인 것도 있다.	선천성
정소형성 불충분	모든 동물에서 발생	비타민 A의 결핍은 정소의 배아 상피를 위축시킨다. 스웨덴 산악종 소에서는 유전적, 다른 동물 종에서도 대개 유전적	춘기발동기나 혹은 그 이후
정소위축	모든 동물에서 발생. 특히 면양과 돼지, 소에서도 발생	정소나 정소상체의 감염으로 정소 온도가 상승했을 때, 유전적, 소의 정소괴양의 발달	감염이나 온도상승이 있은 다음 발생. 돼지는 3세, 소는 7세나 그 이후.
정소 크기의 불균형	모든 동물에서 발생. 면양에서는 정액성상의 불량과 관계	유전적, 환경적 요인	선천성, 생후 발생도 있음.
음경파열, 음경굴절	소	백막의 파열과 출혈을 수반하는 음경의 상처	부상 후
재대 헤르니아	소	유전적, 헤르니아가 음경의 방향을 바꿀 정도로 돌출	선천성. 음경의 방향은 연령과 함께 점차 이상으로 된다.
복부하수	소	일부는 유전적. 체중을 과중하게 하는 과잉 사양.	노령
포 피 탈	소	유전적, 상해로 음경파열을 수반하는 수가 있다. 스트레스는 증상 악화시킴	선천성. 부상 후 시간이 경과와 더불어 악화
포경, 성교불능증, 음경돌출 불충분	소, 면양	유전적. 음경후인근이 신장불능. 외상 또는 감염 귀두가 포피의 병변 및 포피의 성유성 비후	부상 또는 감염
포피의 불완전 개구	소	선천적, 유전적	선천성
음 경 종	모든 동물에서 발생	미지. 외상은 이것을 약화시킴	언제든지 발생함
나선상의 음경	소	원인은 모르나 교미를 방해	선천성
진행성 후구 마비, 경련, 긴장	소	유전적. 열성유전자에 의하여 결정되어 동형접합 상태에서 발현	3세 이후

7) 수컷 개, 고양이의 생식기계 번식장해

(1) 전립샘 질환(Prostatic Diseases)

개와 고양이 모두 전립선(prostate gland)이 있지만 전립선 질환은 고양이보다 개가 훨씬 더 흔하다. 개의 전립선은 개의 유일한 부생식선(accessory sex gland)이다. 전립선은 방광 아래에 위치하며 방광경부(방광목, bladder neck)에서 근위 요도(proximal urethra)를 둘러싸고 있다. 전립선의 크기와 위치는 개의 나이에 따라 변하므로 5세 이상의 동물에서는 전립선이 대부분 복부에 있다.

전립선의 목적은 사정하는 동안 정자를 운반하고 지지하는 매개체로 체액을 생성하는 것이다. 개가 성숙함에 따라 전립선의 크기와 무게는 증가한다. 성숙하기 전에 거세된 개는 정상적인 전립선 성장이 완전히 억제된다. 성견이 거세되면 전립선이 퇴화된다.

전립샘비대는 노령견과 관련된 질환으로, 호르몬 자극이 원인이다. 비대된 전립샘이 위쪽으로 누르게 되면, 직장이 압박을 받아 배변뒤무직을 일으킨다. 전립샘 중간을 지나가는 요도를 통해 전립샘에 상행성 감염이 일어날 수 있다. 환자는 방광염 증상을 보이고, 심한 경우 발열, 식욕부진 및 체중감소를 보인다. 낭종과 종양 역시 전립샘 안에서 생길 수 있다.

전립선과 관련된 임상 질환에는 양성 비대증(benign hyperplasia), 낭종(cyst), 전립선염(prostatitis), 농양(abscessation) 및 종양(neoplasia)이 포함된다. 증상은 원인에 관계없이 유사하다. 정확한 진단은 철저한 신체검사, 실험실평가(laboratory evaluation) 및 생검(biopsy) 등으로 직장촉진, 방사선검사 및 초음파를 통해 확진한다.

치료는 보통 중성화수술을 통해 전립샘의 크기를 감소시킨다. 수술적 거세는 영구적인 효과를 주기 때문에, delmadinone acetate와 같은 약물을 사용하는 화학적 거세가 가능하며, 감염이 된다면 항생제를 투여해야 한다.

종양은 수술적으로 제거하기는 어렵고, 전이가 잘되기 때문에 거의 수술하지 않는다.

① 양성 전립선 비대증(Benign Prostatic Hyperplasial, BPH)

양성 전립선 비대증은 5연령의 절반에서 BPH의 조직 변화가 관찰되는 개에서 발생하는 노화 변화이다. 이 상태는 안드로겐(androgen)-에스트로겐(estrogen)의 호르몬 비율 변화와 관련이 있으며 고환의 존재가 필요하다. 비대증으로 크기는 증가하지만 분비기능은 감소한다. 전립선으로의 혈액 공급이 증가하고 전립선이 쉽게 출혈하는 경향이 있다. 대부분의 개는 임상증상을 나타내지 않는다.

㉮ 증상

임상증상 없이 발현되며 전립선이 대칭적으로 커지는 것이 촉진되고 통증 없다. 간혹 이급후중(裏急後重, tenesmus)이나 배뇨 곤란, 혈뇨와 같은 증상들을 수반하기도 한다.

㉯ 진단

진단은 병력 청취와 함께 신체검사, 방사선 조사, 초음파 검사 및 세포 조직 검사를 통해 실시한다. 생검만이 정확한 진단을 할 수 있다.

㉰ 예방 및 치료

중성화 수술을 통해 예방할 수 있으며, 치료는 대개 임상증상이 있는 경우 한해서만 실시되며, 주로 거세술을 하면 7~14일 이내에 전립선 크기가 70% 감소하며, 호르몬제 치료로는 저용량 에스트로겐 요법(low-dose Estrogen therapy)으로 5일 동안 디에틸스틸베스트롤(Diethylstilbestrol) 0.2~1mg/일을 투여하나 에스트로겐 요법을 선택할 때는 잠재적 부작용인 골수억제(bone marrow suppression)를 고려해야 한다. 동물용으로 승인되지 않았으며 고가인 피나스테리드(Finasteride), Flutamide를 활용하거나, 수캐에게 사용이 승인되지 않았지만 호르몬 불균형을 조절하거나 암을 치료하는 데 사용되는 메게스트롤 아세테이트(Megestrol acetate)를 4주 동안 매일 투약하여 생식기관의 세포 성장을 조절할 수도 있다.

② **전립선염**(Prostatitis)

전립선은 비뇨기계를 통한 세균감염과 전립선 자체의 직접적인 감염에 취약하다(그림 10-9). E. coli는 개의 전립선염에서 가장 빈번하게 분리되는 세균이다. *Proteus, Klebsil*, *pseudomonas*, *Streptococcus*, *Staphylococcus* 및 *B. canis*와 같은 다른 *Gram-negativ* 세균도 이 질병을 일으키는 것으로 밝혀졌다. 세균성 전립선염은 급성 또는 만성일 수 있으며 성적으로 성숙한 수캐에게 발생한다.

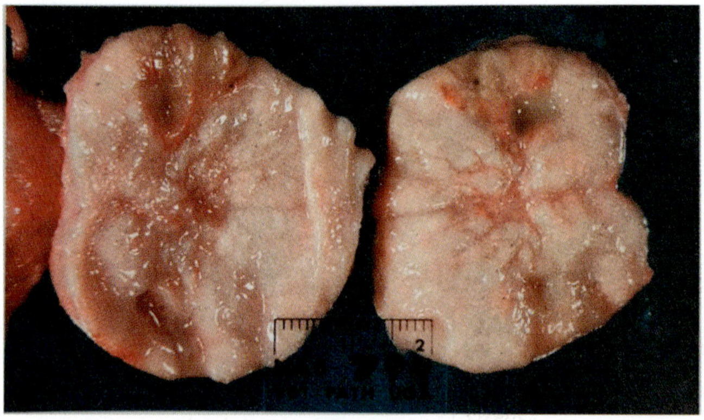

출처: Greene C. Infectious Diseases of the Dog And Cat. 3rd ed. St Louis, MO, Elsevier, 2006.

그림 10-8 개의 화농성 전립선염(purulent prostatitis)

㉮ 증상

전립선염은 크게 급성 전립선염(Acute prostatitis), 만성 전립선염(Chronic prostatitis)으로 나뉘는데 급성 전립선염의 증상으로 식욕부진, 발열, 무기력증, 뒷다리의 뻣뻣한 보행을 하거나, 하복부 통증 등을 유발하며, 만성 전립선염인 경우는 증상이 잘 관찰되지 않으며, 만성 및 주기적인 요로감염의 병력을 가지고 있는 수캐에 잘 발병된다.

㉯ 진단

진단은 소변 검사를 통해 혈액, 백혈구 수 증가, 세균 출현의 검사를 하거나 신체검사, 소변배양 검사를 통해 진단할 수 있다.

㉰ 치료

중성화수술을 통해 예방할 수 있으며, 치료는 급성 전립선염의 경우 항생제 치료로 28일 동안 실시하면 호전이 있으며, 만성 전립선염의 경우 최소 6주 동안 항생제 치료를 통해 호전될 수 있다. 항생제 선택은 배양 및 감수성 결과에 근거해야 하며 동물의 상태가 심각한 경우 정맥주사로 시작할 수도 있다.

24시간마다 엔로플록사신(Enrofloxacin)을 주사하거나, 12시간마다 트리메토프림/설폰아미드(Trimethoprim/Sulfonamide)을 주사하거나, 8시간마다 에리스로마이신(Erythromycin)을 주사하거나, 8시간마다 클로람페니콜(Chloramphenicol)을 주사하거나, 24시간마다 시프로플록사신(Ciproloxacin)을 주사하는 방법을 선택하여 치료할 수 있다.

항생제를 장기간 사용하게 되면 시에는 전립선액 배양검사와 항생제 독성 부작용 발생을 확인하기 위한 모니터링이 필요할 수 있다.

전립선 절제술(prostatectomy)은 심각한 부작용이 있는 어려운 수술이나 고려할 수 있으며, 거세가 전립선염 치료에 많은 도움이 될 수도 있다.

③ 전립선 농양(Prostatic Abscessation)

전립선 농양은 급성 세균성 전립선염의 결과로 발생하는 고름 집적이다. 화농성 삼출물 주머니가 전립선 내에서 발생하는 심각한 형태의 세균성 전립선염이다. 이 질병은 전신 증상과 함께 나타날 수 있다.

㉮ 증상

임상증상 이급후중(裏急後重, tenesmus), 요도 분비물(urethral discharge), 무기력증, 배뇨 중 통증, 구토, 혈뇨(hematuria), 발열, 우울(depression) 등을 보인다.

㉯ 진단

진단은 병력 및 신체검사, CBC 및 혈청화학검사, 백혈구증가증(leukocytosis) 또는 정상 백혈구 수, 간효소가 증가할 수 있고, 저혈당(hypoglycemia), 저칼륨혈증(hypokalemia)을 초래할 수 있다. 전립선 흡인생검(prostatic aspiration)을 통해 출혈성(hemorrhagic), 화농성(purulent), 패혈성(septic)의 검사로 정상적인 전립선을 빠르게 평가하고 진단할 수 있다.

㉰ 예방 및 치료

중성화 수술을 통해 예방할 수 있으며, 치료는 외과적 배액(surgical drainage)이 선택 치료로 권장하고 있으며, 거세, 항생제 요법, 정맥 수액 요법(패혈증 또는 복막염의 경우) 등을 활용할 수 있다.

④ 전립선 종양(Prostatic Neoplasial)

전립선 종양은 개에서는 흔하지 않지만 고양이에서는 볼 수 있다. 중성화되지 않은 수컷과 중성화된 수컷 모두에서 발생할 수 있다. 전립선에 발생하는 모든 종양은 악성이다. 임상증상은 다른 전립선 질병과 유사하다. 치료는 효과가 없고 완치도 불가능하다.

⑤ 지속발기증 및 감돈포경(Priapism and Paraphimosis)

지속발기증은 개에서 간혹 볼 수 있다. 부적절한 발기는 대개 당황하는 의뢰인들에게 문제가 되지만, 개 또한 고통스러울 수 있다. 과도한 부교감신경 자극(parasympathetic stimulation)이나 음경의 정맥혈 배류 장애(impairment of venous drainage)는 지속발기를 유발할 수 있다. 치료가 지연되면 음경이 괴사되어 음경 절단(amputation)이 필요할 수 있다.

감돈포경은 개가 포피 껍질(preputial sheath) 안으로 음경을 집어넣지 못하는 것이다. 원인에는 자해(self-mutilation), 포피륜에 의한 죄임(constriction by a hair ring), 음경골(os penis) 골절, 고무줄이나 끈으로 졸림, 외상 등이 있다. 음경이 돌출된 채로 오래 있을수록 조직의 건조, 괴사 및 조직 오염이 발생한다. 급성 감돈포경의 치료에는 진정, 원인물질 제거, 조직을 차가운 고장성 포도당 용액에 담가 부기(swelling)를 줄이고 음경 조직을 부드럽게 세척해야 한다. 음낭(scrotum) 내에서 음경의 위치를 교정한 후 주머니 끈봉합(purse-string suture)을 실시한다. 만성이거나 치료에 반응하지 않는 경우에는 수술이 필요하다.

(2) 세르톨리세포종양(Sertoli cell tumor)

세르톨리세포는 정소 안에 있는 정세관을 둘러싸고 있으면서 에스트로겐을 분비하는데, 보통 잠복고환과 관련이 있다. 임상증상은 종종 6년령 이상의 개에서 보이며, 몸통의 양측성 대칭성 탈모, 유선조직 비대 및 수캐에 대한 관심을 보인다. 이환되지 않은 고환은 위축된다. 진단은 임상증상 및 고에스트로겐 수치를 확인하는 호르몬 검사에 기초한다.

치료는 이환된 고환을 제거하는 것이다. 잠복고환은 유전적 경향이 있으므로 중성화수술을 통해 세르톨리세포종양이 발생할 위험을 막아야 한다.

(3) 고환 종양(Testicular Tumors)

잠복고환(cryptorchid)이 있는 개와 서혜부탈장(inguinal hernia)이 있는 개는 고환종양의 위험이 가장 크다. 종양 발생은 복강 내의 고환보다 서혜관(inguinal canal)에 남아있는 고환에서 2배 더 흔하다. 고환종양은 일반적으로 나이가 많고 중성화수술을 하지 않은 수캐(9~12세)에서 볼 수 있으며, 고양이에서는 흔하지 않다.

㉮ 증상

나이가 많고 중성화수술을 하지 않은 수캐(9~12세)는 발생하기 쉬운 질환으로 통증 없이 고환의 크기가 커 보일 수 있다. 여성화(feminization)[양측성 비소양성 탈모(bilateral nonpruritic alopecia), 서혜부 과색소침착(hyperpigmen tation in the inguinal region),

비재생성빈혈, 혈소관감소증(thrombocytopenia), 여성형 유방증(gyneco mastia)]는 세르톨리세포종양(sertoli cell tumor)이 있는 개의 약 25~50%에서 발생한다고 한다.

일부 동물에서는 림프절(lymph node)이 비대(10~20%)해진다고 한다.

㉯ 진단

임상증상으로 진단할 수 있다.

㉰ 예방 및 치료

중성화 수술을 통해 예방할 수 있으며, 치료는 거세를 통한 고환종양에 대한 선택 치료가 있으며, 보조치료가 필요한 경우 화학요법(chemotherapy) 및 방사선요법(radiation therapy)을 사용할 수 있다. 과도한 에스트로겐 수치로 인해 동물이 골수억제(myelosuppression) 상태인 경우 전혈 수혈(whole-blood transfusion)이 필요할 수 있다.

(4) 음경, 포피 및 음낭 종양(Penile, Preputial, and Scrotal Tumors)

음경종양(penile tumor)은 고양이와 개에서 드물다. 음경과 포피가 관련된 가장 흔히 볼 수 있는 종양은 전염성생식기 종양(TVT, transmissible venereal tumor)이다. 이 종양은 개에서만 발생한다. 온대 기후 지역과 자유롭게 돌아다니는 개 개체수가 많은 지역에서 가장 흔히 볼 수 있다. 성접촉 중에 전파되며 핥거나 냄새를 맡을 때 전염될 수 있다.

㉮ 증상

거세하지 않은 수캐에서 음경, 포피 및 음낭에 종양이 발견된다.

콜리플라워(cauliflower) 같은 덩어리가 음경 기저부 또는 포피 내벽에 나타나고 있으며, 종양은 부서지기 쉽고 출혈 쉬우며, 전염된 암컷의 외음부에도 나타난다. 병변은 얼굴과 직장에도 나타날 수 있다.

㈏ 진단

진단은 세포학(cytology)으로 접근할 경우 날인표본(Imprint smear)에서는 다수의 액포(vacuoles)를 함유한 옅은 색의 세포질(cytoplasm)을 가지고 있는 원형 또는 난형의 세포들(round-to-oval cell)이 많이 관찰된다. 핵은 빈번한 유사분열 성상(mitotic figure)과 뚜렷한 핵소체(nucleoli)를 포함한다.

㈐ 치료

TVT는 면역원성(immunogenic)이며 적절한 종양자극(tumor stimulation)으로 자발적으로 퇴행할 수 있다.

화학요법으로 빈크리스틴(Vincristine)을 주 1회 4회 정도 투여하면 90% 이상을 치료할 수 있으며, 일반적으로 4~6회 치료하나 종양이 소실된 후 2주 동안 계속되어야 한다. 작은 국소병변은 수술적 제거가 권장한다.

3. 전염성 번식장해

1) 세균성 감염증

생식기의 세균성 감염증은 동물의 번식장해의 원인으로 대단히 중요한 것이다.

모든 수컷은 번식기능의 원인이 되는 세균의 보균자인 동시에 전파자가 될 수 있다. 이들 동물은 다른 감염동물과 접촉하기도 하고, 감염된 환경에서 사육되기도 하여 감염된다. 병원세균은 하등의 증상을 나타내지도 않고 숙주의 포피나 생식기에 생존하는가 하면 때로는 이상을 일으켜 번식을 불가능하게 하기도 한다. 또 감염된 수컷의 교미를 하면 다른 암컷에게 병원세균을 전파하게 된다. 수컷과 마찬가지로 모든 암컷도 질 내에 세균을 보유하고 있다. 이 세균은 병원성 또는 비병원성 균을 막론하고 어떤 증상을 나타내지 않고 존재하는 것이 있다.

이들 세균은 종부시 수컷에게 전파되며, 또한 비위생적인 생식기 검사나 인공수정에 의하여 다른 암컷에게 전파한다. 자궁경련은 질과 자궁을 구분해서 자궁감염의 장벽 역할을 한다. 그러나 이러한 기능과 생리적 방어능력에도 불구하고 세균이 침입하여 감염되는 수가 있다.

동물 중에서 소는 특수한 생식기 전염병에 걸리기 쉬우며, 또한 다른 동물에 비하여 경제적 가치가 크기 때문에 이 문제는 중요한 문제로 되어 있다. 그래서 이 절에서는 소를 중심으로 하여 전염성 번식장해를 고찰하기로 한다.

(1) 브루셀라병

브루셀라병(Brucellosis)은 브루셀라균이 동물이나 사람에게 감염할 경우에 일어나는 급성 또는 만성의 전염병이며 인수공통감염병으로 발생 시 신고의 의무가 있는 법정전염병이다.

개의 경우 유산을 제외한 특별한 임상증상을 나타내지 않고, 진단상 어려움이 많고, 항상 보균동물로 존재함으로써 집단적으로 사육하고 있는 번식장에서는 매우 중요한 전염병이다.

브루셀라균에는 개에 침해하는 *Brucella canis*에 의해서 야기되지만 이 균 외에 주로 소를 침해하는 *Brucella abortus*, 돼지에 침해하는 *Br. suis*, 면양에 침해하는 *Br. melitensis*의 3가지 형에 의한 감염도 보고되고 있다.

*Brucella canis*는 Brucella속의 0.5~0.7 × 0.6~1.5㎛ 크기의 그람 음성의 비운동성인 작은 간균으로 숙주 세포 내 기생하는 세균이다. Brucella배지, 혈액배지, Tryptic soy agar에서 3~5일간 호기성 및 CO_2 배양 시 모두 발육한다. 직경 1~1.5mm의 반투명 소집락을 형성하며 Mucoid 상으로 된다.

개의 경우 이 질병의 전파방법은 주로 유산 후 유산태아나 유산물질, 질 분비물로부터 브루셀라균의 흡식이나 섭식에 의해서 이루어진다. 또한 감염 후 3~11주 사이의 정액에는 많은 수의 균이 있으므로 좋은 감염원이 될 수 있다.

소의 경우 이 병의 감염경로는 이 균에 감염된 사료나 물을 매개로 한 경구적인 것이 주이지만, 피부나 눈 등 전신의 어느 곳으로도 침입한다. 또는 감염 수컷과 교미하는 것에 의하여 직접 자궁감염이 발생하는 일도 있다. 이 균에 감염되면 우선 국소 림프선에서 증식해서 다음에는 체내로 이행하지만, 임신동물에서는 이 균은 태반에서 증식해서 모태반과 태아태반 사이의 결합을 파괴하고 태아의 혈액장해를 일으켜 유산을 초래한다. 소에 있어서는 주로 임신말기 7~8개월에 유산한다. 유산태아나 유산 후 오로(惡露)에는 이 균이 무수히 존재하고, 유산한 소의 자궁 내에는 유산 후 30~60일이 지나서 이 균이 나타난다. 젖소에 감염하는 경우 우유 중에 이 균이 배출되기 때문에 인체감염이 발생하는 수도 있다. 감염된 수컷은 이 균이 정낭, 정소 내에 영구히 존재하여 정액 중에 배출된다.

① 증상

*B. canis*는 암캐의 경우 임신된 자궁에만 감염되어 태반의 상피세포에 국소화(colonizing)하여 태아조산 및 유산을 일으킨다. 암캐는 때때로 임신 전 기간에 그리고 한배 새끼의 모든 생존태아나 죽은 태자에게 모두 전파함으로써 생존태아의

경우라도 대개 수 시간 또는 수일 안에 죽는다. 수컷의 경우 고환염이나 정소 위축을 유발한다.

소와 면양은 증세가 비슷하며 감염해도 증상을 나타내지 않기 때문에 외견상은 건강한 동물과 어떤 차이가 없다. 그러나 임신동물이 감염하면 위에서 말한 바와 같이 유산을 일으킨다. 소의 유산 경우, 태막은 부서지고 맥락막은 농양물을 부착하고, 맥락막과 요막 사이에는 교양침물이 나타나고, 태반의 융모는 괴사해서 함몰하고 불결한 황색으로 변한다. 유산태아에는 피하에 장액침윤, 체강에 포도주와 같은 액이 고이고, 제4위 및 소장의 염증 등이 나타난다. 감염된 소는 반드시 유산하는 것은 아니며 태반감염에 의한 약한 송아지를 분만하여 생후 얼마 되지 않아 설사(하리), 관절염, 패혈증 등에 의해 죽는 것도 있다. 그 외에 감염한 소는 비유장해, 자궁내막염, 관절종창 등을 일으킨다. 수컷에는 정소의 종창, 경화를 초래한다.

② 진단

임신하지 않는 암캐는 대개 임상증상을 나타내지 않지만 자궁분비물 또는 오줌을 통해서 계속해서 원인균을 배설한다.

소의 경우 유산한 동물의 태반, 유산태아의 제4위, 자궁분비물, 우유, 분변, 정액 등을 배양하면 *Br. abortus*가 분리된다.

일반적으로 동물들에 대한 이 병의 진단은 일반적으로 혈청의 응집반응과 보체결합반응 등에 의해서 행한다. 젖소의 경우 대상으로 할 때는 우유로 ring-test한다.

③ 예방과 치료

유사산을 보이는 경우 브루셀라 감염 의심으로 진단을 시도하는 것이 좋으며 브루셀라 의심 동물과 접촉을 피하는 것이 좋다. 개 번식장의 경우에 철저한 견사 소독이 요구된다. 브루셀라 세균은 세포 내 기생하기 때문에 치료가 어렵다. 또한 법정전염병이기 때문에 진단되면 신고를 하여야 한다.

소의 경우 이 전염병을 예방하기 위하여 미국에서는 검사와 도살, 암소균의 백신접종 및 엄격한 위생관리 등이 권장되고 있다. 그 중에서도 예방접종은 상당히 성적이 좋은 것으로 되어있으나, 우리나라에서는 모든 양성우를 도살하여 소각 매장하고 있다. 이 병에 대한 치료로 streptomycin, tetracycline이 사용되고 있으나. 현재 완전한 치료법은 아직 확립되어 있지 않고 완치가 어려우며, 감염 동물은 번식에서 제외하는 것이 좋다.

(2) 비브리오병

비브리오병(Vibriosis)은 *Vibrio foetus*라고 하는 세균의 감염에 의해서 불수태를 일으키고 임신우에서는 유산을 일으키는 소의 전염성 생식기 질환으로 대부분은 감염 수컷에 의해 교미 및 이 균에 오염된 정액에 의한 인공수정에 의해 감염된다.

① 증상

감염우는 거의 무증상으로 건강우와 다를 바 없지만 불수태와 유산이 증가하고, 발생지에서는 상당히 큰 피해를 받는다. 일반적으로 이 병의 급성증은 불수태로 해서 나타나고, 유산은 만성증으로 생각되어지지만 이 병에 의한 실제 손실은 유산에 의한 것보다도 일시적 불임증에 의한 것이 더 크다. 이 병은 어떤 우군이 초감염을 받고 이것이 다시 수컷에 감염되어 그 정액에 의한 광범위한 전파가 있는 경우에 더욱 크게 나타나고, 수태율이 저하하지만 1~2년 후에는 자연적으로 종식되고, 수태성적도 거의 정상으로 회복된다. 이 병에 의한 유산은 임신월령에 관계없이 언제든지 발생하며 유산율은 3~5%이다.

유산발생의 기전에 관해서는 불분명한 점이 많지만 비브리오균이 임신자궁, 특히 모태반과 태아태반의 접착부에 정착해서 점차 증식하여 염증이 주위의 조직에 파급하여 2차적으로 태아에 혈행장해가 생겨 유산을 일으키는 것이라고 생각된다. 유산 후 비브리오균은 오로 중에 다수 배출되지만 비교적 빨리 소실된다.

② 진단

진단은 정액 귀두의 구지, 질점액, 태아액 및 태반 등으로부터 분리한 V. foetus의 배양과 동정에 의하여 실시한다.

감염된 암소의 질점액 중에는 이 균에 대한 응집소가 산출되기 때문에 질점액 응집반응이 사용되고 있다.

③ 예방과 치료

이 병을 예방할 목적을 적어도 25배로 희석된 정액 1ml당 500IU의 penicillin과 500ul의 strepromycin을 첨가하여 사용하기 전에 6시간 동안 5C에 보존한 정액을 사용하여 인공수정을 실시하는 방법이 이용되고 있다.

암소는 이 병에 걸려도 결코 다른 개체에게 이 병을 전파하지 않는다. 대부분의 경우 6개월 이내에 소실되나 2산 후까지 발생하는 개체도 있다. 수소에 있어서는 영구적인 감염으로 인식되어 왔으나, 장기간의 감염기를 경과한 다음에 자연적으로 회복된다는 사실이 최근에 와서 밝혀졌다.

최근 미국에서는 백신이 효과적으로 이용되고 있다. 감염된 암소에 대해서는 40~50일간 번식에 공용하지 않고 일반적인 자궁내막염 치료와 같이 penicillin, streptomycin을 자궁 내에 주입한다.

(3) 렙토스피라병

렙토스피라병(Leptospirosis)은 여러 가지 종류의 혈정형균에 의하여 발생한다. 즉 *Leptospira pomona*, *L*, *grippotyphosa*, *L*, *australis* 및 *L*, *hebdomadis*이다. 이 병은 1935년 소련의 과학자들에 의하여 처음으로 기록되었으며, 전세계적으로 발생한다.

*Leptospira*는 감염한 동물의 신장에만 국소적으로 존재하기 때문에 오줌을 통하여 배출된다. 따라서 오줌에 의하여 오염된 물체와 접촉함으로써 감염된다. 이 병이 교미에 의하여 감염된다는 보고도 있으나, 그 빈도는 분명하지 않다.

① 증상

Leptospira는 임상적으로 하등의 증상을 나타내지 않은 것으로부터 급성 또는 열성형에 이르기까지 각양각색이다.

감염견은 초기에는 발열, 무기력, 구토, 설사, 식욕감퇴 등을 보이다 급성 신부전, 간부전, 황달, 출혈성 폐질환으로 진행하다 체중 감소, 지속적인 신장 기능 저하를 유발하며, 임신 중 감염 시 유산, 사산, 불임 가능하고, 수컷의 경우 정소염, 발정 이상 등이 드물게 보고되고 있다.

고양이의 경우는 자연적으로 매우 강한 저항성을 가지 동물로 알려져 있으며, 고양이에서의 생식기 감염이나 유산 사례는 극히 드물다.

감염우는 발열, 비유감퇴, 헤모글로빈뇨증 등과 같은 증상을 나타낸다. 때로는 황달, 빈혈, 우유의 도색화 등이 나타나는 수도 있다. 이 병에 의하여 고열의 유산이 일어난다고 알려져 있으나, 사양관리의 조건이 양호할 때에는 유산은 훨씬 감소한다.

② 진단

동물에 있어서 렙토스파이라병의 진단은 임상증상, 해부소견, 혈청학적 검사(MAT), PCR(렙토스피라 DNA 확인), 혈액과 오줌 및 조직 중의 본 병원체의 존재 등에 의해서 실시되고 있다.

③ 예방과 치료

소의 렙토스파이라병에 대해서는 예방적 및 치료적 수단을 강구해야 한다. 예방수단으로는 면역을 부여하면서 본 병원균과의 접촉을 피하는 일이다. 백신은 단기간이기는 하지만 효과적인 면역을 형성시킨다. 개는 중요한 보균자이므로 격리시켜 두어야 한다.

치료법으로는 광범위한 항생물질을 비경구적으로 투여하는 것이 일반적인 방법이지만 신부전이나 탈수 증상이 심할 때는 수액과 수혈을 실시한다.

표 10-2 세균 및 진균에 의한 생식기병

질병	동물종	병인	증상	진단	처치와 예방
브루셀라병 (Brucellosis)	개	*Brucella canis* 기타의 브루셀라균	조산, 유산 번식장해 정 소 염 정소상체염	혈청검사 분리배양 증상	검사와 도달 위생관리
	소	*Brucella abortusst* 기타의 브루셀라균	유산 번식장해 정소염 정소상체염	혈청검사 분리배양 증상	백신주사 검사와 도달 위생관리
	면양	*Brucella melitensis*와 기타의 브루셀라균	유산 유방염 정소염 정소상체염	혈청검사 분리배양 증상	검사와 도달 위생관리
	돼지	*Brucella suis*와 기타의 브루셀라균	번식장애 유산 정소염 정소상체염	혈청검사 분리배양 증상	검사와 도달 위생관리
비브리오중 (Vibriosis)	소	*Vibrio fetus*	일시적 번식장애와 유산	분리배양 질점액검사	인공수정 수소의 치료 백신주사 위생관리
	면양	*Vibrio fetus*	유산	분리배양	백신주사 위생관리
렙토스파이라증 (Leptospirosis)	개	*Leptospiros interrogans*	유산 신생자 사망	혈청검사 PCR, 소변검사	백신주사 치료
	소와 면양	*Leptospiros pomona*	유산	혈청검사 분리배양	백신주사 치료
	돼지	*Leptospiros Pomona*	유산 신생자 사망	혈청검사 분리배양	백신주사 위생관리
리스테리아중 (Listeriosis)	면양	*Listeria monocytogenes*	뇌염 유산	분리배양증상 병리조직검사	백신주사 위생관리

정소상체염 (Epididymitis)	개 면양	*Brucella canis* 분류미정	정소상체염 정소염 유산 신생자 사망	분리배양 혈청검사 항체검사 증상	백신주사 검사와 도달 위생관리
연쇄상구균성 유산 (Streptococcal absortion)	말	*Streptococcus genitalium*	유산 자궁경관염 자궁축농증	분리배양 증상	위생관리 외과적 치료
말의 전염성 유산(Equine infectious abortion)	말	*Salmonella abortivoequina*	유산	혈청검사 분리배양	백신주사 위생관리
추백리(Pullorum disease)	가금	*Salmonella pullorum*	병아리 사망 (1주령)	혈청검사 분리배양	검사와 도달 위생관리
계티부스(Fowl typhoid)	가금	*Salmonella gallinarum*	어린 닭의 사망	혈청검사 분리배양	검사와 도달 선택적 번식 위생관리
진균성 유산 (Mycotic abortion)	소	*Aspergillus fumigatus*	유산	분리배양 병리조직검사	위생관리(곰팡이가 쓴 건초의 접촉금지)
생식기 마이코플라즈마병 (Genital mycoplasmosis)	소	*Mycoplasma bovigenitalium*	유산, 비가역적 무정자증, 질염, 번식장애	분리배양	항생물질요법

2) 진균성 감염증

소에 있어서 대표적인 진균성 감염증으로는 진균성 유산을 들 수 있다.

소의 진균성 유산은 생식기의 진균감염에 의하여 발생되는 특이한 생식기병이다. 병원이 되는 진균으로는 적어도 18종이 보고되고 있으나, 그 중 가장 일반적인 것은 Aspergillus속과 Absidia속이다. 진균성 유산에서 흔히 볼 수 있는 것은 Aspergillus fumigatus로써 진균감염으로 판정된 피검재료의 약 60%가 본 균의 보유자임이 판명되었다.

① 증상

건초 내에 들어 있는 곰팡이를 흡입하거나 곰팡이가 핀 사료를 섭취함으로써 감염된다. 감염은 임신 초기에 주로 일어나며, 특히 겨울에 발생률이 높다. 유산의 70%가 11월~4월 사이에 일어난다. 이 진균이 최초의 침입 부위는 페이지만 여기에서 혈액에 의하여 운반되어 태반에 감염된다. 진균성 유산은 임신 후 1/3 시기에 많이 발생한다.

② 진단

진단은 비후, 괴사한 태반의 궁부로부터 진균을 분지, 이를 배양하여 현미경으로 동정함으로써 실시한다. 태아의 위 내용액을 사용하여 같은 방법으로 진단하기도 한다.

③ 예방과 치료

소의 진균성 유선은 예방하기가 어렵다. 그것은 그 병원체가 언제 어디서나 존재하기 때문이다. 임신한 동물에 곰팡이 낀 건초 등을 급여하지 않은 주의 이외에 예방방법이 없다.

3) 바이러스성 감염증

바이러스가 원인이 되어 발생하는 생식기병은 그 종류가 많고, 동물의 번식장해를 일으키는 경우도 많다.

이들 질병에 대해 전부 소개할 수 없기 때문에 그 중에서 개, 고양이, 소와 관련된 중요한 것만 소개하기로 한다.

(1) 유행성 유산

개는 일반적으로 바이러스의 감염에 의해서 뇌배수염, 패렴, 늑막염, 장염 등을 일어나는 것으로 알려져 있지만, 경우에 따라서는 유산 또는 자궁내막염이 일어난다고도 한다.

이 병은 가축에서 가장 흔히 발생한다. 사람에게도 전염될 가능성이 있으므로 임산부에게는 위험한 질병이다. 이 병은 소를 산록의 저지에서 방목하고 있을 때에 자주 발생하므로 산록유산이라고도 한다.

개, 고양이에서는 극히 드물지만 캠필로박터, 브루셀라, 렙토스피라 등 다른 병원체에 의한 전염성 유산은 존재한다. 개, 고양이에서도 특정 병원체에 의해 다수의 개체에서 유산이 발생한다면 epizootic abortion 상황이라 할 수 있다.

① 증상

이 바이러스에 의한 유산은 임신 후기의 3개월 동안에 발생한다. 또한 유산된 소의 장래의 번식능력에 대해서는 하등의 영향도 미치지 않는다.

② 진단

유산된 태아의 병변도 진단에 참고가 되지만 병변이 반드시 나타나는 것은 아니다. 유산태아에 육안적 병변이 있을 때는 용이하게 진단된다. 즉 피하, 복강, 심막강 등에 수정이 있으며, 간장은 결절상으로 종창되어 황변되고 소엽에 붉은 선이 보인다. 비장은 종대하고 각 부에 점상출혈이 인정된다.

③ 면역과 예방

이 병을 예방하기 위하여 여러 가지 백신에 대한 면역원성이 검토되어 왔으나, 그 결과는 모두 실패로 끝났다. 그러므로 적절한 위생조치를 취할 것과 산록의 저지에서 방목을 하지 않은 일 이외에는 예방하는 방법이 없다.

(2) 과립성 질염

육아종성 질염, 과립성 질염, 결절성 질염(Nodular vaginitis)이라고도 부른다. 중성화하지 않은 암캐의 경우 영향을 받고, 발정기 전후에 발생 가능성이 높은 편이다.

① 증상

개의 경우 질 분비물 증가(맑거나 점액성, 때로는 혈성), 음부 과도한 핥기, 외음부 부종, 질 점막에서 붉고 과립성 병변 관찰되며, 일부 개는 교배를 거부하거나 교배 시 통증 반응을 나타낸다.

소의 경우 음순을 벌려보면 그다지 두드러지지 않은 결절이나 점막이 발적한 것으로부터 다발결절, 극심한 염증, 농성 삼출액이 있는 것에 이르기까지 그 증상은 각양각색이다. 중증일 때에는 질전부와 경관외구에 염증이 생긴다. 이것이 심해지면 통증 때문에 교미시에도 방뇨하게 되며, 과립으로부터 출혈이 인정된다. 유사한 병변이 감염된 수소의 포피나 음경에서도 관찰된다.

② 치료

치료를 위해서는 국소 호르몬 치료나 세균 감염시 항생제, 항염증제, 회복기 동안 교배 금지를 한다. 반복적인 재발 시 중성화 수술을 고려하는 것도 좋은 방법이다.

표 10-3 바이러스와 원충에 의한 생식기병

질 병	종	병 인	증 상	진 단	처치와 예방
유행성 유산 (Epizootic abortion)	소, 양, 개	*Chlamydia abortus*	임신말기의 유산 태아의 간병변	바이러스 분리	–
과립성 질염 (Granular vaginitis)	소, 개	Virus	결절성 질염 귀두염	–	–
전염성 농포성 외음질염 (Infectious pustular vulvovaginitis)	소	Virus	농포성 질염 귀두염	바이러스 분리 혈청 중화시험	격리, 번식 휴지, 백신주사
소의 전염성 비강기관염 Infectious bovine rhinotracheitis(IBR)	소	Virus	호흡기병 유산, 불임증	혈청 중화시험바이러스 분리	백신주사
유행성 불임증 Epizootic infertility (Epivaginitis)	소, 개, 고양이	Virus	정소상체염 질염 불임	–	도살, 새로 도입한 개체의 건강검사
전염성 질염 (Infectious vaginitis)	소	Virus	카나알성질염	바이러스 분리	격리, 번식휴지
바이러스성 하리 (Virus diarrhea)	소	Virus	장염에 이어 유산	바이러스 분리 혈청 중화시험	격리, 번식휴지
리프트 배리열 (Rift valley fever)	소 면양	Virus	유산, 간의 괴사	혈청 중화시험 바이러스 분리	보독 곤충 방제 백신주사
양의 바이러스성 유산 (Ovine viral abortion)	면양	Virus P-LG Vgroup	유산, 태아의 변성	태반 기본 소체의 염색, 바이러스 분리, 보체결합 반응	백신주사
괴사성성병 (Necrotic venereal disease)	면양	Virus (*Scleus ulceris*)	구신, 음순, 포피의 괴사	자양 접종	판매 수양의 검사, 도입 수양의 검사
나이로비 양병 (Nairobi sheep disease)	면양	Virus	비즙, 하리, 유산	감수성 양에게 접종	약욕
돈콜레라 (Hog cholera)	돼지	강약생 바이러스 왁진주사(*Tartor suis*)	사산, 자돈의 수종	임신역 모돈 예방 주사	임신 돼지에 대한 적절한 시기의 백신주사

아프리카 돈열 (African swine fever)	돼지	Virus	돈콜레라에 유산 임산돈의 유산	다른 감염돈에게 노출	검역, 감염돈군의 도살
말의 비강폐염 (Equine rhinopneumonitis)	말	Virus (*Tortor equae*)	임신말기의 유산, 자돈의 호흡기 질환	태아 간장의 국부성 괴사, 폐수, 기니피그에 접종	경비분무에 의한 생바이러스의 백신접종
말의 바이러스성 동맥염 (Equine viral arteritis)	말	Virus	호흡기 질환, 유산	–	격리
교접성 수포성 발진(Coital vesicular exanthema)	말	Virus	음순, 질, 음경, 포피의 농포	–	격리, 번식휴지
뉴캣슬병 (Newcastle disease)	가금	Virus (*Tortor furens*)	뇌염 연성 혹은 불완전 난각난	바이러스 분리, 중추신경계의 병리 조직학적 검사	불활화 혹은 생바이러스 주사
조류의 뇌척수염 (Arian encephalomyelitis)	가금	Virus (*Legio galinae*)	유행성 지선	바이러스 분리	생바이러스 , 백신주사
트리코모나스병 (Trichomoniasis)	소	원충(*Trichomonas foetus*)	불임, 자궁축농증, 유산	완충검사	번식휴지, 인공수정
구역 (Dourine)	말	원충(*Trypanosoma cquiperdum*)	음순, 질, 음경, 포피의 병변, 신경계의 후강염 마비	보체결합반응	도살
톡소플라즈마증 (Toxoplasmosis)	면양, 개, 고양이	원충(*Toxoplasma gondii*)	뇌염, 유산	병리조직 검사, 보체결합반응	격리, 도살

4) 원충 감염증

원충(protozoa)은 동물계의 최하등문으로 간주되고 있다. 단세포로도 독립하여 생활을 영위할 수 있는 모든 동물이 이에 속한다. 모든 원충세포는 세포질과 꽤 큰 핵을 가지고 있다. 토양, 지표수, 식음, 인간이나 동물의 소화관은 사물기생성의 원충으로 충만되어 있다. 이들 중 소수가 기생하는 습성을 가지고 있으며 극소가 기병성이 있다. 인간이나 동물에서 발생하는 상당수의 중요한 질병이 병원성 원충에 의하여 유기된다.

(1) 트리코모나스병

트리코모나스병(Trichomoniasis)은 소의 대표적인 번식장애 질병으로 Trichomonas foetus라고 하는 원충에 의해서 발생하는 생식기 전염병으로써 이것에 감염이 되면 임신한 소에 서는 임신 초기에 유산이 일어나고, 그 외에 질염, 경관염, 자궁내막염 또는 자궁축농증을 일으켜서 불임증으로 된다. 수컷에서는 음경 및 포피의 점막에 염증이 일어나지만 무증상 보균으로 전파원의 역할을 한다.

트리코모나스 원충은 편모충으로써 길이 10~184, 폭 5~12이고, 충체 전부에 있는 3개의 편모와 후부에 있는 1개의 편모 및 몸의 한쪽에 있는 파상막에 의해 활발하게 운동한다. 처녀우는 감염된 수컷과 교미에 의해 중증 감염하지만 5세 이상인 경산우는 감염해도 경증이다. 한편 수컷은 감염된 암컷과의 교미에 의해서 감염된다. 이 경우 인공수정을 하면 감염을 방지될 수 있지만 정액에 이 원충이 존재하면 암컷은 감염된다.

① 증상

트리코모나스병에 감염된 소가 비감염우군에 도입되었을 경우 상당히 오랫동안 그것을 눈치채지 못하고 지내는 경우가 대부분이다. 교미에 의하여 암소의 질이 감염되었을 경우에도 증상은 나타나지 않거나, 나타나도 눈치채지 못할 정도이다. 그러나 감염이 며칠 경과하면 가벼운 질염이나 경관염이 발생하므로 임상검사에 의하여 검색할 수 있다.

대개의 경우, 질염은 치유되며 감염은 자궁 내로 이행하지만, 가끔 중증의 질염이 질 전부에서 관찰되는 경우도 있다. 이 병의 가장 일반적인 증후는 난자나 배의 파괴에 기인하는 불임증이다. 이때에는 오랫동안의 발정휴지기를 갖는다. 임신이 배의 단계를 지났을 때에는 그 소는 대개 2~4개월 내에 유산한다. 수소는 감염되면 만성화하여 일생동안 계속된다. 그럼에도 불구하고 생식기만은 정상으로 보인다.

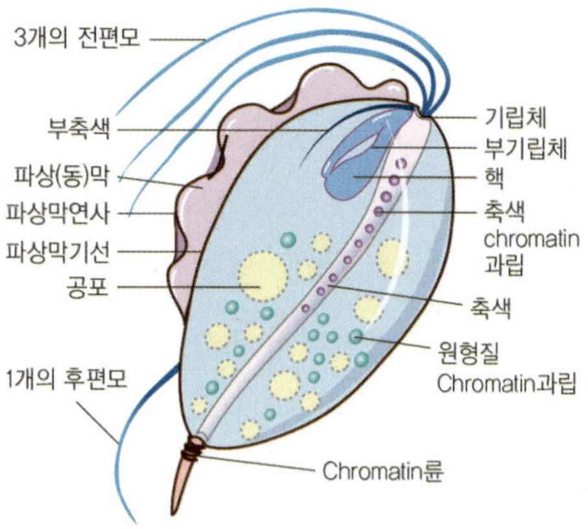

그림 10-9 Trichomonas foetus의 측면도(Gibbons, 1972)

② 진단

임신우인 경우는 유산 후의 질누출물, 태막, 태아의 구강과 내용물, 체액 및 자궁삼출물로부터 Trichomonas를 검출함으로써 확인된다. 수소는 포피나 귀두로부터 Trichomocas를 검출함으로써 확인된다. 또한 감염된 웅축인 경우 그 결과가 반드시 양성진단이 되는 것은 아니며 매주 검사를 실시하여 6회의 검사가 음성일 때에 그 수소는 음성으로 판정한다.

③ 예방과치료

예방으로서는 번식용 소는 번식효율이 높은 우군에서 도입하고 수소는 포피검사를 실시해야 한다. 새로 도입한 수소와 교배한 최초의 3~5마리의 암소는 질 분비물을 반복 검사한다.

치료는 자궁축농증이나 유산의 경우에는 생리적 식염수로 충분히 자궁을 세척한 후 Lugol액을 주입하는 치료를 8~4일 간격으로 2~3회 세척한다. 수소인 경우는 원충살충제와 trypaflaivn 연고로 만들어진 bovoflavin 연고를 포피나 귀두에 바르는 방법이다.

(2) 톡소플라즈마병

이 병은 톡소플라즈마 원충(Toxoplasma gondii)의 감염에 의한 것으로 특히 고양이를 주요 종숙주로 하는 원충성 인수공통감염병이다. 번식장애, 특히 유산, 사산, 기형 발생과 깊은 연관이 있다. 반려동물 뿐만 아니라 사람, 가축, 야생동물까지 광범위하게 감염될 수 있어 매우 중요한 질환이다. 감염 경로로 고양이의 분변에 포함된 난포(oocyst) 섭취, 감염된 육류 생식 또는 조직 낭포 섭취, 선천 감염(태반을 통한 전파), 장기이식 또는 수혈 등 교차감염으로 전달된다.

일반적으로는 고양이, 사람, 반추동물에서의 번식장애가 더 뚜렷하다.

① 증상

고양이의 경우 대부분 무증상이나 발열, 식욕부진, 간질 발작, 호흡곤란, 간비장의 증상이며, 임신한 고양이에서는 유산 또는 기형 태아 출산 가능성이 높아진다. 개의 경우 중간 숙주로 감염이 되며, 일반적으로 무증상니아 면역저하 상태 또는 선천감염 시 임상증상 발생 가능이 높아지며, 근육통, 간질, 발열, 호흡기 증상, 드물게 안구질환을 나타낸다.

동물종과 연령에 따라 다르나 소에서는 급성으로 진행되어 발열, 호흡곤란, 신경증상을 수반하다. 또 임신우의 경우에는 사산이 일어나거나, 출생 후에 곧 사망하는 허약한 송아지가 태어난다.

② 진단

개와 고양이의 경우 혈청검사, PCR을 통해서 진단하고 소, 면양의 경우 유산이 일어났을 때에는 그 유산된 태아로부터 병원체가 분리되면 양성으로 진단된다. 일반적으로 보체결합반응(complement fixation test)에 의하여 진단된다.

③ 예방과치료

예방은 개와 고양이의 경우 분변을 매일 청소하여 24시간 이상 후 전염성을 획득하는 난포를 제거할 수 있고, 생고기를 먹지 않도록 한다든지 고양이의 경우 설치류, 조류의 사냥 기회를 차단하고, 임산부가 고양이나 개의 배설물을 처리할 시 반드시 장갑을 착용하여 분뇨 처리하며 손 씻기를 자주하고 사육 환경을 청결하게 유지한다.

치료의 경우 개와 고양이의 경우는 글린다마이신으로 치료한다. 소나 염소의 경우 전파경로에 대해서 아직도 불충분하기 때문에 효과적인 예방대책이 확립되어 있지 않다. 사람에게 감염될 위험성이 있으므로 감염된 동물은 도살하여 매장하는 것이 안정하다. 이 병의 치료에 항생물질로써 spiramycin, 설파제로서 sulfamonometoxine, pirimethamin 등이 유효하다. 더욱 이들 양 제제를 병용하면 상승효과가 있다고 한다.

Chapter

11

기타 주요 반려동물의 번식

반려동물의 번식학은 개와 고양이뿐만 아니라 말, 소형 포유류(토끼, 설치류, 페럿 등), 파충류, 조류 등을 포함한다.

이들 종은 발정 주기, 배란 유형, 임신 기간, 번식 특성에서 차이를 보이며, 이들 종의 번식생리를 이해하고 적절히 관리하는 것은 건강한 개체군 유지, 질병 예방, 연구 활용에 필수적이다.

1. 말의 번식

1) 성성숙

수말은 생후 약 10개월부터 정소가 현저하게 발육을 시작해서 생후 13~14개월에 정자가 형성되고, 수정 가능한 정자의 사출은 생후 25~28개월경이다. 암말은 생후 20~23개월경이다.

암말은 배란을 동반한 발정이 처음으로 나타나는 것은 생후 15~18개월이다. 그러나 성성숙의 도래는 번식계절에 따라 좌우되며, 많은 암말이 비번식 계절(가을, 겨울)에는 첫 발정을 하지 않으며, 다음 해 봄(생후 20~23개월)에 첫 발정을 경험하는 경우가 많다.

말의 번식공용적령은 소에 비해서 늦어, 수말은 비교적 천천히 성성숙이 진행되며, 실제로 번식에 사용되기 위해서는 성숙한 정자가 안정적으로 생산되는 만 3~4세 이후가 적합하다. 암말의 경우, 첫 발정이 비교적 빠르게 나타나지만 완전히 성장한 후 번식에 사용되는 것은 만 3세 이후가 적절하다.

2) 번식계절

말은 장일성(long-day breeder) 동물로, 번식이 일조시간이 길어지는 봄과 여름(4~7월경)에 집중된다. 이는 시상하부-하수체-생식선 축(Hypothalamic-Pituitary-Gonadal Axis, HPG 축)의 조절에 의해 발생한다고 보면 된다. 암말의 번식계절은 우리나라에서 4~7월로써, 이 기간에 성주기가 반복해서 나타난다. 일조시간이 증가하면 시상하부가 활성화되어 생식 호르몬 분비가 증가하는데, 시상하부에서 Gn-RH(Gonadotropin-Releasing Hormone)가 분비되면, 뇌하수체에서 FSH(난포자극호르몬)와 LH(황체형성호르몬)의 분비가 증가하여 난소의 난포 발육과 배란이 촉진된다.

인공조명 사용하여 인위적으로 일조시간을 연장하면 발정과 배란을 조기에 유도할 수 있다(예: 경주마 산업에서는 번식 계절을 앞당기기 위해 활용). 수말은 연중 번식 가능하지만, 정액 내 교질물질(gel-like substance)의 양은 계절적 영향을 받으며, 교질물질은 봄~여름(번식기)에 가장 많고, 겨울철에는 감소하는 경향을 보인다. 정액 품질과 성욕(libido) 또한 번식기에 높아지는 경향이 있다. 수말은 연중 교미 및 수정능력을 유지하지만, 정액 내 교질물질의 계절적 변화가 있다.

3) 성주기의 길이 및 발정지속 일수

성주기의 길이는 20~24일로 평균 23일이다. 번식계절 전 혹은 후에는 불규칙한 주기로 이상발정이 나타나지만 이것은 후술하는 바와 같이 생리적인 경과로 난소의 병적인 상태에 의한 이상발정과는 구별되어야 한다.

발정지속일수는 4~11일이며 평균 7일이다. 발정징후는 처음에는 경미해서 수컷허용도 충분하지 않지만 서서히 높아져 발정개시 후 2~3일에 최고조로 달하고 그 상태를 2~4일간 지속하고, 배란이 되면 약 하루 반에 소실된다.

성주기의 길이 및 발정지속일수는 영양상태가 양호한 것은 짧아지고 나쁜 것은 길어지며 또한 번식계절이 진행됨에 따라 짧아지는 경향이 있다.

분만 후 제1회의 발정재귀는 말에서는 빨라 분만 7~9일 평균 8일에 나타난다("foal heat" 또는 9 day heat). 이것이 번식계절 중에 있으면 그 후 23일 간격으로 성주기가 반복된다.

번식계절 전후에 생리적인 경과로써 인정되는 이상발정으로써는 미약발정(feeble estrus)과 지속발정(continued or prolonged estrus)을 들 수 있다. 미약발정은 발정징후가 미약하고 지속일수도 1~2일로 짧으며, 난포는 발육도중에 폐쇄퇴행해서 배란이 되지 않는다. 지속성 발정은 난포의 발육 · 폐쇄퇴행이 반복해서 일어나고, 미약한 발정이 지속적으로 나타나기 때문에 건강한 암말에 있어서도 번식계절의 초기에는 15~20%로 나타나며, 이후에 배란이 일어나고 그 후는 정상주기가 나타나게 된다. 이들 이상발정은 번식계절의 전후에 있어서는 시상하부의 Gn-RH

분비능이 상승 중 혹은 하강 중에 있어 생식선자극호르몬의 분비가 충분하지 않으며, 이로 인해 난포가 발육도중에 폐쇄퇴행하기도 하여 배란이 지연되는 것으로 생각된다.

4) 발정 징후

말의 발정은 행동적 변화(수말 접근 허용, 꼬리 올림, 음순 개폐)와 생식기적 변화(외음부 부종, 질 점액 변화, 자궁질부 종대 등)로 확인할 수 있다. 특히 질 점액의 점성 변화와 외음부의 크기 및 위치 변화는 발정 판정에 중요한 지표가 된다.

발정마의 거동은 개체에 따라 현저한 것과 경미한 것이 있지만 일반적으로 수말의 접근, 승가허용, 허리를 구부리고 꼬리를 들고서 소량씩 배뇨함과 동시에 음순을 개폐해서 질점막이나 음핵을 노출하는 소위 lightening을 표시한다. 흥분 불안 등의 상태는 소와 같이 명확하지 않다. 발정이 난 암말은 소와 달리 수컷끼리 교미 행동을 흉내 내지 않는다.

발정이 아닐 때는 외음부가 작고, 항문 쪽으로 위쪽으로 붙어 있으나, 발정 시에는 외음부가 부풀고 이완되어 아래로 처지는 형태(종대이완 및 하수)를 보인다. 발정기에는 자궁질부가 종대(부풀고 이완됨)하며, 외구가 열려 있으나, 발정 전에는 자궁질부가 단단하게 긴축되고 외구가 견고하게 닫혀 있고, 질 점막이 발정기에 광택이 나며 습윤한 상태가 되며, 발정 초기에 혈류 증가로 인해 질 점막이 붉은색을 띠고 있으나 발정 중기 이후에는 부종이 커지면서 황적색 띠를 형성한다.

발정과 관련하여 질 점액(점액질 분비물)의 상태도 변하며, stamp smear법을 이용하여 현미경적으로 검사할 수 있다. 발정 전 1~2일에는 점액량 증가, 수양(물처럼 맑음)하고 투명하여 슬라이드글라스 위에 넓고 두껍게 부착하지만, 건조 후에는 거의 남지 않는다. 발정 중기(배란 전일 및 당일)가 되면 점액이 점점 끈적한 성질(견류성, 점성이 있음)을 띠기 시작하고 배란 전일 및 당일에는 점액이 특히 점성이 강해지고, 표면에 잘 부착된다. 배란 후(배란과 동시에 변화 시작)에는 점액량 감소, 약간 회백색이며 불투명한 우유 같은 형태로 점성이 급격히 감소하고 부착 상태가 변화(구름 형태)가 생기고 건조 후에는 회백색 불투명 상태로 광택이 없다. 이 시기는 3~5일 지속되며, 에스트로겐과 프로게스테론의 작용이 없는 상태이다. 배란 후 8~11일경(황체기)에는 점액량이 더욱 감소하며, 끈적한 농후한 상태로 변화하고, 점성 증가, 회백색 반투명으로 풀처럼 보이며, 점액이 유리면에 자궁외구 모양의 반점이나 줄 모양으로 부착되어 건조 후 불투명해지고 광택이 사라진다. 이 상태는 황체기로, 프로게스테론의 영향을 받는 시기이며, 황체 퇴행 후에는 점액 상태가 다시 발정 전기로 진행된다.

5) 성주기에 따른 난소의 변화(난소주기)

난소의 발육은 발정개시 2~3일전부터 일어나며, 발정초기에는 2~3개의 난포가 동시에 발육하지만 그중 한 개의 난포만 성숙하여 배란된다. 말의 배란은 발정말기에 일어나며 배란과 함께 발정징후는 감퇴하기 시작해 약 1.5일 후에 발정이 종료된다. 배란직후의 성숙난포의 직경은 보통 4.5~6.0cm에 달하고 타 동물에 비교해 크며 직장 검사에 의해 쉽게 확인할 수 있다.

말의 난소는 강인한 복막에 의해서 덮어있지만, 난소 하면의 배란와(ovulation groove 또는 ovarian fossa)에서만 복막이 없어서 배란은 이곳에서 일어난다. 배란시에 난포 내에는 상당히 뚜렷한 출혈이 생긴다(출혈체; corpus hemorrha Bica). 배란 후 2~3일에는 난포벽에서 난포강 내로 황체세포층이 형성되고, 배란 후 8~9일에 황체는 완전히 형성되지만 그 크기는 성숙난포보다 작고 또한 소의 황체와 같이 난소 표면에 유기하는 것은 없다. 따라서 말의 황체는 직장검사에 의해 촉지하는 것은 곤란하다. 불임의 경우에 항체의 기능은 배란 후 14일 이후에 급속하게 쇠퇴하고 이후 새로운 난포의 발육하여 새로운 성주기가 시작된다.

6) 교배 적기

말의 발정 지속 기간은 평균 7일이며, 개체에 따라 4~11일로 변동이 크기 때문에 발정 개시일부터 단순히 역산하여 배란일을 예측하는 것은 어렵다. 말의 발정은 발정 중기부터 뚜렷하게 나타나며, 발정 최고기의 마지막 날이 배란일과 거의 일치한다. 이를 바탕으로 실제 교배 성적을 분석한 결과, 가장 높은 수태율을 보이는 교배 시기는 다음과 같다.

① 배란 전 2일~배란 당일까지의 교배 → 수태율 60~65% (최고)

② 배란 전 3일 및 배란 익일(다음 날) 교배 → 수태율 50%

③ 배란 전 4일 교배 → 수태율 40%

④ 배란 전 5일 이상 교배 → 수태율 10% (매우 낮음)

➡ 따라서 말의 최적 교배 시기는 배란 전 2일부터 배란 당일까지의 3일간이며, 이 기간이 가장 높은 임신율을 보이는 "강한 발정의 최후 3일간"에 해당한다.

배란 후 교배는 수태율이 약간 낮아지지만, 크게 떨어지지는 않는다. 즉, 배란 후에도 짧은 시간 내에는 수정 가능성이 있지만 너무 늦은 교배는 수정 실패 확률이 높아지므로 주의가 필요하고, 말의 배란일을 정확히 예측하기 위해 다양한 방법이 활용되는데 가장 신뢰성이 높은 방법은 직장 검사법이다.

말에서의 교배적기를 판정하기 위한 직장 검사는 난포의 발육 상태를 직접 확인하여 배란일을 예측하는 방법으로 난포가 발육하여 배란와(ovulation fossa)가 크게 열리고 팽창한 상태에서 교배하면 성공률이 높으며, 가장 정확하지만, 모든 개체에 대해 시행하기는 현실적으로 어려운 편이다.

시정(행동 관찰)과 생식기 검사는 직장 검사가 어려운 경우, 발정의 경과를 관찰하고 여러 생식기 검사를 병행하여 배란일을 예측하는데, 발정 행동 관찰로 강한 발정 행동(수말 접근 허용, 꼬리 올림, 소량 배뇨 등)이 최고조에 달하는 시기 확인한다던지, 자궁질부 검사를 통해 발정기에는 자궁질부가 이완되고, 배란이 가까워지면 점막 색 변화(적색 → 황적색) 확인 가능하다. 질 점액 검사(stamp smear법)은 배란 전 점액의 점성과 투명도를 분석하여 배란일 예측하거나 발정기에는 종대(부풀어 오름)

상태이며, 배란이 다가오면 점차 이완되는 외음부의 상태를 관찰하여 교배적기를 알 수 있다. 이러한 방법들을 종합적으로 활용하여 배란일을 예측하고 최적의 교배 시기를 결정하는 데 도움을 준다.

교배 후 2~3일 내에 발정이 소실되었는지 확인하는 것이 중요하고, 발정이 사라졌다면 적절한 시기에 교배가 이루어졌을 가능성이 높아진 것이며, 발정이 계속 지속된다면 아직 배란이 일어나지 않은 상태이거나 교배 시기가 너무 빨랐을 가능성이 있다. 이 경우 다시 교배를 시도하면 수태율을 향상시킬 수 있다.

7) 분만 후 제1회 발정에 교배

과거에는 분만 후 첫 발정(초회 발정)에 교배하는 것이 권장되었지만, 연구 결과에 따르면 제2회 이후의 발정에서 수태율이 더 높음이 확인되고 있다. 제1회 발정시 교배한 462마리 중 245마리가 수태한 것으로 수태율 53.02%였으나, 제2회 이후 발정 교배하였더니 217마리 중 163마리에서 수태되어 수태율 75.12%로 높아진다. 즉 제2회 이후 발정에서 수태율이 더 높은 것을 보면, 초회 발정 교배를 피하고, 자궁 상태가 안정된 이후에 교배하는 것이 바람직하다.

2. 고양이의 번식

1) 일반적인 번식 생리

고양이의 신체적 구조는 **그림 11-1**과 같으며, 암수 생식기 구조는 **그림 11-2**와 같다.

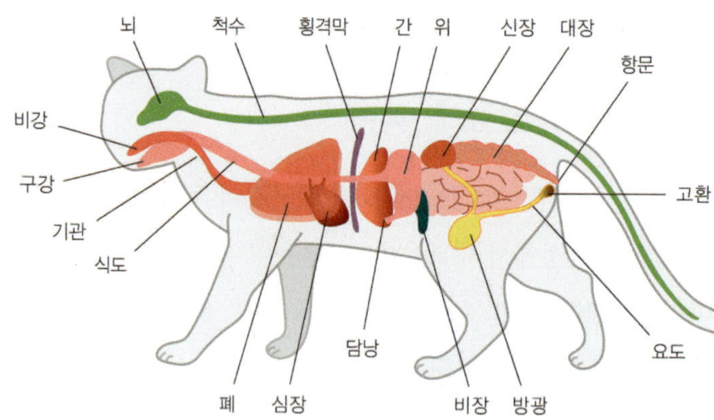

그림 11-1 고양이의 신체적 구조

고양이는 대표적인 교미유도배란(induced ovulation) 동물이다. 즉, 교미 자극이 있어야 배란이 일어난다. 암컷 고양이는 하나의 자궁을 가지고 있으며 연간 발정을 자주하는 편이다. 초봄에서 늦가을 사이에 발정을 한다. 발정은 2주에 한 번 주기로 약 4일~7일간 한다. 또한 임신 중에 발정이 나는 경우도 종종 있는 일이다. 한 번에 많게는 6마리, 적게는 한두 마리의 새끼를 낳는다. 수컷 고양이는 암컷을 부르기 위해서 영역 내에 스프레이식 소변으로 영역을 표시하며, 교배는 암컷 고양이의 발정이 끝날 때까지 하므로 집에서 번식시키게 된다면 교배를 6~7번 정도 행해진 이후 격리하는 것이 좋다.

한 번의 발정기에 여러 수컷과 교미할 경우, 한 배의 새끼들이 서로 다른 성질을 가질 수 있다.

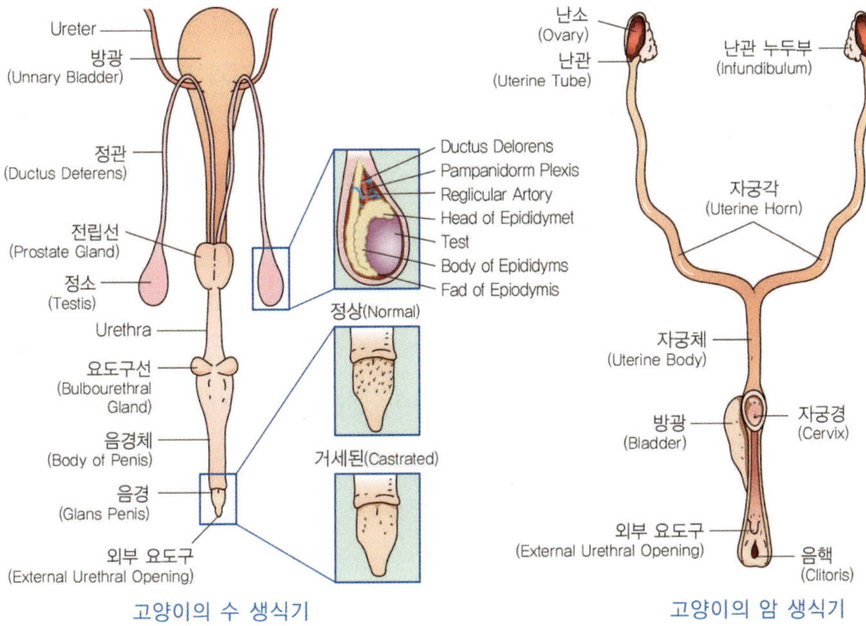

그림 11-2 고양이의 암·수 생식기

암고양이는 주기적으로 발정을 하는데 만일 발정할 동안에 교미를 하지 못하면 다음 발정은 더 빨리 오게 된다. 대체로 이 같은 발정은 암고양이가 임신을 하기 전까지 계속된다. 발정은 1년에 4~5회 있으며 1회 발정은 3~15일간 계속된다. 임신 기간은 약 9주일(60~69일, 평균 63일)이며, 한배에 3~5마리의 새끼를 낳는다. 갓 태어난 새끼의 몸무게는 보통 약 100g이다. 어미는 새끼들을 핥아 새끼의 몸을 말리고 호흡과 다른 생체기능을 자극한다. 건강한 새끼 고양이는 태어난 지 10~14일이면 눈을 뜨고 이어 귀가 들리게 되며, 첫 이빨이 난다. 약 3주 정도면 걷게 되고, 주위를 눈여겨보며 환경에 익숙해진다. 4주면 모든 이가 나고 6주 정도면 완전하게 성숙하여 어미의 보살핌 없이 혼자 살아가게 된다. 고양이의 번식 시스템은 매우 효율적이다. 임신이 아닐 때는 시도 때도 없이 발정이 오는 것이 가능하며 심지어 임신 중에도 발정이 온다. 임신 3~6주에 약 10%가 임신 중 발정이 나타나는데 서로 다른 발정기에 다른 수고양이를 받아들이게 되면 난산과 기형아 출산의 원인이 될 수 있다. 임신 중에는 가급적 수고양이의 접근을 금해야 한다. 출산 후에도 곧바로 발정 주기에 따라 발정이 시작되기 때문에 이때에도 숫고양이의 접근을 금해야 한다. 야생에서는 4회까지 임신과 출산이 가능하지만 집고양이의 경우 연 2회 정도로 제한해 주는 것이 건강상 좋다.

고양이는 소리, 몸짓, 냄새 등을 통한 다양한 방법으로 고양이끼리, 또는 다른 동물이나 사람과 의사소통을 할 수 있다. 고양이는 앞이마와 입 주변이나 꼬리의 밑동 가까이에 냄새샘이 있다. 이 샘을 이용해 사람이나 물건에 고양이의 냄새를 묻히는데, 이 냄새는 고양이와 몇몇 다른 동물만이 맡을 수 있다. 수고양이는 사물에 오줌을 뿌려서 자신의 짝짓기 영역을 표시한다. 오줌 냄새는 고양이뿐만 아니라 사람도 맡을 수 있는데, 매우 지독하다.

2) 성성숙

암고양이는 생후 7~12개월에 성 성숙이 이루어지고, 수컷은 암컷보다 1~2개월 늦게 성숙한다. 수컷 고양이는 6개월쯤 성숙이 시작되고 1살이면 짝짓기가 가능하다. 수컷 고양이에서는 성 성숙 전, 후 음경에 차이를 보이는데 생후 1년 이후에는 음경에 가시 같은 돌기가 형성된다.

첫 발정이 오게 되면 암컷을 찾아 배회하게 되고 자신의 영역을 확실히 구축하기 위해 영역 표시 행동을 시작하며 수컷들끼리 공격적이 되어 혈투를 벌이기도 한다.

고양이 암컷은 4~9개월 사이에 첫 발정이 오게 된다. 첫발정은 그 기간이 짧고 발정행동이 강하지 않기 때문에 보호자가 모르고 지나가는 경우가 많지만 곧 2주 내로 두 번째 발정이 오기 때문에 보호자가 알아차리게 된다. 성숙한 수컷이나 발정중인 암컷과 함께 지내면 조숙해지는 경향이 있으며 일조량이 많으면 성숙이 빨라진다. 반대로 지내는 공간이 어두우면 성숙이 느려지고 또래에 비해 몸집이 작은 암고양이는 성숙도 느리다. 페르시안과 야외 고양이는 첫발정이 늦게 오는 편에 속하며, 고양이마다 차이가 있으나 단모종, 실내에서 생활하는 고양이들은 성 성숙이 빠르며, 1년 내내 발정하기도 한다.

3) 발정과 교배

고양이의 발정 시기는 봄부터 가을까지가 주요 발정기이며, 2월 초순이 최대 발정기이다. 연 4회 정도 발정을 하는데, 요즘에는 밤에도 불을 켜고 생활하는 집에 있다 보니 발정기와 관련이 있는 멜라닌 분비에 혼란이 생겨 계절에 관계없이 발정을 하는 고양이를 쉽게 볼 수 있다. 발정은 한 번 할 때 한 달 반 정도를 하며 교미를 하고 임신이 되지 않은 경우에는 10일 정도 멈추었다가 다시 발정을 하는 과정을 반복하기 때문에 콜링 또한 심하다. 콜링으로 인해 여러 가지 문제가 발생할 경우에는 중성화를 해 주는 것이 사랑하는 고양이에게도, 보호자에게도, 잠을 이루지 못하는 이웃에게도 도움이 되는 일이다. 발정기의 고양이는 식욕 감퇴, 소변 횟수 증가, 짝을 찾는 콜링을 하게 되며 벌러덩 누워서 등을 바닥에 비비며, 주인에게도 와서 자꾸 몸을 비비는 문지름 행동을 한다. 또한 암컷의 경우 상체를 낮추고 엉덩이를 들어 올리는 로도시스 자세를 취하거나, 꼬리를 몸쪽으로 붙여 음부를 들추는 행동을 보이기도 한다(그림 11-3).

출처: Copilot AI (인공지능 그림)

그림 11-3 암고양이의 발정 행동

그림 11-4는 발정과 비발정 상태의 생식기에 대한 방사선 조영 촬영 사진이다. 사진에서 보는 바와 같이 발정기 때의 자궁은 매우 구부러져 있으며 흥분 시 자궁 운동으로 심하게 움직이기도 한다. 한 발정기에 다수의 수컷과 교배하게 되면 아빠가 다른 새끼들이 동시에 태어날 수 있다.

한 번의 발정기에 여러 수컷과 교미할 경우, 한 배의 새끼들이 서로 다른 성질을 가질 수 있다. 이를 다부성(superfecundation)이라고 하며, 이로 인해 한 배의 새끼들이 서로 다른 색깔이나 특징을 보이는 경우가 있다.

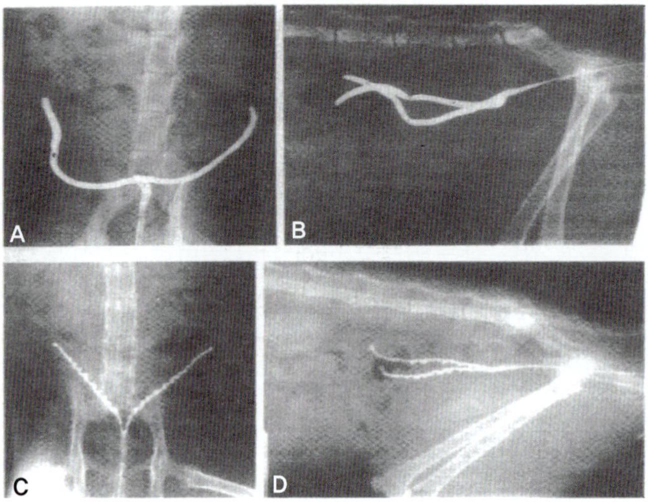

A, B : 비 발정 상태의 생식기, C, D : 발정 상태의 생식기

그림 11-4 발정 및 비발정 상태의 암컷생식기에 대한 방사선 조영 촬영 사진(Johnston 등, 2001)

고양이는 까다롭고 예민한 동물이어서 사람들이 보는 데서 좀처럼 교배를 하지 않는다. 따라서 암컷이 발정하면 약 5일 동안 수컷과 합방을 시켜 자연 교배가 되도록 해주는 것이 좋다. 또한 장모종이 단모종보다 좀 더 일찍 발정이 온다. 암컷의 발정 징후는 마룻바닥에 몸을 문지르고 끊임없이 소리를 내어 수컷을 부른다. 수컷이 흥분하게 되면 벽이나 커튼, 그리고 의자에 몸을 대고 아주 역한 냄새의 소변을 뿌리게 되는데 이러한 행동은 암컷을 유혹하면서 자신의 영역을 표시하

는 의미이다.

고양이 암컷의 임신은 생후 8개월 이후로 가능하지만 교배는 적어도 두 번째 발정 이후, 즉 1살 이후에 해주는 것이 좋다. 집고양이의 경우 발정이 시작되면 신방을 차려주어야 하는데 주로 암고양이를 수고양이의 집으로 보낸다. 수컷이 적극적으로 행동할 수 있는 환경을 만들어 주기 위해서이다. 수고양이는 암고양이보다 나이가 많고 몸집이 크며 경험이 많을수록 성공률이 높다. 수고양이의 집에 도착한 암고양이는 장소의 변화와 다른 고양이의 냄새로 인해 매우 예민해진다. 발정한 암고양이의 냄새를 맡고 수고양이가 접근해 오면 이를 공격으로 받아들일 수도 있다. 수고양이가 초보라면 암고양이의 반응에 의기소침해져서 구석에 웅크린 채 시도해 볼 용기도 내지 못하는 경우가 많다. 능숙한 고양이라면 불안한 암고양이가 방안 냄새와 자신의 냄새에 익숙해지도록 멀찍이서 바라보고 있다가 암고양이가 상반신을 납작하게 엎드리고 꼬리를 몸 쪽으로 붙인 채 받아들일 준비를 하면 그때서야 암고양이의 뒤에 올라가 목덜미를 단단히 물고 짝짓기를 시작한다 (그림 11-5).

배란은 교미자극 후 약 24~30시간에 일어나고 배란수는 5~10개이고 황체가 형성된 후 10~15일에 개화기 상태로 된다.

그림 11-5 고양이의 교배 행동

4) 정액 채취와 인공수정

고양이 정액 채취는 인공질 또는 전기자극기(2~8 V)로 채취할 수 있다. 인공질은 **그림 11-6**과 같이 고무 스포이트(반을 잘라 냄), 채취병(3×44mm), 60ml 플라스틱 병(52℃ 물로 채움), 윤활제 등을 준비하여 결합시켜 둔다. 작업 시 인공질 내의 온도는 44~46℃에서 실시한다. 인공질은 2set를 준비하는 것이 좋다.

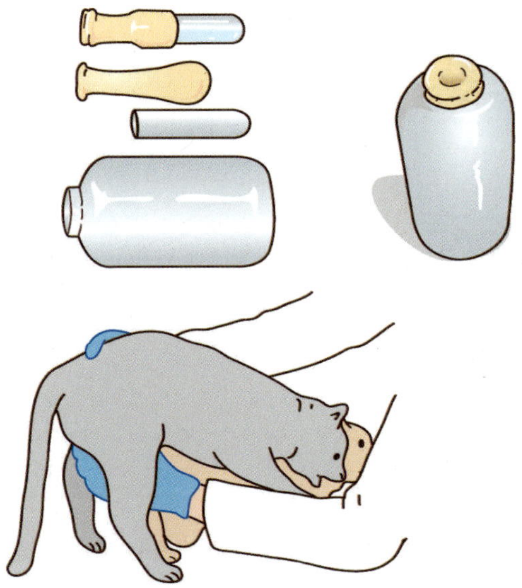

그림 11-6 고양이 정액 채취를 위한 인공질의 구성 및 정액 채취 장면

전기자극기로 정액을 채취할 경우에는 케타민(ketamine hydrochloride)으로 마취한 후 probe(전기자극기)를 직장에 삽입시킨 후 통전-절전을 반복하여 사정되는 정액을 정액 희석액(0.1~1.0ml)으로 미리 채워 둔 채취병에 담는다. 인공질에 의한 정액 채취량은 0.01~0.12ml 정도이며, 총 정자수는 사정당 5.0~7.0x10^6cell 정도다.

정액의 주입은 발정 온 고양이에게 50~250 IU hCG 호르몬을 근육 주사하여 배란을 유도한 후 정자 농도는 원정액과 희석액을 1:1~10배로 희석하여 1회 주입량(100ul)당 0.5~5.0x10^6cell로 조정하여 주입한다. 주입 방법은 **그림 11-7**과 같이 1ml 주사기에 개뉼라 또는 끝이 잘린 부드러운 21 케이지 주사침을 연결하여 경관 입구 또는 자궁 내에 정액(100ul)을 주입한다.

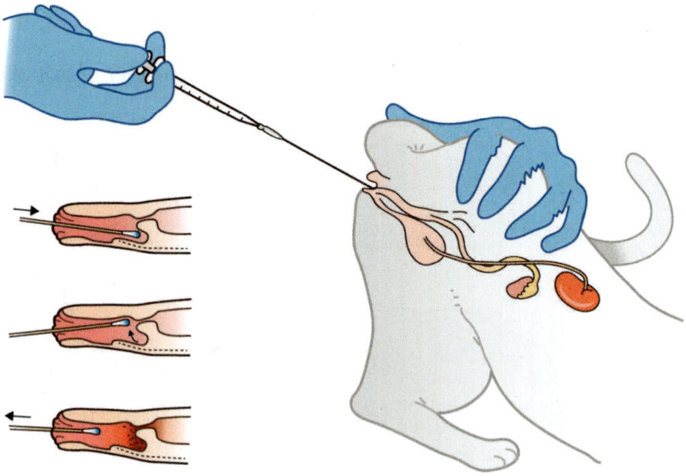

그림 11-7 고양이의 인공수정(정액 주입)

5) 임신과 분만

임신 기간은 평균 63일이며 임신 고양이의 약 10% 정도가 발정을 표시하여 교미에 이르기도 한다. **그림 11-8**은 임신기간에 따라 변화된 자궁의 크기이다.

평균 산자수는 3~6마리 정도이며 포유시키지 않으면 바로 발정이 온다. 45~50일간의 포유기간이 끝나면 바로 발정이 오고, 이때 겨울이 끼면 발정이 오지 않게 된다. 보통 교배 후 3주가 지나면 털의 윤기가 좋아지며 체중이 증가하고 배가 불러오기 시작한다. 임신 중에는 평소 1.5~2배의 에너지가 필요하므로 사료의 양과 횟수를 늘려 주는 것이 좋다.

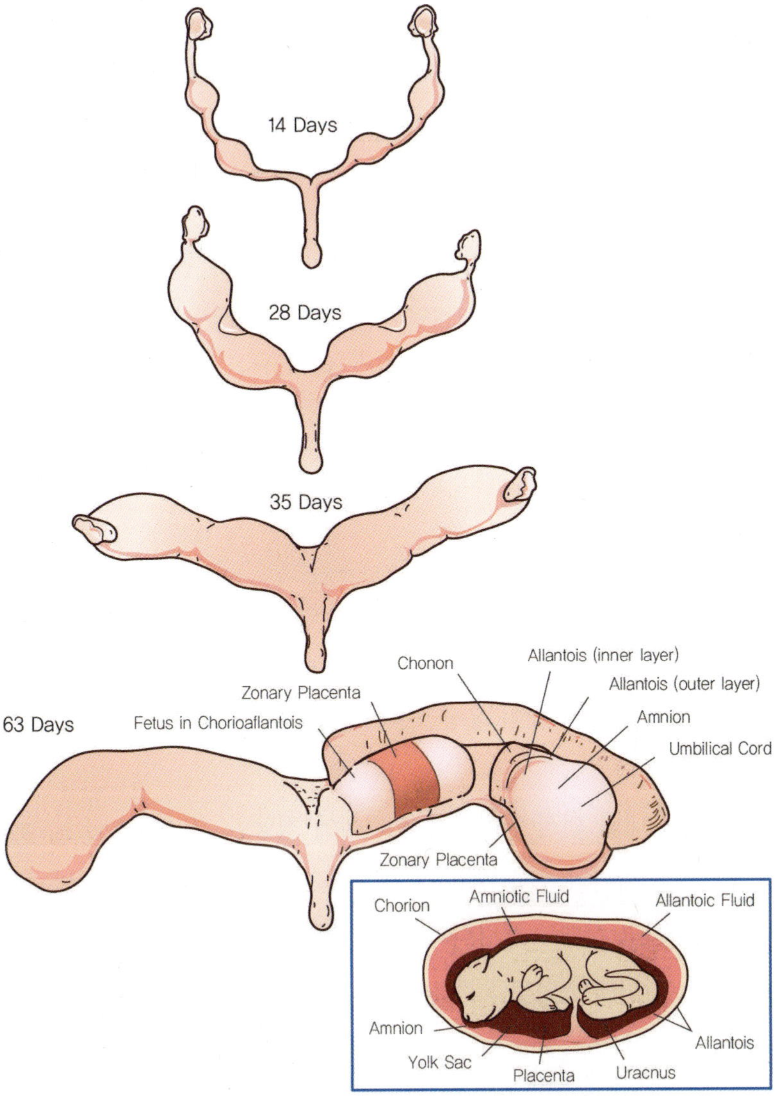

그림 11-8 임신기간에 따른 고양이 자궁의 변화(정액 주입)

고양이 새끼는 태어날 때 눈과 귀가 닫혀 있으며, 약 7~10일 후에 눈이 열리고, 2~3주 후에 청각이 발달한다. 4주경부터 고형 사료를 먹기 시작하며, 8~12주가 되면 이유가 완료된다. 사회화 기간(2~7주)이 매우 중요하며, 이 시기의 경험이 성체 행동에 큰 영향을 미친다.

3. 토끼의 번식

1) 일반적인 번식 생리

토끼는 매우 높은 번식력을 가진 동물로 번식 적령기는 생후 8개월이나 집토끼는 생후 3~6개월, 산토끼는 7~9개월이면 성적으로 성숙을 하여 건강한 새끼를 낳을 수 있다. 그러나 토끼가 번식에 적당한 시기는 생후 8개월령이다.

2) 성성숙

암토끼는 생후 3개월이 지나면 발정을 시작하지만, 첫 발정이 왔을 때 임신을 시키면 새끼가 너무 작거나 허약하여 잘 자라지 못할 뿐만 아니라 어미토끼 자신의 발육과 건강에도 좋지 않아 유산을 하거나 영원히 새끼를 갖지 못하는 불임이 되는 경우도 생긴다.

암토끼는 1년 내내 번식이 가능하며 번식에 적당한 기간은 1~3살 동안이다. 1~3년 동안에는 새끼의 수도 많고 건강한 새끼를 낳지만, 3년이 지난 후에는 새끼의 수도 감소하고 상태도 불량하기 쉽다. 토끼 번식의 지표로 어미와 새끼에게 무리하지 않은 범위에서 어미 토끼 마리당 연간 최대의 산자수(또는 이유 두수)를 얻는 것이다.

수토끼는 4개월이면 고환에서 정자를 만들어 내지만, 7~8개월이 되어야 번식에 이용할 수 있다. 보통은 작은 품종이 큰 품종보다 성 성숙이 빨라 작은 품종의 수컷은 3~4개월이면 성숙하고 큰 품종은 9~12개월이 되어야 성숙하게 된다. 수컷은 5~6년 동안 정자를 만들어 번식할 수 있으며, 일반적으로 번식력이 왕성하여 주당 2~3회 교미를 할 수 있다.

암토끼를 너무 늦게 번식시키면 비만이 되어 번식이 안 될 염려가 있다.

토끼는 연중 번식이 가능하지만 생활환경을 고려하여 습도가 높은 장마철이나 추운 겨울은 피하여 봄이나 가을에 번식에 가장 적당한 계절이다.

3) 발정과 교배

토끼의 발정은 보통 3~5개월령에 시작하여 주기적으로 반복한다. 토끼는 교미자극 배란 동물로 여겨 발정주기가 없는 것으로 인식되어 있지만 엄밀히 말하면 3~5일 간격으로 발정주기가 있다. 교미 가능한 발정기의 암토끼는 행동이 활발해져서 이리저리 뛰어 다니지만 먹이를 잘 먹지 않는다. 눈은 활기차고 생식기는 부어 붉은색을 띠며 때로는 점액이 분비되는데 이때가 최고의 교미 적기이다. 발정이 오면 앞발로 토끼장이나 문이나 바닥을 긁어대고 뒷발로는 밑판을 치고 다니며 수토끼가 가까이 접근해도 도망치지 않고 오히려 좋아하는 몸짓을 취한다. 발정기가 아닌 경우에는 교미를 회피하며 교미가 되더라도 임신에 실패하기 쉽다. 수토끼는 여름철을 피하여 교미를 시켜야 한다. 암토끼가 접근하게 되면 크게 자극을 받아 사타구니로부터 일종의 냄새를 발산하면서 토끼장 안을 뛰어다닌다. 봄과 가을은 발정이 확실히 나타나는 시기이며 반대로 겨울과 여름에 발정상태가 불확실하다. 발정은 사료에 따라서도 크게 좌우되는데 당근, 해바라기 씨, 콩 등이 발정을 일으키는데 좋은 사료이다. 토끼가 임신되지 않을 경우에는 영양공급을 충분히 해주며 겨울철이나 봄에는 햇빛을 충분히 쬐도록 한다. 번식은 연간 3~4회가 적당하며 암토끼의 1년에 최대로 6회까지 임신할 수는 있다. 수토끼의 경우는 너무 자주 교미를 시키면 수태율이 떨어지고 새끼 수도 적어지므로 2~3일에 한 번씩 교미시키는 것이 적당하다. 암토끼는 임신하기 전에 젖을 뗀 후 7일간 충분한 휴식을 취한 후 임신되도록 하여야 한다. 교미 시 수컷은 10번 정도의 매우 빠른 교미운동을 한다. 암토끼가 가장 원기 왕성할 때인 맑은 날 오전 아침 9~10시경에 시키는 것이 수태가 가장 잘 된다. 교미시킬 때에는 발정한 암토끼를 수토끼 장(방)에 넣어야 한다. 만일 반대로 한다면 수토끼는 암토끼의 오줌 냄새를 맡고 분위기 파악하느라 교미 행위가 늦게 이루어지거나 실패할 경우가 많다. 교미가 정상적으로 이루어진 경우에는 수컷이 암컷 목덜미를 물고 뒤로 발라당 넘어진다. 발랑 넘어지지 않은 교미동작은 정상적인 사정이 이루어지지 않은 경우로 여기면 된다(질외 사정 등).

4) 정액 채취와 인공수정

토끼의 정액은 주로 인공질법으로 정액을 채취한다.

토끼의 인공질은 **그림 11-9**와 같으며, 그 원리는 고양이의 인공질과 유사하다.

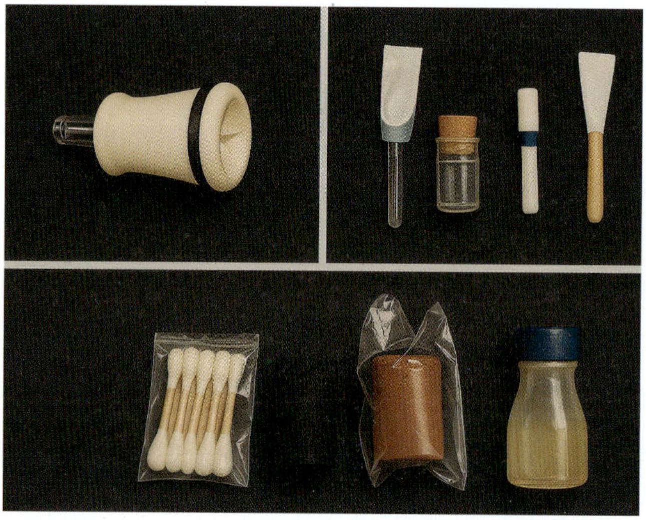

출처: Copilot AI (인공지능 그림)

그림 11-9 토끼 인공질(인공질 외통, 정액채취병)

토끼 인공질의 사용방법은 인공질 외통(비닐에 회복한 후 수조에 침지)을 **그림 11-10**과 같이 항온수조에서 55~60℃ 정도로 가온한 후 꺼내서 내부에 윤활제를 도포한 후 정액 채취병을 내부에 삽입하여 장치시킨 후 다시 채취병의 입구쪽에 윤활제를 도포시킨다.

인공질의 내부 온도가 40~45℃ 정도 되었을 때 수컷으로부터 채취한다. 채취된 정액의 희석은 고양이에서와 마찬가지로 개체별로 희석하거나 다수의 개체로부터 채취된 정액을 혼합하여 희석처리하여도 무방하다.

그림 11-10 항온수조에서 토끼 인공질의 온도 조절

* 인공질의 내부(45℃) 온도 조절(항온 수조 온도: 60℃)

* 인공질을 비닐에 봉입한 후 통째로 항온수조에서 가온

- 가온 된 외통 내부와 채취병 외벽에 윤활제를 도포한 후 채취병과 결합된 내피를 외통 내부에 끼운다.
- 채취병이 끼워진 상태에서 입구를 벌려 외통 가장자리에 씌운 후 내부에 다시 윤활제를 도포한다.
- 준비된 인공질을 가볍게 잡고서 채취한다.

5) 임신과 분만

임신 기간은 토끼의 종류와 계절에 따라 약간의 차이가 있으나 약 28~32일로 짧은 편이며, 평균 31일이다. 임신 증상으로는 발정이 오지 않고 식욕이 왕성해지고, 성격이 온순해지며 배가 불러온다. 출산 3~4일 전부터 자리 깃과 자기의 털을 뽑아 보금자리를 만든다. 토끼는 연중 분만이 가능하며 분만 소요시간은 약 30분이며 한배에 4~12마리의 새끼를 낳는다. 새끼의 크기는 성인의 엄지손가락 정도이다. 어미는 하루에 1~2회만 새끼에게 수유하며, 나머지 시간은 둥지에서 떨어져 있다. 이는 포식자의 주의를 끌지 않기 위한 전략에 나오는 행동이라 여겨진다.

(a) (b) (c)

출처: (a) https://mx.pinterest.com/pin/3025924723377386/
(b) https://kr.pinterest.com/pin/304767099758186481/
(c) https://mx.pinterest.com/pin/337066353381584931/

그림 11-11 세계에서 가장 큰 토끼-플레미쉬 자이언트종

4. 기타 반려동물의 번식

1) 미니 피그의 번식

미니 돼지는 생후 6~7개월 이상 되면 임신할 수 있으며, 수컷은 적어도 10개월령 이상 된 개체를 번식에 이용하는 것이 좋다. 발정 주기는 19~21일이며, 연중 번식이 가능하고 암컷은 보통 1년에 2번 정도 새끼를 낳는다.

발정징후로는 외음부가 붓고, 등을 누르면 부동자세를 취한다. 수컷이 짝짓기 상대를 만나게 되면 다소 사나워지며 암컷과 함께 있을 때는 여기저기 발정을 탐지하려 다닌다. 수컷은 송곳니가 돌출되어 있는 경우가 있으므로 조심해야 한다. 임신 기간은 100~120일 정도이며(평균 114일), 한 번에 2~14마리 정도의 새끼들을 낳는다. 어미는 새끼들에게 1~2달가량 젖을 물려주고 1년 정도까지도 품 안에서 보살피기도 한다. 수컷의 경우 번식용이 아니라면 태어나자마자 사고방지를 위해 기본적으로 중성화수술(거세 또는 정관수술)을 하는 것이 좋다.

그림 11-12 앙증맞은 미니돼지 새끼들

* 막 태어난 미니 돼지는 견치를 잘라 주며(어미 젖꼭지를 물음), 필요 시 거세 및 꼬리도 자른다.

2) 페렛(Ferret)의 번식

페렛의 암컷은 계절적으로 다발정의 형태를 보이며 교미자극에 의해서 배란이 일어나며, 교미 후 30~40시간 후에 배란이 일어난다.

성 성숙 기간은 4~8개월령이며 사람과 같이 실내에서 생활한다면 좀 더 일찍 발정이 오는 경우도 있다. 발정이 시작되면 외음부가 평소보다 많이 붓고 돌출하기 때문에 쉽게 구별을 할 수 있다. 고양이와 같이 발정이 온 상태에서 수컷이 교미를 하는 자극이 있어야 배란이 이뤄진다. 이때 교미가 이루어지지 않게 되면 암컷은 위임신 상태를 보이거나 발정이 지속되어서 생명을 잃을 수도 있다.

일반적으로 암컷의 경우는 출생한 다음 해 봄(3~8월)에 발정이 온다. 년 중 발정인 지속적인 것이 아니라 번식계절인 봄에만 몇 번 발정을 되풀이하는 특징이 있다. 암컷은 특히 발정기에 짝짓기를 못 하면 에스트로겐 중독으로 골수형성부전이 되고, 백혈구나 혈소판 감소로 이어져 빈혈을 일으키며 초기의 경우에는 죽음에 이르기도 한다. 따라서 번식을 생각한다면 암컷은 계속 새끼를 낳도록 해야 한다. 이것이 어렵다면 처음부터 중성화수술을 시킨 페럿을 키워야 한다. 암컷의 임신기간은 41~42일이다. 일반적으로 중성화수술을 시키지 않은 페럿은 중성화시킨 페럿보다 체구가 큰 편이며 중성화수술을 시키지 않은 페럿은 항문선에서 나는 냄새가 고약하여 실내에서 키우기가 어렵게 된다. 수술을 시키지 않은 수컷은 발정기에 난폭해지는 경우가 있으며 여기저기에 영역을 표시하는 경우가 있다. 번식기에는 암컷의 외음부가 부어올라 금방 알아볼 수 있다. 그리고 보금자리를 만들어 주는 것을 잊지 말아야 한다. 교미할 때 수컷은 암컷을 심하게 물어 상처를 입히기도 하니 주의하여야 한다. 교미 후에는 수컷을 격리시키고, 암컷에게는 체력을 보강해 주어야 할 필요가 있으므로 영양분이 풍부한 먹이를 공급해 주어야 한다. 임신이라 하더라도 너무 지나친 영양을 공급한다면 비만으로 난산이 되기 쉬우므로 음식물은 적당히 주는 것이 좋다. 새끼는 보통 4~10마리를 낳으며 태어난 새끼는 벌거숭이에다 눈도 잘 못 뜬다. 새끼는 3주가 지나서야 돌아다니기 시작하고 어미로부터 떨어질 수도 있게 된다. 이유식으로는 보통 고양이나 개 전용

분유를 먹여주면 되는데 시판되는 우유를 주는 것은 절대 금물이다. 페렛의 중성화수술은 6개월령에 보통 이 수술을 한다. 6개월 이내에 중성화수술을 하게 되면 내분비나 대사이상을 일으킬 가능성이 있다.

3) 기니피그의 번식

기니피그는 생후 5~7개월부터 번식할 수 있다. 발정주기는 보통 13~20일, 평균 15~17일 정도다. 암컷의 발정은(배란 전과 후의 기간) 24~48시간 동안 지속된다. 암컷은 발정이 지속되는 시간 중 6~15시간 동안 수컷을 받아들인다. 암컷이 발정이 온 경우에는 등을 구부리고 뒷다리와 엉덩이를 들어 올려 수컷을 받아들이는 행동을 보인다. 만약 암컷이 수컷을 받아들이기 싫어하는데도 불구하고 수컷이 억지로 교배를 시도하면, 암컷은 소변으로 수컷을 공격하거나 얼굴을 때리기도 하며, 이빨을 보이거나 도망치는 행동을 보인다. 일 년 내내 발정이 주기적으로 오기 때문에 암컷과 수컷이 같이 생활할 경우 100% 임신이 가능하다. 다만 번식하는 것이 매우 쉽기 때문에 암컷과 수컷을 계속 같이 기르면 나중에는 그 숫자가 너무 많아져 사육관리에 있어 불어난 수를 감당하기 힘들고 곤란해질 수도 있으므로 그 점을 주의하여야 한다. 수컷은 태어난 지 56~70일 정도 되면 암컷을 임신시킬 수 있게 된다. 수컷은 발정기의 암컷을 졸졸 따라다니고, 생식기 부분의 냄새를 맡다가 암컷의 몸 위로 올라타서 교배한다. 암컷의 임신 기간은 68(58~75)일 정도이고 새끼는 한배에 1~10마리 출산하며 다른 설치류와 달리 매우 발달된 상태로 태어난다. 새끼는 털이 있고, 눈과 귀가 열려 있으며, 태어난 직후부터 걸을 수 있고 고형 사료를 먹을 수 있다.

출처: https://pixabay.com/photos/guinea-pig-pets-rodents-garden-8121345/

그림 11-13 기니피그의 모습

4) 햄스터의 번식

햄스터는 매우 짧은 생식주기를 가진 동물로, 암컷은 4~5일마다 발정이 일어나고, 발정은 보통 밤에 시작되어 약 12시간 지속된다. 발정기에는 특유의 냄새를 발산하고, '경직 자세(lordosis posture)'를 취하는 특징이 있다.

햄스터는 자발배란 동물로, 발정기에 자연적으로 배란이 일어난다. 교미는 매우 빠르게 진행되며, 수컷은 여러 번의 짧은 교미를 시도한다. 교미 후 암컷이 수컷을 공격할 수 있으므로, 교미 후 빠르게 분리하는 것이 좋다.

햄스터의 임신 기간은 약 20일(15~25일)로 매우 짧은 편이다. 한 배에 평균 1~12마리의 새끼를 낳으며, 품종과 개체에 따라 차이가 있다. 출산이 임박하면 둥지 만들기 행동이 활발해지고, 공격성이 증가한다.

햄스터를 교배 시 암수가 모두 건강해야 좋으며 근친교배는 될 수 있으면 피하는 것이 좋다. 햄스터의 교배 시간은 움직임이 활발한 저녁이 좋다. 햄스터 교배 시 처음 번식할 케이지에 수컷을 먼저 넣고 암수를 번갈아가 넣어 서로의 체취를 남기도록 해야 한다. 이런 과정이 끝났다면 칸막이를 넣어 자리를 잡게 한 다음 교배하게 하며 서로 싸움을 하게 되면 분리를 하는 것이 좋다. 또한, 교배가 끝이 나면 암수를 따로 분리해 사육하는 것이 좋다. 햄스터는 출산 후 수컷이 새끼를 죽이는 행동을 보이기 때문이다. 임신의 큰 특징으로는 복부가 팽대해지고 젖꼭지가 뚜렷하게 보이게 된다. 이 시기에는 성격이 민감해져서 사람이 손으로 만지려고 하면 무는 일도 발생을 하니 주의를 해야 한다. 암컷이 너무 어리거나 건강상태가 안 좋은 경우 새끼를 낳아도 기르지 않거나 죽이는 일이 발생을 하니 주의를 해야 한다.

햄스터의 임신기간은 평균 20일(시리안 햄스터 17일, 드워프 햄스터 18~21일, 로보로브스키 23~25일)이다. 분만이 가까워지면 번식방을 깨끗이 청소하고 짚을 갈아주며 부드러운 천 조각을 넣어 준다. 케이지(우리)는 신문지나 천 등으로 덮어 주위를 어둡고 조용하게 해 준다. 분만은 주로 밤에 이루어지며 보통 4~15마리의 새끼를 분만하기도 한다. 낯선 사람이 새끼를 만지거나 할 때에도 예민하여 무는 행동을 보일 수 있으니 출산 후에는 특별히 주의를 해야 한다. 새끼는 태어날 때 눈과 귀가 닫혀 있고 털이 없는 상태이고, 약 2주 후에 눈이 열리고, 3주경부터 고형 사료를 먹기 시작하며, 4주가 되면 이유가 완료되고, 5~6주에 성 성숙에 도달한다. 햄스터는 매우 빠른 성장과 성숙을 보이는 동물이다.

햄스터는 토끼, 고양이와 더불어 번식력이 강한 동물로 연중 번식이 가능하므로 계획적인 번식이 필요하다. 전분 목욕을 자주 시키며, 물이 귀에 들어가지 않도록 사육한다.

그림 11-14 햄스터

생후 3주령 이후 햄스터의 암, 수 구분은 생식기와 항문 간의 상대적 거리로 판정한다. 짧으면 암컷, 길면 수컷이다.

5) 마우스 및 래트의 번식

(1) 마우스(Mouse)의 번식

마우스의 수컷은 생후 25일 전후가 되면 정소가 복강에서 음낭으로 하강하고 35일령쯤에 정소에서 정자가 나타난다. 암컷은 생후 20일경 되면 닫혀 있던 질구가 열리게 된다. 질이 열리는 일령은 사육 환경에 따라 다르지만 대개 25~30일령이다. 일반적으로 마우스가 임신 가능한 일령은 35~60일령이며, 성숙한 암컷은 주기적으로 배란을 반복한다. 발정주기는 4~5일이며, 임신기간은 18~22일이다. 산자수는 6~13마리이다. 다 큰 마우스의 체중은 암컷이 18~40g, 수컷은 20~40g 정도이다.

(2) 래트(Rat)의 번식

래트의 임신기간은 21~23일이고, 한배에 6~14마리의 새끼를 연 4회 정도 낳는다. 발정주기는 마우스와 마찬가지로 4~5일이며, 임신은 60~70일령에서 가능하지만 교배적기는 80일령 전후이다. 자기 새끼라도 가차 없이 잡아 먹어버리는 햄스터와 달리 모성애가 매우 강해서 새끼를 보통 한 번에 10마리가량 낳더라도 웬만한 극한 상황이 아닌 이상 새끼를 죽게 하는 일이 없다. 이 모성애가 어느 정도인가 하면 모든 새끼를 직접 돌보는 것은 기본이고 자신이 낳은 새끼가 아니면 젖을 물리려고 하지 않을 정도다. 부성애는 별로 없는 것 같다. 새끼에게 손을 대려고 한다거나 젖을 먹일 때 건드리면 가차 없이 문다. 물론 이것도 래트 성격 나름이라서, 물기는커녕 주인이 가까이 가면 젖 먹는 자기 새끼들을 다 뿌리치고 놀자고 조르는 경우도 있다. 일부러 새끼를 낳게 하려는 목적이 아니라면 암수 합사는 무조건 피하는 것이 상책이다. 그 엄청난 번식력을 얕보면 곤란하다. 암수 분리는 물론 한배에서 태어난 새끼라도 암수가 같이 있어서는 안 되며 심지어 엄마와 아들, 혹은 아빠와 딸이 같이 있어서도 안 된다. 근친상간을 막기 위해 새끼가 태어난 후 대략 4주가 된 시점, 혹은 엄마 젖을 완전히 뗀 시점에서는 암수를 분리하는 것이 원칙이다. 임신 기간은 대략 3주이며 실제로 암컷의 배가 불러오는 시점은 최소 2주 후이기 때문에 임신이 된 직후에는 눈치채기가 어렵다. 다 큰 래트의 체중은 암컷이 200~400g, 수컷은 300~800g 정도이다.

6) 도마뱀의 번식

도마뱀의 번식기는 종류마다 다른데, 겨울잠에서 깐 4~5월 번식기로 수컷의 목과 배가 오렌지색을 핀다. 짝짓기하고 1개월 정도면 암컷이 돌 말이나 쓰러진 나무 밑 홈 등에 5~16개의 알을 낳으며, 약 1개월이면 몸 길이 3cm 정도의 꼬리가 파란 유체가 부화한다. 성숙하기까지는 수컷은 2년, 암컷은 2~8년이 걸린다.

(1) 비어디 드래곤

보통 성체 암수 한 쌍을 같이 두지만 공간 여유가 있다면 가장 이상적인 비율을 수컷 한 마리와 암컷 2~3마리가 적당하다. 비어디의 번식은 생후 5~6개월부터 시작해서 첫 겨울까지 번식이 지속되며 생후 12개월 된 비어디는 최대 8번까지 알을 낳을 수 있고 12~24개월 사이 일곱 번을 낳을 수 있다. 암컷은 6년 차부터 알 개수가 서서히 줄고 7년째가 되면 낳는 것을 거의 중단된다.

임신기간은 대략 한 달이지만 요인에 따라 몇 주정도 늦춰지기도 한다. 산란이 임박하면 암컷은 안절부절못하며 여기저기 파는 행위를 한다. 이때 깊이가 최소 30cm 되는 상자에 에코어스나 원예용 상토를 가득 깔아준다. 이후에 암컷이 배가 홀쭉해지고 다리나 입가에 흙이 묻어 있으면 산란을 한 것이므로 알을 조심스럽게 옮긴다. 이때 중요한 건 발견 당시 알의 위아래가 뒤바뀌지 않아야 한다. 위치가 바뀌면 숨구멍이 막혀 알이 죽을 수 있기 때문이다. 알을 발견했을 때 바로 펜으로 표시해주는 게 좋다. 알 개수는 적으면 7개 많으면 46개까지 낳기도 한다. 수분을 첨가한 펄라이트를 담은 통에 알을 놓고 숨구멍 몇 개를 뚫은 뒤 뚜껑을 닫고 28~30℃로 유지해 준다. 알은 50일가량 지나 부화하며 대게 하루 내에 전부 부화하지만 1주일이 걸리는 경우도 있다.

(2) 이구아나

이구아나는 본래 서식지인 중남미 기준으로 겨울 중/후반에 번식기가 온다. 암수 모두 단독생활을 하는 이구아나지만 이때만큼은 비교적 모여 지내는 편으로, 이 기간 동안 색이 진하고 화려해지며 식사를 줄이거나 중단하고서는 번식에 매진한다. 알파메일은 발정이 오는 한 달 남짓 동안 자기 영역을 지나는 암컷들을 그 안에서 지내게 하고는 하루에 한 암컷과 교미 → 하루 이틀 쉬기 → 다른 암컷과 짝짓기를 반복한다.

생애 처음으로 알을 낳는 암컷은 평균 35개, 나이와 덩치가 좀 된 암컷은 한 배에 60~80개의 알을 낳는데, 교미 후 두어 달 지나서 4월~5월 정도에 땅을 파고 알을 남는다. 태어난 새끼는 한동안 무리 지어 생활하다가 점차적으로 단독생활에 들어간다. 또한 암컷은 닭처럼 번식 행위를 하지 않아도 알을 가질 수 있기 때문에 기르는 이구아나가 거식을 시작하고, 갈비뼈가 보이게 마르긴 했는데 배는 유난히 나온다 싶으면 몸속에 거의 알을 가지고 있다. 건강 상태가 좋다면 그냥 낳게 해 주는 것도 방법이지만 다 못 낳고 남은 게 뱃속에서 깨지거나 썩는 경우도 있고, 낳고 나서도 새끼를 잘 돌보아야 한다. 수컷 그린 이구아나는 자연 서식지에서는 아주 지역성이 강해서 몇 그루의 나무가 있는 강둑지역을 차지하고 있다가 어떤 수컷이 침입하면 강력히 방어를 한다. 대결 동안에 방어하는 수컷은 등을 구부리고 다리를 완전히 뻗어 몸을 일으켜 세우며 침입자에게 몸의 옆면을 보인다. 동시에 인후두부의 주름이 펴지고 육수가 눈에 띄게 검게 된다. 위협이 침입자에게 통하지 않으면 몸을 낮게 웅크려서 복종시키거나 퇴각 또는 머리를 함께 부딪치며 싸우기도 한다. 이 과정은 진정한 싸움보다는 힘과 용기를 시험하는 것으로 서로 상처를 입는 경우는 드물다. 사육장에 두 쌍을 함께 넣을 경우에도 비슷한 습관이 나타나는데 두 수컷 중의 한 마리가 복종하기 전에 새로 넣은 쌍을 원래 위치로 되돌려 주어야 한다. 모두 이겼다는 생각을 갖게 하는 이 방법은 둘 다 희망적으로 구혼을 하고 암컷과 짝짓기를 할 수 있다. 암컷 그린이구아나도 간혹 비슷한 행동을 하지만 수컷에 비해 위협이 약하고 일반적으로 잠자리를 보호하기 위한 행동에 국한되며 간혹 가장 좋은 산란장소를 차지하기 위해서일 수도 있다. 일단 한 쌍이 어떤 방해도 없이 함께 있게 되면 구애행동을 시작한다. 암, 수가 머리를 아래위로 많이 움직이고 육수를 부풀게 한다. 마침내 수컷이 암컷의 등에 올라타고 목을 입으로 문다. 암컷이 받아들이게 수컷이 암컷의 미근부 아래로 휘감는 것을 허용하고 서로의 총배설강을 합치시킨다. 수컷은 뒷다리의 하나로 암컷의 꼬리를 잡은 다음 반음경의 하나를 암컷의 총배설강 내로 삽입한다. 짝짓기는 보통 10~45분 이상의 주기로 일어난다. 산란 전 2~8주 동안 먹이를 안 먹을 수도 있으나 물의 섭취량은 증가한다. 알의 발육이 적당한 온도, 습도, 먹이 공급 등의 상태에 따라 적당한 시기에 알을 낳는다. 적당한 산란장소가 야생에서는 부족한 경우가 많다. 이것들은 태양의 방향, 땅을 파기가 쉬운 장소, 안전한 지역 등을 고려한다. 사람, 가축, 야생동물에 의한 대대적인 알의 약탈을 방지하기 위하여 임신한 암컷 그린 이구아나는 강에 있는 무인도나 강어귀까지 놀랄 정도의 먼 거리라도 알을 낳기 위하여 수영하기도 한다. 여기서 이들은 높은 수위 표시 위쪽에 있는 양지바른 제방을 따라 굴을 파고 알을 낳기도 한다. 앞다리로 땅을 파고 뒷다리로 흙을 뒤로 밀어낸다. 60cm 깊이로 1~2m의 길이로 판다. 한 번에 20~40개의 알을 낳으며 70개까지 보고된 적도 있다. 알을 낳은 후 암컷은 굴을 메우고 서식지로 돌아간다. 충분히 큰 사육장에 그린 이구아나를 키운다면 산란을 위해 약 90cm의 축축한 모래 채취장을 갖춰 주는 것이 좋다. 그러나 사육 시에 제공된 산란장이 만족스럽지 않으면 무차별적으로 바닥의 여기저기 알을 낳아 버리는 경우도 있다. 사육장에서의 부화는 성과가 좋았다가 나빴다가 하기 때문에 인공부화를 위해 알을 낳는 곳을 찾아 수집해야 한다. 가능한 한 빨리 바닥에 있는 알을 주워내고 모래 채취장에 파묻은 것을 조심스럽게 파낸다. 희고 가죽 빛의 알은 약간 난형이고 평균 35 × 25m, 10~12g이다.

7) 뱀(볼파이톤)의 번식

뱀의 수컷은 주머니 모양의 교미기가 2개 있으며 보통 때는 뒤집어서 몸속에 넣고 있다가 교미할 때 1개만 꺼내 사용한다. 정자는 교미기 표면에 있는 홈으로 흘러나오고 암컷은 대부분 정자를 오랫동안 질 속에 보존할 수 있다. 출생 방법에는 난생과 난태생이 있는데, 난생은 대체로 얇은 가죽질의 알을 습한 곳에 낳아 주위로부터 수분을 흡수하여 부화하도록 한다. 부화 기간은 빠른 것은 1일, 늦은 것은 수십 일이 걸린다. 대부분의 뱀은 알을 보호하지 않는다. 새끼뱀은 주둥이 끝에 있는 난치로 껍질을 자르고 알 밖으로 나오며, 그 후에도 어미의 보호를 받지 않는다. 난태생의 경우에는 복강 안에서 양막에 싸인 채로 있다가 새끼 뱀이 되어 태어난다. 난태생을 하는 종류 중에는 양막을 통하여 어미로부터 직접 영양을 공급받는 것도 있다.

암컷은 매우 좁은 구멍, 썩은 통나무 속, 나무 밑동에 알을 낳는다. 한 번에 낳는 알 수는 종에 따라서 다르나 보통 6~30개를 낳는다. 대부분 알을 낳고는 떠나지만, 인도비단구렁이와 킹코브라를 포함하는 몇 종은 알 위에 똬리를 틀고 앉아 알을 지킨다. 한국의 구렁이와 누룩뱀도 알을 품는다. 암컷은 알 주위에 몸을 감고 기온이 떨어질 때는 근육을 수축시켜 열을 내 온도를 29℃로 유지시킨다. 뱀의 알 껍질은 가죽질이고, 그 안에서 새끼가 자람에 따라 팽창한다. 새끼는 약 8~10주 만에 껍질을 찢고 나온다. 알 속에 있는 새끼는 위턱에 나 있는 특이한 이로 껍질을 갉고 밖으로 나온다. 특이한 이 이는 껍질 밖으로 나온 후에 곧 빠진다. 뱀 중에 약 1/5은 알 대신 새끼를 낳는데 임신기간은 약 2~3개월이다. 어떤 종은 한 번에 100마리 이상을 낳지만, 대개는 그보다 적다. 새끼뱀은 전적으로 자기 힘으로 살아가야 한다. 성장이 빨라 2~4년이면 성체가 된다. 뱀은 대부분 성체가 된 후에도 몸집이 계속 커진다.

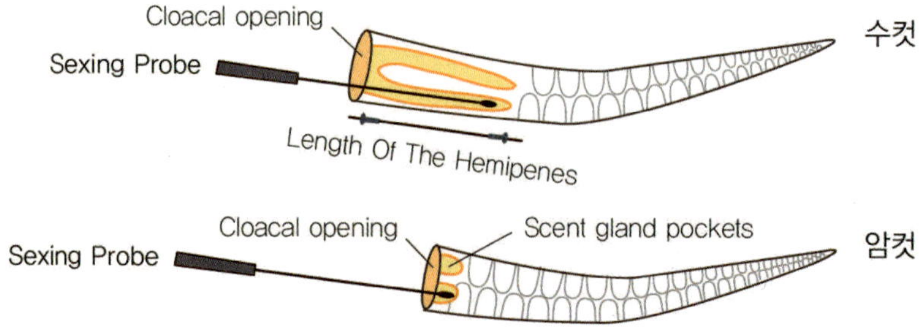

그림 11-15 뱀의 암수 구별법

볼파이톤(뱀)은 사육환경에서 번식하기 쉬운 파충류 중 하나이다. 그러나 최소한의 필수 조건은 있는데, 성숙한 개체의 몸무게가 수컷은 약 400g, 암컷은 약 1,500g이 돼야 한다. 이 몸무게에 도달하는 데 보통 수컷은 약 6개월, 암컷의 경우 약 18개월이 걸린다. 하지만 몸무게를 채웠다고 해서 바로 짝짓기를 해서는 안 된다. 암컷은 알의 양과 출산율을 높이기 위해 18개월을 더 기다려야 하고 수컷 역시 비슷한 개월의 성숙 기간을 필요로 한다.

성공적인 짝짓기를 위해서는 쿨링(야간 온도를 주간의 온도보다 3~5℃ 낮게 유지시켜 주는 것)을 통해 번식주기를 자극시켜 주어야 한다. 쿨링 온도는 주간 28~25℃, 야간에는 20℃ 정도를 유지해주면 좋다. 습도는 평소와 같으며 먹이는 평소 먹던 먹이보다 작은 것을 주거나 아예 주지 않는다. 쿨링 기간은 약 한 달이며, 쿨링을 끝낸 뒤에는 암컷의 사육장에 수컷을 합사시킨다. 임신 확률을 높이기 위해 적어도 3번의 짝짓기를 하는 것이 좋다.

뱀의 경우는 암컷이 번식할 때가 되면 등쪽의 피부샘에서 독특한 페로몬을 방출하기 시작하는데 이동을 하는 동안 페로몬은 땅 위에 흔적을 남긴다. 성적으로 성숙한 수컷이 볼파이톤의 성체 및 알이 냄새를 맡게 되면 암컷을 찾으러 이 흔적을 따라가게 되고 암컷을 찾게 되면 뒷머리에 뺨을 부비고 애교를 부려 환심을 사려고 한다. 암컷이 짝짓기를 할 의향이 있으면 자신의 꼬리를 들어 올리는데 바로 이때에 수컷은 자신의 꼬리로 암컷의 꼬리를 휘감아서 암수 배 부분의 배설강이 서로 맞닿게 한다. 수컷은 자신의 생식기를 삽입한 뒤 생식기가 충분히 커진 다음 정액을 방출하게 된다.

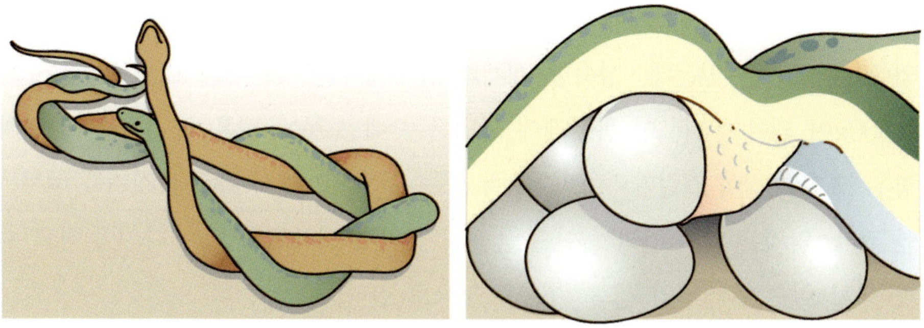

그림 11-16 뱀의 짝짓기 모습

가끔은 두 개의 생식기 중 하나만을 사용하고 하나는 남겨두어 다른 암컷에게 사용하는 경우도 있다(홍어의 경우도 이와 같은 현상이 있다). 반음경은 구부러져 있거나, 갈고리 모양 또는 돌기가 있어 암컷의 배설강 벽을 걸어서 교미 시 생식기가 잘 빠지지 않게 된다. 짝짓기를 하게 되면 보통 한 시간 정도 걸리지만, 하루 종일 걸릴 때도 있다. 암컷이 성공적인 임신을 했다면 1~2달 뒤에 알을 낳게 된다. 볼파이톤이 한 시즌에 낳는 평균적인 알의 개수는 6~8개로 사육장 내부에서 알을 발견했다면 곧바로 부화기로 옮겨야 한다. 부화기는 시중에 파는 것을 구입하거나 직접 만든 것을 사용한다(자동 온도 조절기와 수중 히터만 있으면 충분히 만들 수 있다). 부화기간 동안 알 상태를 체크하다 보면 알에 움푹 파인 곳을 발견할 수 있는데 이것은 새끼가 부화하기 전에 난황에서 영양분을 섭취한다는 것이며 새끼가 건강하다는 징조이다. 부화기에 넣은 뒤 56~58일 사이에 새끼는 스스로 부화한다. 만약 60일째에도 부화(셀프 팝핑)의 기미가 보이지 않는다면 알의 윗부분을 자르고 방치한다(익사를 방지하기 위함). 참고로 알에는 새끼의 탯줄이 연결되어 있으므로 절대 껍질을 벗겨 새끼를 강제로 꺼내서는 안 된다. 강제로 꺼낼 경우 과다출혈이 발생하며 사망의 위험이 따른다. 부화 후 약 7~10일 정도 후에 새끼는 첫 탈피를 할 것이고, 그 이후부터는 성체와 같은 방법으로 사육하면 된다.

8) 곤충의 번식

(1) 왕사슴벌레의 번식

왕사슴벌레는 완전변태 곤충으로, 알 → 유충 → 번데기 → 성충의 단계를 거치는데 번식은 짝짓기(페어링) 후 산란목이나 톱밥에 알을 낳는 방식으로 이루어진다.

건강한 수컷과 암컷 한 쌍이 필요하며, 수컷은 암컷의 페로몬을 감지하여 교미하려는 행동을 보인다. 수컷이 암컷을 공격하는 것을 방지하기 위해 핸드페어링(인위적 교미 유도)이 권장되는데, 이는 사람이 직접 수컷과 암컷을 T자 형태로 겹쳐놓아 짝짓기를 유도하는 방식으로, 불필요한 싸움을 줄이고 확실한 짝짓기를 유도할 수 있다. 눈앞에서 짝짓기가 이루어지지 않으면, 좁은 합사 통에 1~2일 정도 함께 두는 방법도 있다.

교미가 성공한 암컷은 톱밥과 함께 세팅된 산란목(딱딱한 나뭇조각)에 알을 낳는다. 알은 쌀보다 조금 작은 크기이며, 시간이 지나면서 서서히 부풀어 오른다. 산란 후 약 1~2개월이 지나면 알을 채취할 수 있으며, 이때 유충은 서로 공격성이 있으므로 부화 후 빠른 분리가 필요하다. 개체 간 접촉은 치사율을 높일 수 있기 때문이다.

그림 11-17 왕사슴벌레 및 T자 형태의 짝짓기

(2) 장수풍뎅이의 번식

장수풍뎅이는 딱정벌레목 풍뎅이과에 속하는 완전변태 곤충으로, 성충의 큰 뿔이 인상적이다. 왕사슴벌레와는 달리 상대적으로 번식이 쉽고 온순한 편이며, 초보자도 사육이 용이하다.

장수풍뎅이는 왕사슴벌레처럼 날카로운 턱이 없고 공격성이 약해, 별도의 핸드페어링 없이도 자연 페어링이 가능하다. 단순히 넓은 사육 통에 암수 한 쌍을 넣어두기만 해도 높은 확률로 교미가 이루어진다.

산란을 위해서는 깊고 푹신한 톱밥 매트가 필요하며, 수컷과 암컷 모두 먹이 소모량이 크기 때문에 젤리 등 먹이는 항상 충분히 공급해줘야 한다. 장수풍뎅이 알은 왕사슴벌레보다 더 크게 부풀며, 유충도 성장 속도가 빠르다.

장점 중 하나는 유충 간 합사가 가능하다는 점이고, 왕사슴벌레처럼 서로를 공격하지 않기 때문에 개체별 분리 사육이 필수는 아니라 관리가 쉽다. 유충의 먹이 소비량이 많아 톱밥 공급에 주의가 필요하다.

산란 수는 최대 100여 개체 이상이며, 일반적인 사육 환경에서도 높은 부화율을 보인다.

출처: Copilot AI (인공지능 그림)

그림 11-18 장수풍뎅이

(3) 거미의 번식

곤충보다 더욱 까다로운 것이 거미(타란툴라)의 번식이라고 할 수 있다.

거미(타란툴라)는 절지동물문 거미강에 속하며, 곤충과는 전혀 다른 생식 시스템을 가지고 있다. 특히 짝짓기 과정에서 수컷이 암컷에게 잡아먹히는 위험성이 존재하며, 번식 자체가 까다롭고 사육자의 주의가 요구된다.

물론 곤충 역시 종마다 번식의 조건이 다르지만 타란툴라는 암컷이 수컷을 잡아먹으려고 한다는 점에서 조금 더 위험한 느낌이 드는 것은 사실이다. 번식은 초보자가 무턱대고 행해서는 안 되며 충분한 사육 경험이 있고, 본인이 암컷과 수컷을 둘 다 컨트롤할 수 있을 때에 하는 것이 적절하다.

거미(타란툴라)는 성적 이형성으로 암컷이 훨씬 크고 수명도 긴 반면 수컷은 성숙 후 짧은 생애를 가지며 수컷은 교미 후 수 일~수 주 내로 죽는 경우가 많다. 수컷은 성숙 후 '정자망(Sperm web)'을 치고, 그 위에 정자를 방출해 자신의 앞다리 끝에 있는 글러브(palp)에 저장한다. 이를 통해 교미가 가능해진다.

수컷은 암컷 사육장에 투입되며, 수컷은 글러브를 이용해 암컷의 독니를 들어올리고, 그 틈에 정자를 삽입한다.

짝짓기가 끝나면 암컷이 수컷을 공격하려는 경향이 높아, 빠르게 수컷을 분리해야 한다. 긴 핀셋이나 도구를 준비해 만일의 사태에 대비해야 하며, 짝짓기 전후로는 충분한 먹이를 제공해 포식성을 완화하는 것도 중요하다.

짝짓기가 성공했다면 임신 성공 확률도 높은 편이며, 3~8개월의 임신기간을 거친 뒤 적절한 환경에서 알집(Egg sac)을 만들어 산란한다.

종에 따라 한 번에 100~2,000개의 알을 낳으며, 부화율은 온도 · 습도 · 환경 안정성에 크게 좌우된다. 부화한 새끼들은 부모와 접촉 없이도 독립적으로 성장할 수 있다.

출처: Copilot AI (인공지능 그림)

그림 11-19 거미(타란툴라)

표 11-1 곤충의 번식 방식 비교

구분	왕사슴벌레	장수풍뎅이	타란튤라(거미)
번식 방식	완전변태(알→유충→성충)	완전변태(알→유충→성충)	직전탈피 후 교미, 알집 형성
교미 방식	핸드페어링 필요	자연 페어링 가능	정자망 확인 후 위험한 짝짓기
산란 환경	톱밥+산란목	깊은 톱밥 매트	알집 제작, 습도 중요
공격성	유충 간 공격성 있음 → 분리 필수	유충 합사 가능	교미 후 수컷이 잡아먹힐 위험 있음
유충 관리	분리 사육 필수	합사 가능	부화 후 분산 가능
산란 수	수십~수백 개	최대 100개 이상	100~2,000개
사육 난이도	중간	쉬움	매우 어려움

9) 조류(앵무새)의 번식

앵무새(parrots)는 전 세계 열대 및 아열대 지역에 서식하며, 조류 중에서도 지능과 사회성이 뛰어난 종으로, 다양한 생태적 환경에 적응하며 번식한다. 번식생리는 환경 자극에 따른 발정 유도, 짝짓기, 산란과 포란, 부화와 육추의 일련의 과정으로 설명하고자 한다.

앵무새는 계절에 따라 번식기가 정해지는 계절성 번식 조류로서, 번식기는 주로 일조 시간이 증가하고 온도가 상승하는 봄~여름에 해당하며, 이 시기에는 호르몬 변화와 환경 자극에 의해 자연스럽게 발정한다. 인공 사육 환경에서도 이러한 자연 조건을 해주면 인위적으로 발정을 유도할 수 있다. 발정을 유도하기 위해서는 다음과 같은 조건이 필요하다.

충분한 일조량을 위해 하루 12~14시간의 밝은 조명 유지해주고, 적정 온도와 습도를 위해 따뜻하고 건조하지 않은 환경을 만들어 준다든지, 나무상자 혹은 자연에 가까운 번식 상자의 둥지를 제공하거나, 번식기에는 둥지를 만들 수 있는 볏짚, 풀뿌리 등 자연 재료를 제공하면, 암수가 번식 준비를 하고, 발정한 개체가 둥지 재료를 물어다 알통(nest box) 안에 둥지를 짓는 행동을 보인다. 이러한 조건을 자연에 가깝게 조성해주면 발정을 유도할 수 있다. 이는 명확한 번식 발정 행동의 신호라고 할 수 있다.

앵무새는 일부일처(monogamous)의 경향이 강하며, 짝이 형성되면 교미가 이루어진다. 교미는 암수가 서로 깃을 다듬고, 먹이를 교환하는 등의 유대 행동을 보인 후 이루어진다. 수컷이 암컷 위에 올라타는 자세를 취하고, 총배공(cloaca)을 접촉하여 정자를 전달한다. 교미 후 며칠 이내에 암컷은 산란을 시작하는데 소형 앵무새는 보통 연 2회, 한 번에 4~6개의 알을 낳고, 대형 앵무새는 연 1회, 한 번에 1~2개의 알을 낳는다.

암수는 짝짓기 후 알통 바닥을 긁어 정리한 뒤, 암컷이 알을 낳고 산란 간격은 1~2일이며, 알이 모두 낳을 때까지 암컷은 포란에 들어가지 않는다. 이후 본격적인 포란(incubation)이 시작된다.

대부분의 종에서 암컷이 포란을 전담하고, 수컷은 먹이를 공급하는 역할을 합니다. 이때 수컷은 먹이를 소화하여 토해주는 방식으로 암컷과 새끼에게 영양을 전달한다.

알을 낳은 후에는 약 14일(종에 따라 18~30일까지)의 포란기를 거쳐 부화가 이루어진다. 포란기 동안은 알을 자주 만지거나 들여다보는 것을 피해야 하며, 스트레스를 받을 경우 부모새가 알이나 새끼를 포기하거나 공격할 수 있다. 온도와 습도 조절이 매우 중요하며, 포란 중인 둥지는 조용하고 안정적인 장소에 두는 것이 좋다.

부화 직후의 새끼는 체온 유지가 어려워 반드시 부모새의 보살핌이 필요하다. 새끼가 부화하면 어미 또는 양쪽 부모가 먹이를 공급하며 육추한다. 초기에는 주로 암컷이 돌보며, 시간이 지나면 수컷도 함께 새끼를 먹인다. 새끼는 먹이를 토해주는 방식으로 급여받으며, 따로 먹이를 제공할 필요는 없다.

부화 직후 새끼는 털이 거의 없고 눈이 감겨 있으며, 체온을 유지할 수 없습니다. 따라서 부모새의 보온과 보호가 절대적으로 필요하다. 새끼는 보통 7~10일 경부터 눈을 뜨고 털이 나기 시작하고, 3주경부터 활동 반응 증가, 먹이 요구 행동 뚜렷해지며, 4~6주경부터 스스로 먹이를 먹기 시작하고 날갯짓 연습하기 시작하며, 6~8주부터 독립 가능 상태로 성장하는데, 가능한 한 오랫동안 부모와 함께 있는 것이 새끼의 건강과 사회성 발달에 좋다.

사랑앵무(Budgies) 왕관앵무(Cockatiels) 유리앵무(Parrotlet)

출처: Copilot AI (인공지능 그림)

그림 11-20 앵무새의 종류

10) 구피의 번식

구피(Poecilia reticulata)는 대표적인 난태생(卵胎生) 열대어로, 이는 알을 낳는 대신, 암컷이 체내에서 수정란을 부화시켜 새끼를 직접 출산하는 방식으로 번식력이 뛰어나고 생태적 적응력이 강한 반려어이다. 작고 화려한 외형 덕분에 반려어로 널리 사랑받으며, 번식 특성과 생식생리는 실험생물학 및 진화생물학 분야에서도 중요한 연구 대상이다. 수정란은 자궁 내에서 일정 기간 발달한 뒤, 완전히 부화된 상태의 치어(fry)가 태어나는데, 이는 외부 환경으로부터 알을 보호하는 효과가 있어 생존율을 높이는 진화적 전략이다.

구피는 성적 이형성이 뚜렷하여, 암컷(약 6cm)이 수컷(약 3cm)보다 크며, 수컷은 훨씬 화려한 색채와 다양한 무늬를 가지고 있으며, 암컷은 수컷에 비하여 단조로운 색을 가지고 있다. 수컷은 교미 시 수정기관인 '고노포디움(gonopodium)'을 이용해 암컷에게 정자를 주입한다. 이 고노포디움은 변형된 복부지느러미로, 정자 전달에 특화된 구조이다.

수컷은 암컷 주변에서 활발히 구애 행동을 보이며, 빠른 속도로 접근하여 고노포디움을 통해 정자를 암컷 체내로 주입한다. 구피는 내부수정을 하며, 암컷은 한 번의 교미로 받은 정자를 수정낭에 저장해 수개월 동안 반복적으로 수정과 출산을 할 수 있다. 이로 인해 수컷 없이도 암컷만으로 여러 차례 새끼를 낳을 수 있다.

출처: Copilot AI (인공지능 그림)

그림 11-21 구피의 암수 구별법

임신 기간은 보통 21~30일이며, 온도, 먹이, 수질 등의 환경 조건에 따라 달라진다. 출산 시 10~100마리의 치어를 낳으며, 개체의 크기와 건강 상태에 따라 수가 달라진다. 출산은 대부분 밤이나 새벽에 이루어지며, 치어는 태어나자마자 바닥으로 내려간 뒤 곧 수면으로 올라와 헤엄치기 시작한다.

구피는 부모가 새끼를 돌보지 않으며, 오히려 어미나 수조 내 다른 개체에게 치어가 잡아먹히는 경우가 흔하다. 따라서 번식 후에는 어미와 새끼를 분리하거나, 새끼가 숨을 수 있는 수초나 격리 공간을 마련하는 것이 필수라 할 수 있다. 치어는 처음에는 미세 먹이(브라인슈림프, 인퓨소리아 등)를 섭취하며, 점차 일반 먹이를 소화할 수 있게 된다.

구피는 번식력이 매우 강해 수초가 있는 수조에 암수 한 쌍만 넣어도 개체 수가 빠르게 증가하여 초보자도 손쉽게 번식을 경험할 수 있지만, 개체 수 과잉에 의한 수질 악화와 유전적 다양성 저하에 유의해야 한다. 수명은 보통 2~5년으로, 환경 조건에 따라 차이가 있다.

11) 달팽이의 번식

달팽이는 대표적인 연체동물 중 하나로, 양성생식(hermaphroditism)을 하는 종이 많다. 즉, 한 개체 안에 암수 생식기가 모두 존재하여 짝짓기 시 상호 교미가 가능하며, 때로는 단독으로 번식 가능한 자가수정도 일부 종에서 관찰된다. 그러나 대부분의 경우는 짝짓기 후 수정을 통해 번식이 이루어진다.

달팽이의 교미는 매우 독특하다. 교미공은 머리 양옆 뺨 근처에 위치한 볼록한 부분으로, 이곳에서 생식기가 돌출되어 서로 정자를 교환하게 된다. 두 마리의 달팽이가 서로를 감싸듯 몸을 붙이고 생식기를 연결하여 정자를 교환한다. 짝짓기는 수 시간에 걸쳐 진행되며, 정자 저장낭을 통해 받은 정자를 일정 기간 동안 저장할 수 있다.

달팽이는 성체가 되면 번식이 가능해지는데, 야생 달팽이의 경우 엄지손톱만 한 크기가 성체이고, 반려 달팽이는 달걀 크기쯤 되어야 성체라고 한다. 환경 조건, 특히 온도와 습도, 먹이의 양이 성장을 좌우하며, 일반적으로 봄부터 초가을 사이가 번식기에 해당된다.

그림 11-22 달팽이 짝짓기, 산란

짝짓기 후 일정 시간이 지나면 달팽이는 산란을 시작하며, 한 번에 낳는 알의 수는 종과 환경에 따라 다르다. 야생 달팽이는 10~100개, 반려 달팽이는 100~400개까지 알을 낳을 수 있다. 한 번의 교미로 1~3회 정도 알을 낳을 수 있으며, 이로 인해 번식력이 매우 높아 알 폭탄이 되는 경우도 발생한다. 때문에 반려 목적으로 기를 경우, 한 마리만 사육하거나 개체를 분리하여 번식을 제한하는 것이 필요하다.

산란 후 알은 따로 분리하여 관리하는 것이 바람직한데, 작은 통에 흙을 2~3cm 정도 깔고, 그 위에 알을 놓은 후 적당한 습도를 유지하면 된다. 뚜껑에는 통풍을 위한 작은 구멍을 뚫어주어야 하며, 자주 물을 뿌려 습도(70~90%)를 일정하게 유지해야 해주면 좋다. 부화 기간은 2~4주이며, 온도와 습도에 따라 단축되거나 지연될 수 있다.

특이하게도 논에서 자라는 우렁이(논고동)는 알을 낳지 않고, 종패로 새끼를 낳는 특성이 있다. 이는 일반적인 달팽이의 산란 방식과 달리, 수정된 알이 어미 몸속에서 일정 수준까지 발달한 후 태어나는 방식으로, 생존율을 높이는 전략을 가진다. 달팽이는 구조상 단순해 보일 수 있지만, 매우 정교한 생식 전략을 가지고 있으며, 개체 유지와 확산 능력이 뛰어난 동물이다.

12) 사막여우의 번식

사막여우(Fennec fox, Vulpes zerda)는 북아프리카 사하라 지역 등 건조하고 극한의 환경에 적응한 여우 종으로, 독특한 번식 생리적 특성을 지니고 있다. 이들의 번식과 육성 과정은 일반 여우와 유사하지만, 극한 환경에 맞춰 조절되어 있다는 점이 특징이다.

사막여우는 계절적 다발정 동물로, 특정한 계절에 국한되지 않고 발정을 반복할 수 있다. 특히, 물과 먹이가 비교적 풍부한 우기(봄과 가을)에 번식활동이 활발해지며, 만약 첫 번식에서 새끼를 잃으면 약 2~3개월 뒤 다시 번식이 가능하다.

발정은 개나 고양이에 비해 미세하게 나타나며, 육안으로 구분하기 어려울 정도로 발정 징후가 약하게 나타난다. 그러나 일부 암컷은 발정이 최고조에 달하면 1~2일간 미열을 동반하며, 약 2시간에 걸쳐 교미가 이루어진다.

사막여우는 주로 암수 한 쌍이 짝을 이루어 번식한다. 수컷은 번식기에 소변으로 영역을 표시하며, 암컷은 외음부 주변 털이 빠지는 변화가 나타나며, 인공 사육 환경에서는 주로 1~2월에 교미가 이루어진다. 임신 기간은 평균 51일(49~63일)이며, 대부분 2~5월 사이에 한배에 2~6마리의 새끼를 출산하며 생후 12~14일이면 눈을 뜨게 된다. 먹이가 풍부할 경우 연 2회 번식도 가능하다. 임신 중 암컷은 신경질적이거나 공격적으로 변할 수 있으며, 유산 위험이 있으므로 출산 후 약

3~4주까지는 외부 자극을 최소화하는 것이 중요하다.

새끼는 어두운색의 털로 태어나며, 태어날 때는 눈이 감긴 상태인데, 보통 생후 12~14일이면 눈을 뜨고, 3~4주 후에는 시력이 완전히 확보된다. 이 시기까지는 어미의 젖만으로 생존하며, 이후 점차 고기나 곤충 등 고단백 식품을 섭취하게 된다.

수컷은 암컷이 새끼를 기르는 동안 곁을 지키며 먹이를 물어다 주는 역할을 수행하고, 외부 위협으로부터 암컷과 새끼를 보호하는데, 이러한 부성 행동은 사막여우의 번식 생리에서 중요한 특징 중 하나이다.

새끼는 약 8~10주가 되면 어미로부터 독립할 수 있을 만큼 성장하며, 야생에서는 3~4개월 후부터 독자적인 사냥이 가능해진다. 사육 환경에서는 보통 10~12일경에 어미와 분리하여 개별 사육을 시작하는 경우도 많다.

성성숙은 약 6~7개월에 도달하며, 이후부터 짝짓기와 번식이 가능해진다. 이렇게 빠른 성장과 성숙은 척박한 환경에서도 종족을 유지하기 위한 적응 전략의 하나이다. 이러한 과정을 통해 사막여우는 종의 생존을 이어 나가며 새끼를 육성한다.

출처: https://www.allthingswild.co.uk/wild-bunch/fennec-fox/

그림 11-23 사막여우

13) 사슴의 번식

사슴(Cervidae)은 대표적인 계절번식 동물로, 번식은 주로 일조시간(photoperiod)에 의해 조절된다. 대부분의 종은 단일성 동물로서 일조시간이 짧아지는 시기가 번식 계절하는데, 짧아지는 일조시간(가을)에 발정을 시작하여, 겨울 전에 짝짓기를 마치고, 다음 해 봄에 새끼를 출산한다. 이러한 주기는 새끼가 출생할 시기에 먹이 자원이 풍부하도록 하기 위한 진화적 전략이다.

암사슴의 생식주기는 계절성 단발정(monoestrous)으로, 1년에 한 번 번식 기회를 갖는다. 발정주기는 평균 19~23일이며, 발정 지속시간은 발정기에는 평균 40시간 내외이며, 발정 중에만 수정을 허용하여 이 시기에 수사슴과의 교미가 이뤄진다. 수사슴은 뿔의 생장과 번식과는 깊은 관련이 있다. 뿔이 자라고 있으면 정자가 생성이 되지 않으며 뿔이 딱딱해지면 정자가 왕성하게 생성된다. 즉, 수사슴은 가을에 발정기를 맞으며, 이 시기에는 테스토스테론 수치가 급격히 상승하고, 골질화된 큰 뿔(antler)이 완전히 형성되어 지배력을 과시하게 되며, 경쟁적으로 울음소리를 내거나 싸움을 통해 짝짓기 기회를 얻는다. 수사슴의 뿔은 테스토스테론 농도에 의해 발달하며, 발정기에 최대치를 이룬다. 발정이 끝나고 테스토스테론 수치가 떨어지면 뿔은 떨어지고, 다시 새로운 뿔이 자란다. 뿔은 개체 간 위계 형성과 번식 성공률에 밀접한 관계가 있다. 수사슴의 경우 발정기 동안 먹이 섭취가 줄고 활동량이 많아져 체중이 감소하기도 한다.

출처: Copilot AI (인공지능 그림)

그림 11-24 수사슴의 뿔과 번식 관계

사슴은 교미 후 12~24시간 이내에 배란이 일어나는 교미유도배란동물(induced ovulator)이 아닌 자발배란동물(spontaneous ovulator)이다. 정자와 난자가 나팔관에서 만나 수정이 되며, 이후 수정란(배아)은 자궁 내막에 착상하여 발달한다. 임신 기간은 종에 따라 차이가 있지만, 대부분 6.5~7.5개월 정도이며, 봄(4~6월)에 1~2마리의 새끼를 낳는다. 환경 조건이 좋을 경우 2태도 가능하지만, 보통은 1태가 일반적이다. 꽃사슴 220~230일, 레드디어 230~240일, 엘크 240~260일이다.

번식 생리 조절 요인으로 가장 중요한 조절 인자는 광주기(일조 시간)로 뇌의 송과선(pineal gland)을 통해 멜라토닌 분비를 조절하고, 이는 다시 시상하부–뇌하수체–성선 축(Hypothalamus–Pituitary–Gonadal Axis)을 통해 생식호르몬 분비를 자극하거나 억제한다. 가을이 되어 일조시간이 짧아지면 멜라토닌 분비가 증가하고, 이에 따라 GnRH(성선자극호르몬 방출호르몬) 분비가 증가하여 생식 활동이 활성화된다. 사슴의 번식생리는 계절과 호르몬의 정교한 조절 아래 이루어지며, 생태계 내 먹이 자원과 생존 전략에 깊이 연결되어 있다.

Chapter

12

반려동물의 번식 관련 실습

반려동물 번식 실습은 생리학적 이해, 기술 습득, 임상 적용을 통합하는 교육 과정으로,
학생들이 번식 관리, 불임 치료, 연구·산업적 응용에 필요한 역량을 함양하는 데 핵심적이다.

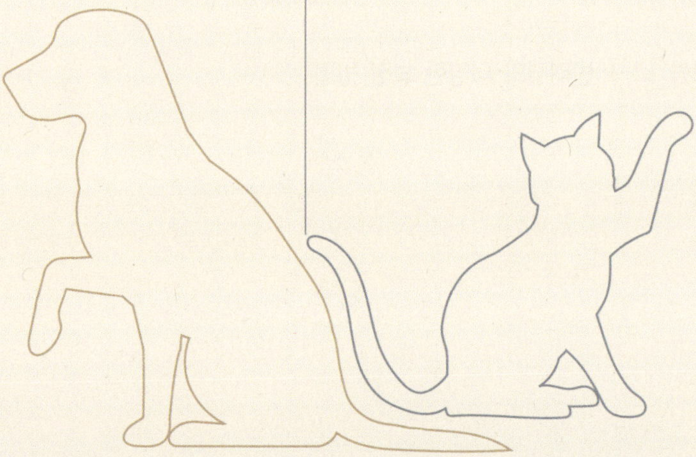

1. 보정/채혈/마취 실습

1) 보정

개의 다양한 처치를 위해서 처치 목적에 따라 다양한 보정이 필요하다. 보정에 의해서 안전이 확보된 다음에 반드시 처치하도록 한다(그림 12-1).

마스크에 의한 입 보정

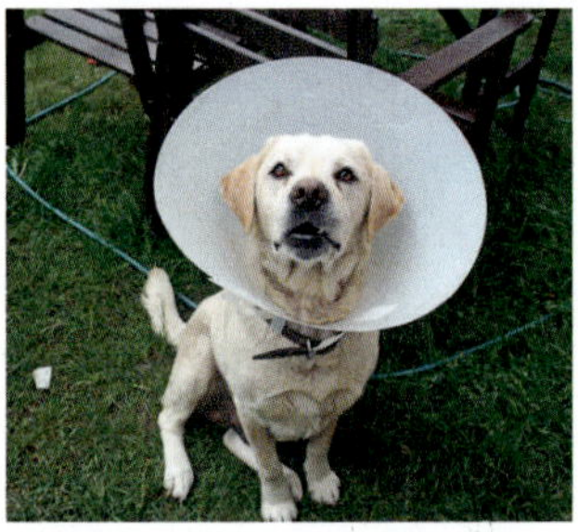

칼라 보정

견주에 의해 안정감을 주는 보정

간호사 보정

그림 12-1 반려견의 다양한 보정 방법

2) 채혈

준비: 주사기, 주사침(바늘, 19~21G), 채혈병, 보정끈(붕대), 고무줄, 면도칼(털 제거용), 가위, 핀셋, 수술 장갑 등(그림 12-2).

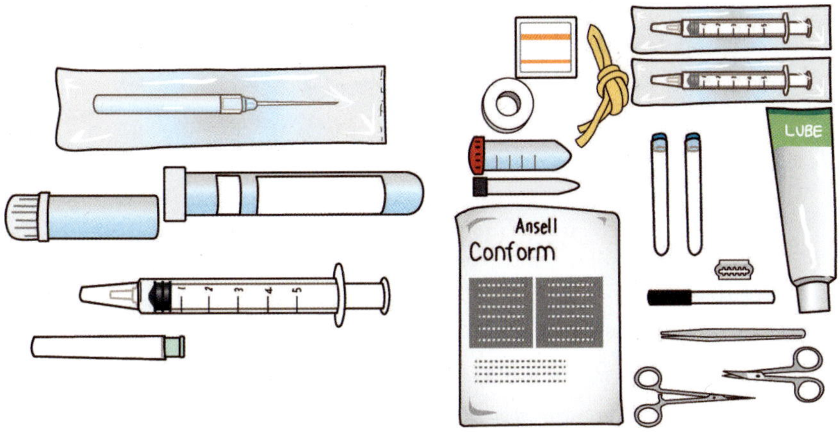

그림 12-2 채혈 준비 기구들

(1) 심장 채혈(heart puncture)

마취한 상태에서 가장 편리한 방법이다. 심장 박동을 가장 크게 느낄 수 있는 네 번째 갈비뼈 사이에서 직접 주사기를 심장에 찔러 채혈한다. 토끼의 경우에도 이 방법으로 채혈한다.

(2) 머리(또는 다리) 정맥 채혈

앞다리(또는 뒷다리)의 무릎 밑에서 채혈한다. 채취 부위의 털을 모두 깎고 깨끗이 소독하면 정맥을 볼 수 있으며 엄지손가락으로 혈관을 누르면 혈관을 쉽게 돌출시켜 혈관 내에 주사기 바늘을 찔러 비교적 빠르고 쉽게 채혈할 수 있다(그림 12-3). 채혈 시 물지 않도록 보조자가 머리를 잡아주거나 주둥이를 묶은 후에 채혈한다. 주둥이를 묶는 요령은 위턱, 아래턱을 다물어 주둥이 전체를 끈(광목 등 부드러운 것)

으로 2번 정도 휘둘려서 턱밑에서 묶고, 주둥이가 빠지지 않도록 귀 뒤쪽으로 다시 휘둘려서 귀 뒤쪽에서 묶는다.

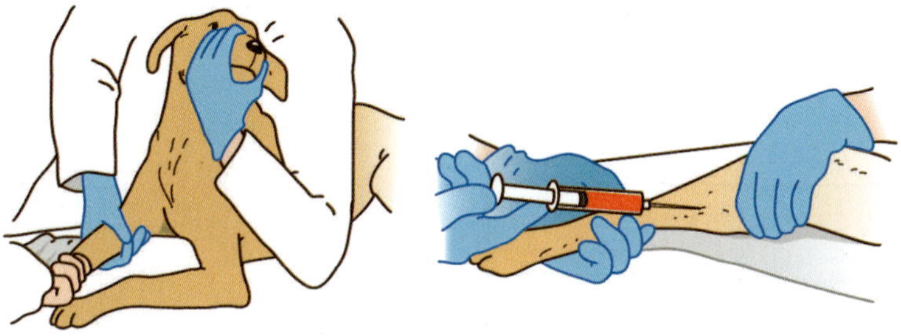

그림 12-3 두(족) 정맥 채혈 방법

* 혈관 내에 주사기를 찌르는 요령은 먼저 주삿바늘과 주사기 몸체 눈금을 일직선 방향으로 결합한다. 주삿바늘은 예리한 단면이 하늘을 향하도록 하고 돌출된 혈관에 15° 정도로 경사를 주어 가능한 일직선 방향의 혈관 내에 찌른다. 이때 너무 강한 음압으로 채혈하거나 너무 가느다란 주삿바늘로 빠르게 채혈하게 되면 혈액 내의 적혈구가 파괴되는 현상인 용혈이 발생한다. 용혈이란 혈액 내의 적혈구가 파괴되어 혈장 내의 적혈구 색소가 많아져 혈장이 붉게 되는 현상이다. 혈관 내에 약물을 투입하는 경우에도 동일한 방법으로 진행하되 정확히 혈관 내에 주사침이 위치하는지를 알아보기 위하여 혈액을 약간 뽑아본 후 약물을 투입한다. 약물 투입 시 절대로 공기가 함께 투입되면 안 된다. 혈관 내에 투입된 공기는 공기가 맞닿는 혈액을 응고시켜 혈전을 일으키기 때문이다.

(3) 경정맥 채혈

개를 완전히 눕힌 상태에서 경정맥을 찾아 밑부분을 엄지 또는 검지로 누르고 혈관과 바늘을 평행하게 하되 주삿바늘이 머리 쪽을 향하도록 찌른다(그림 12-4의 A: 사실은 반대방향으로 채혈하여야 함). 그 밖에 다량의 혈액을 채취하고자 할 경우에는 대퇴 정맥 또는 동맥을 이용한다(그림 12-4의 B).

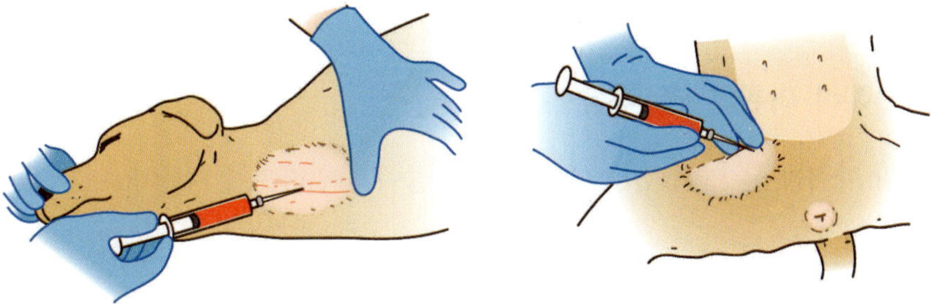

A 경정맥 채혈 방법

B 대퇴 동맥 채혈 방법

그림 12-4 경정맥과 대퇴 동맥 채혈 방법

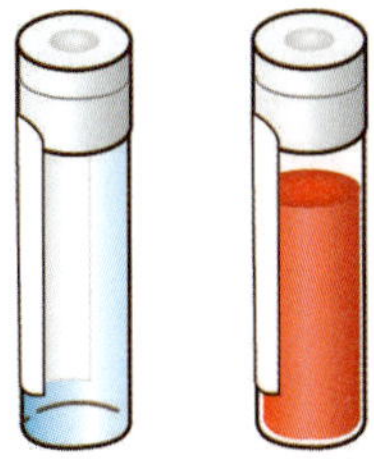

그림 12-5 채혈된 혈액이 든 EDTA 채혈병

* EDTA 채혈병에는 표시된 용량까지 혈액을 가득 채워야만 한다. 적게 채우면 혈액량에 비해 EDTA에 과다 노출로 인한, 총 혈장 단백성분의 위성 상승이 일어나고 PCV와 적혈구 계산에는 위성감소가 발생한다. 적혈구의 수축은 MCv의 감소를 일으킨다.

  진공채혈 튜브(Self-drawing evacuated tube)가 주사기보다 자주 사용되는데 이는 혈액과 항응고제가 적절한 비율로 섞이게끔 개발되어 있다(그림 12-5). Heparin은 개와 고양이 혈액 검사를 위한 채혈에는 사용하지 말아야 한다. 혈소판 응집을 방해하며 백혈구의 형태적인 변화를 일으키기 때문이다. 항응고제와 혼합을 위해 몇 분 정도 아래, 위로 서서히 뒤집어서 응고를 방지하여야 한다. EDTA에도 장시간 노출되면 호중구와 혈소판에 변화가 발생한다.
* 일반적으로 혈액량은 체중의 1/13 정도이다. 전체 혈액량의 1/3까지는 출혈되어도 생명에는 지장이 없다. 다만 빠르게 혈액 또는 혈액 대용제로 보충해야 한다.

3) 마취

(1) 예비 마취와 본 마취

예비 마취는 본 마취 전에 마취 쇼크를 줄이기 위하여 실시한다(표 12-1, 표 12-2).

표 12-1 예비 마취법

마취방법	마취제 및 투여량	소요시간
피하	체중 10kg당 morphine sulfate 15mg과 atropine 0.43mg 주사	45분
근육	체중 kg당 meperidine 11mg 주사 또는 체중 kg당 chlorpromazine hydrochloride 2.0mg 주사	각 30분
정맥	체중 kg당 chlorpromazine hydrochloride 1.0mg 주사	10분

본 마취는 예비 마취 후 마취 상태를 확인한 후 완전히 마취시키고자 실시한다.

표 12-2 본 마취법

마취제	효과 지속성	투여량
비휘발성	단기	Pentotal sodium을 체중 kg당 12.0~16.0mg을 정맥주사 Surital sodium을 체중 kg당 17.6mg 정맥주사
	장기	Pentotal sodium을 체중 kg당 30mg 정맥주사
휘발성	장기/단기	Ether, Cyclopropane, Halothane 흡입

(2) 마취 방법

마취제의 주사 방법은 채혈 시의 주사 방법과 유사하다. 채혈은 혈관 내의 혈액을 뽑아내는 것이지만 마취제를 포함한 약물 주사는 근육, 피하 및 혈관에 투여할 수 있으며 그 중 혈관 내 약물 주사는 약물에 대한 쇼크, 알르레기 등에 대한 사전 이해가 있어야 한다. 혈관, 근육, 피하 순으로 약효가 빨리 나타나며, 야생동물이나 위험한 개를 포획하고자 할 경우에는 블루건 또는 마취총을 이용할 수 있다.

① 혈관주사

아주 적은 용량의 마취제는 증류수나 생리식염수에 2~10배로 희석하여 마취제의 손실에 대한 오차를 줄여 정량을 주사하여야 한다. 적은 용량이 투여될 경우 희석하는 이유는 갑작스런 마취에 대한 쇼크도 줄여줄 뿐만 아니라 정량으로 주사하기 위함이다. 가능한 심장에서 좀 더 먼 거리의 손, 발에 위치한 정책에 주사하는 것이 유리하다.

② 블루건에 의한 근거리 마취

블루건에 의한 마취는 대상 동물의 근거리(약 10m 내외)에서 마취제를 주사하는 방법이다. 이는 명중률을 높이기 위해 다소 연습이 필요하다. 블루건에 이용되는 주사기 내에 마취제를 장진하는 방법 주로 압착 공기를 이용하여 장전하게 된다(그림 10-6).

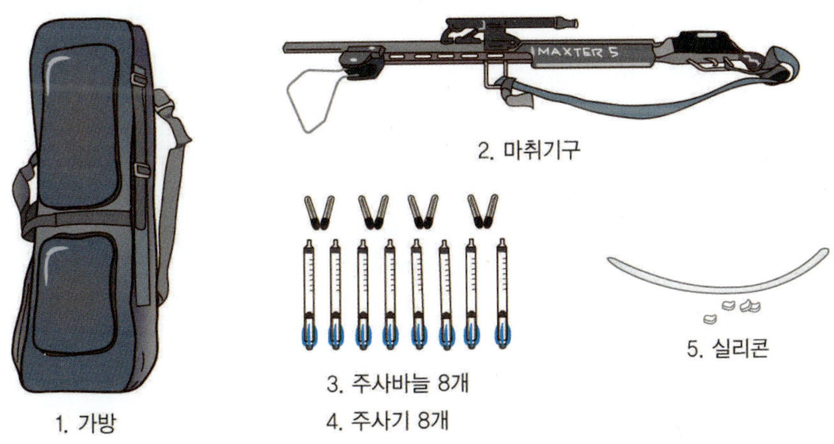

그림 12-6 근거리에서의 마취를 위한 블루건 구성

③ 마취총에 의한 원거리 마취

마취총에 의한 원거리(30~100m 내외) 마취는 야생동물을 포획하거나 대상 동물이 블루건의 사정거리 내에 잘 들어오지 않을 경우에 사용한다. 유기견이나 야생화된 개들은 사람을 기피하는 현상이 나타나기 때문에 포획하기가 여간 쉽지 않다(그림 12-7).

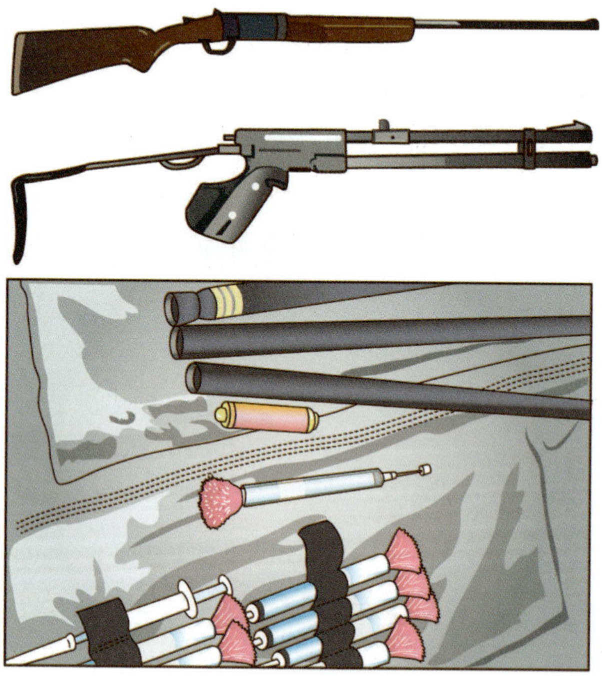

그림 12-7 화약식 마취총의 구성

표 10-3 개의 마취 방법들

전신마취 방법

방법 1
1. 아트로핀을 이용하여 전 의약치료(0.04 mg/kg 근육 내 주사).
2. Diazepam 주입(0.2 mg/kg 정맥주사)과 thiopental(8~12 mg/kg 정맥주사)을 이용하여 유도.
3. Isofluorane 또는 halothane을 이용하여 유지

방법 2
1. Ketamine(5~10 mg/kg 정맥주사)과 diazepam(0.2 mg/kg 정맥주사)을 이용하여 유도.
2. Isofluorane 또는 halothane을 이용하여 유지.

방법 3
1. 아트로핀을 이용하여 전의약치료(0.04 mg/kg 근육 내 주사).
2. Diazepam(0.2 mg/kg 정맥주사)과 oxymorphone(0.05-1.0 mg/kg 정맥주사)을 이용하여 유도.
3. Isofluorane 또는 halothane를 이용하여 유지.

방법 4
1. 아트로핀(0.04 mg/kg 근육 내 주사) 또는 glycopyrrolate(0.011 mg/kg 근육 내 주사)를 이용하여 전의약치료
2. Oxymorphone(0.1 mg/kg 정맥주사)을 이용하여 유도하고 부드럽게 관을 삽입. 만약 암캐가 관 삽입에 저항한다면, thiopental(4-8 mg/kg 정맥주사) 투여.
3. Methoxyflurane을 이용하여 유지(처음에는 1%; 가능하다면 0.3% 이하로 감소시키고 50% 아황산 질소를 첨가).

방법 5
1. 아트로핀(0.04 mg/kg 근육 내 주사) 또는 glycopyrolate(0.011 mg/kg 근육 내 주사)를 이용하여 전의약치료
2. 유도 전에 마스크를 이용하여 3~5분간 산소 투여.
3. 다음중 하나를 이용하여 유도:
   Thiamy sodium(6~8 mg/kg 정맥주사)
   Thiopental sodium(6~8 mg/kg 정맥주사)
   Methohexital sodium(5 mg/kg 정맥주사)
   Droperidol-fentany1(1 mg/20~30 kg 정맥주사)
   Diazepam(0.2-0.5 mg/kg 정맥주사) +ketamine HCl(4~8 mg/kg 정맥주사)
   Acepromazine(0.1 /kg 근육 내 주사 또는 정맥주사, 4mg을 초과하지 말 것)
   + oxymorphone(0.11 mg/kg 정맥주사)
4. 관을 삽입: isoflurane, halothane, enflurane 또는 methoxyflurane를 이용하여 유지.

부분 마취 방법 6
1. 아트로핀(0.04 mg/kg 근육 내 주사)을 이용하여 전 의약치료.
2. Bupivacaine(1 ml/3.5 kg)을 epidurally하게 투여.
3. Oxvmorphone(0.1 ml/kg 정맥주사) 투여

* 마취 후 빠른 회복을 위하여 회복제는 마취 종류에 따라 다르게 사용한다. 대부분의 회복제는 매우 강한 각성제(yohimbin)로 부작용이 따르고 위험하다.

■ **함께 생각해 봅시다**

안락사

안락사시키기 전에

안락사는 반려인이 내려야 할 가장 어려운 판단 중에 하나입니다. 안락사를 앞 둔 반려인은 반려동물을 너무 빨리 보내기도 싫고, 그렇다고 너무 많은 고통을 겪게 하다가 떠나 보내는 것도 두렵기 때문입니다. 동물을 안락사시킨다는 결정은 가족이 내리는 지극히 주관적인 판단이어야 합니다. 왜냐하면 어떤 동물의 안락사는 후회를 가져오지만, 어떤 동물의 안락사는 평화 그 자체여서 되돌려 생각해도 마음이 편해지기 때문입니다. 극도로 고통스럽거나, 치명적 질환의 말기 그리고 사고나 학대로 인한 심각한 부상에는 안락사가 최선의 방법일 수 있습니다.

안락사 여부를 결정하는 방법

1. 죽음을 앞둔 동물에게 죽는 것은 아무렇지도 않는 일이라고 말합니다.
   말로 하건 마음속으로 하건 떠나는 동물에게 들려줄 이야기를 다 들려줍니다. 동물은 사람의 말도, 마음도 잘 읽습니다. "괜찮아, 이제 떠나도 돼."라고 말하면서 "제발 죽지 마. 네가 죽지 않았으면 좋겠어. 너 없이 내가 어떻게 살겠니?"라고 생각하면 동물들은 그 마음을 읽기 때문에 죽지 못합니다. 온갖 고통을 참고 안간힘을 쓰면서 사람이 보내줄 때까지 기다립니다. 죽음을 앞둔 동물은 우리가 하는 생각에 더 많은 주의를 기울입니다. 가족이 자기를 보낼 준비가 될 때까지 죽음을 늦추고 기다립니다. 그러니 동물들을 편안히 보내려면 우리의 말과 마음 모두 진심으로 그 동물을 놓아 줄 수 있어야 합니다.
   (죽음을 거부하고 영생을 꿈꾸는 것은 인간만의 어리석음이다. 모든 동물은 죽음 뒤에 멋진 곳으로 갑니다. 사람과 동물 사이, 인간과 인간 사이에서 영적인 이별은 없기 때문입니다.)
2. 죽음을 앞둔 동물에게 도움을 청합니다.
   "나는 지금 좀 혼란스럽고 지쳐 있어. 네가 원하는 것이 무엇인지 확실하게 내가 알 수 있도록 도와주면 좋겠어." 그리고 "떠날 준비가 되었어? 의사 선생님 도움을 받고 싶어? 아니면 스스로 떠날래?"라고 말하며 묻습니다. 이렇게 물은 다음에는 마지막 단계로 마음을 차분히 가라앉히고 집중할 수 있도록 조용히 대답을 기다려야 합니다. 때로는 즉시 대답하기도 하지만 대개는 시간이 조금 지난 후에 대답합니다. 간혹 대답을 들으려고 집중하지 않을 때 들리기도 합니다. 동물들은 반드시 대답해 줍니다. 극심한 고통에서 벗어나고 싶다는 강한 신호를 보냈는데도 기울이지 않으면 화를 내거나 짜증도 냅니다만 알 때까지 기다려 줍니다.
3. 반드시 상호 고마움을 전합니다.
   죽음에 임박한 동물은 반려인에게 고마움을 반드시 표시합니다. 그러면 반려인도 그 동물이 아름답게 떠날 수 있도록 고마움을 표시합니다. 함께 있어서 행복했노라고.
   (펫로스 반려동물의 죽음. 리타 레이놀즈 저, 조은경 옮김. 책공장더불어 출판. 2009)

안락사시키는 방법

1. 공기주입법
   안락사를 시키기 위한 보편적 방법으로 혈관 내에 공기를 주입하는 방법이다. 족 정맥 또는 이 정맥에 공기를 주입하는데 50~200ml의 공기를 주입한다. 가볍게 보정한 후 실시한다.
2. 전기 충격법
   안락사시킬 경우가 많을 경우 사용하는 방법으로 가정용 전기코드에서 양극과 음극을 나누어 한쪽 전극은 입 안쪽에 위치시키고, 다른 한쪽의 전극은 직장에 삽입시켜 통전시키는 방법이다.
   * 도체를 고기로 이용할 경우에는 안락사 직후 경동맥을 절단하여 방혈시키는 것이 좋습니다.
3. 약물 주입법
   10%유산마그네슘($MgSO_4$) 용액(증류수가 담긴 비이커에 유산마그네슘을 아주 약간씩 넣고 휘저으면서 용액을 만들)을 혈관 내에 주사하여 안락사시킵니다. 고통 없이 죽습니다.

2. 정액 채취 및 검사 실습

1) 정액 채취

학습 목표	준비물(소요량), 학생수 20명 기준(4팀/5명/팀)
• 인공질의 구조 이해 • 전기자극정액채취의 원리와 기구의 이해 • 돼지정액채취(수압법) • 정소상체미부 정자의 활용 방법숙지	현미경, 슬라이드가온판, 인공질(소,양, 개용), 전기자극정액채취기, 정액채취병(비이커), 윤활제(ubiricant), 가위, 핀셋, 포셉, 트레이(밧트), 수술용장갑(비닐장갑), 생리식염수, 알코올스펀지(4병), 70% 알코올용액 스프레이(4개, 500ml/개), 티슈(4통, 캄와이프스), 증류수(분주병 4개, 500ml/병), 주사기(10, 50ml), 정액희석액, 의빈대, 혈구계산판, 마이크로피펫 시험축: 개(수컷토끼(암수 각1)
소요시간: 2시간	추가 실습: 정액희석(일시적 보존 처리)

개의 품종에 따라 채취방법은 여러 가지가 있으나 가장 일반적인 방법은 수압법(맨손 마사지법) 이다. 수압법이 혐오스럽거나 민망할 경우에는 좀 더 위생적인 인공질법이 있으며, 지제불량이나 사람을 극도로 기피하여 강제적으로 정액을 채취할 경우에는 전기자극법이나 정소상체 회수법 등으로 정액을 채취할 수 있다.

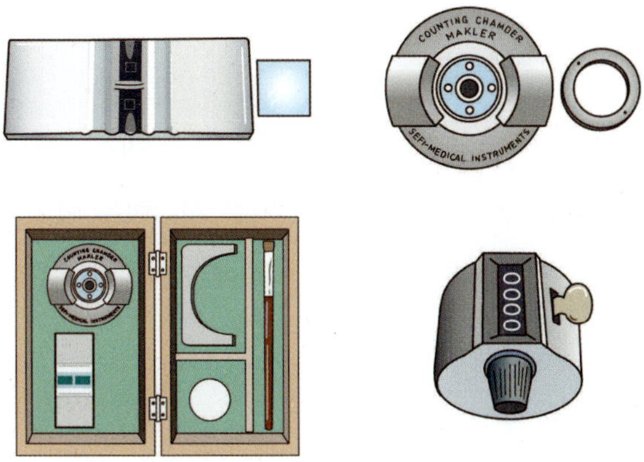

그림 12-8 주요 실습 기구

(1) 수압법(마사지법)

음경과 정소 등을 마사지(자극)하여 발기된 음경을 손의 압력을 이용하여 사정을 유도하는 방법이다. 개는 발기가 시작될 때 귀경이 커져서 몸 안에 머무를 경우에는 통증을 유발하므로 귀경이 완전히 팽창되기 전에 몸 밖으로 돌출되도록 유도한 후 한쪽 다리를 슬며시 들어 음경이 후구 뒤쪽으로 발기되도록 한다.

(2) 인공질법

암캐의 생식기 모양과 유사하게 하여 사정을 유도하는 방법이다. 사람의 인공질과 같이 음압을 이용하여 발기시킨 후 사정이 이루어지도록 한다.

(3) 전기자극법

수캐의 천골 부위에 위치하는 사정 중추신경을 전기적으로 자극시켜 사정을 유도하는 방법이다. 주로 사슴, 소, 개 및 양 등에서 사용되며, 야생동물에서도 이용된다. 아주 위험한 경우에는 마취 후에 전기자극 정액 채취기로 정액을 채취하여도 무방하다. 왜냐하면 사정중추는 자율신경계에 속하므로 마취 후에도 무의식적으로 사정 행위가 이루어지기 때문이다.

(4) 정소상체 정자 회수법

간편한 방법으로는 주사기로 직접 정소상체미부에 찔러 서서히 음압으로 농축된 정자를 회수하거나 도축된 정소로부터 정자를 회수하는 방법이다. 자주 채취하는 경우에는 마취 후 수술로서 정소상체 미부에 카테터를 삽입하여 필요시마다 압력으로 미부의 정자를 회수할 수 있다.

깨끗한 정액채취 요령

일반적으로 오른손으로 정액을 채취하므로 오른손에 위생 비닐장갑을 2~3장을 착용을 하고 음경을 잡으면서 왕복운동로 인한 거품 및 이 물질이 발생하므로 빠른 동작으로 장갑을 벗겨내고 새로운 장갑으로 음경을 잡는다. 정액채취가 시작되면 귀두부분에서 정액이 사출되는 부분을 미리 준비한 세척제로 닦아내고 먼지가 발생하지 않는 위생타월을 이용하여 닦아준다. 사정이 시작되면 맑은 정장 부분부터 농후정액이 보일 때까지 버리고 다른 손에 잡고 있던 채취컵으로 농후정액을 최대한 받는다. 이때 깨끗한 정액을 받으려면 채취컵을 포일이나 다른 기구를 이용하여 위를 덮어주어 개의 몸에서 발생하는 먼지나 이물질로부터 감염을 방지할 수 있다. 또 정액을 채취할 때 비닐장갑을 타고 흐르는 정액보다는 음경 밑 부분에서 나오는 정액이 가장 이상적이며 오염을 줄일 수 있으므로 이상적이라 할 수 있다. 사정이 끝날 때쯤 미리 준비한 세척액으로 음경을 닦아주고 스스로 내려올 때까지 기다린다. 채취된 정액은 가능한 신속하게 정액보존액과 1:1 이상으로 희석시킨다.

1) 종견 세척: 음모제거, 하복부 오물 및 물기제거
2) 정액채취: 음경 하단의 귀경 압박
  • 분리채취: 희박정액 농후정액 – 교양물질을 분리하여 채취
  • 채취 회수: 주 2회
3) 채취후 처리: 포피 소독액(항생제가 포함된 생리식염수)으로 세척

* 개 정액의 성상 및 채취 빈도

종견은 품종, 연령, 건강상태, 사양관리, 계절적인 요인, 주변 환경 등에 따라 정액량과 정자수의 차이를 보인다. 정액 채취빈도는 주 2회로 하며, 적절한 휴식을 시키는 것이 중요하다(젊은 수컷은 매일 채취해도 무방).

(5) 정액채취 훈련 요령

암캐의 분비물 또는 사정된 정액, 음경을 잡았던 장갑 등을 이용하여 흥분을 유도한다. 이때 감각적인 흥분을 유도하는 데 시각적인 방법으로 주변 개들이 볼 수 있는 곳에 훈련을 실시하는 방법도 좋다. 또 다른 방법은 발정 온 암캐를 가까운 곳으로 유도하여 일단 승가를 시키고 난 다음 암캐를 빼내어 충분히 성욕을 고취시키는 것이 좋다. 훈련할 때 훈련자는 수캐가 경계심을 갖지 않게 자세를 낮추고 음경 마사지를 하면서 꼬리를 비켜 내도록 하되 돌아보거나 후구를 돌리려 할 때 채취자가 지나치게 제지를 하지 말고 인내를 가지고 기다리며 유도를 한다.

(6) 정액 채취시 유의사항

가. 정액 채취 기구 소독 철저

나. 수컷(돼지, 개) 청결

다. 채취된 정액의 갑작스러운 온도변화 및 직사광선 피할 것.

라. 사정을 완전히 시킬 것(중간에 포기하지 말 것)

마. 안전사고 주의(흥분시 공격적이 됨)

(7) 정액 채취장

– 자주 정액을 채취하는 경우에는 정액채취실을 별도로 구비하는 것이 좋다.

(8) 실습 주안점

가. 정액 사정의 해부학적 기전 이해

나. 정액 채취 시 보온과 위생적인 처리의 중요성 인식

다. 정액취급 및 기구 사용 방법 숙지

2) 정소상체 미부 정자 채취

- 정소상체를 회수하기 위해 정소를 둘러싼 포피를 제거한다.

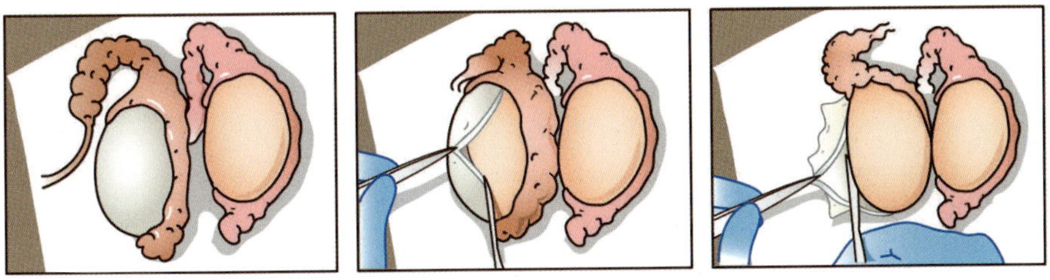

그림 12-9 고환의 백막 제거

- 채취된 sample은 우선적으로 무게 및 크기를 측정하여 기록한다.

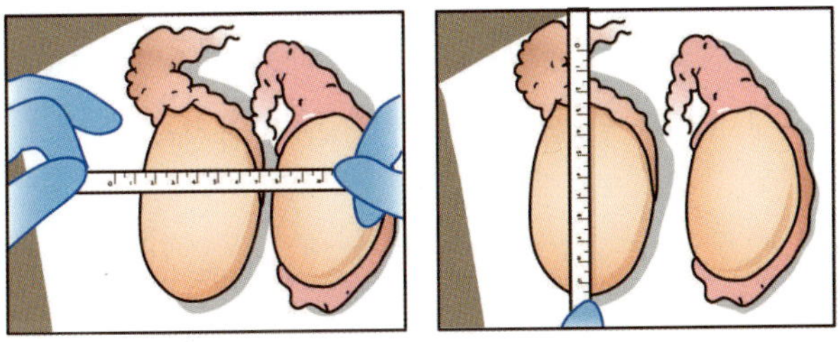

그림 12-10 고환 크기 측정

- 고환에서 정소상체를 분리한다. 정관부터 절단을 하면 정소정맥을 분리한다. 정소상체미부를 지나 정소상체 체부에서 절단한다.
- 정관을 절단하여 정관 내에 있는 정액을 주사기(D-PBS를 넣은)를 이용하여 회수한다. 회수된 정자로 운동성을 측정한다.
- 정소상체 미부에 있는 정소 정맥은 식염수로 세척한다. 세척 후 휴지로 나머지를 닦아준다.
- 패트리 디쉬에 D-PBS를 적당량을 분주하여 정소상체를 세절한다. 세절 시 가위질은 최소로 하여 cell이 절단되지 않도록 주의한다.
- 패트리 디쉬에 침지한 정소상체는 정소상체관에서 정자가 부위 할 때까지(대략 10~15분간) 방치 후 피펫으로 D-PBS를 회수한다. 회수 후 D-PBS로 1회

더 정자를 회수한다.

- 회수된 정자는 운동성과 생존율을 현미경을 이용한 육안 검사를 실시하여 동결 가능 여부를 확인한다.

3) 정액 검사

채취한 정액은 보존 및 사용목적에 대한 부합 여부, 번식장해의 원인을 규명하고 판정하기 위하여 육안적 및 현미경적 검사가 필요하다. 육안적검사는 정액성상의 외관으로 색깔, 점조도, 정액량 및 운무상(雲霧狀)의 출현상태 등을 관찰한다. 현미경적 검사는 정액성상을 더욱 정확하게 관찰하기 위하여 정자의 활력, 정액 중의 정자수(농도), 생존율 및 기형율 등을 검사하는 것이다. 이 외에 정자의 내동성, 수정능력, 염색체분석 및 유전자분석 등의 정밀검사도 있다.

(1) 활력검사

정액 1방울을 슬라이드 글라스 위에 떨어뜨린 다음 생리식염수 1방울과 혼합하여 cover glass를 덮고 관찰한다. 즉 현미경 100X의 배율에서 전반적인 운동을 개관한 다음(4, 3, 2, 1, 0점으로 평가), 200-400X하에서 10마리의 정자를 직관하고 그 중 움직이지 않은 정자를 센 후 slide glass를 약간 움직여서 다시 10마리의 정자를 세고(5~10회 반복) 그 중 움직이지 않은 정자의 비율을 구한 다음 백분율에서 활력이 없는 정자 비율을 빼서 구한다.

*** 활력 검사요령**

- 정액의 적절한 희석, 항온수조에서 가온(87~38℃), 진탕(10~20분)
- 슬라이드가온판 온도조절 및 슬라이드글라스 가온: 37~38℃
- 소독된 백금의 또는 마이크로피펫팁으로 정액 점적 후 커버글라스를 덮는다.
- 100배 또는 400배율 현미경하에서 가급적 넓은 범위 검사

*** 메틸렌블루의 환원 시간 및 페놀레드 색상변화 검사**(활력 및 생존율)

정액을 난황구연산희석액으로 희석한 다음 희석정액에 메틸렌블루 용액 또는 phenolred 용액을 첨가하여 혼합한다. 난황구연산희석액은 2.9% sodium citrate 용액 80ml에 난황 20ml를 더하여 제조하며, 메틸렌블루용액은 3.6% 구연산나트륨용액 100ml에 메틸렌블루 50mg을 용해하여 준비한다(methylene blue 50mg, sodium citrate 3.6g/100ml 증류수). 페놀레드 용액(0.05% 수준)은 보존액 내 용존산소 정도를 측정하고 pH 6.0~8.0까지의 색상을 지수화(-5~+5)하여 pH 7.0수준을 표준색상으로 하며, 색상변화 시간과 pH변화 상태를 수치화한다. 정액 내의 기본적인 색상처리는 시험관(15ml)에 정액 0.2ml, 난황구연산희석액 0.8ml 및 메틸렌블루 용액 0.1ml를 넣고 혼합시킨 다음 외부 공기 중 02를 차단하기 위하여 유동파라핀(또는 미네랄오일)으로 시험관의 상층을 약 1cm 두께로 피복한 후 시험관을 45℃의 항온수조(water bath)에 정치시켜 청색이 소멸되는 시간과 색도지시지와 비교하여 환원된 정도를 색도의 index에 따라 점수화하여 측정한다. 양질의 정액은 3~6분 이내에 청색이 소멸되는데, 9분 이상 청색을 그대로 유지하는 정액은 살아있는 정자가 적거나 거의 없는 것으로 판정한다.

※ 활력이 40% 이하일 때에는 사용 시 고려(돼지의 경우에는 가사상태를 고려하여 10분간 38℃에 정치한 후 흔든 다음 관찰)

※ 정확한 온도(88℃)에서 활력검사

(2) 정자의 농도 검사

희석용 pipet을 이용하여 정액을 3% NaCl 용액과 1:10~100으로 혼합한 후 혈구 계산판 또는 광전비색계을 이용하여 정자수를 측정한다. 소의 경우 원정액의 정자 수가 5억/ml 이하, 개와 돼지의 경우에는 1천만/ml 이하이면 사용 시 고려할 것.

(3) 생존율 검사(염색방법)

염색액(0. % trypan blue 또는 Fast Green FCS용액)을 slide 왼쪽 끝 1cm 위치에 1방울 적합하고 그 위에 정액 1방울을 혼합한다. 혼합된 정액에 다른 slide를 덮고 눌러서 여액을 휴지로 흡수한 후 2개의 slide를 종으로 당겨서 분리한다. 분리된 slide를 40℃ air dry(또는 알코올램프, 헤어드라이기 이용)하에서 풍건한다.

풍건된 slide의 3~4군데에서 정자를 333마리 세어서 그 중 염색된 정자수에 3을 곱하고 10으로 나누면 죽은 정자의 비율(%)이 된다.

신선 정액은 생사판별이 잘되나 희석 보존한 경우에는 신빙성 낮다.

(4) 기형률 검사

생사 염색된 slide를 이용하여 기형정자의 비율을 구한다. 기형률이 30% 이상이면 수태율에 문제가 되며, 기형률이 높으면 활력도 낮다.

혈구계산판을 이용한 정자 농도 계산

1. 목적 및 개요

인공수정시 주입하는 정액량은 채취된 정액의 농도에 따라 희석배율이 달라지므로 ml 당 정자수를 계산하여 총정자수를 구하고 활력이나 기형률을 고려하여 제조하고자 하는 농도에 따라 보존액을 희석하여 병당 또는 스트로당 정자수를 일정하게 한다. 정자수를 측정하기 위하여는 광전비색계(Spectrophotometer)를 이용하여 많은 sample을 빠른 시간에 검사할 수도 있지만 혈구계산판(Hemacytometer)를 이용한 계산 방법을 알아본다.

2. 준비물

- 현미경: 100~400배율
- 원정액:소량
- 8% 생리식염수 또는 3% 구연산나트륨용액
- 혈구계산판(Improved Neubauer Hemacytometer) Cover Glass
- 혈구계산용 피펫(Melangeur): 적혈구용, 백혈구용
- 마이크로피셋 0.01~0.10 ml(Yellow Tip), 1.00~5.00ml(Blue Tip)
- 수동계산기(Tally Counter)
- 휴지(Kim Wipes)

3. 혈구계산판(Hemacytometer)의 구조 및 원리

- 혈구계산판은 [그림 1]과 같이 2개의 계산실(A)이 있는데 (B)에 커버글라스를 올려놓았을 때 (A)면과 커버글라스 사이에 0.1ml의 공간(C)이 생기며 희석된 정액이 채워지는 곳이다.
- 계산실(A)의 구조는 한 변의 길이가 1m인 정사각형으로 가로 5칸, 세로 5칸 모두 25칸으로 구획되어 있고 큰 구획 1칸은 가로 4칸, 세로 4칸 모두 16칸으로 구획되어 있으므로 총 400개(25구획 × 16칸)의 작은 칸으로 구성되어있다(그림 2).
- (A)부분을 현미경 100X로 보면 [그림 3]과 같이 전체를 관찰할 수 있으나 400X로 확대하여 관찰하는 것이 보다 정확하게 측정할 수 있다(그림 4).

- 큰 구획 25칸(작은 구획 400칸)에 산재한 정자를 모두 count하는 것이 정확하지만 보통은 25구획 중 5구획(작은 구획 80칸)만 count하여 5를 곱하여 25방안의 전체정자수로 계산한다.
- 5구획만 셀 때는 상단 5구획 또는 하단 5구획에 있는 정자를 세거나 상단 좌, 우측 끝단과 하단좌, 후측 끝단 그리고 중앙 1칸을 센다(그림 5).
- 위와 같이 큰 구획 25칸 중 5칸(작은 구획 80칸)을 세어 5를 곱한 것은 $0.1m^2$에 속한 정자수이며, 계산실 높이가 0.1mm이므로 10을 곱해야 $1mm^2$에 해당하는 정자수를 얻을 수 있다.
- 계산된 정자수에 다시 ml로 환산하기 위하여 1,000을 곱하여 ml당 정자수를 구하게 된다. 그다음 희석배율(100배 또는 200배)을 곱한다.

〈정자 농도 산출하는 법〉

ml당 정자수 = 혈구계산판 내의 총정자수(5구획 × 5 × 계산실 높이 10배)× 1,000($1mm^3$을 ml로 환산) × 희석배율(100 또는 200배)

희석배율을 100배로 할 경우 5구획 내의 정자수에 5를 곱하여 1,000,000(계산실 높이 10 × 희석배율 100 × ml로 환산 1,000)을 곱하여 구한다.

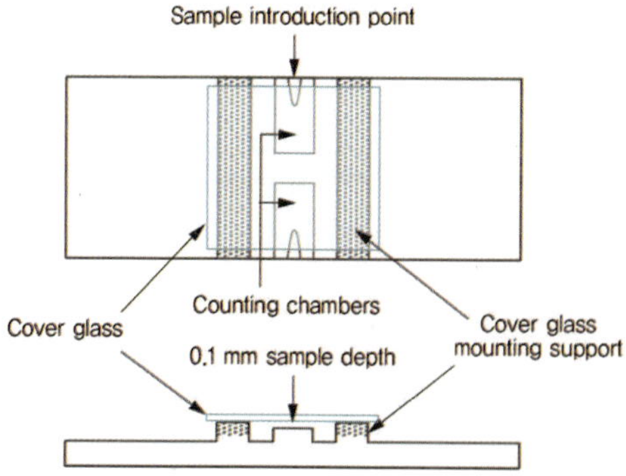

[그림 1] 혈구계산판 평면도 및 측면도

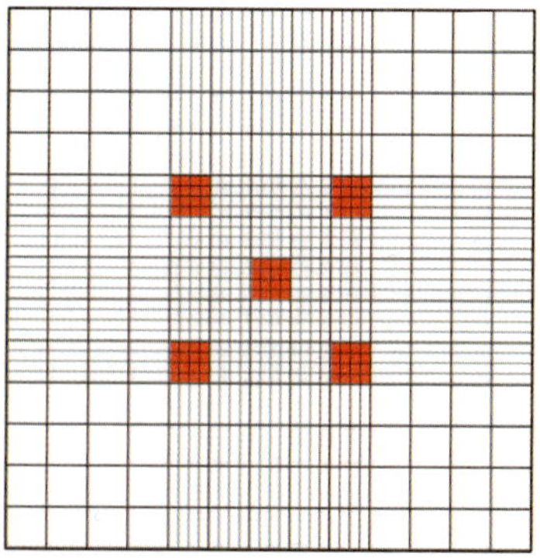

[그림 2] 혈구계산판 계산실 구획 (100배 현미경)

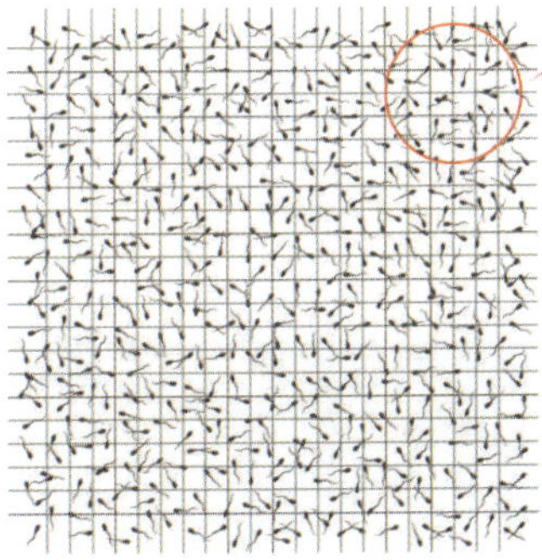

[그림 3] 계산실 내 정자분포
(100배 현미경)

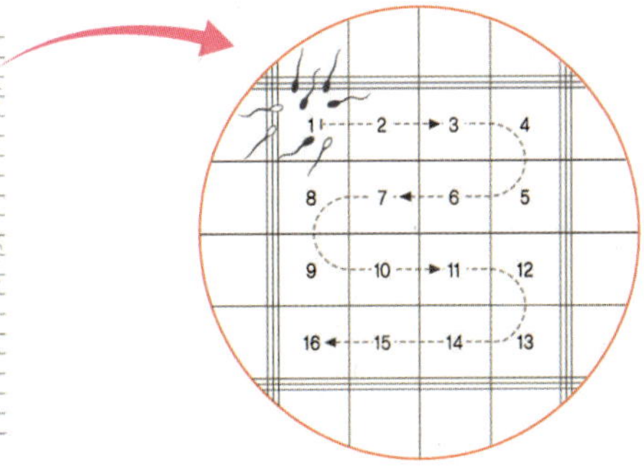

[그림 4] 큰구획 내 16개의 작은
구획(400배 현미경)

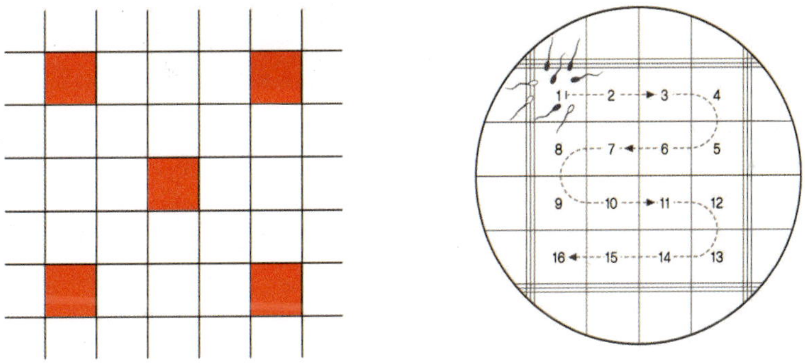

[그림 5] 정자수를 세는 구획(25구획 중 5구획)(이장희, 2016)

정자 농도 측정법

1. 혈구계산판 준비

- 오염된 혈구계산판을 깨끗한 휴지로 부드럽게 닦는다.
- 혈구계산판 위에 커버글라스를 덮는다.

2. 정액희석

- 원정액은 정자농도가 매우 농후하여 측정하기가 어려우므로 10배 또는 100배로 희석
- 정자를 사멸시켜 움직이지 않는 상태에서 측정
- 희석용액: 3% Nacl 용액 또는 3% 구연산 나트륨용액

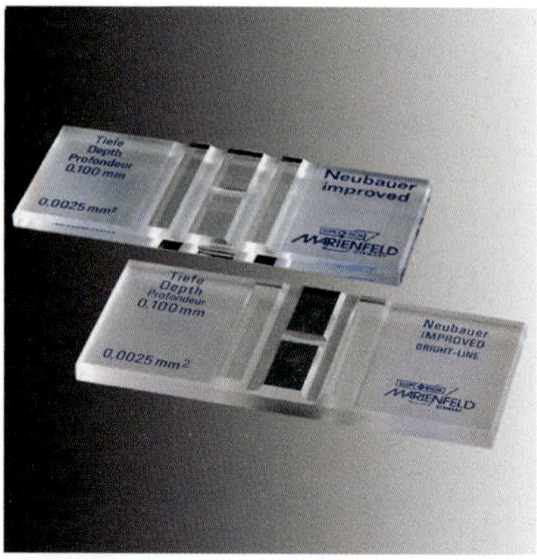

출처 https://labpia.com/shop/item.php?it_id=LPEXDB31

정자수를 세는 혈구계산판

⊙ 혈구계산용 마이크로피펫(Melangeur) 이용법

- 적혈구용은 100배 또는 200배 희석 시 이용(백혈구용은 10배 또는 20배 희석하여 사용)
  - Blue Tip 마이크로피펫을 이용하여 3%생리식염수 4.95ml를 10ml시험관에 뽑아 놓는다.
  - Yellow Tip 마이크로피펫으로 원정액 0.05ml를 뽑아서 생리식염수 용액과 혼합한다.

3. 정자수 측정

- 커버글라스를 덮어서 미리 준비한 혈구계산판의 (그림 1-C) 부위에 모세관현상에 의하여 정액이 스며들도록 한다.
  - 혈구계산판과 커버글라스 사이에 측정하고자 하는 정액을 분주(10~15um)
- 5분 정도 정치하여 정자의 유동을 막는다(정액이 건조되지 않도록 습윤상태를 유지한다).
- 100배 현미경하에서 전체 시야를 확인하고

- 200~400배 현미경하에서 1개의 큰 구획 내의 정자수를 센다.
  - 2중으로 세는 것을 방지하기 위하여 [그림 4]와 같이 화살표 방향을 따라서 센다.
  - 좌변과 하단 또는 우변과 상단에 걸친 정자만 일률적으로 센다.
  - 정자의 두부를 기준으로 센다. Tally Counter를 이용하면 편리하다.
- 다른 큰 구획으로 현미경 시야를 이동하여 같은 방법으로 5구획을 센다.
- 정확도를 높이기 위하여 1개 혈구계산판에 계산실이 2개 있으므로 같은 sample을 2회 이상 세어 평균치를 이용하는 것이 정확하다.

정액 채취 및 검사 실습 점검 사항(실습 용지: 제출용)

성명:　　　　연락처(전화번호):　　　　일자:　　　　년　　월　　일

1. 정액채취 방법을 실습한 순서대로 사진과 함께 설명하시오.

2. 채취된 정액의 성상 평가 결과를 기록하시오.

(예시)

개체 이름	개체 번호	정액량 (ml)	총정자수 (억/ml)	활력 (%)	기형률 (%)	희석 배율	생산량 (dose)	비고

3. 계산 근거

〈실습 문제〉

1. 다음의 그림과 아래에 주어진 조건으로 총 정자수를 계산하시오.
   - 정액채취량: 300ml
   - 3%생리식염수로 100배 희석
   - 현미경을 통하여 관찰한 혈구계산판의 5구획의 정자수는 [그림 1]과 같았다.

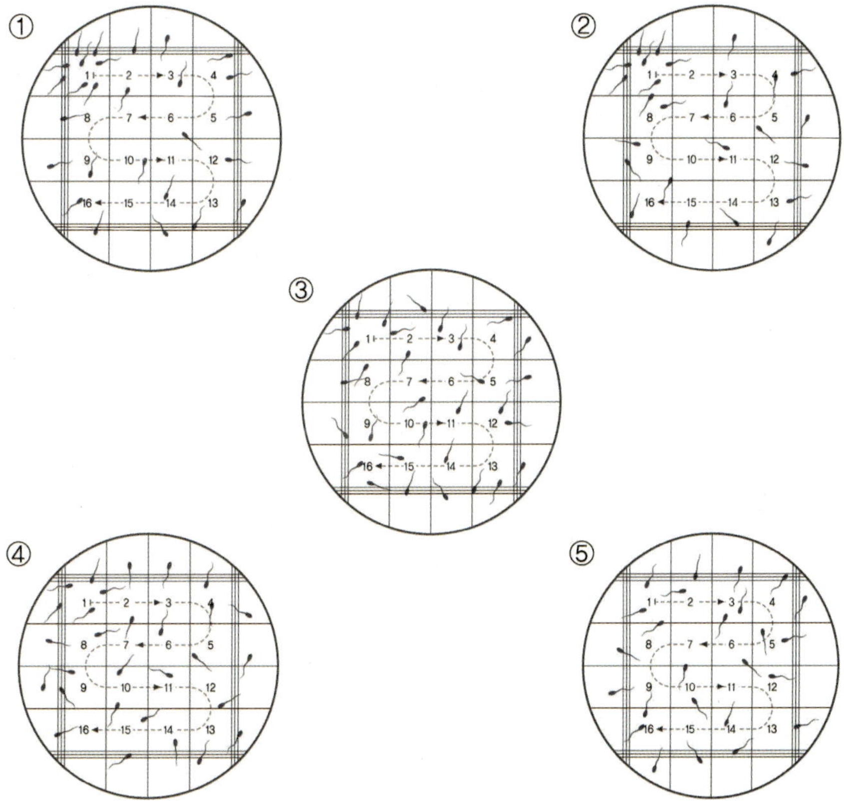

현미경(400배율)으로 관찰한 5구획의 정자 분포(이장희, 2016)

2. 채취된 돼지정액이 200ml이고, 활력이 90%이며, 정자농도가 1억 마리/ml였다. 액상 정액을 병당 80ml로 하고 유효한 총정자수를 20억 마리로 포장할 경우 제조할 수 있는 정액병 수는 몇 병인가? 또한 필요로 하는 희석액량은 얼마인가?

3. 채취된 개 정액이 10ml이고, 활력이 90%이며, 정자농도가 2억 마리/ml였다. 액상정액을 straw당(0.5ml) 유효총정자수를 2천5백만 마리로 포장할 경우 제조할 수 있는 액상정액 straw 수는 몇 개인가?
또한 필요로 하는 희석액량은 얼마인가? 동결정액의 경우 생존율이 50%였다면 실제 인공 수정 시 주입되는 정자 수는 dose 당 몇 마리인가?

답)

- ml당 정자수
  - 60마리 (5구획 정자수) × 5배 × 10배(계산실높이) × 100배(희석배율) × 1,000배(ml로 환산) = 300,000,000(3억)/ml

- 총정자수
  - 원정액 300ml × ml당 정자수 3억=900,000,000(900억)/300ml

참고: 가축인공수정사(실기) 시험 채점기준표

점검 항목	일련 번호	항목별 채점 내역	배점	점수
동결 정액 융해 절차	1	정액융해용 온수준비: 37℃에 맞추는가?		
	2	동결정액보관고(액체질소통)에서 정액을 꺼낼 때 canister를 neck 부위 이상으로 들어 올리지 않는가?		
	3	정액융해시간: 15초 이상 융해하는가?		
	4	Canister를 제자리에 위치시키고 뚜껑을 닫는가?		
	5	핀셋을 사용하여 straw를 잡는가?		
	6	융해된 straw의 물기를 제거하는가?		
	소계			
주입기 장착	1	Straw의 면봉 반대 부분을 잡고 straw 내부의 기포를 위로 올라오게 하여 이 부분을 절단하는가?		
	2	Straw 절단 시 직각이 되게 절단하는가?		
	3	Straw 절단면과 주입기 캡 부분을 잘 결합시키는가?		
	4	Straw 길이만큼 주입기 실린더를 뒤로 후퇴시키고 주입기 캡을 주입기에 장착시키는가?		
	5	전과정 동안 주입기나 정액이 오염되지 않도록 위생적으로 처리하는가?		
	계			
자궁내 정액 주입	1	외음부를 소독하고 충분히 벌린 다음 후 주입기를 삽입해서 오염을 방지하는가?		
	2	주입기 선단이 자궁 체내에 정확히 위치한 것을 확인 후 정액을 주입하는가?		
	3	주입을 서서히 하는가? (5초)		
	4	주입 후 주입기 캡이나 straw 내에 정액이 남아 있지 않은가? (옆으로 새지 않았는가?)		
	5	주입기 캡을 제거하고 비닐장갑을 위생적으로 처리하였는가?		
	6	수정기록을 하는가?		
	계			
정액 검사	1	슬라이드가온판의 온도를 적절히 조절하는가?		
	2	슬라이드글라스, 혈구계산판, 정액검사판을 가온하는가?		
	3	슬라이드글라스에 straw 내 정액 한 방울 떨어뜨리고 커버글라스를 덮는가?		
	4	슬라이드글라스를 재물대 위에 잘 장치시키는가?		
	5	현미경의 조동나사와 미동나사를 잘 조작하여 초점을 맞추는가?		
	계			
돼지 정액 주입	1	외음부를 소독하는가? (휴지, 알코올)		
	2	주입기를 삽입시 외음부를 충분히 벌리는가?		
	3	주입기 선단을 자궁경관에 결합 시 시계 반대방향으로 돌리면서 삽입하는가?		
	4	주입기를 뒤로 당겨 보면서 결합여부를 확인하는가?		
	5	정액병 선단을 위생적으로 자르는가?		
	6	정액 주입 완료 후 주입기 제거 시 시계 방향으로 돌리면서 제거하는가?		
	7	정액 주입 후 정액병에 정액이 많이 남아있지 않는가?		
	계			
총계				

3. 정액의 희석 및 보존 실습

실습 목표	준비물(소요량), 학생수 20명 기준(4팀/5명/팀)
• 정액의 희석 목적 이해 • 정액의 동결보존 원리 이해 • 활용방법 이해	현미경, 슬라이드가온판, 생리식염수, 알코올스펀지(4병), 70% 알코올 용액 스프레이(4개, 500ml/개), 티슈(4통, 킴와이프스), 증류수(분주병 4개, 500ml/병), 주사기(10, 50ml), 정액희석액, 동결보존액, 혈구계산판, 마이크로 피펫(50, 1,000ul), 항온수조, 백금의, 알코올램프, 3% 생리식염수 시험재료: 돼지 정액 4병, 사람 정액 가용시: 소 동결정액 10 srraws

1) 정액의 희석

채취된 정액을 보존액을 이용하여 희석하는 목적은 첫째, 정액의 양을 증가시켜 우수한 수컷의 정액을 여러 마리의 암컷에 수정할 수 있으며 둘째, 체외에 사출된 정자의 불리한 환경을 개선해주어 정자의 생존성과 활력을 보존시켜줌으로써 정액 사용시간을 연장시켜주는 데 그 목적이 있다. 그러므로 채취된 정액은 적절한 방법으로 가능한 한 최대한 빨리 희석하여 정자의 소실(에너지대사에 의한 수명 단축 등)을 방지하여야 한다.

2) 정액의 보존 온도

채취한 정액을 실온에서 보존할 때는 적절한 보존액을 희석하여 15~20℃의 실온에서 약 2~3일간 양호한 정자의 생존성과 운동성을 유지할 수 있으며, 가정용 냉장고에 보관할 수 있는 4~5℃ 저온 보관시는 보존기간이 다소 길어진다. 실온 보존보다 정자의 생존성과 운동성이 다소 낮아지는 경향이 있다.

3) 보존액

동물들 정액의 장시간 보존을 위하여 많은 연구자들에 의하여 여러종류의 보존액이 개발되었다. 가정에서 직접 정액을 채취하여 자가인공수정 할 경우 분말형태로 만들어진 보존액을 구입하거나 액상농축희석액을 이용하면 제조단가(인건비)를 절감하면서도 손쉽게 운용할 수 있다. 최근에는 1주일 정도 정액을 액상상태로 보관할 수 있는 MR-A보존액 및 Androhep보존액 등이 개발되어 있다.

〈보존액의 구비조건〉

(1) 수소이온농도(pH)

수소이온농도의 높고 낮음은 정자의 운동성과 생존성에 크게 영향을 미친다. 대부분의 효소 및 세포가 적절한 범위의 pH를 요구하는 것과 마찬가지로 정자의 운동성과 생존성을 유지하기 위해서는 적절한 범위의 pH를 요구한다. 따라서 정액보존액의 pH는 원정액과 같거나 그 전후여야 한다. 이러한 완충효과를 증가시키고 pH를 조절하기 위한 시약으로는 주로 구연산염(sodium citrare), 인산염(sodium phosphate), 중탄산염(sodium bicarbonate) 및 주석산염(sodium tartrate) 등과 같은 염류와 트리스아미노메탄(trihydroxymethyl amino-methane), 구연산(citric acid) 및 아미노산(amino acid) 등과 같은 비전해질이 사용되며 이들은 보존액의 주성분이 되는 난황을 융해하는 데도 중요한 역할을 한다.

(2) 삼투압

정액보존액의 삼투압은 원정액과 같아야 한다. 보존액의 삼투압이 원정액보다 지나치게 낮거나 높으면 희석 충격을 받아 기형정자가 많이 발생한다.

(3) 전해질과 비전해질

보존액을 만들 때 사용하는 전해질과 비전해질로 정자생존에 유해한 것은 사용할 수가 없다. 전해질을 조정하기 위한 시약으로는 Na, K, Mg 및 Ca의 양이온이 사용되며, 비전해질로는 포도당(glucose), 과당(fructose) 및 젖당(lactose) 등의 당류가 첨가된다.

(4) 정자의 보호물질과 영양물질(에너지원)

원정액은 외부로부터의 충격을 방지하거나 보호하는 물질이 거의 없거나 적어서 37℃의 적온에서도 오래 살지 못한다. 따라서 보존액에는 보호물질과 영양물질을 첨가할 필요가 있다. 보호물질로는 난황, 우유, 탈지분유, 혈청, 난포액 및 orvuses paste 등이 있으며, 이러한 물질들은 저온충격 및 급랭으로부터 정자를 보호한다. 영양물질로는 당류를 첨가하는 데 동결보존액에 첨가되는 당류로는 glucose, fructose, lactose, trehalose 및 raffinose 등이 있으며 이들 영양 및 보호 물질들은 에너지원의 공급과 동해보호제 역할도 한다.

(5) 동해보호제

보존액에 첨가되는 동해방지제는 글리세롤(glycerol), DMSO(dimethyl sulphoxide), ethylene glycol, propylene glycol, acetamide 및 각종 알코올 등의 침투성 동해방지제와 sucrose, glucose, lactose, trehalose, raffinose 등의 당류, polyvinylpyro lidone, polyethylene glycol 및 고분자단백물질 등의 비침투성 동해방지제가 있다.

(6) 세균억제제

정액 중에 상당수의 세균이 정액 채취과정이나 희석 및 제조과정에서 들어간다. 세균의 종류나 수는 동물종에 따라 다소 차이가 있다. 이들 세균은 생존과 증식을 위해서 대사기질을 사용한 후에 대사산물을 축적하여(산소이용에 따른 pH 변화) 정자의 생존기간을 단축할 뿐만 아니라 인공수정을 통하여 자궁 내에 들어가 생식기 질병을 유발시킬수 있다. 이들 세균의 증식을 억제하거나 없애기 위해서 1950년대까지는 설파제가 사용되었으며 1990년대까지는 페니실린 및 스트렙토마이신이 주로 사용되었으나 항생제 내성에 따른 문제점 때문에 최근에는 내성이 생기지 않았던 새로운 종류의 다양한 항생제가 이용되고 있다.

정액에서 주로 발견되는 세균들로는 Staphyloccus spp., Pseudomonas spp., Escherichia spp., Klebsiella spp., Citrobacter spp., Micrococcus spp., Eubacterium 및 Eubacterium suit 등이 있으며 이들 병원체에 대한 항생제로는 Gentamicin, Lincomycin, Neomycin, Polymixin Spectinomycin 및 Kanamycin 등이 주로 사용되고 있으나 최근에는 Amikacin, Bacitracin, Colistin, Dibekacin, Erthromycin, Tylosin 및 Sulfa diazine 등도 사용되고 있다.

(7) 정자의 수정능획득 유기물질

최근에 체외수정기술의 발달로 정자의 수정률 또는 수태율을 향상시키기 위하여 여러 가지 화학제 또는 생체활성 물질들이 이용되고 있다. 이들 정자의 수정능획득 유기물질로는 heparin, caffeine, calcium ionophore 및 이들의 병용 처리와 PAF(platelet activiting factor), BSA(bovine serum allbumin), 난포액 등의 생체활성물질들도 이용되고 있다.

4) 보존액 희석 방법 및 배율

채취된 정액의 온도는 32~85℃ 정도가 되며 채취 즉시 정액과 같은 온도로 준비된 보존액을 채취된 정액량과 1:1 비율로 1차 희석을 한후 상온(약 20℃)에 방치한 상태에서 정액검사를 하고 정자농도에 따라서 보존액을 추가로 희석한다. 보존액 희석배율은 채취된 총 생존정자수에 따라 결정해야 하지만 농후 정액만을 분리 채취했을 때는 약 10~20배(정액 1: 보존액 10~20) 정도로 희석하는데, 최종 정자의 농도는 10m당 2억 이상이 되도록 해야 한다.

보존액의 희석 배율의 예를 들어보면 다음과 같다.

예)
- 원정액량:10ml
- ml당 정자수:2억
- 총 정자수:20억
- 생존율 90%
- 생존 총정자수: 18억 (90억 〈80%)

위의 정액을 이용하여 1회 주입분을 10ml 병에 생존 정자수 2억으로 포장할 경우 9병(dose)의 정액을 만들 수 있으며(18억 2억 = 9병), 1회 발정당 2회 수정 시에는 4두의 모견을 수정시킬 수 있다.

희석된 정액의 최종량은 90ml가 되어야 하며 원정액량이 10ml이므로 희석량은 80ml가 된다. (최종량: 9병 × 10ml = 90ml, 90ml − 원정액 10ml = 80ml의 희석액이 필요로 함)

최종 희석된 90ml는 원정액의 9배에 해당되며, 정액의 희석배율은 1:9이므로 9배가 된다.

보존액은 한꺼번에 희석하지 말고 2~3회에 나누어 서서히 희석하되 빠른 시간에 17~18℃의 온도로 낮춰준다.

5) 액상정액의 보존 및 수송

희석이 완료된 정액은 1회 1두 분씩(80ml) 주입병에 담아 상온(17~20℃)에서 온도 충격을 받지 않도록 보관하고 필요시에 하나씩 꺼내 사용하면 편리하다. 수송할 때는 스티로폼 박스 혹은 휴대용 온장고 등을 이용하여 외기 온도와 충격에 영향을 받지 않도록 세심하게 주의하여야 한다.

■ 정액의 희석 실습 완성도 점검 사항 (실습 용지: 제출용)

성명: 연락처(전화번호): 일자: 년 월 일

1. 정액의 희석 절차(방법)을 기술하시오.

2. 다음의 정액 채취량에 대한 희석 배율과 생산할 최종 정액 수량을 계산하시오.
   - ○ 정액채취량: 8ml
   - ○ 3% 생리식염수로 100배 희석된 정자 농도가 ml당 1천만 마리였으며, 생존율(활력)이 90% 일 때
   - ○ straw당 0.5ml로 하고 정자농도를 3천만 마리로 포장한다면 만들 수 있는 동결정액의 straw수와 필요로 하는 희석액량은 얼마인가?
     (이때 사용 가능한 정액은 동결 융해 후 생존율이 50% 이상의 정액이어야 함)

답) ○ 정액량 8ml × 원정액의 정자 농도 10억 마리(ml당) × 활력 90% = 72억 마리(총 유효 정자수)

∴ 만들 수 있는 정액 straw 수 = 72억 마리 3천만 마리 = 240 straws

∴ 소요되는 희석액량 = 240 straws × 0.5ml = 120ml−8ml(원정액량) = 112ml

* 실제 제조 시에는 20% 정도의 증액된 희석량이 필요함.
즉, 1차 희석액 60ml, 2차희석액 68ml로 준비하여 제조하는 것이 바람직함
(straw 내에 희석된 정액이 포장될 때 0.5ml보다 더 많은 0.6ml 정도의 양이 소요됨)

참고문헌

고대환 외 공저(2022). 동물번식학. 선진문화사.

권석운(2013). 채혈기법. E-Public.

김옥진(2024). 동물번식생리 이해와 응용. 동일출판사.

김현주 외 공저(2024). 반려동물해부생리학. 라이프사이언스.

도미니크 시몽, 세르주 시몽(2024). 건강한 강아지 교실. 북스힐.

대한비뇨기과학회(2014). 비뇨기과학 5판. (주)일조각.

대한비뇨생식기영상의학회. 비뇨생식기영상진단 1: 비뇨기영상. 2009. ㈜일조각.

루이지 보이타니 등. 김이정 옮김(2000). 개이야기. 창해.

리타 레이놀즈. 조은경 옮김(2009). 펫로스 반려동물의 죽음. 책공장더불어.

브라이언 킬카먼스, 사라 윌슨. 이원식 역(2003). 현명한 주인이 명견을 만든다. 도서출판 다른우리.

이규승(2022). 포유동물생식생리학. 선진문화사.

이장희, 김창근, 백순화(2001). 생식세포의 성판정과 내시경 및 초음파기를 이용한 미세주입 인공수정.

이장희(2002). 사슴의 발정동기화 및 인공수정기술 개발. 대한수의사회지, 38(7), 626-637.

이장희, 김인철, 진현주, 이동원, 손동수, 강 권, 백순화, 정영채, 김창근(2002). 색도에 의한 돼지 액상정액의 품질 간편식별 기술 개발. 한국가축번식학회 춘계학술발표대회지.

이장희, 백순화, 지달영, 박달영, 김관국(2008). Methylene blue를 이용한 간편 정액진단키트와 이를 이용한 돼지 간편 품질진단 액상정액 개발. 8차 발생공학 국제학술심포지음, 58-59.

이장희, 백순화, 지달영, 박달영, 김관국(2008). Methylene blue를 이용한 정액의 간편 품질 식별기술 개발. 8차 발생공학 국제학술심포지움, 56-57

이장희, 지달영, 박성재, 최선호, 류일선, 김상운, 정경용, 백순화, 김창근(2008). 개의 발정개시 후 초음파진단에 의한 수정적기 판단기술 개발. 한국가축번식학회 학술발표대회지, 87.

이장희, 백순화, 연승호(2009). 양돈 산업에 있어서 유비쿼터스 환경에서 온도 및 하중센서에 의한 자동 분만알림시스템 개발. Reprod Dev Biol., 33(3), 139-146.

이장희(2016). 애완동물 번식. 리빙북스.

이형환 등(2001). 생명과학의 원리. 월드사이언스.

임경순, 정구민, 박영식(1998). 인공수정과 수정란이식. 민음사.

정덕수(2011). 개의 인공수정. 건강신문사.

정덕수 등 번역. Johnston, SD. Margaret, V.. Root Kustritz and Patriiccia N.S. Olsen. (2004). 애견번식생리학. 삼영출판사.

조광원(2002). 요크셔테리어 기르기. 삼호미디어.

존 스파크스, 김동광, 황현숙 옮김(1999). 동물의 사생활. 까치.

지달영, 이장희, 김창근, 방명걸, 박성재, 류일선, 류재원, 이주형, 장유민, 박민영, 정영채 (2004). 개 동결정액 희석액에 Pentoxyfilline 첨가가 응해 후 정액 성상에 미치는 영향. 한국동물번식학회 학술대회지, 124.

지달영(2004). 개에서 Pentixifylline 첨가에 다른 동결정액 성상과 인공수정에 관한 연구. 중앙대학교 대학원 석사논문.

충북대학교 수의학교재편찬위원회(2014). 미리 가보는 수의학 교실. 충북대학교 출판부.

콘라트 로렌츠. 유영미 옮김(2004). 야생거위와 보낸 일년. ㈜한문화멀티미디어.

콘라트 로렌츠. 이동준 옮김(2023). 개 그리고 동물과의 대화. 간디서원.

템플 그랜딘, 캐서린 존슨. 권도승 옮김(2009). 동물과의 대화. 언제나북스.

팀 버키드. 한국동물학회 번역(2000). 정자들의 유전자 전쟁. 전파과학사.

후지이 사토시. 최지용 옮김(2002). 우리개 100배 똑똑하게 키우기. 보누스.

Alleice Summers. 동물보건질병학 교재연구회 옮김(2023). 동물보건질병학. 범문에듀케이션.

Baker, T. (1972). Oogenesis $ ovulation. In reproduction in mammals.C.R.Austin & R.V. Short(eds). Cambridge Univ. Press.

Barlow, P., et al. (1972). DNA synthesis in the preimplantation mouse embryo. J Embryol. Exp. Morphol. 27:432.

Bruce Fogle. (1995). The encyclopedia of the dog. DK publishing book.

Burdsal, C. A.(1988). Embryogenesis, mammalian. In encyclopedia of reproduction. Vol. 1.(B. Knobil &J. D. Neil eds.). Academic Press. p.1029.

Caroline Taggart. (2000). Encyclopedia of the dog. Bounty books.

Concannon, P.W., D. B. Morton and J. W.Barbara. (1989). Dog and cat reproduction, contraception and artificial insemination. J.Reprod.Fert., Ltd.

EVANS, 수의해부학교수협의회(2008). 개 해부길라잡이. 정문각.

Evans & deLahunta.(2004). Guode to the dessection of the dog. 6th edition. Elsevier(USA).

Feldman and Nelson.(1996). Canine and ferine endocrinology and reproduction. Saunders Company.

Flemnig, T. P. (1987). Quanitative analysis of cell allocation and inner cell mass

Liss. p.151. in the mouse embryo.

Freshmen JL, Amann RP, Bowen RA et al. (1988). COmpend Contin Educ. Pract. Vet. 10, 443-461.

Gilbert, S. E. (1994a). Fertilization, beginning a new organism. In developmental biology. 4th ed. Sinauer. Hafez & B

Gibert, S. F. (1994b). Cleavage, creating multicellularity. In developmental biology. 4th ed. Sinauer. p.164. p.138

Gilbert, S.F. 강해욱 옮김(2007). 길버트 발생생물학. 라이프사이언스.

Gilbert, S.F, Barresi, M J.F. 전상학 외 옮김(2018). 발생생물학. 라이프사이언스.

Glen Almond 등(1994). AI guide in swine(The swine AI book). Morgan Morrow.

G. M. SIMPSON. 박종임 외 옮김(2005). 개와 고양이의 번식과 갓난새끼 관리 소동물 산과학. 도서출판 예가.

Gulyas, B. J. (1975). A reexamination of the cleavage pattemns in eutherian mammalian eggs: rotation of the blastomere pairs during second cleavage in rabbit. J. Exp. Zool. 193:235. reproduction in farm animals. 8th ed.

Handy, CRC. and JC. Bowman. (1970). Anim, Breed, Abstract, 38, 32-37.

Hefez ESE, MC Levasseur and E Tthibault. (1980). In Reproduction in Farm Animals. 4th ed. Philade!phia.

Hafez, E. S. Hafez. (2000). Fertilization and cleavage. In and ES Hafez & B. Hafez eds.). Lipincott Williams & Wilkins. p.110.

James B. Lawhead, Meecdd Baker. (2013). 박남용 외. 수의학 개론. 도서출판 한미의학.

Johnston, S. D., Margaret, V., Root Kustritz and Patriiccia N. S. Olsen.(2001). Canine and ferine theriogenology. W.B. Saunders Company.

Lee, J. H. I. C. Kim and L. A. Johnson. Comparison of flowcytometric and morphological assessment On viability of spermatozoa during freezing process of boar semen. Korean J. Emb. Trans. 14 69-77. 1999.

Lee, J. H., L. A. Johnson and I.C. Kim, (1998)(Oral). Comparison of continuous assessment and factors(cryoprotectants) that affect a viavility of spermatozoa during freezing process of boar semen. The 8th WCAP. proceedings Vol.I. 254-256.

Lee,J.H.. L.A.Johnson and I.C.Kim. (1998)(Poster). Freezing of boar semen packed with Percoll Gradients for in vitro fertilization. The 8th WCAP. proceedings Vol.II. 856-857.

Lopyrin, A. I., NV. Lginova and PL. Karpor. (1951). SOV. Zootekh. 6: 83

McLaren, A. (1972). Blastocyst activation. in regulation of mammalian reproduction. National Institute of Health. pp. 321-328.

M. T. Ryan, E. S. FitzPatrick, P. J. Quinn, T. A. McGeady. 한국수의발생학교수협의회 옮김(2016). 수의 발생학. OKVET.

Neil Compbell. 이형환 등 옮김(2003). 생명과학의 원리. 월드사이언스.

Papaioannou, V. E. and K.M.Ebert.(1986). Comparative aspects of embryo manipulation in mammals. In exprimental approaches to mammalian embryonic development(J. Rossant & R. A. Pedersen eds.).

Potts, DM., IB Wilson and MSR. Smith, (1970). J. Reprod.Fert. 22: 425.

Robert H. Tamarin, 전상학 등 옮김(2003). 유전학의 이해. 라이프사이언스.

Shiller, (1989). Gonadotrophic control of follicular development and the use of exogenus gonadotrophins for induction of oestrus and ovuration in the bitch. J.Reprod. Fert., suppl. 39: 103-113.

Sorensen, A.M. (1971). Reprod Lab. American Press.

Stern, MS. (1972). J Embryol. Exp. Morphol., 28: 247-254.

Sutherland. A. E. (1990). Inner cell allocation in the mouse morula: the role for oriented division during fourth cleavage. Dev. Biol. 137:13.

Tarkowski, AK. (1962). J. Embryol. Exp. Morphol., 10: 476.

Victoria Aspinall. 동물간호복지사자격위원회 옮김(2012). 동물간호학. OKVET.

Victoria Aspinall, Melanie Cappello. 동물해부생리학 교재연구회 옮김(2014). 동물해부생리학 개론. 범문에듀케이션.

Winkel, G. K, et al. (1990). Activation of protein kinase C triggers premature compaction in the 4-cell stage mouse embryo. Dev. Biol. 138:1.

Winterberger-Torrens. (1973). Ann. Bio. Anim. Reprod. Artif. Insem. 7: 292.

저자소개

■ 최영복

서울대학교 농생명과학대학 농교육학과 동물자원전공/농학사
울산대학교 교육대학원 전자계산교육전공/교육학석사
원광대학교 농학과 동물응용과학전공/농학박사

現 코만동물건강지키미협회 회장
現 한국반려동물협회 부회장
現 한국동물매개심리치료학회 상임이사
現 서울문화예술대학교 반려동물과 외래교수
現 경북대학교 말/특수동물학과 외래교수
現 동명대학교 반려동물대학 애견미용행동교정학과 초빙교수

■ 김옥진

서울대학교 수의학과 및 동대학원 수의학박사
前 미국 농무부(USDA) 동물질병연구소 해외과학자
前 서울대학교 의과대학 BK21 조교수
前 대한수의학회 부회장, 동물보건사 위원장
現 한국동물매개심리치료학회 회장
現 원광대학교 대학원 반려동물산업학과 주임교수
現 원광대학교 동물보건학과 교수

반려인을 위한 반려동물 번식생리 입문서

반려동물번식생리학

초판 1쇄 인쇄 / 2025년 8월 20일
초판 1쇄 발행 / 2025년 8월 25일

•

공저자 / 최영복 · 김옥진
발행인 / 이 중 수
발행처 / **동 문 사**

•

서울특별시 서대문구 홍제원 1길 12
(홍제동 137-8)
Tel : 02)736-3718(대), 736-3710, 3720
Fax : 02)736-3719
등록번호 : 1974.04.27. 제9-17호
가격 : 40,000원

•

ISBN : 979-11-6328-661-5 (93520)
E-mail : dong736@naver.com
www.dongmunsa.com